C000299743

ISBN 978-0-265-37045-2
PIBN 11015927

ACADEMIÆ HARVARDIANÆ SICILLUM
1638.
DONATION FUND
OF
MDCCCXLII

Polytechnisches Journal.

Herausgegeben
von
D. Johann Gottfried Dingler,

Chemiker und Fabrikanten in Augsburg, Landrath für den Kreis Schwaben und Neuburg, ordentliches Mitglied der Gesellschaft zur Beförderung der gesammten Naturwissenschaften zu Marburg, korrespondirendes Mitglied der niederländischen ökonomischen Gesellschaft zu Harlem, der Senkenbergischen naturforschenden Gesellschaft zu Frankfurt a. M., der Gesellschaft zur Beförderung der nüzlichen Künste und ihrer Hülfswissenschaften daselbst, der Académie de l'Industrie agricole, manufacturière et commerciale zu Paris, der Société industrielle zu Mülhausen, so wie der schlesischen Gesellschaft für vaterländische Kultur; Ehrenmitgliede der naturwissenschaftlichen Gesellschaft in Gröningen, der märkischen ökonomischen Gesellschaft in Potsdam, der ökonomischen Gesellschaft im Königreiche Sachsen, der Gesellschaft zur Vervollkommnung der Künste und Gewerbe zu Würzburg, der Leipziger polytechnischen Gesellschaft, der Apotheker-Vereine in Bayern und im nördlichen Deutschland, auswärtigem Mitgliede des Kunst-, Industrie- und Gewerbs-Vereins in Coburg, Ausschußmitglied des landwirthschaftlichen Vereins für den Kreis Schwaben und Neuburg etc.

Unter Mitredaction von
D. Emil Maximilian Dingler,
Chemiker und Fabrikanten in Augsburg,
und
D. Julius Hermann Schultes.

Neue Folge. Zwanzigster Band.

Jahrgang 1838.

Mit VI Kupfertafeln, mehreren Tabellen, und dem Namen- und Sachregister.

Stuttgart.
Verlag der J. G. Cotta'schen Buchhandlung.

Polytechnisches
Journal.

Herausgegeben
von
Dr. Johann Gottfried Dingler,
Chemiker und Fabrikanten in Augsburg, Landrath für den Kreis Schwaben und Neuburg, ordentliches Mitglied der Gesellschaft zur Beförderung der gesammten Naturwissenschaften zu Marburg, korrespondirendes Mitglied der niederländischen ökonomischen Gesellschaft zu Harlem, der Senkenbergischen naturforschenden Gesellschaft zu Frankfurt a. M., der Gesellschaft zur Beförderung der nüzlichen Künste und ihrer Hülfswissenschaften daselbst, der Académie de l'Industrie agricole, manufacturière et commerciale zu Paris, der Société industrielle zu Mülhausen, so wie der schlesischen Gesellschaft für vaterländische Kultur; Ehrenmitgliede der naturwissenschaftlichen Gesellschaft in Gröningen, der märkischen ökonomischen Gesellschaft in Potsdam, der ökonomischen Gesellschaft im Königreiche Sachsen, der Gesellschaft zur Vervollkommnung der Künste und Gewerbe zu Würzburg, der Leipziger polytechnischen Gesellschaft, der Apotheker-Vereine in Bayern und im nördlichen Deutschland, auswärtigem Mitgliede des Kunst-, Industrie- und Gewerbsvereins in Coburg, Ausschußmitglied des landwirthschaftlichen Vereins für den Kreis Schwaben und Neuburg ꝛc.

Unter Mitredaction von
Dr. Emil Maximilian Dingler,
Chemiker und Fabrikanten in Augsburg,
und
Dr. Julius Hermann Schultes.

Siebenzigster Band.

Jahrgang 1838.

Mit VI Kupfertafeln, mehreren Tabellen, und dem Namen- und Sachregister.

Stuttgart.
Verlag der J. G. Cotta'schen Buchhandlung.

Inhalt des siebenzigsten Bandes.

Erstes Heft.

Seite

LXIX.

Preise, welche die Société industrielle in Mülhausen in ihren Generalversammlungen vom 15. Jun. 1839, 1840 und 1841 zuerkennen wird.

Fünftes Heft.

Seite

Seite

Polytechnisches Journal.

Neunzehnter Jahrgang, neunzehntes Heft.

I.

Einiges über die Explosionen der Dampfkessel. Auszug aus einer Abhandlung des Hrn. Boizot.

Aus dem Echo du monde savant 1838, No. 32.

Die Folgerungen, mit denen Hr. Baron Séguier den Vortrag schloß, den er am 13. Junius l. J. vor der Akademie zu Paris über die Explosionen der Dampfkessel hielt, [1]) stimmen beinahe in allen Punkten mit dem überein, was Hr. Boizot in einer Abhandlung, die er vor einiger Zeit derselben Akademie vorlegte, aufgestellt hatte. Gleich jenem sagt nämlich Hr. Boizot, daß die die Explosionen der Dampfkessel betreffende Frage von zwei verschiedenen Gesichtspunkten aus betrachtet werden müsse, indem es sich darum handle: 1stens die Ursachen der Explosionen unmöglich oder so selten als möglich zu machen; und 2tens im Falle des unglüklichen Eintrittes einer Explosion, deren Wirkungen möglichst zu beschränken. Der Hr. Verf. hat für jeden dieser beiden Theile verschiedene Lösungen in Vorschlag gebracht, weßhalb wir denn bei der Wichtigkeit des Gegenstandes den Inhalt seiner Abhandlung in Kürze zu durchgehen versuchen wollen.

Der erste Theil derselben ist den Versuchen gewidmet, die er anstellte, um zur Lösung der Frage zu gelangen: welcher Ursache die Größe und das Plözliche der Wirkungen einer Explosion zuzuschreiben sey? Der Verf. folgerte aus seinen in diesen Beziehungen unternommenen Versuchen den Saz: „Wenn eine Wassermasse, deren Temperatur über 100° C. beträgt, plözlich mit der atmosphärischen Luft in Berührung gesezt wird, so erzeugt aller der Wärmestoff, welcher die über 100° betragende Temperatur bedingt, augenbliklich Dampf.“ Dieser Saz in die Algebra übersezt, gibt ihm folgende Proportion: „Die constante Zahl 550 verhält sich zu der über 100° betragenden Temperatur des Wassers, wie sich das Gesammtgewicht des Wassers zu dem Gewichte des augenbliklich verdampften Wassers verhält.“ Ein Kessel, welcher 4000 Kil. Wasser mit einer Temperatur von 145° enthält, würde hienach bei einer Explosion 327 Kil. Dampf entbinden. Die plözliche Erzeugung einer solchen Dampfmasse erklärt

---

1) Siehe Polyt. Journal Bd. LXX. S. 245.

die fürchterlichen Wirkungen, die man bei den Explosionen beobachtete, zur Genüge.

Zum Unterschiede des in der Flüssigkeit gebunden oder verborgen enthaltenen Dampfes von dem in der Dampfkammer befindlichen Dampfe nennt Hr. Voizot ersteren den latenten Dampf.

Bei den Explosionen selbst nimmt der Verfasser folgende drei Hauptphasen an: 1stens Erzeugung einer großen Austrittsöffnung für den Dampf, sey es durch Bersten der Wände des Apparates oder durch irgend eine andere Veranlassung; 2tens plötzliches Entweichen von Dampf und dadurch merkliche Verminderung des Drukes auf die Wasserfläche im Kessel. 3tens augenblikliche Entwiklung des latenten Dampfes, oder was dasselbe ist: die Explosion des Kessels.

Im zweiten Theile seiner Abhandlung beschäftigt sich der Verf. mit der Lösung der gleich im Eingange aufgestellten zwei Fragen oder Aufgaben.

I. Erste Aufgabe, welche darin liegt, die Ursachen der Explosionen unmöglich oder wenigstens so selten als möglich zu machen. Der Verf. erkennt hauptsächlich drei Veranlassungen zu Explosionen: nämlich 1stens Mangel an Verbrauch oder Unmöglichkeit des gehörigen Entweichens des erzeugten Dampfes. 2tens Schwächung der Kesselwände. 3tens plötzliches Entweichen des Dampfes.

1. Mangelhafter Verbrauch des erzeugten Dampfes. Die Ueberlastung des Sicherheitsventiles und das Abkühlen der schmelzbaren Scheiben als abweichlich erzeugte Fehler bei Seite lassend, gibt der Verf. an, wie er das durch die Oxydation bedingte Anbaken der Ventile verhüten will. An den Kesseln von mittlerem Druke soll nämlich seinem Rathe gemäß, wenn der Dampf die dem Emporsteigen des Ventiles entsprechende Spannung hat, eine Röhre, die an dem oberen Ende der Speisungsröhre entspringt, das aus dem Kessel zurükgedrängte Wasser auf einen Hebelarm des Ventiles leiten. Der Druk dieses Wassers, welcher ein willkürlicher ist, in Verbindung mit dem inneren Druke des Dampfes reicht hin zur Ueberwältigung der Adhärenz des Ventiles und zum Emporheben desselben. An den Hochdrukkesseln soll das Ventil durch einen Schwimmer gehoben werden, der mittelst des Quekfilbers eines Luftmanometers von Unten nach Aufwärts getrieben wird.

2. Schwächung der Kesselwände. Diese ist entweder eine Folge der Abnüzung des Kessels, oder sie entsteht durch Ueberhizung der Wände, wenn das Wasser unter das Niveau sank. Nur die zweite dieser Ursachen kann in Betracht kommen. Zur Verhütung des Sinkens des Wasserstandes bringt der Verf. zwei Mittel in Vorschlag. Dem ersteren gemäß soll man längs der Seitenwände

eines Kessels von niederem Druke und in dessen Innerem von dem Kessel isolirte und gegen 12 Centimeter von ihm entfernte Fächer anbringen, die wenigstens so weit hinauf reichen, als die Flammen im äussersten Falle hinauf schlagen können. Diese Fächer wären mittelst Röhren, die von der Speisungsröhre aus entspringen, immer mit Wasser gefüllt zu erhalten, wie hoch auch das Wasser im Kessel stehen möchte. Das zweite, dem ersteren ähnliche Mittel unterscheidet sich von diesem nur dadurch, daß die Fächer an ihrem unteren Theile mit dem Kessel communiciren, und daß ihre innere, mit Scharniergewinden befestigte Wand, während des Reinigens auf den Boden des Kessels zurükgeschlagen werden kann. Die Speisung der Fächer erfolgt hier in Folge des Unterschiedes in der Dichtheit, welcher zwischen dem im Inneren des Kessels befindlichen Wasser, und dem in den Fächern circulirenden viel gasreicheren Wasser Statt findet. Nach den Versuchen des Verfassers wären die Fächer selbst dann noch gefüllt, wenn das Niveau des Wassers im Kessel um ²/₃ gefallen wäre. Aehnliche Mittel lassen sich auch an den Hochdrukkesseln in Anwendung bringen.

3. Plözliches Entweichen von Dampf. Unter den Ursachen eines solchen Entweichens zählt Hr. Boizot folgende auf: Schmelzung einer Scheibe, Wegschleuderung einer dünnen Platte, Bersten einer Explosionskugel, Communication mit der Atmosphäre eines Kessels, der bei der Explosion eines anderen, zu demselben Motor gehörigen Kessels unbeschädigt geblieben, Explosion eines Kolbenstiefels oder einer Dampfleitungsröhre. Gegen alle diese Fälle, die er einzeln prüft, schlägt er Ventile vor, die jedes plözliche Entweichen von Dampf verhüten sollen.

II. Zweite Aufgabe, oder möglichste Beschränkung der Wirkungen, im Falle dennoch eine Explosion erfolgt. Wesentliche Bedingung einer jeden Explosion ist, wie der Verf. zeigt, plözliche Entbindung der Kraft, denn ohne diese tritt keine Gefahr ein. Da nun die Kraft aus der Flüssigkeit entbunden wird, so handelt es sich hier um Verhütung der plözlichen Entwiklung des latenten Dampfes oder mit anderen Worten um Theilung der Wirkung. Die Versuche, die der Verf. auch in dieser Hinsicht angestellt, ergaben ihm folgendes allgemein anzuwendende Verfahren. Man soll nämlich in jenem Theile des Kessels, der von dem Wasser eingenommen wird, mehrere aus einem Stüke bestehende Gefäße anbringen, von denen jedes, je nachdem es sich um einen Kessel von hohem oder von niederem Druk handelt, 30 oder 80 Kilogr. Wasser faßt, und in denen sich an der oberen Basis eine Mündung von 12 bis 40 Millimeter im Durchmesser, an der unteren Basis dagegen eine Mündung von um die Hälfte kleinerem Durchmesser befindet. Die untere Mündung dient zur Herstellung der Communication des Wassers; die obere dagegen ist bestimmt, die Communication mit der Dampfkammer zu vermitteln und dem Wasser die Rükkehr in die Gefäße zu gestatten. Die Gefäße sollen eine solche Anordnung besizen, daß sie die Reinigung des Kessels nicht beeinträchtigen. Dieses Verfahren gewährt den Vortheil, daß es auch das zweite Schuzmittel, welches der Verf. gegen das Glühendwerden der Kesselwände in Vorschlag bringt, in sich schließt. Würde der Kessel aus irgend einer Ursache zum Bersten kommen, so würde das Wasser, welches in einem gewöhnlichen Kessel in unmittelbare Berührung mit der Atmosphäre käme und welches also in einem Momente allen seinen latenten Dampf entbinden würde, hier in diesem Falle in kleinen Strömchen aus den oberen Mündungen der Gefäße austreten, so daß der Kessel anstatt zu zerspringen nur einen einfachen Riß bekäme. Hr. Boizot zeigt, wie sich dieses Verfahren auf die verschiedenen, dermalen gebräuchlichen Arten von Kesseln anwenden läßt. Wir verweisen in dieser Hinsicht auf die Abhandlung selbst, die demnächst im Druke erscheinen wird.

II.

Bericht des Hrn. Théodore Olivier über die von Hrn. Hoyau, Ingenieur und Mechaniker in Paris, rue Saint-Martin No. 120, erfundenen Maschinen zum Schleifen von Spiegeln, optischen Gläsern, lithographischen Steinen 2c.

Aus dem Bulletin de la Société d'encouragement. Mai 1838, S. 155.

Mit Abbildungen auf Tab. I.

Hr. Hoyau, der Erfinder der sinnreichen Maschine zur Fabrication von Haken oder Agrafen, hat der Gesellschaft Zeichnungen zweier Schleifmaschinen vorgelegt, von denen die, welche zur Ausführung ebener Flächen bestimmt ist, bereits wirklich arbeitet; während die andere, mit der man einen Theil einer sphärischen Oberfläche von beliebigem Radius ausführen kann, bisher nur in der Zeichnung vorliegt. Das beiden Maschinen zu Grunde liegende Princip kann auch Maschinen liefern, mit denen sich cylindrische Oberflächen, deren gerader Durchschnitt einen Radius von beliebiger Größe hat, oder Kegelschnitte, deren Winkel an der Spize ein spizer oder stumpfer seyn kann, vollbringen lassen. Hauptsächlich zeichnen sich diese Maschinen jedoch dadurch aus, daß man auf ihnen Stüke von sehr großen Dimensionen bearbeiten kann.

Das Princip, von dem Hr. Hoyau ausging, ist streng richtig und führt, wie sich die Commission zu überzeugen Gelegenheit hatte, bei seiner Anwendung zur beinahe mathematischen Ausführung der ebenen Fläche. Es unterliegt keinem Zweifel, daß sich die Maschine zum Zurichten und Poliren von Marmor, Granit und anderen Steinen, von Eisen-, Kupfer- und anderen Metallplatten, kurz, zur Behandlung aller Stoffe eignet, auf welche die Wärme, die durch die Reibung des Schleifsteines hervorgebracht wird, keine nachtheilige Wirkung ausüben kann. Handelt es sich dagegen um das Zurichten und namentlich um das Poliren dünner Platten, wobei die Reibung nur auf die eine der Oberflächen wirkt, während die andere mittelst Aufkitten auf die um ihre Achse sich drehende Platte befestigt ist, so kann die auf die äußere Oberfläche einwirkende Wärme je nach ihrer Intensität und je nach der Beschaffenheit der zu behandelnden Substanz nach gewissen Richtungen und an gewissen Punkten einen Bruch dieser Platten bewirken, und zwar um so leichter, je schlechter die Substanz die Wärme leitet.

Die Commission hielt sich nicht für befugt, über die Anwendbarkeit der Maschine zum Spiegelschleifen abzuurtheilen; doch wünscht sie die in dieser Hinsicht angestellten Versuche mitgetheilt zu sehen, da nur länger fortgesezte Versuche die Frage zur Entscheidung bringen können. So wie die Maschine jezt ist, vollbringt sie das Zurichten und Poliren verschiedenartiger Substanzen mit Vortheil, diese mögen ihr in Gestalt von Blöken, von diken oder dünnen Platten oder in anderen Formen dargeboten werden.

I. Beschreibung der von Hrn. Hoyau erfundenen Maschinen zur Ausführung ebener, sphärischer, cylindrischer und anderer Oberflächen, welche Maschinen in der Spiegelfabrication, zum Schleifen optischer Gläser, zum Zurichten und Poliren von Marmor und anderen Steinen anwendbar sind.

Man war bisher, wenn man vollkommen ebene Flächen zu Stande bringen wollte, gezwungen, Leitungslinien zu benüzen, welche mehr oder minder gut ausgeführt waren, so daß also die Richtigkeit der Fläche gänzlich von jener eines Lineales, welches dem Werkzeuge als Führer diente, abhing. Wenn man aber auch wirklich mit aller Sorgfalt und Mühe eine gute Leitungslinie erzielt hatte, so verhinderten doch die Ausweichungen des Werkzeuges, daß die Fläche nicht vollkommen eben ausfiel. Man mußte daher, um auch noch die lezten Unebenheiten wegzuschaffen, zwei Flächen auf einander abreiben, und zwischen beide eine schleifende Substanz, wie Sand, Schmirgel, Bimsstein, Zinnasche u. dgl. bringen. Dabei geschah es aber zuweilen, daß die Fläche concav oder etwas gewölbt ausfiel, je nachdem sich diese Substanz in Folge der Bewegung, in die der Arbeiter die zuzurichtenden Stüke versezte, gegen den Mittelpunkt oder gegen den Umfang hin ansammelte.

Ich dachte mir daher, daß man die Mittel zur sicheren Erzielung vollkommen ebener Flächen in einem anderen Principe und ohne Mithülfe von geraden Linien oder anderen bereits vollendeten derlei Flächen suchen müsse. Dadurch, daß ich diesem Principe eine größere Ausdehnung gab, ergab sich mir aber zugleich auch das Mittel zur Ausführung sphärischer Oberflächen von irgend einem beliebigen Radius, d. h. von Radien von einer Stunde und darüber angefangen bis zu Kugeln von einem Meter und selbst darunter.

Da von allen mit den Händen hervorgebrachten Arbeiten jene, die aus der Drehebank hervorgehen, der Vollkommenheit am nächsten kommen, so ward die Maschine nur aus den sorgfältigst abgedrehten Achsen, welche ohne Erschütterung in gut adjustirten Zapfenlagern liefen, zusammengesezt. Hieraus ergibt sich, daß eine vollkommen abgedrehte und richtig in ihren Anwellen ruhende Achse eine mathematisch richtige, unwandelbare und vollkommen fixe ist.

II. Theorie dieser Maschinen.

Die Geometrie lehrt, daß, wenn man einen Punkt A, Fig. 1, welcher unveränderlich auf der Linie B C fixirt ist, um diese Linie dreht, ohne daß diese dabei nach der Länge eine Veränderung ihrer Lage erleidet, dieser Punkt einen Kreisbogen beschreibt, welcher in einer auf die Linie senkrechten Ebene gelegen ist. Denkt man sich nun eine zweite, mit der ersten parallele, gerade Linie D E, Fig. 2, und fixirt man A B C auf unwandelbare Weise an dieser zweiten Linie, so werden, wenn man A B C um die Linie D E als Achse dreht, die Punkte A B C und überhaupt alle Punkte der Linie B C Kreise beschreiben, deren Ebenen auf D E senkrecht sind. Wenn sich aber, während A B C sich um D E dreht, der Punkt A gleichzeitig um B C drehen kann, so wird dieser Punkt A alle möglichen Punkte einer Ebene durchlaufen, die auf die beiden Linien B C und D E zugleich senkrecht ist, und deren Gränzen mit jenen eines Kreises zusammenfallen, dessen Radius der Entfernung zwischen den Linien B C und D E der Entfernung des Punktes A von der Linie B C gleich ist. Zwei ähnliche Systeme ließen sich auch auf die aus Fig. 3 ersichtliche Weise zusammensezen.

Wenn man anstatt zweier paralleler Achsen ihrer drei, B C, D E, F G, Fig. 4, oder irgend eine beliebige Anzahl annimmt, so bleibt das Resultat dasselbe. Man kann diese Achsen auch von einander trennen, wie man in Fig. 5 und 6 sieht; denn wenn die beiden Achsen B C, D E einander parallel sind, wird der Punkt A immer eine auf dieselbe senkrechte Ebene beschreiben. Damit aber der Punkt A nach Fig. 5 eine Ebene erzeuge, muß man annehmen, daß die Linie D E um den Punkt D und die Linie C B um den Punkt B sich drehe, wobei die beiden Punkte D und B als unwandelbare Drehpunkte zu betrachten sind. In diesem Falle beschreibt also der Punkt A den Kreisbogen A′A′, während die Achse D E bei ihrer Rotation dem Punkt A alle jene Punkte der auf sie senkrechten Ebene H I darbietet.

Nimmt man drei nach Fig. 6 verbundene, vollkommen parallele, senkrecht gedachte Achsen B C, D E, F G an; denkt man sich an dem oberen Ende der Achse F G eine auf sie vollkommen senkrechte Fläche H I; und nimmt man ferner an, daß sich die Achse B C nach ihrer Länge bewegen könne, so daß der Punkt A mit der Ebene H, I zusammenfallen kann, so wird, wenn man die Achse B C dreht, diese den Punkt A mit sich führen, so daß dieser auf der Fläche H I einen horizontalen Kreis A, A′ beschreibt. Läßt man eben diese Ebene H I umlaufen, so wird der Punkt A ihre ganze Oberfläche durchlaufen, wobei jedoch vorausgesezt ist, daß das ganze System B C A um die Achse D E sich drehe.

Das Princip, dem ich bei der Zusammensezung meiner Maschinen folgte, ist demnach: Wenn irgend eine Anzahl paralleler Achsen, sie mögen unter einander verbunden seyn oder nicht, gegeben ist, so wird ein an irgend einer dieser Achsen fixirter Punkt einen auf sämmtliche Achsen senkrechten Kreis beschreiben.

Diesem Principe habe ich für den Fall, daß die Achsen nicht parallel sind, ein zweites, daraus abgeleitetes beizufügen, welchem gemäß ich anstatt ebener Flächen sphärische, kegelförmige oder cylindrische erzeugen kann. Nimmt man nämlich an, in Fig. 7 befinde sich die Achse B C in einer Ebene mit der Achse D E, so jedoch, daß sie mit lezterer irgend einen Winkel D K B bilde; denkt man sich ferner, daß das System C B A um die Achse B C sich drehe, und daß dasselbe zugleich auch um die Achse D E sich drehe, so wird der Punkt A eine Kugelfläche beschreiben, die ihren Mittelpunkt in K, nämlich da haben wird, wo die beiden Linien B C und D E zusammentreffen, wenn man sie verlängert. Um den Beweis hiefür zu liefern, hat man nur zu zeigen, daß der Punkt A immer von K gleich weit entfernt ist. Da sich die beiden Achsen B C, D E nicht nach ihrer Länge bewegen können, so ist offenbar, daß sie sich gerade so verhalten, als hätten sie ihren gemeinschaftlichen Drehpunkt in K.

Die Achse B C beschreibt also einen abgestuzten Kegel um die Achse D E; und da die Achse B C ihre Stellung in der Längenrichtung nicht verändert, so wird der Punkt A den Umfang A A′ der Basis eines Kegels beschreiben, dessen Spize sich in K befindet, wonach sämmtliche Punkte dieses Umfanges gleich weit von dem Punkte K entfernt sind. Anderer Seits wird, wenn sich das System A B C um die Achse D E dreht, ohne daß sich diese bewegt, der Mittelpunkt B′ des von dem Punkte A beschriebenen Umfanges seine Entfernung von dem Punkte K nicht verändern. Der Punkt A wird demnach, welche Bewegung man dem Gesammtsysteme um die Achsen A B und D E geben mag, vorausgesezt, daß diese Achsen in der Längenrichtung unbewegt bleiben, stets gleich weit von dem Punkte K entfernt seyn. Man könnte in die Richtung von A K auch noch eine Achse bringen, welche das Werkzeug trüge, womit man die Kugelfläche arbeiten lassen will, wie dieß später angegeben werden soll. Endlich wird, wenn man eine durch den Punkt K gehende Achse G F, welche sich um die Punkte G F dreht, anbringt, und wenn sich auf der Oberfläche H irgend ein Körper befindet, aus diesem mittelst des am unteren Ende der Achse B C befestigten Werkzeuges eine Kugel gebildet werden.

Es ist klar, daß man durch Abänderung der Neigung der Achsen den Punkt, in welchem beide zusammentreffen, sehr weit entfernen kann. Man wird dieß deutlicher sehen, wenn die Anordnung der Maschine, die nach diesem Principe gebaut ist, angegeben wird.

Fig. 8 zeigt die zur Bildung eines Kegels bestimmte Anordnung. Denn, wenn man der Achse F G eine Neigung gibt, so wird der Punkt A, der eine ebene Fläche durchläuft, auch eine gerade Linie ziehen, so daß er also den Kegel S H I bilden kann.

Wenn man endlich die Achse F G horizontal stellt, wie man sie in Fig. 9 sieht, und wenn die beiden anderen Achsen B C, D E senkrecht stehen, so wird der Punkt A die Oberfläche eines Cylinders bilden.

Mein zweites Princip lautet demnach wie folgt: W e n n d r e i A c h s e n B C, D E, G H i n e i n e n P u n k t K z u s a m m e n l a u f e n, s o w i r d e i n m i t d e r A c h s e B C v e r b u n d e n e r P u n k t, w e l c h e r e i n e n K r e i s u m d i e s e A c h s e b e s c h r e i b e n k a n n, e i n e K u g e l f l ä c h e e r z e u g e n, d i e i h r e n M i t t e l p u n k t i n d e m V e r e i n i g u n g s p u n k t e d e r A c h s e h a t. Schon die beiden Achsen B C und D E allein genügen zu diesem Zweke, wenn die Oberfläche, auf die der Punkt A wirkt, unbeweglich ist.

Mein drittes Princip ist: W e n n z w e i p a r a l l e l e A c h s e n B C, D E g e g e b e n s i n d, u n d w e n n s i c h e i n m i t d e r A c h s e

B C verbundener Punkt A um die Achse drehen kann, so wird, wenn man eine dritte Achse F G in die Ebene der unbeweglichen Achse D,E bringt, und wenn die Achse F G schief gegen D E gestellt ist, der Punkt A beim Umdrehen der Achse F G die convexe Oberfläche eines Kegels beschreiben.

Mein viertes Princip, welches eigentlich nur eine Folge des eben gegebenen ist, weicht von diesem nur darin ab, daß sich die Achse F G zugleich in der Fläche D E und auf lezterer senkrecht befindet, wodurch der Kegel zum Cylinder wird.

Der allgemeine Ausdruk für das meiner Erfindung zum Grunde liegende Princip ist demnach: eine Verbindung paralleler oder gegen einander geneigter Achsen zur Bildung ebener, sphärischer, kegelförmiger oder cylindrischer Oberflächen.

III. Beschreibung der nach dem Principe von Fig. 5 gebauten Maschine, welche zum Spiegelschleifen benuzt wurde.

Die in Fig. 10 im Aufrisse dargestellte Maschine besteht aus zwei Haupttheilen, von denen ich den einen den Tisch (banc) und den andern den Flügel (volet) nennen will. Der Tisch besteht aus einer senkrechten, kegelförmigen, hohlen, aus Eisen gegossenen Welle A, die sich nach Unten in einen kugelförmigen Zapfen aus gehärtetem Stahle B endigt. In ein kegelförmiges, in der Welle angebrachtes Loch ist dieser Zapfen fest eingefügt und durch einen Stift bei C festgehalten. Der Zapfen, der mit der Welle A gleichsam ein Stük bildet, läuft in einer gleichfalls kugelförmigen Pfanne D aus gehärtetem Stahle. Zapfen und Pfanne müssen nach der Härtung gut in einander gerieben werden, damit sie vollkommen in einander passen. Die Pfanne D befindet sich in einer gußeisernen Büchse E, welche rings um die Pfanne herum einen Raum von 6 Linien läßt. Vier eiserne Schrauben, welche in die vier Seiten der Büchse geschraubt sind, dienen zur Veränderung der Stellung der Pfanne und zur gehörigen Centrirung derselben, wie dieß später bei der Adjustirung der Maschine deutlicher erhellen wird. Die Büchse E ruht mit vier gußeisernen Füßen auf einem starken Steine F, in den die Füße mit einem aus Eisenfeile, Schwefel, Blei oder auf irgend andere Weise zusammengesezten Kitte fest eingefügt sind. Die Pfanne ist in einem Keller unterzubringen, in den man durch die Fallthüre A' und über die Treppe B' hinab gelangt.

In senkrechter Richtung über dem Steine F bemerkt man einen zweiten, sehr starken Stein G, der fest in den Boden eingemauert ist. Durch diesen Stein ist ein viereckiges Loch gebohrt, durch welches die Welle A geht, und in welchem der obere Halsring der Welle fixirt ist. In Fig. 11 und 12 sieht man diesen Halsring im grösseren Maaßstabe im Durchschnitte und im Grundrisse gezeichnet. Fig. 13 zeigt, wie die Lappen L an der Welle A, die hier in einem senkrecht gegen die Achse genommenen Durchschnitte abgebildet ist, befestigt sind.

An dem oberen Theile bildet die Welle einen etwas dikeren Kegel, als an ihrem Körper. Dieser Kegel ist eben so gedreht, wie der untere Zapfen. Der Halsring H, Fig. 11 und 12 bildet ein viereckiges, gußeisernes Stük, welches innen in Form eines Kegels ausgebohrt ist, so daß die kegelförmige Welle genau hineinpaßt. Beide Theile müssen, damit sie genau passen, in einander gerieben werden. Dieser Halsring ist in einen vierekigen Rahmen I eingesezt, in dessen Seiten und zwar gegen die Enden der Seiten hin acht Schrauben eingebohrt sind. Mit diesen Schrauben wird die Stellung des Halsringes H bestimmt, und damit ihm hiebei genügender Spielraum gegeben ist, ist zwischen dem Rahmen und dem Halsringe rings herum ein Raum von 6 Linien gelassen. Der Rahmen hat 8 Füße, die wie die Füße der unteren Pfanne in die in dem Steine G angebrachten Löcher eingelassen sind.

Unter dem Halsringe H ist ein sehr starker gußeiserner Ring K, Fig. 11, angebracht; und um diesen zu tragen, sind auf der Welle diametral einander gegenüberstehend, zwei Lappen L, welche zwei Schrauben M haben, deren Enden, welche kleine Cylinder bilden, in cylindrische, in den Ring K gebohrte Löcher passen, damit auf solche Weise der Ring getragen wird, während zugleich auch seine Höhe regulirt werden kann. Wenn die Welle umläuft, so führt sie den Ring K mit sich; da jedoch dieser an den Halsring angelegte Ring genau abgedreht ist, so hört er deßhalb nicht auf, den Halsring zu tragen.

Ueber dem kegelförmigen Theile befindet sich ein aus Fig. 10 ersichtlicher, großer Absaz N, von dem aus die Welle in cylindrischer Gestalt fortläuft. Auf diesem Absaze ruht eine große gußeiserne Platte O, deren mittlerer Theil den hohlen Cylinder P bildet, dessen Durchmesser um einen Zoll grösser ist, als jener des Cylinders am Ende der Welle, und der zur Aufnahme des Zapfens der Welle dient. Um beide Stüke mit einander zu verbinden, wird der Zwischenraum mit einem Kitte aus Eisenfeile ausgefüllt. Von dem hohlen Cylinder P laufen acht platte Speichen*) aus, deren Breite gegen ihre Enden hin abnimmt, und welche durch zwei Reifen, an denen sich, um sie minder biegsam zu machen, Rippen befinden, zusammengehalten werden. Unter der Platte O bemerkt man die horizontale Rolle Q, die mit Schrauben an den einzelnen Speichen fest gemacht ist. Oben auf sie hingegen sind vier große, mit Gyps eingesezte und mit einem eisernen Reifen R umgebene Steine gebracht. Zum Anziehen dieses Reifens dienen Schließkeile.

Das über dem Tisch befindliche Stük, welches ich den Flügel nenne, besteht aus einem großen gußeisernen Rahmen, den man in Fig. 14 im Profil und in größerem Maaßstabe gezeichnet sieht. Er hat die Form eines Trapezes, durch welches mehrere in diagonaler Richtung angebrachte Querstüke gezogen sind. Damit sich leztere nicht so leicht biegen, sind sie mit starken Rippen versehen. An der großen Seite des Trapezes befinden sich die vier Halsringe S, deren innere Gestalt man aus dem Durchschnitte, Fig. 15, ersieht, und welche zur Aufnahme einer hohlen gußeisernen Welle T dienen. An dem unteren Ende dieser Welle befindet sich ein ähnlicher Zapfen, wie er oben bei der Welle A beschrieben wurde. Dieser Zapfen läuft in einer Pfanne U, welche der Pfanne D gleichfalls ähnlich ist, und die in eine Büchse eingesezt ist, welche einen Theil des gußeisernen Stuhles V bildet. Durch die vier Seiten der Büchse gehen die Schrauben X, welche zum Feststellen der Pfanne dienen. Die Büchse ist rings herum um 6 Linien weiter als die Pfanne, damit man der Pfanne eine beliebige Stellung geben kann. Der Stuhl V, den man in Fig. 10 von Vorne und in Fig. 14 und 15 im Profile sieht, ist mit vier Bolzen Y an einer Mauer befestigt, welche der gehörigen Festigkeit wegen wenigstens 2½ bis 3 Fuß Dike haben muß.

Der obere Theil der Welle T nimmt einen Zapfen Z auf, der die Einrichtung des oben beschriebenen Zapfens hat, und der auch mit der möglich größten Genauigkeit eben so abgedreht ist. Dieser Zapfen Z ruht in einem Lager a, welches man in Fig. 14 im Profile sieht, und welches eine Kugel vorstellt, die nach einer durch die Achse des hohlen, den Zapfen Z aufnehmenden Cylinders gelegten Fläche durchschnitten ist. Es befindet sich in einer Büchse oder in einem Halsringe b, dessen eine Hälfte einen Stuhl bildet, der, gleich dem Stuhle V, mit drei durchgehenden Bolzen Y' an der erwähnten Mauer fest gemacht ist. Mit dem Stuhle ist endlich durch zwei

*) Im Originale steht rayons (Radien); die sehr geschraubte Beschreibung der Maschine scheint von einem Mathematiker herzurühren, welcher kein Techniker ist. A. d. R.

Schrauben der Hut verbunden, der zum Zusammendrüken des Lagers dient. Diese beiden kugelförmig ausgehöhlten Theile nehmen das kugelförmige Lager auf, welches sich in senkrechter Linie über der Pfanne befinden muß.

Die durch die vier Halsringe S gehende cylindrische Welle T wird durch einen Absaz c, auf dem der Halsring ruht, festgehalten. Sie ist ferner mit Eisenfeilkitt so in diese vier Halsringe eingelassen, daß sie mit dem Flügel gleichsam nur einen Körper bildet, um den sich der Flügel dreht.

An der kleinen Seite des Trapezes befindet sich unten ein Halsring d, der dem oberen Lager der Welle T vollkommen ähnlich gebildet ist. An dem oberen Theile derselben Seite bemerkt man dagegen einen starken gußeisernen Manchon e, der mit dem Flügel gleichsam aus einem Stüke besteht, und in dem sich ein Halsring befindet, der sogleich näher beschrieben werden soll. Dieser Halsring, dessen Details man in Fig. 16 und 17 sieht, kommt in seiner Anordnung jenem gleich, der den Zapfen der Achse des Flügels aufnimmt; d. h. er ist so wie dieser geschnitten, und unterscheidet sich bloß durch seine Gestalt von ihm. Anstatt nämlich eine kugelförmige Oberfläche zu besizen, bietet er zwei Kegel dar, die mit ihren großen Basen gegen einander gekehrt sind, und zwischen denen sich eine sphärische Zone befindet, welche eine Art von kreisrundem Wulste bildet. Zwei Ringe f, die innen nach demselben Kegel ausgebohrt sind wie der Halsring, sind zu beiden Seiten angebracht und werden einander mittelst drei oder vier Schrauben so genähert, daß durch Anziehen dieser Schrauben auch die beiden Theile des Halsringes näher an einander treten. Nur muß man, damit diese Ringe wirken, zur Seite der Schrauben die beiden Flächen der Kegel so abplatten, daß die Ringe nur auf die Enden jenes Durchmessers wirken, der auf der Fläche, welche den Halsring in zwei Theile theilt, senkrecht steht. In Folge dieser Einrichtung werden, wenn man die Schrauben anzieht, die beiden Hälften des Halsringes einander mit Gewalt genähert, während zwei kegelförmige Schrauben deren Entfernung von einander so reguliren, daß der Welle, die sie aufnehmen, kein Spielraum gestattet ist, daß sie aber eben so wenig eine Compression erleidet.

Auf der Hälfte der Höhe sind in den Manchon e, Fig. 14, vier Schrauben g eingesezt, welche nach senkrechten Durchmessern gestellt sind. Diese Schrauben, die sich in kleine Cylinder endigen, werden von vier in den oben erwähnten Wulst gebohrten Löchern aufgenommen, deren Durchmesser größer ist als die am Ende der Schrauben befindlichen Zapfen und kleiner als die Körper dieser

Schrauben. Der Halsring ist demnach auf solche Weise in der Mitte des Manchon fixirt; seine Stellung kann aber mittelst der vier Schrauben g abgeändert werden.

Die Halsringe d und e, Fig. 14 und 16, dienen zur Aufnahme einer Welle h, an welcher das gußeiserne Stük i, welches ich den Läufer (moellon) nennen will, und welches zum Abschleifen der Spiegel bestimmt ist, angebracht ist. Dieser Läufer besteht aus zwei Theilen. Der eine von diesen, den ich den Trichter (entonnoir) nenne, bildet einen umgekehrten hohlen Kegel k, in dessen Innerem sich drei Arme befinden, die sich in der Mitte zur Dülle j vereinigen. Das kegelförmige Loch dieser Dülle dient zur Aufnahme des unteren Endes der Welle h; und an dieses Ende, welches mit einem Schraubengewinde versehen ist, wird zum Behufe der Fixirung der Dülle an der Welle h die hutartige Mutter k' geschraubt. Der durch die Welle gestekte und in zwei an der Dülle angebrachte Einschnitte eindringende Schließkeil l verhütet das Umlaufen der Dülle und ein allenfalls durch die Reibung bedingtes Losschrauben der Mutter. Unter dem Trichter k ist die Platte oder der Läufer i befestigt, der drei den Armen des Trichters entsprechende Brazen hat. Durch jede dieser Brazen geht ein Bolzen, wodurch der Läufer auf solche Art mit dem Trichter verbunden wird, daß er gleichsam nur ein Stük mit demselben auszumachen scheint. In der Mitte des Läufers befindet sich ein Loch, welches dem Grunde des Trichters gleichkommt, und welches, wie man aus Fig. 16 sieht, gleichwie der äußere Ring des Läufers schräg geschnitten ist.

An dem oberen Theile der Welle h, die man in Fig. 16 und 17 im Durchschnitte sieht, befindet sich ein Stük m, welches die Gestalt eines Halsringes oder Absazes hat, mittelst eines Schließkeiles an der Welle befestigt ist, und das ich den Zapfen (pivot) nennen will. Der untere Rand dieses aus gehärtetem Stahle verfertigten Stükes ruht in einer kreisrunden Kehle, welche in die gleichfalls aus Stahl gearbeitete Kapsel n geschnitten ist. Der untere Theil dieser Kapsel, welche ich die Pfanne (crapaudine) nenne, hat eine kugelartige Wölbung; ihre Ränder sind aufgebogen, damit sie das Oehl, in welchem der Zapfen badet, fassen kann. Diese Pfanne ruht auf der aus Gußeisen gearbeiteten Unterlage o, welche brillenartig geformt ist, und durch die sowohl die Welle h als auch die beiden Arme p sezen. Leztere, die sich zu beiden Seiten befinden, werden zwischen den beiden platten Stüken q, die einen Theil des Manchon c ausmachen, und die man in Fig. 14 sieht, festgehalten. Diese beiden Stüke stehen durch einen platten horizontalen Theil mit dem Manchon in Verbindung und bilden Muttern für die beiden

Schrauben r, welche die Arme der Brillen tragen und zur Regulirung der Höhe der Pfanne dienen. An dem unteren Ende dieser Schrauben sind die beiden horizontalen Räder s, s; Fig. 17, aufgezogen; und diese greifen in zwei endlose Schrauben, die an einer und derselben Spindel angebracht sind. Leztere läuft in Hälsen, welche durch zwei, über und unter den Centraldüllen der Räder angebrachte Arme mit den Schaften zusammenhängen, und die also ein System bilden, welches der Bewegung der beiden Räder folgt, und welches sich demnach mit ihnen hebt oder senkt. Das Ende der Spindel der endlosen Schrauben läuft durch ein Zifferblatt s', welches in 15 Theile eingetheilt und mit einem Zeiger versehen ist. Da die Schrauben r Gänge von 1½ Linien haben, und da die Räder der endlosen Schrauben 100 Zähne führen, so bewirkt jeder Zahn ein Steigen oder Sinken der Schrauben um 15 Tausendstel einer Linie. Jede Abtheilung des Zifferblattes bewirkt also, da sie $\frac{1}{15}$ Umgang der endlosen Schraube oder $\frac{1}{15}$ Zahn gibt, daß die Schrauben um den tausendsten Theil einer Linie steigen oder sinken. Hieraus erhellt, daß man die Höhe der Welle und mithin auch jene des Läufers i mit großer Genauigkeit reguliren kann.

Da ich für nöthig erachtete, daß der Druk des Läufers verändert werden könne, so brachte ich, um ihn ins Gleichgewicht zu sezen, folgende Vorrichtung an. Zu beiden Seiten der Pfanne n bemerkt man in die Unterlage o die beiden Schrauben t eingelassen, welche sich in Ringe endigen. Diese Ringe dienen zur Aufnahme zweier Haken, und diese Haken sind Verlängerungen der beiden Schenkel einer Gabel oder eines Halbmondes u. Beide Schenkel vereinigen sich in den Balken v einer Schnellwaage, der seinen Stüzpunkt in einem Zirkelkopfe hat, durch den ein Bolzen sezt, welcher zugleich auch durch den Balken dringt. Dieser Kopf befindet sich an dem Ende einer Schraube x; und diese Schraube geht durch den Ring y, dessen Schwanz in den Manchon e geschraubt ist. Eine über und unter diesem Ringe angebrachte Mutter und Gegenmutter dienen zur Regulirung der Höhe des Stüzpunktes der Schnellwaage, um denselben mit der Stellung der Pfanne in Einklang zu bringen. Das Gewicht z endlich vermindert oder erhöht den Druk des Läufers, je nachdem man es von dem Stüzpunkte entfernt oder demselben annähert.

Ich habe nach dieser Beschreibung des Mechanismus nur noch zu zeigen, wie der Läufer i und die große Steinplatte O mittelst der ausgekehlten Rolle Q in Bewegung gesezt wird. Man bringt nämlich außerhalb der Maschine und gehörigen Ortes eine senkrechte Welle a', Fig. 10, an, welche von den Halsringen b', b', die an derselben Mauer befestigt sind, wie der Flügel, festgehalten wird. Den oberen

Theil dieser Welle versieht man mit einem Winkelgetriebe c', welches von irgend einer Triebkraft in Bewegung gesezt wird. Dieses Getrieb soll frei an der Welle laufen; damit es jedoch leztere umtreibe, ist an einem vierkantigen Theile derselben ein Verkuppelungsmechanismus d' anzubringen, dessen beide vorspringenden Enden in den von den Armen oder Radien des Getriebes gebildeten Raum eindringen. Das Stük d' trägt eine Kehlenrolle, welche einen eisernen, mit zwei kleinen Zapfen ausgestatteten Ring aufnimmt. Diese beiden Zapfen dringen in zwei kleine Gabeln, die an den beiden Enden des Halbmondes, dessen Drehpunkt gehörig fixirt ist, angebracht sind. An dem Ende des Hebels e' kann man den Mechanismus verkuppeln oder ausheben.

Der untere Theil der Welle a' führt die beiden ausgekehlten Rollen f', f'', die nicht von gleichem Durchmesser sind. Die größere dieser Rollen pflanzt die Bewegung an den Läufer fort; die kleinere dagegen entspricht der großen Rolle Q der Platte. Beide Rollen sind an einem cylindrischen Theile der Welle aufgezogen, und werden mittelst Schließkeile, welche durch die Düllen sezen und auf einen abgeplatteten Theil der Welle drüken, festgehalten. Dieser abgeplattete Theil ist länger als der Schließkeil, wodurch man in Stand gesezt ist, die Höhe der Rollen zu verändern, damit sie stets genau mit jenen, die sie in Bewegung zu sezen haben, correspondiren.

Die Rolle f' sezt die Rolle g', deren Mittelpunkt sich mit der Welle des Flügels in einer und derselben mathematischen Achse befindet, in Bewegung. Leztere ist, wie Fig. 14 zeigt, an einem Zapfen oder Bolzen h' aufgezogen, der mittelst einer Schraubenmutter an dem Ende einer langen Stange i' festgemacht ist. Dieser Bolzen sezt ferner auch durch ein Loch, welches durch die centrirte Eisenstange k', deren Enden in eine Mauer eingelassen sind, gebohrt ist. Er kann sich daher in dem Loche drehen, während er durch die Centraldülle der Rolle g', der er als Achse dient, auf der Stange unbewegt bleibt. Die Rolle g' ruht auf einer Scheibe, die mittelst eines runden Stiftes l' festgehalten wird. Zu lezterem Zweke und um also die Rolle g' in gehöriger Höhe stellen zu können, sind in die Achse in verschiedenen Höhen Löcher gebohrt. Die Rolle g' steht aber ferner mit dem Zahnrade m' in Verbindung, welches das Rad n' treibt, das seinerseits das an der Welle des Läufers befindliche Zahnrad o' in Bewegung sezt.

Auf der Stange i' befindet sich eine Dülle p', durch welche die Welle h läuft, und die mit einer Schraubenmutter befestigt ist. Die Stange i' ist übrigens noch über diese Dülle hinaus verlängert, und endigt sich in einen hölzernen Griff, womit der Arbeiter den Flügel dreht und die Stellung des Läufers verändert. Auf ihr ist ferner auch der hölzerne Trichter q' befestigt, welcher den Schmirgel oder die sonstige Schleifsubstanz enthält, und welcher mit einer Fallthüre versehen ist, die man mehr oder weniger öffnet, je nachdem man mehr oder weniger von dieser Substanz ausfließen lassen will. Die Rinne r' leitet sie hiebei in den Trichter k.

Da Wasser die Wirkung der schleifenden Substanz begünstigt, so ist auch eine Bleiröhre s'' angebracht, die mittelst eines ledernen, durch die Deke geführten Schlauches mit einem Wasserbehälter communicirt. An dieser Röhre befindet sich auch ein Hahn t', den man mehr oder weniger öffnet, damit er mehr oder weniger Wasser ausfließen läßt. Die Röhre, welche mit kleinen Bändern längs des Flügels festgemacht ist, leitet das Wasser in den Trichter.

Nachdem ich nun den Bau der Maschine in allen ihren Details beschrieben, habe ich nur mehr deren Spiel, welches sehr einfach ist, zu erläutern. Ich seze hiebei voraus, daß die Welle a' durch die Triebkraft in Bewegung gesezt ist; daß die beiden Rollen f', f'' den Läufer und die große Platte O so wie die Steintafel, welche diese bedekt, umtreiben, und daß der Sand aus dem Trichter q' in den Trichter des Läufers i fließe, in den zugleich auch das Wasser gelangt. Das Gemenge aus Sand und Wasser tritt nämlich dann unter den Läufer, der, indem er umläuft, den Spiegel abschleift, welcher auf gewöhnliche Weise auf die Steintafel, die man den Tisch zu nennen pflegt, gekittet ist. In dem Maße, als die Spiegel, die Marmor-, Stein- oder Metallplatten abgeschliffen werden, senkt man den Läufer herab, indem man die endlosen Schrauben dreht, welche die Bewegung an die Räder s und dann an die beiden Schrauben r, r, an denen sie befestigt sind, fortpflanzen.

Dem gemäß, was oben bei der Begründung des mathematischen Principes der Maschine aufgestellt worden ist, müssen die Achsen der Platte, des Flügels und des Läufers unter einander parallel seyn. Um ihnen diese Stellung geben zu können, wurden die Pfannen sowohl als die Halsringe beweglich gemacht. Der Parallelismus wird Statt finden, wenn sie alle drei senkrecht stehen; denn ihre Entfernungen von einander sind so gering, daß die durch die Kugelform der Erde bedingte Verschiedenheit ihrer Neigung (!) unmerklich ist.

Um nun alle diese Achsen vollkommen senkrecht zu stellen, bediene ich mich einer Wasserwaage, welche wenigstens bis auf eine Secunde empfindlich ist. Ich seze sie auf die große Platte und lasse sie umdrehen; wäre die Welle nicht vollkommen senkrecht, so würde die Luftblase bei den verschiedenen Stellungen der Platte ihren Ort verändern. Ich bringe die Wasserwaage ferner auf die Platte, und zwar nach einem Durchmesser, der in der Richtung zweier entgegengesezter Schrauben gelegen ist. Wenn dann die Luftblase durch Aufheben der Wasserwaage bis in die Mitte der Röhre gebracht worden ist, was ein vollkommen ebenes Niveau andeutet, so lasse ich die Platte um den halben Umfang drehen. Bleibt die Blase hiebei auf einem und demselben Punkte stehen, so ist dieß ein Zeichen, daß die Welle senkrecht ist auf einer in der Ebene von einer Schraube zur anderen gezogenen geraden. Würde die Luftblase dagegen ihren Ort verändern, so bewege ich die Pfanne mittelst zweier Schrauben der Büchse E, wo dann der Zapfen und mit ihm auch die Welle ihre Stellung verändert. Hierauf wiederhole ich die Probe mit der Wasserwaage, und zwar so oft, bis die Blase bei zwei entgegengesezten Stellungen der Platte ihren Ort nicht mehr verändert, und bis sich also die Achse in einer auf der Horizontalebene senkrechten Ebene befindet. Ebenso verfahre ich in Betreff jenes Durchmessers, der senkrecht auf ersterem steht, und wenn die Wasserwaage nach diesen vier rechtwinkeligen Stellungen der Platte keine Abweichung zeigt, so ist dieß ein Beweis, daß die Achse senkrecht steht; und diese senkrechte Stellung wird so vollkommen seyn als die Horizontalebene, d. h. wenn die Empfindlichkeit der Wasserwaage bis auf eine Secunde reicht, so wird die Achse gleichfalls wenigstens bis auf eine Secunde eine richtige Stellung haben. Eine Neigung im Betrage einer Secunde ist aber eine so unbedeutende Differenz, daß sie bei den von der Maschine gegebenen Distanzen ganz unmerklich wird. So hat bei einem Radius von 57 Fuß der Grad beiläufig einen Fuß, was für eine Secunde $^1/_{3600}$ eines Fußes oder $^1/_{25}$ Linie gibt; und da die Platte 9 Fuß im Durchmesser, mithin $4^1/_2$ Fuß Radius hat, so gibt dieß in dem Verhältnisse von $4^1/_2$ zu 57 einen Irrthum von weniger als $^1/_{25}$ oder beiläufig von $^1/_{300}$ Linie.[3]) Noch kleiner wird übrigens der Irrthum, wenn man die Adjustirung so weit treibt, daß die Luftblase keine Ortsveränderung erleidet, in welche Stellung man die Platte auch bringen mag. Da der Halsring H sich mit der Welle bewegt, so folgt auch er den Aenderungen, welche in der Stellung der Pfanne D vorgenommen werden.

Die Adjustirung der Rotationsachse des Flügels hat ganz auf dieselbe Weise mittelst der beweglichen Pfanne, in welcher der Zapfen ruht, zu geschehen; und da der obere Halsring a, Fig. 14, eine kugelförmige Gestalt hat, so läuft er in seiner Hülse so, daß er

---

3) Diese Empfindlichkeit ist offenbar nicht sehr groß. A. d. R.

allen den Stellungen folgt, welche man der Welle gibt, indem man die Pfanne in Bewegung sezt.

Endlich muß auch noch die Welle des Läufers auf gleiche Weise in senkrechter Stellung adjustirt werden, wobei man zur Veränderung der Stellung der Welle die vier Schrauben g des Manchon o benuzt, und wobei der untere Halsring in Folge seiner Kugelform allen Bewegungen, die man der Welle h gibt, folgt.

Die erste Operation, die man, wenn man sich der Maschine bedienen will, zu vollbringen hat, ist das Zurichten des Schleiftisches. Man senkt zu diesem Zweke den Läufer mittelst der Schrauben r herab, bis er den Tisch berührt, läßt Sand und Wasser zufließen, und führt den Läufer über alle Theile des Tisches. Es gelingt auf diese Weise dem Steine eine solche Zurichtung zu geben, daß man auch mit einem aus der Hand des geschikteſten Arbeiters hervorgegangenen Richtscheite keinen Fehler entdeken kann; ja, daß man vielmehr mit der erzeugten Fläche die Fehler des Richtscheites auffinden wird.

Ich habe mit der beschriebenen Maschine innerhalb 12 Stunden 50 Fuß Spiegeloberfläche geschliffen, und zwar so vollkommen, daß auf keine Weise irgend ein Fehler daran zu entdeken war. Ich habe die geschliffene Spiegelfläche umgekehrt auf den Tisch gekittet und dann die Kehrseite gleichfalls geschliffen; die Folge war, daß leztere Seite vollkommen parallel mit ersterer ausfiel. Meine Maschine ist demnach von größter Wichtigkeit für die Spiegelfabrication, da sie in viel kürzerer Zeit eine Arbeit liefert, die mit aller möglichen Sorgfalt von Menschenhänden nicht von solcher Vollkommenheit erzeugt werden kann. Die mit ihr geschliffenen Spiegel geben nie jene Verzerrungen der Bilder, die an den gewöhnlichen Spiegeln nicht so gar selten vorkommen. Wenn man zwei gewöhnliche Spiegel gegenüberstellt, so geschieht es häufig, daß die Gegenstände, nachdem sie einige Male reflectirt worden sind, eine Verzerrung erleiden, so daß das, was eine Verzierung hätte seyn sollen, oft eine unangenehme optische Wirkung hervorbringt.

Die Maschine, Fig. 18, welche nach der unter Fig. 13, 17 und 18 erläuterten Theorie gebaut ist, besteht aus zwei mit einander verbundenen Flügeln A, B. Der Parallelismus der Achsen ist mit denselben Mitteln, wie sie oben angegeben wurden, hergestellt. Die Welle C ist ebenso adjustirt, wie die Achse des Flügels der ersten Maschine. Die zweite Welle D ist auf der anderen Seite des Flügels A ebenso adjustirt, und auch durch dieselben Mittel mit dem zweiten Flügel B verbunden. Die Welle E endlich ist ebenso aufgezogen wie jene des Läufers der oben beschriebenen Maschine. Bei dieser Einrichtung kann der Läufer auf alle Punkte der Fläche F gelangen, die von dem Mittelpunkte der Welle A aus mit einem der Summe der Breite beider Flügel gleichkommenden Radius gezogen ist. Alle übrigen Theile des Läufers und der dazu gehörigen Apparate kommen den bereits beschriebenen gleich.

Die zur Ausführung sphärischer Oberflächen bestimmte Maschine erhellt aus Fig. 19. Sie unterscheidet sich, was die Stellung ihrer Haupttheile anbelangt, von der oben ausführlich beschriebenen nur dadurch, daß die Welle des Läufers an ihrem unteren Theile durch einen Halsring A läuft, der sich um seine Achse dreht. Dieser Halsring ist jenem, der sich an dem oberen Theile der Welle des Läufers der beschriebenen Maschine befindet, vollkommen ähnlich, und unterscheidet sich nur dadurch, daß der Kegel oder die Hülse einen Zapfen hat. Diese Zapfen selbst sind beweglich, damit man die Achse adjustiren kann; d. h. damit sich das Stük in der durch die Achse der Läuferwelle und die Linie der Zapfen gelegten Ebene schwingen kann.

Die Welle B der Platte C hat einen Halsring, dessen Adjustirung jener der ersteren Maschine gleich ist; allein die Hülse hat gleichfalls Zapfen, die von starken, in den Stein E eingelassenen Halsringen aufgenommen werden. Die Pfanne F ist auf einem Kreisbogen G beweglich und läßt sich auf diesem an jedem beliebigen Punkte fixiren, damit man der Welle die gehörige Neigung zu geben im Stande ist. Da die drei Bogen in einem und demselben Punkte H zusammentreffen müssen, so adjustire ich sie, indem ich die von dem Flügel I und der großen Platte C gezogenen Kreise einander an zwei Punkten begegnen lasse.

Zu demselben Resultate könnte man auch mittelst der in Fig. 20 ersichtlichen Maschine gelangen, an der die beiden, in eine und dieselbe Linie gebrachten Wellen A, B senkrecht bleiben, während nun die Neigung der Welle C in einer senkrechten, durch die Wellen A, B gelegten Ebene eine Veränderung erleidet. Ich glaube sogar, daß diese leztere Einrichtung den Vorzug verdient, da sie nur an einer Welle eine Veränderung der Stellung erheischt. Um diese Welle so zu adjustiren, daß sie auf die beiden anderen trifft, hat man sich zuerst mittelst der Wasserwaage zu vergewissern, daß diese senkrecht stehen. Hierauf soll man auf die Platte der Welle A ein fixirtes Stük, welches einen horizontalen Kreis beschreibt, bringen, und dann, indem man einen anderen Punkt auf dem Flügel befestigt, durch Abänderung der Richtung der Welle C bewirken, daß der Kreis, den dieses Stük bei der Bewegung des Flügels um diese Welle beschreibt, genau mit dem von den beiden anderen beschriebenen Kreise zusammentrifft. In diesem Falle wird sich die Welle C mit der Welle A in einer und derselben Ebene befinden; denn die um diese Wellen beschriebenen Kreise gehören, da sie einander treffen, einer und derselben Kugel an. Um endlich auch die Welle B zu adjustiren, braucht man nur einen fixen Punkt auf dem Läufer zu nehmen; sich zu überzeugen, daß dieser Punkt einen Kreis beschreibt, der mit jenem der Platte concentrisch ist; und endlich auch mittelst der Wasserwaage sich ihrer senkrechten Stellung zu versichern.

Mit diesen Adjustirungsmitteln kann man den Wellen eine streng richtige Stellung geben. Da jedoch die Maschine zum Schleifen optischer Gläser bestimmt ist, so genügt es in der Praxis, wenn der obere Halsring der Welle C in einem Bogen geführt wird, der den Punkt C zum Mittelpunkte hat, und welcher in einer senkrechten, durch die Wellen B, C gelegten Ebene gezogen ist.

Diese Maschine dürfte sich, wenn man sie von gehörigen Dimensionen anfertigt, sehr gut eignen, um Gläser mit einem bestimmten Radius auf das Genaueste zu schleifen. Die Neigung der Achsen kann eine solche seyn, daß ihre Kreuzung nur in einer sehr bedeutenden Entfernung Statt findet.

Alle diese Maschinen fußen auf demselben Principe, und bilden gleichsam nur eine einzige Maschine, welche durch die verschiedenen Modificationen dem Zweke, zu dem man sie benuzen will, angepaßt sind. Ich habe nur deßhalb einige dieser Modificationen angedeutet, um einige der Anwendungen des im Eingange aufgestellten Principes zu erläutern.

IV. Versuche, welche mit der unter Fig. 10 bis 19 beschriebenen Maschine angestellt wurden.

Die beschriebene Maschine wurde zum Zurichten, Schleifen und Poliren von Spiegeln, Granit, Marmor und lithographischen Steinen verwendet. Sie gab hiebei, wie groß auch die Oberflächen gewesen seyn mochten, eine vollendete Zurichtung: ein Resultat, welches bei dem Principe, nach dem die Maschine gebaut ist, unfehlbar ist.

Das Schleifen der Spiegel kann unter Anwendung von Schmirgel oder Sand von verschiedener Größe auf den höchsten Grad von Vollkommenheit gebracht werden, was auch nöthig ist, wenn man rasch die Politur, von der sogleich die Sprache seyn wird, erlangen will. Der Schliff fällt deßhalb so vollkommen aus, weil die Schleifsubstanz durch das gußeiserne Stük, mit dessen Hülfe sie ihre Wirkung hervorbringt, mehr oder minder comprimirt wird, da man dieses Stük beliebig ins Gleichgewicht sezen kann.

Was die Politur anbelangt, so ist sie von anderer Natur als jene der gewöhnlichen Spiegel; denn das Poliren geschieht durch eine Kreisbewegung. Man bemerkt deßhalb auch an der mit der Maschine erzielten Politur nichts von den Cannelirungen oder Riefen, welche beim geradlinigen Poliren immer zum Vorscheine kommen. Andererseits fällt die Politur vollkommener und jener der optischen Gläser ähnlich aus. Auch muß der Schliff, um schnell eine vollendete Politur zu erzielen, viel feiner seyn. Beim Poliren durch die Kreisbewegung verschwinden die kleinen, beim Schliffe gebliebenen Aushöhlungen gänzlich; beim geradlinigen Poliren dagegen erleiden die tiefsten dieser Aushöhlungen unter der Einwirkung des zum Poliren dienenden Werkzeuges eine Ausstrekung, wodurch sie sich in Riefen verwandeln, welche je nach der Tiefe, die die Aushöhlungen hatten, mehr oder minder bemerkbar seyn werden. Selbst der vollendetste Schliff zeigt kein gleiches Korn, sondern immer wird man einige Vertiefungen finden, die tiefer greifen als andere. Man überzeugt sich leicht hievon, wenn man den Schliff unter dem Mikroskope betrachtet, oder wenn man den Gang des Polirens aufmerksam verfolgt. Schon in den ersten Momenten verschwinden nämlich die kleinsten Körner gänzlich, und die Fläche wird so zu sagen mit *kleinen Punkten* übersäet, die sich in dem Maaße weiter von einander *entfernen*, als das Geschäft voran schreitet. Wie man es auch machen mag, so bleiben weit von einander kleine Vertiefungen, die man nicht beseitigen kann, und die weder der Durchsichtigkeit, noch der Schönheit der Politur Eintrag thun.

Das Zurichten der Steine mittelst der Maschine kommt um ³/₄ wohlfeiler als das Zurichten derselben mit der Hand, wenn man eine Wasserkraft oder eine Dampfmaschine zur Verfügung hat. Ich habe für die HHrn. Hersent und Georgery einen Theil des Granitpflasters für einen Säulengang des Pantheons zugerichtet. Eben so richtete ich für Hrn. Chevalier die großen lithographischen Steine zu, welche er im Jahre 1834 zur Ausstellung brachte, und außerdem noch gegen 500 Quadratfuß anderer Steine von verschiedenen Größen. Hieraus erhellt, daß meine Maschine bei der Bearbeitung der für Monumente bestimmten Marmore, deren Fugen wegen des unvermeidlichen Werfens der Sägen oft so schlecht sind, eine sehr ausgedehnte Anwendung finden kann; nur wären, wenn es sich um Steine von großer Dike handelte, noch einige Modificationen nöthig.

Ohne in die Details der von mir angestellten Versuche einzugehen, erlaube ich mir nur folgende Resultate anzugeben. Ich brachte 10 Spiegel auf die Platte und kittete sie mit jener Seite, an der sie auf dem Boden der Gießform gelegen, auf. Die ganze Oberfläche betrug 76 Quadratfuß. Um sämmtliche Unebenheiten zu vertilgen, mußten 2¹/₁₆ Linie der Spiegeldike abgeschliffen werden. Diese Arbeit, welche mit Kieselpulver bewerkstelligt wurde, währte 14 Stunden 15 Minuten. Auf der Kehrseite, die hierauf der Behandlung unterstellt wurde, währte sie 17 Stunden 45 Minuten. Hierauf wurde leztere Seite mit Schmirgel abgeschliffen, wozu 13 Stunden gebraucht wurden, und endlich das weitere Poliren in 41 Stunden zu Stande gebracht. Zum Abscheifen der Kehrseite mit Schmirgel waren 17 Stunden, und zum Poliren derselben 48 Stunden Zeit erforderlich. Das Zurichten, Abschleifen und Poliren beider Seiten währte demnach im Ganzen 151 Stunden, oder 12 Tage und 7 Stunden. Um dieselbe Arbeit mit der Hand zu vollbringen hätte ein Arbeiter 120 Tage arbeiten müssen. Die angewendete Kraft bestand in einem Gespanne von 4 Pferden, die 3 Dampf- oder Wasserpferden gleichkommen, was 38 Pferdtaglohne gibt. Die Kosten eines Pferdes zu 2 Fr. per Tag gerechnet gibt 76 Fr. oder einen Franc auf den Quadratfuß.

Zu bemerken ist, daß die dem Versuche unterstellten Spiegel Ausschuß waren, so daß eine bedeutende Dike abgetragen werden mußte, um ebene Flächen zu erzielen. Mit Spiegeln von guter Qualität hätte die Arbeit gewiß viel kürzer gewährt. Unsere Triebkraft war außerdem eine der schlechtesten und kostspieligsten, abgesehen davon, daß die Arbeiter erst lernen mußten, wie sie mit der Maschine umzugehen haben. Ich hege nach Allem keinen Zweifel, daß meine Maschine gut studirt und mit einer hinreichenden und constanten Triebkraft ausgestattet, sowohl in Hinsicht auf Vollkommenheit der Arbeit, als in Hinsicht auf Ersparniß die genügendsten Resultate geben wird.

Fig. 10 ist ein Frontaufriß der zur Ausführung ebener Flächen bestimmten Maschine mit allen dazu gehörigen Theilen.

Fig. 11 ein senkrechter Durchschnitt des Halsringes der Treibwelle.

Fig. 12 ein Grundriß desselben.

Fig. 13 ein horizontaler Durchschnitt des Halsringes.

Fig. 14 zeigt den Flügel in seitlichem Aufrisse.

Fig. 15 ist ein senkrechter Durchschnitt des unteren Theiles der Welle des Flügels und ihrer Halsringe.

Fig. 16 ein senkrechter Durchschnitt des Läufers und der zu seiner Bewegung dienenden Welle.

Fig. 17 ein senkrechter Durchschnitt des oberen Theiles der Läuferwelle.

Die einzelnen Theile sind bereits oben erläutert und bezeichnet worden.

III.

Auszug aus einem Berichte des Hrn. Dela Morinière über einen von Hrn. Martin vorgelegten Apparat zum Schneiden von Schrauben.

Aus dem Bulletin de la Société d'encouragement. Jul. 1838, S. 262.

Hr. Martin hat der Gesellschaft eine Vorrichtung vorgelegt, die sich an jeder gewöhnlichen Drehebank anbringen läßt, und womit man sich mit Hülfe eines einfachen Grabstichels alle Arten von Schrauben schneiden kann. Das diesem Instrumente zu Grunde liegende Princip besteht darin, daß man die Drehebankspindel, während sie ihre Umläufe vollbringt, mittelst eines Lineales, welches je nach der Höhe, welche die Schraubengänge bekommen sollen, mehr oder weniger gegen deren Achse geneigt ist, abwechselnd vor- und rükwärts bewegt.

Hr. Martin hat zu diesem Zweke auf einer Art von Platte, welche an der Doke der Drehebank befestigt ist, zwei Coulissen angebracht, welche senkrecht gegen einander gestellt sind. Die längere dieser Coulissen trägt das Richtscheit oder Lineal, dessen Neigung durch einen Gradbogen bestimmt wird. Sie ist ferner mit einer Zahnstange versehen, in welche ein kleines, an der Spindel fixirtes Getrieb eingreift, so daß zwischen der geradlinigen Bewegung der Coulisse und der abwechselnden Kreisbewegung der Drehebank das nöthige Verhältniß hergestellt ist. Die zweite Coulisse, die durch eine starke Feder mit Kraft gegen die Spindel angehalten wird, ist mit einer kleinen Wange (tasseau) ausgestattet, die sich sowohl gegen das Richtscheit als auch gegen einen mit der Spindel aus einem Stüke bestehenden Absaz (embase) anlegt. Hieraus erhellt, daß man an das in die Drehebank eingespannte Stük nur einen Grabstichel zu bringen braucht, um auf demselben Schnekenwindungen hervorzubringen, die dem gewünschten Schraubengange entsprechen. Es erhellt ferner, daß sich dieses Verfahren wesentlich von jenen beiden Methoden unterscheidet, nach welchen man an den Schraubenschneid-Maschinen oder an der zum Schneiden von Schrauben eingerichteten Drehebank zu verfahren pflegt. Nach diesen beiden Methoden hat man nämlich eine Leitungsschraube anzuwenden, mit dem Unterschiede jedoch, daß bei ersterer die Leitungsschraube eine Ortsveränderung des Grabstichels bewirkt, der Gegenstand aber, an den die Schraube geschnitten werden soll, umläuft, ohne seine Stelle zu verändern; während bei lezterer der Leitungsschraubengang dem an der Spindel eingespannten Gegenstande die doppelte Bewegung mittheilt. An der Schraubenschneid-Maschine hängt die Zahl der Schraubengänge, die man erzeugen kann, von der Zahl der Verbindungen ab, welche man mit den Getrieben, die die Verbindung zwischen der Leitungsschraube und dem Gegenstande, in den die Schraube geschnitten werden soll, vermitteln, zu erzielen im Stande ist. An den Drehebänken ist die Zahl der Schraubengänge durch die Zahl der Führer und der Kämme, über die man verfügen kann, bedingt. Mit dem Apparate des Hrn. Martin dagegen kann man sowohl nach Rechts als nach Links jeden beliebigen Schraubengang schneiden. Wenn derselbe auch in seinem dermaligen Zustande wegen seines zu hohen Preises nicht allen Arbeitern zugängig ist, so verdient doch wenigstens dessen Princip allgemein bekannt zu werden, da es sich in allen Fällen mit Erzielung einer hinreichenden Genauigkeit praktisch anwenden läßt. Die Gesellschaft ertheilte demnach auch Hrn. Martin in Anerkennung seiner Verdienste ihre bronzene Medaille.

IV.

Bericht des Hrn. Francoeur über die mechanische Lampe des Hrn. Franchot.

Im Auszuge aus dem Bulletin de la Société d'encouragement. Mai 1838.

Mit Abbildungen auf Tab. I.

Alle mechanischen Lampen, welche so viel Oehl an den Docht emporschaffen, daß nur ein Theil desselben verbrannt werden kann, geben ein gleiches starkes Licht[4]) und verzehren eine gleiche Menge Oehl: nämlich mit einem gewöhnlichen Brenner 1 Unze 3 Quentchen oder 42 Grammen in der Stunde. Der Vorzug, den die eine vor der anderen verdient, hängt daher von dem Preise, von der Leichtigkeit der Reinigung und der Zerlegung, und von der mehr oder minder häufig nöthigen Reparaturen, so wie auch davon ab, ob diese Reparaturen allerwärts oder nur von besonders geschikten Arbeitern vorgenommen werden können. In allen diesen Beziehungen nun scheint die mechanische Lampe des Hrn. Franchot zu den besten zu gehören. Sie kostet nur 30 Fr., und selbst dieser Preis dürfte sich in Kürze bedeutend niedriger stellen; und ihr Mechanismus ist, wie man sogleich sehen wird, sehr einfach.

Eine Spiralfeder, welche doppelt kegelförmig gewunden ist, damit sie im höchsten Grade gespannt nur einen sehr geringen Raum

---

4) Ueber die Leuchtkraft verschiedener Lampen vergleiche man die schäzbare Abhandlung der HHrn. Karmarsch und Heeren im polytechn. Journal Bd. LXIX. S. 286. A. d. R.

einnimmt, drükt einen Kolben von Oben nach Abwärts. Dieser Kolben ist mit einem etwas starken Leder, welches rings herum über ihn hinaus reicht, und welches sich an den cylindrischen Wänden der Lampe reibt, besezt. In der Mitte des Kolbens und durch eine Löthung mit ihm verbunden ist eine an beiden Enden offene Röhre, in der das Oehl aufzusteigen hat. Das Oehl wird demnach immer an der Oberfläche geschöpft, woraus denn folgt, daß die allenfalls in dem Oehle enthaltenen Unreinigkeiten keine Anschoppungen erzeugen können, ausgenommen es hätte sich am Grunde der Lampe eine sehr große Menge von solchen angehäuft. In diesem Falle ist jedoch die Lampe sehr leicht zu reinigen, da man sie zu diesem Zweke, nachdem man sie gespeist und eingerichtet hatte, nur umzustürzen brauchte. An der Stange des Kolbens ist eine Verzahnung angebracht, die man mittelst eines an dem oberen Theile der Lampe befindlichen und mit einem Griffe umzudrehenden Getriebes bewegen kann. Wenn man Oehl in die Lampe gegossen hat, und man sie anzünden will, so bewegt man, um die Feder zu spannen, den Kolben nach Aufwärts. Der leere Raum, welcher hiedurch entsteht, zugleich mit dem Gewichte der Oehlsäule bewirkt, daß das Oehl in den Behälter herabfällt, indem der Lederbesaz des Kolbens unter diesen Umständen einen Durchgang gestattet.

Bis hieher ist nichts Neues an der Lampe, und Jedermann wird einsehen, daß das Oehl durch die gespannte Feder emporgetrieben wird, und daß in dem Maaße, als die Spannung nachläßt, die Feder an Kraft verlieren würde, während sie doch im Gegentheile wegen der Zunahme der Höhe der Oehlsäule gesteigert werden sollte. Man hätte demnach auf diese Weise eine schlechte Lampe, wenn Hr. Franchot dem Uebel nicht durch einen eben so einfachen als sinnreichen Regulator, auf dem eigentlich seine Erfindung beruht, zu steuern gewußt hätte. Er brachte nämlich in die Röhre, in der das Oehl aufsteigt, einen diken Eisendraht, welcher deren Caliber beinahe ausfällt, um dadurch dem Aufsteigen des Oehles ein Hinderniß in den Weg zu legen. Das Oehl reibt sich nämlich an den Wänden der Röhre und an dem Eisendrahte, dessen Länge durch Versuche der Kraft der Feder, die, wenn sie vollkommen gespannt ist, gegen 15 Kilogr. beträgt, angemessen wird. Es steigt auf diese Weise an den Docht nur so viel Oehl als zur Unterhaltung der Verbrennung erforderlich ist, empor; der Ueberschuß fällt tropfenweise in den Behälter zurük. Da in dem Maaße, als der Kolben herabsinkt und die Federkraft nachläßt, der Draht, welcher fixirt ist, sich aus seiner mit dem Kolben zugleich herabsinkenden Scheide auszieht, so nimmt der Widerstand, den das Oehl beim Aufsteigen erleidet, in demselben

Maaße ab, in welchem sich die Kraft der Feder vermindert. Das Ueberfließen des Oehles dauert während der ganzen Dauer der Bewegung des Kolbens, welche wenigstens 6 bis 7 Stunden beträgt, fort; das Licht behält also während dieser ganzen Zeit seinen vollen Glanz, ohne daß man mehr zu thun hätte, als den die Stelle eines Schlüssels vertretenden Griff 2 oder 3 Mal umzudrehen.

Wenn man den Kolben aufzieht, so ist die Bewegung ziemlich hart, und man muß dem Oehle Zeit lassen unterhalb durchzugehen. Das Oehl braucht anfänglich einige Minuten Zeit, um an den Docht emporzusteigen, und dieß ist die einzige Unannehmlichkeit, welche an diesen Lämpen zu entdeken ist, wenn es ja eine solche genannt werden kann. Man kann ja die Feder leicht einige Zeit, bevor man der Lampe bedarf, aufziehen, und zwar um so eher, als dieses Aufziehen eben so gut im Dunkeln geschehen kann.

Die Lampe des Hrn. Franchot ist so einfach, daß sich keine Ursache, die dieselbe in Unordnung bringen könnte, voraussehen läßt; und wenn ja nach sehr langer Zeit eine Reparatur am Leder oder Kolben nöthig wird, so ist sie sehr leicht zu bewerkstelligen. Es ist bekannt, daß man die in einem Federhause untergebrachten Federn, um ihre Entwiklungen zu erleichtern, mit Oehl zu überziehen pflegt, und daß, wenn dieses Oehl nach zwei- oder dreijährigem Dienste dik wird, die Federwindungen zusammenkleben, wodurch deren Spiel so beeinträchtigt wird, daß eine Reinigung vorgenommen werden muß. Ebenso müssen im Sommer, wo man sich der Lampen nicht regelmäßig bedient, die Lampen mit Oehl gefüllt erhalten werden, damit die Kolben nicht austroknen. Hiebei wird das Oehl dik, wozu die kohligen Dochtüberreste noch mehr beitragen; es wird also auch hiedurch eine Reinigung nöthig, und diese kann nur einem geübten Arbeiter übertragen werden. Alles dieß fällt nun an der Lampe des Hrn. Franchot weg; denn man braucht, wenn man den Draht des Regulators zurükgezogen hat, nur Oehl in die Lampe zu gießen, die Feder aufzuziehen und die Lampe umzukehren, um alle Unreinigkeiten aus ihr zu entleeren. Eine geringe Quantität Oehl, welche man auf dem Kolben beläßt, reicht hin, um dessen Leder geschmeidig zu erhalten.

Diese Lampe ist unstreitig eine der einfachsten, bequemsten und leichtesten, so daß zu erwarten steht, daß sie in Kürze allgemein in Gebrauch kommen wird, besonders wenn bei größerem Absaze ihr ohnehin schon billiger Preis noch mehr ermäßigt werden kann.

Fig. 21 zeigt die Lampe mit allen ihren Theilen in einem senkrechten Durchschnitte.

Fig. 22 zeigt die doppelt kegelförmige Feder, die durch ihren

Druk auf den Kolben das Oehl an den Brenner emportreibt, in grösserem Maaßstabe gezeichnet.

a ist der Körper der Lampe; b der Oehlbehälter; d ein kreisrunder metallener Kolben, auf den die Feder c drükt, und der in dem Maaße herabsinkt, als sich die Feder ausdehnt. Das aus den Rändern dieses Kolbens hervorragende Leder reibt sich auf solche Weise an den Wänden des Oehlbehälters, daß es beim Herabsinken des Kolbens kein Oehl entweichen läßt. Die an beiden Enden offene Steigröhre für das Oehl ist in die Mitte des Kolbens gelöthet. Die Verzahnung g, die mit ihrer Stange an dem Kolben festgemacht ist, dient zum Aufziehen des Kolbens, wenn die Feder gespannt werden soll. Das in diese Verzahnung eingreifende Getrieb h ist an der Achse eines Griffes oder einer Schraube i aufgezogen. Der Regulator j besteht aus einem oben fixirten und in die Steigröhre eintretenden Eisendraht. Die Röhre k, welche die Röhre f umgibt, ist oben und unten mit ledernen Stopfbüchsen verschlossen; dafür hat sie aber seitlich bei l eine Oeffnung, durch die das aus der Röhre f fließende Oehl abfließt. In Folge des Hindernisses, welches der Eisendraht j dem Oehle in den Weg legt, steigt in der Röhre f immer nur eine dem Verbrauche entsprechende Menge empor. Das Oehl fließt durch die Röhre f aus, um in die Röhre k zu fallen, aus der es dann, nachdem es durch die seitliche Oeffnung l dieser Röhre gegangen ist, an den Brenner emporsteigt.

V.

Auszug aus der Preisschrift des Hrn. Sochet über die beste Methode die verdorbene Luft aus den Kielräumen der Kriegsschiffe auszutreiben. 5)

Aus den Annales de la Société polytechnique-pratique, 1838, No. 1.

Mit Abbildungen auf Tab. I.

An allen bisher an Bord der Schiffe versuchten Ventilirsystemen hat man ein ungeheures Mißverhältniß zwischen der aufgewendeten Kraft und dem durch sie erzielten Resultate beobachtet. So besteht z. B. an einer Fregatte von 60 Kanonen die zur Ventilirung nöthige Arbeit der Theorie nach lediglich darin, daß 500 Kubikmeter Luft, welche beiläufig 650 Kilogr. wiegen, aus einer mittleren Tiefe von 4 Meter heraufgeschafft werden, wozu nicht mehr als der Kraft-

5) Hrn. Sochet ward für seine Abhandlung im Jahre 1837 der von dem Service de la Marine et Hygiène publique ausgeschriebene Preis zuerkannt. A. d. R.

aufwand eines Menschen durch 4 Minuten Zeit erforderlich seyn sollte. Und doch haben bekanntlich mehrere Matrosen mehrere Stunden zu arbeiten, um eine sehr unvollkommene Ventillirung zu erzielen.

Dieses Mißverhältniß beruht auf zwei Hauptursachen, welche sind: 1) wenn mehrere Luken zugleich offen sind, so kann die Luft nur auf dem leichtesten Wege, nämlich durch die dem Ende des Saugrohres des Ventilators zunächst gelegene Luke diesem Saugrohre zuströmen. Darüber hinaus wird in der Luft eine beinahe vollkommene Stagnation Statt finden, gleichwie man sie an den den Flußufern zunächst gelegenen Sümpfen beobachten kann, wenn die seitliche Bewegung durch Schilf oder Gesträuch gehindert ist.

2) Der Durchmesser, den man den Saugröhren zu geben pflegt, ist viel zu gering. An mehr dann 30 älteren derlei Röhren, welche ich in Toulon sah, betrug der Durchmesser nur gegen 12 Centimeter auf eine Länge von 10 Meter. Es läßt sich leicht nachweisen, daß wenn man den Durchmesser auf 10 Cent. erhöht hätte, der Ventilator wohl einen 600 Mal größeren Nuzeffect hätte geben können. Nach den von Hrn. Oberbergingenieur d'Aubuisson angestellten Versuchen ergibt sich, daß für eine Röhre von L Länge und D Durchmesser der Verbrauch an Luft in der Secunde $= 2450 \sqrt{\frac{HD}{L+47D}}$ ist, wenn H den am Ursprunge der Röhrenleitung Statt findenden Quecksilberdruk andeutet. Für zwei Röhren von gleichem Verbrauche ergibt sich hienach $\frac{H}{H'} = \left(\frac{D'}{D}\right)^5 \left(\frac{L + 47\,D}{L' + 47\,D'}\right)$. $L = L' = 10$ Met., $D = 0{,}12$ Met., und $D = 0{,}50$ Met. angenommen, was den beiden Ventilatoren, die wir vergleichen wollen, entspricht, ist $\frac{H}{H'} = 600$, woraus folgt, daß der zweite Ventilator einen 600 Mal geringeren Kraftaufwand bedingt, als der erste.

Aus diesen Bemerkungen lassen sich folgende Schlüsse ziehen: 1) Wenn man irgend einen Theil des Schiffraumes ventiliren will, ist dafür zu sorgen, daß das Saugrohr bis in den tiefsten und versperrtesten Theil dieses Raumes hinabreiche, und daß die Luft nur durch die entferntesten Punkte und nie bei mehreren Oeffnungen zugleich Zutritt erhalte. Wenn Zwischenluken vorhanden sind, so sind diese sorgfältig zu versperren. 2) Das Saugrohr des Ventilators muß den möglich größten Durchmesser haben; man gebe ihm daher die Dimension der kleinsten Kammerluken, nämlich gegen 50 Centim. Wollte man einen der lezteren Bedingung entsprechenden Ventilator mit Gebläs errichten, so müßte man ihm, um seine einzelnen Theile in gehöriges Verhältniß zu bringen, so ungeheure Dimensionen geben, daß man ihn nicht an alle Theile des Fahrzeuges schaffen könnte. Schon aus diesem Grunde allein sind demnach die Gebläs- oder Kolbenventilatoren verwerflich, und da die durch den Wind getriebenen Ventilatoren nur unsichere Dienste leisten können, so finden wir uns also auf die mit Feuer oder Centrifugalkraft arbeitenden Ventilatoren beschränkt.

Die Feuerventilatoren arbeiten wegen der geringen Stärke ihrer Triebkraft nur äußerst langsam. Das stärkste, an Bord eines Schiffes befindliche Feuer ist das Küchenfeuer, und selbst dieses verbraucht an einer großen Fregatte z. B. einen ganzen Tag über nur gegen 1000 Kubikmeter Luft; es ist daher nicht geeignet, aus dem Schiffsraume eine größere Menge verdorbener Luft heraufzuschaffen. Auch wäre es, um dieses Maximum von Nuzeffect zu erzielen, nöthig, daß die große Luke und mehrere andere kleinere Lukenklappen den ganzen Tag über geschlossen blieben, was nicht thunlich ist. Dieses Verfahren ist demnach nur dann mit Vortheil anwendbar, wenn während der Nacht Feuer gebrannt wird. Am besten eignen sich hiezu die von Hrn. Sochet angegebenen Steinkohlenöfen, deren Aschenloch, wenn sie als Ventilatoren dienen sollen, solcher Maßen eingerichtet werden müßte, daß es nur mit dem Boden des Schiffsraumes communicirte, und zwar durch eine weite Röhre. Man könnte auch von der von den äußeren Wänden des Ofens ausstrahlenden Wärme Nuzen ziehen; allein diese verwendet man besser zum Trokenhalten der Zwischendeke, und zwar um so mehr, da ihr Nuzeffect in Hinsicht auf die Ventilirung doch immer nur gering seyn würde.

Mit Vortheil bediente man sich einiger Male des Ventilators mit Centrifugalkraft. Mit diesem Apparate erzielte Montgolfier bei 6stündiger Arbeit eines Menschen 70,000 Kubikmeter Luft, welche mit einer Geschwindigkeit von 5 Meter in der Secunde bewegt wurden. Bei der Nothwendigkeit die Dimensionen zu vermindern, in welche man auf den Schiffen gesezt ist, schwindet aber auch hier der Nuzeffect bedeutend, und man darf nicht vergessen, daß Montgolfier's Apparat über 3 Meter im Durchmesser hatte.

Ich glaube, daß man die Nachtheile dieses Apparates umgehen und dennoch seine Vorzüge beibehalten könnte, wenn man statt seiner ein kleines horizontales Rad mit schief und in einer Schnekenlinie gestellten Schaufeln anwenden würde, und wenn man dieses in einem hölzernen Cylinder anbrächte, der mit dem Saugrohre von gleichem Durchmesser wäre und gleichsam nur eine Verlängerung desselben bildete. Dieser Ventilator scheint mir allen in der Preisaufgabe gestellten Bedingungen zu entsprechen; er ist einfach, wohlfeil, leicht, leicht zu transportiren und in Bewegung zu sezen, und weniger

Raum einnehmend als irgend ein Ventilator mit Armen, der erfunden werden könnte. Ein oder zwei Menschen genügen zu dessen Betrieb. Endlich ist er, da keine Wechselbewegung an ihm Statt findet, auch nicht den häufigen Reparaturen ausgesezt, die bei allen übrigen Ventilatoren so oft nöthig werden.

Fig. 29 und 30 sind zwei senkrechte, unter rechten Winkeln mit einander genommene Aufrisse des Apparates.

Fig. 31 ist ein Durchschnitt nach einer senkrechten Ebene, welche senkrecht mit der Achse der Kurbeln durch die Achse des Cylinders gelegt ist.

Die hölzernen Cylinder A, A sind mit eisernen Reifen B, B, B, welche Ohren und Schraubenmuttern haben, beschlagen, und ruhen auf eisernen Füßen C, C, C, C, die so lang seyn müssen, daß der Ventilator über sämmtliche Luken gesezt werden kann. Die Kurbeln D, D, D, D′, welche sich an der Welle E, E befinden, dienen zur Bewegung des Ventilators. Die Zahnräder und Getriebe F, F′, F″, F‴ pflanzen die Bewegung an das Rad G, G fort, welches mit 12 schief gestellten Flügeln H, H′, H′, H′, die gegen den Umfang hin eine größere Neigung haben, als gegen den Mittelpunkt hin, ausgestattet ist. I, I ist ein hölzerner Cylinder, in den die Flügel eingelassen sind, und in dem sie mittelst der gußeisernen Platten J, J, J′, J′ festgehalten werden. Die eisernen Querbalken K, K, K′, K′ dienen dem Zapfen des Flügelrades als Stüzpunkt. Die mit Charnieren versehenen Griffe dienen zur Versezung des Ventilators. Der zwischen dem Cylinder und dem Reifen B″, B″ festgehaltene Muff M ist innen mit einer Schneke aus Eisendraht ausgestattet; auch ist er in Stüke von 2 bis 3 Meter abgetheilt. Wenn der Ventilator nicht arbeitet, so zieht man den Muff über die Löcher m, m empor, und erhält ihn mittelst zweier in diese Löcher eingestekten Eisenstangen in dieser Stellung. An dem unteren Ende des Muffes sieht man einen ausgekehlten, eisernen Ring N, N befestigt; an dem oberen Ende der Muffstüke hingegen bemerkt man einen Ring aus Eisendraht mit Ohren und Schraubenmuttern. Will man zwei Enden mit einander verbinden, so braucht man nur den Ring O in die Kehle des Ringes N zu bringen, und ihn durch Anziehen der Schraube o, o darin zu befestigen. Je nach der Richtung, in welcher man das Rad G, G bewegt, dient der Apparat entweder zum Aussaugen der Luft aus dem Schiffsraume oder zum Eintreiben von frischer Luft in denselben.

VI.

Ueber den Patent-Heiz- und Ventilirapparat des Hrn. Price.

Aus dem Mechanics' Magazine, No. 764, S. 454.

Mit einer Abbildung auf Tab. I.

Da die neuere Zeit eine nicht unbedeutende Menge von Heiz- und Ventilirmethoden und Apparaten zu Tage förderte, so erlauben wir uns, das Publicum unter anderen mit jenem Systeme bekannt zu machen, auf welches Hr. Price ein Patent besizt, und welches nicht nur bereits in mehreren größeren Privatgebäuden und Handelshäusern, sondern auch in einigen öffentlichen Anstalten eingeführt wurde. Wir nennen unter lezteren nur die Elgin und ägyptische Gallerie im British Museum, den Pantheon Bazar, die Inner Temple Library, Barnett und Comp's Bank, die neue Mauth und die westenglische Bank in Bristol, so wie die Mechanics' Institution in Liverpool.

Der Apparat, den man in Fig. 28 abgebildet sieht, besteht aus einem Kessel A, von dem die aufrechte Röhre B in den Expansionsbehälter C führt, aus dem seinerseits eine offene Dampfröhre D ausläuft. Der Speisungsbehälter E steht durch die Heberröhre F mit dem Behälter C in Verbindung. Die Röhre G leitet das Wasser in die Heizkammer; die Röhre H hingegen leitet es wieder in den Kessel zurük. Die Heizkammer K, welche in dem untersten Stokwerke angebracht seyn muß, besteht aus mehreren flachen eisernen Fächern. Alle diese Theile communiciren frei miteinander, und sind bis zu einem und demselben Niveau hinauf mit Wasser gefüllt. Wenn das Wasser im Kessel bis zum Siedepunkte erhizt worden ist, so tritt zwischen dem Kessel und den eisernen Fächern eine beständige und rasche Circulation ein, wo dann die ausgedehnte Oberfläche dieser lezteren die Luft, welche von Außen her bei L zwischen sie eintritt und beständig über sie hinströmt, erwärmt. Die einer mäßigen Wärme theilhaftig gewordene Luft steigt in den oberen Theil der Kammer empor, und entweicht durch die Canäle M, M in die zu heizenden Gemächer. Dagegen wird die verdorbene Luft dieser lezteren mittelst eines gehörig regulirten Ventilirsystemes entweder bei den Heizstellen oder durch Oeffnungen, welche eigens zu diesem Zweke eingerichtet sind, ausgetrieben. Die mäßige Temperatur, auf welche die Heizfächer erhizt werden, machen eine Verderbniß der Luft durch das Heizen selbst unmöglich, wogegen die durch das Athmen und die Ausdünstung verdorbene Luft durch beständige Erneuerung beseitigt wird.

VII.

Einfaches Mittel, um einen gewöhnlichen Ofen als Muffelofen gebrauchen zu können; von Gay-Lussac.

Aus den Annales de Chimie et de Physique. Decbr. 1837, S. 444.

Mit Abbildungen auf Tab. I.

Es sey C, Fig. 26, ein gewöhnlicher Schmelztiegel, in dessen Boden ein kleines Loch t gebohrt ist. Der so vorgerichtete Tiegel kann in vielen Fällen als Muffel dienen.

Will man eine Calcination in einem kleinen Tiegel c vornehmen, so stellt man ihn auf den irdenen Untersaz f und bedekt ihn mit dem Tiegel C. Man sezt das Ganze auf den Rost eines gewöhnlichen Ofens und gibt Feuer nach Bedürfniß. Die Luft dringt durch die Oeffnungen des Rostes O, O in den großen Tiegel, und entweicht durch die obere Oeffnung t, so daß die verdorbene Luft beständig durch neue ersezt wird. Um eine hohe Temperatur zu erzielen, kann man den Tiegel C mit Kohlen bedeken, dann muß man aber auf die Oeffnung t ein Tiegelstük loker auflegen, damit keine Kohlenstükchen hineinfallen können.

Will man Kupferspäne für organische Analysen oxydiren, so wird der Tiegel C, Fig. 27, mit Kupferspänen angefüllt und mit einem Röstscherben u,u verschlossen, auf dessen Boden man vermittelst einer Nagelspize vier oder fünf kleine Löcher anbringt; man lutirt den Tiegel auf den Röstscherben, kehrt ihn dann um und stellt ihn unmittelbar auf den Rost eines Ofens. Der Röstscherben dient in diesem Falle als Untersaz. Wenn man den Tiegel zum Dunkelrothglühen bringt, oxydirt sich das Kupfer rasch.

Dieses Beispiel reicht hin, um zu zeigen, welche Vortheile man von dieser neuen Art Muffel in vielen Fällen ziehen kann.

VIII.

Neue Vereinfachung des Volta'schen Eudiometers; von Gay-Lussac.

Aus den Annales de Chimie et de Physique, Decbr. 1837, S. 445.

Mit Abbildungen auf Tab. I.

Das Volta'sche Eudiometer, wie es von dem berühmten Physiker selbst beschrieben wurde, hatte den Fehler, daß sich nach geschehener Detonation ein luftleerer Raum in demselben erzeugte, welcher zur Folge hatte, daß sich die in dem Sperrwasser enthaltene Luft daraus entband und das Volumen des Rükstandes vermehrte. Ich hatte diesem großen Uebelstande durch einen kleinen Ventilapparat abgeholfen, der sich unten an der Oeffnung des Eudiometers befand und das Eudiometer während der Detonation vollständig verschloß, aber unmittelbar darauf das Wasser eintreten ließ und so die Entstehung eines luftleeren Raumes verhinderte. Obgleich dieser kleine Ventilapparat sehr einfach ist, so genirt er doch bei dem Umfüllen der Gase ein wenig, und um diese Manipulation zu erleichtern, habe ich ihn daher vom Eudiometer ganz getrennt und an dem Tische der pneumatischen Wanne selbst angebracht. Er hat folgende Einrichtung.

B, Fig. 23, ist ein Korkstöpsel, welcher an seiner unteren Hälfte kegelförmig und durch diese in die Bank der pneumatischen Wanne fest eingekittet ist. Dieser Kork ist seiner Länge nach durchbohrt, und damit er dem Druke, den er zu erleiden hat, gehörig widerstehen kann, ist durch die ganze Durchbohrung eine gläserne oder metallene Röhre a gestekt. Die Durchbohrung wird oben durch eine kleine Scheibe von Weißblech d geschlossen, von welcher ein Kupferdraht ausgeht, der dazu bestimmt ist, nach jeder Detonation die Scheibe auf die Durchbohrung zurükzubringen. Dieses sehr bewegliche Ventil erhält sich durch sein Gewicht auf der Durchbohrung, schließt das Eudiometer genau während der Explosion, und erhebt sich augenbliklich nach derselben, um das Wasser eintreten zu lassen, welches den entstandenen leeren Raum ausfüllt.

Fig. 24 zeigt das Instrument an seinem Plaze befestigt. Wenn die Bank der Wanne T, Fig. 25, aus Metall besteht und folglich dünn ist, so läßt man unten einen kegelförmigen Ring n,n daran löthen, welcher innen mit Schraubenwindungen versehen ist, um den Kork mit dem Ventile festzuhalten. Vor der Detonation sezt man das Eudiometer auf den Kork, der genau passend geschnitten seyn muß, und drükt es fest mit einer Hand auf diese ebene Unterlage. Ich versuchte das Eudiometer mit dem Ventilpfropfe zu verschließen, ohne denselben an dem Tisch der Wanne zu befestigen, allein er wurde durch die Detonation immer herausgeworfen. Um ihn festzuhalten, müßte der untere Theil des Eudiometers mit Schraubengängen versehen werden. Die oben beschriebene Einrichtung scheint mir aber noch besser zu seyn.

IX.

Ueber eine neue Bereitungsart der lithographischen Kreiden. Von Hrn. Fichtemberg in Paris.

Aus dem Journal de l'Académie de l'Industrie. Julius 1838, S. 107.

Man nimmt zu weicher lithographischer Kreide folgende Ingredienzien:

Trokne, weiße Marseiller Seife	4	Theile
Jungfernwachs	2	—
Hammelfett	1	—
Gummilak in Tafeln	1	—

Leicht calcinirten Kienruß so viel als nöthig ist, um ein schönes Schwarz zu erzielen.

Zu härterer Kreide dagegen nimmt man:

Weiße Marseiller Seife	4	Theile
Jungfernwachs	3	—
Gummilak in Tafeln	1	—
Thon	1	—
Salpeter	1/4	—

Kienruß eine hinlängliche Menge.

Vier und zwanzig Stunden bevor man die Bereitung beginnen will, übergießt man den von allen fremdartigen Stoffen gereinigten Gummilak in einem irdenen, mit einem Dekel versehenen Topfe mit soviel rectificirtem Weingeiste von 40° B., daß er kaum davon bedekt ist, und sezt ihn dann der Sonne aus oder an einen warmen Ort, wobei man öfter umrührt. Man darf nicht zuviel Weingeist nehmen, indem sonst die Kreide eine zu große Elasticität bekommen würde. Dann gibt man die Seife klein geschnitten in ein irdenes Gefäß, in welches man soviel Wasser, als zur Lösung der Seife nöthig ist, gegossen. Diesen Topf sezt man zum Behufe der Auflösung der Seife auf ein gelindes Feuer, wobei man von Zeit zu Zeit umrührt. Wenn die Seife aufgelöst ist, sezt man das Wachs in kleine Stüke gebrochen und hierauf auch das Hammelfett zu. Zugleich bringt man den Gummilak, um ihn aufzulösen, ebenfalls auf ein gelindes Feuer. Wenn beide Auflösungen in Sud gekommen, nimmt man beide Töpfe vom Feuer und gießt die Lakauflösung tropfenweise und unter beständigem Umrühren in die Seifenauflösung, bis der Topf etwas weniges abgekühlt ist. Hierauf reibt man sogleich den Kienruß mit etwas Ochsengalle ab, gießt das eben bereitete Gemenge darüber, und reibt Alles mit einander ab, bis die Mischung vollkommen geschehen. Eben so verfährt man bei der Bereitung der harten Kreide mit dem

Thone und dem Salpeter. Nach vollbrachtem Abreiben sezt man die teigige Masse in kleinen Zeltchen auf Papier zum Behufe des Troknens der Luft, aber nicht der Sonne aus. Nach 3 bis 4 Tagen, wenn die Zeltchen Festigkeit gewonnen, bringt man sie auf eine Marmor- oder gut polirte Holztafel, auf der man sie mit einem Stüke glatten, harten Holzes, wie man es zur Bereitung des Glaserkittes hat, so lange bläut, bis sie eine elastische Masse bilden. Fiele diese zu hart aus, so müßte man ihr etwas Wasser zusezen und sie dann abermals bläuen. In diesem Zustande kann man Zeichenstifte aus der Masse bilden, wobei man auf verschiedene Weise verfahren kann.

1) Man nimmt einen messingenen Rahmen von 5 bis 6 Zoll Länge auf 3 Zoll Breite und 2 bis 3 Linien Höhe, legt diesen auf eine ebene, mit einem feinen Tuche bedekte Tafel, und schlägt dann in diesen Rahmen die Masse mittelst eines Bläuels so fest hinein, daß man gewiß ist, daß sie keine Luftblasen mehr enthält. Wenn man dann die Masse mittelst eines Messers auf der Oberfläche geglättet hat, so legt man eine zweite, der ersteren an Größe gleichkommende Tafel darauf, und gießt sie zu einem Kuchen, der überall gleiche Dike hat. Aus diesem Kuchen schneidet man dann mit einem Messer oder einem Messingdrahte die Zeichenstifte, die man fabriciren will.

2) Man kann den Teig auch in einer Presse zwischen zwei Platten zu Kuchen von gehöriger Dike auspressen, und aus diesen dann die Stifte schneiden, die jedoch auf diese Weise nicht so regelmäßig ausfallen, wie auf erstere.

3) Man kann sich einen Messingcylinder von 12 Zoll Länge auf 3 bis 4 Zoll Durchmesser, dessen Dekel in der Mitte ein rundes Loch hat, verschaffen; diesen mit dem Teige füllen, und dann zum Behufe des Pressens mittelst einer Schraube einen Kolben hineintreiben, so daß die Masse in Stängelchen bei dem Loche des Dekels austritt. Der Druk muß hier sachte und gleichmäßig geschehen. Die ausgepreßten Stängelchen legt man auf eine geglättete Platte, um sie zulezt in Stüke von gewünschter Länge zu schneiden. Wären die Stängelchen sehr dünne, so kann man sie wie gewöhnliche Bleistifte in Holz fassen.

X.

Ueber Baumé's Aräometer als Grundlage zur Berechnung des Procentgehaltes von Zukerlösungen und der Wasserverdampfung in den Rübenzukerfabriken, nebst deren Dampf- und Brennmaterialverbrauch u. s. w., nach theoretischen Grundsäzen und praktischen Erfahrungen. Von Hrn. L. G. Treviranus, Mechaniker der altgräfl. Salm'schen Etablissements zu Blansko in Mähren.

Aus den Verhandlungen des Vereins zur Beförderung des Gewerbfleißes in Preußen, 1838, 3te Lieferung S. 97.

Das Aräometer von Baumé ist zwar ein sehr bekanntes Instrument, welches sich schon seit langer Zeit in den Händen der Zukerraffineure befindet, und gegenwärtig auch häufig in den Rübenzukerfabriken, zur Ermittlung der Stärke des Saftes und des Syrups, gebraucht wird. Nicht allgemein bekannt scheint mir es indessen zu seyn, wie man zu rechnen hat, um aus den Graden, welche das Instrument, in Zukerlösungen getaucht, angibt, den Schluß auf den Procentgehalt derselben zu machen, und wie sich ferner nach den Graden auch leicht berechnen läßt, wie viel Wasser verdampft werden muß, um eine schwächere Zukerlösung, oder auch defecirten Rübensaft, zu einer bestimmten höheren Grädigkeit, oder umgekehrt, wie viel Wasser man einer stärkeren Lösung zuzusezen hat, um sie auf einen bestimmten schwächeren Grad zu bringen. Die Verdampfung des Wassers aus dem Safte bis zur Darstellung des Rohzukers ist in den Rübenzukerfabriken ein zu wichtiger Punkt, als daß man nicht in allen vorkommenden Fällen den Betrag des zu verdampfenden Quantums, und die Wirksamkeit der zu ihrer Bewerkstelligung anzuwendenden Mittel, richtig zu berechnen im Stande seyn müßte. Nicht minder wichtig ist es auch in vorkommenden Fällen, vorzüglich wenn die Heizung der Kessel und Pfannen mittelst Dampf bewerkstelligt werden soll, nicht nur im Voraus den gesammten Dampf- und Brennmaterialverbrauch, sondern auch speciell den der einzelnen Operationen, als der Defecation, Abdampfung und Eindikung, und des Verkochens der Melasse berechnen zu können.

Es sind freilich über diese Punkte schon manche sehr schäzenswerthe und nüzliche Erfahrungssäze, vorzüglich von Hrn. Prof. Schubarth, in seinen „Beiträgen zur nähern Kenntniß der Runkelrübenzukerfabrication in Frankreich, Berlin 1836“, und in dem Nachtrag von ihm und Hrn. Reich „Die Runkelrübenzukerfabrication in Frankreich, Berlin 1837“ veröffentlicht worden, aber solche

Erfahrungssäze erhalten erst dann ihren wahren Werth, wenn man auch nach theoretischen Grundsäzen gerechnet, mit Berüksichtigung der in der Praxis obwaltenden Umstände, zu den gleichen Resultaten, ohne der Rechnung Zwang anzuthun, gelangen kann. Gelingt es mir nun auch andere zur Ueberzeugung zu bringen, daß die Grundsäze, welche ich bei meinen Berechnungen in Anwendung bringen werde, wenn auch nicht alle als ganz richtig angenommen werden können, doch der Wahrheit so nahe kommen, als für alle vorkommende Fälle in der Praxis erforderlich ist, so hoffe ich mit dieser Abhandlung eine Lüke in Bezug auf Anlage von Rübenzukerfabriken auszufüllen, welche wenigstens für mich in einer Zeit sehr fühlbar war, und die auch nach Allem zu urtheilen, was mir bis jezt über diesen Gegenstand zu Händen kam, noch durch Niemand ausgefüllt wurde.

Um aber zur Sache zu kommen, so muß ich meinen Untersuchungen schon vorhandene Angaben über das specif. Gewicht der Zukerlösungen von bekanntem Procentgehalt, und ferner ebenfalls schon vorhandene Angaben über die zu den Graden von Baumé's Aräometer correspondirenden specif. Gewichte zum Grunde legen. In Hrn. Prof. Schubarth's Elementen d. technischen Chemie, Bd. 3, befindet sich S. 210 (2te Ausg.) eine Tabelle über den Procentgehalt und die specif. Gewichte von reinen Zukerlösungen in Wasser, welche von Hrn. Niemann herrührt. Da ich fand, daß die Zahlen einer andern Tabelle von den HHrn. Brandes und Reich, enthalten im pharmaceutischen Centralblatte für 1832, mit denen der ersteren gut zusammenstimmen, so richtete ich mich nach der vollständigeren ersten Tabelle. Die den Graden von Baumé's Aräometer correspondirenden specif. Gewichte entnehme ich aus Prechtl's technologischer Encyklopädie Bd. I. S. 332.

Man wird finden, daß der Procentgehalt reiner Zukerlösungen in Wasser bei einer Temperatur von 14° R. im Mittel genommen 1,82 Mal den Graden des Baumé'schen Aräometers gleich kommt, daß ferner auch von etwa 4 oder 5° bis zu 44° B. gerechnet, der Procentgehalt ohne erhebliche Fehler den Baumé'schen Graden proportional angenommen werden kann. Läßt sich dieses beweisen, so liegt in diesem Saz auch ein sehr einfaches Mittel, für jeden in der Praxis vorkommenden Fall gleich zu berechnen, wie viel Wasser man aus einer Zukerlösung abzudampfen hat, um dieselbe von einem bekannten niedrigeren Grad auf einen bestimmten höheren Grad zu bringen.

Es wöge z. B. eine Zukerlösung 100 Pfd. und Baumé's Aräometer gäbe als Stärke der Lösung 6° an, so enthält sie $6 \times 1{,}82 = 10{,}92$ Proc. Zuker, oder eben so viele Pfunde. Wird nun diese

Lösung bis auf 20° B. abgedampft, so erhält man $\frac{100 \times 6}{20} = 30$ Pfd. 20grädigen Syrup, und $100 - 30 = 70$ Pfd. Wasser müßten zu dem Ende verdampfen. Von dem Zukerquantum, muß vorausgesezt werden, ging bei der Abdampfung nichts verloren, die 10,92 Pfd. sind also auch noch in den 30 Pfd. der 20grädigen Lösung enthalten, und deren Wassergehalt betrüge dann $30 - 10{,}92 = 19{,}08$ Pfd. Procente; an Zuker enthielte diese Lösung $\frac{10{,}92}{30} \times 100 = 36{,}4$, und aus den Graden abgeleitet dasselbe, nämlich $20 \times 1{,}82 = 36{,}4$. Werden die 30 Pfd. des 20grädigen Syrups bis zu 44° B., d. i. bis zum Krystallisationspunkt, eingedikt, so erhält man $\frac{20 \times 30}{44} = 13{,}64$ Pfd. Zukermasse, und $30 - 13{,}64 = 16{,}36$ Pfd. Wasser müßten verdampfen. In dieser Masse befinden sich wieder nur die 10,92 Pfd. Zuker, welche in Procenten ausmachen $\frac{10{,}92}{13{,}64} \times 100 = 80$, und 80 ist auch wieder $44 \times 1{,}82$. Die 13,64 Pfd. Zukermasse erhält man auch auf ein Mal aus den 100 Pfd. der 6grädigen Lösung, wenn man rechnet $44 : 6 = 100 : 13{,}64$.

Nach dieser Methode läßt sich, mit Bezug auf die Baumé'schen Grade und den Procentgehalt, leicht eine Tabelle für gleiches Zukerquantum der Lösungen und des dazu gehörigen Wasserquantums berechnen, die dann zum Gebrauch der Rübenzukerfabriken bequem gefunden werden wird. Nur muß man nach den Gewichten der Lösungen rechnen, indem die Rechnung nach dem Volumen nicht so einfach ist. Nach der gemachten Berechnung geben 100 Pfd. einer Zukerlösung von 6° B. an Zukermasse von 44° B. = 13,64 Pfd., das Verhältniß in Pfunden ausgedrükt ist also $= 7{,}33 : 1$. Will man es nach dem Volumen wissen, so dividire man jede der beiden Zahlen durch das zugehörige specif. Gewicht, welches für 6° B. $= 1{,}041$ und für 44° B. $= 1{,}428$ ist; man erhält dann die Verhältnißzahlen $7{,}05 : 0{,}70$, oder beide Zahlen wieder mit 1,428 multiplicirt $10{,}06 : 1$. Dieß ist nun aber wirklich das Verhältniß, in welchem in den Rübenzukerfabriken das Volumen von defecirtem 6grädigen Saft zum Volumen der Zukermasse steht, welche man daraus erhält. Vorläufig ergibt sich denn schon hieraus, daß meine Annahmen nicht weit von der Wahrheit entfernt seyn können, und nicht bloß auf reine Zukerlösungen anwendbar sind, sondern aus Gründen, welche ich später angeben werde, mehr noch auf den defecirten Rübensaft passen. Daß man in der Regel aus dem Rübensafte nur etwa so viele Procente Zuker erhält, als Baumé's Aräometer Grade des defecirten Saftes zeigt [6]), und nicht, wie ich für reine Zukerlösungen annahm, 1,82 Mal mehr, liegt in Umständen, die wohl bekannt sind, die ich hier aber nicht weiter berühren kann.

Die erwähnte Tabelle von Niemann reicht nur bis zu Zukerlösungen von 70 Procent, wozu ungefähr 38½° B. correspondirt; da ich sie aber für meinen Zwek bis zu 44° brauche, so habe ich das Fehlende durch Rechnung nach den sogenannten Vermischungsregeln zu ergänzen gesucht. Es geben diese Vermischungsregeln zwar nicht in allen Fällen richtige Resultate, indem sie sich auf die Voraussezung stüzen, daß in der Vermischung der Flüssigkeiten von verschiedenen spec. Gewichten keine Volumenveränderung vor sich geht, indessen wird man doch sehen, daß die Zahlen, welche ich danach berechnete, mit den aus Niemann's Tabelle abgeleiteten, mindestens von 8° bis zu 35° B., ganz gut übereinstimmen, so daß nicht viel gefehlt seyn kann, wenn ich die von 35° bis 44° B. fehlenden Zahlen durch Rechnung nach den Vermischungsregeln bestimmte. Auch ist noch zu bemerken, daß ich (in der ersten Tabelle, welche ich liefern werde), da das spec. Gewicht von Niemann's Zukerlösungen gewöhnlich nicht zu den spec. Gewichten der ganzen Baumé'schen Grade paßte, jene Gewichte und die correspondirenden Procentgehalte den lezteren gemäß zu reduciren genöthigt war; daß ferner in Bezug auf Rübenzukerfabriken, weil, wie ich schon sagte, das Zukerquantum des defecirten Saftes während der übrigen Processe als: der Abdampfung und Eindikung, dasselbe verbleibend angenommen werden muß (etwanige Verluste aber in eine besondere Rubrik gehören), es auch in der Tabelle so angenommen wurde: weßhalb dann aber Hrn. Niemann's Zahlen nicht mehr so wie im Original, oder in Hrn. Prof. Schubarth's technischer Chemie, erscheinen werden.

In der ersten Tabelle, welche ich insbesondere nur für den Zwek mittheile, um zu zeigen, daß die nach den Vermischungsregeln berechneten Zahlen nahe mit Niemann's Zahlen übereintreffen, und die Ergänzung bis zu 44° B. nach jenen Zahlen Statt finden durfte, nahm ich eine Zukerlösung von 5° B. als Norm an, zu welcher nach Niemann 9,308 Proc. Zuker, und 90,692 Proc. Wassergehalt correspondirt, und behielt diese 9,308 Theile Zuker, oder dieses Zukerquantum, in der ganzen Reihe bei. Eine Lösung von z. B. 10° Baumé hat nun, nach Niemann, 17,467 Proc. Zuker- und 82,533 Proc. Wassertheile; denkt man sich unter den Theilen und Procen-

---

6) Nach obiger Annahme des Hrn. Verfassers betrüge dann bei einem defecirten Saft von 6° B. die Ausbeute 6%, des Saftes, also bei 80% Saft aus den Rüben 7,5% des Rübengewichts, was mit der Erfahrung gut übereinstimmt.
Prof. Schubarth.

ten etwa Pfunde, so muß eine Zukerlösung von 10° B., wenn sie 9,308 Zuker enthalten soll, $\frac{9.308 \times 82,533}{17,467} = 43,58$ Pfd. Wasser enthalten, und das ganze Gewicht der Lösung beträge 52,888 Pfd.

Auf solche Art kam ich denn zu den Rubriken e, f, g der Tabelle; die Verhältnißzahlen in Rubrik h ergeben sich durch Division der Zahlen in Rubrik g mit der Zahl 11,684. Rubrik b enthält das zu Baumé's Graden correspondirende spec. Gewicht nach Prechtl; c die aus den spec. Gewichten nach den Vermischungsregeln von mir berechneten Volume für gleiches Zukerquantum. Diese Volumen wurden, zur Vergleichung mit den Zahlen der Rubrik h, mit den zugehörigen spec. Gewichten multiplicirt, und wieder durch 1,428 dividirt, wo sich dann die Verhältnißzahlen der Gewichte in Rubrik d ergaben.

Tabelle 1.

Ueber die Volumen und Gewichte von Zukerlösungen in Wasser für gleiche Zukermengen berechnet.

Die Zahlen der Rubriken c und d aus b nach den Vermischungsregeln berechnet.				Von 5 bis 35° B. aus Riemann's Tabelle abgeleitet.			
a.	b.	c.	d.	e.	f.	g.	h.
Grade nach Baumé.	Spec. Gewicht der Lösung.	Volumen der Lösung. 7)	Gewicht der Lösung.	Gehalt an Zukergewicht.	Gehalt an Wassergewicht.	Summen beider Gewichte.	Verhältnißzahlen derselben.
44°	1,428	1,000	1,000	9,308	2,376	11,684	1,000
40	1,375	1,141	1 099	9,308	3,529	12,837	1,099
35	1,312	1,372	1 261	9,308	5,069	14,377	1,230
30	1,256	1,672	1,470	9,308	7,849	17,175	1,470
25	1,205	2,090	1 763	9,308	11,319	20,627	1,765
20	1,157	2,726	2,209	9,308	16,728	26 036	2,228
15	1,115	3,788	2,952	9,308	24,632	33,940	2,905
10	1,072	5,945	4,463	9,308	43,580	52,888	4,527
9	1,064	6,687	4,980	9,308	49,418	58,726	5,026
8	1,057	7,598	5,557	9,308	55,443	64 751	5,542
7	1,049	8,734	6,416	9,308	64,169	73,477	6,289
6	1,041	10,439	7,603	9,308	75,310	84,618	7,242
5	1,034	12,588	9,115	9,308	90,692	100,000	8,559

7) Wenn das Volumen einer Zukerlösung von 44° B. und 1,428 spec. Gewicht = 1 angenommen wird, so wird für gleiche Zukermenge das Volumen x einer andern schwächern Lösung von n° B. und einem spec. Gewicht = p gefunden durch die Formel $1 + \frac{1,428 - p}{p - 1} = x$, wo 1 im Nenner des Bruchs das spec. Gewicht des Wassers bedeutet, und der ganze Bruch den nöthigen Wasserzusaz angibt. So ist z. B. für 30° B. und ein spec. Gewicht von 1,256 das Volumen der Lösung $1 + \frac{1,428 - 1,256}{1,256 - 1,000} = 1,672$; für 25° B. und ein spec.

Aus den Rubriken d und h ist ersichtlich, daß die von mir für 30° B. berechnete Zahl 1,47 in Rubrik d mit der in Rubrik h aus Riemann's Zahlen abgeleiteten Zahl zusammentrifft; bei 36° B. findet sich zwar in d ein Plus von 0,031, solcher Differenzen finden sich aber in den beiden Reihen mehrere, bald + und bald —. Bei 20° B. findet sich z. B. in Rubrik h — 0,019, und gleich darauf bei 15° B. ist + 0,047; bei 8° B. passen aber die Zahlen wieder bis auf 0,015, nur unterhalb 8° werden die Differenzen bedeutender, und die Zahlen der Rubrik d constant größer, als die Zahlen der Rubrik h. — Gründeten sich die Zahlen der Rubrik h nicht auf Versuche, und die der Rubrik d nicht auf bloße Berechnung, deren Richtigkeit, wie ich bereits sagte, wegen des ebenfalls erwähnten, dabei obwaltenden Umstandes möglicher Volumenveränderungen nicht ganz verbürgt werden kann, dann müßte ich es dahin gestellt seyn lassen, welcher der beiden Reihen der Vorzug gebühre, so aber gebührt er ohne Zweifel der Reihe h.

Inzwischen ist der Gegenstand, um den es sich hier handelt, doch von der Art, daß eine übergroße Genauigkeit nicht am rechten Ort seyn würde, und so liefere ich denn die zweite Tabelle, welche, oder vielmehr die derselben zum Grunde liegenden Säze, ich ihrer Einfachheit und doch hinreichenden Genauigkeit halber zum Gebrauch für Rübenzukerfabriken ganz geeignet halte.

Gewicht von 1,205 das Volumen $1 + \frac{1,428 - 1,205}{1,205 - 1,000} = 2,09$. Im ersten Falle müßten 1 Volumen des 44° Syrups 0,672 Volumen Wasser zugesezt werden, um ihn auf 30° B., und im zweiten Falle 1,09 Volumen Wasser, um ihn auf 25° B. herunter zu bringen, oder zu verdünnen.

Prof. Sch.

Tabelle 2.

Ueber die zu den Baumé'schen Graden correspondirenden spec. Gewichte, Volumen, Gewichte und Procentgehalte rc. von Zukerlösungen in Wasser für gleiche Zukermengen der Lösungen und zum Gebrauch für Rübenzukerfabriken berechnet.

a.	b.	c.	d.	e.	f.	g.
Grade nach Baumé.	Spec. Gewicht der Zukerlösungen.	Verh. Zahlen der Gewichte für gleiche Zukermenge.	Gewichtstheile der Lösungen an Zuker.	Gewichtstheile der Lösungen an Wasser.	Gehalt der Lösungen an Zuker in Procenten.	Verh. Zahlen der Volumen für gleiche Zukermenge.
44	1,428	1,000	0,800	0,200	80.0	1,000
40	1.375	1.100	0 800	0.300	72.7	1,142
35	1,312	1,257	0 800	0.457	63,6	1 368
30	1.256	1,467	0 800	0.667	54,5	1,668
25	1,205	1,760	0 800	0,960	45,5	2,085
20	1.157	2,200	0.800	1,400	36.3	2,715
15	1,113	2,933	0 800	2 133	27.25	3,763
14	1 104	3.143	0.800	2,343	25,5	4,066
13	1 096	3,381	0.800	2,581	23,7	4,405
12	1,086	3,667	0,800	2 867	21,8	4.813
11	1,080	4.000	0,800	3,200	20,0	5.289
10	1.072	4,400	0.800	3 600	18,2	5,861
9	1,064	4,889	0,800	4.089	16.4	6.562
8	1,057	5.500	0,800	4,700	14.5	7,431
7	1.049	6,286	0,800	5.486	12.7	8.557
6	1.041	7,333	0.800	6,533	10,9	10.059
5	1.034	8.800	0,800	8,000	9.1	12,155
4	1.028	11.000	0,800	10,200	7,3	15.280

Es sind also in dieser zweiten Tabelle in Rubrik a die Grade nach Baumé's Aräometer enthalten und in Rubrik b wieder das dazugehörige spec. Gewicht nach Prechtl's Angabe hinzugefügt; die Zahlen der Rubrik c wurden nach dem Grundsaz berechnet: für gleiche Zukermengen der Lösungen verhalten sich die Gewichte der lezteren umgekehrt als ihre Grade nach Baumé. Dieser Saz folgt aus dem ersten Saz: daß der Procentgehalt den Baumé'schen Graden als nahe proportional angenommen werden kann.

Krystallisationsfähigen Syrup oder Zukermasse von 44° B. nahm ich dabei zur Gewichtseinheit an. Es enthält demnach z. B. 1 Pfd. Syrup von 44° B. eben soviel Zuker als 2,2 Pfd. Syrup von 20° B., indem $20 : 44 = 1 : 2{,}2$. Wollte man ferner etwa wissen, wie viele Pfunde 25grädigen Syrup man aus 11 Pfd. einer Lösung von 4° B. erhält, so ist das Resultat des obigen Sazes: $\frac{4 \times 11}{25} = 1{,}76$ Pfd.

So sind dann die Zahlen der Rubrik c entstanden. Vergleicht man c mit den Zahlen der Rubrik h der ersten Tabelle, die aus Niemann's Versuchen abgeleitet wurden, so gibt die Rechnung bei 30° B. um 0,003 mehr als die Versuchszahl; bei 20° B. gibt sie 0,028 weniger: bei 15° B. aber 0,028 mehr; bei 10° B. wieder 0,127 weniger; bei 7° B. nur um 0,003 weniger, bei 6° B. aber wieder 0,091 mehr. Es findet also ein Wechsel in dem Plus und Minus der Differenzen Statt, der zu Gunsten der Rechnung spricht. Bei 5° B. gibt endlich die Rechnung um $8,800 - 8,559 = 0,341$ zu viel, was aber auch nur $\frac{0,341}{8,559} = \frac{1}{25}$ mehr als Niemann's Zahl ausmacht.

Man würde also demzufolge in Bezug auf Rübenzukerfabrication vom defecirten 5grädigen Saft etwa $^1/_{25}$ mehr brauchen, um ein gleiches Quantum Zukermasse darzustellen, als von einer reinen 5grädigen Zukerlösung. Dieß läßt sich nun zwar strenge genommen nicht beweisen, daß man aber vom Saft etwas mehr als von einer Zukerlösung brauchen wird, läßt sich doch wohl vermuthen, wenn man in Erwägung zieht, daß auch der auf das beste defecirte Saft immer noch fremde Stoffe enthält, die sein anfängliches spec. Gewicht vermehren, die also einen zu hohen Schluß auf den Procentgehalt an Zuker machen lassen, die aber in den auf die Defecation folgenden Operationen zum Theil ausgeschieden werden, so daß man in der Regel mit einem an Zuker ärmeren Saft zu thun haben wird, als man nach den Baumé'schen Graden zu schließen berechtigt war. Solchem Saft schmiegt sich dann der von mir angenommene Grundsaz: für gleiche Zukermengen der Lösungen müssen sich die Gewichte der Lösungen umgekehrt verhalten als ihre Grade nach Baumé, recht gut an, und ich glaube dann hiemit die Anwendbarkeit dieses Sazes in der Rübenzukerfabrication, und auch in Bezug auf Raffinirung des Rohzukers, dargethan zu haben.

Was die schon erwähnte Zahl 1,82 anbelangt, womit man die Baumé'schen Grade zu multipliciren hat, um den Procentgehalt reiner Zukerlösungen zu finden, so wurde sie einfach von mir gefolgert, indem ich die Summe von Niemann's Procentzahlen mit der Summe der zugehörigen Baumé'schen Grade theilte, wo sich dann die Zahl 1,817 ergab, wofür ich 1,82 annahm. Die Verhältnißzahlen in Rubrik c sind auch zugleich die Summenzahlen der Zuker- und Wassertheile der Rubriken d und e. Die Zahlen der Reihe f wurden aus den Graden der Rubrik a berechnet, sie lassen sich aber auch aus c und d ableiten. Die Volumenzahlen in g entstanden durch Division der Verhältnißzahlen in c mit den dazu gehörigen spec. Gewichten der Rubrik b. Damit die Reihe oben bei 44° B. wieder mit 1 anfinge, wurden alle erhaltenen Quotienten mit dem zu 44° B. gehörigen spec. Gewichte 1,428 multiplicirt.

Zulezt erlaube ich mir noch meine Zahlen mit Zahlen, welche ich aus einer anderweitigen Angabe entnahm, in Vergleich zu stellen. In Hrn. Benjamin Scholz's Lehrbuch der Chemie Bd. 2 finde ich S. 491 angegeben: Aus 7075 Maaß Runkelrübensaft von 7° B. erhält man den Erfahrungen zufolge 1180 Maaß Syrup von 30° B., und aus diesen 707 Maaß von 44° B. Das Verhältniß dieser Volumenzahlen ist 10 : 1,67 : 1. Nimmt man nun an, daß der rohe Saft etwa 1° B. in der Defecation verliert, so behielt der obige Saft nach der Defecation nur noch 6° B. und für 6°, 30° und 44° B. sind in der Rubrik g der zweiten Tabelle die Volumenzahlen 10,059 : 1,668 : 1,000 die also nahe mit obigen übereinstimmen. Aber streng genommen müßte entweder Hrn. Scholz's erste Zahl etwas höher, oder meine etwas niedriger seyn, indem bei ihm die Zahl 10 das Volumen des rohen Saftes, bei mir aber die Zahl 10,059 das Volumen des defecirten Saftes ausdrükt, und der Saft bekanntlich in der Defecation nicht nur an der Grädigkeit, sondern auch an Volumen verliert. Dem sey übrigens wie da wolle! Es findet sich zufällig, daß meine Verhältnißzahlen der Gewichte in Rubrik c Tabelle 2 mit den Verhältnißzahlen der Rubrik h Tabelle 1, welche aus Riemann's Zahlen abgeleitet wurden, für 6°, 30° und 44° B. nur sehr wenig differiren, so daß ein Vorwurf der Ungenauigkeit, den man etwa erstern machen könnte, auch die lezteren träfe, welche doch durch Versuche bestimmt wurden; und so muß ich es denn annehmen, daß der Fehler wohl in den Zahlen der obigen Angabe liegen mag. Mir genügt es vorläufig, den Gegenstand, um welchen es sich handelte, unter gewisse Regeln gebracht zu haben, welche der Wahrheit nahe kommen, und wonach ich in allen Werken, welche mir über Rübenzukerfabrication vorkamen, vergeblich forschte.

Nachdem in dem Vorangegangenen dargethan wurde, wie bei Zukerlösungen und dem defecirten Rübensafte nach den Graden von Baumé's Aräometer sich jederzeit der Schluß auf den Procentgehalt machen, und wie sich auch berechnen läßt, wie viel Wasser man aus einer schwächern Lösung zu verdampfen hat, um sie auf bestimmte höhere Grade zu bringen, werde ich die aufgefundenen Regeln nochmals auf ein größeres Beispiel in Anwendung bringen, für den Zwek einer Berechnung des Dampfverbrauches, welchen, nach theoretischen

Grundsäzen und in Vergleich zu praktischen Erfahrungen, die verschiedenen in den Rübenzukerfabriken vorkommenden Operationen, als die Defecation, Abdampfung, Eindikung und das Verkochen der Melasse, sowohl einzeln als zusammengenommen erfordern; aus dem gefundenen Dampfverbrauch zulezt auch noch nach praktischen Regeln die Größe der nöthigen Dampfkessel und den Brennmaterialverbrauch für den anzunehmenden Fall ableiten, wonach sich dann die Schlüsse auf andere ähnliche Fälle leicht werden machen lassen. Dabei seze ich eine gewöhnliche Rübenzukerfabrik voraus, in welcher aber alle Operationen, wozu sich Dampf anwenden läßt, wie auch schon aus dem eben Gesagten hervorgeht, mit Hülfe des Dampfes bewerkstelligt werden.

Als Beispiel glaube ich kein besseres wählen zu können, als die Fabrik des Hrn. Crespel-Dellisse in Arras, welche Hr. Prof. Schubarth in seinen Beiträgen zur näheren Kenntniß der Rübenzukerfabrication in Frankreich, im Detail beschrieb, und worauf sich vorzüglich auch seine neueren Notizen in dem Nachtrag von ihm und Hrn. Reich beziehen.

Den eben angeführten Notizen zufolge verarbeitet Hrn. Crespel's Fabrik täglich, in 24 Stunden, 65000 franz. Pfd. Runkelrüben. Mittelst der Wasserpressen werden daraus gewonnen 85—86 Proc. Saft; zu 86 Proc. gerechnet sind es 55900 Pfd. Saft, dessen Stärke ich zu $7\frac{1}{2}°$ B. annehmen will.

Defecation. Zahl derselben.

Da bei Hrn. Crespel zu einer Defecation 8,5 Hectoliter oder 850 Liter Saft gehören, und 1 Liter Saft von $7\frac{1}{2}°$ B. 1,05 Kilogr. oder 2,1 Pfd. wiegt, so wiegen 850 Liter 1785 Pfd. und zu 55900 Pfd. Saft wären erforderlich 31 Defecationen und ein Bruchtheil. Aber die ganze Zahl 31 angenommen, beträgt das dazu gehörige Saftquantum $\frac{55900}{31} = 1803$ Pfd., wofür ich die runde Zahl 1800 seze.

Defecation. Dampfverbrauch.

Um die Berechnung derselben durch Erläuterungen nicht zu oft unterbrechen zu dürfen, untersuche ich zuerst, welches Dampfquantum erforderlich ist, um für jede folgende Defecation den Kessel und dessen Gehäuse gleichzeitig mit dem Safte wieder von einer niedrigern auf die höhere Temperatur zu bringen; und um die Dampfmassen nicht zu klein zu bekommen, nehme ich die Umstände, welche Einfluß auf den Dampfverbrauch haben, gerade nicht als die günstigsten an. Die tägliche Zahl der Defecationen wurde also zu 31 berechnet. Da nun in der Fabrik zu Arras 4 Defecationskessel abwechselnd gebraucht werden, so kommt in 24 Stunden jeder $\frac{31}{4} = 7\frac{3}{4}$ Mal an die Reihe, und der Zeitraum von einer Defecation zur anderen beträgt $\frac{24}{7{,}75} = 3{,}1$ Stunden. Der Zeitraum, in welchem zum Behuf der Defecation der Dampf wirken muß, beträgt aber nur etwa ½ Stunde, folglich ist etwa 2½ Stunden lang der Kessel der Wiederabkühlung durch die Luft ausgesezt, und es dürfte nicht viel gefehlt seyn, wenn ich annehme, daß er nur mit einer Temperatur von etwa 40° R.[8]) bei der folgenden Defecation wieder in Arbeit kommt. Wenn bei einem solchen Kessel von 8½ Hectoliter Inhalt, das Innere aus Kupfer, das Aeußere, oder das Gehäuse, aus Gußeisen besteht, dann wiegt er beiläufig 2300 Pfd.[9]), und mit Berüksichtigung des Verhältnisses, in welchem bei solchen Kesseln das Kupfer gewöhnlich zum Gußeisen steht, kann man die vereinte spec. Wärme beider Metalle zu etwa 0,134 annehmen; so daß in dieser Beziehung statt der 2300 Pfd. Kupfer und Gußeisen als Aequivalent $2300 \times 0{,}134 = 308$ Pfd. Wasser gesezt werden können. Erlaubte man dem Kessel sich nach jeder Defecation zur Temperatur des zu defecirenden Saftes abzukühlen, so hätte man, wenn das Saftquantum wie oben zu 1800 Pfd. angenommen wird, einen Wärmeverlust von mindestens $\frac{308 \times 100}{1800}$ $= 17{,}2$ Proc., indem das Gehäuse des Kessels durch den Dampf zu einer viel höheren Temperatur als das Innere des Kessels und die Flüssigkeit gebracht wird. Dieses in Anschlag gebracht und zugleich, daß der Kessel mit etwa 40° R. wieder in Arbeit kommt, glaube ich den Wärmeverlust auf etwa 15 Proc. anschlagen zu müssen. In kalten Tagen, wenn die Fabrik etwa gefrorne Rüben mit zu verarbeiten hat, wird es auch nicht ungewöhnlich seyn, daß der Saft mit nur wenigen Graden über 0, vielleicht auch mit 0° R., zur Defecation kommt; ich nehme also für die Temperatur des Saftes 0° R., die gesammte Wärme des Dampfes zu 520° R. an, so daß 1 Pfd. Dampf 520 Wärmeeinheiten hat.

Hienach wären zu einer Defecation erforderlich:

	Wärmeeinheiten.
1) Um 1800 Pfd. Saft von 0° auf 80° R. zu bringen 1800×80	= 144000

8) Dieß ist zu viel. Da nämlich der Kessel mit Saft gescheuert wird, so kommt er auf die Temperatur der Luft herab. Sch.

9) Gewicht des kupfernen Kessels 250, der eisernen Schale 800, Ringe, Schrauben etc. 150 Pfd., Summe 1200 Pfund. Sch.

Wärmeeinheiten.

2) Den Kessel von 40 auf 80° R. $\frac{144000 \times 15}{100}$. = 21600

3) Nach beendigter Defecation wird gewöhnlich der im Gehäuse eingeschlossene Dampf ausgeblasen, der etwa 1 Pfd. betragen kann; macht 1×520 = 520

4) Auch sind gewöhnlich die Defecationskessel äußerlich nicht gegen Abkühlung durch kalte Luft geschüzt, und in diesem Falle werden in Zeit von 30 Minuten, so lange nämlich Dampf eingelassen wird, condensirt, etwa 0,4 Pfd. Dampf, macht $0{,}4 \times 520$ . . . . = 208

gibt in Summa 166328

Wärmeeinheiten, als zu einer Defecation, exclusive des Dampfverlustes, der etwa noch in den Dampfleitungsröhren Statt findet, erforderlich. Jedes Pfund Dampf hat nun zwar 520 Wärmeeinheiten, sie können aber der Defecation nicht alle zu gute kommen, indem sich der Dampf zu Wasser niederschlägt, dessen Temperatur nach eigenen Beobachtungen, wenn viele Defecationskessel gleichzeitig im Betrieb sind, etwa 60° R. beträgt, folglich dem Dampfe (oder 1 Pfd. desselben) 60 Wärmeeinheiten entzieht, so daß für die Defecation selber nur $520 - 60 = 460$ Wärmeeinheiten verbleiben.

5) Ist dann das Endresultat: Eine Defecation erfordert $\frac{166328}{460}$ $= 361{,}6$ Pfd. Dampf.

In der Defecation findet des Schaumes wegen ein Verlust an Saft Statt, den ich im Mittel aus mehreren Angaben zu $\frac{1}{16}$ annehme, der also von 1800 Pfd. Saft in ganzer Zahl 112 Pfd. beträgt, so daß 1688 Pfd. defecirter Saft verbleiben. Auch verliert der Saft durch die Defecation etwa 1° an seiner anfänglichen Grädigkeit und da diese $7\frac{1}{2}$ B. angenommen wurde, so beträgt sie nach der Defecation noch $6\frac{1}{2}$° B.

Abdampfung. Dampfverbrauch.

Wird der Saft von $6\frac{1}{2}$° B. in dieser Operation zu 20° nach der französischen Spindel concentrirt, so machen diese etwa 22° B., und rechnet man nach meinem im ersten Abschnitt angenommenen Saz, so erfolgen aus 1688 Pfd. defecirten Saft von $6\frac{1}{2}$° B. $\frac{6\frac{1}{2} \times 1688}{22} = 498{,}8$ Pfd. Syrup von 22° B., und $1688 - 498{,}8$

= 1199 Pfd.[10]) Wasser müßten verdampfen. Von der Defecation weg, und nachdem der Saft seinen Lauf durch die Thierkohle der Dumont-Filter genommen, kömmt er, meinen Beobachtungen nach, noch mit einer Temperatur von etwa 40° R. auf die Abdampfpfannen. Zur Abdampfung des Quantums von einer Defecation ist jezt nothwendig:

1) Müssen 1688 Pfd. defecirter Saft von 40° auf 80° R. gebracht werden, ehe die Abdampfung beginnen kann. Der Saft nimmt nun zwar nur 1688×40=67520 W. Einh. auf; weil aber der wirkende Dampf im Anfange zu Wasser von 40° und am Ende zu Wasser von 80° R. sich niederschlägt, so kann man rechnen, daß dieses Wasser im Mittel mit einer Temperatur von 60° R. die Pfanne verläßt. Um obige 1688 Pfd. Saft von 40° auf 80° R. zu erwärmen sind nöthig: $\frac{67520}{520-60} = 146{,}8$ Pfd. Dampf.

2) Aus dem jezt schon siedendheiß angenommenen Safte müssen dann 1199 Pfd. Wasser in Dampfform entweichen. Weil aber auch in diesem Falle der wirkende Dampf nicht seine ganze Wärme abgeben kann, sondern zu Wasser von der Temperatur des abzudampfenden Saftes, die mindestens 80° R. beträgt, sich niederschlägt, so sind, um obige 1199 Pfd. Wasser in Dampf zu verwandeln, unter der Pfanne nöthig $\frac{1199 \times 520}{520-80} = 1416{,}5$[11]) Pfd. Dampf.

3) Das Kupfer einer Abdampfpfanne, wie sie bei Hrn. Crespel, der Beschreibung von Hrn. Prof. Schubarth zufolge, gebraucht werden, kann nach gemachtem Ueberschlag etwa 700 Pfd. wiegen, welche im Punkt der spec. Wärme 700×0,095=66,5 Pfd. Wasser sind. Die Pfanne wird sich nun auch, wie ich bei den Defecationskesseln rechnete, in der Zwischenzeit von einer Abdampfung zur andern, mehr oder minder abkühlen, muß also auch in der folgenden Abdampfung um eben so viel wieder erhöht werden. Wird nun das Saftquantum einer Defecation in zwei Pfannen vertheilt, und gleichzeitig abgedampft, so können die Zeiträume zwischen 2 und 2 solcher Abdampfungen nur halb so groß als bei der Defecation, also etwa 1½ Stunden seyn. Nimmt man nun zulezt an, daß die Pfannen mit einer Temperatur von etwa 50° R. wieder in Arbeit kommen, also etwa 30° R. an Wärme verloren gingen, so sind, um diese in beiden Pfannen wieder zu ersezen, nöthig: $\frac{66{,}5 \times 30 \times 2}{520-65} = 8{,}8$ Pfd.

---

10) Diese Zahl ist in 1189 zu verwandeln. Sch.

11) Da die obige Zahl 1199 in 1189 umzuwandeln ist, so beträgt die nöthige Dampfmenge nur 1405,1 Pfd. Sch.

Dampf; wo die Zahl 65 im Nenner die mittlere Temperatur zwischen 80 und 50° R. ist.

4) Alle drei Posten: 146,8, 1416,5 und 8,8 zusammengezogen geben zur Summe 1572,1 Pfd.[12]) Dampf, welche nöthig wären, um 1688 Pfd. Saft, welche aus einer Defecation erfolgten, von 6½° auf 22° B. abzudampfen.[13])

Bemißt man, nebenbei gesagt, in diesem Fall den Nuzeffect des Dampfes bloß nach dem Wasserquantum von 1199 Pfd., welches verdampfte, so ergeben sich $\frac{1199 \times 100}{1572,1} = 76,2$ Proc.[14])

Der 22grädige Syrup kommt jezt, nachdem die zweite Filtration durch Thierkohle vorgenommen wurde, zur

Eindikung. Dampfverbrauch.

In der zweiten Filtration findet zwar auch, wie bei der Defecation, ein, wiewohl viel geringerer Verlust an Saft Statt, dagegen kommt aber das Aussüßwasser der Filter wieder hinzu, so daß man, hinsichtlich des bis zum Krystallisationspunkt daraus zu verdampfenden Wassers, die 498,8 Pfd. Syrup von 22° B., welche die Abdampfung gab, als zur Eindikung kommend, wird annehmen können.

Meinem Saz zufolge geben demnach 498,8 Pfd. Syrup von 22° B. $\frac{498,8 \times 22}{44} = 249,4$ Pfd. Syrup von 44° B., oder sogenannte Zukermasse, und eben so viele, also auch 249,4 Pfd. Wasser müssen zu dem Ende verdampfen. — Der durch die Abdampfung erfolgte Syrup kühlt sich während der auf die Abdampfung folgenden Filtration nahe bis zur Temperatur des Arbeitsraumes ab, welche ich hier auch wie bei der Defecation zu 0° rechne.

Ehe die Eindikung ihren Anfang nehmen kann, muß der Syrup, jezt Klärsel genannt, wieder zum Kochpunkt gebracht werden, der zwar etwas höher, als der des Wassers ist, den ich aber, als eine zu unbedeutende Differenz in der Rechnung machend, auch zu 80° R. annehmen will. Ein anderer Umstand verdient indessen mehr Berüksichtigung. Die spec. Wärme der Zukerlösungen nimmt nämlich, je mehr sich diese dem Krystallisationspunkte nähern, ab; nach wel-

12) Eigentlich nur 1560,7 Pfd. Dampf. Sch.

13) Man vergleiche den Anhang zu dieser Abhandlung. Sch.

14) In vier Abdampfversuchen, welche auf meine Veranlassung angestellt wurden, variirte der Nuzeffect von 74 bis 78 Proc., je nachdem der Saft mehr oder weniger heiß auf den Dampfapparat kam.

Treviranus.

chem Geseze ist wahrscheinlich noch nicht ermittelt, wenigstens mir nicht bekannt.

Hr. Dr. L. A. Krause gibt indessen in der „Darstellung der Fabrication des Zukers aus Runkelrüben" Wien 1834, S.192—195 an: daß Klärsel von 30° B. nur noch die halbe spec. Wärme des Wassers habe. Wenn diese Angabe nun richtig ist [15]), so glaube ich ohne erheblichen Irrthum annehmen zu dürfen: Klärsel von 22° B. hat beiläufig im umgekehrten Verhältniß der Grade wieder mehr als das 30grädige, also etwa ¾ der spec. Wärme des Wassers.

Hienach wären erforderlich:

1) Um 498,8 Pfd. Klärsel von 0° auf 80° R. zu bringen $\frac{498,8 \times 80 \times 3}{4} = 29928$ Wärmeeinheiten. Um diese der Flüssigkeit mitzutheilen, gebraucht man $\frac{29928}{520-40} = 62,6$ Pfd. Dampf, indem sich der Dampf anfangs zu Wasser von 0° R., also im Mittel zu Wasser von 40° R. niederschlägt.

2) Während der Eindikung des Klärsels steigt die Temperatur desselben allmählich über 80° R., so daß sie am Ende der Operation 92° R. wird, die mittlere Temperatur also etwa 86° R. beträgt. Unter diesen Umständen kann denn, aus schon angegebenen Gründen, jedes Pfund Dampf nur 520—86=434 Wärmeeinheiten zur Verdampfung abgeben [16]), und es sind, um 249,4 Pfd. Wasser des Klärsels in Dampf aufzulösen, $\frac{249,4 \times 520}{434} = 298,8$ Pfd. Dampf erforderlich.

3) Das Kupfergewicht einer Abdampfpfanne wurde in der Berechnung der Abdampfung zu 700 Pfd. angenommen, und da nach der Beschreibung des Hrn. Prof. Schubarth die Eindikpfannen des Hrn. Crespel etwa die halbe Größe der Abdampfpfannen haben, so wird sich das Gewicht einer Eindikpfanne auch auf das halbe, also 350 Pfd., annehmen lassen und die spec. Wärme dieser 350 Pfd. Kupfer = der spec. Wärme von $\frac{66,5}{2} = 33,25$ Pfd. Wasser zu sezen seyn. Das Quantum an Klärsel, welches aus einer Defecation erfolgte, die 498,8 Pfd., werden nun gleichzeitig in zwei solcher Pfannen eingekocht; es kann dafür dieselbe Zeit, wie zu einer Defecation, nämlich etwas über drei Stunden, erlaubt werden. Da aber

15) Da nach Herrmann die spec. Wärme des krystallisirten Zukers 0,34 beträgt, so möchte vielleicht richtiger die spec. Wärme eines Klärsels von 30° B. 0,802, und von 22° B. dann 0,855 betragen. Sch.

16) Man vergleiche den Anhang. Sch.

das Kochen selbst nur etwa $\frac{1}{2}$ Stunde dauert, so können sie während der übrigen Zeit von der empfangenen Wärme nicht viel behalten, und es dürften wohl nicht mehr als etwa 20° R. in Anschlag kommen. Beide Pfannen, deren spec. Wärme wieder gleich der spec. Wärme von 66,5 Pfd. Wasser, müssen also für das folgende Kochen gleichzeitig mit dem Klärsel von 20° auf 80° R. gebracht werden, wozu $66{,}5 \times (80 - 20) = 3990$ Wärmeeinheiten nöthig sind. Der Dampf schlägt sich nieder im Mittel mit $\frac{80 + 20}{2} = 50°$ R., und 1 Pf. gibt ab $520 - 50 = 470$ Wärmeeinheiten. Beide Kochpfannen von 20 auf 80° R. zu bringen, braucht man also: $\frac{3990}{470} = 8{,}5$ Pfd. Dampf.

4) Alle drei Posten, 62,6, 298,8 und 8,5, geben zur Summe 369,9 Pfd. Dampf, als nöthig um 498,8 Pfd. Klärsel von 22° auf 44° B., oder zum Krystallisationspunkt zu bringen, oder auch um 249,4 Pfd. Wasser daraus zu verdampfen.

Bemißt man hier wieder, wie bei der Abdampfung, den Nuzeffect des Dampfes bloß nach dem damit verdampften Wasserquantum, so ist dieser Nuzeffect $\frac{249.4}{369{,}9} \times 100 = 67{,}4$ Proc. [17]) Daß der Nuzeffect hier bedeutend geringer als bei der Abdampfung ausfällt, rührt hauptsächlich daher, weil bei der Eindikung die verdampfte Wassermasse in einem niedrigeren Verhältniß zur zu dem Ende zum Kochpunkt gebrachten Flüssigkeit steht, als bei der Abdampfung.

Die Berechnung des Dampfverbrauchs für die einzelnen Operationen der Rübenzukerfabrication wäre jezt so weit gediehen, wo die fertige Zukermasse in die Formen gefüllt, das sogenannte erste Product durch die Krystallisation daraus gewonnen und der Syrup des ersten Productes verkocht wird.

Verarbeitung des Syrups vom ersten Product. Dampfverbrauch.

Das Rübenquantum, welches Hrn. Crespel's Fabrik täglich verarbeitet, wurde gleich Anfangs zu 65000 Pfd. angegeben, und die Zahl der Defecationen wurde zu 31 berechnet, so daß zu einer Defecation, worauf sich die bisherigen Berechnungen beziehen, 2097 Pfd. Runkelrüben gehören.

Nach Hrn. Prof. Schubarth's Angabe kann man nun rechnen,

17) Vergleiche den Anhang.

daß von gutem Saft und zukerreichen Rüben als erstes Product 5 Proc. Rohzuker erfolgen, also von einer Defecation, oder von 2097 Pfd. Rüben $\frac{2097 \times 5}{100} = 104{,}8$ Pfd. Rohzuker. — Zukermasse erhielten wir durch die Eindikung 249.4 Pfd.; folglich blieben zur weitern Bearbeitung $249{,}4 - 104{,}8 = 144{,}6$ Syrup des ersten Productes; $\frac{144{,}6}{2097} \times 100 = 6{,}9$ Proc. vom Gewichte der Rüben.

Der Syrup des ersten Productes hat gewöhnlich etwa 42° B.; wird derselbe, zum Behuf der Läuterung, mit einem gleichen Gewichte Wasser verdünnt, so erhält man 289,2 Pfd. Syrup von 21° B.

Da solch ein geringes Quantum sich aber nicht zur Läuterung eignet, indem Hrn. Crespel's Läuterkessel 9½ Hectol. oder 950 Liter verlangt, so muß der Syrup mehrerer Defecationen, deren Zahl ich berechnen werde, zusammengenommen werden. — Von einer Defecation beträgt er $\frac{289{,}2}{2{,}332} = 124{,}5$ Liter, mithin gehören zu einer Syrupläuterung $\frac{950}{124{,}5} = 7{,}63$ Defecationen. Als besser passend, rechne ich aber: zu einer Syrupläuterung gehören 7,75 Defecationen, weil dann jene am Tage $\frac{31}{7{,}75}$ gerade 4 Mal vorkommt. Zu einer solchen Läuterung wären von dem 21grädigen Syrupe erforderlich $289{,}2 \times 7{,}75 = 2241$ Pfd., welche nach dem Vorangegangenen im Punkte der spec. Wärme $\frac{2241 \times 3}{4} = 1681$ Pfd. Wasser zu sezen sind.

In der Berechnung der Defecation wurden als Aequivalent für das Metallwerk eines Defecationskessels in Betreff der spec. Wärme 308 Pfd. Wasser gesezt, und diese Zahl behalte ich bei, obgleich das Metallwerk etwas mehr als das eines Defecationskessels betragen mag. Ferner nehme ich an, daß der Läuterungskessel nur alle 6 Stunden ein Mal gebraucht wird, da er beim jedesmaligen Gebrauch, so wie auch der zu läuternde Syrup, bis 0° erkaltet sey. — Das Aequivalent für den Syrup (1681 Wasser) und das für das Metallwerk des Kessels (308 Pfd.) machen zusammen 1989 Pfd. Wasser, welche, um sie von 0° auf 80° R. zu bringen, $1989 \times 80 = 159120$ Wärmeeinheiten verlangen. Der Dampf schlägt sich nieder zu Wasser im Mittel von 40° R. Temperatur, 1 Pfd. desselben gibt also ab $520 - 40 = 480$ Wärmeeinheiten, und so braucht dann die Läuterung von 2241 Pfd. 21grädigen Syrup $\frac{159120}{480} = 331{,}5$ Pfd. Dampf.

Die auf die Läuterung folgende Wiedereindikung läßt sich, hinsichts des Dampfverbrauches, nach dem Dampfverbrauch zur Eindikung des ersten Syrups berechnen, indem nur die Massen der Flüssigkeiten verschieden, die übrigen Umstände aber sehr nahe dieselben sind. Rechnen wir nun um 498,8 Pfd. Klärsel zum Krystallisationspunkt zu bringen, brauchte man 369,9 Pfd. Dampf, so brauchen 2241 Pfd. Klärsel $\frac{2241 \times 369,9}{498,8} = 1661,9$ Pfd. Dampf. Für die Läuterung 331,5 Pfd. hiezu addirt, gibt 1993,4 Pfd. und auf eine Defecation wieder reducirt, $\frac{1993,4}{7,75} = 257,2$ Pfd. Dampf, zum Behuf der Läuterung und Wiedereindikung des Syrups vom ersten Product einer Defecation, nämlich von 144,6 Pfd. Diese wogen bis auf 21° B. verdünnt 289,2 Pfd., wieder auf 44° B. eingedikt, $\frac{289,2 \times 21}{44} = 138$ Pfd. und 289,2 — 138 = 151,2 Pfd. Wasser mußten verdampfen. Es waren dazu 257,2 Pfd. Dampf erforderlich, und der Nuzeffect, in dem Sinne, wie bisher genommen, beträgt $\frac{151,2}{257,2} \times 100 = 59$ Proc.; macht circa 8 Proc. weniger, als bei der Eindikung des ersten Syrups, und circa 17 Proc. weniger als bei der Abdampfung. Der Grund liegt in der Läuterung.

Eigentlich that man weiter nichts, als man brachte 144,6 Pfd. Syrup von 42° B. auf 138 Pfd. von 44° B., entfernte also nur 6,6 Pfd. Wasser daraus, mit einem Dampfverbrauche von 257,2 Pfd., und so genommen beträgt der Nuzeffect nur $\frac{6,6}{257,2} \times 100 = 2,58$ Proc. Hiemit will ich aber nur andeuten, daß, wenn man den Wiederauflösungs- und Läuterungsproceß des Syrups vom ersten Product umgehen könnte [18]), man in Rüksicht auf Brennmaterial-Ersparung wohl daran thäte.

Hiemit wäre jezt die Berechnung des Dampfverbrauches für die Operationen, wozu man Dampf in den Rübenzuker-Fabriken gewöhnlich braucht, beendigt, und es können die Endresultate aus den gefundenen Zahlen gezogen werden. Weil aber auch von der Zukermasse, der Zukerausbeute 2c. die Rede war, so verweile ich, der Ordnung wegen, noch einige Augenblike dabei.

Es kommen also auf eine Defecation 2097 Pfd. Runkelrüben;

---

18) Dieß ist leider nicht wohl ausführbar, da der Syrup vom ersten Product, als die Mutterlauge des lezteren, sämmtliche, im Saft enthaltene leicht lösliche Salze, Kali, Kalk enthält, die zum größeren Theil durch die Behandlung mit Knochenkohle entfernt werden. Sch.

diese gaben 1800 Pfd. Saft von 7½° B.; nach der Defecation 1688 Pfd. Saft von 6½° B.; diese wieder nach der Abdampfung und Filtration 498,8 Pfd. Klärsel von 22° B. Hieraus erfolgten 249,4 Pfd. Zukermasse von 44° B., woraus als erstes Product 104,8 Zuker gewonnen wurden, so daß noch 144,6 Pfd. Syrup übrig blieben. Rechnet man nun für beide Krystallisationen eine Zukerausbeute von 7½ Proc., oder $\frac{2097 \times 7,5}{100} = 157,275$ Pfd., und gab die erste Krystallisation 104,8 Pfd., so gibt die zweite (oder man erhält aus den 144,6 Pfd. zweiten Syrup) noch 157,275 — 104,8 = 52,575 Pfd. Zuker; es verbleiben daher an Melasse 144,6 — 52,475 = 92,125 Pfd. oder $\frac{92,125}{2097} \times 100 = 4,4$ Proc. Zuker und Melasse zusammen machen 7,5 + 4,4, oder auch nach dem Gewichte der Zukermasse selbst gerechnet, $\frac{249,4}{2097} \times 100 = 11,9$ Proc. vom Gewichte der Rüben.

Zukermasse von 44° B. besteht in 10 Gewichtstheilen aus 8 Zuker und 2 Wasser, und so wären denn in 11,9 Proc. Zukermasse enthalten $\frac{11,9 \times 8}{10} = 9,5$ Proc. Zuker und 2,4 Proc. Wasser. Konnte man nun aber wirklich nur 7,5 Proc. Zuker bekommen, so wurden entweder die fehlenden 2 Proc. unkrystallisirbar gemacht, oder sie waren in dem Rübensafte gar nicht enthalten, und ihr Plaz wurde durch andere lösliche Substanzen eingenommen.

Um nun noch darzuthun, daß die von mir berechneten Procente der Zukermasse mit der Erfahrung übereinstimmen, wähle ich zur Vergleichung die Data eines Abdampfversuches, welcher, nach Hrn. Prof. Schubarth's und Hrn. Reich's Schrift: „Die Runkelrübenzuker=Fabrication in Frankreich“ (S. 40) in Arras angestellt wurde.

Man erhielt aus 8½ Hectoliter Saft, der im rohen Zustande 7° nach der französischen Spindel, also etwa 7½° B. wog, 88 Liter krystallisationsfähigen Syrup, oder sogenannte Zukermasse. Das Saftquantum war also gerade so groß, als ich pr. Defecation in der Rechnung annahm, und der Saft auch eben so stark; deßhalb frägt es sich dann nur, ob 249,4 Pfd. Zukermasse, welche ich als Ausbeute berechnete, dem Volumen nach 88 Liter machen? Da 1 Liter Zukermasse von 44° B. nach dem spec. Gewicht gerechnet 2,856 fr. Pfd. wiegen muß, so machen 249,4 Pfd. Zukermasse $\frac{249,4}{2,856} = 87,32$ Liter, das ist 0,68 Liter weniger als der Versuch gab, eine Differenz, für welche viele Gründe aufzusuchen sich nicht der Mühe lohnen dürfte!

Ich hätte nur nöthig, in einer anderen Rechnung anzunehmen, daß der Saft in der Defecation statt 1° etwa nur 0,6° B. verlor, dann käme ich auf die Zahl, welche der Versuch gab.

Nur finde ich, daß die Angabe: „Man erhielt nach der Abdampfung 180 Liter 20grädigen Saft", auf meine Rechnungsart nicht passen will. Ich finde nämlich, der Saft müßte etwa 25° B. gehalten haben. Rechne ich aber, daß 20° der franz. Spindel etwa 22° B. machen, und die Grädigkeit des Saftes im warmen Zustande desselben genommen wurde, so dürfte er im kalten Zustande wohl 25° B. gewogen haben.

Nach dieser etwas langen Abschweifung kehre ich wieder zum Gegenstand des Dampfverbrauches zurük.

Endresultate des Dampfverbrauchs.

	Pfd. Dampf.
1) Um 1800 Pfd. Runkelrübensaft zu defeciren . .	361,6
2) Ihn von $6\frac{1}{2}$° auf 22° B. abzudampfen . . .	1572,1[19])
3) Von 22 auf 44° einzudiken	369,9
4) Die Läuterung und Verkochung des zweiten Syrups	257,2
gibt in Summe	2560,8[20])

Obgleich ich wohl überall den Dampfverbrauch, um ihn nicht zu geringe zu erhalten, reichlich berechnete, so sollte doch noch etwas für Verlust an Wärme durch die Dampfleitungsröhren, die der kalten Luft exponirten Einlaßhähne etc. zugegeben werden, oder wenigstens muß der Sache noch Erwähnung geschehen. Nach eigenen Beobachtungen betrug bei etwa 100 Fuß langen 5zölligen gußeisernen Röhren, welche Dampf von $3\frac{1}{2}$ Atmosphären Druk leiteten, die Differenz der Temperaturen an den Enden dieser Röhren nur $2\frac{1}{2}$ bis 3° R.; aus diesen und anderen Beobachtungen schließe ich denn, daß, wenn die Dampfröhren gut gegen Berührung mit der kalten Luft geschüzt sind, wie es bei erwähnten Röhren der Fall war, der Verlust an Wärme nur etwa 3 Proc. beträgt. Addirt man demnach zu 2560,8 Pfd. noch $\frac{1}{33}$ hinzu, so erhält man in ganzer Zahl 2638 Pfd. Dampf, als erforderlich zur Darstellung des ersten und zweiten Productes von 1800 Pfd. Saft, der im rohen Zustande $7\frac{1}{2}$° B. wog.

Kohlenquantum zum Saftquantum.

Welches Kohlenquantum nun dazu gehöre, im Dampfkessel ein solches Dampfquantum zu erzeugen, hängt begreiflich von der mehr oder minder vollkommenen Construction der Kessel, von der Feuerleitung

19) 1560,7. Vergleiche S. 107. Sch.
20) 2549,4 nach obiger Berichtigung. Sch.

und dem Zuge, von der Art, wie das Feuer bedient wird, vorzüglich aber von der Qualität der Steinkohlen ab. Hat man nur Steinkohlen zur Disposition, die etwa 15 bis 20 Proc. Schlaken geben, so wird man bei der Erzeugung von Hochdrukdampf, d. h. von etwa $3\frac{1}{2}$ Atmosphärendruk über das Vacuum, oder $3\frac{1}{2}$ über den Druk der Atmosphäre, wie er in den Rübenzuker-Fabriken gewöhnlich gebraucht wird, auf schwerlich mehr rechnen dürfen, als daß 1 Pfd. Steinkohlen 5 Pfd. Dampf erzeugt, und dieses insbesondere in dem Fall, wenn die von den Kesseln und Pfannen abziehenden Dämpfe zur Erwärmung der Räume in der Fabrik benuzt werden, und die Kessel dann vielleicht mit kaltem Wasser gespeist werden müssen. Angenommen, daß 1 Pfd. Steinkohlen 5 Pfd. Hochdrukdampf erzeugt, so wären zur Erzeugung von 2638 Pfd. Dampf nöthig 527,6 Pfd. Steinkohlen, und mit 1 Pfd. Kohlen würden verarbeitet $\frac{1800}{527,6}$ = 3,43 Pfd. Saft.

In dem Nachtrage zur Rübenzuker-Fabrication vom Hrn. Prof. Schubarth und Hrn. Reich finde ich S. 46, daß in Hrn. Trespel's Fabrik auf 35 Hectoliter Steinkohlen 110 bis 120, also im Mittel 115 Hect. Saft kommen. Hienach käme denn auf 1 Hect. Steinkohlen $\frac{110}{35} = 3,14$ bis $\frac{120}{35} = 3,425$ Hect. Saft. Um hienach meine Rechnung prüfen zu können, wäre nöthig zu wissen: 1) Von welcher Beschaffenheit die Kohlen in obiger Fabrik beiläufig sind? 2) Ob nach gestrichenen [21]) oder gehäuften Hectolitern gerechnet wird? 3) Wie viel ein solches gestrichenes oder gehäuftes Hectoliter [22]) Kohlen wiegt?

---

21) Gestrichene Hectoliter und Steinkohlen von 16 — 20 Proc. Schlakengehalt. Sch.

22) Hr. Dr. Krause rechnet S. 255 seines Werks über die Rübenzuker-Fabrication 1 gestrichenes Hectoliter Steinkohlen zu 75 Kilogramme; berechne ich aber das Gewicht nach mir bekannten Säzen, so finde ich in allen Fällen mehr.

1 gestrichener preuß. Scheffel schlesischer Steinkohlen wird in Schlesien zu 95 Pfd. Berl. Gewicht gerechnet; es wiegt also, nach gehöriger Reduction der Maaße und Gewichte, 1 Hect. Steinkohlen 81 Kilogr.

1 gestrichene Wiener Meze mährischer Steinkohlen wiegt 100 Pfd. Wiener Gewicht; 1 Hect. darnach 91 Kilogr.

1 gestrichener Bushel englischer Steinkohlen wird in England zu 84 Pfd. gerechnet; 1 Hect. darnach 105 Kilogr.

Da gibt es also Abweichungen im Gewichte gleicher Volumen Steinkohlen = 75 : 81 : 91 : 105. Das Gewicht der mährischen Steinkohlen hielte hier so ziemlich das Mittel zwischen den Extremen, indem $\frac{105 + 75}{2} = 90$ ist. Hieraus ist denn zu entnehmen, wie unsicher man bei Steinkohlen, im Allgemeinen genommen, nach dem Volumen rechnet. Anmerk. d. Hrn. Verf.

In Frankreich rechnet die Bergbehörde das Hect. Steinkohlen im Durchschnitt zu 0,944 metrischen Cntr., = 201,854 preuß. Pfd.; danach wöge ein preuß.

Hier in Mähren wird unter einer Meze Kohlen immer eine gehäufte Meze verstanden, und eine solche Meze wiegt 115, eine gestrichene nur 100 Pfd. Wiener Gewicht. Da eine Wiener Meze 1,94 Kubikfuß hält, der Kubikfuß Wasser 56,4 Pfd. wiegt, und 7grädiger Rübensaft 1,049 Mal dichter ist als Wasser, so würde eine Meze Rübensaft von 7° B. wiegen $1{,}94 \times 56{,}4 \times 1{,}049 = 115$ Pfd., also gerade so viel als eine gehäufte Meze Steinkohlen von Oslowan und Rossiz. Dieser Reduction zufolge ließe sich das eben gefundene Resultat auch so ausdrüken, daß mit einer gehäuften Meze Steinkohlen sich 3,43 Mezen Rübensaft oder auch mit einem gehäuften Hect. Steinkohlen 3,43 Hect. Rübensaft verarbeiten ließen, und so wäre denn das Resultat meiner Rechnung noch etwas höher, als das höhere Resultat, welches die HHrn. Schubarth und Reich angaben. Sind aber in deren Angaben gestrichene Hectoliter gemeint, so wird die Zahl 3,43 reducirt auf $\frac{3{,}43 \times 100}{115} = 2{,}98$, und diese Zahl wäre dann kleiner als die kleine der HHrn. Schubarth und Reich.

Daß ich aber absichtlich, um kein zu günstiges Resultat des Dampf- und Kohlenverbrauchs herauszubringen, die Sachen mehr von der ungünstigen als günstigsten Seite nehmen würde, bemerkte ich im Voraus, und hatte den einfachen Grund, daß es nach meinem Bedünken immer angenehmer ist, wenn, auf solche Berechnungen fußend, die praktischen Resultate später vortheilhafter ausfallen, als wenn sie hinter denen der Rechnung zurükbleiben. Man wird übrigens aus der gelieferten Detailberechnung des Dampfconsumes entnehmen können, in welchen Umständen die Hauptdampfverluste ihren Grund haben, und wenn man darüber im Reinen ist, auch Mittel zu finden wissen, diese und jene zu verringern.

Vielleicht war es Manchem auffällig, wenn ich bei Berechnung der Abdampfung und Eindikung annahm, der Dampf schlüge sich zu Wasser von der Temperatur des der Abdampfung unterworfenen Saftes nieder, und daraus den Mehrbetrag des wirkenden Dampfes über den aus der Flüssigkeit sich entwikelnden ableitete, da doch die HHrn. Schubarth und Reich in dem Nachtrage zur Rübenzuker-Fabrication, S. 31, ausdrüklich bemerken, daß bei der Dampfpfanne von Pecqueur, welche für eine der besten gehalten wird, aus den Röhren derselben nie Wasser, sondern immer nur Dampf entweicht. Auf solch einen etwa zu machenden Einwurf hätte ich zu antworten, daß nach theoretischen Grundsäzen der wirkende Dampf von seiner ge-

Scheffel (1 Hect. = 1,8191 preuß. Scheffeln) 110,93 preuß. Pfd., oder 1 Cntr. 6,93 Pfd. Die preuß. Bergbehörde rechnet nur 1 Cntr. Sch.

sammten Wärme der abzudampfenden Flüssigkeit nicht mehr mittheilen kann, als nach Abzug der Wärme der lezteren verbleibt, und daß, wenn sich keine Dämpfe in den Röhren oder der Pfanne zu Wasser niederschlagen, die Ursache nur in den reichlich vom Dampfrohre aus nachströmenden Dämpfen, in der hohen Temperatur derselben und in ihrer daraus folgenden Fähigkeit, Dämpfe, die sich zu Wasser niederzuschlagen im Begriff standen, in der Dampfform zu erhalten, zu suchen ist. Es dürfte sich aber, ungeachtet dieses Umstandes, eine etwanige Dampf- oder Brennmaterial-Ersparung schwerlich nachweisen lassen. [23])

So wäre denn jezt sowohl nach theoretischen Grundsäzen, als auch durch praktische Erfahrungen dargethan, daß man für 1 Pfd. Steinkohlen mittlerer Qualität sicher auf eine Verarbeitung von 3,43 Pfd. Saft rechnen kann, wofür sich auch wohl $3\frac{1}{2}$ Pfd. werden annehmen lassen, und daß mit dem abziehenden Dampfe zugleich auch noch die Trokenböden geheizt werden können.

In einer zweiten Berechnung des Dampf- und Steinkohlenconsumes, welche ich anstellte, wo ich aber die Umstände hinsichtlich der anfänglichen Temperatur des Saftes, der Syrupe, Kessel und Pfannen günstiger, als in dieser Schrift annahm, auch die Läuterung des Syrups vom ersten Product ausschloß, folglich rechnete: der Syrup werde zum Behuf der zweiten Krystallisation nur von etwa 40 auf 44° wieder eingedikt; den Saz: 1 Pfd. Steinkohlen erzeugt in den Dampfkesseln 5 Pfd. Hochdrukdampf, aber beibehielt, kam ich zu folgendem Resultate: Mit 1 Pfd. Steinkohlen ließen sich 4,1 Pfd. Saft verarbeiten. Etwa $4\frac{1}{2}$ Pfd. Saft auf 1 Pfd. Kohlen dürften sich aber annehmen lassen, wenn man die unter den Pfannen abziehenden Dämpfe nicht zur Erwärmung der Zukerböden anwenden wollte, sondern sie dem Speisewasser der Dampfkessel wieder zu gute kommen ließe.

Aus 65,000 Pfd. Runkelrüben erhielt man, wie gleich anfangs gerechnet wurde, $31 \times 1800 = 55800$ Pfd. Saft; um diesen auf Zuker zu verarbeiten, brauchte man demnach $\frac{55800}{3,5 \times 100} = 159,43$ öster. Centner, oder $\frac{159,43}{1,15} = 138$ gehäufte Mezen Steinkohlen. Der Inhalt einer gestrichenen Meze verhält sich zum Inhalt eines gestrichenen Hectoliters $= 1,94 : 3,17$; nimmt man nun dieses Ver-

23) Man vergleiche hierüber den Anhang. Sch.

hältniß auch für die gehäuften Maaße als bleibend an, so machen obige 138 Mezen $\frac{138 \times 1{,}94}{3{,}17} = 85$ Hectoliter.

Nach Hrn. Prof. Schubarth's Beiträgen, S. 47, ist der tägliche Steinkohlenverbrauch [24]) in der Fabrik des Hrn. Crespel-Dellisse in Arras nur 80 Hect. mit Einschluß dessen, was die 10 Pferdekraft=Dampfmaschine braucht. Hieraus ergibt sich denn abermals, daß ich mich mit der Berechnung des Dampf= und Kohlenverbrauchs auf der sichern Seite befinde. Aber, wie schon gesagt, die Qualität der Steinkohlen und andere Umstände können bedeutende Differenzen im Nuzeffecte hervorbringen.

Die Größe der Dampfkessel und ihre Verhältnisse zu einander betreffend.

Unter ihren Verhältnissen zu einander verstehe ich hier das Verhältniß ihrer Dampfentwiklungsfähigkeit für die Defecation, Abdampfung und die vereinte Eindikung und Melassenverkochung für den Fall, wenn obwaltende Umstände dieses zu wissen nöthig machen. Betrüge, bei der in Rede stehenden Fabrik, der tägliche Kohlenverbrauch bloß für die Verarbeitung des Saftes, wie meine Rechnung gab, 15943 Pfd., so ist das Consum in der Minute $\frac{15943}{24 \times 60} = 11{,}07$ Pfd.; erzeugt nun 1 Pfd. Kohlen 5 Pfd. Hochdrukdampf, so werden in der Minute 55,35 Pfd. Dampf erzeugt, und für eben so viele sogenannte Pferdekräfte arbeiten auch dann die Dampfkessel, indem jedes öster. Pfd. Dampf, welches in der Minute erzeugt wird, 1 Pferdekraft correspondirt. Wendet man, mit Beseitigung des Bruches, leztere Zahl auf Hrn. Crespel's Fabrik an, und rechnet für die 10 Pferdekraft=Dampfmaschine auch den Kesseln 10 hinzu, so ergibt sich, daß Hrn. Crespel's Dampfkessel höchstens einen Nuzeffect von 65 Pferdekraft ausüben. Nebenbei folgte, da die Fabrik täglich 65,000 Pfd. Rüben verarbeitet, daß bei Hrn. Crespel, einschließlich Dampfmaschine, auf jede Pferdekraft der Kessel 1000 Pfd. Rüben kämen, oder umgekehrt, zu jedem 1000 Pfd. Rüben 1 Pferdekraft der Kessel nöthig wäre.

Bemerkt muß aber werden, daß es üblich und rathsam ist, Dampfkessel nicht fortwährend mit dem Höchsten, was sie nöthigen Falles leisten könnten, in Arbeit zu halten, sondern, um dieses nicht zu brauchen, in ihrer Größe zuzugeben. Den „Beiträgen" S. 46

---

24) Wobei aber ausdrüklich bemerkt worden ist, daß die Feuerungsanlagen sehr vieles zu wünschen übrig lassen. Sch.

zufolge wird die Kraft der 4 Kessel in Arras auf 120 Pferdekraft [25]) geschäzt, so daß mindestens 120 — 65 = 55 Pferdekräfte in Reserve wären. Obgleich diese Zugabe von 80 Proc. Dampfkraft etwas stark erscheint, lassen sich doch auch wieder Gründe genug anführen, um diese Vorsichtsmaßregel zu rechtfertigen. Um die Kesselanlage nicht zu sehr zu vertheuern, möchte aber doch für gewöhnliche Fälle eine Zugabe von 50 Proc., oder ein Nuzeffect der Dampfkessel von $66^{2}/_{3}$ Proc. wohl rathsamer seyn. — Daß aber kein Nuzen, sondern Schaden dabei wäre, hiebei zu sparsam zu verfahren, ließe sich aus der kurzen Dauer der Kessel für Dampfschiffe und in Locomotivmaschinen für Eisenbahnen, im Vergleiche mit den stationären Dampfmaschinen, wohl erweisen.

Rechnet man für eine Rübenzukerfabrik, welche täglich 65,000 franz. Pfd., oder $\frac{65000 \times 100}{112} = 58000$ öster. Pfd. Runkelrüben verarbeiten soll, 55 Pferdekraft Nuzeffect der Dampfkessel, so wären für die passendere Zahl von 60000 Pfd., oder 600 öster. Centner, 57 Pferdekraft, oder, sagen wir, um auch hier eine runde Zahl zu bekommen, 60 Pferdekraft nöthig, wo dann wieder zu 1000 Pfd., oder 10 Cntr. Rüben 1 Pferdekraft gehörte. Hiezu als Reserve noch 30 Pferdekraft addirt, gibt 90 Pferdekraft, und zu einer täglichen Verarbeitung von $6^{2}/_{3}$ Cntr. Rüben gehörte 1 Pferdekraft der Dampfkessel. Dabei ist denn auf eine Saftausbeute von 80 Proc., wie bei Hrn. Crespel, gerechnet, die Dampfkraft zum etwanigen Betrieb aber ausgeschlossen.

Es können bei der Anlage einer Runkelrübenzuker-Fabrik, zumal wenn schon vorhandene Gebäude dazu verwendet werden sollen, die Fälle vorkommen, daß man nicht alle Dampfkessel in ein und demselben Raume aufstellen kann, sondern sie für die Defecation, Abdampfung und Eindikung besonders aufstellen muß. Hier ist dann nothwendig zu wissen, welcher Theil der Gesammtkraft auf jede dieser einzelnen Zweige der Fabrication gebracht werden muß. Den vorangegangenen Berechnungen zufolge fand sich, daß eine Defecation 361,6 Pfd. Dampf, die Abdampfung 1572,1, und die Eindikung und das Verkochen der Melasse, oder des Syrups vom ersten Producte, zusammen 627,1 Pfd. Dampf verlangten. Die Summe dieser drei Zahlen ist: 2560,8 Pfd. Dampf.

Theilt man nun die Gesammtkraft der Kessel (90 Pferdekraft)

---

25) Dieß ist eine in Arras (so wie überhaupt in Frankreich) angenommene irrige Schäzung. Man kann sie höchstens auf $^{2}/_{3}$ obiger Zahl, auf 80 Pferdekraft, annehmen. Sch.

im Verhältnisse der eben angegebenen drei Zahlen mit Hülfe ihrer Summe ein, so fallen:

a) auf die Defecation $\frac{361,6 \times 90}{2560,8}$ . . . . = 12,71 Pferdekraft.

b) auf die Abdampfung $\frac{1572,1 \times 90}{2560,8}$. = 55,25 —

c) auf die Eindik. u. das Melassekochen $\frac{627,1 \times 90}{2560,8}$ = 22,04 —

wie oben in Summa 90,00 Pferdekraft.

Eine inländische Zukerfabrik theilte mir die Zahlen, 16, 61 und 23 als das Verhältniß des Kohlenverbrauchs für die obigen Operationen mit, die dann auch das Verhältniß der Dampfkesselgrößen geben. Die Summe dieser drei Zahlen ist 100, und theilt man die 90 Pferdekraft hiernach ein, so käme auf die Defecation 14,4, auf die Abdampfung 54,9, und das Verkochen des zweiten Syrups 20,7. Hiernach scheint es daß meine Zahl für die Defecation etwas zu klein, und für die Eindikung und das Melassekochen etwas zu groß wäre. Man darf aber nur annehmen, daß die Fabrik, von welcher leztere Verhältnißzahlen herrühren, die Abdampfung etwa um 1° B. weiter trieb, als 22° B., worauf meine Berechnung sich gründet, dann hatte sie bei der Eindikung um so viel weniger Wasser zu verdampfen, und ihre Zahlen werden dann den meinigen, so nahe als sich erwarten läßt, proportional befunden werden. Daß bei ihr die Zahl 14,4, welche den Brennmaterialverbrauch für die Defecation ausdrükt, größer als meine Zahl 12,71 ist, scheint daher zu rühren, weil sie, wie sie auch selbst zugibt, bisher in zu vielen Defecationskesseln arbeitete, wodurch, wie ich in dem diesen Gegenstand betreffenden Artikel zeigte, Brennmaterialverlust herbeigeführt wird. Da zulezt meine Zahlen für die Größe der Kessel etwa ⅓ als Reservekraft in sich schließen, so ist begreiflich nicht nothwendig, sich so streng danach zu richten. Wer mithin für die Defecation etwa einen 12 bis 14 Pferdekraftkessel, für die Abdampfung zwei zu 28 bis 30, oder auch drei zu 20 Pferdekraft und für die Eindikung und das Verkochen des zweiten Syrups einen Kessel von 20 Pferdekraft anlegt, dürfte keine Mißgriffe machen. Wo alle Kessel zusammen in ein und denselben Schornstein placirt werden können, da möchten drei Kessel zu 30 Pferdekraft zu empfehlen seyn.

Zum Schluß mag es noch nüzlich seyn, hier den scheinbaren Nuzeffect des Dampfes und des Brennmaterials anzugeben, wenn man nämlich diesen nur bloß nach dem damit verdampften Wasserquantum bemißt; für die einzelnen Operationen ist dieses zwar schon geschehen, aber aus dem Ganzen zog ich keinen Schluß.

Aus meinen Rechnungen folgt also, daß aus dem Saftquantum einer Defecation 1599,6. oder in runder Zahl 1600 Pfd. Wasser verdampfen mußten, um den Saft bis zur Krystallisation zu bringen, und um den wieder verdünnten Syrup des ersten Productes ein zweites Mal einzukochen. Das zu allen Operationen erforderliche Dampfquantum war in Summa 2638 Pfd., mithin ist der scheinbare Nuzeffect des Dampfes $\frac{1600}{2638} \times 100 = 60{,}7$ Proc., so daß, wenn in den Dampfkesseln mit 1 Pfd. Kohlen 5 Pfd. Hochdrukdampf erzeugt werden, mittelst dieser 5 Pfd. Dampf des Kessels aus dem Safte nur $\frac{5 \times 60{,}7}{100} = 3{,}03$ Pfd. Wasser in Dampf verwandelt werden, die übrigen 1,97 Pfd. Dampf aber auf die Defecation, auf die mehrmalige Wiedererwärmung des Saftes, der Kessel und der Pfannen bis zum Kochpunkte, auf die Erhaltung der Temperatur in den Röhrenleitungen, und zulezt aber auch auf die Erwärmung der Trokenböden verwendet werden, oder wenigstens verwendet werden können, weßhalb denn obiger Nuzeffect, wie gesagt, nur der scheinbare genannt werden kann, aber dazu dienen mag, den Werth der Feuerungsanlagen, Abdampfapparate rc. in verschiedenen Runkelrübenzuker=Fabriken danach in Vergleich zu stellen. Der Saz: mit 1 Pfd. Kohlen werden so und so viele Pfunde Saft verarbeitet, ist zu solchen Vergleichungen aber auch ganz brauchbar, nur sezt er den Saft immer von gleicher Stärke voraus.

Daß in den Fällen, wo der Fabrik bessere Steinkohlen zu Gebote stehen, als ich annahm, damit auch im Verhältnisse der bessern Qualität mehr ausgerichtet werden kann, versteht sich von selbst. Wer also mit Kohlen arbeitet, von welchem 1 Pfd. im Kessel 6 Pfd. Dampf statt 5 Pfd. erzeugt, würde damit, statt 3,03 Pfd. Wasser, $\frac{3{,}03 \times 6}{5} = 3{,}64$ Pfd. Wasser aus dem Safte verdampfen können. Und ließen sich mit 1 Pfd. der schlechten Kohlen nur 3,5 Pfd. Saft verarbeiten, so kämen auf 1 Pfd. der besseren Sorte 4,2 Pfd. Saft. — Wer die Dampfkessel mit Holz zu heizen genöthigt ist, wird für gleichen Effect dem Gewichte nach etwa doppelt so viel, als von Steinkohlen, zu nehmen haben; von Braunkohlen und Torf ist nicht wohl möglich, etwas Bestimmtes anzugeben, da deren Brennkraft je nach der Qualität, noch weit veränderlicher als die der Steinkohlen ist. Auch lag es nicht in meinem Plane, die Berechnung des Brennmaterialverbrauchs etwa noch auf den Fall auszudehnen, wenn in einer Runkelrübenzuker=Fabrik alle Operationen, zu welchen ich die Wärme des Dampfes in Anschlag brachte, bloß mit Hülfe freien Feuers bewerkstelligt werden sollten.

XI.

Ueber den Dampfverbrauch in Runkelrübenzuker-Fabriken. Von Hrn. Schubarth.

(Als Nachtrag zur vorhergehenden Abhandlung, a. a. O. S. 119.)

1) Bei gut construirten Hochdrukmaschinen, bei welchen der Nuzeffect nicht durch Bewegung von verschiedenen Pumpen, als z. B. Saft- und Wasserpumpen für die Anstalt etc., vermindert wird, reicht 1 Pferdekraft hin, um in 24 Stunden 10000 Pfd. Runkelrüben zu waschen, zu zerreiben und zu pressen, also um den Saft aus obigem Runkelrübengewichte zu gewinnen.

2) 10000 Pfd. Runkelrüben geben, den Saftgewinn zu 80 Proc. angenommen, 8000 Pfd. Saft.

Um diese 8000 Pfd. Saft auf Zuker zu verarbeiten, findet ein Dampfverbrauch zu folgenden Operationen Statt:

a) Um 8000 Pfd. Saft behufs der Defecation von 0 auf 80° R. zu erwärmen;

b) um $8000 \text{ Pfd.} - \frac{8000}{16} = 7500$ Pfd. defecirten Saft von 40 auf 80° R. behufs der Abdampfung zu bringen;

c) um 7500 Pfd. defecirten Saft von 6,5 auf 22° B. abzudampfen, wobei, nach der Tabelle des Hrn. Treviranus, nahe 2216 Pfd. Saft übrig bleiben, also 7500 — 2216 = 5284 Pfd. Wasser verdampft werden müssen;

d) um 2216 Pfd. abgedampftes und durch Kohle filtrirtes Klärsel, dessen Wärmecapacität, nach der Schäzung, auf 0,855 derjenigen des Wassers angenommen werden soll, von 0 auf 80° R. zu erwärmen;

e) dasselbe von 22 auf 44° B. einzukochen, wodurch 1108 Pfd. Zukermasse erhalten und also 1108 Pfd. Wasser in Dampf verwandelt werden müssen. Endlich

f) da bei einer Kochung auf 44° B. nur 40 Proc. Syrup vom ersten Producte ablaufen, so bleiben noch 443 Pfd. Syrup, welcher, mit einem gleichen Gewichte Wasser verdünnt, ein Klärsel von 22° B. liefert. Dasselbe muß zwei Mal von 0 auf 80° R. erwärmt und dann noch aus demselben 443 Pfd. Wasser verdampft werden.

Ehe wir auf eine Berechnung dieser einzelnen Posten eingehen, schiken wir folgende allgemeine Säze voraus.

Eine Berechnung des zu den Operationen der Defecation, des Abdampfens und Kochens nöthigen Dampfes läßt sich nur dann mit einer nöthigen Sicherheit anlegen, wenn man von einer directen Rükführung des in den Dampfröhren condensirten Wassers in den Dampfkessel, wie z. B. bei dem Pecqueur'schen Systeme, ausgeht. Im entgegengesezten Falle kann man leicht durch Rechnung beweisen, daß bei der zeither üblichen Weite der Dampfzuleitungsröhren zu den einzelnen, durch Dampf zu erwärmenden Apparaten, lezteren bei einem nur geringen Unterschiede in der Spannung des Dampfes im Dampfkessel und dem Wassersammler (Retour d'eau) weit mehr Dampf zugeführt wird, als dieselben, selbst im günstigsten Falle, zu condensiren vermögen. Der Unterschied in der Dampfspannung wird im Wassersammler durch die Form desselben, Abkühlung von Außen, von der Anzahl der Speisungen des Dampfkessels u. a. m. bedingt, ist so variabel, daß man kein annäherndes Mittel aufstellen, also auch den Dampfverbrauch in den Apparaten selbst mit Sicherheit nicht feststellen kann.

Gehen wir dagegen von Apparaten mit directem Rükflusse des Wassers aus; nehmen wir an, daß der Dampf im Dampfkessel die nöthige Spannung besize, und so viel Brennmaterial verbrannt werde, um die Spannung des nacherzeugten Dampfes stets gleich zu erhalten und die zum Verbrauch nöthige Menge Dampf zu erzeugen; ferner daß die Summe der sensibeln und latenten Wärme im Wasserdampf eine constante Größe bilde, nämlich 640° nach Celsius's Scale betrage, also, daß 1 Pfd. Wasserdampf 640 Wärmeeinheiten enthalte (Dampf von 100° C. hat 540° latente, Dampf von 120° C. dagegen nur 520° latente Wärme), so müssen, wenn die Flüssigkeit in einem Apparate auf 100° C. warm angenommen wird, 540 Wärmeeinheiten dieser lezteren zugebracht werden, damit sie Dämpfe von 100° C. sensibler Wärme bilden könne. Es muß hienach also jedes Pfund Wasserdampf genau ein Pfund kochendes Wasser aus der Flüssigkeit in Dampf verwandeln.

Ganz derselbe Fall findet Statt, wenn die zu verdampfende wässerige Flüssigkeit (Auflösung von Zuker, Salzen in Wasser) einen höheren Siedepunkt als Wasser besizt, z. B. 120° C. Angenommen, sie sey auf 120° erhizt, so bedarf sie, um sich in Dampf zu verwandeln, nur noch 520 Wärmeeinheiten (120 + 520 = 640, wie stehend). Daher wird ganz nothwendig auch das aus den zur Erwärmung verbrauchten Dämpfen sich condensirende Wasser eine Temperatur von 120° C. behalten, da die Dämpfe von der Summe ihrer Wärmeeinheiten nur 520, statt sonst 540, abzugeben nöthig hatten.

Hieraus wird zur Genüge einleuchten, daß unter allen Umständen, bei directem Rükflusse des Wassers nach dem Dampferzeuger, und ganz abgesehen von irgend einem Wärmeverluste, 1 Pfd. Wasserdampf des Dampfkessels 1 Pfd. Wasser in den Apparaten verdampfen muß. Der Nuzeffect des Dampfes ist also beim Kochen wie beim Abdampfen ganz gleich; er könnte für die erstere Operation nur dadurch etwas höher erscheinen, daß die Flüssigkeit, um zu kochen, über 100° C., zulezt bis auf 120° C. erhizt werden muß. Berüksichtigt man aber dabei, daß ihre Wärmecapacität geringer ist, als die des Wassers (angenommen = 0,855 : 1,0), so ergibt sich, daß die zur Erhizüng des Saftes auf 120° erforderliche Menge Dampf nur 0,855 derjenigen seyn dürfte, welche zur Erhöhung der Temperatur eines gleichen Gewichtes reinen Wassers erforderlich gewesen wäre. Dieß würde dann eher einen um ein Weniges größeren als einen geringeren Nuzeffect des Dampfes beim Kochen, im Vergleiche mit dem Abdampfen, ergeben.

Für alle Operationen des bloßen Erwärmens, wie z. B. bei der Defecation, vor dem Abdampfen und Kochen ist 1 Pfd. Dampf erforderlich, um 5,4 Pfd. Wasser von 0 auf 100° C. zu bringen.

Berechnet man nun, von den vorstehenden Prämissen ausgehend, das zum Betrieb der Operationen a bis f erforderliche Dampfquantum, so würde man ein Resultat erhalten, welches in der Wirklichkeit nicht ausreicht, indem unabweisbar ein Dampfverlust Statt findet. Dieser Verlust ist bedingt: 1) durch die Ausstrahlung und das Wärmeleitungsvermögen der Dampfröhren, 2) der Apparate und die Wärmeausstrahlung der in denselben enthaltenen Flüssigkeiten, 3) durch die zum Erwärmen der Apparate erforderliche Wärmemenge. Dieser Wärmeverlust ist aber so sehr von localen Verhältnissen abhängig, daß er sich nicht wohl a priori, auch nur annäherungsweise, festsezen läßt. Vergleicht man aber das Resultat einer nach obigen Prämissen angestellten Berechnung des Dampfverbrauchs mit den Ergebnissen gut angelegter Dampfapparate, so ergibt sich ein Coefficient, von welchem man bei der Berechnung für zu machende Anlagen wird Gebrauch machen können.

Wir gehen nun zu einer Berechnung des Dampfverbrauchs bei den einzelnen Operationen über.

Zu a. Um 8000 Pfd. Saft behufs der Defecation von 0 auf 100° C. zu erwärmen, ist an Dampf erforderlich

$\frac{8000}{5,4}$ = ... 1481,4 Pfd.

Transport 1481,4 Pfd.

Zu b. Um 7500 Pfd. defecirten Saft von 50 auf 100° C. zu bringen, $\frac{7500}{5{,}4.2}$ = ... 694,4 —

Zu c. Um 5284 Pfd. Wasser in Dampf zu verwandeln 5284,0 —

Zu d. Um 2216 Pfd. Klärsel, oder 2216 × 0,855 = 1895 Pfd. Wasser, von 0 auf 100° C. zu bringen, $\frac{1895}{5{,}4}$ = ... 350,9 —

Zu e. Um 1108 Pfd. Wasser zu verdampfen 1108,0 —

Zu f. Um 886 Pfd. Klärsel zwei Mal von 0 auf 100° C., oder 1515 Pfd. Wasser von 0 auf 100° zu erwärmen, $\frac{1515}{5{,}4}$ = ... 280,5 —

und um 443 Pfd. Wasser zu verdampfen . 443,0 —

Summa 9642,2 Pfd.

Es sind also um 8000 Pfd. Saft zu erstem und zweiten Producte mit Dampfheizung zu verarbeiten, obiger Rechnung zufolge, 9642,2 Pfd. Dampf erforderlich.

Nimmt man an, daß 1 Pfd. Steinkohlen 5 Pfd. Dampf erzeugt, so wären, um 8000 Pfd. Saft zu verarbeiten, 1928 Pfd. Steinkohlen nöthig, oder 17,52 preuß. Scheffel, den Scheffel zu 110 Pfd. gerechnet. Nach bekannten Erfahrungen kann man bei vortheilhaften Einrichtungen mit 1 Hect. Steinkohlen $3\frac{1}{2}$ Hect. Saft, also mit 94,40 Kilogr. Steinkohlen (das Hectoliter nach S. 56 zu 0,944 metrische Centner gerechnet) 368,55 Kilogr. Saft von $7\frac{1}{2}$° B. verarbeiten. Nach diesem Verhältnisse wären zu 8000 Pfd. Saft 2049 Pfd. Steinkohlen erforderlich, oder 18,62 Scheffel. Es hätte folglich die von 1 Pfd. Steinkohlen erzeugte Dampfmenge größer als 5 Pfd. seyn müssen, sollte obige theoretische Rechnung mit der Erfahrung übereinstimmen, oder richtiger, leztere erfahrungsmäßige Menge Steinkohlen hat, verglichen mit der vorstehend berechneten den Sicherheitscoefficienten für den Wärmeverlust vertreten. Dieß muß um so mehr als der Wahrheit nahe kommend betrachtet werden, als in Frankreich mit 1 Hect. Steinkohlen selbst 4 Hect. Saft verarbeitet worden seyn sollen.

Werden die oben erwähnten 10000 Pfd. Runkelrüben in 24 Stunden verarbeitet, und 1 Pfd. Dampf in der Minute gleich einer Pferdekraft angenommen, so müssen die zur Verarbeitung von 10000 Pfd. Runkelrüben nöthigen Kessel eine Kraft $= \frac{9642}{24.60} =$ 6,695 Pferdekräften ausüben.

Was endlich 3) die Erwärmung der Böden betrifft, so liegt wiederum die Erfahrung vor, daß mit dem abgehenden Dampfe der Hochdrukmaschinen der zum Betrieb nöthige Bodenraum gerade geheizt werden kann, wenn man sich nur auf die Erzeugung von Rohzuker beschränkt. Je größer der tägliche Betrieb ist, desto größer werden die Bodenräume seyn müssen, eine desto größere Betriebskraft ist dann aber auch nöthig, was auf ein directes Verhältniß schließen läßt.

Wird nun schließlich der gesammte Dampfverbrauch summirt, so erhält man eine Summe von 7,695, also nahe 7¾ Pferdekraft für 10000 Pfd. Runkelrüben. Berüksichtigt man jedoch, daß das Wasser, welches aus dem Dampfe der Maschine condensirt wurde, und dem Dampfkessel zufließt, nicht eben heiß in den lezteren gelangt, ferner, daß mehr Kesselraum vorhanden seyn muß, um die Keßel eines Theils nicht immer aufs Aeußerste zu benuzen, anderen Theils, um alle übrigen Verluste auszugleichen, so ist eine Zugabe von etwa 30 Proc. nicht zu viel. Es ergäbe sich dann endlich für je 1000 Pfd. Runkelrüben 1 Pferdekraft.

XII.

Verbesserungen in der Fabrication der Bleioxyde und des kohlensauren Bleies oder Bleiweißes, worauf sich Charles Watt, Lehrer der Chemie in Manchester, und Thomas Rainforth Tebbutt, Kaufmann ebendaselbst, am 5. Jan. 1838 ein Patent ertheilen ließen.

Aus dem Repertory of Patent-Inventions. Aug. 1838, S. 108.

Unsere Erfindung besteht in drei verschiedenen Processen, wodurch weißes Bleioxydhydrat erzeugt und dessen Umwandlung in kohlensaures Blei bewerkstelligt werden soll.

Dem ersten dieser Processe gemäß wird das Blei auf die übliche Weise in Oxyd oder in Bleiglätte verwandelt, in welchem Zustande man es auch im Handel kaufen kann. Dieses Oxyd oder die Glätte kochen wir in einem entsprechenden eisernen oder auch hölzernen Gefäße, welches durch Dampfröhren oder auf andere Weise geheizt wird, mit einer Auflösung von salzsaurem Natron, Kali oder Baryt, bis das in diesen Stoffen enthaltene Chlor an das Bleioxyd übergegangen ist, und dasselbe in salzsaures oder Chlorblei umgewandelt hat, welches, wenn der Proceß gut gelungen ist, vollkommen weiß erscheint. Aus diesem Chlorblei erzeugen wir das Bleioxyd, indem wir das Chlor durch Schwefel- oder Salpetersäure austreiben, und dadurch das Chlorblei in schwefelsaures oder salpetersaures Blei verwandeln. Wir geben zu diesem Zweke $^{3}/_{4}$ Chlorblei und $^{1}/_{4}$ rothes Bleioxyd oder Mennig in ein entsprechendes Gefäß oder in eine Retorte, und sezen diesem Gemenge ungefähr $^{1}/_{3}$ seines Gewichtes concentrirte Schwefelsäure zu, worauf wir durch Dampf oder auch auf irgend eine andere Art so lange eine gelinde Wärme darauf einwirken lassen, bis alles Chlor ausgetrieben und der Mennig in weißes schwefelsaures Blei verwandelt worden ist. Das zu dieser Operation dienende Gefäß kann aus Gußeisen bestehen und mit einem irdenen Helme versehen seyn, der so gebaut ist, daß das ausgetriebene Chlor in einen Apparat geleitet werden kann, wie man sich seiner zur Erzeugung von Chlorkalk, Chlornatron u. dergl. bedient. Daß dieser Apparat verschieden seyn muß, je nachdem man diese Producte in flüssigem oder trokenem Zustande erlangen will, versteht sich von selbst. Das erzeugte schwefelsaure Blei waschen wir in einem hölzernen, mit einem Dekel versehenen Troge gut mit Kalkwasser aus, um alle ungebundene Schwefelsäure zu beseitigen, wobei wir das Waschwasser so lange ablaufen lassen, bis der Rükstand nicht mehr sauer reagirt. Ist dieß der Fall, so sezen wir allmählich und in Pausen von ungefähr 10 Minuten eine Auflösung irgend eines alkalischen oder erdigen kohlensauren Salzes zu, wobei wir von den Erden solche wählen, die in Schwefelsäure auflöslich sind, z. B. Bittererde. Während des Zusezens dieses kohlensauren Salzes rühren wir die Mischung oft oder ununterbrochen um, während mit dem Eintragen der Auflösung selbst so lange fortgefahren wird, als noch ein Aufbrausen erfolgt. Das schwefelsaure Blei wird hiedurch zu einem weißen Hydrate, welches viel kohlensaures Blei enthält. Um es gänzlich in lezteres zu verwandeln, leiten wir beiläufig eine Stunde lang durch das Gemenge einen Strom von Kohlensäure, wobei wir das Gefäß, worin dieß geschieht, beinahe geschlossen oder mit einem Dekel, auf den ein leichter Druk ausgeübt wird, bedekt erhalten, damit das Gas nicht so leicht entweichen kann. Die Masse soll hiebei auf irgend geeignete Weise von Zeit zu Zeit umgerührt werden. Am besten eignet sich zu dieser Operation der Woolf'sche Apparat, den man sich aus Holz oder Irdenwaare zusammensezen kann. Die Kohlensäure entwikeln wir auf die gewöhnliche Weise, die keiner Beschreibung bedarf. Den Rükstand, welcher Bleiweiß oder kohlensaures Blei ist, waschen wir mehrere Male mit reinem Wasser aus, um alle Salze, die sich allenfalls noch darin befinden könnten, wegzuschaffen. Hiemit ist der Proceß beendigt und das Bleiweiß zum Gebrauche fertig.

Das zweite Verfahren ist folgendes. Wir geben Chlorblei in

ein Gefäß, welches aus Töpferwaare oder irgend einem anderen von Salpetersäure unangreifbaren Materiale bestehen kann, und welches mit den gehörigen Ableitungsröhren und Vorlagen ausgestattet seyn muß. In diesem Gefäße sezen wir es der Einwirkung von Salpetersäure aus, von der wir den vierten Gewichtstheil des Chlorbleies beifügen, und die entweder concentrirt oder auf die Hälfte oder zwei Drittheile verdünnt seyn kann. Der Zusaz von Salpetersäure muß so lange währen, als noch Chlor in die Vorlagen übergeht. Als Rükstand dieses Processes bleibt salpetersaures Bleioxyd, welches dann nach dem bei dem ersten Processe beschriebenen Verfahren, d. h. von dem Zusaze des alkalischen kohlensauren Salzes an behandelt werden muß.

Unser drittes Verfahren besteht in Folgendem. Wir lösen fein gekörntes metallisches Blei oder Bleioxyd in einem entsprechenden Gefäße und unter Anwendung von Dampf- oder anderer Wärme in Salpetersäure, die vorher mit 8 Gewichtstheilen Wasser verdünnt worden, auf. Aus dieser Auflösung fällen wir das Blei mit irgend einem Alkali oder einer alkalischen Erde in äzendem Zustande. Am besten eignen sich hiezu Kalk und Baryt, indem diese durch Schwefelsäure gefällt werden können, so daß die Salpetersäure zu weiterem Gebrauche frei zurükbleibt. Wir wenden anstatt der Salpetersäure unter Befolgung desselben Verfahrens zuweilen auch Essigsäure an. Durch den Niederschlag von weißem Bleioxydhydrat leiten wir mittelst des bekannten Woolf'schen Apparates kohlensaures Gas, welches wir auf die gewöhnliche Weise entbinden. Der Gasstrom muß ein ununterbrochener oder beinahe ein solcher seyn, auch muß das Gemenge während der Operation häufig umgerührt werden. Sehr erleichtert wird dieß, wenn man das Hydrat und das Wasser auf 40° R. erwärmt hält.

Wir bedienen uns bei unseren verbesserten Processen auch der Verbindungen, die das Bleioxyd eingeht, wenn es so lange mit öhligen und fettigen Körpern gekocht wird, bis diese in olein-, margarin- und stearinsaure Salze umgewandelt worden. Diese Umwandlung bewirkt nämlich das Bleioxyd ebenso gut wie die Alkalien und alkalischen Erden. Das Bleioxyd verdrängen wir hierauf aus diesen Verbindungen durch Alkalien, alkalische Erden und deren kohlensaure Verbindungen, die Kohlensäure an das Blei abgeben, während sich die Basen mit den fetten Säuren verbinden. Gleichzeitig soll ein Strom kohlensaures Gas durch die in Behandlung befindlichen Stoffe geleitet werden, und zwar um der gänzlichen Umwandlung des Bleioxydes in kohlensaures Blei versichert zu seyn, eine ganze Stunde hindurch. Das Product muß gut mit Wasser abgewaschen werden, um alle ihm anhängenden Salze oder sonstigen fremdartigen Stoffe wegzuschaffen. Man kann übrigens die Masse auch mit verdünnter Schwefelsäure kochen, bis alles Bleioxyd als weißes, schwefelsaures Blei niedergefallen ist, welches dann auf die bereits angegebene Weise in kohlensaures Blei verwandelt werden kann.

Wir machen nach den hier beschriebenen Processen keine Ansprüche auf die Anwendung von Salpeter- oder Essigsäure zum Behufe der Auflösung des Bleies und seiner Oxyde und zum Behufe der Bleiweißgewinnung; wohl aber reserviren wir uns die Anwendung der Schwefelsäure zur Umwandlung des Chlorbleies in schwefelsaures und alsdann in kohlensaures Blei. Ebenso reserviren uns die Fällung des Bleioxydes aus der Auflösung in Salpeter- oder Essigsäure mittelst äzender, anstatt kohlensaurer Alkalien oder Erden, und die weitere Beseitigung derselben, sowie die Auswaschung des Niederschlages vor seiner Umwandlung in kohlensaures Blei. Ferner reserviren wir uns die Umwandlung des Bleioxydhydrats, aus welcher Säure es auch gefällt seyn mag, in kohlensaures Blei anstatt der gewöhnlichen Fällung des Bleies mit kohlensauren Alkalien; deßgleichen die Anwendung von Kalk und Baryt, durch welche die Salpeter- und Essigsäure so ausgeschieden werden kann, daß sie sich zu weiteren Zweken verwenden läßt. Weiters die Anwendung von dem aus dem schwefelsauren Blei gewonnenen Bleioxydhydrat zur Umwandlung in kohlensaures Blei mittelst eines durch dasselbe geleiteten Stromes Kohlensäure. Endlich auch die Anwendung von den erwähnten Fettsäuren anstatt der Essigsäure zum Behufe der Fabrication von kohlensaurem Blei oder Bleiweiß.

XIII.
Miszellen.

Verzeichniß der vom 27. Junius bis 26. Julius 1838 in England ertheilten Patente.

Dem Nathan Defries, Ingenieur in Paddington Street, Grafschaft Middlesex: auf Verbesserungen an Gasmessern. Dd. 27. Jun. 1838.

Dem John Perry in Leicester: auf Verbesserungen an den Kämmen zum Kämmen der Wolle. Dd. 27. Jun. 1838.

Dem Charles Green in Birmingham: auf Verbesserungen in der Verfertigung kupferner und messingener Röhren. Dd. 27. Jun. 1838.

Dem Daniel Beckham, am Sussex Place in der Grafschaft Surrey: auf ein verbessertes Verfahren Abgüsse in Gold, Silber rc. zu erhalten. Dd. 27. Jun. 1838.

Dem James Robinson, Kaufmann in Huddersfield in der Grafschaft York: auf ein verbessertes Verfahren durch Färben verschiedene Figuren oder Objecte von mannigfaltigen Farben in wollenen, baumwollenen, seidenen und anderen Geweben hervorzubringen. Dd. 27. Jun. 1838.

Dem Edward White Benson in Birmingham: auf Verbesserungen in der Fabrication von kohlensaurem Blei. Dd. 27. Jun. 1838.

Dem Richard Badnall in Cotton Hall, Grafschaft Stafford: auf eine gewisse Verbesserung in der Fabrication von Teppichen und ähnlichen Artikeln, indem in dieselben eine Substanz eingewoben wird, die man bisher noch nicht zu diesem Zweke anwandte. Dd. 27. Jun. 1838.

Dem George Round und Samuel Whitford, beide in Birmingham: auf eine verbesserte Methode gewisse Theile der Flinten- und Pistolenschlösser zu verfertigen. Dd. 30. Jun. 1838.

Dem Harrison Grey Dyar im Cavendish Square, und John Hemming in Edward Street, Grafschaft Middlesex: auf Verbesserungen in der Sodafabrication. Dd. 30. Jun. 1838

Dem Augustus William Johnson in Upper Stamford Street, Pfarrei St. Mary, Grafschaft Surrey: auf eine Methode die Incrustation der Dampfkessel und Dampfentwikler zu verhindern. Dd. 30. Jun. 1838.

Dem Matthew Uzielli, Kaufmann in Fenchurch Street in der City von London: auf Verbesserungen an Schlössern; von einem Ausländer mitgetheilt. Dd. 30. Jun. 1838.

Dem William Dobbs, Gelbgießer in Penn Road, Wolverhampton: auf Verbesserungen an den Rollen etc. für Fensterschirme etc. Dd. 30. Jun. 1838.

Dem George Carter in Lombard Street, in der City von London: auf Verbesserungen an Sägemühlen. Dd. 2. Jul. 1838.

Dem Joseph Needham Tayler, Capitän bei der königl. Marine, im Red Lion Square, Bloomsbury: auf ein Verfahren den Stoß der Wogen gegen Doks, Landungsplätze etc. zu vermindern, so daß dieselben weniger beschädigt werden können. Dd. 4. Jul. 1838.

Dem Edward Davy, Chemiker in Fleet Street, in der City von London: auf Verbesserungen an den Apparaten, um telegraphische Mittheilungen oder Signale mittelst elektrischer Ströme zu machen. Dd. 4. Jul. 1838.

Dem Frederick Joseph Burnett in St. Mary-at-Hill, in der City von London, und Hippolyte Francois, Marquis de Bouffet Montauban, Oberst bei der Cavallerie: auf Verbesserungen in der Seifenfabrication. Dd. 4. Jul. 1838.

Dem Henry Elkington in Northfield in der Grafschaft Worcester: auf Verbesserungen an Maschinen, die durch Dampf, Luft oder andere Flüssigkeiten getrieben werden. Dd. 6. Jul. 1838

Dem Cornelius Alfred Jaquin im Huggin Lane, in der City von London: auf Verbesserungen in der Knopffabrication. Dd. 7. Jul. 1838.

Dem William Knight, Eisengießer in der City von Chichester, Grafschaft Sussex: auf Verbesserungen an den Maschinen zum Heben von Wasser. Dd. 7. Jul. 1838.

Dem George Salter, in West Bromwich, Grafschaft Stafford: auf Verbesserungen an den Apparaten zum Wiegen. Dd. 9. Jul. 1838.

Dem Claude Schroth, im Leicester Square, Grafschaft Middlesex: auf ein verbessertes Verfahren die Werkzeuge oder Apparate zu verfertigen, welche man beim Pressen oder Releviren von Leder und anderen Substanzen anwendet. Von einem Ausländer mitgetheilt. Dd. 9. Jul. 1838.

Dem William Palmer in Sutton Street, Clerkenwell, Grafschaft Middlesex: auf Verbesserungen an Lampen. Dd. 10. Jul. 1838.

Dem William Barnett, Eisengießer in Brighton in der Grafschaft Sussex: auf Verbesserungen in der Eisenfabrication. Dd. 10. Jul. 1838.

Dem John Thomas Betts in Smithfield Bars, City von London: auf Verbesserungen in der Bereitung geistiger Flüssigkeiten zur Branntweinfabrication. Dd. 10. Jul. 1838.

Dem Louis Cyprian Callet in Manchester: auf Verbesserungen an der Maschinerie oder den Apparaten, um Triebkraft für Boote, Schiffe, Wagen, Maschinen etc. zu erzeugen. Von einem Ausländer mitgetheilt. Dd. 11. Jul. 1838.

Dem Henry Van Bart in Birmingham, und Samuel Aspinwall Goddard, ebendaselbst: auf Verbesserungen an den Apparaten zur Locomotion auf Eisenbahnen und zur Dampfschifffahrt; sie sind zum Theil auch auf die stationären Dampfmaschinen anwendbar. Dd. 11. Jul. 1838.

Dem John Bethell, im Meklenburgh Square, Grafschaft Middlesex: auf ein verbessertes Verfahren, um Holz, Leder, gewobene und gefilzte Artikel, Seilwerk, Steine dauerhafter und weniger vom Wasser durchdringlich oder weniger entzündbar zu machen. Dd. 11. Jul. 1838.

Dem Job Cutler, im Lady Poole Lane, in der Pfarrei Aston, im Borough Birmingham, und Thomas Gregory Hancock in Princes Street, ebendaselbst: auf ein verbessertes Verfahren den Dampf bei Dampfmaschinen zu verdichten und mit dem so gebildeten Wasser ihre Kessel zu speisen. Dd. 12. Jul. 1838.

Dem Joseph Bennett, bei Glossop in der Grafschaft Derby: auf Verbesserungen an den Maschinen zum Kardätschen der Wolle, Baumwolle, des Flachses und anderer Faserstoffe; zum Theil sind sie auch an den Maschinen zum Streken, Dupliren, Vorspinnen und Spinnen der Faserstoffe anwendbar. Dd. 12. Jul. 1838.

Dem James Milne in Edinburgh: auf Verbesserungen an den Apparaten zum Fortleiten des Leuchtgases. Dd. 13. Jul. 1838.

Dem Alexander Cochrane in Arundel Street, Grafschaft Middlesex: auf Verbesserungen an Sonnen- und Regenschirmen. Dd. 13. Jul. 1838.

Dem Thomas Robert Sewell, Spizenfabrikant in Carrington, Grafschaft Nottingham: auf Verbesserungen in der Bleiweißfabrication. Dd. 14. Jul. 1838.

Dem Richard March Hoe, Civilingenieur im Chancery Lane, Grafschaft Middlesex: auf ein Instrument, um die Breite oder Länge irgend eines Ortes oder die Lage der Schiffe zur See, so wie die Abweichung der Magnetnadel zu bestimmen; es wurde ihm von einem Ausländer mitgetheilt, und er will es Sherwood's Magnetic Geometer nennen. Dd. 18. Jul. 1838.

Dem Henry Ross in Leicester: auf Verbesserungen an den Maschinen zum Kämmen und Streken der Wolle. Dd. 18. Jul. 1838.

Dem Henry Bridge Cowell, Eisengießer in Lower Street, Islington Grafschaft Middlesex: auf einen verbesserten Apparat, um Blätter oder Stüke von Papier oder Tuch etc. in flacher Lage unter leichtem Druke zu erhalten. Dd. 18. Jul. 1838.

Dem John Robertson in Great Charlotte Street, Grafschaft Middlesex: auf Verbesserungen in der Architektur und an architektonischen Verzierungen. Dd. 18. Jul. 1838.

Dem Richard Treffry, Chemiker in Manchester: auf eine verbesserte Methode gewisse thierische und vegetabilische Substanzen gegen Fäulniß zu schüzen, so wie auf einen Apparat, um diese Substanzen mit der geeigneten Flüssigkeit zu tränken. Dd. 23. Jul. 1838.

Dem George Richards Elkington, und Oglethorpe Wakelin Barratt in Birmingham: auf Verbesserungen im Färben gewisser Metalle; ferner in der Methode sie mit einer dünnen Schichte von anderen zu überziehen. Dd. 24. Jul. 1838.

Dem Joseph Price, Flintglasfabrikant in der Pfarrei Gateshead, Grafschaft Durham: auf Verbesserungen in der Construction der Dampfkessel der Dampfboote, Locomotive und stationären Maschinen. Dd. 26. Jul. 1838.

Dem Charles Wye Williams in Liverpool: auf Verbesserungen in der Zubereitung des Torfes als Brennmaterial. Dd. 26. Jul. 1838.

Dem John Gray, Ingenieur in Liverpool: auf gewisse Verbesserungen an den Dampfmaschinen und den damit verbundenen Apparaten, besonders solcher für Dampfboote. Dd. 26. Jul. 1838.

Dem William Madeley in Manchester: auf Verbesserungen an den Spinnmaschinen. Dd. 26. Jul. 1838.

Dem Ritter Sir William Burnett in Somerset-House, Grafschaft Middlesex: auf ein verbessertes Verfahren Holz gegen Fäulniß zu schüzen. Dd. 26. Jul. 1838.

Dem Alexander Croll in Greenwich, Grafschaft Kent: auf Verbesserungen in der Leuchtgasfabrication. Dd. 26. Jul. 1838.

Dem Frederic Eduard Fraissinet, im Covent Garden Square, in der City von Westminster: auf ein verbessertes Verfahren die Dampfboote fortzutreiben, so daß sie mit einem geringeren Kraftaufwand eine größere Geschwindigkeit erlangen. Von einem Ausländer mitgetheilt. Dd. 26. Jul. 1838.

(Aus dem Repertory of Patent-Inventions. August 1838, S. 123.)

Ueber Heizung von Dampfschiffen mit Torf.

Unter den Dampfschiffen, welche seit den glüklichen Fahrten des Sirius und des Great Western in mehreren Häfen Englands für den Verkehr zwischen England und Nordamerika ausgerüstet worden, verdient der am 5. Julius l. J. von Liverpool mit 40 Passagieren abgegangene Royal William besondere Beachtung. Man hat nämlich die Kohlenmasse, die man für den Bedarf während der Fahrt berechnete, mit einem Antheile Torf vermengt. Man glaubt hiedurch nicht nur die sogenannte todte Last zu vermindern, sondern man hofft auf diese Weise auch die Kessel schneller heizen zu können, als dieß mit unvermischten Steinkohlen allein möglich wäre. Man hält sich für so überzeugt hievon, daß man glaubt, der Royal William dürfte in Folge dieser Vermengung der Steinkohlen mit Torf nur selbst um 1000 Meilen größere Entfernung zurüklegen können, als jene zwischen New York und Liverpool ist. Bei den auf dem Mersey damit angestellten Probefahrten heizte man ein Mal zwei Stunden lang hindurch nur zwei der drei Kessel, ohne daß deßhalb die Geschwindigkeit merklich abgenommen hätte. Hieraus folgt, daß einer der Kessel im Falle der Noth einer Reparatur unterworfen werden kann, ohne daß die Fahrt eine Unterbrechung erleidet. (Civil Eng. and Architects Journal. Jul. 1838.)

Versuche mit einigen für Flüsse und Canäle bestimmten Dampfbooten.

Die Mersey and Irewell Navigation Company machte kürzlich einige Probefahrten mit dem kleinen eisernen Dampfschiffe „The Jack Sharp,“ an welchem zum Behufe der Fahrten auf kleineren Flüssen und Canälen einige Modificationen angebracht wurden. Das Fahrzeug geht bei 65 Fuß Länge und 14 Fuß Breite leer nur 11 Zoll, mit 120 Passagieren an Bord, aber beinahe 4 Zoll tief im Wasser. Die Triebkraft liefert eine gewöhnliche Marine-Dampfmaschine von 12 Pferdekräften, welche mit Steinkohlen geheizt wird. Die Ruder sind wohl von gewöhnlicher Art, allein sie sind nicht zu den beiden Seiten, sondern am Hintertheile des Fahrzeuges zu beiden Seiten des Steuerruders angebracht. Die Maschine befindet sich über ihnen und ist durch Zahnräder mit ihnen in Verbindung gebracht. Der Rauchfang steigt weit vorne empor. Das Fahrzeug besizt weder Masten noch Segel; für die Passagiere ist eine Cajüte angebracht; sie halten sich jedoch bei guter Witterung meistens auf dem Verdeke auf. Während eines einwöchentlichen Dienstes betrug die Geschwindigkeit im Durchschnitte 7 englische Meilen in der Zeitstunde. Nach den Versicherungen des Capitäns leiden die Ufer der Flüsse und Canäle durch diese Art von Dampfschiffen weniger Schaden, als durch die von Pferden gezogenen Paketboote. — An einem anderen eisernen Boote, welches für den Delaware and Raritan Canal in Nordamerika bestimmt ist, und welches Hr. John Laird in North Birkenhead baute, wurde der von Capitän Ericsson erfundene Propeller (Polyt. Journal B. LXV. S. 395) angebracht. Die damit auf dem Mersey angestellten Versuche sollen gleichfalls günstige Resultate geliefert haben. (Civil Eng. and Archit. Journal. Jul. 1838.)

Eisenbahngeschwindigkeit und Transportkosten.

Die Locomotive „The Sun“ legte neuerlich auf der Liverpool-Manchester-Eisenbahn die Streke von 31 engl. Meilen in 41 Minuten zurük, wonach also auf eine Meile 80 Secunden und auf die Zeitstunde 45 engl. Meilen kamen. — Die Eigenthümer der Eisenbahn zwischen Stockton und Middleborough haben beschlossen, auf dem Damme der Bahn keine Fußgänger mehr zu dulden, und dafür den Zügen noch Wagen anzuhängen, in welchem man die 4 engl. Meilen betragende Streke für zwei Pence (6 kr.) zurüklegen kann. (Civil Eng. and Architects Journal.)

Brieferpedition auf Eisenbahnen.

Auf der London-Birmingham-Eisenbahn, schreibt das Civil Eng. and Architects Journal, fährt seit einigen Wochen ein Wagen, den man ein wanderndes Postbureau nennen könnte, da in ihm die Briefe aufgegeben, sortirt und an den Orten ihrer Bestimmung abgegeben werden. Alles geht ganz gut, nur bedauert man den Aufenthalt, der dadurch entsteht, daß der Wagen zum Behufe der Aufnahme und Abgabe der Brieffelleisen angehalten werden muß. Auch diesem Uebelstande wird jedoch in Kürze gesteuert seyn, da bereits eine Methode vorgeschlagen wurde, nach welcher dieß bei jeder Geschwindigkeit mit voller Sicherheit und ohne allen Aufenthalt geschehen kann; und da die hiemit angestellten Versuche vollkommen zur Zufriedenheit ausgefallen seyn sollen.

Jobard's Plan zur Ueberfahrt über den Canal von Calais.

Hr. Jobard in Brüssel schlägt in den belgischen Blättern einen Plan vor, nach welchem man seiner Ansicht nach in 30 Minuten über den Canal sezen könnte, und den wir der Curiosität halber auch unsern Lesern zum Besten geben. „Es ist bekannt, sagt derselbe, daß die Congreve'sche Rakete in 30 Secunden 5 bis 8000 Meter durchsteigt, und eben so gewiß ist, daß man nur des Gewichtes wegen keine längeren Raketen von größerer Tragweite anfertigen kann. Würde man aber diesen Geschoßen einen Stüzpunkt auf dem Wasser geben, so kann man deren Länge und auch deren Translationskraft beinahe unendlich erhöhen. Man brauchte zu diesem Zweke nur eine leichte, schmale, lange, unversenkbare Pirogue zu bauen, durch deren größten Durchmesser eine oder mehrere eiserne, mit der Zündmasse gefüllte Röhren liefen. Würde man diese Raketen, deren Mündung nach Rükwärts über die Pirogue hinausragen müßte, entzünden, so würde leztere unstreitig mit einer beispiellosen Geschwindigkeit über die Meeresoberfläche hintreiben. Bei ruhiger Witterung könnte man das Fahrzeug ganz gerade forttreiben lassen, wenn man zu beiden Seiten des Hintertheiles ein Steuerruder firirte. Uebrigens unterliegt es wohl keinem Zweifel, daß man das Fahrzeug auch durch einen Piloten steuern lassen könnte. Wenn man die Geschwindigkeit auf den Eisenbahnen bedenkt, so ergibt sich, daß der Pilot von der raschen Durchschneidung der Luft nichts zu fürchten hätte; zu aller Vorsicht könnte er sich aber auch in einem geschlossenen Raume befinden. Man dürfte nicht fürchten, an die Ufer geschleudert zu werden, da sich die Maschine leicht ausbrassen ließe; und wenn man das Fahrzeug vollends nach Art der Rettungsboote unversenkbar machte, so hätte man gar nichts zu fürchten. Ein Pyroscaph der angegebenen Art könnte nicht über 1000 Fr. kosten; und für eine Ueberfahrt von Calais nach Dover dürften für 100 Fr. Pulver hinreichen." (France industrielle. 1838, No. 37.)

Einiges über den großen caledonischen Canal.

Der berühmte caledonische Canal, der mit zu den großartigsten Bauten Englands gehört, und der hauptsächlich zur Erleichterung des Verkehres zwischen der Ostsee und den westlichen Häfen Schottlands und Irlands unternommen wurde, besteht aus einer Reihe von Canälen und schiffbar gemachten Weihern und Seen. Seine ganze Länge beträgt 60¹/₂ engl. Meile, wovon 37 auf solche schiffbar gemachte Weiher kommen. Er hat durchaus 15 Fuß Tiefe, und dabei am Wasserspiegel 120, am Grunde 50 Fuß Breite. Seine höchste Stelle liegt 91 Fuß über der Meeresfläche und er zählt 28 Schleußen, von denen jede 172 Fuß Länge hat. Acht, gegen das östliche Ende hin gelegene Schleußen, die unter dem Namen der Neptunsstiege bekannt sind, gehören zu den schönsten und merkwürdigsten Bauten des unvergeßlichen Telford. Der ganze Canal kam auf 1,005,770 Pfd. Sterl. zu stehen. Er ward im Oktober 1822 eröffnet, bisher aber nur wenig benüzt, so daß er in finanzieller Hinsicht als ein verunglüktes Unternehmen zu betrachten ist. In dem am 1. May 1835 abgelaufenen Jahre wurden nur 2232 Pfd. Sterl. an Zöllen erhoben, während sich die jährlichen Unterhaltungskosten auf 3596 Pfd. Sterl. beliefen. Der Ertrag dekt also nicht ein Mal leztere, und von Zinsen des Capitals dürfte noch lange keine Sprache seyn. Wenigstens ist kaum daran zu denken, so lange man die Einfuhr des canadischen Bauholzes durch schwere Zölle, die auf das aus der Ostsee kommende Bauholz gelegt sind, erzwingt. Uebrigens scheint der Verkehr auf diesem Canale doch in allmählicher Zunahme begriffen. (Civil. Eng. and Archit. Journal.)

Ueber die Luftmanometer des Hrn. Bunten und deren Befestigung an den Dampfkesseln.

Hr. Bunten verfertigt für die Hochdrukdampfkessel eigene Manometer, deren Scala mit einem Druke, welcher bereits einer oder mehreren Atmosphären entspricht, beginnt. Während der ersten Atmosphären dient eine unten an der Manometerröhre angebrachte Anschwellung als Behälter für das Quecksilber, welches nicht eher in der Röhre emporsteigt, als bis es bereits alle in diesem Raume befindliche Luft vor sich her zurükgetrieben hat. Hr. Bunten suchte den Manometer nicht nur genauer und compendiöser zu machen, sondern er erfand auch ein einfaches Mittel, womit man ihn schnell und fest an der Röhre, die ihn mit dem Kessel verbindet, fixiren kann. Er bedient sich nämlich, um den Manometer augenbliklich mit den Dampfapparaten, deren Druk er andeuten soll, in Verbindung zu sezen, eines bleiernen, nach Art einer Rakete eingeschnürten Röhrenstükes, welches er an einem Halse anbringt, der während der Behandlung der Manometerröhre vor der Emaillirlampe an deren Ende erzeugt wurde. Diese Röhre ist unter der von dem Kessel herführenden Röhre gleichfalls eingeschnürt oder auch nur abgeknict. Die Société d'encouragement ertheilte dem Erfinder, dessen Instrumente sich überhaupt durch große Genauigkeit und Trefflichkeit auszeichnen, auf den von Hrn. Baron Séguier erstatteten Bericht hin ihre silberne Medaille. (Bulletin de la Société d'encouragement, Jul. 1838, S. 267.)

Ueber die Verbesserungen des Hrn. Wagner in der Groß-Uhrmacher-Kunst.

Die Société d'encouragement ertheilte Hrn. Wagner, Uhrmacher und Mechaniker in Paris, in ihrer Generalversammlung vom 27. Junius l. J. ihre silberne Medaille für seine Verbesserungen in der Uhrmacherkunst. Der von Hrn. Francoeur hierüber erstattete Bericht enthält im Wesentlichen Folgendes. „Es ist Hrn. Wagner gelungen, den Preis der Uhren für Landgemeinden, Fabriken, größere Gebäude ꝛc. auf 3 bis 400 Fr. zu ermäßigen, wenn man eine Gloke, auf welche die Stunden geschlagen werden sollen, zur Disposition hat. Er benüzt zu diesem Zweke die sogenannten Jura-Uhrwerke, welche in Moret für beiläufig 40 Fr. fabricirt werden, und läßt die Stunden mit einem Hammer, dessen Gewicht mit der Gloke im Verhältniß steht, auf diese schlagen. Die Idee des Mechanismus verdankt man Hrn. Tissot; Wagner hat ihn jedoch vervollkommnet. Er hat nämlich das Jura-Uhrwerk mit einem Treibgewichte für den großen Hammer, der durch einen mit dem Schlagwerke der Uhr communicirenden Hebel zurükgehalten wird, ausgestattet. Jeder Schlag, den das Schlagwerk vollbringen sollte, wird also hier durch eine dem großen Hammer mitgetheilte Bewegung ersezt, so daß dieser die Stunde genau ebenso schlägt, wie sie sonst der kleine Hammer des Schlagwerkes geschlagen haben würde. Das Gehwerk der Uhr wird hiedurch nicht im Geringsten beeinträchtigt, da der Zusazmechanismus vollkommen unabhängig von ihm ist, und nur dann in Thätigkeit kommt, wenn der Sperrhebel das Gewicht losläßt, so daß er auf den großen Hammer wirken kann."

Notiz über den Waschapparat des Hrn. Léon Duvoir.

Die Académie de l'Industrie ließ sich durch eine eigens ernannte Commission einen Bericht über den Waschapparat erstatten, auf den Hr. Léon Duvoir zu Melun ein Patent nahm, und dessen wir bereits in Kürze zu erwähnen Gelegenheit hatten. Der Apparat besteht diesem Berichte gemäß aus einem auf drei gußeisernen Rädern ruhenden Zuber von 1 Meter 30 Centim. Höhe und 70 Centimeter Durchmesser im Lichten. Dieser Zuber, dessen Dauben 7 Centimeter Dike haben, hat vier eiserne Reifen mit vier Drukschrauben. In seinem Inneren befindet sich ein beweglicher hölzerner Rost von dem oben angegebenen Durchmesser, in welchem 48 Löcher von 4 Centimeter im Gevierte angebracht sind. 16 Centim. vom Boden weg und schwanenhalsartig gebogen, läuft eine kupferne Leitungsröhre aus, welche bis zur Mündung des Zubers mit Holz besezt ist, damit die zur Heizung dienende Röhre nicht in unmittelbare Berührung mit der Wäsche komme. An der Mündung dieser Röhre befindet sich eine Platte von 21 Centim. im Durchmesser, welche das Wasser auf der ganzen Oberfläche des Zubers zu vertheilen hat. Der zur Aufnahme der Wäsche bestimmte Raum faßt 2,16 Cub. Meter. Geschlossen ist der Apparat mit einem gewölbten kupfernen Dekel mit zwei Verhängschlössern, der die Wärme zusammenhält, den Dampf dagegen soviel als zur Verhütung einer mißlichen Compression erforderlich ist, entweichen läßt. Die Heizstelle hat 65 Centim. Tiefe und 35 Centim. Breite. Man gab in Gegenwart der Commission 150 Liter Wasser in den Zuber, welche um die Heizstelle circulirten und bis zu dem über dem Roste angebrachten Hahne, der die Höhe anzeigt, auf der das Wasser stehen soll, emporstiegen. Dann schüttete man auf die Wäsche, welche aus Abwischlumpen und anderem mit Oehl verunreinigtem Leinenzeuge bestand, 2 Decaliter Asche. Nach 3½stündiger Heizung war die Wäsche vollkommen rein und von allem Fette gesäubert, obschon sie vorher nicht eingeseift worden. Die Erhizung erfolgte allmählich; denn erst nach 1½ Stunden kam das Wasser in der Leitungsröhre zum Sieden, wo dann die erwähnte Platte das Wasser ununterbrochen und äußerst rasch über die ganze Oberfläche des Zubers sprizte. Die Commission kam zu dem Schlusse, daß dieser Apparat beim Waschen eine Ersparniß an Seife, an Brennmaterial, an Zeit und an Arbeit bedingt; daß, wenn er einmal eingerichtet ist, selbst ein Kind die Feuerung leiten kann; und daß die Wäsche keinen Schaden bei seiner Anwendung leidet. (Journal de l'Acad. de l'Industrie. Jun. 1838.)

Ueber die neuen Regen- und Sonnenschirmbeschläge des Hrn. Hamelaerts.

Hr. Hamelaerts, einer der ersten Regenschirmfabrikanten in Paris, hat einen neuen Mechanismus zum Schließen und Oeffnen dieser Schirme erfunden, den Hr. L. Malepeyre in einem sehr günstigen, an die Académie de l'Industrie erstatteten Berichte im Wesentlichen also beschreibt. Hr. Hamelaerts beschränkt sich darauf, an dem unteren Theile des sogenannten Läufers mit einem Ausschlageisen einen Ausschnitt anzubringen, ihn bis über den Befestigungspunkt der stählernen, zum Ausspannen der Fischbeine dienenden Stäbchen hinauf reichen zu lassen, und dann an seinem oberen Theile einen ähnlichen Ausschnitt anzubringen. Diese beiden Ausschnitte haben die Gestalt eines U, und sind an dem einen ihrer Schenkel mit einem nach Innen gerichteten Dorne versehen. Der Dorn des unteren Ausschnittes ist nach Rechts, jener des oberen nach Links gerichtet. Außerdem sind zwei Aufhaltknöpfe vorhanden, von denen der obere dazu dient, den Schirm ausgespannt zu erhalten, während der untere ihn geschlossen hält. Will man den Schirm öffnen, so braucht man dem Läufer nur eine geringe Bewegung von Rechts nach Links zu geben; denn dann macht sich der Knopf von dem Dorne des U los, so daß der Läufer, wenn man ihn bis zum oberen Aufhälter nach Aufwärts schiebt, in den oberen Ausschnitt einfällt, und mittelst des erwähnten Dornes an dem Knopfe fixirt bleibt. Um ihn hievon wieder loszumachen, braucht man nur den Läufer, indem man ihn von Rechts nach Links bewegt, aufzuheben, wo er dann von dem Dorne, der ihn festhielt, frei wird. Um den Schirm zu schließen, wird dann der Läufer bis zum unteren Aufhaltknopfe herab geführt, in den er von selbst einfällt. Dieser ganze Mechanismus ist so einfach und wohlfeil, daß ihn der Erfinder selbst an den gewöhnlichsten Schirmen in Anwendung bringt. (Journal de l'Acad. de l'Industr. 1838, Mai.)

Ueber die Fächerfabrication in Paris.

In einem Berichte, den Hrn. L. Malepeyre der Académie de l'Industrie erstattete, ist angegeben, daß von Paris aus jährlich für 2 Millionen Fr. Fächer in das Ausland gehen, während Paris selbst jährlich für 150,000 Fr. verbraucht.

was die Preise betrifft, so wechseln diese von 8 Fr. per Groß bis zu 1000 Fr. per Stük! An der Spize dieser Fabrication steht dermalen Hr. Duvilleroy, der jährlich für 300,000 Fr. Fächer versendet, und aus dessen Anstalt zugleich auch die größten Kunstwerke hervorgehen. Als Beweis hiefür wird ein Fächer angeführt, auf dem die Belagerung von Constantine meisterhaft dargestellt ist, und den er der Frau Herzogin von Würtemberg zu überreichen die Ehre hatte.

Towgood's Verbesserungen in der Papier-Fabrication.

Das auf der Maschine Fourdrinier's gewonnene Papier muß bekanntlich in Bogen geschnitten werden. Dieß geschah gewöhnlich, indem man die Papierlängen auf einen Haspel aufwikelte, und indem man dann die ganze Masse auf ein Mal unter einem Winkel mit dem Haspel durchschnitt. Da die äußeren Blätter hiebei nothwendig größer ausfallen mußten, als die inneren, so mußten die Blätter noch Mal beschnitten werden, wodurch Arbeit und Papier verloren ging. Man hat daher schon verschiedene Apparate zum Zerschneiden des endlosen Papieres erfunden, und zu diesen gehört denn auch jener, auf den sich Matthew Towgood, Papierfabrikant von Dartford in der Grafschaft Kent, am 15. May 1832 ein Patent ertheilen ließ. Diesem gemäß wird das von dem Trokenapparate zwischen Walzen herlaufende Papier zwischen zwei nach der Quere gestellte und gleich Scheeren wirkende, stählerne Schneiden geführt, die den Schnitt vollbringen, sobald die gewünschte Papierlänge durch sie gegangen ist. Um das Papier so zu messen, daß sämmtliche Bogen gleiche Länge bekommen, wird das Papier durch ein Walzenpaar, welches durch einen adjustirbaren Schwunghebel in Bewegung gesezt wird, vorwärts geschafft, wobei dieser Hebel auf ein Meßrad wirkt, welches an dem Ende der Achse der einen der Führwalzen angebracht ist. Der Hebel erhält seine Bewegung durch einen Kurbelzapfen, der sich am Ende der Welle einer kegelförmigen Walze befindet. Leztere wird durch ein Laufband umgetrieben, welches um sie und über eine andere in entgegengesezter Richtung angebrachte kegelförmige Walze geschlungen ist, so daß also die Länge, in der das Papier abgeschnitten wird, stets mit dem Grade der rotirenden Bewegung, die dem Meßrade durch den adjustirbaren Hebelarm mitgetheilt wird, im Verhältnisse steht. Da die Geschwindigkeit jener Geschwindigkeit angepaßt seyn muß, mit der die Trokenmaschine das Papier liefert, so muß eine Regulirung derselben Statt finden, je nachdem man das Treibband auf einen größeren oder kleineren Durchmesser der kegelförmigen Walzen schiebt. Wenn das Papier zu kleinen Blättern auch der Länge nach durchschnitten werden soll, so bedient sich der Patentträger des bekannten kreisrunden Schneidgeräthes. (London Journal. August 1838.)

Dr. Traill's unauslöschliche Tinte.

Dr. Traill las kürzlich vor der Royal Society in Edinburgh eine Abhandlung vor, in der, nachdem er die fruchtlosen Versuche, welche er machte, um mit Metallverbindungen eine dauerhafte Tinte zu bereiten, erzählt, eine kohlige Flüssigkeit angibt, welche die Eigenschaften einer guten Schreibtinte besizt. Die bei den Alten gebräuchlichen Tinten waren kohliger Natur, und widerstanden dem Zahne der Zeit ausnehmend gut; doch fand Dr. Traill, daß sich Handschriften, welche in Herculanum gefunden wurden und auch ägyptische Papyrusrollen mit Wasser auslöschen lassen. Tinten, die er nach den Angaben von Vitruvius, Dioscorides und Plinius zusammensezte, flossen nicht gut aus der Feder und widerstanden gleichfalls dem Wasser nicht, was heut zu Tage von einer guten Tinte gefordert wird. Kohlige Tinten mit harzigen, in ätherischen Oehlen aufgelösten Vehikeln widerstehen zwar dem Wasser und den chemischen Reagentien, laufen aber nicht gut aus der Feder, und fließen auf dem Papiere. Dasselbe gilt von den Kautschukauflösungen in Steinkohlen-Naphtha und Sassafrasöhl. Nach verschiedenen fruchtlosen Versuchen mit animalischen und vegetabilischen Flüssigkeiten als Vehikel für den Kohlenstoff fand Dr. Traill endlich, daß eine Auflösung von Weizenkleber in brenzliger Holzsäure sich mit Kohlenstoff leicht zu einer Flüssigkeit vermischt, welche alle Eigenschaften einer guten, dauerhaften Tinte besizt. Er löst Kleber, der eben frisch aus Weizen ausgeschieden und möglichst vollkommen von dem Stärkmehle getrennt worden ist, unter Mitwirkung der Wärme in brenzliger Holzsäure auf, und verdünnt die seifenartige Flüssigkeit, die er hiedurch erhält, mit Wasser, bis die Säure die Stärke von gewöhnlichem Essige hat. Mit je einer Unze dieser Flüssigkeit reibt er 8 bis 10 Gran des besten Lampenschwarz und 1½ Gran Indigo ab. Diese Tinte ist wohlfeil, leicht zu verfertigen, und schön von Farbe; sie fließt leicht aus der Feder, troknet schnell, läßt sich, wenn sie troken geworden ist, nicht durch Reibung wegschaffen, wird vom Wasser nicht weggewaschen, und wird von den chemischen Reagentien, welche die gewöhnlichen Tinten zerstören, nur dann angegriffen, wenn sie das Papier selbst zerstören. Hr. Dr. Traill empfiehlt demnach seine Tinte für alle Fälle, wo man Verfälschungen verhüten oder Documente für späte Jahre aufsezen will. (Edinburgh N. Philos. Journal Jul. 1838, S. 215.)

Silliman's Vorrichtung zum Strohschneiden.

Der Strohschneide-Apparat, auf den Hr. Henry Silliman in New-York am Anfange l. J. ein Patent nahm, bietet, wie das Mechanics' Magazine nach dem Franklin Journal berichtet, mehr Neues dar, als die meisten anderen derlei Geräthschaften, auf welche in den Vereinigten Staaten häufig Patente genommen zu werden pflegen. Der Theil, in den das Stroh gebracht wird, besteht aus einem hohlen Cylinder, welcher horizontal in einem entsprechenden Gestelle ruht. Dieser Cylinder ist innen durch Scheidewände, welche der ganzen Länge nach durch ihn laufen, in mehrere, z. B. vier Fächer abgetheilt. Der Querdurchschnitt eines jeden dieser Fächer stellt demnach in diesem Falle einen Quadranten vor, dessen innerer Winkel jedoch abgeschnitten ist, indem durch eine die Achse des Cylinders bildende Röhre eine Schraube läuft. Die Schneidgeräthe sind an dem einen offenen Ende des Cylinders an der vorderen Fläche eines Rades befestigt. So wie dieses Rad umläuft, dreht sich mit ihm auch die Schraube, die damit in Verbindung steht, und an der sich eine Schraubenmutter befindet, welche sich innerhalb der Röhre rük- und vorwärts bewegt. Von dieser Schraubenmutter laufen am hinteren Ende des Cylinders Stäbe aus, die an Kolben gehen, welche die Fächer ausfüllen, und die zum Vorwärtsdrängen des Strohes dienen. Jedes Fach hat sein Thürchen, welches geöffnet wird, sobald frisches Stroh eingetragen werden soll. Der Cylinder läßt sich in seinem Gestelle umdrehen, um eines der Thürchen nach dem anderen emporzubringen.

Ueber den sogenannten antimephitischen Apparat des Hrn. Vasseur.

Die meisten Apparate, deren man sich bisher bediente, um sich an Orte, die mit irrespirablen Gasarten erfüllt sind, zu begeben, bestehen aus einer Art von Bluse, welche aus Leder oder irgend einem luftdichten Zeuge gearbeitet ist, und die man anthut, wenn man ihrer bedarf. In dieses Wamms, welches als Luftbehälter dient, wird von Außen mittelst Gebläsen und mit Hülfe mehr oder minder langer elastischer Röhren Luft eingetrieben. Der Apparat des Hrn. Vasseur dagegen bedarf weder einer Pumpe noch eines Gebläses; auch ist kein Gehülfe nöthig, der denselben in Bewegung sezt, da ihn der Arbeiter in dem Maaße, als er Luft bedarf, selbst in Thätigkeit bringt. Wenn man das Ohr an die Mündung des nach Außen führenden elastischen Rohres anlegt, so erfährt man, da man alle Bewegungen dadurch hört, ob dem Arbeiter ein Unfall zugestoßen ist oder nicht, wo man ihm dann nöthigen Falles Hülfe schiken kann. Bei den Apparaten mit Gebläsen bleibt man, wenn nicht eigene Vorrichtungen getroffen sind, hierüber in Ungewißheit, und es kann also nicht nur geschehen, daß der Arbeiter verunglükt, ohne daß man es weiß, und daß man bei Feuersbrünsten z. B. auf dessen Leistungen vertraut, während das Feuer ungehindert seine Verheerungen weiter verbreitet. Der Apparat des Hrn. Vasseur ist in einer Minute an- und ausgethan, und erheischt gar keine Beihülfe. (Mémorial encyclopédique.)

Ueber den von Hrn. Maisonrouge erfundenen Anstrich zum Trokenlegen nasser Mauern.

Hrn. de Maisonrouge soll es durch ein eigenthümliches chemisches Verfahren gelungen seyn, aus Kautschuk, Steinöhl und anderen Substanzen eine Mischung zusammenzusezen, welche feuchte Wände vollkommen troken legt, und Gegenstände, die der Witterung ausgesezt sind, gegen diese schüzt. Eine von der Académie de l'Industrie abgeordnete Commission hat einige Untersuchungen hierüber angestellt, deren Resultate man in einem von Hrn. Malepeyre erstatteten Berichte im Journal der genannten Gesellschaft, Julius 1838 S. 105, niedergelegt findet. Eine alte, stark von Mauersalpeter angegangene, und stets der Feuchtigkeit ausgesezte Mauer war mit Gyps beworfen, dann mit dem Anstriche behandelt und hierauf mit vielen Farben bemalt worden. Leztere hatten nach Jahren ihren Ton behalten, und die Mauer zeigte keine Spuren von Feuchtigkeit. Ein kleines, in einem dumpfen Hofraum gelegenes, feuchtes Zimmer, dessen Wände mit dem Anstriche bekleidet und dann tapezirt worden, hatte innerhalb mehrerer Jahre keine Veränderung erlitten. Verschiedene Statuen aus Gyps, die man der Witterung und selbst längere Zeit den Dachgossen ausgesezt hatte, blieben unverändert. Bassins, die mit dem Anstriche ausgekleidet worden, ließen kein Wasser mehr durchsikern. Endlich stellte man auch an einem ganz frisch aus Bruchsteinen aufgeführten Kioske Versuche an. Man bestrich die noch ganz nassen, frisch vergypsten Wände mit heißem, mit Bleiglätte abgesottenem Oehle, und trug hierauf zwei Tage später den Kitt des Erfinders, nachdem man ihn in einem Gemenge von fettem und stark erhiztem Leinöhle aufgelöst, siedend heiß auf. Zwei Tage später trug man eine zweite Schichte auf, welche die bei dem ersten Anstriche gebliebenen Blasen vertilgte. In den ersten Tagen darauf zeigten die Wände wohl einige dunklere Stellen; allein auch diese verschwanden bald, so daß nach einem Monate keine Spur von Feuchtigkeit mehr im Innern zu bemerken war. Dagegen ward dieselbe, wie sich durch unverkennbare Zeichen kund gethan haben soll, nach Außen getrieben, und von der Luft aufgesogen. Der Anstrich, auf den der Erfinder ein Patent nahm, kommt an und für sich per Quadratmeter auf 56 Cent. zu stehen; mit den Kosten des Auftragens hingegen berechnet sich der Meter auf 1 Fr. 50 Cent. und die Toise auf 6 Fr.

Versuche mit der Pflasterung mit Bitumen-Polonceau.

Hr. Polonceau, schreibt die France industrielle in No. 32, hat in Gegenwart des französischen Handelsministers und mehrerer Straßenbau-Directeren eine Pflasterung, welche er am Eingange der Champs-Elysées mit seinem Bitumen vorgenommen, einer harten Probe unterworfen. Zwei schwere, mit Pflastersteinen befrachtete Karren fielen nämlich, nachdem sie ein Hinderniß von 12 Centimeter Höhe überwunden, mit ihrer ganzen Schwere auf das Pflaster herab. Im ersten Augenblike entstand hiedurch ein leichter Eindruk von beiläufig 2 Centimeter Tiefe, der aber in Kürze von selbst wieder verschwand. Bei einem zweiten Versuche sperrte man die Räder, so daß sich die Pferde mit aller Gewalt anstemmen mußten. Die unbedeutenden hiebei entstandenen Eindrüke verschwanden gleichfalls in Kürze. — Bei dem dritten und härtesten Versuche ließ man den am schwersten beladenen Karren an Ort und Stelle umwenden, wobei das innere, den Drehpunkt bildende Rad gewöhnlich in den Boden einzudringen pflegt. Auch diese Probe hielt das Bitumen-Pflaster ohne Nachtheil aus.

Ueber das Butterfaß des Hrn. Quentin-Durand.

Ich suchte mir, sagt Hr. Quentin-Durand, die Langsamkeit, mit der das Ausrühren der Butter in den gewöhnlichen Butterfässern von Statten geht, lange Zeit aus der Form dieser Geräthe zu erklären. Bei den Versuchen, die ich hierüber anstellen wollte, und zu denen ich Butterfässer von verschiedener Art sammelte, kam ich zufällig auch auf ein cylindrisches hölzernes Butterfaß, dessen unterer Umfang zum Theil aus Weißblech bestand. Man sagte mir, daß man diese Einrichtung getroffen habe, um dem Rahme jene Wärme, ohne die das Ausrühren sehr langsam geht, mitzutheilen. Ich verfertigte nun hienach verschiedene

Butterfässer, immer die Fehler, die ich selbst an ihnen gewahr wurde, oder auf die mich Sachverständige aufmerksam machten, verbessernd. Ich verminderte den Umfang des Cylinders und gab ihm dafür eine größere Länge, um den Widerstand der Kurbel zu vermindern. Eine Länge, welche 1½ Mal den Durchmesser des Cylinders betrug, schien mir die bequemste und schönste. Um größere Festigkeit und Reinlichkeit zu erzielen, unterdrükte ich alles Holz, und ersezte den hölzernen, gewöhnlich mit Lumpen zu umgebenden Dekel durch einen Coulissendekel. Endlich brachte ich anstatt der durchlöcherten Flügel auch einen besseren Mechanismus an. Ich gelangte auf solche Weise zu einem einfachen, bequemen, dauerhaften und schnell arbeitenden Butterfasse, von welchem bereits 1200 Stüke aus meiner Werkstätte hervorgingen. Man taucht den Apparat im Winter in Wasser, welches auf 25° erwärmt worden, wo dann der Rahm in Kürze auf die zur Butterbildung nöthige Temperatur von 10 bis 12° gelangt. Nach einer Arbeit, die nur 15 bis 20 Minuten dauert, ist die Butter ausgerührt. In kaltes oder selbst mit Eis abgekühltes Wasser untergetaucht, dient mein Butterfaß zur Bereitung jener Rahmkäse, die unter dem Rahmen fromages de Viry bekannt sind. — Endlich bedient sich einer der ersten Zukerbäker zu Paris, Hr. Dupuis, meines Apparates in lezter Zeit mit bestem Erfolge zur Behandlung des Teiges, aus dem man das Reimser- oder Savoyer-Biscuit und andere derlei Gebäke, wozu geschlagene Eier kommen, bereitet. Er vollbringt in 15 Minuten dasselbe, wozu bisher ¾ Stunden mühevolle Arbeit erforderlich waren, und die Biscuite fallen weißer aus. (Recueil suppl. au Journ. d. l'Acad. d. l'Industr. Vol. IV. S. 94.)

Margary's Methode gewisse thierische und vegetabilische Stoffe vor Verwesung zu schüzen.

Das Patent, welches Joshua John Lloyd Margary Esq. von Wellington-Road in der Grafschaft Middlesex, am 19. December 1837 zu dem angegebenen Zweke nahm, findet sich im London Journal, August 1838, S. 273 beschrieben. Das Wesentliche besteht in Folgendem. Das Schuzmittel besteht in schwefelsaurem Kupfer, wovon auf je 5 Gallons kalten oder warmen Wassers ein Pfund Avoirdup. genommen werden soll. Dieses Mittel wird in hölzernen oder anderen Behältern applicirt. Holz, welches man schüzen will, soll auf jeden Zoll Dike zwei Tage lang eingeweicht bleiben; je länger man übrigens dike Balken in der Auflösung beläßt, desto besser ist es. Das Holz ist so troken als möglich in die Auflösung zu bringen, damit es eine um so größere Menge von dieser absorbirt. Canevaß, der geschüzt werden soll, muß bis zur vollkommenen Tränkung, d. h. 8 bis 16 Stunden, in Lagen eingeweicht bleiben, und dann zum Troknen aufgehängt werden. Taue sättigen sich wegen ihrer starken Drehung nicht gut, weßhalb es besser ist, die Schnüre, aus denen sie gedreht werden, vorher einzuweichen. Leinen-, Baumwoll- und Wollengarn oder Zeug eignet sich gleichfalls zur Behandlung. Papier läßt sich zu beiden Seiten mit der Auflösung bestreichen; doch wird diese besser der Zeugmasse zugesezt. Pergament braucht nur sehr kurze Zeit in der Auflösung zu bleiben; Leder und Häute je nach ihrer Dike von einem bis zu 10 Tagen. — Anstatt des schwefelsauren Kupfers kann man, wie der Patentträger sagt, auch essigsaures Kupfer anwenden, wovon ein Pfund auf zwei Quart brenzlige Holzsäure und 14 Quart Wasser zu nehmen ist. — Unseres Wissens ist weder in dem Mittel selbst, noch in der beschriebenen Anwendungsweise etwas Neues.

Ertrag der Seidenzüchtereien in der Nähe von Paris.

Die königliche, von Aubert dirigirte und nach d'Arcet eingerichtete Seidenzüchterei im Parke in Neuilly erntete im laufenden Jahre mit einem Aufwande von 3534 Pfd. Maulbeerblätter 327 Pfd. guter weißer Sinacocons, wovon 253 auf das Pfd. gehen. Dieß gibt also auf 2000 Pfd. Blätter 185 Pfd. Cocons: ein Resultat, das mit jenem, welches Camille Beauvais im vergangenen Jahre in Senart erzielte, vollkommen übereinstimmt. Im Süden hält man die Ernte schon für sehr gut, wenn 2000 Pfd. Blätter 80 Pfd. Cocons geben.

Polytechnisches Journal.

Neunzehnter Jahrgang, zwanzigstes Heft.

XIV.

Ueber das hydraulische Locomotivsystem des Hrn. F. A. Taurinus.

Der Hauptvortheil der Eisenbahnen, den man anfänglich auch allein von ihnen erwartete, besteht bekanntlich in einer großen Oekonomie der Kraft: denn durch die glatte und feste Unterlage der eisernen Schienen wird der bedeutendste Widerstand, der bei Fuhrwerken auf gewöhnlichem Wege am Umfange der Räder Statt findet, beinahe völlig aufgehoben, so daß nur noch der weit geringere Widerstand der Achsenreibung zu überwinden übrig bleibt. — Dieselbe Kraft, die auf der gewöhnlichen Landstraße und mit gewöhnlichem Fuhrwerke eine zehn Mal größere Last fortbringt, als mittelst der Schleife, die man als die einfachste Art der fortschaffenden Mechanik betrachten kann — nach Umständen ist jedoch die Schleife, wie die Schlitten beweisen, auch vortheilhafter — leistet auf der Eisenbahn abermals zehn Mal mehr, so daß die Eisenbahn in der stufenweisen Vervollkommnung der Communicationsmittel in der That als das höhere Glied einer geometrischen Reihe erscheint. Die Anlage einer Eisenbahn rechtfertigt sich hienach selbst da, wo die großen Kosten derselben keine Herabsezung der Frachtpreise gestatten, weil die Belegung eines zinsentragenden Capitals schon an sich als ein Nationalgewinn zu betrachten ist.

Indeß haben die Eisenbahnen doch erst von dem Augenblik an allgemeineren Eingang gefunden, wo die Dampfförderung vortheilhaft damit verbunden werden konnte. Die außerordentliche Schnelligkeit, welche dadurch möglich wurde, ist zwar für den Waarentransport nur ein unwesentlicher Gewinn, desto wichtiger aber für den Personenverkehr, und erscheint, nachdem einmal ein so schnelles Communicationsmittel hergestellt ist, für jeden wohleingerichteten Staat als ein unabweisliches Bedürfniß. Es ist aber auch nicht zu läugnen, daß durch den Dampfbetrieb und die Anforderung einer größeren Geschwindigkeit die Anlage einer Eisenbahn, bei welcher nun Krümmungen und Rampen sorgfältiger vermieden werden müssen, viel schwieriger und kostbarer geworden ist, wenn es nicht durch neuere Erfindungen, wie es den Anschein hat, gelingt, die in dieser Rüksicht noch bestehenden Hindernisse in Kurzem zu überwinden.

Nach den außerordentlichen Leistungen der Dampfförderung läßt es sich nun auch beurtheilen, welche Anforderungen an irgend ein anderes Bewegungssystem gemacht werden müssen, das mit der Dampflocomotion in einige Concurrenz soll treten können. Man wird von demselben die nämliche Regelmäßigkeit, Schnelligkeit, Sicherheit der Bewegung, dieselben ökonomischen Vortheile verlangen. Keines der bisher vorgeschlagenen Bewegungssysteme, worunter einige offenbar paradox erscheinen, kann mit der Dampfförderung einen Vergleich aushalten. Der Wind ist eine zu unzuverlässige, die comprimirte Luft eine zu gefährliche Kraft: über die Anwendbarkeit der elektromagnetischen Kraft müssen erst weitere Versuche entscheiden. Die Verwendung des Wassers hat man nur für besondere Fälle vorgeschlagen, wo die im Ueberflusse vorhandene bewegende Kraft von selbst dazu aufzufordern schien, sie für den Zwek der Eisenbahnen nicht unbenuzt zu lassen: die Idee dazu wurde aber nur in unvollkommener Art aufgefaßt. Erst Hr. F. A. Taurinus hat es neuerlich versucht, ein System einer hydraulischen Lastenförderung auf Eisenbahnen von einiger Allgemeinheit aufzustellen, das wenigstens in der bisher üblichen Geschwindigkeit mit den Dampfwagen wetteifern und außerdem die bedeutendsten ökonomischen Vortheile gewähren soll: eine vorläufige Notiz davon wird daher für die Leser des polytechnischen Journals nicht ohne Interesse seyn.

Man denke sich längs der ganzen Eisenbahn einen Canal hergeführt, dessen Wasserstand möglichst in einer beständigen Höhe, z. B. von 5 Fuß, über dem Boden der Bahn erhalten wird. Jeder Kubikfuß Wasser (66 Pfd. nach preuß. Maaß und Gewicht), der von dieser Höhe von 5′ herabfällt, stellt ein mechanisches Moment von 330 Pfd. oder 3 Cntrn. durch einen Fuß dar, und ist im Stande, auf der geraden und ebenen Eisenbahn, wo nach den neueren Erfahrungen der Widerstand nur 1/280 oder gar 1/320 (8 oder 7 Pfd. auf die Tonne) beträgt, eine Last von mehr als 800 Cntr. durch 1′, oder 1 Cntr. durch 800′ zu bewegen. Um also 1 Cntr. Bruttolast durch eine preuß. Meile zu bewegen, reichen 30 Kubikfuß Wasser bei obiger Fallhöhe hin. Kann man daher einem solchen Canale auf die Länge einer Meile einen Wasserzufluß von 10 Kubikfuß per Secunde, oder 864,000 in 24 Stunden verschaffen, und rechnet man auch 2/3 für Verlust und todte Last, so bleiben doch 10,000 Cntr. reine Last übrig, die täglich auf der Bahn hin und her gefördert werden können, oder 3 Millionen Cntr. in den 300 Tagen des Jahres, an welchen die hydraulische Förderung Statt finden kann.

Es folgt hieraus, daß der Kraftaufwand für eine Eisenbahn von gewöhnlicher Frequenz nicht bedeutend ist; um jedoch das System in größerer Ausdehnung anwendbar zu machen, muß noch ein anderer günstiger Umstand zu Hülfe genommen werden. Gesezt nämlich, die Bahn habe ein stetiges Gefälle nach der einen Richtung, so gebe man ihr auf eine gewisse Streke, z. B. eine Meile, nur einen solchen Abhang, daß das Wasser im Canale sich mit der nöthigen geringen Geschwindigkeit, z. B. von 1′, nach dieser Seite bewegt: hiezu ist mit Rüksicht darauf, daß die Geschwindigkeit des Wassers wegen seines allmählichen Verbrauches gegen das Ende der Streke mehr und mehr abnehmen muß, bei einem Canale von 4′ Breite und 2′ Tiefe ein Gefälle von kaum 1′ per Meile nöthig: das übrige Gefälle kann also vortheilhaft dazu benuzt werden, der Bahn auf eine kurze Streke einen stärkeren Abfall zu geben, der durch die ansteigenden Wagen allenfalls durch das erhaltene Bewegungsmoment und mit nur geringem Verluste von Geschwindigkeit und Zeit erstiegen wird: es läßt sich daher das schon verwendete Wasser, das auf der Bahn selbst fortgeleitet wurde, zum zweiten Mal und so oft wiederholt benuzen, als man die Bahn von Neuem um etwa 5 bis 6′ fallen lassen kann. Durch jeden Fall um 5′ wirksame Drukhöhe wird die bewegende Kraft des Wassers erneuert, so daß ein starker Abhang der Bahn eigentlich der günstigste Fall für die Benuzung der bewegenden Kraft ist: auch dient eine sehr einfache Einrichtung dazu, den Abhang der Bahn auch auf längeren und steileren Streken zu ersteigen, wo das bloße Bewegungsmoment nicht hinreichen würde.

Diese Einrichtung, das Wasser wiederholt zu benuzen, hat den doppelten Vortheil, daß man nur an dem höchsten Punkte der Bahn einen Wasserzufluß nöthig hat, und daß der Canal nur eine geringe Dimension zu haben braucht. Die Anlage eines solchen Canals fordert allerdings einen bedeutenden Aufwand, der jedoch geringer erscheint durch die Betrachtung, daß dieß auch fast der einzige ist, den das hydraulische Förderungssystem verursacht. Dazu kommt, daß dieser Aufwand wieder mehr als aufgewogen wird durch die Vortheile, die sich durch die Construction der Eisenbahn selbst erreichen lassen: denn anstatt das Princip der Trokenlegung zu befolgen, welches bei den gewöhnlichen Bahnen die Holzunterlagen doch nicht gegen eine schnelle Zerstörung schüzen kann, wird man vielmehr die Bahn selbst stets unter Wasser halten und dadurch den Pfählen oder hölzernen Querschwellen eine große Dauer geben.

Für eine Doppelbahn ist ferner nur ein einfacher Canal nöthig, der also den Zwischenraum zwischen den beiden Bahngeleisen einnimmt. Man kann den Canal, da Holzconstructionen weder wohlfeil noch dauerhaft sind, aus Ziegelsteinen erbauen, allein es ist auch eine Construction bloß aus Eisen anwendbar, bei welcher das Material so ökonomisch verwendet werden kann, daß nur 10 Pfd. Eisen auf den laufenden Fuß erfordert werden. Der Canal soll nämlich auf hohlen Säulen von Gußeisen ruhen, die sich außerdem von dem schwächsten Tragpunkte aus, der Mitte nämlich, nach beiden Enden verjüngen; der feste Stand derselben soll durch gespannte Drahtseile erreicht werden. Von diesen Säulen wird zunächst ein Nez von Draht getragen, so daß die Canalwand selbst nur aus dünnem Eisen- oder Zinkblech zu bestehen braucht, dessen Stärke jedenfalls hinreichend ist.

Was nun den Mechanismus betrifft, durch welchen die bewegende Kraft zur Wirksamkeit gebracht werden soll, so erfordert die richtige Beurtheilung desselben bei seiner großen Einfachheit doch eine bedeutende Einsicht in die Geseze der Hydrodynamik, so daß die gründliche Darstellung desselben wenigstens für die reine Theorie ein interessanter Gegenstand ist. Man denke sich indessen, um hier einen vorläufigen Begriff zu geben, eine Röhre aus zwei Schenkeln von ungleicher Länge zusammengesezt, von welchen jeder einen Bogen von 180° beschreibt und wovon der kürzere mit seiner Mündung oben in den Canal eintaucht, während der längere in den Bodencanal der Bahn ausmündet. Indem der Wagen und mit ihm die an demselben befestigte Röhre nach der einen Richtung mit einer gewissen Geschwindigkeit fortgeht, wird das Wasser von dem kürzeren Schenkel aufgenommen, und, da die Röhre zugleich einen Heber vorstellt, in die Höhe und in den längeren Schenkel hinüber geleitet, wo es in entgegengesezter Richtung mit der Bewegung seinen Ausfluß findet. Die Wirkung, die hiedurch entsteht, gründet sich nach der verschiedenen Einrichtung der Röhre, bald unmittelbar auf den Druk der Luft, bald auf die Schwungkraft und Reaction des Wassers, in allen Fällen aber läßt sie sich bei gehöriger Einrichtung, und abgesehen von dem Bewegungswiderstande, sehr einfach aus folgender Betrachtung schließen. Es sey H die Geschwindigkeitshöhe für die Bewegung des Wagens, h' für die des Wassers, h die Drukhöhe vom Wasserspiegel bis auf den Boden der Bahn, so weit sie als wirksam in Betracht kommen kann. Die Geschwindigkeit, mit welcher das Wasser in die Röhre gelangt, ist $= 2 \quad g \, (\sqrt{H} \mp \sqrt{h'})$, die Ausflußgeschwindigkeit ist aber $= 2 \sqrt{g} \sqrt{(\sqrt{H} \mp \sqrt{h'})^2 + h}$, und da die Bewegung des Wagens in entgegengesezter Richtung nur $= 2 \sqrt{gH}$ ist, so bleibt der ausfließenden Wassermenge m noch die lebendige Kraft

$$m \left[\sqrt{(\sqrt{H} \mp \sqrt{h'})^2 + h} - H \right]^2$$

übrig, welche von der ganzen bewegenden Kraft $m\,(h + h')$ abgezogen, die mechanische Wirkung gibt

$$= 2\,m\,[\sqrt{H^2 \mp 2H\sqrt{Hh'} + Hh' + Hh} - H \pm \sqrt{Hh'}]$$

Es folgt aus dieser Formel:

1) Wenn das Wasser des Canals in Ruhe, oder $h' = 0$ ist, so verwandelt sich dieser Ausdruk für die mechanische Wirkung (die s. g. absolute Arbeit des Wassers) in den einfacheren

$$= 2\,m\,[\sqrt{H^2 + Hh} - H]$$

welchen man beibehalten kann, wenn h' sehr klein ist.

2) die Geschwindigkeit des Wagens hängt gar nicht von der Drukhöhe h ab, sondern es kann $H > h$ seyn.

3) Wenn die Größe der oberen Mündung α ist, so ist $m = \alpha \cdot 2\sqrt{gH}$; da aber die Bewegung des Wagens $2\sqrt{gH}$ ist, so ist der Ausdruk für die Kraft $= 2\,\alpha\,[\sqrt{H^2 + Hh} - H]$.

4) Die Wirkung wächst mit der Geschwindigkeit, indem die übrigbleibende lebendige Kraft des Wassers dadurch vermindert wird.

5) Dieser Theorie nach würde jede Geschwindigkeit möglich seyn, allein begreiflich leidet dieß wegen des Widerstandes der Bewegung des Wassers durch die Röhre, und der Röhre durch das Wasser eine große Einschränkung. Der Röhren-Widerstand ist bei großen Geschwindigkeiten so bedeutend, daß eine Concurrenz mit der Dampflocomotion hinsichtlich der Geschwindigkeit gar nicht möglich wäre, gäbe es nicht ein einfaches Mittel, diesen Widerstand beträchtlich zu vermindern, so daß es immer noch möglich erscheint, die bisher übliche Geschwindigkeit auf Eisenbahnen von 4 bis 6 Meilen in der Stunde zu erreichen. Eine noch schnellere Bewegung hat große Schwierigkeiten, da sich die Widerstände wie die Quadrate der Geschwindigkeiten verhalten und das Wasser ungefähr im Maaße seiner viel Mal größeren Schwere größere Hindernisse der Bewegung findet, als der Dampf.

Die Hauptvortheile eines solchen hydraulischen Locomotivsystemes würden folgende seyn:

1) Völlige Gefahrlosigkeit. Die Gefahr bei der Dampflocomotion, soweit sie nicht die Folge der außerordentlichen Schnelligkeit der Bewegung, sondern der Anwendung des Dampfes ist, ist zwar nach den bisherigen Erfahrungen gering; allein man darf doch eben so wenig aus der Seltenheit der Unglüksfälle jede Besorgniß wegdemonstriren wollen, als es gelingen würde, ängstlichen Personen alle Gewitterfurcht durch bloße Wahrscheinlichkeitsrechnung auszureden. Der Dampf bleibt immer eine gefährliche Kraft, und schon der Gedanke, daß eine ununterbrochene sorgfältige Aufsicht erfordert wird, um nicht gefährdet zu seyn, hat für viele etwas Beunruhigendes. Der im Ganzen unbedeutend scheinende Vortheil, daß alle Gefahr, soweit sie

in der Natur der bewegenden Kraft selbst liegt, wegfällt, ist also in psychologischer Rüksicht gewiß kein gleichgültiger Umstand. Das Wegfallen aller Feuersgefahr erlaubt auch, die Eisenbahnen mitten in die Städte hineinzuführen.

2) Höchste Einfachheit des Mechanismus. Diese ist so groß, daß die Aufsicht eines Wagenführers eigentlich ganz überflüssig ist und die Wagen sich selbst überlassen werden können. Alle die unendlichen Reparaturen, die bei Dampfmaschinen unvermeidlich sind, fallen hier gänzlich weg; der eigentliche Mechanismus erfordert soviel wie gar keinen Aufwand.

3) Außerordentliche Frequenz der Fahrten. Denn da keine eigentlichen Locomotiven angewandt werden, sondern jeder Wagen unabhängig befördert werden kann, so wird es dadurch möglich, eine fast ununterbrochene Communication herzustellen, ohne daß dadurch größere Kosten veranlaßt werden; zugleich verwandelt sich dadurch das Karawanenartige der Dampfförderung in einen viel freieren und lebhafteren Verkehr. Unter allen Communicationsmitteln dürfte daher dieses am meisten geeignet seyn, zwischen zwei nahgelegenen Punkten die regste Verbindung zu unterhalten.

4) Bedeutende Ersparniß. Als solche kann man die sämmtlichen Dampfförderungskosten betrachten, die bei einer Bahn von gewöhnlicher Frequenz etwa 5 Procent des Anlagecapitals ausmachen; diese Annahme rechtfertigt sich noch mehr, wenn man die viel häufigere Reisegelegenheit berüksichtigt, welche nach allen Erfahrungen auch eine häufigere Benuzung zur Folge hat. Wollte man die größere Frequenz der täglichen Fahrten in Vergleich bringen, so würde die hydraulische Förderung nicht den zehnten Theil so hoch zu stehen kommen, als die durch Dampf.

Bei diesen Vortheilen ist nur der ungünstige Umstand, daß bei strenger Kälte auf dieses Förderungsmittel verzichtet werden muß; im Winter also, wo jedoch Reisen und Transporte fast überall ungleich seltener und geringer sind, als in den wärmeren Monaten, kann für unser Klima die Aushülfe der Dampfmaschinen nicht entbehrt werden.

XV.

Verbesserungen an den Ruderrädern, worauf sich John Elvey, Mühlenbauer von Canterbury in der Grafschaft Kent, am 23. December 1837 ein Patent ertheilen ließ.

Aus dem Repertory of Patent-Inventions. August 1838, S. 91.

Mit Abbildungen auf Tab. II.

Meine Erfindung betrifft eine Einrichtung der Ruderräder, welcher gemäß die Kraft der Maschinen auf vortheilhaftere Weise zum Treiben von Fahrzeugen verwendet werden kann. Um diese meine Erfindung in klareres Licht zu sezen, bemerke ich vorläufig, daß sich unter den verschiedenen Patenten, welche bereits auf verbesserte Ruderräder genommen wurden, und unter den sonstigen Vorschlägen, die man zum zwekmäßigeren Treiben von Fahrzeugen machte, Ruderräder befinden, deren Schaufeln oder Schwimmbrettchen unter einem Winkel gegen die Hauptwelle gestellt sind. Ich deute hauptsächlich deßhalb hierauf hin, weil sich meine Erfindung auf die Anwendung von Schaufeln bezieht, die unter einem Winkel mit der Hauptwelle in dem Rade fixirt sind: und zwar so, daß die eine Hälfte einer jeden Schaufel die Welle in der einen, die andere Hälfte dagegen sie in einer anderen Richtung durchsezt. Ich will nun, nachdem ich dieß vorausgeschikt, sogleich zur Beschreibung der mir eigenthümlichen Methode übergehen.

In Fig. 42 sieht man ein meiner Erfindung gemäß gebautes Ruderrad von der Seite, in Fig. 43 dagegen von der Kante her betrachtet. A,A sind die Naben der Räder, an denen die Speichen mit Schraubenbolzen oder auf andere Weise fest gemacht sind. Diese Naben selbst sind mit Keilen oder auf andere Art an der Welle B befestigt, welche von der Maschine die rotirende Bewegung, in welche die Ruderräder versezt werden müssen, mitgetheilt erhält. C,C sind die Schaufeln, die auf die aus der Zeichnung ersichtliche Weise in dem Rade fixirt sind. Jede dieser Schaufeln durchsezt auf ihrem Wege von der einen zur andern Seite die Welle B bis zu dem Punkte C' in der einen Richtung, von hier aus bis zu dem Punkte C² dagegen in der entgegengesezten. An allem dem, was aus der Zeichnung deutlich genug erhellt, ist bis hieher nichts Neues. Das erste Neue, was man bemerkt, ist, daß der innere Theil oder der innere Rand einer jeden Schaufel, wie man bei D sieht, aufgebogen ist. Der Zwek, der hiebei im Auge gehalten wurde, ist: den Schaufeln, wenn sie sich im Wasser befinden, mehr Haltkraft zu geben. Am Rüken und an den äußeren Enden einer jeden Schaufel sind die

Platten E,E angebracht, die man wohl auch aus den Schaufeln selbst bilden kann, wenn man das Metall in dieser Form biegen will. Diese Platten haben zu verhüten, daß das Wasser nicht so leicht von den Schaufeln weggetrieben wird, wie dieß bei ihrer winkligen Stellung ohne die Beihülfe dieser Platten der Fall seyn würde. Die Schaufeln können dieser Einrichtung gemäß ihre ganze Wirkung vollbringen, wenn die Ruderräder nach Rükwärts umlaufen, um das Fahrzeug steuerwärts zu treiben. Man bemerkt ferner an den Schaufeln mit Angelgewinden die Klappen oder Thürchen F, F angebracht, die durch die Bänder oder Hälter G verhindert werden sich zu weit zu öffnen. Diese Klappen sind so an ihren Spindeln aufgehängt, daß die Enden F′ weiter über die Spindel hinausragen, als die übrigen Theile der Klappen. Wenn eine Schaufel in das Wasser eintritt, so schließen sich die Klappen, wo sie dann mit der Oberfläche der Schaufel gemeinschaftlich und so wirken, als hätte diese keine Oeffnungen. Sowie aber die Schaufel wieder in die Nähe der Wasserfläche gelangt, und das bei F′ befindliche Ende der Klappe aus dem Wasser auszutreten beginnt, öffnet sich die Klappe in Folge der Einwirkung des Wassers, so daß sie nunmehr das Wasser durchläßt, und also das Emporheben des Wassers durch die Schaufeln verhindert ist.

Schließlich habe ich nur noch zu bemerken, daß es nicht nothwendig ist, alle die drei Dinge, die an meinem Ruderrade neu sind, an einem und demselben Rade anzubringen, sondern daß man sich auch eines jeden derselben einzeln bedienen kann.

XVI.

Verbesserungen an den Hemmschuhen oder an den Vorrichtungen zur Verminderung der Geschwindigkeit der Räderfuhrwerke, worauf sich Richard Pearson, Organist an der Carfaxkirche in Oxford, am 28. Mai 1837 ein Patent ertheilen ließ.

Aus dem Repertory of Patent-Inventions. August 1838, S. 88.

Mit Abbildungen auf Tab. II.

Fig. 44 zeigt meine verbesserte Vorrichtung an einer gewöhnlichen Landkutsche angebracht. Ein Theil des vorderen und hinteren Kastens ist hier als weggenommen gedacht, damit man die darin enthaltenen Hebel und Apparate deutlicher sehen kann. In Fig. 45 sieht man ein Paar einzelne Theile noch ausführlicher. Man bemerkt an den Naben der Hinterräder die Rollen a, a angebracht. Durch diese wird nicht nur die Oberfläche, über die das Reibungsband läuft, vergrößert, sondern es kann auch die durch die Reibung entwikelte Hize nicht zum Nachtheile der hölzernen Nabe an diese fortgepflanzt werden, was der Fall seyn dürfte, wenn die Reibungsbänder z. B. auf dünne, an die Naben gelegte, metallene Ringe zu wirken hätten. b,b sind die Reibungsbänder oder Scheiben, welche ich vorzugsweise aus Stahlfedern arbeiten lasse. Diese Bänder, die ich innen mit dikem angenietetem Leder füttere, stehen nur dann mit den Rollen a,a in Berührung, wenn die dazu bestimmten Hebel auf sie einwirken. Von einer Seite des Wagens zur anderen läuft eine Stange oder Achse c, die so angebracht ist, daß ihre Enden den Rollen a,a gegenüber zu liegen kommen. Diese Stange bewegt sich in Zapfenlagern, die, wie Fig. 44 zeigt, von Armen, welche am Boden des Wagens befestigt sind, getragen werden. d sind Stellschrauben, welche in Scheiden, die zu deren Aufnahme an dem einen Ende eines jeden der Reibungsbänder b gebildet sind, eindringen, und welche sich mit Oehren an den Enden der Stange c bewegen. Die anderen Enden der Reibungsbänder, sind mit Stift- oder Zapfengefügen an den Armen e,e befestigt, die gleichfalls an der Stange c fest gemacht sind. Endlich befindet sich an dieser Stange auch noch der Arm f, der, wenn er in der durch punktirte Linien angedeuteten Richtung bewegt wird, die Bänder veranlaßt, sich um die Rollen a,a anzulegen und dadurch eine Reibung zu erzeugen, welche um so größer seyn wird, je fester sich die Bänder an die Rollen legen. Wenn ich nun gleich das Reibungsband als eine Feder beschrieben habe, welche die Rollen rings herum umgibt, so erhellt doch offenbar, daß diese Reibungsbänder auch aus zwei Hälften, die durch Gewinde miteinander verbunden sind, bestehen können, oder daß sie die an den Naben angebrachten Rollen nur zum Theil umgeben können. Von dem Wagengestelle läuft eine Verbindungsstange g aus, die in Hinsicht der Länge eine Adjustirung zuläßt. Diese Stange steht durch Zapfengefüge einer Seits mit dem Arme f und anderer Seits mit dem an der Achse i befindlichen Arme h in Verbindung, wie dieß aus der Zeichnung deutlich hervorgeht. An der Achse i bemerkt man aber ferner auch noch den Arm j, der durch die Stange k mit dem Hebel l in Verbindung steht. An diesem Hebel l, der seinen Drehpunkt in m hat, ist die Zahnstange n, die sich in der Rast o bewegt, befestigt. In die Zahnstange greift der Däumling p, auf den fortwährend eine Feder drükt, ein. Der an dem Kutschenbok befindliche Griff q steht mit diesem Däumlinge p in Verbindung, damit der Kutscher lezteren aus der Zahnstange ausheben kann, so oft er es für nöthig findet.

Um zu bewirken, daß sich die Reibungsbänder um die Rollen anlegen, drükt der Kutscher den Hebel l mit dem Fuße gegen das Fußbrett herab. In dem Maaße als er hiebei einen Druk ausübt, wird auch der Druk oder die Reibung der Bänder b groß seyn. Der Hebel l wird durch den Däumling p in jeder Stellung, in die er gezwungen wurde, erhalten werden, und auch so lange in derselben verbleiben, als der Griff q nicht aufgezogen wird.

Es erhellt offenbar, daß an dem hinteren Kutschenkasten gleichfalls eine ähnliche Vorrichtung angebracht werden kann, damit die Bremsung des Rades auch von irgend einer daselbst befindlichen Person bewirkt werden kann. Zu diesem Zweke sollen die Verbindungsstangen k,k* an dem einen Ende eine Spalte haben, damit soviel Spielraum gestattet ist, daß, wenn der Apparat an dem einen Kutschenende in Anwendung gebracht wird, auch der Apparat am anderen Ende in Thätigkeit gesezt werden kann, ohne daß deßhalb die Zahnstange und der Däumling des ersteren in Bewegung kommen. Es erhellt ferner, daß es nur einer geringen Modification bedarf, um die ganze Vorrichtung auch vom Inneren des Wagens aus dirigirbar zu machen.

In Fig. 44 sieht man meinen Apparat sowohl an dem Kutschenboke, als auch rükwärts hinter dem Kutschenkasten angebracht. An lezterem habe ich zur Bezeichnung der einzelnen Theile dieselben Buchstaben beibehalten, nur daß ich ihnen zum Unterschiede ein * beisezte. Man ersieht, daß die Zahnstange hier nicht an dem Hebel angebracht ist; sondern daß sie sich an einem Zapfen bewegt, der an der Seite des hinteren Kastens fest gemacht ist. Beim Anhalten des Hebels, der hier nicht mit dem Fuße, sondern mit der Hand in Bewegung gesezt wird, gelangt die Zahnstange unter einen aus dem Hebel l* hervorragenden Zapfen, wodurch der Hebel so lange festgehalten wird, bis man ihn mittelst des Griffes q* emporzieht.

Man hat schon früher vorgeschlagen, an den Naben der Räder ähnliche Reibungsbänder, wie die mit b bezeichneten, anzubringen; ich gründe daher meine Ansprüche nicht auf diese, sondern auf die Anordnung sämmtlicher Theile zu einem Ganzen.

XVII.

Verbesserungen an den Wagenrädern, worauf sich Thomas Paton, Maschinenbauer aus der Pfarre Christchurch in der Grafschaft Surrey, am 24. September 1808 ein Patent ertheilen ließ.

Aus dem Repertory of Patent-Inventions. Mai 1838, S. 286.

Mit Abbildungen auf Tab. II.

Meine Erfindung beruht 1) darauf, daß ich die Naben der Räder anstatt aus Holz aus Schmiedeeisen, welches innen mit Stahl ausgefüttert ist, oder aus Glokenerz, oder aus hartem Messinge, oder aus Stukmetall, oder aus Gußeisen, oder aus Gußstahl verfertige.

2) Darauf, daß ich in die schmiedeeiserne Nabe Speichen aus Schmiedeeisen oder einem andern nicht spröden Metalle einseze, indem ich sie in die Nabe schraube, sie darin verkeile; oder indem ich das Ausziehen derselben dadurch verhindere, daß ich das Speichenende so abdrehe, daß es genau in das in der Nabe befindliche Loch einpaßt, und indem ich durch Nabe und Speiche Löcher bohre, durch welche ein Zapfen gestekt wird.

3) Darauf, daß ich in den Büchsen aus Gloken- oder Kanonengut, oder aus Stahl die Speichen nicht nur auf die eben angedeutete Weise befestige, sondern daß ich die Nabe an die in einen Model gelegten Speichen gieße.

4) Darauf, daß ich an den gußeisernen Naben die stählernen Büchsen entweder durch Einkeilen oder dadurch befestige, daß ich die Nabe in einem Model an die Büchse gieße.

5) Darauf, daß ich die Felgen oder den äußeren Kranz, an den der Reif gelegt wird, aus Eisen oder einem anderen Metalle verfertige, und zwar, indem ich ihn mit den Speichen aus einem Stüke bilde, oder indem ich die Felgen mit Nieten, Schrauben und Schraubenmuttern oder auf irgend andere geeignete Weise an den Speichen fixire. Wenn das Rad eine größere Breite hat als die gewöhnliche, so bringe ich zwei oder auch drei Speichenreihen in der Nabe an.

Eine weitere Erfindung betrifft die Erhaltung des Oehles in den Büchsen, was ich auf zweierlei Weise bewerkstellige: 1) indem ich an die Rükenseite der Nabe einen ledernen Ring bringe, und hinter diesem einen Ring anschraube, der sich gegen ein Halsstük anlegt, welches ich an die Schulter der Achse lege, und dessen innere Oberfläche so vollkommen abgedreht ist, daß weder Schmuz in die Büchse eindringen, noch Oehl aus ihr ausfließen kann.

2) Indem ich an die äußere oder vordere Seite des Halsstükes

der Achse einen ledernen Ring lege, der sich in und an der Nabe des Rades dreht.

Durch meine Erfindung wird nicht nur viel Holz erspart, sondern ein meiner Methode gemäß gebautes Räderpaar hält zuverlässig 6 hölzerne Räder, vom besten Baue aus, ohne mehr als das Doppelte oder höchstens das Dreifache zu kosten.

Fig. 6 zeigt ein Rad einer Gig oder einer Kutsche, woraus man die Befestigung der Speichen in der Nabe ersieht, wenn diese leztere an die Speichen gegossen wird. Die bei a,a bemerkbaren Unebenheiten dienen zu größerer Sicherheit der Befestigung. Bei F sieht man die Felge schwalbenschwanzartig zusammengefügt.

Fig. 7 ist ein Durchschnitt des Rades und der Nabe b mit der Achse c, woraus die aus Gußstahl, Messing, Gloken= oder Kanonengut bestehende Büchse d ersichtlich ist. Zur Speisung dieser Büchse mit Oehl ist an die Nabe des Rades der Oehlbehälter e geschraubt; ferner ist an die Rükenseite der Nabe ein lederner Ring f gebracht und mit einem darüber geschraubten Ringe g daran befestigt. Dieser Ring legt sich genau an die innere Seite des Halsstükes h, so daß weder Schmuz in die Büchse eindringen, noch Oehl aus ihr ausfließen kann.

Fig. 8 gibt zwei Ansichten einer Speiche, die mit der Felge entweder aus einem Stüke bestehen oder auch durch Nieten, Schrauben u. dgl. daran befestigt seyn kann. Der Reif oder Radkranz wird auf dieser Felge mit Nieten, Schrauben u. dgl. fest gemacht.

Fig. 9 zeigt ein Rad für einen Lastwagen mit einer doppelten Speichenreihe. Die Speichen sind als rund und spizer zulaufend dargestellt; auch sieht man, daß sie mit Zapfen, welche durch die Nabe und die Speichen gehen, in der Nabe befestigt sind. Uebrigens kann auch hier die Nabe an die Speichen gegossen werden.

Fig. 10 ist ein Durchschnitt eines Rades mit dünner zulaufender Achse a und mit Büchsen b, die aus einem der angegebenen Metalle verfertigt, und auf eine der angedeuteten Weisen mit der Nabe verbunden seyn können. Man sieht hier die zweite der oben erwähnten Speisungsmethoden der Büchse mit Oehl: nämlich den ledernen Ring a an dem äußeren Halsstüke der Achse, der sich in der Nabe des Rades dreht, und mit einem eisernen Ringe fixirt ist.

Fig. 11 gibt zwei Ansichten einer Doppelspeiche mit der Felge.

XVIII.

Verbesserungen an den Kutschen und Räderfuhrwerken, worauf sich James Macnee, Wagenfabrikant in George Street in Edinburgh, am 21. April 1838 ein Patent ertheilen ließ.

Aus dem Repertory of Patent-Inventions. August 1838, S. 71.

Mit Abbildungen auf Tab. II.

Meine Erfindung besteht in einer verbesserten Methode das Vorder- und Hintergestell eines vierräderigen Fuhrwerkes miteinander zu verbinden. Ich bewerkstellige dieß mittelst eines sogenannten Baumbogens oder Zapfens, den ich in größerer Entfernung hinter der vorderen Räderachse anbringe, als dieß bisher mit vollkommen durchlaufenden Rädern möglich war; und ferner mit einer ein Kreissegment bildenden Platte, die ich eine bedeutende Streke vor dem Baumzapfen anbringe, und welche mit beiden Wagengestellen verbunden ist; selbst in solchen Fällen, in denen das Fußbrett auf dem einen und der Kutschersiz auf dem anderen Gestelle ruht. Die Erfindung besteht endlich auch darin, daß ich dem Size eine Bewegung gebe, gemäß der er in Bezug auf das Fußbrett stets in gehöriger Stellung erhalten wird.

In Fig. 12, 13, 14 sieht man dreierlei verschiedene Fuhrwerke, an denen meine Erfindung angebracht ist, wobei ich nur noch zu bemerken habe, daß sie sich auch auf jedes andere Fuhrwerk mit einer Vorder- und einer Hinterachse anwenden läßt. In Fig. 12 ist A,B die Linie, in der das Vorder- mit dem Hintergestelle verbunden ist; in diesem Falle steht demnach nothwendig das Fußbrett in so inniger Verbindung mit dem Vordergestelle, daß es einen Theil desselben ausmacht, während der Kutschersiz und der Kasten, zu dem das Fußbrett gehört, einen Theil des Hintergestelles bildet. Dieselbe Einrichtung findet auch an den Wagen Fig. 13 und 14 Statt. Die punktirte Linie C stellt den Baumzapfen vor, der die beiden Gestelle verbindet, und um den sich der Wagen wie um einen Drehpunkt dreht. Dieser Drehzapfen befindet sich, wie man sieht, weiter hinter der vorderen Radachse, als dieß bisher der Fall war. Vor ihm ist zu weiterer vollkommnerer Verbindung der beiden Gestelle in einer horizontalen Fläche ein aus Eisen oder einem anderen Materiale bestehendes Kreissegment so angebracht, daß der Baumzapfen C sich in dessen Mittelpunkt befindet.

In Fig. 15 und 16 sieht man diese Segmentplatte im Grundrisse und mit D,E,F bezeichnet; in Fig. 17 und 18 sieht man sie in einem Querdurchschnitte bei G,H. Sie wird entweder an der oberen Fläche des Vorder- oder an der unteren Fläche des Hintergestelles befestigt. Lezterer Methode, welche man in den oben erwähnten Querdurchschnitten, Fig. 17 und 18 in Ausführung gebracht sieht, gebe ich den Vorzug. Diese Platte ist mit dem Baumzapfen concentrisch, d. h. sie bildet ein Kreissegment, in dessen Mittelpunkt sich der Zapfen befindet. Sie bewegt sich frei auf dem anderen Wagengestelle, auf dem hiezu ein gehöriges mit Reibungsrollen ausgestattetes Lager angebracht ist, wie man in Fig. 19 und 20 bei I,I sieht. Zu noch weiterer und sichererer Verbindung der beiden Gestelle dient ein Zapfen K, den man in Fig. 15, 16, 19 und 20 sieht, und der an jenem Theile des Wagengestelles, auf dem die Segmentplatte ruht, spielt. Der Hals dieses Zapfens bewegt sich in einer in die Platte geschnittenen Spalte, welche mit der Platte selbst gleichfalls wieder concentrisch gebildet ist, damit sich der Zapfenhals bei der Durchlaufsbewegung frei in der Spalte schieben kann. Der Kopf des Zapfens ist breit und flach, damit er die Segmentplatte in größerer Ausdehnung bedekt, und damit diese mit der Tragoberfläche der Reibungsrollen in Berührung erhalten wird. Noch deutlicher sieht man diesen Verbindungszapfen in Fig. 17 und 18 bei L.

Fig. 21 zeigt das Fußbrett im Grundrisse, woraus die Verbindung desselben mit dem hinteren Wagengestelle erhellt. M,N ist die Verbindungslinie, welche mit der Segmentplatte und dem Baumbolzen O concentrisch ist. Ich finde es geeignet, diese Verbindungslinie mit einem Messing- oder Eisenstreifen zu bedeken.

Fig. 22 ist ein Grundriß eines beweglichen Sizbrettes P,Q,R,S, welches zwar als zum Theile weggebrochen dargestellt ist, dessen Stellung jedoch durch punktirte Linien angedeutet ist. Dieses Sizbrett erhält eine solche Bewegung mitgetheilt, daß der Siz nicht viel von der Stellung, die er in Bezug auf das Fußbrett haben soll, abweicht; d. h. mit anderen Worten, der Siz kann aus der hier angedeuteten Stellung in die aus Fig. 23 ersichtliche und in jede andere Stellung kommen, welche in dieser Figur durch punktirte Linien angedeutet ist.

Fig. 17 und 24 zeigen wie die verschiedenen, mit dem Size in Verbindung stehenden Theile angeordnet und gebaut sind. T,U, in Fig. 17, ist der Baumzapfen, dessen Kopf man bei U sieht, während sich sein Scheitel bei T und der Hals bei V befindet. Der Hals ist vierkantig gebildet, damit er sich mit dem Vordergestelle umdrehen muß. Von diesem Halse an läuft der Zapfen jedoch wieder frei durch das Hintergestell, bis er bei W wieder eine vierkantige Form annimmt, und dann mit dem aus Fig. 24 ersichtlichen Hebel X,Y in Verbindung tritt. Dieser Hebel hat gleiche Arme und ist an seinen Enden durch Bolzen und Scheiben mit den Stäben a,b verbunden, die ihrer Seits mit den Armen des Hebels c,d in Verbindung stehen. Lezterer Hebel ist in jeder Hinsicht dem Hebel X,Y ähnlich, so daß auf diese Weise ein beweglicher Rahmen gebildet wird, der sich in seiner Mitte um einen Zapfen e,f, Fig. 17, welcher in paralleler Richtung mit dem Baumzapfen T,U angebracht ist, bewegt. Dieser Zapfen ist da, wo er durch den Scheitel des Sizbrettes g geht, abgerundet, da hingegen, wo er durch den Hebel c,d geht, ist er wieder vierkantig, damit das Sizbrett h hiedurch in Bewegung gebracht werden kann. Das Sizbrett bewegt sich auf fixirten Platten, Zapfen oder Reibungsrollen, die in Fig. 17 und 22 mit i,i bezeichnet sind. Die Bewegung findet in einer horizontalen Fläche um den Zapfen e,f Statt, damit es während des Durchlaufens des Wagens fortwährend in einer mit dem Fußbrette harmonirenden Stellung erhalten wird. In den bereits erwähnten Fig. 16 und 18 sieht man eine Modification der Methode, nach welcher der Siz in einer dem Fußbrette entsprechenden Stellung erhalten werden soll. Das, wodurch sich diese Modification von der bei Fig. 17 und 24 beschriebenen Methode unterscheidet, beruht darauf, daß der Zapfen e,f und die Parallelbewegung X,Y beseitigt ist; und daß das bewegliche Sizbrett direct bei k auf dem oberen, vierekig geformten Theile des Baumzapfens fixirt ist, so daß, wenn der Baumzapfen umgedreht wird, der Siz sich mit herum bewegen und die Achse des Baumzapfens als Drehpunkt nehmen muß. In diesem Falle müssen die Achsen der Reibungsrollen gegen den Baumzapfen gerichtet seyn, wie man dieß bei l sieht, damit sie den Siz tragen und ihm eine freie Bewegung gestatten.

In Fig. 25 ersieht man eine Methode, nach der das an dem einen Wagengestelle angebrachte Durchlaufsegment mit dem an dem anderen Wagengestelle befindlichen, mittelst einer im Kreise laufenden Fuge oder eines genau einpassenden Segmentes verbunden ist. Der Theil m,n,o ist an dem einen, der Theil p,q,r dagegen an dem anderen Wagengestelle befestigt. Eine an dem einen befindliche Leiste und ein dieser entsprechender Falz an dem anderen läßt eine freie, horizontale Bewegung um den Baumzapfen S herum zu. Aus dem Querdurchschnitte Fig. 26 erhellt die eben erwähnte Leiste und auch der Falz.

Ich habe nun nur noch zu bemerken, daß ich in Fig. 13 die Form und Stellung des Baumzapfens in Bezug auf die hier dargestellte Art von Fuhrwerk angedeutet habe. Da übrigens die Segmentplatte hier auf dieselbe Weise angewendet ist, wie an den anderen

Fuhrwerken, so bedarf es keiner weiteren Beschreibung. Der Baumzapfen, die Segmentplatte, die Vereinigungsbolzen und Muttern, die Hebel, die Arme, die Scheiden, die Lager, die Walzen und alle übrigen einem Druke, einer Bewegung und Reibung ausgesezten Theile sollen aus Eisen oder einem anderen tauglichen Metalle oder auch aus einem sonstigen Materiale von hinreichender Stärke und Dauer verfertigt werden.

Ich will, nachdem ich somit die von mir erfundenen Anordnungen beschrieben, auch angeben, wie das Spiel derselben von Statten geht. Wenn nämlich das Vordergestell beim Wenden des Wagens um seinen Mittelpunkt gedreht wird, so drehen sich die Räder und ihre Achse so herum, daß das innere Rad nicht mit dem Wagen in Conflict kommt. Es ist mithin mit einem Rade von einer gegebenen Größe ein weiterer Durchlauf oder mit einem gegebenen Grade von Durchlauf ein größeres Rad möglich, als dieß bei der älteren Methode, bei welcher der Baumzapfen weiter vorne angebracht wurde, thunlich war. Zugleich ist dem Vordergestelle durch die Verbindung der Segmentplatte mit seinem Bolzen größere Stärke und Stätigkeit gegeben. Wenn ferner das Vordergestell umgedreht wird, so zwingt die vierseitige Scheide den Baumzapfen, sich gleichfalls mit herum zu drehen. Dieser wirkt daher auf die aus den beiden Hebeln und den ihnen entsprechenden Stangen bestehende Parallelbewegung, woraus dann folgt, daß gleichzeitig auch der Siz oder Bok in einer dem Fußbrete entsprechenden Stellung bewegt wird. Dieselbe Wirkung, wie sie durch die eben erwähnte Parallelbewegung hervorgebracht wird, tritt auch dann ein, wenn der bewegliche Siz direct auf dem oberen vierekigen Theile des Baumzapfens angebracht ist; denn dann muß sich der Siz um diesen Zapfen als um seinen Mittelpunkt drehen.

Meine Methode gewährt folgende Vortheile: 1) sind die zu ihr erforderlichen Theile leichter und einfacher als jene, deren man sich bisher bediente; 2) läßt sie größere Vorderräder zu, als sie bisher möglich waren, wodurch den Pferden das Ziehen erleichtert wird; 3) sehen die meiner Methode gemäß gebauten Fuhrwerke leichter und eleganter aus; 4) ist die Bewegung meiner Wagen wegen der Festigkeit und wegen der günstigen Stellung der tragenden Theile weit ruhiger und stätiger.

Da ich sehr wohl weiß, daß meine Vorrichtungen sehr mannigfache Modificationen zulassen, so binde ich mich an kein bestimmtes Kreissegment, noch auch an irgend eine bestimmte Form oder Dimension der Zapfen.

XIX.

Verbesserungen an den Maschinen zum Auswalzen von Metallen, worauf sich Samuel Mills, Eisenmeister an den Eisen- und Stahlwerken in Darlaston Green bei Wednesbury in der Grafschaft Stafford, am 9. December 1837 ein Patent ertheilen ließ.

Aus dem Repertory of Patent-Inventions. August 1838, S. 96.

Mit Abbildungen auf Tab. II.

Meine Erfindung beruht auf einem eigenthümlichen Baue der Walzen zum Auswalzen von Eisen und andern Metallen.

Fig. 46 ist eine Längenansicht eines Walzenpaares in der Stellung, die sie haben, wenn das Metall zwischen sie eingeführt wird. Fig. 47 ist eine Durchschnittsansicht.

Fig. 48 ist eine Durchschnittsansicht der Walzen in der Stellung, die sie haben, wenn das Metall zwischen sie gebracht worden.

Fig. 49 zeigt eine Walze, an der meine Verbesserung sowohl an dem mit R bezeichneten Theile, als auch an der Trommel- oder Hauptoberfläche angebracht ist.

An allen diesen Figuren sind B,B die Trommeln oder arbeitenden Theile der Walzen A,A, während R den an denselben ausgelassenen oder weggeschnittenen Theil vorstellt. N,N sind die Hälse oder Zapfen der Walzen, an welchen lezteren, um sie stätig in ihrer Stellung zu erhalten, die Halsringe C,C gelassen sind. H,H sind die Tragpfosten, in denen die Walzen laufen. Die Getriebe P,P dienen zur Verbindung der Walzen; gestellt werden leztere mittelst der Stellschrauben S,S.

Aus dieser Beschreibung nun ergibt sich, daß die Erfindung in der Beseitigung eines Theiles der arbeitenden Oberfläche der Walzen besteht, damit der Arbeiter, wenn sich die Walzen in der aus Fig. 46 und 47 ersichtlichen Stellung befinden, den Metallstab oder den sonstigen auszuwalzenden Körper zwischen sie einführen und in irgend einer beliebigen Ausdehnung zwischen ihnen durchlaufen lassen kann, ohne daß das Metall von den Walzen berührt wird. Der Arbeiter kann, indem er an jener Seite der Walzen, die sich gegen ihn hin bewegt, steht, das eine Ende des Metallstabes in der Hand halten, während die übrigen Theile ausgewalzt werden. Er ist hiedurch auch in Stand gesezt, Metallstüke von dünner zulaufenden oder anderen Formen zu liefern, was mit gewöhnlichen Walzen, wie alle Sachverständigen wissen, nicht möglich ist.

Die in der Zeichnung dargestellten Walzen sind für flache, glatte

Stäbe oder derlei Oberflächen bestimmt. Man kann die Walzen jedoch auch mit Kehlen versehen, um dann verschieden geformte Stäbe aus ihnen erzeugen zu können.

Was die Menge der Masse betrifft, die ich an meinen Walzen auf die angegebene Weise wegschneide, so binde ich mich in dieser Hinsicht an keine bestimmten Gränzen. Meine Erfindung beruht, wie gesagt, lediglich darauf, daß dem Arbeiter ein Mittel an die Hand gegeben wird, wodurch es ihm möglich wird, seine Arbeit so zwischen die Walzen zu bringen, daß diese während eines Theiles ihres Umlaufens keine Wirkung auf dieselbe ausüben, und daß der Druk lediglich an den gewünschten Stellen Statt findet. Man hat daher bei der Anfertigung meiner Walzen hauptsächlich auf die Dimensionen der zu erzeugenden Stäbe oder Oberflächen zu sehen, damit der Arbeiter den erforderlichen Theil derselben zwischen den Walzen durchlaufen lassen kann, ohne daß derselbe von den Walzen angegriffen wird.

XX.

Ueber einen Support zum Drehen von Kugeln. Von Hrn. James Wilcox.

Aus dem Mechanics' Magazine. No. 777, S. 210.

Mit Abbildungen auf Tab. II.

Ich übergebe hiemit den Lesern einen umlaufenden Support (revolving slide-rest), der sich mir bei meinen Arbeiten sehr brauchbar bewies, und womit man in wenigen Minuten vollkommene Kugeln zu drehen im Stande ist. Ich weiß wohl, daß das Princip eines Drehstahles, der mittelst eines Drehpunktes unter der Kugel umläuft, nicht neu ist; allein ich glaube nicht, daß man sich je eines derlei Drehstahles in Verbindung mit einem Supporte bediente.

A, A, Fig. 50 und 52 ist ein Stük Buchenholz, welches, wie man durch punktirte Linien angedeutet sieht, so ausgebohrt ist, daß es genau an den Theil I, Fig. 51, der den unteren Theil meines Supportes bildet, paßt. Oben auf dieses Stük ist eine Messingplatte B geschraubt. E, E sind zwei Seitenplatten mit Falzen, welche zur Aufnahme des Schiebers G dienen. An G ist eine Platte H geschraubt, an deren einem Ende sich ein Quadrant befindet, der sich um die Schraube wie um einen Zapfen dreht. Unmittelbar über dem Zapfen ist ein Gehäuse angebracht, worin der Drehstahl in dem Zapfenloche C mittelst der Schrauben D, D festgehalten wird. Mit der Schraube F kann man den Schieber G beliebig nach Vor- und

Rükwärts bewegen, während sich der Quadrant mittelst der Daumenschraube K unter jeder Neigung fixiren läßt. Der eigentliche Nuzen dieses Quadranten erhellt aus Fig. 53, wo man die Kugel vollendet sieht, so daß sie nur mehr in der angedeuteten Stellung abgeschnitten zu werden braucht. Wenn nämlich der Quadrant zurükgedreht wird, so wird es möglich, den Drehstahl so weit in dem Zapfenloche vorwärts zu bewegen, daß er bei seinem Umlaufen die Kugel vollkommen genau und richtig abschneidet.

In Fig. 52 sieht man diese Art von Support in Anwendung gebracht. b ist die Spindel mit dem an ihr befindlichen Stüke Holz, aus welchem die Kugel d gedreht wird. Beim Fixiren des Supportes unter der Kugel, die vorher am besten aus dem Rohen gedreht wird, muß der Drehpunkt, um den er sich an B dreht, vollkommen genau und richtig unter der Kugel oder dem Balle gestellt werden. Man überzeugt sich hievon, indem man den Support um den Zapfen I herum dreht, und sieht, ob die Spize des Drehstahles von allen drei Seiten gleich weit entfernt ist. Ist dieß der Fall, so schraubt man den Support fest auf das Lager der Drehebank nieder, wo dann, wenn man die Drehebank in Bewegung sezt und die Spize vorwärts bringt, der Drehstahl nicht anders als in vollkommen runden Kreisen schneiden kann. Die Form des Drehstahles erhellt aus Fig. 53.

Ich habe mit dieser Vorrichtung und einem hakenförmigen Stahle nach einander, ohne auch nur einmaligem Mißlingen, vier hohle Kugeln gedreht, von denen sich eine innerhalb der anderen befand, nach Art der bekannten chinesischen Kugeln. Ich zweifle nicht, daß sich einige weitere Verbesserungen an dem Apparate werden anbringen lassen.

XXI.

Verbesserungen im Letterndruke, worauf sich Moses Poole, von Lincoln's Inn in der Grafschaft Middlesex, auf die von einem Ausländer erhaltenen Mittheilungen, am 5. Decbr. 1837 ein Patent ertheilen ließ.

Aus dem Repertory of Patent-Inventions, August 1838, S. 85.

Mit einer Abbildung auf Tab. II.

Meine Erfindung betrifft die beim Sezen der Lettern gebräuchlichen Vorrichtungen, und bezwekt eine wesentliche Erleichterung des Sezens selbst. Bevor ich jedoch zur Beschreibung derselben und der zu ihrer Erläuterung dienenden Zeichnung übergehe, erlaube ich mir zu bemerken, daß man sich beim Sezen der Lettern mehrerer Keile zu bedienen pflegt, die gewöhnlich aus Holz und zuweilen theilweise aus Schmiedeisen bestehen, und welche zur Fixirung der Lettern beim Abdruken derselben bestimmt sind. Diese Keile sind von verschiedener Größe, abgesehen davon, daß bei ihrer Verfertigung auf die Gleichheit des Winkels nur wenig Rükſicht genommen wird. Theils wegen dieser Ungleichförmigkeit, theils aber auch wegen der Abnüzung, die das Holz erleidet, erfordert das Sezen einer Form einen bedeutenden Aufwand an Zeit und eine nicht geringe Gewandtheit von Seite des Sezers. Der Zwek meiner Erfindung ist nun die hölzernen Keile durch gußeiserne, welche auf irgend eine der bekannten Methoden hämmerbar gemacht werden, zu ersezen, und sie nach einem gleichbleibenden Systeme zu verfertigen, damit, wenn man zwei Keile zusammenbringt, deren Außenseiten stets und zu jeder Zeit parallele Flächen darbieten, welches auch der Unterschied in der Größe dieser Keile seyn mag.

In a,a,a,a, Fig. 35, sieht man sieben Theile, deren Oberfläche aus der Linie b,b als Basis, und aus der Linie c,c als Hypotenuse besteht. Sämmtliche Keile sind demnach aus Metallstüken gebildet, deren Seiten unter gleichen Winkeln aneinanderstoßen. Wenn also die Seiten c,c von je zwei dieser Keile a,a zusammengelegt werden, so werden die Seiten b,b derselben stets parallel laufen, wie weit auch die Seiten c,c auf einander rük- oder vorwärts getrieben werden mögen. d ist ein längerer Keil, der jedoch unter einem der übrigen gleichkommenden Winkel gebildet ist; und a',a',a' sind drei über den Keilen a,a,a liegende Keile, deren Seiten c,c den Seiten c,c der leztgenannten Keile gegenüber liegen.

Hieraus ergibt sich von selbst, daß die Anwendung derartiger Keile das Sezen wesentlich erleichtert, so daß nur noch zu bemerken kommt, daß dieselben, um sie leichter zu machen, ohne ihrer Stärke und Festigkeit dabei Eintrag zu thun, mehr oder minder ausgeschnitten oder ausgehöhlt werden müssen, wie dieß auch in der Abbildung ersichtlich ist. In Hinsicht auf den Winkel, den man den Keilen geben soll, findet keine Beschränkung Statt; nur soll derselbe nicht so spiz seyn, daß die Keile bei der Handhabung der Formen nachgeben. Auch müssen, welchen Winkel man auch wählen mag, sämmtliche Keile Theile seyn, die, wenn sie zusammengelegt werden, zwei parallele Seiten b,b darbieten.

XXII.

Verbesserungen an den Percussionsschlössern für Feuergewehre, worauf sich Charles Jones, Büchsenmacher in Birmingham, am 7. März 1833 ein Patent ertheilen ließ.

Aus dem London Journal of arts. August 1838, S. 289.

Mit einer Abbildung auf Tab. II.

Meine Erfindung besteht 1) darin, daß ich die der Nuß, dem Hahne und dem Drüker entsprechenden Theile aus einem Stüke verfertige; 2) in einer eigenen Methode die Schlagfeder auf einen der Nuß entsprechenden Theil wirken zu lassen, so daß dadurch ein Abzug gebildet wird, damit die Theile festgehalten werden, wenn das Gewehr gespannt ist, und damit zugleich auch eine Kraft erzeugt wird, die das Losgehen beschleunigt; 3) darin, daß ich das ganze Schloß in dem Schafte unterbringe, um es gegen Nässe zu schüzen; 4) endlich darin, daß ich an Doppelflinten beide Hähne an einem Schloßblatte anbringe.

Fig. 36 zeigt das neue Schloß; die eine Seite des Schaftes ist als weggeschnitten gedacht, damit die neuen, innerhalb befindlichen Theile anschaulich werden. a,a ist das Stük, welches die Nuß, den Hahn und den Drüker zugleich vorstellt; es ist an einem an dem Schloßblatte befestigten Gehäuse b aufgezogen, und bewegt sich um einen Zapfen c. In der Nähe des Endes der Schlagfeder befindet sich ein Zahn oder eine Ausbiegung e, in welche eine an der Nuß angebrachte Reibungsrolle f einfällt, wenn das Gewehr gespannt wird. Die Nuß und der Hahn werden auf diese Weise so lange festgehalten, bis durch Zurükziehen des Drükers die Reibungsrolle aus dieser Ausbiegung heraustritt, wo dann die Feder das Schloß abgehen macht, so daß der Hahn auf die auf den Zündkegel gestekte Zündkapsel schlägt und das Gewehr abfeuert.

Um das Schloß und das Zündkraut gegen Nässe zu schüzen, wird die Oeffnung h, durch die das Zündkraut eingesezt wird, mit einem Schieber g verschlossen, wo dann das ganze Schloß verborgen ist.

Dem oben angegebenen vierten Theile der Erfindung ist dadurch entsprochen, daß ich an Doppelflinten die Schlösser für beide Läufe an den zwei Seiten einer senkrechten Centralplatte anbringe, was Jedermann auch ohne Abbildung begreifen wird.

XXIII.
Verbesserungen an den Schlössern für Feuergewehre, worauf sich Charles Jones, Büchsenmacher von Birmingham, am 12. Jun. 1833 ein Patent ertheilen ließ.

Aus dem London Journal of arts. Aug. 1838, S. 290.

Mit einer Abbildung auf Tab. II.

Meine Erfindung beruht 1) darauf, daß ich die Schlagfeder, die Nuß, die Stange und die Studel an einem an der Drükerplatte befestigten Stüke anbringe, den Hahn mit der Nuß aus einem Stüke bilde, und den Drüker und die Stange um einen gemeinschaftlichen Mittelpunkt und mit einer gewöhnlichen Feder beweglich mache; 2) darauf, daß ich an dem Ende des Hahnes eine Art von Gloke, die mit einem Luftloche ausgestattet ist, anbringe; 3) darauf, daß ich den Hammer an dem Hahne und die Drükerfeder weglasse, und die in der Mitte der Drükerplatte befindliche Erhöhung als Schloßblatt dienen lasse.

In Fig. 37 sieht man ein meiner Erfindung gemäß eingerichtetes Schloß. a,a ist der an der Drükerplatte fixirte Blok, in dessen Mitte sich eine Erhöhung befindet, an welcher der Zapfen c aufgezogen ist. Dieser Zapfen trägt den Hammer d mit der Nuß und den Hahn e, auf welche Theile die Schlagfeder f gleichzeitig und zwar mittelst der Studel g wirkt. An dem Ende des Hammers, der ein von dem Hahne gesonderter Theil ist, ist das glokenförmige Stük h angebracht, welches beim Abfeuern des Gewehres auf die durch punktirte Linien angedeutete Zündkapsel fällt. Der Zündkegel i befindet sich hinter der Schwanzschraube in einer kleinen Kammer, aus der das Ende des Zündkegels durch ein Loch hervorragt. Wenn die Gloke des Hammers h auf den Zündkegel gefallen ist, wie man dieß in der Figur durch Punkte angedeutet sieht, so wird die Oeffnung der Kammer mittelst der Gloke verschlossen, wo dann der bei der Explosion entwikelte Dunst nicht in das Schloß eindringen kann, sondern durch ein seitlich angebrachtes Luftloch aus der kleinen Kammer in die freie Luft entweichen muß.

Stange und Drüker sind bei k an einem und demselben kleinen Zapfen, welcher sich an der mittleren Erhöhung der Drükerplatte befindet, aufgezogen, so daß also diese Erhöhung als Schloßblatt dient.

XXIV.

Vorrichtungen zur Verhütung des Rauchens der Kamine, worauf sich James Berington, Gentleman von Dickworth Place, Shoreditch, und Nicholas Richards, Baumeister in Cammomile Street in der City of London, am 19. Decbr. 1837 ein Patent ertheilen ließen.

Aus dem Repertory of Patent-Inventions. August 1838, S. 77.

Mit Abbildungen auf Tab. II.

Unsere Erfindung betrifft gewisse Vorrichtungen, die an den Kaminen über dem Roste so angebracht werden sollen, daß man, um eines guten Zuges für das Feuer sicher zu seyn, die Luftströmungen abändern, und zugleich jede Strömung der Luft nach Abwärts, wodurch der Rauch in das Gemach getrieben werden würde, verhindern kann.

Fig. 27 ist ein Durchschnitt eines Kamines und Ofens oder Rostes mit den von uns angebrachten Verbesserungen.

Fig. 28 zeigt eine aus Eisen oder einem anderen geeigneten Materiale bestehende Platte mit den damit verbundenen Theilen von Unten oder im Grundrisse.

Fig. 29 ist ein nach der punktirten Linie a, a genommener Längendurchschnitt.

Fig. 30 zeigt von Unten eine Platte, welche, wie später gezeigt werden soll, in der Mitte des in Fig. 28 abgebildeten Theiles angebracht wird.

Fig. 31 zeigt ebendiese Theile von der Kante oder von dem Ende her betrachtet.

Fig. 32 endlich gibt eine Endansicht der in Fig. 28 ersichtlichen Theile.

An allen diesen Figuren beziehen sich gleiche Buchstaben auch auf gleiche Theile. b, b, Fig. 28, sind zwei Platten, von deren Rüken die Platte c herabsteigt. Die Enden der Platten b, b sind entweder nach Abwärts gebogen, oder es sind an ihnen die beiden Endplatten e, e befestigt, an denen zur Aufnahme des Regulators, Fig. 33, die Falzen oder Führer f, f angebracht sind. g, g sind zwei im Winkel gebogene, an der Platte b, b befestigte Platten, in denen sich bei h, h Oeffnungen oder Canäle für den Durchgang des Rauches befinden. Von einem Ende der Platten b, b zum anderen läuft eine Platte i, i, welche die drei, in der Zeichnung deutlich zu erkennenden Oeffnungen oder Canäle für den Rauch j, j¹, j² erzeugt. Der durch diese Canäle Statt findende Zug wird, wie Fig. 27 deutlich zeigt, durch die Platte k reflectirt. Die mittlere, zwischen den Platten b, b befindliche Oeffnung ist von den Theilen des aus Fig. 30 ersichtlichen Apparates bedekt, und wird folgender Maßen angebracht. Am Rüken der Oeffnung befinden sich zwei Schrägflächen l, l, die zur Aufnahme der in Fig. 30 abgebildeten Theile dienen, und welche man in Fig. 27 und 28 deutlich sieht. Der Apparat, Fig. 30, wird durch die Oeffnung so eingeführt, daß sein Rüken auf die Schrägflächen l, l zu liegen kommt. Man drängt hiebei seinen vorderen Theil nach Aufwärts, was die Federn m, m zu thun gestatten. So wie er sich aber an Ort und Stelle befindet, gelangen die Federn unter ihn, um ihn festzuhalten. Der Apparat, Fig. 30 und 31, besteht aus der unteren Platte n, in der sich die für die gebogenen Feuerzüge p, p, p bestimmten Oeffnungen befinden. Diese Röhren oder Feuerzüge gewähren drei weitere Oeffnungen oder Canäle für den Rauch.

Die hier beschriebene Verbindung und Anordnung der Röhren und Canäle gibt Mittel an die Hand, rauchende Kamine von diesem Uebel zu befreien. Will man sich derselben zur Ventilirung bedienen, und will man den Grad dieser lezteren auch ohne Anwendung von Feuer reguliren, so benuzt man den Regulator Fig. 33, der, indem er sich in den Falzen oder Führern f, f schiebt, den Kamin vollkommen absperrt, so daß nur mehr durch das Register q, q, welches zu diesem Zweke mehr oder minder geöffnet werden kann, eine Ventilirung möglich ist.

Wir haben hier unsere Erfindung als auf den hartnäkigsten rauchenden Kamin angewendet beschrieben; offenbar kann man aber verschiedene Modificationen daran anbringen und sie in größerer oder geringerer Ausdehnung benuzen, je nachdem die Umstände dieß erheischen.

XXV.

Verbesserte Methode Eisen zur Verzinnung oder zur Ueberziehung mit anderen Metallen zuzubereiten, worauf sich Thomas William Booker, an den Mein Griffith Eisenwerken in der Grafschaft Glamorgan, am 4. December 1837 ein Patent ertheilen ließ.

Aus dem Repertory of Patent-Inventions. August 1838, S. 80.

Mit Abbildungen auf Tab. II.

Meine Erfindung betrifft: 1) das sogenannte Säuern oder Abbeizen (pickling) des Eisens, und besteht in dieser Hinsicht in einer verbesserten Methode die als Beize dienende verdünnte Säure, deren man sich bekanntlich zum Abbeizen der zu verzinnenden Metallbleche bedient, so zu erwärmen, daß ihre Temperatur gleichmäßiger erhalten wird, als bei der directen Anwendung von Feuer der Fall ist. Sie betrifft 2) eine Methode die Eisenbleche beim Abbeizen von einander geschieden zu erhalten, wenn sich auch eine größere Anzahl dieser Bleche gleichzeitig in dem Beiztroge befindet.

Nach dem dermalen gebräuchlichen Verfahren wendet man die zum Abbeizen bestimmte verdünnte Säure entweder kalt oder auf irgend eine Weise erwärmt an. In ersterem Falle geht die Wirkung der Säure auf das Metall langsam von Statten; in lezterem verläuft sie rascher. Da man sich aber dabei keiner Mittel bediente, womit man die Temperatur hätte reguliren können, so war keine Gleichförmigkeit im ganzen Processe zu erzielen. Der Zwek des ersten Theiles meiner Erfindung ist nun zwischen das Feuer und die Beizflüssigkeit ein Medium zu bringen, durch welches leztere fortwährend auf dem erforderlichen Temperaturgrade erhalten wird, und nicht länger mehr dem bei freiem Feuer unvermeidlichen Wechsel in der Temperatur unterliegt. Die Folge hievon ist, daß bei meinem Verfahren die Wirkung der Beize auf das Eisen viel gleicher ausfällt als sonst.

Was den zweiten Theil meiner Erfindung betrifft, so bemerke ich, daß man dem gewöhnlichen Verfahren gemäß eine Anzahl von Eisenblechen auf ein Mal nimmt, sie in den Beiztrog bringt, und dann durch Bewegung derselben die Beize zwischen sie zu treiben sucht, damit sie auf die ganze Oberfläche der Bleche wirkt. Bei diesem Verfahren ist unmöglich eine Gleichmäßigkeit in der Wirkung der Beize zu erzielen; und immer werden einzelne Stellen stärker, andere dagegen zu schwach angegriffen werden. Diesem Uebelstande helfe ich dadurch ab, daß ich die Bleche so in den Beiztrog bringe, daß sich deren Oberflächen nicht berühren.

Ich gehe nunmehr auf die Beschreibung meines Apparates über. Ich baue mir einen gewöhnlichen Ofen, wie man ihn in Fig. 34 sieht, wo A die Feuerstelle mit der unter ihr befindlichen Aschengrube, B der Feuerzug, und C der Schornstein ist. Ueber dem Feuerzuge und der Feuerstelle bringe ich eine Vorrichtung an, die aus einem äußeren oder offenen Gefäße D, Fig. 35, besteht, in welches ein zweites, kleineres, bleiernes Gefäß E eingesezt ist. Der zwischen den Böden und den Seitenwänden beider Gefäße zu belassende Raum beträgt am besten 3 Zoll. Dieß gilt jedoch nur von den drei Seiten a,b,c, da an der vierten Seite d der Raum 9 Zoll messen soll. Diesen zwischen den beiden Gefäßen gelassenen Raum F,F,F,F fülle ich mit Wasser, da der Siedepunkt von diesem der Stärke der zum Beizen am geeignetsten befundenen Säure am besten entspricht, wenn man mit Eisenblechen von gewöhnlicher Art arbeitet.

Ferner verfertige ich mir aus Holz, oder aus Blei, oder aus irgend einem anderen Materiale, worauf die Säure nicht nachtheilig einwirkt, vier Kämme oder Röste mit je 14 Abtheilungen, wie man sie in Fig. 36 sieht. Um den beschriebenen Beiztrog herum bringe ich ein, zwei, oder mehrere offene, mit Wasser gefüllte Gefäße an, deren man in Fig. 37 eines sieht. Der ganze Apparat ist in dieser Zusammenstellung in Fig. 38 zu sehen.

In das innere Gefäß bringe ich, wie gewöhnlich, die verdünnte Säure, welche durch das Leitungsmedium von dem Ofen her erwärmt wird. Ist die Beize auf solche Weise bis auf die erforderliche Temperatur erhizt, und befindet sie sich hiedurch in dem zur Aufnahme der Eisenplatten geeigneten Zustande, so trage ich die beschriebenen Kämme oder Roste, welche vorher mit den zu verzinnenden Eisenblechen gefüllt worden seyn können, oder auch nicht, in die Säure ein. In lezterem Falle hat die Füllung der Röste mit den Eisenblechen hierauf zu geschehen. Wenn die Bleche eine zur Erzielung des gewünschten Zwekes hinreichende Zeit über der Säure oder Beize ausgesezt gewesen, eine Zeit, welche von der Art und Qualität des Eisens abhängt, so nehme ich sie so rasch als möglich heraus, um sie unmittelbar in eines der nebenstehenden, mit Wasser gefüllten Gefäße unterzutauchen. In diesen kann man sie so lange belassen, bis man ihrer zu den weiteren, bei der Verzinnung Statt findenden Operationen bedarf.

Hat das Eisen, welches zur Verzinnung zubereitet werden soll, nicht die Form von Blechen, so bleibt die Behandlung in Bezug auf die Beize und die zu unterhaltende Temperatur eine und dieselbe; nur fällt hier die Anwendung der Kämme oder Röste weg.

Die Beize seze ich zusammen, indem ich zehn Pfund Wasser mit einem Pfund concentrirter Schwefelsäure von 66° Baumé vermische. Von dieser Beize bringe ich eine solche Menge in den beschriebenen Trog, daß die Eisenbleche, wenn sie senkrecht oder mit den Kanten voran zwischen die Abtheilungen der Kämme gebracht worden, ganz davon bedekt sind. Dann zünde ich auf der Feuerstelle ein Feuer an; und wenn das in dem äußeren Gefäße enthaltene Wasser zu sieden beginnt und das bleierne innere Gefäß umfließt, so beginne ich die Eisenbleche einzeln und so rasch als möglich in die Zwischenräume der Kämme einzusezen, wobei ich wohl darauf achte, daß in keinen dieser Zwischenräume mehr dann zwei Bleche kommen.

Ich habe zwar gefunden, daß der Siedepunkt des Wassers zugleich mit der angegebenen Stärke der Beize zur Behandlung solcher Platten, wie man sie gewöhnlich zur Bereitung des Weißbleches anzuwenden pflegt, am zuträglichsten ist; dessen ungeachtet können aber die angegebenen Verhältnisse nach der Qualität des Eisens Modificationen erheischen, die jeder Arbeiter bei einiger Uebung zu machen lernen wird.

Die vier Kämme haben zusammen 56 Abtheilungen; und da in jede dieser Abtheilungen zwei Bleche eingesezt werden können, so faßt der Trog 112 Bleche auf ein Mal. Diese Anzahl kann ein flinker Arbeiter mit Beihülfe eines Jungen innerhalb zwei Minuten in den Trog bringen. Wenn die lezten Bleche eingesezt werden, so haben die ersteren mittlerweile schon eine hinreichende Einwirkung der Säure erlitten, so daß sie schon wieder herausgenommen werden können. Dieß gilt jedoch nur dann, wenn man die Eisenbleche, nachdem sie kalt ausgewalzt wurden, nicht angelassen hat; denn wären sie angelassen worden, so müßten sie wahrscheinlich um eine oder anderthalb Minuten länger in der Beize belassen werden. Dieß richtet sich jedoch nach der Stärke der zur Zubereitung der Beize genommenen Säure, und ferner nach der Qualität des Eisens; wobei es besonders darauf ankommt, ob das Eisen mit Holzkohle oder mit Kohks ausgebracht worden, und ob es vor seinem Auswalzen zu Blechen dem Hämmerungsprocesse unterlegen ist. Mit Bestimmtheit läßt sich also die Dauer der Zeit, während welcher die Bleche in der Beize zu verbleiben haben, nur durch die Uebung und Erfahrung bestimmen. Ein gewandter Arbeiter wird zu ermessen wissen, ob er der Beize mehr Säure oder mehr Wasser zuzusezen hat, wenn er mit diesen oder jenen Blechen arbeitet; er wird ferner wissen, wie die Temperatur der Beize regulirt werden muß, und wie viele Bleche auf ein Mal der Behandlung zu unterliegen haben. So wie die Beize ihre Wirkung vollbracht hat, müssen die Bleche jeder Zeit mit geeigneten Zangen oder sonstigen Geräthen aus ihr herausgeschafft und in eines der mit Wasser gefüllten Nebengefäße gebracht werden. Aus diesen nehmen sie dann jene Arbeiter, welche die weiteren, zur Verzinnung erforderlichen Operationen zu vollbringen haben.

Ich bemerke nur noch, daß ich mich nicht an das Wasser allein halte, um ein zur Erhizung der Beize dienendes Medium zu Diensten zu haben, sondern daß man, obschon das Wasser wegen seiner Wohlfeilheit den Vorzug verdienen dürfte, auch andere Flüssigkeiten anwenden kann. Auch läßt sich der Apparat selbst ohne Abweichung von dem aufgestellten Principe sehr mannigfach modificiren.

XXVI.

Beschreibung eines von Hrn. John M'Naught, Ingenieur in Glasgow, erfundenen Apparates zum Probiren von Oehlen.

Aus dem Mechanics' Magazine, No. 774, S. 154.

Mit einer Abbildung auf Tab. II.

Der Apparat, dessen Beschreibung wir hier geben, ist zum Probiren der zum Schmieren und Brennen dienenden Oehle bestimmt. Er deutet bestimmt und genau an, welchen Grad von Klebrigkeit dieses oder jenes Oehl besizt, und in welchem Grade es die Reibung verhindert oder die Schlüpfrigkeit erhält. Mit seiner Hülfe ist Jedermann im Stande, in einigen wenigen Minuten den Werth einer Waare, die er zu kaufen gedenkt, zu erproben, oder die abgelieferte Waare mit dem vorher genommenen Muster zu vergleichen.

In der beigegebenen Zeichnung, Fig. 54, ist A eine Schraubenklammer, womit man das Instrument befestigen kann. Die Rolle P dient zum Treiben einer Welle, auf deren Scheitel das Messingstük d geschraubt ist. In lezteres ist ein Stük Achat oder Kiesel eingesezt. e ist eine mit hartem Stahle belegte, bewegliche Messingplatte. Das obere Ende der Welle geht, um sie stetig zu erhalten, durch ein in der oberen Platte befindliches Loch.

Das der Probe zu unterwerfende Oehl wird zwischen den Achat und die obere Platte, welche beide vollkommen eben und so abgerieben sind, daß sie genau auf einander passen, gebracht. f ist ein in der oberen Platte befestigter Zapfen, der, wenn er gegen den Sonnenlauf herumgedreht wird, mit dem Zapfen P in Berührung kommt, und ihn gegen den der Klammerseite zunächst gelegenen Zapfen g zu drängen sucht. Die beiden in das Gestell eingelassenen Zapfen oder Aufhälter verhüten eine zu bedeutende Abweichung von der senkrechten Stellung. W ist ein verschiebbares Gewicht, welches mittelst einer kleinen Feder in jeder beliebigen Stellung erhalten werden kann. C ist der Zapfen, um den sich der Hebel dreht, und welcher in dem oberen Theile des messingenen Rahmens eingelassen ist. Der Hebel oder Waagebalken ist in 150 gleiche Theile eingetheilt. B ist ein Gegengewicht. Wenn die an dem verschiebbaren Gewichte angebrachte Marke mit 0 correspondirt, so wird der graduirte Schenkel des Waagebalkens horizontal, der Schenkel P hingegen vertical und frei zwischen den Zapfen p,p stehen, ohne irgend einen derselben zu berühren; hiemit ist das Gleichgewicht hergestellt. V ist eine Rolle mit 6 oder 8 Kehlen, von denen eine beiläufig um einen Achtelzoll von der anderen verschieden ist, damit man die gewünschte Geschwindigkeit erzielen kann. Die Rolle V kann man sich an der Spize der Spindel einer Drehebank, die Klammer hingegen an der Auflage befestigt denken. Zu ständiger Benuzung soll man das Instrument jedoch an irgend einem geeigneten Orte, an welchem eine stetige gleichmäßige Bewegung erlangt werden kann, fixiren. Auch wäre in diesem Falle das Ganze mit einem Gehäuse zu umgeben, damit es rein erhalten wird und gegen Erschütterungen geschüzt ist. Zu einzelnen zeitweisen Versuchen wird sich übrigens eine gewöhnliche Drehebank sehr gut eignen. Man befestigt das Instrument in diesem Falle wie gesagt, mit der Klammer an einer T Auflage oder an einem in der Scheide der Auflage festgemachten Stüke Holz; und fixirt an der Spize der Spindel eine $1\frac{1}{2}$ bis 2zöllige Rolle, welche man kegelförmig abdreht, und an der man 6 bis 8 Kehlen, deren Durchmesser um $\frac{1}{6}$ Zoll von einander abweicht, anbringt. Es wird nicht schwer halten, hiebei die für den Versuch nöthige Geschwindigkeit zu erzielen. Die Auflage wird aus- oder eingeschoben, damit die Treibschnur einer jeden der Kehlen entspricht. Besser ist es, wenn man für jeden Versuch hinreichend Zeit gestattet, und die Geschwindigkeit nicht zu sehr erhöht. Bei einer Geschwindigkeit von 360 Umgängen in der Minute, welche beiläufig die nöthige ist, ist nur wenig von einer Zunahme der Temperatur zu besorgen.

Um sich nun dieses Apparates zu bedienen, soll man die obere Platte abnehmen, beide Platten abwischen und vier Tropfen oder so viel von dem Oehle darauf bringen, daß der Achat bis zu dem ihn umgebenden Ringe damit bedekt ist. Eine geringere Menge Oehl würde die Platten nicht hinreichend benezen; eine größere Menge dagegen wäre überflüssig und würde ausgesprizt werden. Bei einiger Erfahrung wird man leicht das richtige Maaß zu treffen wissen. Hat man das Oehl auf den Achat getropft, so sezt man die obere Platte wieder auf, bringt die Spindel in Bewegung und erhält sie für jeden Versuch 10 Minuten lang in solcher. Durch die Bewegung wird der in der oberen Platte befindliche Zapfen so weit herumgeführt werden, daß er auf den an dem unteren Theile des gebogenen Hebels angebrachten Zapfen wirkt, wodurch er diesen wegzudrängen und das Gewicht emporzuheben streben wird. Das Gewicht muß daher an dem Hebel verschoben werden, bis die Klebrigkeit des Oehles und das Gewicht einander aufwiegen. Dasselbe kann auch nach Ablauf der Versuchszeit geschehen. Das untere Ende des Hebels muß frei zwischen den beiden oben angegebenen Zapfen spielen, und darf keinen derselben berühren. Wenn der Apparat seine Zeit über gelaufen ist, so beobachte man die Eintheilung, auf welche das Gewicht deutet. Jeder Versuch soll während einer gleichen Zeit hindurch angestellt werden. Nach jedem Versuche sind auch die Platten ganz rein abzuwischen, da jede Unreinigkeit, jedes Baumwollfäserchen die innige Berührung beider Platten stören und also zu einem irrigen Resultate Anlaß geben würde. Die untere Platte wird durch das Umlaufen am besten gereinigt; zum Abwischen der oberen dient ein weicher Lumpen weit besser als Baumwollabfälle. Probirt man ein besseres Oehl nach einem schlechteren, so ist es, da etwas von lezterem an den Platten hängen geblieben seyn wird, am geeignetsten, vorher die Platten mit dem zu untersuchenden Oehle abzureiben, da dieß die Ueberreste des ersteren am besten beseitigt. Dasselbe Verfahren kann man auch einschlagen, wenn man ein schlechteres Oehl nach einem besseren probiren will.

Um sicher zu gehen, kann man die Versuche wiederholen und dann das Mittel aus ihnen nehmen; doch wird, wenn der Versuch gehörig angestellt worden und die Geschwindigkeit unverändert blieb, auch das Resultat dasselbe bleiben. Um zu erproben, welches Oehl am längsten anhält, kann man das fragliche Oehl in den Apparat bringen, und zugleich die Spindeln einer Mule damit schmieren. Wenn der Apparat 10 Minuten gelaufen ist, so beobachte man die Eintheilung, auf der das Gewicht steht. Nach Ablauf von 6 — 8 Stunden wird man sehen, um wieviel die Klebrigkeit des Oehles zunahm, und um wieviel folglich auch die Reibung der Maschinerie hiedurch erhöht wurde. Es ist zweifelhaft, ob irgend ein vegetabilisches Oehl diese harte Probe aushalten wird; Wallrathöhl hält sie aus, ohne daß an der Scala ein Unterschied von mehr dann zwei Eintheilungen zu bemerken wäre.

Wenn man sich von der Richtigkeit der Angaben des Apparates überzeugen will, so braucht man bloß mit einem Gemische, welches aus gleichen Theilen bekannter Oehle zusammengesezt ist, einen Versuch anzustellen. Denn ein Gemisch aus gleichen Theilen zweier Oehle, von denen das eine 30 und das andere 60 an der Scala zeigt, wird bei dem Versuche 45 als Resultat geben. Da die unter einem und demselben Namen im Handel vorkommenden Oehle in der Qualität sehr verschieden sind, so läßt sich nicht mit Bestimmtheit angeben, bei welcher Geschwindigkeit ein bestimmtes Oehl auf eine bestimmte Zahl der Scala deuten wird. Damit jedoch die verschiedenen Oehle mit Leichtigkeit einiger Maßen mit einander verglichen werden können, verkauft der Erfinder zugleich mit seinem Apparate ein kleines Büchschen Schweinfett, welches weniger Verschiedenheiten darbietet als die Oehle, und leichter mit sich zu führen ist. Wenn das Gewicht bei der Anwendung von diesem und bei einer gewissen

Geschwindigkeit auf 70 deutet, so soll es bei gleicher Geschwindigkeit bei der Anwendung von gutem Wallrathöhle auf 20, bei der Anwendung von gutem Olivenöhle auf 60, und bei der Anwendung von Klauenfett auf 60 bis 70 deuten. Die weitere Scala gehört dann für Gemenge aus Oehl und Talg, deren man sich zum Schmieren von Wagenrädern und größeren Räderwerken bedient. Sollte irgend ein Gemenge außer dem Bereiche der Scala fallen, so müßte man die Geschwindigkeit vermindern, was zu demselben Resultate führen würde, wie eine Verlängerung der Scala.

Aus dem Gesagten ergibt sich das dem Apparate zum Grunde liegende Princip zur Genüge. Wenn ein Oehl vermöge seiner Klebrigkeit das Gewicht nur bei 20 heben sollte, während ein anderes Oehl dasselbe bei 40 hebt, so folgt hieraus, daß die Klebrigkeit des ersteren um die Hälfte geringer wäre als jene des lezteren; und daß also bei lezterem die Reibung um das Doppelte größer seyn müßte. Es bleibt dann jedem Maschinenbesizer überlassen, ob er beim Oehle an Geld ersparen und es dagegen für den Ankauf von Brennstoff hinauswerfen will: die Abnüzung der Maschinerie gar nicht in Anschlag gebracht.

XXVII.

Verbesserungen in der Zukerfabrication, worauf sich Francis Hoard Esq. aus Demerara, dermalen in Liverpool, am 30. Sept. 1837 ein Patent ertheilen ließ.

Aus dem Repertory of Patent-Inventions. August 1838, S. 93.

Mit Abbildungen auf Tab. II.

Meine Erfindung beruht in der Anwendung eigenthümlicher Siedgefäße zum Versieden des Zukerrohrsaftes und anderer Säfte. Es wird dadurch eine beträchtliche Ersparniß an Brennmaterial und eine ununterbrochene Circulation der Flüssigkeit während des Versiedens bewirkt; abgesehen davon, daß der ganze Proceß weit leichter zu leiten ist.

In Fig. 38 sieht man einen Grundriß eines meiner Erfindung gemäß zusammengesezten Apparates. Fig. 39 ist ein Längendurchschnitt; Fig. 40 ein Durchschnitt des Endes, und Fig. 41 eine perspectivische Ansicht. An allen diesen Figuren sind gleiche Theile mit gleichen Buchstaben bezeichnet.

Das längliche Gefäß a,a ist durch die Scheidewände b,c,d und e in fünf Fächer A, B, C, D und E abgetheilt. Durch seinen unteren Theil a führt der Feuerzug f,f, durch den Rauch und Dünste aus dem Ofen in den Schornstein übergeben, wie sich dieß auf der Zeichnung leicht verfolgen läßt. Innerhalb dieses Feuerzuges befindet sich eine Reihe von Röhren g,g,g oder auch von schmalen Gängen oder Kammern, in denen der Saft, wie durch Pfeile angedeutet ist, von Unten nach Oben circulirt; und hiedurch die Wärme leichter aufnimmt, als dieß bei der bisher gebräuchlichen Anordnung der Fall war. Die Fächer A,B des Gefäßes a,a communiciren mittelst Röhren und Hähnen mit dem Fache C, welches seinerseits auf gleiche Weise mit dem Fache D communicirt, das ebenso mit dem Fache E in Verbindung steht. Alles dieß erhellt zur Genüge aus der Abbildung in Fig. 40 und 41, in welcher F den Ofen, und G einen Dämpfer vorstellt, welcher zur Regulirung des Zuges im Kamine bestimmt ist.

Ich habe nunmehr nur noch zu beschreiben, wie man mit diesem Apparate zu arbeiten hat, wobei ich annehmen will, daß derselbe bereits einige Zeit hindurch arbeitete, und daß der größere Theil des Inhaltes des Faches A eben in das Fach C geschafft worden. In diesem Falle wird nämlich das Fach A aus den Klärungsbehältern her frisch gefüllt, und während des Siedens abgeschäumt. Den Schaum gibt man in den rings um das Gefäß a,a laufenden Trog h,h, aus dem er in einen Behälter abfließt. Wenn die in dem Fache E befindliche Flüssigkeit zum Ablassen geeignet ist, so öffnet man den Hahn i, damit die Flüssigkeit in die Kühlgefäße, welche tiefer stehen als das Gefäß a,a, abfließe. Ist der Stand der Flüssigkeit bis zur Höhe des Hahnes i herabgesunken, so schließt man diesen Hahn sogleich, und öffnet dafür den von dem Fache D herführenden Hahn, damit die Flüssigkeit aus D in E fließe. Hierauf schließt man auch diesen Hahn, und öffnet dafür den nächsten, durch den die Flüssigkeit aus C in D gelangt; und ebenso öffnet man endlich auch den Hahn zwischen B und C. Wenn aus B nichts mehr abfließt, so läßt man in das Fach B aus den Klärungsgefäßen her frische Flüssigkeit eintreten. Hieraus ergibt sich, daß die beiden Fächer A,B abwechselnd zu Zubereitungsgefäßen werden, und daß, während das eine sich entleert, das andere sich füllt. Wenn alle Flüssigkeit aus den Klärungsbehältern in die Fächer A,B übergegangen ist und das sogenannte Absieden zu geschehen hat, so muß man, da die Flüssigkeit in sämmtlichen Fächern so tief gesunken ist, daß sie nicht mehr durch die Hähne abfließen kann, die Flüssigkeit mit Pumpen aus einem Fache in das andere schaffen. Damit endlich die leeren Fächer nicht verbrennen, sollen sie mit Wasser gefüllt werden.

Die angedeutete Form des Gefäßes kann je nach Umständen verschieden abgeändert werden, wenn darunter das Princip im Allgemeinen nicht Schaden leidet.

XXVIII.

Beschreibung einer Runkelrübenzuker-Fabrik in London.

Mit Abbildungen auf Tab. II.

Durch Hrn. Commercienrath Jobst in Stuttgart, der im vorigen Jahre auf seinen Reisen nach Holland, England und Frankreich sich werthvolle Notizen über die Zukerfabrication im Allgemeinen sammelte, der auch der Verfasser des vor Kurzem anonym erschienenen Schriftchens ist: Ueber die würtembergische Zukerfabrication aus Runkelrüben etc. Stuttgart, bei Paul Neff, 1838 — werden wir in den Stand gesezt, unsern Lesern eine kurze Beschreibung und Abbildung einer Runkelrübenzuker-Fabrik in London zu geben, welche sich durch die Vollkommenheit ihrer Einrichtungen auszuzeichnen scheint. Sie führt den Namen United Kingdom Beetrood Sugar Association in Thames Bank und ist auf das Princip der Maceration gegründet; sie steht aber seit Jahr und Tag in Folge von Zwistigkeiten unter den Directoren still und soll verkauft werden, weil das Parlament die Fabrication des Rübenzukers mit demselben Zoll belegt hat, den der Rohzuker aus den Colonien in England bezahlen muß.

Die Apparate, deren man sich hier bedient, um den Zukerstoff so schnell als möglich aus den Rüben zu ziehen und den Saft schnell zu klären und zu entfärben, sind folgende: 1) drei Schneidmaschinen, 2) zwei Macerators, 3) sechs kupferne Kästen mit Dampfröhren zum Klären und Aufkochen des Saftes, 4) zwei kupferne Kästen zum Entfärben mit Kohle, 5) eine Vacuumpfanne mit der Luftpumpe, 6) ein Filtrirapparat mit Säken und 7) eine Dampfmaschine mit 16 Pferdekraft, welche alle 24 Stunden 24—30 Centner Steinkohlen braucht. Die leztere muß die Luftpumpe treiben, Wasser zum Condensiren des Dampfes von der Vacuumpfanne, sowie Wasser in den Dampfkessel selbst pumpen, die Schneidmaschine treiben und aus dem Kessel den gehörigen Dampf in die verschiedenen Gefäße treiben.

Fig. 1 a stellt die Scheibe der Schneidmaschine von vorne gesehen, Fig. 1 b von der Seite gesehen mit dem Korb, in den die Rüben hineingeworfen werden, dar. Dieselbe wird durch die Dampfmaschine 150 Mal in einer Minute herumgetrieben. Sie hat den Zwek, die Rüben so schnell und so dünn als möglich zu schneiden, und es sind daher, wie Fig. 1 a zeigt, auf einer runden Scheibe gewöhnlich 10 solcher ausgezakten Messer so nahe an die Scheibe angeschraubt, daß die Schnitten nur 1 Linie dik geschnitten werden, damit sie desto leichter und schneller macerirt werden können. In den Korb, nahe an die Scheibe angebracht, bringt ein Arbeiter fortwährend die Rüben hinein und drükt sie mit einem Holz immer vor die Messer hin; auf diese Art kann mit einem einzigen Arbeiter in kurzer Zeit eine große Menge Rüben zerschnitten werden. [26])

Der Gebrauch des Macerators ist darauf gegründet, daß das Wasser, welches mit den Rübenschnitten in Berührung kommt, sich mit dem Saft der Rüben vermischt und ihn auszieht. Anstatt kaltem Wasser wird hier heißes angewendet, was man dadurch auf eine ökonomische Art bewerkstelligt, daß man in den mit kaltem Wasser angefüllten Cylinder, in dem sich die Rübenschnitten befinden, Dampf hineintreten läßt, und um beständig die Entfernung des Saftes aus den Rübenschnitten zu bewirken, bringt man die in dem Cylinder enthaltenen Rüben in eine rotirende Bewegung, so daß sie auf der einen Seite hineingehen und auf der andern wieder herauskommen. Kommt nun mit Dampf erhiztes Wasser mit den Schnitten in Berührung, so wird der Saft ausgezogen und kommt nach und nach mit an Saft immer reicheren Schnitten in Berührung, so daß der ausfließende Saft bei seinem Ausfluß mit denjenigen Schnitten in Berührung kommt, die gerade hineingebracht werden. Das Resultat ist daher, daß im Verhältniß, als die Schnizel vom linken zum rechten Schenkel des Cylinders oder eigentlich Hebers gehen, das in den rechten hineinfließende Wasser durch den linken als Zukersaft, der dem in den Rüben natürlich enthaltenen Saft nahe gleich ist, ausfließen muß und die ihres Zukerstoffs so viel als möglich beraubten Schnitten, wenn sie aus dem rechten Schenkel heraustreten und oben ankommend herunterfallen müssen.

Fig. 2 zeigt nun von Vorne die Hufeisenform des Macerators mit den verlängerten Schenkeln a und b. Bei c ist der Ausflußcanal des Saftes, d,d sind die zwei Röhren zum Dampfeinlassen, e ein Hahn zum Ablassen desjenigen Saftes, der oben nicht abfließen kann, f das Räderwerk, das die durch Striche bezeichneten Platten oder Gitter mit ihren zwei an der Seite angebrachten, zum Tragen derselben bestimmten Eisenstangen an der Kette, die durch Punkte angezeigt ist, herumtreibt. Fig. 3 zeigt den Macerator von Oben hinein gesehen; a,a sind die aus Eisenstangen zusammengesezten Platten oder Gitter, auf welche die Schnitten geworfen werden; b,b ist die Kette an beiden Seiten, an der die Gitter befestigt sind und an der sie herumgedreht werden; c,c ist ein großes Rad, das in ein

---

26) Diese Maschine ist dem Wesen nach die in vielen Wirthschaften seit längerer Zeit gebräuchliche Wurzelwerkschneidmaschine; nur sind die Messer hier mit ungleichen Zaken versehen, damit die Rübenschnitten die Maschine nicht verstopfen. R.

kleines eingreift, und d ein Triebel. Fig. 4 ist der senkrechte Durchschnitt eines der Schenkel und zeigt, wie die Kette mit den Gittern herumgedreht wird.

Man beginnt nun damit, die beiden Schenkel des Hebers mit Wasser zu füllen und läßt durch die Hahnen d, d (Fig. 2) so viel Dampf hinzu, bis es eine Temperatur von 70 bis 75° R. hat, denn es darf nicht zum Kochen kommen, weil sonst der Saft sauer wird. Dann füllt man eines der 32 Gitter, auf deren jedes ungefähr 130 Pfd. Rübenschnitten gehen, und fährt fort, bis alle Gitter gefüllt sind. Bei dieser Arbeit wirft ein Arbeiter die Schnitten ein und ein anderer treibt die Kurbel so herum, daß alle 4 Minuten ein anderes Gitter herauskommt. Im Verhältniß als die Platten gefüllt und weiter in den Schenkeln des Macerators fortbewegt werden, wird durch den Ausflußcanal c (Fig. 2) eine dem Volumen der hineingeworfenen Schnitte entsprechende Menge Flüssigkeit ausgeleert. Diese Schnitten gehen also auf den Gittern in dem linken Schenkel a (Fig. 2) hinunter, verändern unten an der Wölbung angekommen ihre Lage und fallen auf das nachfolgende Gitter, so daß jedes Gitter, wenn es an dem untersten Theil vorüber ist, die Rübenschnize des vorhergehenden fortschiebt. Wenn alle Gitter mit Schnitten gefüllt sind, kommen sie oben an und werfen die ausgezogenen Schnitten bei b hinunter. Sobald die erste Platte ihre ausgezogenen Rüben herausgeworfen hat, läßt man in den rechten Schenkel b (Fig. 2) 8 Gallonen Wasser (80 Pfd.) aus einem nahe stehenden Gefäß laufen, welche Operation alle 4 Minuten geschieht, und läßt dann Dampf hinzu. Das Resultat ist, daß die alle 4 Minuten eingelassenen 8 Gallonen Wasser durch den Ausflußcanal c (Fig. 2) eine der angewandten Rübenmenge entsprechende Menge Saft ausfließen lassen, und daß ein Gitter, das ebenso alle 4 Minuten gefüllt wird, alle 4 Minuten an dem oberen Theil des Macerators die Quantität Schnitten, die Ein Gitter enthält, ausleert.

Der von dem Macerator immerwährend abfließende Saft läuft sogleich in einen länglichten vierekigen kupfernen Kasten und wird durch schlangenförmig gewundene, mit Dampf angefüllte Röhren erhizt. Man sezt mit Wasser abgelöschten und zu einer Milch angerührten Kalk hinzu, läßt den Saft ein Mal aufwallen (nicht kochen, wodurch sonst alle Unreinigkeiten mit hinein kommen würden), einige Minuten absezen und dann durch einen Hahnen in einen ähnlichen Kasten mit grob gepulverter Knochenkohle laufen. Der Bodensaz wird durch ein am Boden des Kastens befindliches Loch entfernt. Diese Operation ist in 1/4 bis 1/2 Stunden beendigt. In dem Kohlenbehälter liegen in einiger Entfernung vom Boden 2 mit vielen Löchern versehene Kupferplatten, zwischen welchen sich eine 20″ hohe Kohlenschichte von 1100 Pfd. befindet, was gerade für Einen Tag hinreicht. Die Kästen müssen immer mit heißer Flüssigkeit angefüllt seyn.

Fig. 5 stellt die Luftpumpe und die Vacuumpfanne mit den Röhren des hinzu- und ablaufenden Wassers dar. Die Luftpumpe Fig. 5 a besteht aus einem Cylinder und einer Platte aus Einem Stük; diese Platte ist mit vielen Schrauben und mit Kitt an den untern Kasten b luftdicht befestigt. In dem Cylinder geht luftdicht der Kolben mit den zwei Ventile α,α durch die Dampfmaschine getrieben auf und ab; c und d sind weitere Ventile. Eine dike eiserne Röhre verbindet die Pumpe mit der Pfanne; bei e ist ein Absaz mit einer Schraube zum Abschließen der Röhre angebracht, damit der öfters übersteigende Saft nicht abfließen kann. f ist die Röhre, in der immerwährend in Folge des luftleeren Raums kaltes Wasser, das durch die Dampfmaschine in einen unter dem Dache des Gebäudes angebrachten Behälter gepumpt wird, zum Condensiren des aus der Vacuumpfanne kommenden Dampfes herunterlauft. g ist der Behälter, in dem sich im Falle eines Uebersteigens der Saft sammelt und in den eine Glasröhre eingekittet ist, um sogleich das Uebersteigen gewahr zu werden. h ist die Pfanne mit ihrem Dekel, in den bei i,i der Thermometer und der Barometer eingekittet sind; k ist eine Röhre, um Luft einzulassen, ehe die Pfanne ausgeleert wird; l sind zwei eingekittete Gläser, um das Kochen in der Pfanne zu sehen; bei m holt man mit einem Rohr die Proben heraus; o,o sind die Dampfröhren, die auf der einen Seite in den Kessel gehen, sich schlangenförmig herumwinden und auf der andern Seite wieder herausgehen; p ist die Röhre mit einem Hahnen zum Hinzulassen des Saftes. Der Stand des Barometers ist zwischen 26 und 27 Zoll, des Thermometers 48 bis 52° R. Geht nun der Kolben hinauf, so schließen sich die zwei Ventile α,α und das Ventil d öffnet sich und es tritt durch d das durch f herabfließende condensirende Wasser, sowie der aus der Vacuumpfanne kommende condensirte Wasserdampf in den Cylinder und wird, wenn der Kolben hinuntergeht, durch das sich öffnende Ventil c ausgeleert. Bei der Vacuumpfanne ist bloß darauf zu sehen, daß der Quekfilberstand im Barometer und Thermometer immer der gleiche ist, was von dem Hinzulassen des Dampfes und Saftes abhängt.

Den Tag über wird macerirt, geklärt, entfärbt und den Abend mit Abdampfen begonnen und dieß die ganze Nacht fortgesezt. Ist nun der den Tag über bereitete Saft in der Vacuumpfanne bis zur Syrupconsistenz abgedampft, so wird er an der unten angebrachten Röhre q in ein unten stehendes Gefäß herausgelassen und so die ganze

Woche fortgefahren und der Syrup gesammelt, welcher dann aller zusammen Samstags durch die Dampfröhren erhizt und ihm eine gehörige Quantität Blut und fein gepulverte Knochenkohle hinzugesezt wird. Man läßt ein paar Mal aufwallen und bringt ihn durch eine Pumpe auf den Filtrirapparat, welcher in einem vierekigen tiefen Kasten besteht, der oben einen Dekel hat, in dem viele lange leinene Säke an Mundstüken befestiget hangen. Der Saft läuft in 5 — 6 Stunden ganz wasserhell durch und kommt dann sogleich in die Vacuumpfanne, wo er bis zum Ausgießen abgedampft wird, worauf man ihn in einen unten stehenden Behälter laufen läßt, in dem er bis 65° R. erhizt wird; dann gießt man ihn in Formen, läßt den Syrup ablaufen und reinigt die Brode dadurch, daß man so lange aufgelösten reinen Zuker aufgießt, bis sie ganz weiß und hart sind.

Die ganze Einrichtung ist so, daß vom Schneidmesser die Schnitten in den nahe stehenden Macerator kommen; von diesem lauft der Saft in den Klärungskasten, dann zu den Kohlen und von diesen in einen Behälter, aus dem er in die Vacuumpfanne läuft, so daß die Arbeiter gar keine Mühe mit dem Hin- und Hertragen haben. Die Maschinen sind groß, darum wird in einem Tage ein großes Quantum Rüben verarbeitet, und es ist immer so eingerichtet, daß nicht mehr Saft, als den Abend abgedampft werden kann, bereitet wird, und daß der Saft nie stille steht, sondern immer in Bewegung ist, was das Sauerwerden verhindert.

Die hier mitgetheilte Beschreibung von den Functionen der Maschinen der genannten Fabrik in London erhielt Hr. Commercienrath Jobst durch den Mann, der in derselben sowohl zur Fabrication des Rübenzukers, als auch zur Raffinirung desselben in Brodzuker, wozu dort immer ein Theil roher Colonialzuker genommen wurde, angestellt war, und ein gelernter Zukersieder, aber ein in diesem Fache sehr erfahrener Mann ist. Er konnte ihm aber nicht genau angeben, wie viele Procente Zuker aus den Rüben gewonnen wurden, weil ihm leztere ohne Angabe ihres Gewichtes in die Fabrik abgeliefert worden seyen. Er glaubte jedoch, daß der Ertrag über 5 Proc. war, zeigte auch Proben des gewonnenen schönen Rübenzukers und des mit 20 Proc. Colonialzuker daraus verfertigten Raffinads. Die hier mitgetheilten Zeichnungen hatte Hr. Dr. Krauß von Stuttgart die Güte, auf Ersuchen des Hrn. Commercienraths Jobst an Ort und Stelle aufzunehmen, da er auf seiner Reise nach dem Cap der guten Hoffnung in London Gelegenheit hatte, die genannte Rübenzukerfabrik zu besichtigen. Die sämmtlichen Maschinen wurden in der Fabrik des Ingenieurs Brinjes (Berg Church Lane, Cablestreet, London) verfertigt, der immer bereit seyn wird, weitere

Auskunft zu ertheilen und der im vorigen Jahre die Fabrik von Watson und Comp., die ganz in der Nähe von Paris errichtet wurde, mit ähnlichen Maschinen versehen haben soll.

Hr. Commercienrath Jobst ist der Ansicht, daß eine Einrichtung, mittelst welcher in 4 Minuten der Saft aus 130 Pfd. Rüben ausgezogen und in 24 Stunden in Zuker verwandelt wird, welche mit so vieler Einfachheit und Sicherheit die größte Schnelligkeit verbindet, wenig Aufwand an Brennmaterial erfordert und eine Menge anderer Geräthschaften entbehrlich macht, deren Apparate aber auch, wenn die Rübenzukerfabrication aufgehört hat, die ganze übrige Zeit des Jahrs hindurch zur Raffinirung verwendet werden können, so daß ihr erster Kosten von etwa 4000 Pfd. Sterl. durch manche Ersparnisse an Raum und Baulichkeiten erleichtert wird, eine würdige Stelle unter den Entdekungen der neuesten Zeit zur Verbesserung der Zukerfabrication durch mechanische Kräfte einnehmen dürfte.

(Riecke's Wochenblatt 1838, Nr. 35.)

XXIX.

Verbesserte Methode den Kautschuk für sich allein oder in Verbindung mit andern Substanzen zu behandeln, worauf sich Thomas Hancock, Fabrikant der patentirten wasserdichten Zeuge, in Goswell Mews in der Grafschaft Middlesex, am 23. Januar 1838 ein Patent ertheilen ließ.

Aus dem Repertory of Patent-Inventions. Septbr. 1838, S. 168.

Meine Erfindung betrifft die Umwandlung des Kautschuk in Blätter und in lange gleichmäßige Streifen oder Fäden. Ich präparire denselben zu diesem Zweke nach dem Verfahren, auf das ich früher ein Patent nahm, so daß ich auf die damals von diesem Verfahren gegebene Beschreibung (polytechnisches Journal Bd. LX. S. 29) Bezug nehme. Die Umwandlung des präparirten Kautschuk in Blätter bewerkstellige ich auf folgende Weise.

Ich nehme einen Leinen-, Seiden-, Baumwoll- oder anderen geeigneten Zeug, und sättige dessen Gewebe mit gewöhnlichem Leime, Kleister, Gummi oder irgend einem anderen derlei, durch Wasser leicht wegzuschaffendem Stoffe. Nach dem Troknen lasse ich diesen Zeug durch eine Mange laufen, oder ich glätte dessen Oberfläche auf irgend eine andere Weise je nach Umständen mehr oder weniger. Hierauf breite ich den präparirten Kautschuk auf den auf solche Art behandelten Zeug, wobei ich mich einer Maschine bediene, die der in dem erwähnten Patente beschriebenen ähnlich ist. Wäre ein Ueberzug nicht genügend, so wiederhole ich die Operation. Wenn dieser Kautschuk-Ueberzug troken geworden ist, weiche ich das Ganze so lange in mäßig erwärmtes Wasser ein, bis der Gummi oder der Kleister so weich geworden, daß man den Kautschuk von dem Zeuge ablösen kann. Wenn die Blätter eine größere Dike bekommen sollen, als man ihnen füglich durch das Auftragen mehrerer Schichten auf einen Zug geben kann, so trage ich den Kautschuk auf zwei Zeuge auf; vereinige dann die beiden überstrichenen Seiten, bevor sie noch ganz troken geworden; ziehe hierauf die eine Seite des Kautschukblattes von dem Zeuge ab, und trage endlich eine dritte Kautschuk-Schichte darauf auf, die vorher gleichfalls auf die angegebene Weise auf den präparirten Zeug gebracht worden. Auf solche Art fahre ich so lange fort Kautschuk-Schichten aufzutragen, bis das Kautschukblatt die gewünschte Dike erlangt hat.

Anstatt den Zeug mit Gummi oder Kleister zu imprägniren, kann man auf die eine Seite desselben auch Papier kleben, auf dieses den Kautschuk auftragen, und dann das Kautschukblatt gleichfalls durch Einweichen in Wasser von dem Zeuge ablösen. Sollen die Kautschukblätter bleibend auf Zeug, Leder ꝛc. fixirt werden, so überstreiche ich diese Stoffe ein oder zwei Mal mit der gewöhnlichen Kautschuk-Auflösung, die hier als Kitt zu dienen hat, vereinige hiemit und bevor der Kitt noch ganz troken geworden, durch Druk die Kautschukblätter, und ziehe endlich, nachdem das Ganze in Wasser eingeweicht worden, den gummirten Zeug ab. Man kann den Kautschukblättern übrigens dadurch, daß man die präparirten Zeuge preßt, beliebige Muster oder erhabene Dessins geben. Ebenso kann man den Kautschuk meinem früheren Patente gemäß mit Farbstoffen versezen, oder ihn dadurch färben, daß man die gewöhnlichen Farbstoffe, wie Federweiß, Zinnober, Lampenschwarz, Grünspan ꝛc., mit einer sehr dünnen Kautschuk-Auflösung vermengt mittelst einer Bürste auf die Blätter aufträgt. Man nimmt zu dieser Auflösung auf ein Gallon rectificirtes Steinkohlen- oder Terpenthinöhl gegen 10 Unzen präparirten Kautschuk. Ferner kann man diese Farben auch mit Platten, Mödeln, Formen, Lettern aufdruken.

Ich fabricire ferner Schreibtafeln, auf die man mit Bleistift, Kreide ꝛc. schreiben kann. Ich vermenge zu diesem Zweke nach dem in meinem früheren Patente in Bezug auf die Färbung des Kautschuks beschriebenen Verfahren diesen mit Bimssteinpulver, feinem Schmirgel oder mit irgend einer anderen derlei Substanz; oder ich vermenge diese Substanzen mit einer dünnen Kautschuk-Auflösung, welche ich dann gleichfalls schichtenweise auftrage.

Ich erzeuge weiter aus dem natürlichen, flüssigen, aus Südamerika kommenden Kautschuk gleichfalls Kautschukblätter, indem ich mich gleichfalls eines gummirten Zeuges bediene. Am Geeignetsten fand ich es, zu diesem Zweke zwei gummirte Zeuge mittelst Gummi oder Kleister zusammenzukleben, sie hierauf in den flüssigen Kautschuk einzutauchen, den überflüssigen Kautschuk abtropfen zu lassen, und das Ganze, nachdem es getroknet worden, abermals, jedoch in entgegengesezter Richtung einzutauchen, um es dann neuerdings zu troknen. Wenn dieses Verfahren so oft wiederholt worden, bis die Kautschukblätter die gewünschte Dike erlangt haben, so entferne ich den Zeug auf die im Eingange angegebene Weise, d. h. durch Einweichen des Ganzen in Wasser. Die Ränder müssen hiebei, wenn es nöthig ist, abgeschnitten werden, damit das Wasser in den Zeug eindringen kann. Auch hier kann die Kautschuk-Oberfläche mit einem Dessin ausgestattet werden, so wie man auch die oben berührten Färbungsmethoden gleichfalls in Anwendung bringen kann.

Um Kautschukblätter von verhältnißmäßig geringer Größe und besonderer Form zu erzeugen, gieße ich den flüssigen Kautschuk auf Gypsmodel. Sollen sie eine etwas bedeutende Dike bekommen, so fand ich es am besten, zuerst eine dünne Schichte einzugießen und nach dem Troknen dieser eine weitere Schichte zu gießen und so fort, bis die gewünschte Dike erlangt ist. Will man den Blättern eine sehr glatte Oberfläche geben, so soll man sie auf Glas gießen. Um die Dike des Blattes zu reguliren und um ein zu weites Auseinanderlaufen des Kautschuks zu verhüten, bediene ich mich zuweilen einer Leiste aus Holz oder einem anderen geeigneten Materiale. Zu einigen Zweken habe ich es ferner für gut befunden, den meiner zuerst beschriebenen Methode gemäß erzeugten Blättern einen Anstrich von natürlichem flüssigem Kautschuk zu geben, da sie hiedurch an Qualität gewinnen. Man kann sie zu diesem Zweke in die Flüssigkeit eintauchen, oder man kann diese auf irgend eine Weise auftragen.

Lange gleichförmige Streifen oder auch Fäden fabricire ich aus dem flüssigen Kautschuk mittelst hölzerner oder auch metallener Cylinder, in welche ich eine spiralförmige Fuge von der Breite und Dike des gewünschten Streifens oder Fadens drehe. Diese Fuge fülle ich durch Eintauchen des Cylinders in die Flüssigkeit, und durch Abstreifen dieser lezteren von den prominirenden Theilen des Cylinders. Ich wiederhole dieß Eintauchen und Troknen so oft, bis die Fuge ausgefüllt ist, wo ich dann den Cylinder in mäßig warmes Wasser tauche, und hierauf die Streifen oder Fäden abwikle. Ich überstreiche aber ferner auch ganze glatte Cylinder mit dem flüssigen Kautschuk, worauf ich, wenn die Kautschukschichte die erforderliche Dike erlangt hat, diese Cylinder in eine Maschine bringe, in welcher der Kautschuk in Streifen oder Fäden von der gewünschten Breite geschnitten wird. Da diese Maschine allen Sachverständigen ohnehin zur Genüge bekannt ist, so brauche ich in keine Beschreibung derselben einzugehen.

XXX.

Verbesserungen in der Glasfabrication, worauf sich William Neale Clay, Chemiker von West Bromwich in der Grafschaft Stafford, und Joseph Denham Smith, am St. Thomas Hospitale im Borough Southwark, am 16. November 1837 ein Patent ertheilen ließen.

Aus dem Repertory of Patent-Inventions. September 1838, S. 164.

Unsere Erfindung besteht darin, daß wir gewisse Materialien, die bisher noch nicht in Anwendung kamen, zur Glasfabrication benüzen, wodurch wir in Stand gesezt sind, für geringere Kosten ein treffliches Glas zu erzielen. Diese von uns anzugebenden Materialien können entweder zugleich mit den dermalen gebräuchlichen Ingredienzien, oder auch statt eines der Bestandtheile der verschiedenen Glasfritten angewendet werden.

Die Namen der verschiedenen Glassorten beruhen theils auf den Processen, denen sie bei ihrer Fabrication zu unterliegen haben, theils auf den Zweken, zu denen sie bestimmt sind. In Kürze läßt sich aber die Glasfabrication im Allgemeinen als ein Proceß definiren, wobei Kieselerde unter Anwendung eines hohen Hizgrades mit gewissen salinischen oder alkalischen Substanzen, und in gewissen Fällen mit dn Bleioxyden zusammengeschmolzen wird. Es dürfte übrigens wohl keine zwei Glasfabrikanten geben, die darüber einig wären, welche Mischung die beste ist, um eine gewisse Glassorte zu erzielen; wir unsererseits fanden wenigstens noch keine zwei Fabrikanten, die, es möchte sich um Flint-, Kron-, Spiegel- oder irgend anderes Glas handeln, die Ingredienzien in vollkommen gleichem Mischungsverhältnisse angewendet hätten; ja in einigen Fällen wechselten die Materialien, aus welchen eine und dieselbe Sorte Glas bereitet wurde, bedeutend. Es ist demnach nicht möglich, für die Fabrication irgend einer Glassorte eine bestimmte Regel aufzustellen; dagegen ist soviel gewiß, daß sich die Materialien, deren wir uns zur Verbesserung der Glasfabrication bedienen, mit mehr oder weniger Vortheil auf die verschiedenen, in den Glasfabriken gebräuchlichen Fritten und deren Mischungsverhältnisse anwenden lassen. Wir wollen demnach hier nur solche Mischungen angeben, wie sie sich zur Erzeugung von Flintglas eignen. Da die verschiedenen, bei der Glasfabrication gebräuchlichen Processe bekannt sind, so wollen wir diese hier um so weniger berühren, als sich unsere Erfindungen nicht auf sie beziehen, und wie gesagt, in der Anwendung gewisser bisher nicht gebräuchlicher Materialien gelegen sind.

Wir bezweken nämlich 1) die Anwendung und Verbindung von Baryt, Strontian- und Zinksalzen; und 2) die Anwendung granitischer oder anderer sehr feldspathreicher Gesteine. Was die ersteren betrifft, so geben wir dem kohlensauren Baryte und Strontian, der in einigen Gegenden natürlich vorkommt, den Vorzug; oder wir nehmen schwefelsauren Baryt (Schwerspath), in welchem Falle wir jedoch der Fritte Holzkohle oder andere kohlige Stoffe zusezen. Von den Zinkpräparaten bedienen wir uns vorzugsweise des bei der Gewinnung des Zinkes sich bildenden Zinkoxydes.

Glasfritte mit Barytsalzen und anderen Ingredienzien.

320 Gewichtstheile Quarzsand; 150 Theile rothes Bleioxyd (Mennig); 145 kohlensaurer Baryt; 112 Potasche oder Perlasche; 7 Salpeter; etwas weniges Braunstein (die gewöhnliche Menge).

Glasfritte mit Strontiansalzen und anderen Stoffen.

320 Gewichtstheile Quarzsand; 150 rothes Bleioxyd; 108 kohlensaurer Strontian; 112 Perlasche; 7 Salpeter; Braunstein, wie gewöhnlich.

Glasfritte mit Zink und anderen Bestandtheilen.

320 Gewichtstheile Quarzsand; 150 rothes Bleioxyd; 56 Zinkoxyd; 112 Perlasche; 7 Salpeter; Braunstein etwas weniger als gewöhnlich.

In einigen Fällen, wo wir keinen Mennig anwenden, verdoppeln wir die angegebenen Quantitäten des kohlensauren Baryts, des reines kohlensauren Strontians und des Zinkoxydes.

Fritten zu anderen Glassorten.

480 Gewichtstheile Quarzsand; 300 kohlensaurer Baryt; 165 reines kohlensaures Natron; etwas weniges Braunstein.

480 Gewichtstheile Quarzsand; 224 kohlensaurer Strontian; 165 reines kohlensaures Natron; etwas weniges Braunstein.

480 Gewichtstheile Quarzsand; 120 Zinkoxyd; 165 reines kohlensaures Natron; etwas weniges Braunstein.

Weitere Mischungen.

280 Gewichtstheile Quarzsand; 88 Kalk; 84 schwefelsaures Natron; 90 schwefelsaurer Baryt; 8 Holzkohle; etwas weniges Braunstein.

960 Gewichtstheile Quarzsand; 200 Kalk; 290 schwefelsaures Natron; 460 schwefelsaurer Baryt; 40 Holzkohle; etwas weniges Braunstein.

960 Gewichtstheile Quarzsand; 200 Kalk; 290 schwefelsaures Natron; 370 schwefelsaurer Strontian; 40 Holzkohle; etwas weniges Braunstein.

Diese lezteren Mischungen geben eine wohlfeilere Glassorte, da der Fabrikant in Stand gesezt ist, seine Fabrication mit einem geringeren Aufwande an alkalischen oder salinischen Substanzen zu betreiben.

Wir wollen nun nur noch zeigen, wie sich auch solche Gesteine oder Gebirgsarten, in denen der Feldspath vorschlägt, während sie wenig oder gar kein Eisenoxyd enthalten, auf Glas benüzen lassen. Zu diesen Gesteinen gehört z. B. ein Mineral, welches in Cornwallis vorkommt, in den dortigen Töpfereien unter dem Namen Cornish-Stone[27]) benüzt wird, und in Verbindung mit Kochsalz ein gutes und wohlfeiles Glas liefert. Die Mischungsverhältnisse sind folgende:

100 Gewichtstheile Cornish-Stone, so fein wie Sand gepulvert; 12 Kochsalz oder 16 salzsaures Kali; 20 Kalk.

100 Gewichtstheile fein gepulverter Cornish-Stone; 16 Kochsalz oder 22 salzsaures Kali; 16 Kalk.

Wir binden uns übrigens keineswegs an die hier angegebenen Mischungsverhältnisse; da jeder Glasfabrikant unsere Erfindung leicht dem Zweke, den er im Auge hat, anzupassen wissen wird. Einer der Hauptvorzüge unserer Methode ist, daß man in vielen Fällen den großen Aufwand an Mennig bedeutend vermindern und manch Mal auch gänzlich umgehen kann, gleichwie sich in anderen Fällen durch Anwendung der von uns angegebenen Substanzen auch der Verbrauch an alkalischen oder salinischen Stoffen viel niedriger stellt. Jeder Glasfabrikant kann zu der Mischung, nach der er seine Fritte gewöhnlich bereitet, eine oder mehrere der von uns angegebenen Substanzen nehmen; denn es ist wie gesagt nicht nöthig, daß man sich an eine bestimmte Mischung und an eine einzige jener Substanzen hält.

---

27) Cornish-Stone ist ein wenig Quarz enthaltender Granit, dessen Feldspath in Porzellanerde übergegangen, der aber immer noch ziemlich viel Kalisilicat enthält, um zur Glasur angewandt werden zu können. A. d. R.

XXXI.

Ueber den Einfluß des Vaterlandes und des Alters auf das Färbevermögen der Krappsorten und über die Prüfung der lezteren; von Hrn. Heinrich Schlumberger in Mülhausen.

Aus dem Bulletin de la Société industrielle de Mulhausen, No. 53. u. 54.

Eine von der Brüßler Akademie im Jahre 1837 gestellte Preisaufgabe verlangte eine Untersuchung folgender Fragen:

„Wie groß ist der Farbstoffgehalt des belgischen Krapps im „Verhältniß zum Avignoner und holländischen? Können mit belgi„schem Krappe alle jene Nüancen erzeugt werden, wie mit anderen „Krappsorten? Hat alter, gelegener Krapp in der That Vorzüge „vor frischem? Welches ist das leichteste und sicherste Prüfungs„mittel der Krappsorten?"

Ich habe diese Fragen in einer der Akademie überschikten Abhandlung beantwortet, welche jedoch von den Berichterstattern keiner ernstlichen und gründlichen Prüfung unterworfen wurde, daher ich dieselbe nach dem Wunsch einiger in diesem Gegenstand sehr erfahrenen Personen hiemit bekannt mache. Ich werde zuerst jede einzelne der von der Akademie gestellten Fragen besonders beantworten und dann einige allgemeine Bemerkungen über die Krappsorten beifügen.

Es kommen im Handel bekanntlich ziemlich viele Krappsorten vor; der avignoner, holländer und levantische Krapp kommt in der größten Menge vor und wird auch am meisten angewandt; während von Krapp aus dem Elsaß, Belgien, Schlesien, dem Bannat, vom Rhein ꝛc. bei weitem weniger verbraucht wird. Die Krappwurzeln stammen zwar alle von Rubia tinctorum ab, sind aber doch nach dem Klima, der Bodenbeschaffenheit und der Behandlungsart beim Troknen, Zerkleinern und Verpaken am Ursprungsorte bedeutend von einander verschieden. Ich habe bereits in einer früheren Abhandlung (polyt. Journal Bd. LII. S. 193) gezeigt, daß die Solidität der mit dem Krapp erzielbaren Farben von einem Gehalte des Bodens und des darauf gewachsenen Krapps an kohlensaurem Kalk abhängt. Nun ist klar, daß Krapp aus wenig von einander entfernten, in Klima und Bodenbeschaffenheit keine bedeutende Differenz zeigenden Gegenden beim Färben im Wesentlichen gleiche Resultate geben wird, während Krappsorten sehr weit entfernten Ursprungs bestimmtere Verschiedenheiten darbieten müssen.

Erste Frage. Wie groß ist der Farbstoffgehalt des

belgischen Krapps im Verhältnisse zum avignoner und holländischen?

So wie diese Frage gestellt ist, weiß man nicht, ob sie theoretisch oder bloß praktisch gelöst werden soll, d. h. ob man den absoluten Farbstoffgehalt dieser Krappsorten oder nur ihre relative Ergiebigkeit bei dem gewöhnlichen Färbeverfahren bestimmen soll. Bekanntlich geht nämlich bei dem Färben ein Theil des im Krapp enthaltenen Farbstoffs verloren und dieser beträgt höchst wahrscheinlich über die Hälfte; um sich davon zu überzeugen, braucht man nur solchen Krapp, welcher bereits zum Färben benuzt worden ist, mit einer verdünnten Säure zu behandeln, und man wird dann finden, daß er neuerdings Farbstoff an die gebeizten Gewebe abgibt, daß aber die Farben nur eine geringe Solidität haben. [28])

Da man nun bis jezt noch kein Mittel kennt, den Krapp beim Färben vollständig zu erschöpfen und also bloß seine Ergiebigkeit bei den Färbeoperationen die Fabrikanten interessiren kann, so habe ich die vier Hauptkrappsorten, den belgischen, holländischen, elsasser und avignoner nur in dieser Beziehung mit einander verglichen. Ich benuzte zu diesen Versuchen das schon früher (im polytechn. Journal Bd. LVII. S. 457) von mir beschriebene Verfahren und wählte von holländischem und avignoner Krapp je 12 und von den anderen je 6 Proben verschiedenen Preises und Ursprungs. Die Versuche ergaben, daß innerhalb der Gränzen jeder Hauptsorte bedeutende, selbst bis zu 60 Proc. steigende Differenzen des Färbevermögens Statt finden, daß aber, bei Vergleichung der besseren Proben unter einander, das Färbevermögen aller vier Hauptsorten ganz gleich ist, d. h. von gleichen Mengen gleich guter Proben jeder Sorte gleiche Farbe-Intensitäten erzielt werden. [29])

Durch das weiter unten von mir angegebene Verfahren zur Bestimmung des absoluten Farbstoffgehalts des Krapps kann man sich auch überzeugen, daß guter belgischer Krapp wirklich eben so viel Farbstoff enthält als guter avignoner, holländer und elsasser Krapp.

Zweite Frage. Können mit belgischem Krapp alle jene Nüancen erzeugt werden, wie mit anderen Krappsorten?

Ich habe schon bemerkt, daß die Solidität und Lebhaftigkeit

28) Die Société industrielle in Mülhausen hat schon vor drei Jahren einen Preis von 28,000 Fr. auf die Entdekung eines Färbeverfahrens ausgeschrieben, wobei aus dem Krapp um ein Drittel mehr Farbstoff als gegenwärtig ausgezogen wird; dieses Problem ist aber noch nicht gelöst.

29) Der Abhandlung, welche Hr. Schlumberger der Brüßler Akademie einschikte, waren über 400 Proben von mit Krapp gefärbten Baumwollzeugen beigelegt.

der Krappfarben von der Natur des Erdreichs, worin die Wurzeln angebaut wurden, abhängt. In zwei früheren Abhandlungen (polyt. Journal Bd. LII. S. 193 und Bd. LVIII. S. 283) habe ich gezeigt, daß in kalkhaltigem Boden die Krappwurzeln sich eine gewisse Menge kohlensauren Kalk assimiliren, und daß der Krapp während des Färbens an die Thonerde und das Eisenoxyd, womit die Stoffe gebeizt sind, eine gewisse Menge Kalk abgibt, wodurch die Krappfarben erst solid werden. Wenn der Krapp nicht schon ursprünglich kohlensauren Kalk enthält, kann man lezteren durch einen Zusaz von Kreide bei dem Färben ersezen. So liefert z. B. die unter dem Namen Palud bekannte Sorte avignoner Krapp, welche auf einem sehr kalkreichen Boden wächst (der über 90 Proc. kohlensauren Kalk enthält), direct solide Farben, während der elsasser Krapp, welcher gewöhnlich in einem Kiesboden, der nur wenig Kalk enthält, angebaut wird, beim Färben zwar eben so dunkle Farben wie der avignoner Krapp gibt, die aber den Aviviroperationen nicht widerstehen; sezt man hingegen lezterer Krappsorte beim Färben Kreide zu, so liefert sie eben so lebhafte und schöne Farben wie der beste avignoner Krapp von den Paluds.

Ich habe in meinen früheren Abhandlungen den holländer Krapp nicht besonders berüksichtigt und ihn in die Kategorie des elsasser Krapps gebracht; ich mußte also jezt untersuchen, ob allen Sorten von holländer Krapp der kohlensaure Kalk fehlt, und wie es in dieser Hinsicht mit den belgischen Krappsorten steht.

In dem Erdreiche von Hasselt, worin leztere angebaut werden, so wie in demjenigen der Krappdistricte von Seeland, fand ich bei der Analyse immer nur wenig oder gar keinen kohlensauren Kalk; als ich dann mit 12 verschiedenen holländischen und 6 belgischen Krappsorten Färbeversuche anstellte, überzeugte ich mich bald, daß sie mit dem elsasser Krapp identisch sind, denn alle ohne Unterschied erheischen beim Färben einen starken Zusaz von Kreide. Ich nahm zu meinen Versuchen immer destillirtes Wasser, sezte dem rosenfarbigen avignoner Krapp 2 Proc., dem elsasser, holländischen und belgischen Krapp aber 12 Proc. Kreide zu; während bei avignoner Krapp von den Paluds dieser Zusaz ganz unterblieb. Der Kreidezusaz richtet sich nach der Beschaffenheit des zum Färben dienenden Wassers: wenn dieses hart ist, muß man ihn vermindern und bisweilen ganz unterlassen. Der Grund, weßwegen der elsasser, holländer und belgische Krapp einen so großen Zusaz von Kreide erheischen, ist der, daß ein bedeutender Theil von ihr zur Neutralisation der in diesen Krappsorten enthaltenen freien Säure nöthig ist und also nicht mehr als Befestigungsmittel des Pigments wirken kann.

Durch diese Färbeversuche ergab sich, daß der belgische, elsasser, holländische und rosenfarbige avignoner Krapp, wenn sie alle gehörig mit Kreide versezt werden, gerade so wie der avignoner Krapp von den Paluds ohne Kreidezusaz, Farben liefern, die nach den Avivir-operationen sehr schön und lebhaft sind, und daß in dieser Hinsicht zwischen jenen vier Krappsorten kein merklicher Unterschied Statt findet. Zu den bisherigen Versuchen hatte ich einen mit einem Weißbodenmuster bedrukten Baumwollenzeug angewandt; sie ließen in Bezug auf die Lebhaftigkeit der Nüancen nichts zu wünschen übrig und bewiesen genügend, daß der belgische Krapp für diesen Fabricationszweig die anderen Krappsorten ersezen kann; nun entstand aber die Frage, ob dieß auch bei den übrigen Krappartikeln der Fall ist. Die Färber ziehen nämlich für gewisse Artikel sehr oft eine Krappsorte der anderen vor; so nimmt man z. B. zum Türkischrothfärben der Baumwolle vorzugsweise avignoner Krapp, für seidene Foulards holländer Krapp ꝛc. Ich färbte daher mit denselben vier Krappsorten einen für Türkischroth gebeizten Baumwollzeug und zwar sowohl mit als ohne Kreidezusaz; nach dem Färben zeigte sich kein merklicher Unterschied im Roth; als die Proben aber im geschlossenen Kessel avivirt und einige Tage auf den Bleichplan ausgelegt wurden, zeigten sich dieselben Unterschiede, wie vorher bei den Weißböden, es war nämlich das mit belgischem, elsasser und holländischem Krapp ohne Kreidezusaz gefärbte Roth hell und schäbig, während es bei Anwendung von Kreide ebenso intensiv und lebhaft war, wie ein mit avignoner Krapp (Palud) ohne Kreidezusaz gefärbtes.

Bei der Seidenfärberei kommt es hauptsächlich darauf an, den Boden schön weiß zu erhalten und ein in Scharlach stechendes Roth, so wie ein intensives Schwarz zu erzielen. Ich stellte in dieser Beziehung einige Versuche mit den vier Krappsorten an, wobei ich der Flotte, wie es gewöhnlich geschieht, Kleie zusezte und den Zeugen (um den weißen Grund zu bleichen) dann noch eine Kleienpassage gab. Es ergab sich dabei, daß der belgische Krapp in der Seidenfärberei hinsichtlich des Nichteinschlagens in den weißen Grund, der Lebhaftigkeit und Intensität der Farben eben so gute Resultate liefert wie der holländische, elsasser und avignoner.

Ich nehme es daher als ausgemacht an, daß der belgische Krapp mit dem holländischen ganz identisch ist, und den avignoner und elsasser für alle Artikel ersezen kann.

Dritte Frage. Hat alter Krapp in der That Vorzüge vor frischem, und worin bestehen sie?

Alle Praktiker geben altem Krapp den Vorzug und behaupten, daß der Krapp wenigstens eine gewisse Zeit in Fässer verpakt gelegen haben muß, damit er beim Färben ganz gute Resultate geben kann; nur wenige Personen haben aber bis jezt die Ursache dieser Verbesserung des Krapps zu ermitteln versucht.

In der deutschen Ausgabe von Bankroft's Färbebuch [30]) bemerken die HHrn. Dingler und Kurrer, daß gemahlener und in gut verschlossenen Fässern aufbewahrter Krapp sich während mehrerer Jahre in Folge einer Gährung verbessert; daß er dabei um 4 — 5 Procent an Gewicht und um ein Drittel an Färbevermögen zunimmt. Diese Verbesserung erreicht nach diesen Chemikern vom dritten bis zum vierten Jahre ihr Maximum, und der Krapp fängt nach dem sechsten Jahre an Güte zu verlieren an; sie sezen hinzu, daß dagegen ungemahlene Wurzeln sich in Folge ihrer beständigen Berührung mit der Luft mit der Zeit verschlechtern.

Einige Versuche, welche ich im Kleinen anstellte, bestätigen die bisherige Erfahrung im Großen vollkommen. Als ich das Färbevermögen frischer Wurzeln (so wie sie aus der Erde kommen) mit denselben Wurzeln, welche unmittelbar nach der Ernte rasch getroknet worden waren, verglich, fand ich wenig oder keinen Unterschied; ich nahm zu diesen Versuchen von den frischen Wurzeln immer eine dem Gewichte der getrokneten entsprechende Quantität, indem ich nach der Stärke der Wurzeln 80 — 85 Proc. Gewichtsverlust durch das Austroknen rechnete. Der geringe Unterschied, welcher sich bei diesen Färbeversuchen zeigte, war bald zu Gunsten der frischen, bald zu Gunsten der getrokneten Wurzeln, je nach ihrer Güte, ihrem Alter, und besonders nach dem Verfahren beim Austroknen; wenn das Troknen einige Tage dauert und man dann die gepulverten Wurzeln noch drei bis vier Tage bis zur Prüfung liegen läßt, so färbt der getroknete Krapp immer schwächer als der frische.

Zu solchen Versuchen mußte ich immer 18 bis 20 Gramme getrokneter und gepulverter Wurzeln nehmen, um einen Quadratfuß Baumwollenzeug zu sättigen, welcher mit einem weißbodigen Dessin bedrukt war. Ich hatte auf diese Art im November 1833 ein Muster von neuem Krapp probirt und es dann in einer mit einem Korkpfropf versehenen Glasflasche aufbewahrt; im December 1836 lieferten zwölf Gramme von diesem Krapp eben so dunkle und satte Farben als drei Jahre zuvor 18 und 20 Gramme, was für diese Zeit eine Verbesserung um 50 bis 60 Proc. ausmacht.

Beim Färben im Großen ist indessen der Unterschied selten so beträchtlich; öfters sind 100 Kilogr. Krapp, welcher zwei Jahre lang

30) Bankroft's Färbebuch; deutsche Ausgabe von Dingler und Kurrer (Nürnberg, bei Schrag) Bd. II. S. 292.

auf den Fässern gelegen hat, gleich 120 Kilogr. Krapp, der nur zwei Monate lag; mittelmäßige, 10 Jahre aufbewahrte Krappwurzeln lieferten, obgleich sie ganz braun geworden waren, beim Färben dieselben Resultate wie Krapp von erster Qualität.

Ich habe Krapp sogar 14 Jahre lang in gut verschlossenen Glasflaschen aufbewahrt, und er färbte dann noch ganz gut. Eine der merkwürdigsten Thatsachen, welche ich in dieser Hinsicht beobachtete, war eine Zunahme des Färbevermögens um 80 Proc. bei avignoner und elsasser Krapp nach zehnjähriger Aufbewahrung; ich ließ diese Krappe vor der Aufbewahrung einige Tage an einem sehr feuchten Orte liegen, wodurch sie auf das Vierfache ihres anfänglichen Volums aufquollen, worauf ich sie erst wieder troknete und dann in eine mit einem Korkpfropf verschließbare Glasflasche brachte. Von diesem alten Krapp färben jezt sieben Gramme einen Quadratfuß Zeug eben so dunkel und satt, als vor 10 Jahren zwölf Gramme eine mit demselben Muster bedrukte Fläche färbten.

Auch die nicht in Pulver, sondern unzerkleinert aufbewahrten Krappwurzeln (Alizaris) zeigen eine Verbesserung, und zwar tritt dieselbe bei ihnen schneller ein, weil sie der Luft und Feuchtigkeit mehr ausgesezt sind, als das in Fässer eingeschlagene Krapppulver. Die schnelle Verderbniß der ganzen Wurzeln, von der Manche sprechen, trifft nur den Zuker, Schleim &c., aber nicht den Farbstoff, wenigstens war es so bei Wurzeln, welche 8 Jahre lang im Haufen in einem Magazine gelegen hatten und nach dieser Zeit ein um 50 bis 60 Proc. größeres Färbevermögen zeigten, als 2 — 3 Tage nach ihrer Ernte. — Frischer Krapp hat außer dem geringeren Färbevermögen noch den Nachtheil, daß er beim Färben weit mehr in den weißen Grund schlägt.

Nachdem nun die Vorzüglichkeit alter Krappe erwiesen ist, wollen wir die Ursachen davon aufsuchen. Daraus, daß alter Krapp beim Färben besser ausgibt als neuer, kann man keineswegs schließen, daß lezterer weniger Farbstoff enthält, oder daß sich bei seiner Aufbewahrung Pigment bildet. Betrachtet man den ursprünglichen Zustand des Krappfarbstoffs in der Wurzel, und die Behandlung, welcher leztere bis zum Färben unterworfen wird, so kann man nur Luft und Feuchtigkeit als Ursachen jener Veränderung ansehen, da der Krapp ohne Unterlaß mit diesen beiden Agentien in Berührung ist. Diese Einflüsse bewirken, daß der Farbstoff, welcher in der frischen Wurzel gelb ist, roth wird, daß der Krapp anfänglich an Gewicht zunimmt (später wieder abnimmt), dunkler wird, sich zusammenballt, hart wird.

Der Einfluß der Luft, oder vielmehr ihres Sauerstoffs auf den

Krapp ist schon von vielen Chemikern anerkannt und bezeichnet worden. Wenn man eine frische Krappwurzel durchschneidet oder ihren Saft auspreßt, so sieht man deutlich, daß die gelbe Farbe des Krapps in Berührung mit der Luft in Roth übergeht. Diese Modification oder Oxygenation des Farbstoffs findet schon beim Troknen der Wurzeln Statt, welches zwei Mal vorgenommen wird und lange dauert, namentlich aber auch beim Zerkleinern derselben, wobei sie erst an allen Theilen mit der Luft in Berührung kommen.

Um zu erfahren, welchen Einfluß diese Veränderung des Farbstoffs auf das Färbevermögen hat, stellte ich folgende Versuche an: ich wusch 60 Gramme frischer Krappwurzeln rein ab, zerrieb sie in einem porcellanenen Mörser zur Breiconsistenz, und sezte den hellgelben Brei in dünnen Lagen unter öfterem Umwenden 24 Stunden lang der Luft aus; er wurde dadurch dunkelrothbraun. Den anderen Tag zerrieb ich nochmals 60 Gramme Krapp zu Brei, um denselben, ohne ihn vorher der Luft auszusezen, zum Färben verwenden zu können. Beide Proben verdünnte ich nun mit 1 Liter Wasser und färbte in diesen Flüssigkeiten zwei gleichgroße weißbodige Zeugproben aus; die Operation wurde in weiten Schalen vorgenommen und das Bad beständig umgerührt, um es so viel als möglich mit der Luft in Berührung zu bringen. Gleichzeitig wurde ein dritter Versuch mit 60 Grammen (unter Wasser) zerriebenen frischen Krapps gemacht, welche man aber gleich nach dem Reiben in eine enghalsige Flasche mit 1 Liter luftfreien destillirten Wassers brachte, die man, nachdem die gebeizte Zeugprobe hineingethan war, mit einem Kork verschloß, durch welchen eine ausgezogene Glasröhre ging.

Bei diesen Färbeversuchen erhielt ich mit dem Krapp, welcher sich vorher an der Luft oxydirt hatte und auch mit demjenigen, welcher gegen den Luftzutritt verwahrt worden war, hellere Farben als mit Krapp, welcher vorher nicht oxydirt war und nur während der Färbeoperation selbst sich modificiren oder oxydiren konnte. Wiederholungen der Versuche mit den verschiedensten Krappsorten gaben stets dasselbe Resultat.

Diese Beobachtungen sind für die Krappfärberei von großem Interesse; sie beweisen, daß, wenn sie möglichst gut und vortheilhaft bewerkstelligt werden soll, man den Farbstoff in desoxydirtem Zustande anwenden und erst während der Färbeoperation selbst (oder während seiner Verbindung mit den Beizmitteln) sich oxydiren lassen muß. Ich muß auf diese Bemerkung ganz besonders aufmerksam machen, weil sie uns wahrscheinlich zur Lösung des wichtigsten Problems führen wird, nämlich allen im Krapp enthaltenen Farbstoff durch die Färbeoperation ausziehen zu können, und ich stimme ganz

Hrn. **Kuhlmann** bei, welcher in einer interessanten Abhandlung [31]) sagt: „nur durch ein genaues Studium des Einflusses, welchen der Sauerstoff auf die Entstehung der Farben hat, werden wir zu einer vollständigeren Theorie von der Wirkung der Beizmittel und der Erscheinungen in den Färbereien überhaupt gelangen." — Wie also die getrokneten und zerkleinerten Krappwurzeln zur Aufbewahrung gelangen, enthalten sie den Farbstoff im oxydirten, für das Färben ungünstigen Zustande; in den Fässern tritt aber eine äußerst langsame Gährung ein, welche, wie wir später sehen werden, den Farbstoff wieder desoxydirt.

Diesen verschiedenen Zustand des Farbstoffs in den frischen und den alten Krappwurzeln erkennt man leicht, wenn man beide einige Minuten in Wasser von 16° R. maceriren läßt, filtrirt und die Infusionen theils einige Stunden stehen läßt, theils sogleich betrachtet. Bei frischem Krapp fallen beide Infusionen in der Farbe nicht merklich verschieden aus, während bei altem Krapp die an der Luft gestandene dunkler ist. Nach diesem sollten nun freilich frische, ungetroknete Krappwurzeln besser färben als getroknete; der Unterschied ist aber sehr gering, theils weil schnelles Troknen und Pulvern kurz vor dem Färben die Wirkung der Oxydation nicht vollständig werden läßt, theils weil der nachtheilige Einfluß der schleimigen Bestandtheile bei den frischen Wurzeln hier mit in Betracht kommt.

Frisches Krapppulver zieht die Feuchtigkeit aus der Luft schnell an, namentlich elsasser, holländischer und belgischer Krapp. Bringt man neuen Krapp sogleich nach dem Troknen und Mahlen in gläserne Gefäße, die man ganz damit füllt und luftdicht verschließt (auch gegen das Licht verwahrt), so erhält er sich ins Unbestimmte, ohne an Gewicht zuzunehmen und ohne dunkler oder hart zu werden, sowie ohne Vermehrung des Färbevermögens. Anders verhält es sich in leicht verschlossenen Flaschen oder Fässern; hier wird das Pulver dunkler, härter, schwerer, jedoch in verschiedenem Grade nach dem Alter der Wurzeln vor dem Pulvern, nach der Feuchtigkeit, nach Größe, Art und Aufbewahrungsort der Fässer, so wie nach der Jahreszeit. — Krapppulver aus neuen Wurzeln, welches gleich nach der Pulverisirung in Fässer geschlagen wird, nimmt im ersten Jahre um 1—3 Proc., im zweiten um ½—2 Proc. an Gewicht zu, im dritten Jahre aber dann gewöhnlich nicht mehr, und von nun an nimmt das Gewicht wieder ab. — Häufig müssen die Krappwurzeln, nachdem sie an der Luft (wie in Avignon) oder in Trokenstuben (wie in den übrigen Gegenden) getroknet worden sind, längere Zeit in Bal-

31) Polyt. Journal Bd. LII. S. 137.

len oder Haufen liegen, wo sie stets mit Luft und Feuchtigkeit in Berührung sind. Dabei nehmen die an der Luft getrokneten Wurzeln nicht, die künstlich getrokneten bis 2 Proc. an Gewicht zu. Alte Wurzeln geben ein dunkles Pulver, welches weniger an Gewicht in den Fässern zunimmt und sich weniger verhärtet als das Pulver von neuen Wurzeln. Wo das Pulver, ehe es in Fässer geschlagen wird, einige Zeit an der Luft liegen bleibt, nimmt es natürlich nachher in den Fässern weniger an Gewicht zu. Obgleich das Krapppulver in den Fässern fest eingestampft ist, dringt doch die Feuchtigkeit allmählich bis in die Mitte der Fässer ein, wenn diese auch sehr gut verfertigt und mit Pappe gefüttert sind. — Diese Bemerkungen gelten von allen Krappsorten, und das verschiedene äußere Ansehen des avignoner Krapppulvers hat seinen Grund mehr in der verschiedenen Behandlung als in dem Kalkgehalte; wenigstens geben die anderen Krappsorten bei gleicher Behandlung ganz ähnliche Pulver. Bei Avignon erntet man die Wurzeln im August und September, troknet sie gleich auf dem Felde, bewahrt sie in Ballen und Haufen in den Magazinen auf, troknet sie dann in geschlossenen Trokenstuben bei 48—52° R., mahlt sie zu Pulver, läßt lezteres sich an der Luft röthen, und schlägt es dann erst in Fässer. In Elsaß, Holland und Belgien troknet man die Wurzeln künstlich gleich nach der Ernte und dann noch ein Mal vor dem Mahlen. Die Trokenstuben lassen die Dämpfe leicht entweichen, und man sorgt sehr für die Entfernung derselben, damit das Pulver gelb ausfalle. Das Pulver wird sogleich in die Fässer gebracht. Behandelt man avignoner Krapp auf leztere Art, so fällt er heller aus und wird auf den Fässern hart; gelb wird er allerdings nie, weil ihm die freie Säure der anderen Krappsorten abgeht, welche wahrscheinlich pektische Säure ist.

Wasser bestimmt den Krapp bald zur Gährung auf Kosten seiner schleimigen und zukerigen Bestandtheile, welche dann für das Färben unschädlich werden, so daß gegohrener Krapp besser färbt als ungegohrener. Ich habe hierauf schon in einer früheren Abhandlung (polyt. Journal Bd. LVII. S. 478) aufmerksam gemacht und diese Beobachtung machten auch die HHrn. Köchlin-Schuch [32]) und Kurrer. [33]) Die Gährung des Krapps ist im Anfang die geistige, sie geht aber bald in die saure über. Ganz ähnlich, nur natürlich viel langsamer, wirkt bloße Feuchtigkeit; auch sie zerstört allmählich die fremden Stoffe, macht den Krapp dunkler und desoxydirt den Farbstoff.

Ich mußte nun untersuchen, ob bei dem Altern des Krapps in

32) Polyt. Journal Bd. XXVII. S. 223.
33) Polyt. Journal Bd. XXIII. S. 75.

den Fässern ebenfalls Kohlensäure und Alkohol und später Essigsäure entsteht, wie bei der bereits besprochenen Gährung seiner zukerigen Bestandtheile. Schon früher habe ich einmal bemerkt, daß der avignoner Krapp etwas freie Kohlensäure enthält, welche sich beim Kochen desselben in Wasser entbindet, während dieß bei elsasser Krapp nicht der Fall ist [34]); seitdem habe ich gefunden, daß die freie Kohlensäure nur in altem Krapppulver, und in geringerem Grade auch bei den übrigen Krappsorten, in frischem Pulver aber gar nicht vorkommt. Sie ist also ein zurükgehaltener Rest des bei der Gährung entwikelten und durch die Fässer gedrungenen kohlensauren Gases, und avignoner Krapp hält vielleicht deßwegen mehr davon zurük, weil der kohlensaure Kalk zu doppelt-kohlensaurem wird. Daß alter Krapp Alkohol enthält, erkennt man schon an seinem weinartigen Geruche, welchen der frische fast gar nicht besizt. — Wenn der Krapp in den Fässern die geistige Gährung durchgemacht hat, dauert es gewöhnlich längere Zeit, ehe die saure Gährung eintritt; in einem warmen und feuchten Locale geschieht dieß schneller. Den Eintritt der sauren Gährung erkennt man leicht daran, daß der Krapp beim Erwärmen sauer reagirende Dämpfe von Essigsäure entwikelt. Die freie Säure ist namentlich vorherrschend in den alten kalkfreien Krappsorten, während sich im avignoner Krapp die Essigsäure mit dem Kalke verbindet.

Die Erfahrung zeigt, daß man durch künstlich unterstüzte Gährung das Färbevermögen frischen Krapps bald vermehren kann, und daß eine solche Vermehrung nicht Statt findet, wenn der Krapp unter Umständen aufbewahrt wird, die der Gährung hinderlich sind. Schon in meiner früheren Abhandlung [35]) habe ich angeführt, daß es mir gelang, das Färbevermögen eines Krapps um 12 Proc. dadurch zu vermehren, daß ich ihn fünfzehn Tage lang in einem feuchten und etwas warmen Locale der Luft aussezte; seitdem habe ich hierüber noch mehrere Versuche angestellt. Ich ließ verschiedenartige Krappproben 10 Tage lang in flachen Schüsseln an einem feuchten Orte bei + 16 bis 20° R. stehen; eine gleiche Reihe von Proben bei — 4° bis + 3½° R. Natürlich fand nur bei der ersten Reihe Gährung Statt, obgleich beide aufquollen, schwerer und dunkler wurden. Bei der ersten wurde eine Vermehrung des Färbevermögens um 10—12 Proc. beobachtet, bei der zweiten nicht. Neuer elsasser, belgischer und holländischer Krapp hatten in der Wärme den größten Theil der freien Säure entweichen lassen, was mit der Zeit auch auf Fässern geschieht, da die wässerigen Aufgüsse sehr alter Krappe

34) Polyt. Journal Bd. LII. S. 193.
35) Polyt. Journal Bd. LVII. S. 483.

kaum oder gar nicht mehr sauer reagiren. — Krapp, der lange in Fässern aufbewahrt wird, zieht kein Wasser mehr an; er wird nach acht bis zehn Jahren fast geschmaklos und gibt dann an Wasser keine schleimigen Theile mehr ab. — In kleinen Fässern, feuchten Waarenlagern, namentlich aber bei ganzen Alizariwurzeln in Säken, ist die Gährung besonders lebhaft; leztere sind schon nach vier Jahren geschmaklos.

Ueber die Wirkungsart von Luft und Feuchtigkeit auf Krapp kann also kein Zweifel mehr seyn; die Gährung zerstört einen Theil der zukerigen und schleimigen Bestandtheile, welche beim Färben das rothe Pigment zurükhalten und auch das Einschlagen desselben in den weißen Grund verursachen; besonders aber vernichtet sie auch wieder den anfänglichen nachtheiligen Einfluß der oxydirenden Luft auf sein Pigment, und verbessert somit den Krapp.

Vierte Frage. Welches ist das leichteste und sicherste Prüfungsmittel der Krappsorten?

Da das Färbevermögen des Krapps nicht allein vom absoluten Farbstoffgehalte, sondern auch von den übrigen eine völlige Ausziehung des Farbstoffs mehr oder weniger hindernden Stoffen [36]) abhängt, so sind die wichtigsten Proben unbedingt die praktischen Färbeproben. Indem diese den wahren praktischen Werth eines Krapps nicht nur hinsichtlich der Intensität, sondern auch der Aechtheit und Schönheit der damit erzielbaren Farben kennen lehren, lassen sie auch jede absichtliche Verfälschung desselben leicht erkennen.

Den Krapp nach der Farbe des Pulvers zu beurtheilen ist sehr trügerisch, denn sehr unscheinbares altes Krapppulver kann gerade sehr gut färben. Diese sehr übliche Art der Beurtheilung verführt auch die Krappproducenten zu Versuchen, ihrem Producte, selbst auf Kosten des wahren Gehaltes, ein schönes Ansehen zu geben.

Das Verfahren, welches ich zur Prüfung des Krapps vorschlage und wodurch sehr geringe Unterschiede in seiner Güte entdekt werden können, ist dasselbe, welches ich schon früher beschrieben habe [37]); es beruht auf einer Vergleichung der mit dem zu prüfenden Krapp gefärbten Zeugproben mit Normalproben, und wird folgender Maßen ausgeführt:

Man bereitet sich eine Quantität gleichförmig gebeizten Stoffes vor; die Kattundruker können hiezu einen mit Mordant für doppeltrothe Böden bedrukten Zeug, die Türkischrothfärber einen geölten

36) Wahrscheinlich wird bloß durch einen einzigen der fremdartigen Bestandtheile des Krapps diese Wirkung hervorgebracht.

37) Polyt. Journal Bd. LVII. S. 457.

und gebeizten Zeug, die Garnfärber gebeiztes Garn 2c. wählen. Nur versteht sich, daß man bei der Zubereitung des Stoffs in der Folge immer wieder auf gleiche Art verfahren muß. Man verschafft sich nun einen kleinen Kessel von Kupfer oder Eisenblech, welcher beiläufig 7 Zoll hoch ist und 1 bis 1½ Fuß im Durchmesser hat, je nach der Anzahl von Proben, die man auf ein Mal machen will; 1 Zoll vom Boden muß er mit einem durchlöcherten Doppelboden versehen seyn, auf welchen man die Glasflaschen (von 1 Liter Inhalt) zur Ausführung der Proben stellt. Der Kessel hat einen Dekel mit Oeffnungen für die Flaschenhälse. Zum Aviviren der gefärbten Muster ist noch ein kleiner Kessel von verzinntem Kupfer nöthig, welcher 6 bis 8 Liter faßt. Nun bereitet man sich eine Normalreihe von Proben, indem man gleich große Stüke des gebeizten Zeuges (von beiläufig 1 Quadratfuß) mit abgewogenen Mengen (von 1, 2, 3 bis 15 oder 20 Grammen) eines anerkannt guten Krapps ausfärbt; jedenfalls muß die lezte Probe mit Krapp übersättigt seyn. Man nimmt zum Färben destillirtes Wasser und erhizt im Wasserbade so, daß die Temperatur der Flotten jede Viertelstunde um 4° steigt; nach anderthalb Stunden oder wenn die Flotten auf 56° R. gekommen sind, steigert man das Wasserbad zum Kochen, welches man ½ Stunde unterhält. Um so zu sagen ohne besondere Aufmerksamkeit eine sehr regelmäßige Temperaturerhöhung zu bewirken, füllt man einen kleinen Ofen mit glühenden Kohlen, verschließt das Aschenloch und bedekt das Feuer mit einer Eisenblechtafel, auf welche man den Kessel stellt, der sich so sehr regelmäßig erhizt. Von Zeit zu Zeit ändert man die Lage des Kessels, damit sich alle Flaschen gleichmäßig erhizen können.

Nach dem Färben werden die Muster gewaschen, getroknet, in zwei gleiche Theile getheilt, wovon man den einen, so wie er ist, aufbewahrt, den anderen aber nochmals gerade so wie zuvor färbt, nämlich mit eben so viel Krapp im Verhältnisse zur Zeugoberfläche. Nach diesem zweiten Färben wird von jedem Muster ein Theil weggeschnitten, und dann werden sie alle mit einander den für den Artikel passenden Avivagen unterworfen. Für meine Muster von doppelrothem Grund bestanden sie in einem Seifenbade von 48° R. (⅔ Loth Seife auf 8 Pfd. Wasser), einem Säurebade von 48° R. (⅓ Loth Salpetersäure von 34° Baumé auf 8 Pfd. Wasser) und endlich einem kochenden Seifenbade wie das erste. Jede Passage dauerte ½ Stunde und die Muster wurden nach jeder Operation gewaschen.

Die eigentlichen Proben stellt man nun mit einer den mittleren Nüancen der Musterreihe entsprechenden Quantität des zu prüfenden

Krapps an; das Krappgewicht muß jedenfalls so gewählt werden, daß man eine Farbe erhält, die hinreichend satt ist, um den Avivagen widerstehen zu können, die aber doch noch viel höher getrieben werden kann, so daß sich selbst bessere Krappsorten, als zur Musterreihe dienten, noch erkennen lassen.

Zu meinen Versuchen nahm ich immer $^2/_3$ Loth (10 Gramme) des zu prüfenden Krapps auf einen Quadratfuß gebeizten Zeug, den ich in eine Glasflasche brachte, welche $^3/_4$ Liter ($1^1/_2$ Pfd.) auf 32° R. erwärmtes Wasser faßte und schritt dann auf die angegebene Weise zur Färbeoperation. Wenn man die gefärbten Proben mit den Nüancen der Normalreihe vergleicht, so kann man die Güte oder den Werth des geprüften Krapps leicht beurtheilen und bestimmen; wenn z. B. 10 Gramme eines probirten Krapps eine Nüance gaben, welche der mit 4 Grammen bei der Normalreihe erzielten entspricht,, so hat jener einen um 60 Proc. geringeren Werth als der zur Darstellung der Normalreihe angewandte.

Die Krappprobe ist nach dem ersten Färben beendigt, wenn man nur sein Färbevermögen erfahren will; wenn man aber die erhaltenen Farben auch noch auf ihre Solidität und Lebhaftigkeit prüfen will, so muß ein zweites Färben vorgenommen werden, indem man, wie ich bereits bemerkte, die Hälfte des einmal gefärbten Zeuges abschneidet und die andere, so wie sie ist, aufbewahrt. Jene Hälfte wird mit 5 Grammen desselben Krapps und $^1/_2$ Liter auf 32° R. erhizten Wassers gerade so wie vorher gefärbt. Ein Theil der Muster von diesem zweiten Färben wird avivirt, wo sie dann neuerdings das Färbevermögen des Krapps und zugleich die Lebhaftigkeit und Solidität der Farben anzeigen.

Wenn man elsasser, holländischen oder belgischen Krapp probirt, muß man ihn mit $^1/_{10}$ Kreide versezen; kennt man hingegen den Ursprung des Krapps nicht, so färbt man mit und ohne Kreide und avivirt beide Proben.

Ich ziehe es vor, die Muster mit der erforderlichen Menge Krapp auf zwei Mal zu färben; denn da man dann beim ersten Färben ziemlich helle Nüancen erhält, so ist der Unterschied auffallender; überdieß erfordern schwere Muster zu ihrer Sättigung eine ziemlich bedeutende Portion Krapp, welcher bei nur einmaligem Färben von zwei Stunden Dauer nicht erschöpft werden könnte. (Durch zweimaliges Färben erhält man bekanntlich mit derselben Menge Krapp dunklere Nüancen als durch einmaliges; dehnt man hingegen die Dauer des einmaligen Färbens auf vier Stunden aus — also auf dieselbe Zeit, wie beide Operationen zusammengenommen — so findet kein Unterschied in den Nüancen mehr Statt.)

Nach dem verschiedenen Zweke kann das Färbeverfahren bei diesen Proben sich ändern, nur bleibt es Regel, die Proben auf dieselbe Art zu färben wie die Musterreihe. So färbt man leichte Dessins auf ein Mal in drei Stunden; bei Türkischroth kocht man länger u. s. w.

Die zu prüfenden Krappproben müssen, sobald man sie aus dem Fasse genommen hat, in Glasflaschen verwahrt werden, welche man damit voll füllt und dann mit einem Korkpfropf wohl verschließt.

Durch diese Probe, welche seit einigen Jahren mit Erfolg in mehreren Färbereien angewandt wird, ist man gegen jeden Betrug gesichert; sie zeigt nämlich nur die Menge des nuzbaren Farbstoffs in einem gegebenen Gewicht Krapp an, und also auch den Verlust an Pigment, welchen betrügerischer Weise zugesezte Substanzen verursachen können, indem sie eine Quantität desselben niederschlagen oder sich mit ihm verbinden. Wenn der Krapp mit anderen Farbstoffen von geringerem Werth verfälscht ist, erkennt man dieß an der Nüance der gefärbten Muster oder daran, daß sie den Avivagen nicht widerstehen.

Eine Probe, welche den absoluten Farbstoffgehalt des Krapps auf bequeme Art finden läßt, ist jedoch für viele Fälle ebenfalls wünschenswerth, namentlich wenn man einen jungen Krapp kauft, um ihn auf dem Fasse alt werden zu lassen und also den künftig zu erwartenden Effect zu wissen wünscht. [38])

Das beste Auflösungsmittel für Krappfarbstoff ist Essigsäure von 1,012 spec. Gew. ($1\frac{1}{2}^\circ$ Baumé) und sie wurde auch schon vor mir zu diesem Zwek einmal empfohlen. Kocht man Krapp mit Essigsäure und filtrirt, so scheidet sich beim Erkalten ein orangefarbiger, stark färbender Stoff aus, der meiste Farbstoff bleibt aber nebst Schleim aufgelöst. Wäscht man erst mit Wasser, Schleim und Zuker aus dem Krapp fort, so ist der orangefarbige Absaz wohl viermal stärker. Wegen dieses Einflusses der schleimigen Theile ist die Essigsäure für den vorliegenden Zwek sehr unsicher. Elsasser Krapp gibt mit Essigsäure nur $\frac{1}{4}$ desjenigen Farbstoffniederschlags, welchen avignoner Krapp bei gleichem Farbstoffgehalt liefert. Es war also ein Mittel aufzufinden, welches die schleimigen und zukerigen Stoffe aus dem Krapp auflöst, ohne den Farbstoff mit aufzunehmen oder zu verändern. Nach zahlreichen Versuchen, welche ich deßhalb anstellte, blieb ich bei folgenden vier Behandlungsweisen stehen:

1) Man digerirt 10 Gramme ($\frac{2}{3}$ Loth) Krapp in der Kälte 12 Stunden lang mit Wasser, welches $\frac{1}{50}$ Essigsäure von 1,012 spec.

38) Die von dem Verfasser angegebene möchte jedoch für Techniker zu schwierig seyn. A. d. R.

Gew. (1½° Baumé) enthält, filtrirt dann durch Baumwollzeug und behandelt den Rükstand wieder 2 Stunden lang auf gleiche Weise. Dadurch werden dem avignoner Krapp die schleimigen Theile vollständig entzogen, ohne daß sich Farbstoff auflöst; der elsasser, holländische und belgische Krapp hingegen färben die Flüssigkeit ein wenig.

2) Man digerirt 10 Gramme Krapp in der Kälte 12 Stunden lang mit einem halben Liter einer gesättigten Kochsalzauflösung, filtrirt durch Baumwollzeug und digerirt ihn dann noch 2 Stunden mit Wasser, welches 1/50 Essigsäure von 1½° Baumé enthält. Die gesättigte Kochsalzauflösung entzieht dem avignoner Krapp keine Spur Farbstoff; der elsasser, holländische und belgische Krapp hingegen, welche freie Säure enthalten, färben sie schwach.

3) Das Verfahren ist dasselbe wie das vorige, nur wendet man statt der Kochsalzlösung eine gesättigte Glaubersalzlösung an, womit man den Krapp bei 12 bis 16° R. digerirt. In diesem Falle findet aber gerade das Gegentheil Statt, denn es löst sich aus dem elsasser, holländischen und belgischen Krapp keine Spur Farbstoff auf, während sich die Flüssigkeit bei dem kalkhaltigen avignoner Krapp schwach färbt. Ein Gemisch von gleichen Theilen dieser Salzlösungen hingegen löst aus keiner Krappsorte Farbstoff auf.

Die ersten Digestionen müssen bei diesen verschiedenen Lösungsmitteln nothwendig 10—12 Stunden lang fortgesezt werden, weil sie alle in der ersten Zeit Farbstoff auflösen, der sich dann erst wieder niederschlägt. Zum Filtriren nimmt man einen Baumwollzeug, welchen man dann auswascht, worauf der Krapprükstand erst noch mit schwach essigsaurem Wasser digerirt wird, um ihm den Rest der schleimigen Theile (nebst dem Kochsalz oder Glaubersalz) ganz zu entziehen. Diese zweite Digestion kann 2 Stunden dauern, ohne daß sich Farbstoff auflöst.

4) Am zwekmäßigsten ist jedoch die wässerige Gährung zur Entfernung der Nebenbestandtheile ohne Nachtheil für den Farbstoff. Man wägt 10 Gramme des zu prüfenden Krapps ab, bringt sie in einer Glasflasche mit ½ Liter (1 Pfund) destillirten Wassers von 20 bis 24° R. und etwas Bierhefe zusammen, läßt 24 Stunden lang bei 20 bis 24° R. maceriren, filtrirt dann durch ein rund geschnittenes Stük Baumwollzeug von beiläufig 8 Zoll Durchmesser, welches man in einen kleinen Glastrichter stekt, wobei man das Ganze umrührt und das zuerst Durchgelaufene zwei bis drei Mal aufs Filter zurükgibt. Nun bringt man den Filterinhalt in die Flasche zurük und wäscht das Filter mit essigsäurehaltigem Wasser aus, welches man dann auf den Krapprükstand gießt und unter öfterem Umrühren 2 Stunden damit digeriren läßt. Man filtrirt dann wieder durch das-

selbe Baumwollfilter (nachdem es ausgewaschen worden ist), bringt jezt den Rükstand in einen Glaskolben, wäscht dann das Filter mit 1 Pfd. Essigsäure von 1½° Baumé sorgfältig aus und gießt die saure Flüssigkeit ebenfalls in den Kolben. Man kocht nun 10 Minuten lang, läßt dann eine Minute absezen und gießt dann das Klare siedendheiß auf ein Papierfilter. Auf den Rükstand im Kolben gießt man wieder 1 Pfd. Essigsäure von 1½° B., kocht abermals 10 Minuten und gießt nun das Ganze sogleich auf dasselbe Papierfilter wie die vorige Flüssigkeit. Die filtrirten Flüssigkeiten vereinigt man in einem großen Cylinderglase, wo sie beim Erkalten orangefarbige Floken absezen. Alsdann sättigt man die ganze Flüssigkeit mit krystallisirtem Kochsalze, läßt noch 8—10 Stunden lang absezen und filtrirt dann durch ein kleines, vorher getroknetes und gewogenes Papierfilter[39]), worauf man dasselbe so lange mit destillirtem Wasser auswäscht, bis das Durchgelaufene das Lakmuspapier nicht mehr röthet. Man troknet und wägt endlich den im Filter enthaltenen Farbstoff.

Die saure Flüssigkeit hält selbst nach dem Erkalten noch eine gewisse Menge Farbstoff zurük, welche sich erst bei ihrer Sättigung mit Kochsalz niederschlägt. Man muß sie daher sogleich nach dem Erkalten mit 600 Grammen (2¼ Pfd.) Kochsalz versezen, welche zur Sättigung von zwei Litern hinreichend sind. Es versteht sich, daß der ausgeschiedene Farbstoff so lange ausgewaschen wird, bis er kein Kochsalz mehr enthält.

Ich habe nach diesem Verfahren den absoluten Farbstoffgehalt aller vier Hauptkrappsorten bestimmt und fast gleichgefunden, nämlich $4^1/_{10}$ bis $4^2/_{10}$ Procent; dazu wurden anerkannt gute Qualitäten gewählt. Schlechtere Qualitäten enthielten nur $1^9/_{10}$ bis $2^7/_{10}$ Proc. Farbstoff. Frische Krappwurzeln von ganz schwachem Färbevermögen lieferten nach diesem Verfahren doch $3^8/_{10}$ bis $4^2/_{10}$ Procent Farbstoff.

Der Bulletin enthält über die vorstehende Abhandlung Schlumberger's auch einen Bericht von Scheurer, welcher im Ganzen nur ein beifälliger Auszug daraus ist. Hinsichtlich der Ausscheidung des Krappfarbstoffs auf dem Wege der Gährung fügt jedoch Hr. Scheurer einige Bemerkungen bei. Die verdünnte Essigsäure und noch mehr die beiden andern Mittel lösten stets etwas Farbstoff mit auf, welcher sich durch Ammoniak zu erkennen gab. Auch bei der Gährung ist nach Scheurer Farbstoffverlust möglich, wenn dieselbe nicht vollständig war; er räth daher, ziemlich viel Hefe anzuwenden

39) Das Filtriren geht sehr leicht von Statten.

und das Gemenge bei einer Temperatur von mindestens 16 bis 20° R. vollständig ausgähren zu lassen. Am sichersten fand er ein gemischtes Verfahren, nämlich die Gährung nicht mit bloßem Wasser, sondern mit verdünnter Essigsäure anzustellen; dadurch scheint die Bildung von etwas Alkohol, welcher einen Farbstoffverlust bedingen könnte, verhindert zu werden. Scheurer hat bei Anwendung des gemischten Verfahrens stets farblose Flüssigkeiten erhalten. Im Uebrigen verfährt er ganz wie Schlumberger und erhielt aus den vier Hauptkrappsorten bei seinen Versuchen 3 bis 4½ Proc. Farbstoff. Er bemerkt sehr richtig, man habe zwar keinen Beweis, daß der auf die angegebene Weise ausgeschiedene Farbstoff ganz rein und unverändert sey, daß dieß aber den Werth der Methode für vergleichende Untersuchungen nicht schmälern könne.

XXXII.

Ueber das Ausschmelzen des Eisens mit Kohlenblende oder Anthracit. Vortrag des Hrn. George Crane vor der British Association in Liverpool.[40])

Aus dem Cambrian im Mechanics' Magazine No. 746.

Die großen Anthracitlager, welche sich in Südwallis zugleich mit einem wahren Ueberflusse an guten Eisenerzen finden, trieben die bei der Wohlfahrt dieser Provinz Betheiligten schon längst an, auf die Entdekung von Methoden zu sinnen, denen gemäß dieses Brennmaterial zum Ausschmelzen des Eisens verwendet werden könnte.

Eines der ersten hierauf bezüglichen Patente ward im J. 1804 von einem Hrn. Martin genommen. Nach der seiner Zeit erschienenen Beschreibung dieses Patentes scheint jedoch die von ihm empfohlene Methode gar nichts Eigenthümliches gehabt zu haben; denn der Patentträger glaubte seinen Zwek erreicht zu haben, indem er einen Ofen der damaligen Zeit mit Anthracit und mit kalter Gebläsluft betrieb. Ungefähr 20 Jahre später erschien ein anderes Patent, in welchem vorgeschlagen ward, ein Kohks-Conglomerat zu erzeugen, indem man Anthracit-Klein, auch Culm genannt, mit soviel bituminösem Steinkohlen-Klein vermengt, daß die Mischung beim Verkohlsen derselben in einem Ofen zu Kohks zusammenbakt. Dieses Verfahren wäre, selbst wenn es sich bewährt hätte, aber immer nur

---

40) Wir geben diese Notiz als Ergänzung der Beschreibung des Patentes, die wir bereits Bd. LXVIII S. 130 unseres Journales bekannt machten.
A. d. R.

an solchen Orten anwendbar gewesen, wo beide Sorten Brennmaterial zugleich vorgekommen wären.

Die mir angehörigen Eisenwerke von Ynyscedwin liegen in der Anthracit-Formation, und bis ich dieses mir zu Gebot stehende Brennmaterial zum Ausbringen von Eisen benützen lernte, war ich gezwungen, mir die für meine Hohöfen nöthigen Kohlen aus der Nachbarschaft zuführen zu lassen. Ich versuchte daher während 14 Jahren, in denen ich im Hüttenwesen beschäftigt bin, mit bedeutendem Kostenaufwande höchst mannigfache Methoden des Hohofenbetriebes mit Anthracit. Alles war jedoch vergebens, bis ich auf die Idee kam, daß eine nach dem Neilson'schen Patente erhizte Gebläsluft in Folge ihrer größeren Kraft mich allenfalls meinem Zweke näher bringen dürfte.

Es ist mir nun vollkommen gelungen, einen Schmelzproceß der Eisenerze mit Anthracit auszumitteln, und bereits seit dem Februar 1837 arbeitet einer meiner Cupolo-Oefen ausschließlich mit diesem Brennmateriale. Mein Verfahren, so wie ich es in dem im März 1837 genommenen Patente beschrieben habe, entspricht mir sowohl in Hinsicht auf die Menge, als bezüglich der Qualität des erzielten Eisens, und der Ausbringungskosten so vollkommen, daß ich seit drei Monaten hauptsächlich damit beschäftigt bin, dasselbe an meinen drei Hohöfen einzuführen, und meine Bauten nach Anthracit zum Behufe der Ausdehnung meiner Fabrication zu erweitern.

Einer meiner drei dermaligen Oefen ist ein kleiner Cupolo-Ofen, den ich Nr. 1 nennen will; er ist von dem oberen Ende des Herdes aus bloß mit feuerfesten Baksteinen aufgeführt, und hat 41 Fuß Gesammthöhe, an der Rast 10½ Fuß im Querdurchmesser. Die Wände haben die Dike von zwei neunzölligen Baksteinen; das Gestell hat 3 Fuß 6 Zoll im Gevierte und 5 Fuß Tiefe. Die beiden anderen Oefen, Nr. 1 und 2, haben dike aus Stein aufgeführte Mauern. Der Cupolo-Ofen Nr. 2 verzehrte in einer Reihe von Jahren, wie ich vermuthete wegen seiner geringen Dimensionen und wegen seiner dünnen Wände, im Vergleiche mit dem nur 50 Fuß davon stehenden Ofen Nr. 1, im Durchschnitte soviel mehr Erz auf die Tonne ausgebrachten Eisens, daß ich beschloß, statt seiner einen Ofen nach Art des Ofens Nr. 1 zu bauen. Da derselbe jedoch eben außer Arbeit war, als ich mit heißer Gebläseluft und Anthracit Versuche im Großen anzustellen gedachte, so hielt ich es für zwekmäßig, ihn hiezu zu verwenden.

Dieser Cupolo-Ofen Nr. 2 brauchte aus den angegebenen Gründen im Durchschnitte 5 Tonnen 3 Cntr. Steinkohlen per Tonne Roheisen, während die Hohöfen Nr. 1 und 2 nicht ganz 4 Tonnen Kohlen verzehrten. Auch der Verbrauch an Erz und Kalk war im ersteren größer, jedoch in keinem so bedeutenden Verhältnisse. Während der Karren Kohks, welcher beiläufig $3\frac{1}{2}$ Cntr. wog, in den Oefen Nr. 1 und 2 gegen 5 bis $5\frac{1}{2}$ Cntr. geröstetes Erz trug; trug er im Cupolo-Ofen Nr. 2 von demselben Erze nur 3 bis $3\frac{1}{2}$ Cntr. Unter diesen ungünstigen Umständen nun brachte ich im Cupolo-Ofen nach einem dreimonatlichen Durchschnitte die Tonne Eisen mit weniger als 27 Cntr. Anthracit aus. Das Erhizen der Gebläsluft und das Rösten des Erzes erfordert demnach meinem Verfahren gemäß dieselbe Quantität Brennstoff, welche in anderen Hüttenwerken zu gleichem Zweke erforderlich ist.

In Hinsicht auf die Quantität des ausgebrachten Eisens lautet mein Bericht eben so günstig. Doch darf ich hiebei nicht vergessen, daß ich, um meinen Cupolo-Ofen Nr. 2 mit größerer Bequemlichkeit von einem benachbarten Stollen her füllen zu können, vor dem Beginnen meiner Versuche mit Anthracit denselben von 36 Fuß 6 Zoll bis auf 41 Fuß erhöhte. Dieß mag vielleicht den Verbrauch an Brennmaterial im Vergleiche mit jenem, der im Ofen Nr. 1 Statt fand, etwas vermindert, und dagegen dessen Schmelzkraft mit meinem Gebläse, welches nur $1\frac{1}{4}$ Pfd. Druk auf den Quadratzoll gab, von der früheren Durchschnittszahl von 22 auf 24 Tonnen erhöht haben. Seit ich nun aber Anthracitkohle in Verbindu
Gebläsluft anwende, gibt mein Cupolo-Ofen Nr. 2 mit Gebläsluft von gleichem Druke 30 bis 36 Tonnen Eisen. In einer Woche brachte ich es sogar auf 39 Tonnen weniger drei Centner grauen Gußeisens. Gegenwärtig ist der wöchentliche Ertrag 35 bis 36 Tonnen.

Was die Qualität des mit Anthracit und heißer Gebläsluft ausgebrachten Eisens anbelangt, so dürfte auch hierin das Resultat meiner Versuche allgemein befriedigen. Es ist in meiner ganzen Gegend bekannt, daß das Eisen, welches ich früher mit kalter Gebläsluft ausbrachte, zu allen Zweken, bei denen es auf große Stärke ankam, ebenso gut taugte wie irgend ein in Südwallis geschmolzenes Eisen. Jenes, welches ich dermalen mit Anthracit und heißer Gebläsluft ausbringe, übertrifft aber alle meine früheren Erzeugnisse an Stärke. Auf die Angaben der Chemiker, nach denen der Anthracit beinahe aus reinem Kohlenstoffe besteht, bauend, hegte ich immer die Hoffnung, daß wenn es mir ein Mal gelingen würde, diesen Brennstoff mit Vortheil beim Eisenschmelzprocesse zu benüzen, ich auch im Stande seyn würde ein Eisen zu erzeugen, welches dem mit Holzkohle ausgebrachten sehr ähnlich seyn müßte. In wie weit diese Erwartung gerechtfertigt werden wird, muß allerdings erst die Zukunft lehren; schon nach meinen bisherigen Erfahrungen darf ich hoffen, daß meine Erwartungen nicht zu sanguinisch waren.

Die erste Idee der Anwendung heißer Gebläsluft auf den Anthracit kam mir eines Abends, wo ich in meinem Zimmer, in welchem vorher ein Feuer mit bituminöser Steinkohle aufgezündet gewesen, ein Stük Anthracit auf dasselbe auflegte. Als dieses Stük zum Rothglühen gekommen, und ich mit einem Blasbalge so stark darauf blies, als es möglich war, bemerkte ich an jener Stelle, auf welche der Wind direct einwirkte, einen schwarzen Flek, und als ich fortfuhr auf gleiche Weise und in derselben Richtung einen raschen Luftstrom einwirken zu lassen, hatte ich in Kürze das Feuer ganz ausgeblasen. Hieraus ergab sich mir, daß der starke Luftstrom, den wir in unsere Oefen treiben müssen, um seines Durchganges durch die hohe und dichte Säule des eingetragenen Materiales versichert zu seyn, die Entzündung nicht nur nicht begünstigt, sondern ihr vielmehr nachtheilig wird. Die Folge hievon war natürlich die Frage, welche Wirkung wohl eintreten würde, wenn der eingetriebene Luftstrom selbst entzünden und Blei in Fluß bringen würde? Eine weitere Erwägung dieser Frage, Versuche, die ich bald darauf anstellte und mehrere Monate hindurch mit bedeutendem Aufwande fortsezte, führten mich endlich zu dem vollkommenen Gelingen meiner Ideen.

XXXIII.

Ueber das von Hrn. Krüger, ehemaligem Kaufmanne und hannöver'schem Consul in Cette, vorgeschlagene Verfahren Getränke haltbar zu machen.

Aus dem Echo du monde savant 1838, No. 20.

Die Aufbewahrung der zu Getränken bestimmten Flüssigkeiten gehört zu den wichtigsten Fragen im Gebiete der Hauswirthschaft und der allgemeinen Gesundheitspflege. Der Erfinder eines Verfahrens, wonach die geistigen Flüssigkeiten gegen die saure und das Wasser gegen die faule Gährung geschüzt werden könnte, würde sich um die Menschheit in hohem Grade verdient gemacht haben. Hr. Krüger hat sich diese Aufgabe gesezt [41]); wir wollen sehen, in wie weit er ihr entsprochen.

Zu den unumgänglich nothwendigen Bedingungen der sauren Gährung, bei welcher der Alkohol in Essigsäure umgewandelt wird, gehört die Gegenwart atmosphärischer Luft, die hauptsächlich nur durch den in ihr enthaltenen Sauerstoff zu wirken scheint. Hr. Krü-

---

41) Wir haben über seine Verfahrungsarten schon im polytechnischen Journal Bd. LXIX. S. 238 eine Notiz mitgetheilt. A. d. R.

ger kam auf die Idee, die alkoholische Flüssigkeit diesem Einflusse zu entziehen, und zwar durch Beseitigung des Sauerstoffes der mit ihr in Berührung stehenden oder in ihr aufgelöst enthaltenen Luft. Zu dieser Austreibung sollen zwei Mittel zusammenwirken. Die geistige Flüssigkeit soll nämlich in einem geschlossenen Gefäße, welches so eingerichtet ist, daß die verdichteten Dämpfe beständig in die Flüssigkeit, aus der sie erzeugt wurden, zurükkehren, einer continuirlichen Destillation, welche Hr. Krüger eine Destillation im Kreise nennt, unterworfen werden. Eine der Wirkungen dieser Destillation soll seyn, der Flüssigkeit alle die atmosphärische Luft, welche sie enthalten mochte, zu entziehen. Hiebei sollen über der Flüssigkeit und in einer Entfernung von einigen Zollen von ihrer Oberfläche Eisenplatten angebracht seyn, die sich unter dem Einflusse der höheren Temperatur mit Begierde des Sauerstoffes der im Apparate enthaltenen Luft zu bemächtigen hätten. Damit von dem in Menge sich bildenden Eisenoxyde nichts in die der Behandlung unterliegende Flüssigkeit fallen könne, soll unter den Eisenplatten eine eiserne Kapsel angebracht werden.

Hr. Krüger nennt den zweiten Theil dieser Behandlung eine Desoxydirung im luftleeren Raume. Ohne untersuchen zu wollen, wie sich diese Benennung rechtfertigt, scheint uns aus der ganzen Behandlung soviel hervorzugehen: 1) daß die Flüssigkeit, weit entfernt etwas von ihrer geistigen Kraft zu verlieren, nach der Operation vielmehr eine größere Menge davon enthält: ein Resultat, welches Hr. Krüger der Beendigung der bisher gehemmten oder unmerklichen Gährung zuschreibt; 2) aber, daß die der Behandlung unterlegene Flüssigkeit dem Sauerwerden längere Zeit widersteht. Diese Resultate wurden durch die HHrn. Robiquet, Guéneau de Mussy und Pelletier, welche das Verfahren in Auftrag der Académie de Médecine zu untersuchen hatten, bestätigt.

Bei einem vor der genannten Commission vorgenommenen Versuche wurden 4 Liter Wein von Beaune 6 Tage hindurch der Destillation im Kreise und der Desoxydirung ausgesezt. Nach dieser Behandlung, bei welcher die Temperatur der Flüssigkeit am Tage auf 50° des 100gradigen Thermometers erhalten wurde, während sie die Nacht über nie unter 25° fiel, hatte sich der Wein etwas getrübt. Diese Trübung, welche nach den Versicherungen des Hrn. Krüger nur an den künstlich gefärbten Weinen vorkommt, verschwand nach der Schönung der Flüssigkeit mit dem Jullien'schen Pulver. Die Flüssigkeit wurde nämlich nach dieser vollkommen klar, hatte etwas an Farbe verloren, und ähnelte dem Geschmake nach alten Rhoneweinen. Derselbe Wein, der vor der Behandlung den dritten Theil seines Volumens Weingeist von 34° des Gay-Lussac'schen Aräometers gab, gab nach derselben ebenso viel Weingeist von 39°, wobei die Temperatur in beiden Fällen 10° Celsius hatte. Was den commerciellen Werth der Flüssigkeit betrifft, so hielt sich die Commission nicht für competent zur Aburtheilung der Frage: ob sich dieser gesteigert oder vermindert habe. Ein Glas dieses Weines, welches in einem Zimmer, dessen Temperatur zwischen 12 und 15° erhalten wurde, der Luft ausgesezt ward, hielt sich volle 8 Tage ohne sauer zu werden und ohne sich merklich zu trüben. Derselbe Wein, welcher der Behandlung nicht unterlegen, trübte sich dagegen unter gleichen Umständen in weniger dann drei Tagen, worauf er sich mit Schimmel überzog und in weniger dann acht Tagen vollkommen in Essig verwandelt war. Wein von gleicher Qualität sechs Tage lang, aber ohne Anwendung von Eisenplatten, der Destillation im Kreise unterworfen, hielt sich nicht, und wurde sogar schon während dieser Behandlung selbst sauer. Andererseits wurde Wein, der zwar unter Mitwirkung des Eisens desoxydirt worden, der aber hierauf durch länger fortgeseztes Schütteln desselben in Berührung mit der Luft wieder Luft aufgenommen hatte, an freier Luft in kurzer Zeit sauer.

Diese Versuche schienen der Commission die conservative Kraft der von Hrn. Krüger angegebenen Methoden zu bewähren. Die darnach behandelten Weine schienen ihr sogar eine Veränderung zu erleiden, die der beim Altwerden derselben vorgehenden nicht unähnlich ist.

Obschon sich der Theorie nach annehmen ließe, daß die beschriebene Destillation in Verbindung mit der desoxydirenden Wirkung des Eisens auf die gegohrnen Flüssigkeiten im Allgemeinen und namentlich auf das Bier einen analogen Einfluß ausüben dürfte, so unterließ man es doch, sich über diesen zarten Punkt auszusprechen, bevor die Versuche des Hrn. Krüger nicht auch hierin wiederholt worden. Dagegen schien aus den Versuchen, welche der Erfinder in Gegenwart der Commission mit Wasser vornahm, hervorzugehen, daß das nach seinem Verfahren behandelte Wasser selbst noch weniger Spuren von Luft enthält, als das destillirte Wasser. Es trübt sich nämlich durch Zusaz einiger Krystalle von schwefelsaurem Eisenoxydul nicht im geringsten, während das destillirte Wasser für dieses Reagens noch empfindlich ist. Hr. Krüger zieht hieraus den Schluß, daß solches Wasser auf langen Seereisen aufbewahrt werden könnte, ohne eine Veränderung zu erleiden. Er stellte der Commission wirklich Wasser vor, welches er lange Zeit an freier Luft, jedoch unter sorgfältiger Verhütung alles Schüttelns aufbewahrt hatte, und welches sich noch in vollkommnen gutem Zustande zu befinden schien. Es wäre demnach sehr zu wünschen, daß man wenigstens diesen für die Schifffahrt so höchst wichtigen Theil der Frage in Kürze durch directe, im Großen angestellte Versuche ins Reine brächte.

Unter den Proben, welche die Commission vornahm, um sich von dem wirklichen Werthe der ihr vorgelegten Methode zu überzeugen, verdient noch jene eine ganz besondere Berüksichtigung, die man anstellte, um zu sehen, ob sich die Pariser Weine, die als ungenießbar berühmt sind, nicht in ein trinkbares Getränk verwandeln ließen. Der dem Versuche unterworfene Wein, der eher grau als roth war, verlor nach und nach diese Farbe und nahm dafür eine den Weinen von Grave ähnliche an; und wenn er sich auch bei den nach der Behandlung vorgenommenen chemischen Prüfungen noch als sauer zeigte, so hatte er doch einen bedeutend besseren Geschmak gewonnen. Die Commission glaubt daher, daß die Pariser Weine durch diese Behandlung wirklich trinkbar gemacht werden könnten, besonders wenn man ihnen bei derselben einige alkoholische oder zukerige Stoffe zusezen wollte.

Hr. Krüger, der sein Verfahren seit einigen Jahren in Cette im Großen treibt, schreibt seinen, der Luft beraubten Getränken heilkräftige Wirkungen zu, auf die jedoch die Commission nicht einging, da ihr keine ärztlichen Beobachtungen hierüber vorlagen.

XXXIV.

Anleitung zur Bereitung der Preßhefe; von Prof. Dr. Otto. [42])

Die Fabrication der Preßhefe oder der sogenannten trokenen Hefe läßt sich mit der Fabrication des Branntweins auf das Vortheilhafteste verbinden.

Die Preßhefe ist wegen ihrer sich stets gleich bleibenden Wirksamkeit und wegen ihrer Haltbarkeit ein vortreffliches Gährungsmittel für den Branntweinbrenner und Bäker, weßhalb in neuerer Zeit in einigen Gegenden ganz enorme Quantitäten davon bereitet und verschikt werden.

Die Bereitungsart ist sehr einfach. Bei der Gährung überhaupt wird stets neues Ferment gebildet. Bei der Gährung der Bierwürze sind die Oberhefe und Unterhefe neu gebildetes Ferment, gemengt

---

42) Auszug aus dem Lehrbuche der rationellen Praxis der landwirthschaftlichen Gewerbe von Prof. Dr. Otto in Braunschweig.

it mehr oder weniger Bier. Uebergießt man diese flüssige Hefe it Wasser und läßt man sie einige Stunden ruhig stehen, so sezt ch eine gelblich-weiße körnige Masse zu Boden und die darüber ehende Flüssigkeit kann klar abgegossen werden. Die am Boden des lefäßes zurükbleibende Masse ist das Ferment, die Hefe. Füllt man iese Masse in einen leinenen Beutel, so kann man durch Auspressen ie wässerige Flüssigkeit entfernen, und Hefe bleibt als zähe, bröklche, teigartige Masse zurük. In diesem abgepreßten Zustande stellt e die sogenannte trokene Hefe oder Preßhefe dar, die sich mehrere Bochen, ohne zu verderben, aufbewahren läßt.

Die beim Brauen gewonnene Hefe reicht aber bei weitem nicht in, um den Bedarf an Ferment für die große Menge der Branntweinbrennereien abzugeben; und für die Bäker ist dieselbe wegen des Hopfenbitters, das sie enthält, wenn sie von sehr bittern Bieren herrührt, nicht immer brauchbar. Es lag daher sehr nahe, auch das Ferment rein und anwendbar abzuscheiden, welches bei der Gährung ler Kornbranntweinmaische gebildet wird. Die Kornbranntweinmaische interscheidet sich von der Bierwürze nur dadurch, daß sie die Schrothülsen und die anderen unauflöslichen Substanzen enthält, von denen ie Bierwürze abgeseihet wird. Wie bei der Gährung der Bierwürze vird bei der Gährung der Kornmaische Hefe abgeschieden; aber wegen der Menge der anderen unaufgelösten, in der Maische enthaltenen Substanzen ist dieselbe nicht so leicht erkennbar. Der aufmerksame Beobachter wird indeß dieselbe doch als eine zähe, weißlichgelbe Masse zu einer gewissen Zeit auf der Oberfläche der gährenden Maische bemerken. Schöpft man zu dieser Zeit von der Oberfläche b und gibt man das Abgeschöpfte durch ein Haarsieb, so geht das lüssige mit dem fein zertheilten Fermente durch dasselbe hindurch, ährend die übrigen Substanzen, z. B. Schrothülsen, in dem Siebe urükbleiben. Vermischt man nun die durchgelaufene milchig-trübe lüssigkeit mit Wasser, so sezt sich aus derselben das Ferment bald ı Boden, und die Flüssigkeit läßt sich klar abgießen. Die zurükleibende Hefenmasse kann, wie vorhin erwähnt, in Beutel gefüllt nd abgepreßt werden, wodurch man die Preßhefe erhält.

Dieses ist im Wesentlichen die Darstellung dieses Ferments. Man hat nun verschiedene Modificationen des Maischverfahrens und erschiedene Zusäze angewandt, welche theils die Menge der aufgelösten stikstoffhaltigen Substanzen in der Maische vermehren und dadurch erhöhte Ausbeute an Ferment bewirken, theils aber auch das rächliche Emporkommen des Ferments an die Oberfläche der gährenden Masse, also eine lebhafte Obergährung bezweken sollen.

Man verarbeitet nur Roggenschrot in Verbindung mit Ger-

stenmalzschrot, wenn man die Fabrication von Preßhefe beab-
sichtigt. Weizenschrot hat sich, der Erfahrung nach, als unzwekmäßig erwiesen. Das Schrot muß sehr fein geschrotet und gebeutelt
seyn. Auf 3 Theile Roggenschrot nimmt man 1 Theil Gersten-
malzschrot, teigt mit Wasser von 40° R., bei großer Kälte auch
wohl von 50° R. ein, brennt nach einer halben Stunde mit sieden-
dem Wasser oder Dampf gahr (d. h. die Masse wird auf eine Temperatur von 50—52° R. gebracht), und maischt tüchtig und anhal-
tend durch einander, damit eine vollkommen klumpenlose Masse entsteht. Diese läßt man nun längere Zeit, als es sonst geschieht, in
dem Vormaischbottiche stehen, etwa 4 bis 6 Stunden, wodurch sie
einen säuerlichen, aber angenehmen Geschmak bekommt. — Das
Zukühlen wird auf gewöhnliche Art vorgenommen, und zwar nur
mit so viel Wasser ungefähr, wie 1 : 5. In dem Hefenfasse stellt
man etwas der noch wärmeren Maische mit 4 — 5 Mal so viel
Hefen an, als man gewöhnlich zu nehmen pflegt; diese bald in Gährung kommende Masse sezt man der im Gährungsbottiche befindlichen
zugekühlten Maische bei etwas höherer, als der sonst gewöhnlichen
Temperatur hinzu, und außerdem noch eine Auflösung von Potasche
und Salmiak (auf 600 Pfd. Schrot ungefähr 1 Pfd. Potasche und
6 Loth Salmiak). Diese Auflösung kann man auch vorher zu der
Hefenmasse in das Hefenfaß geben. Es erfolgt nun in der angestellten Maische bald eine sehr lebhafte Obergährung, weßhalb man
auch einen ziemlich großen Steigraum lassen muß; ungefähr 8—9
Stunden nach dem Anstellen muß man die gährende Masse beobachten, weil dann in der Regel die Abscheidung des Ferments auf der
Oberfläche beginnt. Das Ferment, welches als eine rahmartige,
gelblich-weiße, schaumige Masse auf die Oberfläche kommt, wird mit
einem flachen Löffel abgeschöpft und auf ein Sieb gegeben, das über
einen kleinen Bottich gestellt ist. Durch das Sieb läuft eine schlei-
mig-milchige Flüssigkeit, welche das Ferment in Suspension erhält;
durch Ausdrüken und Austroknen der auf dem Siebe zurükbleibenden
Masse kann man diese von dem anhängenden Fermente befreien.
Anstatt eines Siebes wendet man auch wohl Beutel von losem Zeuge,
etwa von Mühlentuch an, in welche man das Abgeschöpfte gießt und
ausknetet; Ferment, in der Flüssigkeit suspendirt, geht durch die Poren hindurch, die Schrothülsen bleiben im Beutel zurük. Mit dem
Ausschöpfen des Ferments wird so lange fortgefahren, als sich dasselbe noch auf der Oberfläche der gährenden Masse zeigt.

Die milchige, das Ferment enthaltende Flüssigkeit wird nun in
einen Bottich gebracht, der mit in verschiedener Höhe angebrachten
Hahnen versehen ist, und in diesem mit kaltem Wasser gemengt,

daß nun die Masse ganz dünnflüssig erscheint. Beim ruhigen Stehen
ezt sich das Ferment zu Boden und die überstehende Flüssigkeit kann
urch die verschiedenen Hähne davon abgezapft werden. Ist dieß ge-
chehen, so gießt man von Neuem kaltes Wasser auf den Bodensaz
und rührt ihn mit diesem tüchtig durch; hat sich das Ferment in der
Ruhe wieder abgesezt, so wird die darüber stehende Flüssigkeit abge-
apft, und so kann man das Aufgießen von Wasser und Abzapfen
och ein Mal wiederholen, oder überhaupt so lange, bis das darüber
tehende Wasser Lakmuspapier nur sehr schwach röthet, als Beweis,
aß die Säure ziemlich vollständig durch das Wasser ausgewaschen
t; um dieß zu beschleunigen, kann man dem Auswaschwasser eine
eringe Menge Potasche zusezen. Je sorgfältiger nämlich die auf-
löslichen Substanzen, und namentlich die Säure, aus dem Fermente
ntfernt sind, desto längere Zeit bleibt es haltbar; aber je öfter das
Auswaschen vorgenommen ist, desto weniger wirksames Ferment erhält man.

Die am Boden des Bottichs befindliche dikflüssige Masse von
Ferment füllt man in geräumige und nicht zu dichte Beutel, bin-
et diese fest zu, läßt die Flüssigkeit möglichst abtropfen und bringt
e dann auf hölzerne Roste, die auf einem Brette liegen, welches
n einer Wand entlang auf festen Unterlagen aufgestellt ist. Etwa
—1 Fuß über diesen Rosten ist an der Wand parallel mit der
retterunterlage eine starke Latte befestigt; sie dient dazu, das eine
nde von den darunter gestekten langen Bohlen festzuhalten, welche
er die mit der Hefe gefüllten Beutel gelegt werden. Durch den
ruk der Bohlen, den man durch Auflegen von Gewichten und
teinen auf das andere Ende der Bohlen nach und nach vermehrt,
rd die Flüssigkeit abgepreßt und die Hefe bleibt als eine gelblich-
iße, formbare Masse in den Beuteln zurük; sie wird, um gleich-
äßig zu werden, durchgeknetet, und gewöhnlich in pfundschweren,
ndlichen Klumpen verkauft. An einem kühlen Orte läßt sie sich
hrere Wochen, ohne zu verderben, aufbewahren. Es braucht wohl
m erwähnt zu werden, daß man sich dieser Hefe fortwährend zum
stellen bedient und zwar in der angegebenen reichlichen Menge.

Durch die Nebengewinnung der Preßhefe wird die Ausbeute an
anntwein immer bedeutend geschmälert, theils dadurch, daß man
dem Vormaischbottiche die Maische absichtlich sauer werden läßt
nicht das zwekmäßigste Verhältniß der trokenen Substanz zum
sser nimmt (indem man, wie angeführt, sehr dik einmaischt), theils
urch, daß durch das Abschöpfen der Hefen zugleich eine bedeu-
e Menge flüssiger Maische aus dem Gährungsbottiche entfernt
, aus welcher man nicht den Branntwein wieder gewinnt. Der

Hefenfabrikant kann die Ausbeute an Branntwein $^1/_4$ — $^1/_5$ geringe annehmen, wornach sich leicht berechnen läßt, wo die Hefenfabrication vortheilbringend ist. Man rechnet auf 100 Pfd. Getreideschrot eine Ausbeute von 6—8 Pfd. Preßhefe; von derselben Menge Schrot kann man etwa 21 Quart Branntwein gewinnen; rechnet man an $^1/_3$ Verlust an Branntwein, so werden 7 Quart Branntwein im schlimmsten Falle ersezt durch 6 Pfd. Preßhefe. Indeß stellt sich das Verhältniß in der Regel günstiger, und es wird sich da ganz besonders günstig stellen, wo die Steuerbehörde gestattet, die von der Preßhefe abgezapfte Flüssigkeit anstatt des Zukühlwassers zur Maische zu sezen.

Viele Hefenfabrikanten sezen der Maische beim Zukühlen einen bedeutenden Antheil dünner kalter Schlempe hinzu; indeß versicherten Hrn. Dr. Otto sehr rationelle Hefenfabrikanten, davon niemals Vortheile gesehen zu haben. Außerdem findet man in den verschiedenen Vorschriften zur Darstellung der Preßhefe, welche zum Theil als Geheimniß verkauft werden, die mannigfaltigsten und oft einander ganz entgegenwirkenden, oder ihre Wirkung gegenseitig aufhebenden Mittel. So wollen einige großen Nuzen von der Anwendung der Schwefelsäure gesehen haben; sie teigen und maischen wie gewöhnlich, kühlen ab unter Mithülfe von Schlempe, stellen an, und geben in den Gährungsbottich auf 1000 Quart Maische $^1/_2$ bis 1 Pfd. Schwefelsäure die vorher mit etwas Wasser verdünnt worden ist. Auch Schwefelsäure und Weinstein (wo dann die freie Weinsteinsäure in die Maische kommt) wird angewendet.

Außer der beschriebenen Methode, die Preßhefe zu bereiten, hat man noch eine andere angewandt, die im Wesentlichen darauf beruht, daß man nur den dünnen Theil der Maische zur Gewinnung der Hefe benuzt, und also eine der Bierwürze ähnlichere Maische auf Hefen verarbeitet. Das Einteigen, Einmaischen, Zukühlen und Anstellen geschieht, wie oben beschrieben worden ist, nur nimmt man mehr Wasser. Sobald die Gährung im Gährungsbottiche anfängt, wo dann die Schrothülsen entweder noch am Boden des Bottichs liegen oder auf der Maische schwimmen, nimmt man aus der Mitte des Bottichs einen Theil der dünnen hülsenfreien Maische, entweder mittelst eines Hebers oder mittelst eines Hahnes, der etwa $1^1/_2$ Fuß über dem Boden angebracht ist, und bringt denselben in einen kleinen Bottich. Man sezt nun zu dieser dünnen Maische noch etwas Ferment hinzu und schöpft nach Beginn der Gährung die aufkommende Hefe ab, oder man läßt die Gährung vollständig verlaufen und sammelt das obenauf befindliche (Oberhefe) und das am Boden liegende Ferment (Unterhefe). — Die weingahre abgezapfte Flüssigkeit aus der kleinen Bottiche wird mit der im großen Gährungsbottiche enthaltenen weingahren Maische destillirt. Die Ausbeute an Hefen ist hiebei, wie leicht einzusehen, geringer, da man eigentlich nur einen kleinen Theil der Maische (ungefähr ⅓) auf Hefen benuzt: aber man erleidet auch nur sehr wenig oder gar keinen Verlust an Branntwein. Zur Darstellung der Hefe für den eigenen Bedarf dürfte dieß Verfahren sich wohl empfehlen; man hat dann nicht nöthig, die Hefe abzupressen, sondern man benuzt die am Boden des kleinen Bottichs befindliche schmierige Hefenmasse zum Anstellen.

Auch zur Darstellung der Hefe aus Kartoffeln hat man diese Methode angewandt; es ist aber zu bemerken, daß das aus Kartoffelmaische gewonnene Ferment bei weitem weniger wirksam und haltbar, und daher jezt ganz aus dem Handel verschwunden ist; wenigstens in der Gegend von Braunschweig wird allgemein die Preßhefe aus Getreidemaische vorgezogen. Daß die Kartoffeln wegen ihres geringen Gehaltes an stikstoffhaltigen Substanzen nur wenig und nicht gutes Ferment liefern, ließ sich erwarten, aber es ist noch unerklärt, warum man aus Weizen, der doch so reich an Kleber ist, keine Preßhefe darstellen kann.

XXXV.
Miszellen.

Preisevertheilung der Société d'encouragement in Paris.

Die Société d'encouragement hat in ihrer Sizung vom 27. Junius 1838 folgende Preise zuerkannt:

Vier goldene Medaillen; und zwar dem Hrn. Pape für die Fortschritte, die man ihm in der Fabrication der Pianos verdankt; dem Hrn. Pons für den Impuls, den er der Uhrenfabrication in Frankreich zu geben wußte, und für seine Verbesserungen an den Pendel- und anderen Uhren; dem Hrn. Perrot für seine Maschinen zum Druken von Zeugen; dem Hrn. Graux für die schönen Wollen, die er von einer neuen Race von Schafen erzielte.

Drei Medaillen aus Platin; nämlich dem Hrn. Hennecart für seine Beuteltücher; dem Hrn. Careau für die von ihm erfundene mechanische Lampe; dem Hrn. Viollet für seine schöne Arbeit über die artesischen Brunnen.

Zwölf silberne Medaillen; nämlich dem Hrn. Bunten für seine physikalischen Instrumente aus Glas; dem Hrn. Legey für seine mathematisch-geometrischen Reißzeuge; dem Hrn. Wagner für eine neue wohlfeile Uhr für große Gebäude und Fabriken; dem Hrn. Müller für seine Verbesserungen an den Orgeln Grenier's; dem Hrn. Gouet für einen neuen Schneidapparat für Metalle; dem Hrn. Cuiller für seinen Apparat zur Verhütung von Feuersbrünsten in Theatern; dem Hrn. Denison für seinen ausgezeichnet schönen Leim; dem Hrn. Journet für sein Baugerüst; dem Hrn. Greiling für seine akustischen Instrumente; dem Hrn. Cambray für seine Akerbaugeräthe; dem Hrn. Dier für seine Methode alte Kleider zu restauriren; dem Hrn. Sorel für seine Methode das Eisen zu galvanisiren.

Zehn Medaillen aus Bronze; nämlich dem Hrn. Beuze für seine Wagnerwerkzeuge; dem Hrn. Leroy-Tribou für den von ihm erfundenen französischen Schlüssel; dem Hrn. Dinocourt für seine Aräometer und Thermometer; dem Hrn. Bazin für seine Lederbesazungen der Schiffsrollen; dem Hrn. Chaillot für seinen Apparat zur Verhütung des Springens der Saiten der Harfen; dem Hrn. Martin für eine Drehbank zum Schraubenschneiden; dem Hrn. Tissot für einen Apparat zum Erdräumen; dem Hrn. Falhol für seine Tabatierengefüge für Dachfenster; dem Hrn. Chassang für seine Verbesserungen an den Parketböden; dem Hrn. Franchot für seine neue mechanische Lampe.

Ehrenvoller Erwähnung geschah mehrerer Fabrikanten und Künstler.

Preisaufgaben.

Die Académie des sciences morales in Paris hat unter anderen nicht in unser Gebiet einschlagenden Preisen für das Jahr 1839 auch folgenden ausgeschrieben:

„Welchen Einfluß hat der deutsche Zollverein bereits jezt auf die Wohlfahrt der dem Vereine beigetretenen Völker, auf die Entwiklung ihrer Industrie und auf den Handel mit anderen Nationen ausgeübt? Wie wird sich dieser Einfluß in der Zukunft gestalten? Welche ähnliche Vereine dürften sich durch dieses Beispiel sowie auch durch die Nothwendigkeit der Schaffung eines neuen Gleichgewichtes im Verkehre der Nationen bilden?"

Wer diese Fragen am gründlichsten löst, erwirbt einen Preis von 3000 Fr.

Die Académie royale des sciences, belles-lettres et arts de Lyon ertheilt im Jahre 1839 eine von Hrn. Mathieu Bonafous gegründete Medaille im Werthe von 600 Fr. für die beste Geschichte der Seide von ihrer Entdekung an bis auf die neueste Zeit und unter allen Beziehungen betrachtet.

Dunkan's neue Dampfmaschine.

Nach englischen Blättern hat ein Uhrmacher Namens Dunkan eine kleine Hochdrukdampfmaschine neuer Art erfunden. Durch eine sinnreich ausgedachte Vorrichtung wußte es der Erfinder möglich zu machen, daß sich der Dampf, bevor er entweicht, zwei Mal im Cylinder bewegt, woraus im Vergleiche mit einer jeder anderen Dampfmaschine von gleicher Kraft eine große Ersparniß an Brennmaterial sowohl als an Wasser erfolgen muß. Wenn man eine Luftpumpe und einen Condensator anbringt, so kann die neue Maschine eben so vortheilhaft auch mit niederem Druke arbeiten. Sachverständige, welche die Maschine sahen, äußerten sich dahin, daß sie für die Locomotiven und für die zu weiten Seereisen bestimmten Dampfboote sehr geeignet seyn dürfte. (Echo du monde savant, 1838, No. 36.)

Sims's Verbesserung an der Dampfmaschine.

Der Mechaniker Hr. Sims, der die Leistung der einfachen Dampfmaschine an den Gruben von Cornwallis bereits von 25 bis auf 58 Millionen steigerte, hat der Royal Polytechnic Society of Cornwall die Zeichnungen einer Maschine vorgelegt, die seiner Ansicht nach noch Außerordentlicheres leisten soll. Er gestattet nämlich dem Dampfe, sich bei dem Hube nach Abwärts in einem kleinen Cylinder theilweise, und dann bei dem Hube nach Aufwärts in einem größen Cylinder, der so angebracht ist, daß die Ausdehnung des Dampfes durch den größeren Theil des Kurbelumganges Nuzanwendung findet, weiter auszudehnen. Die Gesellschaft behält sich vor, die Resultate der mit dieser Maschine angestellten Versuche bekannt zu machen. (Mechanics' Magazine, No. 780.)

Einige neuere französische Dampfmaschinen-Verbesserungen.

Das Mémorial de Rouen berichtet von den Versuchen, welche in Elbeuf mit einem von Hrn. Sabey erfundenen Heizapparate für Dampfkessel angestellt wurden. Die angeblichen Vortheile dieses Apparates sind: Unmöglichkeit von

Explosionen, ununterbrochener Gang der Maschine, wenn auch die eine oder die andere der Siederöhren Schaden leidet, und große Ersparniß an Brennmaterial. Die beiden ersten Punkte sollen durch die Versuche, die dermalen unter den Augen einer von Paris abgesandten Commission fortgesetzt werden, bereits bewährt seyn. Hr. Gabey hat sich schon durch die Direction der Gaswerke in Elbeuf, die seit ihrer Gründung ununterbrochen arbeiten, rühmlich ausgezeichnet. — Ein in Metz in Ruhezug lebender Artillerie-Offizier kündigte eine Dampfmaschine an, welche ohne Cylinder, Kolben und sonstigem Zugehör arbeitet, und bei geringerem Aufwande an Brennmaterial eben so viel Kraft erzeugt. — Endlich hat der bekannte Mechaniker Philippe in Paris, rue Château-Laudon, eine Dampfmaschine von 3 bis 4 Pferdekräften aufgestellt, welche, die Kosten des Kessels nicht mitgerechnet, nur auf einige 100 Fr. zu stehen kommen soll. Die Maschine, welche seit einiger Zeit eine Furnirsäge treibt, soll sich durch Einfachheit, Sicherheit und Kraft auszeichnen. Cylinder, Kolben, Balanciers, Schiebstangen, Parallelogramm und Flugrad sind an ihr beseitigt; und die ganze complicirte Maschinerie der gewöhnlichen Dampfmaschine ist durch eine einfache, auf dem Boden fixirte Scheibe von 3 Fuß im Durchmesser und 4 bis 5 Zoll Dike ersezt. Das Gewicht der neuen Maschine soll nicht den zehnten Theil des Gewichtes der älteren betragen. Was den Verbrauch an Brennstoff betrifft, so verspricht sie auch hierin eine Ersparniß. (Aus dem Mémorial encyclopédique, Jul. 1838.)

Anschaffungs- und Unterhaltungskosten eines Dampfwagens, nach Stephenson.

Es wird dabei angenommen, daß er die Kraft habe, 20 Tonnen (40,000 Pfd.) Waare, oder sein eigenes Gewicht eingeschlossen, 30 Tonnen (60,000 Pfd.) aufzunehmen, und diese 90 engl. Meilen, mit einer Schnelligkeit von 12 engl. Meilen in der Stunde, fortzuschaffen. Die Maschine selbst soll nicht mehr als 10 Tonnen, ohne ihren Beiwagen (tender), wiegen. Die Kosten der Maschine (des Dampfwagens) mit dem Beiwagen betragen 600 Pfd. Sterl., wozu noch $^1/_5$ für eine Reserve-Maschine und Beiwagen kommt, zusammen also 720 Pfd. Sterl. Interessen des Capitals und Entwerthung der Maschine zu $7^1/_2$ Proc., also 54 Pfd. St. Jährliche Reparaturen, durch wirkliche Erfahrung berechnet, 50 Pfd. St. Der Maschinenaufseher, mit einem Wochenlohne von 21 Schilling, und der Gehülfe, mit 26 Pfd. St. jährlich, zusammen 80 Pfd. St. 12 Sch. Steinkohlen zur Feuerung 439 Tonnen im Jahre, zu 5 Sch. 10 Pence die Tonne, also 128 Pfd. St., und Fett, Oehl u. dergl. 12 Pfd. St. Gesammtkosten des Dampfwagens, für 312 Tage im Jahre, 324 Pfd. 12 Sch. (Ehrenb. Zeitsch. Bd. III.)

Wicham's Maschine zur Ausführung von Erdarbeiten.

Zeitungsnachrichten zu Folge hat ein Hr. Thomas Wicham eine durch Dampf zu betreibende Maschine erfunden, welche zum Graben von Canälen und Abzügen für Wasser, so wie auch zum Ebnen des Terrains für Straßen und Eisenbahnen bestimmt ist. Die Maschine soll täglich 150,000 Kubikfuß Erdreich ausgraben, wozu sonst 3000 Arbeiter nöthig waren. Vier Menschen sollen zu ihrer Bedienung ausreichen, und die durch sie an Zeit und Geld bedingte Ersparniß soll 9 Zehntheile des bisherigen Aufwandes betragen. (France industrielle.)

Lord Willoughby d'Eresby's Torfpresse.

Die Torfpresse des edlen Lord, die wir im polyt. Journal Bd. LXVII. S. 34 beschrieben, hat nach einem in der Literary Gazette erschienenen Artikel seither einige Verbesserungen erfahren; namentlich wendet der Erfinder jezt einen längeren und mithin kräftigeren Hebel an. Ein Versuch, der in Gegenwart mehrerer Notabilitäten und Sachverständiger neuerlich mit einer derlei Presse, die aus der Fabrik des Hrn. Napier hervorging, vorgenommen worden war, fiel zur allgemeinen Zufriedenheit aus. Der edle Lord machte bei dieser Gelegenheit darauf aufmerksam, daß es nach seiner Erfahrung besser sey, die zweite Pressung des gestochenen Torfes nicht unmittelbar nach der ersten vorzunehmen, sondern zwischen beiden einen Zeitraum von 24 Stunden verstreichen zu lassen. Während dieser

Zeit wird sich nämlich die im Inneren des Torfes zurükgebliebene Feuchtigkeit mehr nach Außen begeben, so daß die zweite und lezte Pressung dann einen härteren und troknerern Torfziegel gibt, als erzielt werden kann, wenn beide Pressungen unmittelbar nach einander bewerkstelligt werden.

Ueber einen Apparat zum Verkohlen des Torfes.

Im XXX. Bande der Brev. d'Inv. findet man einen von den HHrn. Drevon, Desbordes und Boudon erfundenen Apparat zur Verkohlung des Torfes beschrieben. Derselbe besteht aus einem oder mehreren gußeisernen Cylindern von 4—8 Fuß Höhe auf 18—36 Fuß Durchmesser, welche neben einander aufrechtstehend und bleibend auf einen oder mehrere, einen einzigen Bau bildende eiserne Oefen gesezt sind. An dem oberen Ende dieser Cylinder ist aus Baksteinen eine gegen 2 Fuß messende Verlängerung aufgeführt, welche als Behälter für den Torf dient. Der Torf tritt nach und nach in dem Maaße, als sich in Folge der Verkohlung sein Umfang vermindert, in den gußeisernen Cylinder. Nach Oben endigen sich die Cylinder in einen retortenartigen Dekel, an welchem eine Röhre, die den sich entwikelnden Gasarten Austritt gestattet, angebracht ist. Unter diesen Gasen ist das gekohlte Wasserstoffgas das vorherrschendste; es kann in den Ofen zurükgeleitet und daselbst als Heizmittel verwendet werden. Nach Unten sind die Cylinder mit einem eisernen Schieber geschlossen, den man zum Behufe der Entleerung der erzeugten Kohle zurükzieht. Unter den Cylindern befindet sich der Feuerherd, auf dem Torf gebrannt wird; die Hize entweicht bei einer Abdachung, welche sich am Grunde befindet, steigt in einem Canale um den Cylinder herum empor, und tritt vorne durch ein Rauchfangrohr aus, welches so angebracht ist, daß der Zug am Anfange, unter und hinter dem Cylinder beginnt und eben vor dem Cylinder aufhört, so daß sämmtliche Theile der intensivsten Hize ausgesezt sind. Der bewegliche Rost wird, wenn man den Cylinder ausleeren will, durch einen Dämpfer ersezt. Das Aschenloch ist 3 Fuß hoch, damit man den Dämpfer durch dasselbe einführen kann. Die Patentträger versichern, daß sie mit ihrem Apparate in 12 Stunden und mit einer Ersparniß von $^{1}/_{4}$ an Brennmaterial dasselbe erreichen, wozu sonst 36 Stunden erforderlich waren. (Polytechn. Centralblatt, 1838, Nr. 47.)

Pons's Verbesserungen in der Uhrenfabrication.

Hr. Pons, einer der ersten Uhrmacher und Mechaniker Frankreichs, dermaliger Vorstand der Fabrik in St. Nicolas-d'Aliermont, die er zu einer der ersten und blühendsten machte, erhielt von der Société d'encouragement kürzlich ihre goldene Medaille zuerkannt. Er wußte die Apparate und Maschinen, mit denen er arbeitet, so zu vereinfachen und zu vervollkommnen, daß er das Gangwerk einer Pendeluhr, welches früher 40 Fr. kostete, für 10 Fr. zu liefern im Stande ist; also für einen Preis, der, in Paris kaum den Aufwand an Material deken würde! Während früher ein Arbeiter an einem solchen Werke vier Tage lang arbeitete, liefert er ihrer dermalen 6 bis 8 in einem Tage. Abgesehen hievon wußte Hr. Pons das sogenannte Zählrad, welches keine Verschiebung der Zeiger zuließ, ohne daß man das Schlagwerk alle Viertel- und ganze Stunden ausschlagen ließ, durch einen Mechanismus zu ersezen, gemäß dem man die Zeiger nach allen Richtungen um eine beliebige Streke bewegen kann, ohne daß man besorgen dürfte, den Einklang zwischen ihnen und dem Schlagwerke auch nur im Geringsten zu stören. Auch dieß ist aber, wie der Berichterstatter, Hr. Francoeur, im Bulletin de la Société d'encouragement, Jul. 1838, sagt, nur eine einzelne von jenen hundertfältigen Verbesserungen, die man Hrn. Pons verdankt.

Pape's Verbesserungen an den Pianofortes.

Nach einem Berichte, den Hr. Francoeur am 27. Jun. l. J. der Société d'encouragement erstattete, hätte es Frankreich, welches noch vor Kurzem seine besseren Pianos aus England und Deutschland holen mußte, nunmehr dahin gebracht, dergleichen selbst für den auswärtigen Handel zu liefern. Von 30 Fabrikanten, die sich am Ende des vorigen Jahrhunderts in Frankreich mit dem Baue von derlei Instrumenten beschäftigten, ist die Zahl in lezter Zeit beinahe auf 500 gestiegen! Die größten und wesentlichsten Fortschritte verdankt die französische Kunst dem wakeren Hrn. Pape, von dem wir schon mehrere Male zu sprechen Gelegenheit hatten, und dem die Gesellschaft denn auch in Anerkennung seiner großen Verdienste ihre goldene Medaille zuerkannte. Wir entnehmen unter Hinweisung auf das polyt. Journal Bd. XLIII. S. 155, und Bd. XLVIII. S. 63 aus dem angeführten Berichte nur Folgendes. Die vorzüglichste Erfindung des Hrn. Pape besteht bekanntlich in einem zwekmäßigen Mechanismus, um die Hämmer von Oben auf die Saiten schlagen zu lassen. Hiedurch halten die Instrumente nicht nur länger ihre Stimmung, sondern ihre Dauer wird auch im Allgemeinen eine längere, da den sonst so häufigen Verbiegungen und Formveränderungen des Resonanzbodens bei diesem Systeme leicht und vollkommen vorzubeugen ist. Dadurch, daß er den Hebeln in senkrechter Richtung eine Biegung gab, gelang es Hrn. Pape ferner, die Dimensionen des Kastens bedeutend zu verkleinern, ohne die Länge der Saiten beschränken zu müssen und ohne der Schönheit des Tones Eintrag zu thun. Seine vierekigen Pianos, welche in jedem Salon ein nicht im Geringsten störendes Möbel bilden; seine stehenden Pianos, die nicht mehr Raum einnehmen als ein Kaminsims; seine Pianos in Form einfacher runder oder sechsseitiger Guéridons stehen angeblich in ihren Leistungen denen der bisherigen großen und schwerfälligen Instrumente nicht nach. Das Werfen des Resonanzbodens wußte er auf eine sehr sinnreiche Weise durch Verstärkungsstäbe, die dem Zuge, den die Saiten auf die Wirbelbalken ausüben, widerstreben, und die durch den eisernen Steg laufend zwischen dem Resonanzboden und der von den Saiten gebildeten Ebene gelegen sind, zu verhüten. Endlich läßt Hr. Pape auch noch in der Nähe der Wirbel einen Druk auf die Saiten wirken, so daß die Stimmung nicht mehr durch eine Zugkraft, sondern durch einfachen Druk hervorgebracht wird. Jedermann kann dem gemäß eine Saite, deren Spannung nachgelassen, leicht wieder auf die gewünschte Stimmung zurükbringen. — Anreihen müssen wir hier Einiges aus dem Berichte, den Hr. Prof. La Hausse, der Erfinder des Claviscrade, der Académie de l'Industrie über die vierekigen Pianos der HHrn. Côte und Perdrix in Paris erstattete, und in welchem er, ohne in einen Prioritätsstreit einzugehen, wenigstens einige der dem Hrn. Pape zugeschriebenen Verdienste für diese Künstler in Anspruch nimmt. Als die Vorzüge ihrer Pianos, an denen die Hämmer gleichfalls von Oben auf die Saiten schlagen, werden angeführt: eine größere Solidität des Kastens und deßhalb ein längeres Halten der Stimmung; eine größere Stärke und Fülle der Töne, weil der Resonanzboden nicht bloß an zwei Seiten, sondern im ganzen Umfange am Kasten befestigt ist, und weil das Instrument nach Unten offen ist, so daß sich der Ton nicht bloß den oberen, sondern auch den unteren Luftsäulen mittheilen kann. Ferner kann in Folge eigener sinnreicher Mechanismen nicht allenfalls eine der Tasten durch das Brechen der Federn plözlich stumm werden, so wie auch das sonst durch die Abnüzung des Instrumentes entstehende Geklapper verhütet ist. Endlich ist es Hrn. Côte gelungen, die harmonischen Töne, die an allen Pianos den Grundton der ganzen Saite überdauern, sobald die Saite an einem ihrer aliquoten Theile von dem Dämpfer coupirt wird, zu beseitigen. Er bezwekte dieß durch einen zweiten Dämpfer, dessen äußerst einfacher Mechanismus die Wirkung des ersteren neutralisirt, und durch Druk auf die Mittelpunkte der Schwingungen alles Unangenehme desselben absorbirt. Die Académie ertheilte dem Erfinder deßhalb ihre silberne Medaille.

Muller's Orgeln.

Die Société d'encouragement in Paris ertheilte in ihrer Generalversammlung vom 27. Jun. l. J. dem Orgelbauer Hrn. Muller auf den Bericht des Hrn. de la Morinière ihre große silberne Medaille für die Verbesserungen, welche derselbe an den bekannten Orgeln des Hrn. Grenié, die man in den Brevets d'Invention Bd. VI. und IX. beschrieben und abgebildet findet, anzubringen wußte. Hr. Muller hat nämlich dieses Instrument bis auf 6 Octaven gebracht, während es früher ihrer nur 4½ hatte; er verbesserte den Bau der Pfeifen und ihrer Zungen, so wie auch jenen des Mechanismus, der die Bewegung von der Claviatur an die Ventile fortpflanzt; er wußte dasselbe dadurch, daß er es mit einem sogenannten monotonen Gebläse, welches mittelst eines Hebels beliebig zu handhaben ist, ausstattete, für eine größere Anzahl von Kunstliebhabern geeignet zu machen; er hat endlich auch die zur Fabrication seiner Instrumente bestimmten Werkzeuge und Apparate bedeutend und wesentlich verbessert. Lezterer Umstand sezt ihn denn auch in Stand, Grenié'sche Orgeln mit $4\frac{1}{2}$ Octave, welche bisher 3000 Fr. kosteten, für 1600 Fr. zu liefern, und selbst solche mit 6 Octaven für den mäßigen Preis von 2500 Fr. herzustellen. Orgeln zu 5 Octaven kosten 1800 und solche zu 4 Octaven nur 1200 Fr. Ausführlicheres hierüber findet man im Bulletin der genannten Gesellschaft, Jul. 1838, S. 268.

Ueber die Richtigkeit der Angaben des Compasses auf eisernen Schiffen.

Hr. Rayler von Southsea hielt am 3. Jul. l. J. vor der in London gestifteten Electrical Society einen Vortrag über die auf eisernen Dampfbooten Statt findende Localattraction, wodurch die Angaben des Compasses unrichtig werden, wenn der Vordertheil des Schiffes nicht ganz oder beinahe nach Norden oder nach Süden steht. Nachdem derselbe die auf gewöhnlichen Schiffen Statt findende Localattraction und die zu deren Correction befolgte Methode beschrieben, spricht er seine Ueberzeugung dahin aus, daß man auf eisernen Booten nach denselben Gesezen, jedoch vielleicht in einer erhöhten Form, wird verfahren können. Wenn ein Mal die Quantität dieser Localattraction genau ermittelt ist, so verschwindet alle durch sie bedingte Gefahr, da jede durchsteuerte Bahn danach corrigirt werden kann. Er dringt jedoch darauf, daß man vor der Abfahrt eines jeden eisernen Bootes die Localattraction nehme, und daß man ebendieß auch an den verschiedenen Landungsplázen thue, da die Abweichung keine constante Quantität ist. (Civil Eng. and Archit. Journal.)

Eisenplatten von außerordentlicher Größe.

Liverpooler Blätter berichten von zwei eisernen Platten, die man kürzlich in den Werkstätten der Hhrn. Fawcett, Preston und Comp. sehen konnte, und die das Größte gewesen seyn dürften, was bisher noch in dieser Art fabricirt wurde. Sie hatten 10 Fuß 7 Zoll Länge, bei 5 Fuß 1 Zoll Breite und $\frac{7}{16}$ Zoll Dike. Ihr Gewicht betrug zwischen 7 und 8 Cntr. Bestimmt sind sie zu Bodenplatten für zwei Dampfgeneratoren, die nach Howard's System gebaut werden sollen. Fabricirt wurden sie von der Colebrook-dale-Eisenbau-Gesellschaft in Shrapshire, welche in ganz England die einzige seyn soll, welche Platten dieser Art zu liefern im Stande ist. (Civil Eng. and Archit. Journ.)

Chassang's Verbesserungen an den Parketböden.

Hr. Chassang, Tischler in Paris, hat die Parketböden durch eine Verbesserung der Gefüge um ein Bedeutendes wohlfeiler zu machen gewußt, abgesehen davon, daß sie seinem Systeme gemäß weit leichter zu legen sind und sich nicht so gern werfen. Das Wesen der Verbesserung beruht darauf, daß er die gewöhnlichen Falzen durch metallene Bänder ersezt. Die Tafeln, welche aus einer größeren oder geringeren Anzahl schmaler Ausfüllstüke zusammengesezt seyn können, werden direct auf die mit Gyps zugerichtete Bodenfläche gelegt und durch einfache Mittel in ihr fixirt. In der Mitte der Dike ihres Holzes sind die Tafeln an jedem der Gefüge eingesägt, und die Sägespalte dient zur Aufnahme von metallenen Bändern, die den Falz für zwei an einander zu fügende Tafeln bilden. Die Tafeln sind nach diesem Verfahren viel leichter zu arbeiten, und da sie in ihrer ganzen Ausdehnung auf der Bodenfläche aufruhen, so kann man dem Holze auch eine bedeutend geringere Dike geben. Die Rippen sind ferner gänzlich entbehrlich. Das neue System eignet sich sowohl für die einfachsten als für die prächtigsten Parketböden. Die Société d'encouragement hat dem Hrn. Chassang auf den Bericht des Hrn. Vallot deßhalb auch eine bronzene Medaille verliehen.

Knight's farbiger Kupferstich.

Hr. Charles Knight, der unermüdete Verleger der Society for the Diffusion of useful Knowledge, hat in neuester Zeit ein Patent auf eine neue Erfindung in der Kupferstecherkunst genommen, die, wenn auch nur ein geringer Theil der davon gehegten Erwartungen in Erfüllung geht, doch eine neue Epoche in der Kunstwelt hervorrufen dürfte. Er hat bereits zwei oder drei Serien von colorirten Porträten und Darstellungen aus der Geschichte angekündigt, so wie auch eine Sammlung von Landkarten, da sich das neue Verfahren zur Herausgabe solcher ganz besonders eignen soll. Da die Beschreibung des Patentes noch nicht erschienen ist, so läßt sich über die Erfindung noch nichts Bestimmtes sagen; jedenfalls muß sie aber sehr rasch und leicht ausführbar seyn, da zwei oder drei colorirte Karten nur 9 Pence, und wenn sie sehr groß sind, nur einen Schilling kosten sollen. Man vermuthet, daß alle Farben zugleich mit einem Model gedrukt werden, der aus so vielen Theilen besteht, als Farben vorhanden sind; und daß die Erfindung also auf einer Methode beruht, nach welcher diese Theile zum Behufe des Auftragens der Farbe leicht aus einander genommen, und zum Behufe des Abdrukes auch wieder leicht zusammengesezt werden können. Wir besizen bereits treffliche colorirte Holzschnitte von G. Baxter; mit diesen, die wahre Kunstwerke sind, aber auch sehr theuer bezahlt werden, wird Hr. Knight wohl nicht concurriren können. Wohlfeilheit scheint das größte Verdienst der neuen Methode, und daher gebührt ihr alle Beachtung, selbst wenn sie an künstlerischem Werthe nicht excelliren sollte. (Mechanics' Magazine, No. 778.)

---

de Witte's Anstrich um Holz ꝛc. unverbrennbar zu machen.

Der bekannte Hr. Baddeley berichtet im Mechanics' Magazine No. 778 über die Versuche, die man kürzlich in einem neuen eigens zu diesem Zweke aufgeführten Gebäude in der Nähe Londons mit dem patentirten Feuerschuzmittel des Hrn. de Witte anstellte. Die gesammte Zimmerung des auf gewöhnliche Art mit Baksteinen gebauten Hauses ward mit dem schüzenden Anstriche behandelt. Man begann den Versuch damit, daß man in das obere Stokwerk eine Masse Holzspäne brachte, auf diese einige Bretter legte, und das Ganze dann anzündete. Als dieses ausgebrannt war, stekte man auch im Zimmer des unteren Stokwerkes, in welches man eine einfache hölzerne Einrichtung und ein Bett gestellt hatte, und auf dessen Boden sich 18 Zoll hoch trokene Holzspäne befanden, in Brand. Es entstand hiedurch bei leichtem Winde ein heftiger Brand, bei dem die Flammen zu den Fenstern hinaus bis in die oberen Stokwerke schlugen. Als die Brennstoffe verzehrt und der Brand in sich erloschen war, schritt man zur Untersuchung des Gebäudes. Alles mit dem Anstriche versehene Holzwerk war unversehrt geblieben, und nur einer der Fensterstöke, bei dem die Flammen besonders heftig hinausschlugen, war etwas verkohlt. Jene Zimmer, in denen kein Feuer angezündet worden, die aber mit präparirtem Holzwerke gefüllt waren, zeigten keine Spur von Beschädigung, so daß also der Anstrich die Verbreitung des Feuers trefflich hindert. Der Patentträger hatte die Kühnheit gehabt, in der die Stokwerke scheidenden Deke einige kleine Partien Schießpulver unterzubringen, und dieses blieb unversehrt! Die Composition hat das Aussehen von grauem oder schieferfarbigem Mörtel, ist leicht aufzutragen, wird beim Troknen sehr hart, erleidet bei Temperaturveränderungen nur wenig Ausdehnung und Zusammenziehung, löst sich nicht ab, läßt sich, nachdem sie troken geworden, wie Marmor poliren, und gibt den besten Grund für alle farbigen Anstriche. Für ein Haus mit 10 Zimmern kommt der Anstrich auf 20 Pfd. Sterl.

Hrn. Durios's Methode brennbare Stoffe unverbrennlich zu machen.

Hr. Durios, von dessen Erfindung wir bereits in unserer Zeitschrift Meldung thaten, hat nun zur Ausbreitung derselben in Paris unter dem Namen: „L'Incombustible", eine mit einem Capitale von einer Million Fr. arbeitende Actiengesellschaft gegründet. Wir entnehmen aus dem bei dieser Gelegenheit publicirten Programme, welches allerdings weniger schwulstig ist, als viele der Erlasse der neufranzösischen Industrieritter nur das, was als Thatsache darin angeführt wird. Der Erfinder hat in Auftrag der Polizeipräfectur mehrere der zu Theater-Decorationen bestimmten Zeuge nach seiner Methode behandelt. Sie verloren dadurch weder an Geschmeidigkeit, noch an Durchsichtigkeit und Glanz; der Flamme einer starken Weingeistlampe ausgesezt, kamen sie allerdings zum Rothglühen; auch wurden sie verkohlt; allein es entwikelte sich keine Flamme, und die Zerstörung reichte nur so weit als der Zeug in unmittelbare Berührung mit der Flamme kam. Wachstropfen, die man absichtlich auf den Zeug gemacht hatte, verbrannten, ohne daß jedoch der Zeug selbst in Brand gerathen wäre. Ein gegen den Zeug gerichtetes Zündlicht brachte ebenso wenig eine Entzündung hervor. Papiertapeten, Musseline, Organdis, Tulls u. dgl., welche mit dem Mittel des Erfinders imprägnirt worden, ließen sich ebenso wenig entzünden, selbst wenn sie vorher vielfach zusammengebogen und zerknistert wurden. Ein unverbrennlich gemachter, durch die Einwirkung des Feuers aber verkohlter Perkal wurde mit Talg überstrichen, und dann den Flammen ausgesezt. Der Talg verbrannte, aber der Zeug blieb unverändert. Ein horizontal über eine Kerzenflamme gehaltenes Papier, welches vorher unverbrennlich gemacht worden, verkohlte sich allerdings in Form eines Kreises; allein nach Auslösung dieses verkohlten Kreises spielte die Flamme durch das hiedurch entstandene Loch, ohne die übrigen Theile anzugreifen. Dazu kommt noch, daß der unverbrennliche Anstrich den angestellten Proben gemäß den Farben und dem Glanze der damit überstrichenen Gegenstände, namentlich der Theater-Decorationen, keinen Eintrag thut. — Hr. G. Delessert hat hienach allen Theaterdirectionen in Paris befohlen, in den Theatern nur solche Zeuge und Papiere, die nach dem Verfahren des Hrn. Durios unverbrennlich gemacht worden, zu verwenden. Die Behandlung grober und feiner leinener und hänfener Zeuge kommt auf 60 Cent. per Quadrat-Meter; jene der Calicos auf 50 Cent.; jene der Gase, Organdis, Musseline auf 40 Cent.; jene der Canevasse für Tapeten auf 40 Cent.; jene des Papieres auf 5 Cent. per Bogen. (France industrielle, 1838, No. 54.)

Aufbewahrung des Mutterkorns.

Hr. Wislin hat die Appert'sche Methode mit Erfolg zur Aufbewahrung des Mutterkorns angewandt. Er verfährt dabei folgender Maßen: nachdem das Mutterkorn gut ausgetroknet ist, füllt er damit Glasflaschen, welche 2 bis 4 Loth fassen, verkorkt und verbindet sie fest und stellt sie dann in Wasser, welches er zum Kochen bringt und darin einige Minuten erhält. So behandeltes Mutterkorn erhält sich mehrere Jahre unverändert und bekommt nie den Geruch von ranzigem Oehle, welchen man an solchem Mutterkorne bemerkt, das lange der Luft ausgesezt blieb. Man pulvert es erst in dem Augenblike, wo man es anwendet. (Journal de Chimie médicale. Jun. 1838.)

Mehlverfälschung in England.

Hr. Clarke wurde kürzlich von den Lords der Admiralität beauftragt 1407 Säke Mehl zu untersuchen, welche in Hull als verdächtig mit Beschlag belegt und versiegelt worden waren. Das Resultat war, daß einige Säke von diesem für Spanien und Portugal bestimmten Mehle wirklich verfälscht waren und über ein Drittel eines Gemenges von gepulvertem Gyps und Knochen enthielten. Der Eigenthümer dieses Mehls wurde in Folge hievon zu einer Geldstrafe von 10,000 Pfd. Sterl. verurtheilt. (Leed intelligencer.)

Maceroni's Composition, um Leder wasserdicht zu machen.

Wir haben im polyt. Journal Bd. LX. S. 80 die Mischung angegeben, welche Oberst Maceroni empfiehlt, um Stiefel und Schuhe wasserdicht zu machen. Wir fanden dieselbe seither in mehreren französischen und englischen Blättern gepriesen. Zu ihren Lobrednern in lezteren gehört namentlich der bekannte W. Baddeley, der nur die einzige Bemerkung beizufügen hatte, daß die Stiefel, die man damit behandeln will, nicht zu eng seyn dürfen, weil es sonst beinahe unmöglich wird, in sie ein- und auszuschliefen. Derselbe Schriftsteller rühmt die nämliche Composition auch, um die Treibriemen der Maschinen dauerhaft zu machen. Ebenso räth er die ledernen, zu den Feuerspritzen gehörigen Schläuche damit zu behandeln, da sie, so weit seine Erfahrung bis jezt reicht, besser entsprechen dürfte, als das Tränken derselben mit Oehl, welches gleich ausgetrieben wird, so wie man die Schläuche unter Anwendung eines etwas bedeutenden Drukes benuzt.

Woolrich's Methode kohlensauren Baryt zu gewinnen.

Hr. John Woolrich, Professor der Chemie an der medicinischen Schule in Birmingham, ist der Besizer eines unterm 22. Jun. 1836 ertheilten Patentes auf eine verbesserte Methode kohlensauren Baryt zu gewinnen. Wie wenig Neues an diesem Patente ist, ergibt sich aus folgendem dem London Journal, August 1838 entnommenen Auszuge. Der Patentträger erhizt ein Gemenge aus 5 Gewichtstheilen fein gepulverten schwefelsauren Baryts und einem Gewichtstheile ebenso feiner Holzkohle oder Kohks in einer Retorte zum Rothglühen, und unterhält diese Hize durch zwei Stunden, ohne sich jedoch genau an das Mischungsverhältniß oder die Dauer des Glühens zu binden. Den in der Retorte gebliebenen, aus Schwefelbarium bestehenden Rükstand, löst er hierauf in Wasser auf, wozu nach des Patentträgers Angabe das zehnfache Gewicht kaltes und etwas weniger heißes Wasser erforderlich ist. Die klare Auflösung gießt er in ein Gefäß ab, in welches er mittelst einer Röhre die während des Glühens der angegebenen Mischung aus der Retorte entweichende Kohlensäure leitet, die er also kostenfrei erhält. Dieses Gas erzeugt einen Niederschlag von kohlensaurem Baryt, der nur mehr ausgewaschen, getroknet, und in einem Trokenofen eine Stunde lang scharf getroknet zu werden braucht, um als kohlensaurer Baryt in den Handel zu kommen.

Ueber die Gasgewinnung aus den öhligen Substanzen.

Wie das System der Gasgewinnung aus öhligen Substanzen auch immer modificirt worden seyn mochte, so blieb man im Principe doch dabei stehen, daß man die Oehle unmittelbar in gußeiserne Retorten, welche beinahe bis zum Weißglühen erhizt worden, fließen ließ, um in diesen deren Zersezung zu bewirken. Den Durchmesser und die Dike für diese Retorten war man nie im Stande genügend zu bestimmen. Das in die Retorte fallende Oehl verwandelte sich daselbst zuerst in Dämpfe und in ein ziemlich reichliches concretes Product; erstere wurden durch die Weißglühhize in Gas und in etwas Kohle verwandelt. War die Temperatur nicht hoch genug, so entwichen die Dämpfe unzersezt und verdichteten sich in den Kühlgefäßen. Man mußte, um diesem Uebel zu steuern, sowohl den Durchmesser als die Dike der Retorten vermindern; allein in diesem Falle traten oft Verstopfungen ein, die den Gang der Apparate hemmten. Die direct mit Harz arbeitenden Apparate waren denselben Mängeln ausgesezt. Hrn. Taillebert gelang es nach langwierigen Forschungen diese sämmtlich zu heben; denn sein Apparat verhütet nicht nur alle Verstopfungen, sondern er bedingt zugleich auch eine ungeheure Vermehrung des Productes. Nach den älteren Systemen muß das Harz dadurch, daß man es aller festen Stoffe entledigt, zuerst in Oehl verwandelt werden, und aus diesem Oehle kann erst durch zwei auf einander folgende Operationen Gas erzeugt werden. Mit dem neuen Apparate dagegen fallen beide Operationen in eine einzige zusammen. Man kann mit seiner Hülfe aus allen öhligen Substanzen Alles, was an Gas darin enthalten ist, gewinnen, und zwar in viel geringerer Zeit und mit um die Hälfte geringerem Verbrauche an Kohlen als bisher. Alle die an den älteren Apparaten so häufig vorkommenden Unfälle sind verhütet, und das gewonnene Gas besizt die größte Reinheit, so daß es dem besten Harzgase gleichkommt. Hr. Dumas erstattete der Akademie in Paris einen günstigen Bericht über diese Erfindung. (Mémorial encyclop. Jul. 1838.)

Zunahme des Kartoffelbaues in Frankreich.

Die France industrielle gibt in Nr. 14 folgende Daten über die Zunahme des Kartoffelbaues in Frankreich. Im Jahre 1815 betrug die Ernte 21.957,945 Hectoliter; im J. 1820 stieg sie auf 40,670,683 Hectoliter, im J. 1830 auf 54.835,167 und im J. 1833 auf 71,982,811 Hectoliter. Da im J. 1815 558,965 Hectaren, im J. 1835 aber auch nicht über 803,854 Hectaren Landes mit Kartoffeln bestellt waren, so folgt hieraus, wenn diese Daten richtig sind, daß nicht bloß der Kartoffelbau im Allgemeinen zugenommen hat, sondern daß man jezt auch auf einer und derselben Strecke Landes einen doppelt größeren Ertrag erzielt.

Ueber eine neue ausgezeichnete Race von Schafen.

Hr. Graux, Besizer der Maierei in Mauchamp in der Gegend von Laon, bemerkte vor 10 Jahren unter einer von ihm gehaltenen Merinos-Heerde ein männliches Lamm, welches sich von seinen Stammverwandten auffallend durch seine Wolle unterschied. Diese hatte nämlich einerseits das Weiche und Markige der Kaschemirwolle und andererseits den Glanz der englischen Leicesterwolle, so daß man keinen bezeichnenderen Namen für sie wählen konnte, als den Namen Seidenwolle (laine-soie), den ihr Hr. Graux gab. Als aufmerksamer und sachkundiger Oekonom kam Hr. Graux sogleich auf die Idee, diese neue, zufällig entstandene, und durch so treffliche Eigenschaften ihres Vließes ausgezeichnete Race wo möglich zu erhalten und zu vermehren. Es gelang dieß auch wirklich seiner Sorgfalt, und er ist nun im Besize einer kleinen Heerde, deren Wolle die angegebenen Eigenschaften in vollem Maaße beibehalten hat. Die neue Race kommt in Hinsicht auf ihren Körperbau der gewöhnlichen Merinos-Race gleich, obwohl sie wegen ihrer längeren und weicheren Wolle einen etwas anderen Anblik gewährt, als diese. Ihre Höhe, welche die Thiere erst mit dem dritten Jahre ganz erreichen wechselt von 60 bis zu 72 Centimetern, und die Schwere steht mit dieser Größe im Verhältnisse. Die schwächsten Hammel geben bei der Schur beiläufig ein, die stärksten hingegen 2½ Kilogr. am Rüken gewaschene Wolle; ungewaschen wiegen die Vließe gewöhnlich das Doppelte. Die gewaschene Wolle gibt bei viermaligem Kämmen mit demselben Kamme 50 Proc. Kammwolle, 25 Proc. Kurzwolle und 25 Proc. Abfall. Man zahlt sie gewaschen gern zu 10 Fr. das Kilogramm; Sachverständige erklärten übrigens, daß sich ihr Werth nach dem Cumulativpreise der gekämmten Kaschemir- und der gekämmten Merinoswolle ergibt, wenn man den Mittelpreis zur Basis nimmt. Die Seidenwolle behält, wenn sie gesponnen und gefärbt worden, ihren Glanz, ihre Weichheit und ihre Festigkeit. Mehrere Fabrikanten, und darunter die ausgezeichnetsten, wie z. B. Hr. Cunin-Gridaine, verarbeiteten sie zu Shawls, zu Satin-Laine, zu Drap-Nouveautés, zu Gilets etc. und zwar mit bestem Erfolge, so daß sie nur bedauern, daß sie bisher in so geringer Menge zu haben ist. Auf der Ausstellung zu Reims erhielt sie den ersten Preis. Den über sie erstatteten, von Hrn. Soulange-Bodin abgefaßten Bericht findet man im Bulletin de la Société d'encouragement. Julius 1838, S. 288.

Polytechnisches Journal.

Neunzehnter Jahrgang, einundzwanzigstes Heft.

XXXVI.

Einiges über die Ursachen der Explosionen der Dampfkessel. Von Hrn. John Seaward.

Aus dem Mechanics' Magazine, No. 786, S. 373.

Es hat sich in neuester Zeit häufig die Ansicht verbreitet, daß die vielen Explosionen der Hochdruk-Dampfkessel großen Theils einer Entzündung der innerhalb der Kessel selbst erzeugten explodirbaren Gase zugeschrieben werden müsse. Ich habe diesem höchst wichtigen Gegenstande seit längerer Zeit meine ganze Aufmerksamkeit zugewendet, und bin durch meine Beobachtungen und Forschungen zu dem Resultate gekommen, daß dieser Ansicht kein genügender und fester Grund untergelegt werden kann. Ich erlaube mir daher einige wenige Bemerkungen hierüber vorzulegen, wäre es auch nur, um tüchtige Männer zu weiteren Forschungen zu veranlassen.

Daß unter gewissen Umständen innerhalb der Kessel durch Ueberhizung der Kesselwände und Zersezung des Wassers durch diese Wasserstoffgas erzeugt werden könne, ist eine allgemein zugestandene Thatsache. Allein diese Umstände können meiner Meinung nach nur sehr selten eintreten; und die Wirkung kann selbst in diesem Falle nur eine sehr unbedeutende seyn. Wenn sich dieses Gas nämlich in irgend einer bedeutenden Menge erzeugen könnte, so müßte sich dieß alsogleich durch eine sehr bemerkbare Einwirkung auf den Gang der Maschinen kund geben. Diese Wirkung habe ich aber weder selbst je beobachtet, noch wüßte ich, daß irgend eine Autorität eine auf sie bezügliche Thatsache angegeben hätte. Ich bemerke dieß um so mehr, als ich gleich anderen oft Gelegenheit hatte Kessel zu sehen, an denen ein Theil des inneren Feuerzuges oder der Platten der Feuerstelle zum Rothglühen gekommen war.

Es ist ganz gewiß, daß, selbst wenn eine bedeutende Menge Gas erzeugt wird, dasselbe mit dem Dampfe so rasch durch die Cylinder oder durch die Dampf-Auslaßröhre fortgeführt werden muß, daß sich nie eine große Menge davon in dem Kessel ansammeln kann. An den Hochdruk-Dampfkesseln, die allein den Gefahren der Explosionen ausgesezt sind, ist der für den Dampf bestimmte Raum so beschränkt, daß die ganze in dem Kessel enthaltene Dampfmasse wenigstens alle 8 Secunden oder 7 bis 8 Mal in der Minute fortgeführt und wieder neu erzeugt wird. Da nun das Gas mit dem Dampfe fortgeführt wird, so ist klar, daß dasselbe entweder in großem Uebermaaße erzeugt werden muß, oder daß die in dem Kessel enthaltene Quantität desselben nur sehr klein seyn kann.

Angenommen, jedoch, daß Wasserstoffgas im Kessel enthalten ist, wie läßt sich das gleichzeitige Vorhandenseyn von Sauerstoffgas, welches zur Erzeugung des explosionsfähigen Gemenges so nothwendig ist, erklären? Einige nehmen zwar an, daß dieses Gas dem Kessel von Außen, aus der atmosphärischen Luft zugeführt wird; allein diese Annahme ist ganz unhaltbar. Andere nehmen an, daß sich innerhalb des Kessels auch Sauerstoffgas erzeuge, und zwar durch Desoxydirung eines Theiles der vorher oxydirt gewesenen Metallplatten: eine Ansicht, welche ebenso schwer zu begreifen ist, wie erstere; denn die Oxydirung und Desoxydirung müßten entweder gemeinschaftlich von Statten gehen, oder die eine müßte aufhören, bevor die andere beginnt. In lezterem Falle ist gewiß, daß alles Wasserstoffgas aus dem Kessel entwichen seyn wird, bevor sich Sauerstoffgas zu bilden beginnt; im ersteren dagegen müßte vorausgesezt werden, daß unter denselben Umständen und mit denselben Mitteln gleichzeitig zwei einander entgegengesezte Operationen hervorgerufen werden: ein Factum, welches beinahe an das Wunderbare gränzen dürfte, obschon es vielleicht dennoch im Bereiche der chemischen Verwandtschaften gelegen seyn könnte.

Wenn aber auch wirklich beide Gase gleichzeitig und in einer zur Erzeugung der explodirbaren Mischung hinreichenden Menge im Kessel entbunden werden sollten, was würde dann geschehen? Das Gas würde gewiß durch den Wasserdampf so sehr verdünnt werden, daß sich nichts anderes erwarten ließe, als daß es die Fähigkeit zu explodiren verliert und ganz unschädlich wird.

Abgesehen von diesen Betrachtungen, welche der Annahme, daß Dampfkesselexplosionen durch Gase bewirkt werden können, im Wege stehen, haben wir aber noch eine Thatsache, welche, wie mir scheint, die ganze Hypothese, wie sinnreich sie auch seyn mag, gänzlich umwirft, und deutlich beweist, daß dergleichen Unglüksfälle nicht den Explosionen von Gasgemischen zugeschrieben werden können. Diese Thatsache ist, daß in der zahlreichen Classe der Kessel mit niederem Druke sowohl eine Explosion, als ein Einsinken zu den unerhörten Dingen gehört, während beides an den Kesseln mit hohem Druk häufig vorkommt; und doch ist es gewiß, daß sich in ersteren Kesseln ebenso Gase erzeugen können, wie in lezteren. Die Platten der Feuerstellen und Feuerzüge der Kessel mit niederem Druke, sind dem Uebelstande, zum Rothglühen zu kommen, ebenso ausgesezt, und bei dem großen Rauminhalte dieser Kessel müßten sie nothwendig eine größere

Menge enthalten; und dessen ungeachtet hört man nichts von Explosionen solcher Kessel!

XXXVII.

Verbesserte rotirende Dampfmaschine, worauf sich Duchemin Victor aus London am 19. März 1838 ein Patent ertheilen ließ.

Aus dem Repertory of Patent-Inventions, August 1838, S. 65.

Mit Abbildungen auf Tab. III.

Meine Erfindung beruht hauptsächlich auf der vereinten Anwendung folgender Dinge, und zwar: 1) eines constanten Gleichgewichtes des Drukes auf den inneren concentrischen Cylinder; 2) eines äußeren Cylinders, der so gebaut ist, daß er, welches sein Durchmesser seyn mag und wie groß auch seine Höhe von einer Basis bis zur anderen ist, den Widerstand gegen den Druk soviel als erforderlich seyn kann, verhindert; 3) eines Apparates, wodurch jene Theile, auf die der Dampf seinen Impuls ausübt, die Verrichtungen von Kolben vollbringen, ohne sich an irgend einer anderen Oberfläche als der inneren Cylinderfläche zu reiben, und ohne also eine größere Abnüzung zu erleiden als die gewöhnlichen Kolben. Meine Maschine, deren Kraft eine beliebige seyn kann, ist frei von den Mängeln der bisherigen rotirenden Maschinen, und gewährt dagegen alle die großen Vortheile, die von einem guten rotirenden Systeme zu erwarten sind. Dieses System allein beseitigt nämlich den großen Verlust an Kraft, der aus der Umwandlung der geradlinigen Bewegung in eine kreisende mittelst Anwendung der Kurbel erwächst. Meine Maschine ist, kurz gesagt, eine durch Dampf oder andere luftförmige Flüssigkeiten zu treibende, rotirende Maschine mit zwei oder vier beweglichen Kolben, die mittelst einer äußeren mechanischen Vorrichtung in einen inneren concentrischen Cylinder eintreten, an der dieser Cylinder stets einem gleichen Druke ausgesezt ist, da der Druk gleichzeitig auf gleiche und gegenüberliegende Oberflächen wirkt, und an welcher der große, innen allerwärts cylindrische Cylinder nirgendwo zum Behufe des Durchganges eines Kolbens ausgeschnitten ist, so daß er nicht nur die ganze Stärke des Metalles besizt, sondern daß er auch einen großen Durchmesser, und von einer Basis zur anderen eine große Höhe haben kann.

Ich besize nicht hinreichende Geldmittel, um meine nach England gebrachte Erfindung hier im Großen auszuführen. Ich wünsche jedoch sehr, daß dieß geschehe, indem ich überzeugt bin, daß sie in diesem Falle von allen Ingenieurs günstig aufgenommen werden würde, da die unendlichen Vortheile, welche sie sowohl für den Fabrikbetrieb, als für die Dampfschifffahrt gewährt, in die Augen fallen. Meine Maschine, welche sich wegen einer bedeutenden Ersparniß an Brennmaterial hauptsächlich für die Dampfschifffahrt eignet, beseitigt nicht nur, wie gesagt, den durch die Anwendung der Kurbel bedingten Verlust an Kraft, sondern sie nimmt auch bei großer Leichtigkeit einen sehr kleinen Raum ein. Ich hoffe daher um so mehr, daß sich ein englischer Ingenieur ihrer Ausführung im Großen unterziehen wird, als ich geneigt bin, ihm alle meine Rechte unter sehr billigen Bedingungen abzutreten.

Ich habe meine Maschine in der gegenwärtiger Beschreibung beigegebenen Zeichnung als mit vier, den Impuls des Dampfes erhaltenden Kolben versehen, dargestellt, indem ich diese Einrichtung für die Dampfschifffahrt am geeignetsten halte. Die Kraft ist nämlich bei gleichem Umfange größer und in jedem Theile des Laufes eine und dieselbe, da der Dampf stets auf zwei dieser Kolben seinen Nuzeffect ausübt. Ich glaube, daß diese Maschine hauptsächlich dann eine große Reform in der Dampfschifffahrt bewirken dürfte, wenn sie mit Dampf arbeitet, der in Kesseln erzeugt wird, welche aus einer großen Menge kleiner Röhren bestehen, die eine große Heizoberfläche darbieten, und welche also im Vergleiche mit der in ihnen enthaltenen Wassermasse eine große Menge Dampf erzeugen. Diese Kessel, die dem Bersten nicht ausgesezt sind, lassen sich selbst auf weiten Seereisen leicht mit Süßwasser speisen, wenn man den verbrauchten Dampf in Röhren, die außen am Schiffe unter der Wasserlinie hinlaufen, verdichtet und das verdichtete Wasser wieder in den Kessel pumpt. Zum Fabrikbetriebe seze ich meine Maschine dagegen lieber aus zwei Kolben zusammen, indem ich in diesem Falle vorziehe, während eines Theiles der Bewegung von der Ausdehnung des Dampfes Nuzen zu ziehen. Es wird dann ein Schwungrad und ein Schieber nöthig, der die gewünschte Zeit über den Dampf einströmen läßt. Stets müßte aber der Dampf in dem Momente abgesperrt werden, in welchem die beweglichen Kolben an den in dem großen Cylinder fixirten Scheidewänden vorübergehen. Dessen ungeachtet kann man auch mit dieser Maschine unter Anwendung von jedwedem Druke und mit Verdichter und Luftpumpen arbeiten. Auch ließe sie sich ebenso gut mit Gasen betreiben, im Falle man welche ausmitteln könnte, die wohlfeiler zu stehen kommen als der Dampf.

Fig. 72 ist ein Aufriß der Maschine; Fig. 73 zeigt dieselbe von der Seite betrachtet. Fig. 72 ist ein Durchschnitt nach der Linie C,D, und Fig. 75 ein solcher nach A,B,A,C. Sämmtliche Theile, aus denen die Maschine zusammengesezt ist, ruhen auf der Grundplatte a. Auf ihr bemerkt man zuvörderst den äußeren oder großen Cylinder b; dieser ist an beiden Enden, wie man in Fig. 74 sieht, mittelst eines Ringes geschlossen, der zugleich auch den fixirten und unebenen Theil einer Stopfbüchse bildet. Der zwischen diesem und dem inneren Cylinder befindliche Raum ist durch Scheidewände, welche gegen den Druk des Dampfes Widerstand leisten, in zwei gleiche Theile geschieden. Diese Scheidewände sind mit Platten ausgestattet, die in Hinsicht auf Länge der Höhe des inneren Cylinders gleichkommen, und an denen eine solche Anordnung getroffen ist, daß jener Theil, der sich allmählich und zur Ersezung des Abgenüzten annähert, stets dieselbe Länge haben kann. Auf diese Platten, welche zur Erzielung eines genauen Verschlusses dienen, wirken beständig kleine Federn. Der innere und concentrische Cylinder c ist an dem Wellbaume befestigt. Seine vier Arme, Fig. 75, sind nach Außen zu verlängert, Fig. 72 und 74, und ihrer ganzen Länge nach so tief gespalten, Fig. 74, daß die Kolben, welche die der Welle mitzutheilende Bewegung von dem Dampfe her erhalten, in dieselben eindringen können, wenn sie an den Scheidewänden, Fig. 75, vorübergehen. Diese Kolben sind so an den Enden, Fig. 75, angebracht, daß der Ring, der einen Theil der Stopfbüchse bildet, Fig. 73 und 74, dessen Oberfläche polirt ist, und der sich selbst mit dem inneren Cylinder bewegt, fixirt werden kann. An den Enden der Arme, Fig. 72, 74 und 75, befinden sich auch kleine Platten, welche dem Dampfe den Austritt zu versperren haben. Die beweglichen, die Stelle der Kolben vertretenden Theile, Fig. 74 und 75, sind an den Scheidewänden mit Platten versehen, auf welche stets kleine Federn drüken. Diese Platten, in Verbindung mit einer eigenthümlichen Einrichtung der Enden des Cylinders, Fig. 74, bedingen zu beiden Seiten einen gänzlichen Verschluß. Das Hervortreten dieser Platten ist durch kleine Zapfen, Fig. 74, beschränkt. Kleine Austiefungen, welche zu beiden Seiten an den Armen, Fig. 74 und 75, angebracht sind, dienen zur Verhinderung der Reibung der Kolben. d ist ein Kreuz, dergleichen an jedem Ende des Cylinders eines an der Welle aufgezogen ist. An der Mitte eines jeden Armes des Kreuzes ist den Kolben genau gegenüber ein zur Führung dienender Schieber, Fig. 73 und 74, angebracht, der an der einen Seite mittelst einer Walze seine Bewegung mitgetheilt erhält, und sie an der anderen Seite mittelst einer durch eine kleine Stopfbüchse laufenden Stange an die Kolben fortpflanzt. Die Stüke, in denen sich die Walzen drehen, und die ihren Mittelpunkt in der Achse der Maschine haben, sieht man bei e. Zu jeder Seite des Cylinders und außerhalb der Kreuze ist auf der

Grundplatte eines dieser Stüke befestigt. Die Walzen, welche die Bewegung an den Schieber und dann an die Kolben fortpflanzen, laufen in der Achse parallelen Führern, Fig. 73, in jenen Theilen, welche den Scheidewänden gegenüber und in solchen Entfernungen von diesen angebracht sind, daß die Kolben an den Scheidewänden vorüber gehen können, ohne sie zu berühren. f sind die Büchsen mit den Anwellen, in denen die Welle der Maschine läuft; sie tragen das Gewicht dieser Welle und sind mit Regulirschrauben ausgestattet, welche die Welle stets und ungeachtet aller Abnüzung in der geeigneten Stellung erhalten. Die erste von den vier Schrauben, welche parallel mit der Achse gestellt ist, Fig. 72, 73 und 74, erhält, indem sie seitwärts von den Anwellen auf einen an der Welle, Fig. 74, fixirten Ring drükt, die Welle und ferner die Basen des inneren Cylinders in Beziehung auf jene des äußeren Cylinders beständig in derselben Stellung, obschon die Kolben so eingerichtet sind, daß aus einer geringen Abweichung von dieser Stellung kein Nachtheil entstehen kann. Die zur Rechten unterhalb befindliche Regulirschraube, Fig. 73, dient zum Eintreiben eines Keiles, Fig. 74, damit dieser das Zapfenlager gradweise emporhebe, wenn sich dasselbe ausgerieben hat. Mit den zur Rechten, aber etwas höher angebrachten Schrauben, Fig. 73, kann das Zapfenlager, je nachdem es nöthig ist, nach Links oder nach Rechts getrieben werden. Das obere Zapfenlager wird von zweien Bolzen festgehalten, welche zugleich auch zu stärker Befestigung des unteren Theiles der Büchse auf der Grundplatte dienen. Eine an dem unteren und fixirten Theile der Büchse befindliche halbkreisförmige Oeffnung gestattet, daß man sich so oft als man will überzeugen kann, ob eine vollkommene Concentricität besteht. Die Welle der Maschine, durch welche die Bewegung vermittelt wird, sieht man bei g. h sind die Röhren und Hähne, durch die der Dampf in den Cylinder eingelassen wird. Von den beiden Hähnen i, Fig. 72 und 74, läßt abwechselnd der eine, und zwar je nach der Richtung, in der die Maschine arbeitet, den Dampf eintreten, während ihm der andere Ausgang gestattet. Die Röhren j dienen abwechselnd für den Ein- und Austritt des Dampfes; sie sind, wie man aus Fig. 73 und 75 sieht, gabelförmig gebildet, damit der Dampf gleichzeitig an gleichen und diametral gegenüberliegenden Oberflächen eintreten kann; damit er beständig und in entgegengesezter Richtung auf zwei der vier Kolben wirken kann; und damit er, nachdem er seine Wirkung vollbracht, auch gleichzeitig an den beiden entgegengesezten Seiten austreten kann. Zu bemerken ist, daß, wenn Dampf austritt, dieß jedes Mal nur in jener Quantität Statt findet, welche in dem zwischen zwei Kolben befindlichen Raume enthalten war. Die Röhren k gestatten dem verbrauchten Dampfe Austritt.

Diese Maschine ist, wie man hienach sieht, sehr einfach, und alle ihre Theile lassen sich leicht untersuchen, wenn man die Grundplatte so einrichtet, daß eines ihrer Enden herabgelassen werden kann, und daß also dem äußeren Cylinder ein Gleiten gestattet ist. Die Maschine läßt sich nach beiden Richtungen in Bewegung sezen, und auch ebenso leicht anhalten, da es dazu lediglich eines Wechsels in dem Griffe l, Fig. 72, 73, 74, bedarf. Dieser Griff wirkt nämlich zugleich auf die drei Hähne, Fig. 72 und 74, und zwar mittelst dreier Zahnräder, von denen das eine 30 und die beiden anderen 40 Zähne haben. In jener Stellung, in der sich der Griff in Fig. 74 befindet, ist der Hahn h und der zur Linken befindliche Hahn i geöffnet, damit der Hahn links durch die Röhren j in den Cylinder eintreten kann, während er rechts durch die Röhren j und durch den Hahn i, der die Communication mit der Röhre k herstellt, austritt. Bei dieser Stellung des Griffes gestatten die Röhren j, Fig. 75, dem Dampfe Austritt aus der Maschine, die sich von Links nach Rechts dreht. Um die Maschine zum Stillstehen zu bringen, braucht man mit dem Griffe nur den sechsten Theil eines Kreises zu beschreiben, d. h. man hat ihn senkrecht zu stellen, indem dann die Oeffnungen des Hahnes h sowohl zur Linken als zur Rechten geschlossen sind. Soll sich die Maschine nach der entgegengesezten Richtung drehen, so hat man den Griff abermal um den sechsten Theil eines Kreises zu drehen, und zwar nach Rechts, indem dann der Dampf bei den zur Rechten befindlichen Röhren ein- und bei den Röhren zur Linken austreten wird. Bei dieser Stellung werden demnach die Röhren j zu Eintrittsröhren für den Dampf, und die Maschine dreht sich also von Rechts nach Links.

XXXVIII.

Einiges über die Dampfboote und Locomotiven in den Vereinigten Staaten. Im Auszuge aus dem neuesten Werke des Hrn. Civilingenieur David Stevenson. [43])

Aus dem Civil Engineer and Architects Journal. Septbr. 1838, S. 308.

Welcher Ansicht man darüber seyn mag, wem die Ehre der Erfindung des Dampfbootes angehöre, so kann doch darüber kein Zweifel obwalten, daß die Dampfschifffahrt zuerst in den Vereinigten Staaten wirklich und mit Erfolg zur Ausführung kam. Ebenso gewiß ist, daß der Amerikaner Fulton im Jahre 1807 in New-York das erste Dampfboot vom Stapel ließ, während in Europa der erste gelungene, auf dem Clyde angestellte Versuch in das Jahr 1812 fällt. Schon vier Jahre vor der lezteren Zeit bediente man sich auf dem Hudson beinahe allgemein des Dampfes als Triebkraft für die diesen Strom befahrenden Boote.

Unpassend wäre es, den dermaligen Zustand der Dampfschifffahrt in Amerika mit jenem in England vergleichen zu wollen; denn aus der Natur der Dinge hat sich ein zu wesentlicher Unterschied hierin ergeben. Bei weitem der größere Theil der amerikanischen Dampfboote befährt ruhige Ströme und Flüsse, oder Bayen und Arme der See, welche mehr oder weniger gegen Wind und Wogen geschüzt sind; in England dagegen begibt sich die Mehrzahl der Dampfboote auf die hohe See, auf der sie denselben Unbilden ausgesezt sind, wie die Segelschiffe. Die Folge hievon ist, daß man an den amerikanischen Booten bei einem weit zarteren und schlankeren Baue der Fahrzeuge dennoch die gehörige Stärke erreicht, und daß man eben aus diesen Gründen im Allgemeinen auch eine bedeutend größere Geschwindigkeit mit denselben erzielen kann. In Amerika kann man, da sich die Maschinen und die Cajüten über dem Verdeke der Fahrzeuge befinden, kraftvolle Maschinen mit ungeheurem Kolbenhube anwenden; während diese Einrichtung auf die unsere Küsten befahrenden Boote entweder gar nicht, oder doch wenigstens nicht in der Ausdehnung anwendbar ist, wie in Amerika.

Die amerikanischen Dampfboote lassen sich in drei Classen bringen. Zur ersten Classe gehören jene der östlichen Gewässer, nämlich

---

43) Der Titel dieses höchst interessanten Werkes ist: „Sketch of the Civil Engineering of North America; comprising remarks on the Harbours, River and Lake Navigation, Lighthouses, Steam-Navigation, Waterworks, Canals, Roads, Railways, Bridges and other works in that Country. By David Stevenson, Civil Engineer. London 1838, by John Weale.“

des Hudson, des Sundes von Long Island, der Chesapeake- und Delaware-Bay, so wie die zwischen New-York, Boston, Philadelphia, Baltimore, Charlistown, Norfolk und den übrigen Häfen der Ostküste fahrenden. Zur zweiten Classe gehören jene der westlichen Gewässer: nämlich des Mississippi, des Missouri, des Ohio ꝛc. Zur dritten Classe endlich gehören jene, welche den Dienst auf den Landseen versehen. Der Bau dieser Fahrzeuge ist je nach den Classen, zu denen sie gehören, sehr verschieden, und dem Dienste, zu dem sie bestimmt sind, angepaßt. Jene der östlichen Gewässer zeichnen sich durch eine geringe Wassertracht und große Geschwindigkeit, durch Condensations-Maschinen von großen Dimensionen und mit langem Kolbenhube aus. Die Boote der westlichen Gewässer dagegen gehen tiefer im Wasser, sind minder schnell, und werden von kleinen Hochdrukmaschinen mit Dampf von großer Spannkraft getrieben. Die Boote der Landseen sind sehr stark gebaut, gehen tief im Wasser, und nähern sich mehr als jene der beiden anderen Classen den für die hohe See bestimmten Dampfbooten. Sie unterscheiden sich überdieß auch noch dadurch, daß sie Masten und Segel haben, welche den anderen fehlen.

Die auf dem Hudson verwendeten Dampfboote gehören zu den vorzüglichsten Booten der ersten Classe. Ich will, um einen Begriff von ihnen zu geben, die Dimensionen des zwischen New-York und Albany fahrenden Rochester angeben. Dieses Boot mißt nämlich am Verdeke 209 Fuß in der Länge, und dieselbe Länge hat auch der Kiel, da sowohl der Hintersteven als auch der sogenannte Wasserbrecher senkrecht abgeschnitten ist. Die größte Breite des Rumpfes mißt 24 Fuß. Die sogenannten Räderwähren (wheel-guards) ragen zu beiden Seiten um 13 Fuß über den Rumpf hinaus. Die größte Breite des Fahrzeuges mit Einschluß der Ruderräder beträgt 47 Fuß. Der Kielraum hat 8 Fuß 6 Zoll Tiefe. Die Wassertracht oder die Tauchung ist bei einer Durchschnittsanzahl von Passagieren 4 Fuß. Die Ruderräder haben 24 Fuß im Durchmesser und 24 Schaufeln von 10 Fuß Länge. Die Schaufeln tauchen 2 Fuß 6 Zoll tief in das Wasser. Die Triebkraft liefert eine einzige Maschine, deren Cylinder 43 Zoll im Durchmesser und einen Kolbenhub von 10 Fuß hat. Die Maschine verdichtet den Dampf, der ausdehnungsweise arbeitet, und nach jedem halben Hube abgesperrt wird.

Die große Concurrenz der auf dem Hudson fahrenden Dampfboote erzeugt beständige Wettfahrten zwischen den verschiedenen Compagnien angehörigen Booten, und diese Fahrten werden nicht selten Ursache bedeutender Unglüksfälle. Wenn der Rochester z. B. mit einem anderen Fahrzeuge wetteifert und mit seiner ganzen Geschwindigkeit treibt, so wird der Druk des Dampfes im Kessel oft auf

45 Pfd. per Quadratzoll getrieben, wobei der Kolben 27 Doppelhube macht oder sich in einer Minute durch 540 Fuß und in einer Zeitstunde durch 6,13 engl. Meilen bewegt. In diesem Falle durchläuft der Umfang des Ruderrades in einer Zeitstunde 23,13 engl. Meilen. Dagegen beträgt der Druk unter gewöhnlichen Umständen nur 25 bis 30 Pfd. auf den Quadratzoll, wobei der Kolben in jeder Minute 25 Doppelhube macht, und also in einer Minute sich durch 500 Fuß oder in einer Zeitstunde durch 5,68 engl. Meilen bewegt. Der Umfang des Ruderrades bewegt sich hiebei mit einer Geschwindigkeit von 21,42 engl. Meilen in der Zeitstunde. Die Geschwindigkeit der Kolben der Marinedampfboote in England beträgt selten über 210 Fuß in der Minute; selbst jene der Kolben der Locomotiven reicht gewöhnlich nur bis auf 300 Fuß in der Minute, so daß sie also in beiden Fällen weit unter der Kolbengeschwindigkeit des Rochesters bleibt.

Was den Bau der Ruderräder betrifft, so fand ich in dieser Hinsicht an den verschiedenen amerikanischen Dampfbooten keinen Unterschied. Die Schaufeln erstreken sich nicht durch die ganze Breite der Räder, wie dieß in England immer der Fall ist; sie sind in zwei und manchmal sogar in drei Fächer abgetheilt, während das Rad selbst mit drei und manchmal selbst mit vier, in parallelen Ebenen angebrachten Speichenreihen ausgestattet ist. Dieser Bau der Ruderräder ward von Hrn. Stevens in New-York eingeführt. Einen Begriff davon erhält man, wie Dr. Renwick sagt, wenn man sich ein gewöhnliches Ruderrad nach drei senkrecht auf dieser Achse stehenden Ebenen in drei Theile zersägt denkt; und wenn man annimmt, jedes der zwei hiedurch gebildeten Nebenräder sey so weit zurükbewegt worden, daß die Schaufeln den zwischen den Schaufeln des ursprünglichen Ruderrades gelassenen Raum in drei gleiche Theile theilen. Bei diesem Baue werden die Stöße der Ruderräder im Vergleiche mit den gewöhnlichen Ruderrädern bis auf das Drittheil vermindert; und da zwischen den einzelnen Stößen auch eine kürzere Zeit verstreicht, so ist der Widerstand ein mehr constanter. Da ferner jede Schaufel der Spur der zu ihrem Systeme gehörigen Schaufeln folgt, so trifft sie stets auf Wasser, welches nur in geringem Grade aufgewühlt worden ist.

Die amerikanischen Dampfboote haben gewöhnlich nur eine einzige Maschine, und deßhalb muß denn auch in einigen Fällen ein Gegengewicht an den Ruderrädern angebracht werden, damit sich die Maschine über ihre todten Punkte bewegen kann. Bei der großen Hublänge wird jedoch in den meisten Fällen ein Bewegungsmoment erzielt, welches zu diesem Zweke ausreicht. Die Ruderräder erzeugen bei ihrem großen Durchmesser ein bedeutendes Bewegungsmoment, und wirken demnach gleich den Schwungrädern, deren man sich an den Landmaschinen zur Regulirung der Bewegung bedient. Selbst auf den Booten mit zwei Maschinen werden deren Verbindungsstangen in Amerika nicht an einer und derselben Achse festgemacht; jede Maschine arbeitet vielmehr vollkommen unabhängig von der anderen, und treibt auch nur eines der Ruderräder. In England dagegen verbindet man die Verbindungsstangen beider Maschinen durch Kurbeln, welche unter rechten Winkeln gegen einander gestellt sind, mit einer und derselben Welle, so daß die eine Maschine in demselben Momente ihre volle Kraft ausübt, in welchem die andere gar kein Kraftaufwand trifft. Hieraus folgt, daß die Kraft auf die zur Unterhaltung der Geschwindigkeit günstigste Art verwendet wird. Bei dem kurzen Hube und dem vergleichsweise kleinen Durchmesser der Ruderräder der europäischen Dampfboote ist dieser Bau nothwendig, damit die Maschinen über ihre todten Punkte hinweg gelangen.

Die Dampfboote der westlichen Gewässer gleichen, was den Bau ihrer Kessel und die Einrichtung ihrer Feuerzüge betrifft, großen Theils den europäischen. Die Flamme und der Rauch, welche sich auf der Feuerstelle entwikeln, ziehen durch die im Inneren des Kessels befindlichen Feuerzüge, und entweichen endlich in die Rauchröhre. Die Kessel sind auf die gewöhnliche Weise mittelst eiserner Bänder und Klammern verstärkt, damit sie der Expansivkraft des Dampfes mächtiger widerstehen. Diese Boote kommen jenen der östlichen Gewässer weder an Schönheit des Baues, noch an Geschwindigkeit gleich; sie haben 100 bis 700 Tonnen Ladung, sind meistens schwerfällig gebaut, mit flachem Boden, und gehen 6 bis 8 Fuß tief im Wasser. Beiläufig 5 Fuß hoch über der Wasserfläche befindet sich das Verdek, unter welchem der Raum für den schwereren Theil der Ladung ist. Die ganze Maschinerie ruht auf dem ersten Deke, und zwar die Maschine in der Mitte des Fahrzeuges und die Kessel unter den beiden Rauchfängen. Die Feuerthüren öffnen sich gegen den Bug hin. Der helle Schein der Holzfeuerung und das Geräusch des bei der Auslaßröhre entweichenden Dampfes machen bei der Nacht einen sonderbaren Eindruk, und dienen zugleich, um die Annäherung eines Fahrzeuges auf eine große Ferne zu verkünden. Der Hauptzwek bei dieser Anordnung der Kessel ist Erzeugung eines starken Zuges auf der Feuerstelle.

Die Maschinen sind im Allgemeinen im Verhältnisse zu der Größe der Fahrzeuge, die sie zu treiben haben, sehr klein; und um das, was an Umfang abgeht, zu ersezen, läßt man sie mit Dampf von großer Spannkraft arbeiten. Der Rufus Puttnam z. B., ein 6 Fuß tief im Wasser gehendes, schönes großes Dampfboot, welches zwischen Pittsburg am Ohio und St. Louis am Mississippi fährt, hat nur eine einzige Maschine, deren Cylinder 16 Zoll im Durchmesser und einen Kolbenhub von 5 Fuß 6 Zoll Länge hat. Diese Maschine arbeitet dagegen mit Dampf von höchst gefährlicher Spannung; denn nach den Angaben des Capitäns sind die Sicherheitsventile unter gewöhnlichen Umständen mit 138 Pfd. auf den Quadratzoll belastet, und manchmal, z. B. an Stellen, wo die Strömung stark ist, treibt man diesen Druk selbst auf 150 Pfd.! Um mich einigermaßen zu beruhigen, ward sogar noch beigefügt, daß dieser leztere Druk nie, außer bei außerordentlichen Gelegenheiten, überstiegen wird! Ich fuhr eine kurze Streke auf diesem Fahrzeuge, eilte aber, nachdem ich obige Aufschlüsse erhalten hatte, so schnell als möglich davon wegzukommen. Wen wird es unter solchen Umständen noch Wunder nehmen, so häufig von verunglükten amerikanischen Dampfbooten zu hören?

Man heizt die Dampfmaschinen in Amerika fast durchaus mit Holz, und zwar mit Fichtenholz, welches man zu diesem Zweke für das beste hält. Der Preis einer Klafter, welche 128 Kubikfuß enthält, wechselt zwischen 5 und 20 Schill. Man rechnet, daß 2¾ Klafter Holz, wenn die Kessel gut gebaut sind, eben so viel Dampf erzeugen, als eine Tonne Steinkohlen. An einigen Orten heizt man sowohl Dampfboote als Locomotiven mit Anthracit; doch ist die Benuzung dieses Brennstoffes noch sehr beschränkt.

Die amerikanischen Locomotiven sind sowohl im Baue als auch im Preise den englischen sechsräderigen Locomotiven ähnlich. Damit die Maschinen auch auf Bahnen mit bedeutenden Curven laufen können, ist folgende Einrichtung getroffen worden. Die Treibräder, welche 5 Fuß im Durchmesser haben, befinden sich an dem hinteren Theile der Maschine dicht an dem Feuerbehälter. Der vordere Theil der Maschine ruht auf einem Gestelle, welches auf vier Rädern von 2 Fuß 6 Zoll im Durchmesser läuft. Oben auf dem Scheitel dieses Gestelles ist in Form eines Kreises eine Reihe von Reibungsrollen angebracht, in deren Mitte ein senkrechter Zapfen steht, welcher sich in einer an dem Gestelle der Maschine befindlichen Scheide bewegt. Das ganze Gewicht der Cylinder und des vorderen Theiles des Kessels ruht auf den Reibungsrollen, und das Gestell kann, indem es sich um den angegebenen Zapfen dreht, einen kleinen Kreisbogen beschreiben, so daß, wenn die Maschine auf keiner vollkommen geraden Bahn läuft, deren Räder sich der Curve der Schienen anpassen, während die gegenseitige Stellung des Körpers der Maschine, der

Verbindungsstangen und der übrigen Theile keine Veränderung erleiden.

An der Aussenseite der vorderen Achse der Maschine wird in Amerika gewöhnlich eine Vorrichtung angebracht, welche man den Guard nennt, und die alle die Hindernisse, welche sich allenfalls auf der Bahn vorfinden sollten, wegzuschaffen hat. Diese Vorrichtung besteht aus einem starken hölzernen Rahmen, welcher mit hölzernen und eisernen Stangen, die parallel mit den Seitentheilen laufen und eine Art von Rost bilden, ausgefüllt sind. Dieser Rahmen erstrekt sich bis auf einen Zoll von den Schienen entfernt von der Achse hinab, und wird von zwei Rädern von 2 Fuß im Durchmesser, die beiläufig 3 Fuß vor der Maschine her auf der Bahn laufen, auf dieser Höhe erhalten. Das äußere Ende oder die Spize des Rahmens ist mit Eisen beschlagen und etwas nach Aufwärts gebogen.

Auf der Bahn zwischen Washington und Baltimore läuft eine Locomotive, welche mit Anthracit geheizt wird, und die sich wesentlich von den gewöhnlichen Maschinen unterscheidet. Sie hat einen senkrecht stehenden Cylinder, einen senkrechten Röhrenkessel, und wiegt gegen 8 Tonnen.

Die Wagen für die Passagiere sind sehr groß und bequem; sie haben Size für 60 Personen, und ihr Himmel ist so hoch, daß selbst die größten Männer ungenirt aufrecht darin stehen können. Zwischen den Sizen hindurch läuft von einem Ende zum anderen ein Gang, an dessen beiden Enden sich eine Thür befindet. Die Verbindung der Wagen ist der Art, daß die Passagiere den ganzen Wagenzug entlang von einem Ende zum anderen gehen können, ohne aussteigen zu müssen. Im Winter heizt man diese Wagen mit eigenen Oefen. Ihre Kästen haben 50 bis 60 Fuß in der Länge, und ruhen auf zwei vierräderigen Gestellen, die mit Reibungsrollen ausgestattet sind, und die sich auf die oben bei den Locomotiven beschriebene Art um einen senkrechten Zapfen bewegen. Der Boden der Wagen ist auf hölzerne, durch eiserne Aufhängestangen verstärkte Längenbalken gelegt.

Was die Gradienten der schiefen Flächen an den amerikanischen Eisenbahnen betrifft, so sind sie zuweilen ziemlich steil. An der Bahn zwischen Philadelphia und Columbia gibt es z. B. Gradienten von 1 in 14,6 und von 1 in 21,2. An derselben Bahn gibt es auch viele Curven, von denen die kleinsten einen Radius von 350 Fuß haben.

Der Eifer, mit dem die Amerikaner an jede Unternehmung gehen, welche auf Erweiterung und Erleichterung ihres Verkehres abzielt, muß Jedem, der die Vereinigten Staaten besucht, als ein Charakteristicum der Nation auffallen. Vor 40 Jahren zählte man noch kaum einen Leuchtthurm, und jezt erhellen gegen 200 in jeder Nacht die wichtigeren Theile der Küsten. Vor 30 Jahren gab es nur ein einziges Dampfboot und einen einzigen kurzen Canal; gegenwärtig befahren zwischen 5 und 600 Dampfboote die dortigen Flüsse und Seen, und die Canäle haben zusammen eine Länge von beiläufig 2700 engl. Meilen! Vor 10 Jahren waren nur 3 Meilen Eisenbahn fertig, und jezt sind 1600 engl. Meilen theils fertig, theils im Baue. Es erscheint dieß um so wunderbarer, wenn man bedenkt, daß diese großen Communicationslinien zuweilen durch beinahe undurchdringliche Wälder geführt sind, in denen man nicht selten Tage lang kein Dorf und kein Haus trifft, mit Ausnahme der Hütten der Wächter und Aufseher. In Hinsicht auf Länge übertreffen die amerikanischen Canäle Alles, was man in Europa in diesem Fache noch kennt. Der längste Canal in Europa, nämlich jener von Languedoc, hat 148 engl. Meilen Länge; in Amerika dagegen hat der längste Canal, nämlich der Eriecanal, nicht weniger als 363 engl. Meilen. Nicht minder wunderbar ist der Bau der amerikanischen hölzernen Brüken mit ungeheuren Spannungen. Die Brüke, welche bei Columbia über den Susquehannah geführt ist, und die im Jahre 1832 begonnen, im Jahre 1834 beendigt wurde, dürfte wirklich die größte gewölbte Brüke in der Welt seyn. Sie besteht aus nicht weniger als 29 Bogen von 200 Fuß Spannung, welche auf zwei gemauerten Widerlagern und 28 gemauerten Pfeilern, die im Durchschnitte 6 Fuß unter der Wasserfläche auf Felsen gebaut sind, ruhen. Der Wasserweg der Brüke hat 5800 Fuß und ihre ganze Länge beträgt 1¼ engl. Meile. Die eigentliche Brüke wird von drei hölzernen Bogen getragen, und enthält zwei Weglinien, die sowohl für gewöhnliche, als für Eisenbahnwagen eingerichtet sind. Mit den beiden Fußpfaden hat die Brüke 30 Fuß Breite. Die Bogen bestehen aus zwei Stüken, von denen jedes 7 Zoll Breite auf 14 Zoll in der Tiefe mißt. Diese Stüke befinden sich 9 Zoll weit von einander, und zwischen ihnen sind mit eisernen Bolzen, die durch das Ganze sezen, die Balken befestigt, aus denen das hölzerne, die Weglinien tragende Gebälke zusammengesezt ist.

Eine der Brüken über den Schuylkill ist in einem einzigen Bogen von nicht weniger als 320 Fuß Spannung und mit einem Sinus versus von 38 Fuß gebaut. Sie hat 30 Fuß Breite, wurde vor mehreren Jahren gebaut und ist noch in trefflichem Zustande. Eine andere Art von Brüken, deren man sich an den amerikanischen Eisenbahnen häufig und bis zu einer Spannung von 150 Fuß hinauf bedient, ist die Patent-Gitterbrüke von Town (Town's Patent Lat-

Bridge), welche jener Art von Brüken, auf die Smart vor mehreren Jahren in England ein Patent nahm, ähnlich zu seyn scheint.

XXXIX.

Verbesserte Methode Schiffe zu treiben, worauf sich Julian Augustus Tarner, Architekt in Liverpool, am 18. Jan. 1838 ein Patent ertheilen ließ.

Aus dem Repertory of Patent-Inventions. Sept. 1838, S. 142.

Mit Abbildungen auf Tab. III.

Der Zwek meiner Erfindung ist, Schiffe auf Canälen und anderen Gewässern zu treiben, ohne Erzeugung eines so heftigen Wasserschwalles, wie er mit der gewöhnlichen Methode sie durch Ruderräder zu treiben, die zu beiden Seiten des Fahrzeuges angebracht sind, verbunden ist. Es soll hiedurch der bekannten nachtheiligen Einwirkung dieses Wasserschwalles auf die Ufer der Canäle und Flüsse — einer Einwirkung, die so groß ist, daß dermalen die Dampfboote größten Theils von der Benuzung der Canäle ausgeschlossen sind, — gesteuert werden. Die Art und Weise, auf welche ich diesen Zwek zu erreichen gedenke, erhellt aus folgender Beschreibung meines Apparates.

Fig. 59 ist ein Längendurchschnitt; Fig. 60 ein gegen den Hintertheil zu betrachteter Querdurchschnitt eines meiner Erfindung gemäß eingerichteten Bootes. Fig. 61 gibt eine Ansicht des Hintertheiles. Fig. 62 ist ein Grundriß des Verdekes, woran man einen Durchschnitt des Ruderhauses 2c. sieht. Die punktirten Linien an den drei ersteren Figuren bezeichnen die Wasserlinie. An allen diesen Figuren ist VV ein Ruderrad oder ein Treiber, welches auf irgend eine Weise gebaut seyn und durch Dampf oder irgend eine andere Triebkraft in Bewegung gesezt werden kann. Es befindet sich zwischen den Wänden des Bootes, dessen Schwimmkraft eine solche seyn muß, daß das erwähnte Ruderrad auf und unter dem Wasserspiegel L arbeitet, wodurch die Bewegung erzielt wird. Das Ruderrad oder der Treiber ist in einem Hause B eingeschlossen, welches, je nachdem man es am Geeignetsten hält, dicht umschlossen oder auch anders gebaut seyn kann. Der vordere Theil F dieses Hauses ist abgerundet oder ausgeschweift, damit das Wasser freien Zutritt zu dem Ruderrade oder zu dem Treiber hat. Q ist eine Vorrichtung, welche ich den Wellenbrecher (wave-queller) nenne, und die, je nachdem man es für besser findet, beweglich oder unbeweglich angebracht seyn kann. Die Spize P dieses Wellenbrechers soll sich in der Nähe des äußeren Randes der Schaufeln befinden, damit jede von denselben gebildete Welle durch sie gebrochen oder verhütet wird. Das, was man gewöhnlich das Rükwasser zu nennen pflegt, und was von dem Ruderrade oder den Treibern zwischen der Spize P des Wellenbrechers und dem Kranze R des Ruderrades emporgehoben wird, wird zwischen den Scheitel des Wellenbrechers und den hinteren Theil des Ruderhauses geworfen, wo es vermöge seiner eigenen Schwere und der ihm durch das Rad mitgetheilten Geschwindigkeit in den Canal C, C fällt, um in diesem bei dem Hintertheile des Bootes auszutreten. Das von dem Ruderrade oder den Treibern zurükgeworfene Wasser wird unter den Wellenbrecher gedrängt, wodurch das Fahrzeug nicht nur vorwärts getrieben, sondern zugleich auch der im Eingange erwähnte, den Canalufern so höchst verderbliche Wasserschwall verhütet wird.

Als meine Erfindung erkläre ich das beschriebene Ruderhaus, welche Gestalt dasselbe haben mag, und ob es dicht verschlossen oder auf irgend andere Weise in Anwendung gebracht werden mag. Ferner den beschriebenen Wellenbrecher mit dem Canale für das Rükwasser. Dabei ist es mir gleichgültig, ob man den Boden J des Wellenbrechers auf der Höhe der Wasserlinie, oder über oder unter dieser anbringt, und ob man demselben irgend eine Neigung gegen den Wasserspiegel gibt. Ebenso kann man dem Canale für das Rükwasser irgend eine Neigung gegen den Wasserspiegel geben, so daß sich sein Austritt am Hintertheile des Fahrzeuges unter oder über dem Wasserspiegel, oder auch auf gleicher Höhe mit diesem befinden kann. Endlich kann man das Ruderhaus, den Wellenbrecher und den Canal für das Rükwasser einzeln oder paarweise anbringen.

XL.

Verfahren das Wasserstoffgas als Triebkraft zu benuzen, worauf sich Ambrose. Ador, Chemiker im Leicester Square in der Grafschaft Middlesex, am 20. Januar 1838 ein Patent ertheilen ließ.

Aus dem Repertory of Patent-Inventions. Sept. 1838, S. 153.

Mit Abbildungen auf Tab. III.

Ich bezweke durch meine Erfindung das Wasserstoffgas zur Erzeugung von Triebkraft zu benuzen.

In Fig. 14 sieht man eine meinem Systeme gemäß eingerichtete Maschine im Durchschnitte und zum Fortschaffen eines Fahrzeuges verwendet. Fig. 15 ist ein Querdurchschnitt des Schiffes, woraus mehrere der einzelnen Theile der Maschinerie erhellen.

Es ist bekannt, daß, wenn man gewisse Metalle, wie z. B. Eisen oder Zink, der Einwirkung gewisser, mit Wasser verdünnter Säuren, wie z. B. der Schwefelsäure, Salzsäure ꝛc. aussezt, eine Entbindung von Wasserstoffgas Statt findet; und daß, wenn man einen Strom dieses Gases mit Platinschwamm oder Platinpulver in Berührung kommen läßt, das Gas entzündet wird (aber nur bei Gegenwart von atmosphärischer Luft! Die Maschine des Patentträgers, welche offenbar nur auf dem Papiere ausgeführt wurde, wovon jedoch einzelne Theile nüzliche Anwendungen gestatten dürften, wird folgendermaßen beschrieben).

A ist ein cylindrisches Gefäß mit halbkugelförmigen Enden, welches innen mit Blei oder einer anderen Substanz, welche die Einwirkung der Schwefelsäure auf das Metall des Gefäßes zu verhüten im Stande ist, ausgefüttert ist. Von diesem Gefäße a läuft die mit einem Sperrhahne versehene Röhre b aus, durch die eine hinreichende Menge Schwefelsäure und Wasser eingetragen werden kann. Ebenso befindet sich aber an dem Gefäße a auch eine Röhre c, bei der die Säure und das Wasser, wenn ihre Kraft erschöpft ist, wieder aus dem Gefäße abgelassen werden kann, und die zu diesem Zweke gleichfalls mit einem Sperrhahne versehen ist. Innerhalb des Gefäßes a ist ferner ein zweites, aus Blei gearbeitetes, cylindrisches Gefäß d, d angebracht, welches man übrigens aber auch aus einem anderen von Säuren unangreifbaren Stoffe verfertigen lassen kann. Dieses Gefäß ist mittelst einer Kette, die über eine Rolle e läuft, aufgehängt; leztere ist an der Spindel f, die sich in entsprechenden Zapfenlagern bewegt, befestigt. Das Aeußere dieser aus Fig. 14 ersichtlichen Zapfenlager wirkt zugleich als Stopfbüchse, und hat das Entweichen des Gases zu verhüten. g ist eine Art von Zifferblatt, d. h. eine kreisrunde, in Grade eingetheilte Platte; der dazu gehörige Zeiger h, welcher zugleich auch mit einem Griffe h′ ausgestattet ist, ist an dem äußeren Ende der Spindel f befestigt. Mittelst dieses Griffes kann man die Spindel umdrehen und dadurch das Gefäß d, d aus der Säure herausheben oder mehr oder minder tief in sie versenken, so daß man die Gasentwikelung entweder ganz hemmen oder nach dem Bedarf an Triebkraft reguliren kann. i ist eine durchlöcherte, aus Blei oder einem anderen entsprechenden Materiale gearbeitete Platte. Der Cylinder a ist aus zwei Stüken gearbeitet; die Platte i wird auf das untere dieser Stüke, welches mit dem oberen kugelförmig gebildeten Ende in das obere Stük einpaßt, gelegt. Ihre Ränder, die etwas über jene des unteren Stükes hinaus reichen, sind nach Abwärts gebogen, und werden also, wenn beide Stüke mittelst äußerer Schraubenbolzen zusammengezogen werden, zwischen beide

Stüke hineingepreßt, so daß auf solche Art ein hermetisches Gefüge gebildet ist. Diese Platte i dient aber auch noch zu einem anderen Zweke; denn sie verhindert das Emporreißen von wässerigen Theilchen durch das entwikelte Gas. In ihrer Mitte befindet sich übrigens eine grössere Oeffnung, welche zum Eintragen der Substanzen, mit denen das Gefäß i gefüllt werden muß, bestimmt ist. Das Eintragen dieser Substanzen, die aus kleinen Stüken Zink, Eisen oder anderen zwekdienlichen Metallen bestehen, geschieht durch das Sicherheitsventil j, indem man dieses zu diesem Behufe aufhebt. k ist eine gewöhnliche Meßröhre, die den Druk des im Gefäße a entwikelten Gases andeutet. Das Gas steigt, so wie es entbunden wird, in den oberen Theil des Gefäßes a empor, und entweicht aus diesem durch die Röhre l in eine sogenannte Sicherheitskammer m, die mit zwei Ventilen m[1] und m[2] ausgestattet ist. Das erstere dieser Ventile schließt die Mündung der Röhre l; das zweite hingegen schließt den oberen Theil des Gefäßes oder die Sicherheitskammer m. Leztere selbst hat gleichfalls zwei Sicherheitsventile n, n, deren Zwek aus der weiteren Beschreibung erhellen wird. Das Wasserstoffgas hebt, um durch die Kammer m zu gelangen, die beiden Ventile m[1], m[2] empor, und strömt dann durch die Röhre o, wenn ich diesen Theil so nennen darf. Diese Röhre wird nämlich durch Vereinigung zweier Anhängsel gebildet, von denen sich das eine an dem Gefäße m, das andere dagegen an dem nächstfolgenden Gefäße p befindet. Die Mündung des lezteren, welches kugelförmig gebildet ist, ist durch ein Ventil m[3] erschlossen. Das Gas strömt, nachdem es dieses Ventil aufgehoben, durch drei Löcher q in das Gefäß p, in welchem sich Platinschwämme oder mit einem Worte so zubereitetes Platin befindet, daß das Wasserstoffgas dadurch entzündet wird. Durch die plözlich eintretende Entzündung erleidet das Gas eine so bedeutende Ausdehnung seines Volumens (!!), daß es eine hohe Spannkraft dadurch bekommt. Im Momente der Entzündung und der Ausdehnung des Gases wird das Ventil m[3] durch die hiedurch bedingte Rükwirkung geschlossen, und zwar indem die von Oben gegen das Ventil drükende Kraft momentan stärker ist, als der Druk des Gases von Unten. Wäre die Entzündung so rasch erfolgt, daß sie sich bis über das Ventil m[3] zurük erstrekt hätte, so würde sie wenigstens von dem Ventile m[2] im Fortschreiten aufgehalten werden; und wäre auch dieß nicht der Fall, was sehr unwahrscheinlich ist, so würde dieß durch das Ventil m[1] erfolgen. Damit für diesen Fall das Gefäß m nicht durch die plözliche Ausdehnung des in ihm enthaltenen und zufällig entzündeten Gases Schaden leiden könne, ist dasselbe mit den Ventilen n, n, die nunmehr das ausgedehnte Gas entweichen lassen, auf stattet. Das Gefäß p ist mit einem Sicherheitsventile r, einem Thermometer und einem Manometer ausgestattet, wie dieß aus der Zeichnung deutlich erhellt. Da es in äußerst kleinen Pausen in Folge der Gasentzündungen einer plözlichen Vermehrung des Drukes ausgesezt ist, so muß es von größerer Festigkeit seyn, als die übrigen bisher beschriebenen Theile der Maschine. Die Spannkraft, welche das Gas auf die angegebene Weise erlangt, kann zum Betriebe verschiedener Maschinen verwendet werden, namentlich anstatt des Dampfes zum Treiben von Schiffen und Locomotiven, von Pumpen, Wasserhebmaschinen u. dergl. Man kann die bisherige Maschinerie der Dampfmaschine beibehalten; nur wäre an die Stelle der Dampfkessel oder sonstigen Dampfgeneratoren der zur Erzeugung und Entzündung des Wasserstoffgases bestimmte Apparat zu sezen.

Ich will jedoch eine andere Vorrichtung angeben, die, wie mir scheint, zur Benuzung meines Gases mehr geeignet ist, und zwar in ihrer Anwendung auf ein Boot. s ist nämlich die Röhre, die das Gas aus dem Gefäße p an die zu diesem Zweke bestimmte Maschinerie leitet, welche eine Dampfmaschine rotirender Art und nach dem Principe der sogenannten Barker'schen Mühle gebaut ist. Sie besteht, wie die Zeichnung zeigt, aus sechs hohlen gebogenen Armen oder Röhren t,t,t, v,v,v. Die Enden von dreien dieser Röhren sind nach der einen, jene von den drei anderen hingegen nach entgegengesezter Richtung gebogen. Die Richtung, in welcher die rotirende Bewegung Statt findet, wird also davon abhängen, ob man das Gas durch die Röhren t,t,t oder durch die Röhren v,v,v ausströmen läßt. Es läßt sich leicht eine Einrichtung treffen, gemäß der die Richtung der Bewegung rasch umgewechselt werden kann. Man sieht dieß z. B. aus Fig. 15, wo zu beiden Seiten des Bootes eine Maschine so angebracht ist, daß beide in ihrer Bewegung von einander unabhängig sind. Die von dem Gefäße p herführende Röhre s mündet in die nach der Quere laufende Röhre w ein, an der sich die beiden Sperrhähne w[1],w[2] befinden. Die beiden Wellen x,x führen die Schaufeln oder Ruder y, und an diesen Wellen sind die beiden Maschinen angebracht. In der hohlen Mitte einer jeden Maschine befindet sich eine kegelförmige Röhre oder ein Hahn, dessen Oeffnungen so gestellt sind, daß sie sich in die offenen Enden eines oder der Arme t,t,t oder v,v,v öffnen. An den entgegengesezten Enden bewegen sich die kegelförmigen Röhren in Stopfbüchsen, welche sich an den Enden der querlaufenden Röhre w befinden, wie dieß deutlich erhellt. z,z sind Rollen oder Räder, welche an den Röhren mit kegelförmigen Enden befestigt sind. Wenn man also die Richtung der Maschinenbewegung dadurch, daß man die Oeffnungen der kegelförmigen Röhren von den Enden der Arme t, t, t entfernt, und sie dagegen den Enden der Arme v, v, v annähert, umändern will, so kann dieß geschehen, indem man die Rollen oder Räder z mit Bremsen, wie man in Fig. 16 eine sieht, bremst. Dadurch wird nämlich die Bewegung jener Röhren unterbrochen, und die Arme t, v werden, indem sie sich bewegen, die gegenseitige Stellung der Oeffnungen der kegelförmigen Röhren zu einander verändern, was mittelst der Platten und Sperrer geschieht, die man in Fig. 17 einzeln für sich abgebildet sieht.

Ich habe schließlich nur noch zu bemerken, daß man in Hinsicht auf die Verbindung der Theile der Maschine und der Benuzung dieser lezteren verschiedene Modificationen treffen kann. Auch kann man anstatt bloß Wasserstoffgas allein zu entbinden und zu entzünden, auch andere Gase oder Dämpfe entwikeln und diese durch entsprechende Röhren in die Röhre s leiten, damit sie daselbst ausgedehnt werden und zugleich mit dem ausgedehnten Wasserstoffgase in die Maschine gelangen.

XLI.

Ueber Hrn. J. Hülsse's Brahmapumpen mit hölzernem Stiefel.

Aus dem polytechnischen Centralblatt, 1838, Nr. 44.

Mit Abbildungen auf Tab. III.

Nachdem auf der Saline bei Koetzschau verschiedene Pumpen theils von Holz, theils von Metall zum Heben der Soole theils aus dem Schachte, theils auf die Gradirhäuser gebaut worden waren, welche theils wegen der Schwierigkeit gehöriger Instandhaltung, theils wegen minder gutem Effecte, theils auch wegen zu großer Anlagekosten nicht vollkommen zwekentsprechend gefunden wurden, gab der Salineninspector J. Hülsse daselbst Brahmapumpen an, die den Vortheil darbieten, daß der Kolbenliederung nöthigenfalls von Außen und augenbliklich nachgeholfen werden kann, und bei denen, um Kosten zu sparen, ein hölzerner Stiefel in Anwendung gebracht wurde. Sie rechtfertigen die Erwartungen vollkommen, welche man von ihnen hatte, und zeigen sich bei längerem Kolbenhube und geringerem Kolbendurchmesser viel vortheilhafter als früher angewendete mit geringerer Hubhöhe und größerem Kolbendurchmesser. Sie sind aber, da sie als Saug- und Drukpumpen wirken, namentlich bei Bewegung durch Wasserräder zu empfehlen, so bald die Soole auf die Gradirhäuser gehoben wird, weil man bei ihnen nicht nöthig hat, wie bei bloßen Saugsäzen, die Bewegkraft bis auf die größte Höhe der

Wasserhebung fortzupflanzen, und daher an Einfachheit in den Verhältnissen der bewegenden Maschinerie gewinnt.

Bei früheren Anlagen solcher Pumpen, welche auf die allgemein gewöhnliche Art eingerichtet waren, nach welcher das Gurgelrohr vom tiefsten Punkte des Kolbenrohres ausging, zeigte sich bald eine nicht unbedeutende Verminderung der Ausgußmenge im Druksaze, als deren Ursache bald das Vorhandenseyn einer Luftblase zur Seite des Kolbens in dem zwischen demselben und dem Cylinder befindlichen abgeschlossenen Raume erkannt wurde, welche nicht entweichen konnte und beim Saugen durch Vergrößerung ihres Volumens, beim Drüken durch Verringerung desselben nachtheilig wirkte. Um wenigstens auf kurze Zeit den schädlichen Einfluß derselben zu entfernen, wurde am höchsten Punkte des Stiefels ein Loch in denselben gebohrt, das mit einer Schraube verschlossen wurde, und durch welches man zuweilen die gefangene Luftblase auspfeifen lassen konnte, wenn ihr Einfluß zu schädlich wurde. Da dieß jedoch nur ein unzureichendes Palliativmittel ist, so wurde bei einer neuen Construction solcher Pumpen der ganz genügende Ausweg eingeschlagen, das Gurgelrohr unten aus dem Cylinder zu führen und oben unmittelbar unter der Cylinderdeke ein kleines, durch ein Ventil verschlossenes Rohr nach dem Steigrohre zu führen; hiebei wird durch lezteres alle Luft, die den höchsten Punkt des Stiefels einnimmt, ebenfalls in die Steigröhre abgeführt, ohne daß doch die Hauptmasse des Wassers genöthigt wäre, durch den engen Raum zwischen Kolben und Stiefel hindurchzutreten, was nur mit Erregung eines bedeutenden Hindernisses geschehen könnte.

In den Abbildungen auf Taf. III, welche sämmtlich im 18ten Theile der natürlichen Größe dargestellt sind, ist Fig. 4 eine Seitenansicht, Fig. 5 ein verticaler Durchschnitt durch die Achsen des Stiefels und der Saug- und Drukröhre, Fig. 6 ein Durchschnitt durch den Kolben, Fig. 7 ein horizontaler Durchschnitt durch das Gurgelrohr, Fig. 8 eine obere Ansicht des Kolbens, Fig. 9—12 Ansichten des Gurgelrohrs, Fig. 13 Ansicht einer Schiene zur Befestigung des Stiefels auf die Bodenfläche. A,A ist der hölzerne Stiefel, in welchem oberhalb das gußeiserne Aufsazstük B,B, das die bei den Brahmapumpen gewöhnliche Liederung trägt, befestigt ist. Dieser Aufsaz bedarf keiner weiteren Erklärung, und es ist nur zu erwähnen, daß er dicht an das Obertheil des Stiefels befestigt werden muß. Der Stiefel ist durch fünf Ringe gebunden, und läuft nach Unten verstärkt zu. Die beiden unteren Ringe halten die Schienen c fest gegen den Stiefel, welche mit ihren unteren, horizontal stehenden Lappen D die Befestigung des Stiefels auf der Unterlage zulassen.

Das Gurgelrohr E verbindet den Stiefel A mit dem Ventilstoke E, in welchen von Unten das Saugrohr G mit dem Saugventile H eingesezt ist, und der oben das Drukrohr I und das Drukventil K trägt. Zu beiden Ventilen gelangt man durch zwei Spunde, welche auf die gewöhnliche Art angebracht sind.

Den wesentlichsten Theil der Vorrichtung stellt das zwischen B und I befindliche obere Gurgelrohr dar, welches aus den mit dem Cylinder und mit einander verschraubten Stüken N und O besteht, an denen das erste das Ventil Q trägt, zu welchem man nach Wegnahme der Platte P gelangen kann; das leztere Stük O ist an seinem Ende konisch verjüngt gearbeitet und in das Drukrohr I dicht schließend eingetrieben. Der Kolben R, ein hohler, an seinem Boden verschlossener Gußeisencylinder, ist oben mit einer Oeffnung zur Aufnahme des Keiles S versehen, durch welchen die Kolbenstange T mit ihm verbunden wird, und trägt außerdem oben zwei schiefe Abschärfungen U, U, in welche sich das schräg zugearbeitete Ende der hölzernen Kolbenstange einlagern kann.

Nach angestellten Versuchen mit zwei Pumpen, welche 11′ 4″ hoch saugen und 27′ 8″ hoch druken, Kolben von 5″ Durchmesser und eine Hubhöhe von 35,625 Zoll haben, betrug die wirklich ausgegossene Soolmenge 698,61 Kubikzoll; der vom Kolben beschriebene Raum oder der theoretische Ausguß aber 699,14 Kubikzoll; folglich Verlust 0,53 Kubikzoll, d. h. 0,00076 oder 0,076 Proc. des theoretischen Ausgusses.

Bei einer anderen Pumpe betrug die Saughöhe 15 Fuß, die Drukhöhe 27 Fuß 8 Zoll; der Durchmesser des massiven Kolbens 6 Zoll; die Hubhöhe 35,75 Zoll, und die durch Kubiciren gefundene Ausgußmenge pro Spiel 1003,75 Kubikzoll. Da nun hier die theoretische Ausgußmenge 1010,295 Kubikzoll beträgt, so ist der Verlust 6,545 Kubikzoll, d. h. 0,00648, oder 0,648 Proc. der theoretischen Ausgußmenge.

Hiebei ist noch zu bemerken, daß die Pumpen seit 4 Monaten in ununterbrochenem Gange waren, ohne daß das Mindeste an der Liederung vorgenommen worden war.

XLII.

Ueber die Anwendung von hölzernen Keilen an den Gefügen der Waſſerleitungsröhren. Von Hrn. Thomas Wickſteed, Ingenieur an den Eaſt London Water-Works.

Aus den Transactions of the Society of arts. Vol. LI. P. II. S. 243.

Mit Abbildungen auf Tab. III.

Nachdem ich mich im Verlaufe der lezten ſieben Jahre zur Herſtellung der Gefüge unſerer Waſſerleitungsröhren anſtatt der Bleigefüge oder jener aus Eiſenkitt hölzerner Keile bedient habe, und nachdem ich mich hiebei von den großen Vortheilen überzeugt hatte, welche aus der neuen Einführung dieſer bereits vor langen Jahren üblichen Methode erwachſen dürften, erlaube ich mir die Aufmerkſamkeit der Geſellſchaft auf ſie zu lenken.

Ich wurde, kurz nachdem ich als Ingenieur in Dienſt der Eaſt-London-Waſſerwerke getreten war, von einem der Directoren, Hrn. Grout, auf die Anwendung hölzerner Keilgefüge aufmerkſam gemacht, indem man ſich an den Waſſerwerken in Norwich durch eine Reihe von 40 Jahren ſolcher Gefüge bedient habe, und indem man ſie weit dauerhafter und minder koſtſpielig befunden als die Gefüge mit Blei oder Eiſenkitt. Nach einigen Erkundigungen, welche ich in dieſer Hinſicht einzog, erfuhr ich, daß man ſich in den Steinkohlengruben um Newcaſtle-upon-Tyne derſelben ſeit mehr dann 50 Jahren bediene. Hierauf geſtüzt empfahl auch ich, obwohl gegen die Anſichten mancher Männer vom Fache, dieſe Methode; das Reſultat entſprach in vollem Maaße.

Nach fünfjähriger günſtiger Erfahrung machte ich mehrere Ingenieurs mit dem gewonnenen Reſultate bekannt. Ihre Antwort war, daß die hölzernen Gefüge wohl bei geringem Druke, wie z. B. bei dem Druke einer Waſſerſäule von 100 bis 120 Fuß, gute Dienſte leiſten dürften, daß aber bei einem größeren Druke, wie ſie z. B. eine Waſſerſäule von 2 — 300 Fuß ausübt, die Keile ausgetrieben werden würden. Dieß veranlaßte mich, die fraglichen Gefüge auch bei einem höheren Druke zu probiren. Der Bericht, den ich über dieſe meine Verſuche der Waſſerwerk-Compagnie erſtattete, enthält im Weſentlichen Folgendes.

„Da ich zu wiederholten Malen gegen die an den Waſſerwerken der Geſellſchaft eingeführten Holzkeilgefüge die Einwendung hören mußte, daß dieſe Gefüge bei jedem etwas außergewöhnlichen Druke nachgeben würden, ſo ließ ich mir zwei 3zöllige, zwei 5zöllige und zwei 18zöllige derlei Gefüge machen, und trieb den Druk, nachdem die Röhren gelegt und zusammengefügt waren, mittelst der Probirmaschine in Old-Ford allmählich so weit, daß er einer Wassersäule von 733 Fuß gleich kam. Die Gefüge blieben hiebei vollkommen unversehrt, und ich fand mich daher nicht bewogen, den Druk noch weiter zu treiben: um so weniger, da ich befürchten mußte, daß mein Apparat eher brechen würde, als ich im Stande wäre, die Gefüge aus einander zu treiben; und da ich die Ueberzeugung gewonnen hatte, daß die Röhren eher bersten würden, als die Gefüge.

„Was die geringere Dauerhaftigkeit, die man den hölzernen Gefügen zum Vorwurfe machen wollte, betrifft, so bemerke ich nur, daß das Holz, wenn es gegen die Einwirkung von Luft und Wasser geschüzt ist, wie es hier mit dem den Keil bildenden Theile des Gefüges der Fall ist, nicht leicht der Zerstörung unterliegt; und daß die in Norwich und Newcastle gemachten Erfahrungen, denen gemäß es erwiesen ist, daß 50jährige Gefüge noch jezt bestehen, dieß bekräftigen. Die seit 5 Jahren an unseren Wasserwerken hergestellten Holzgefüge sind noch sämmtlich unversehrt, und keines hat noch Wasser ausgelassen, wenn es sorgfältig gearbeitet worden ist.

„Schließlich will ich, da der Druk, dem die Röhren bei den angeführten Versuchen ausgesezt worden, so bedeutend größer war, als jener Druk, den derlei Röhren gewöhnlich zu erleiden haben, noch deren Dike und Gewicht anführen. Die 18zöllige Röhre hatte bloß ¾ Zoll Metalldike, und wog 11 Centr.; die 5zöllige wog bei ½ Zoll Metalldike 2 Centr. 14 Pfd.; die 3zöllige wog bei ⅜ Zoll Metalldike 1 Centr. 14 Pfd. Alle diese Röhren hielten den Druk einer Wassersäule von 733 Fuß aus, ohne zu bersten.

Ich habe für die Wasserwerke der Gesellschaft seit Anwendung der Holzkeilgefüge bereits eine Röhrenstreke von 38558 Yards oder 21,9 engl. Meilen gelegt; und ich kann versichern, daß weit weniger Reparaturen erforderlich waren, als an den Röhren mit Blei- oder Eisenkittgefügen vorzukommen pflegen.

Folgende Tabelle zeigt die Kosten, welche die dreierlei verschiedenen Gefüge an einer Röhrenstreke von 1 engl. Meile in der Länge veranlassen.

Bohrung der Röhren in Zollen.	Kosten der Holzgefüge für eine Röhrenlänge von 1 engl. Meile.			Kosten der Gefüge aus Eisenkitt für eine Röhrenlänge von 1 engl. M.			Kosten der Bleigefüge für eine Röhrenlänge von 1 engl. Meile.		
	Pfd.	Sch.	D.	Pfd.	Sch.	D.	Pfd.	Sch.	D.
18	60	10	$8\frac{1}{4}$	135	14	$10\frac{1}{2}$	221	6	$11\frac{1}{2}$
17	56	5	1	128	8	$1\frac{1}{2}$	207	5	$8\frac{1}{4}$
16	54	8	$4\frac{3}{4}$	122	5	10	192	12	$2\frac{1}{4}$
15	51	7	3	115	11	$3\frac{3}{4}$	179	15	$4\frac{1}{2}$
14	48	18	4	108	16	$9\frac{1}{2}$	165	1	$10\frac{1}{2}$
13	45	17	$2\frac{1}{4}$	101	10	$0\frac{1}{2}$	158	7	$4\frac{1}{4}$
12	42	16	$0\frac{1}{2}$	75	16	5	120	9	$1\frac{3}{4}$
11	39	2	8	67	5	$2\frac{1}{2}$	101	10	$0\frac{1}{2}$
10	36	13	9	62	7	$4\frac{1}{2}$	94	5	$3\frac{1}{2}$
9	33	0	$4\frac{1}{2}$	56	5	1	86	4	$3\frac{3}{4}$
8	30	11	$5\frac{1}{2}$	48	18	4	76	8	$7\frac{3}{4}$
7	26	18	1	47	1	$7\frac{3}{4}$	67	5	$2\frac{1}{2}$
6	23	4	$8\frac{1}{2}$	38	10	$5\frac{1}{4}$	57	9	$6\frac{1}{2}$
5	21	8	$0\frac{1}{4}$	33	0	$4\frac{1}{2}$	49	10	$6\frac{3}{4}$
4	18	19	$1\frac{1}{4}$	26	5	$10\frac{1}{4}$	40	7	$1\frac{1}{2}$
3	16	10	$2\frac{1}{4}$	22	0	3	34	4	10
	606	11	4	1189	17	$11\frac{1}{2}$	1852	2	$1\frac{3}{4}$

Das beste Material zu den Holzgefügen fand ich in dem Danziger Föhrenholze. Ich lasse aus den Balken Blöke von 9 Zoll Länge schneiden, die ich mit Aexten in Stüke von $\frac{3}{4}$ Zoll Dike auf 2 Zoll Breite spalten, und dann mit Ziehklingen so formen lasse, daß sie dem Inneren der Scheide und dem Aeußeren der Röhre, für die das Keilgefüge bestimmt ist, entsprechen. Jedes derlei Stük von 9 Zoll Länge gibt, wenn es in der Mitte entzweigeschnitten wird, zwei Keile von je $4\frac{1}{2}$ Zoll Länge.

Die Gefüge werden auf folgende Weise gebildet. Man sezt die Keile, von denen jeder einen Kreisbogen bildet, dicht an einander in die Scheide ein; bringt auf deren Ende einen Aufsaz, und treibt sie dann rings herum und regelmäßig mit Hülfe eines Hammers immer tiefer und tiefer ein, bis sie vollkommen festsizen. Die vorstehenden Keilenden sägt man mit einer Handsäge ab, damit die Gefüge vollkommen eben sind. Wenn so viele Gefüge vollendet worden sind, daß der Rest des Tages eben noch zur Ausfüllung des Grabens und zur Bedekung der gelegten Röhrenlänge hinreicht, so zieht man über das Ende der Röhrenleitung eine sogenannte Müze, während man an dem anderen Ende Wasser einläßt und die Gefüge auf solche Weise jenem Druke aussezt, der in den Hauptleitungsröhren Statt findet. Sollte sich hiebei bei sorgfältiger Prüfung zeigen, daß an irgend einem der Gefüge Wasser aussikert, so müßte mittelst eines

Meißels ein Einschnitt gemacht und in diesen ein hölzerner Pflok eingetrieben werden, wo dann das Aussikern sogleich aufhören würde. Erst wenn sämmtliche Gefüge wasserdicht befunden worden, schreitet man zum Ausfüllen des Erdgrabens, in den die Röhren gelegt sind. Da wo ganz neue Wasserleitungen gelegt werden, und keine bereits mit Wasser gefüllten Röhren zur Verfügung stehen, müßte man zur Prüfung der Gefüge eine Drukpumpe oder eine andere derlei Vorrichtung anwenden.

In Fig. 68 sieht man ein Paar Keile in senkrechter Ansicht; in Fig. 69 von der Seite. Man schneidet dieselben nach der angedeuteten Querlinie entzwei.

Fig. 70 ist ein Grundriß und Fig. 71 ein Durchschnitt des Gefüges, wodurch zwei Röhren mit einander verbunden werden. a,a ist die Scheide der einen Röhre; d,d ist das Zapfenende der anderen Röhre, und b,b sind die Keile, welche mit Zapfen fest angezogen werden.

Schließlich habe ich nur zu bemerken, daß man in solchen Fällen, in denen die Röhren von der geraden Richtung abweichen müssen, um z. B. irgend einem Hindernisse auszuweichen, und in denen daher das Zapfenende der einen Röhre nicht in gerader Linie in die Scheide der nächstfolgenden Röhre eingesezt werden kann, seine Zuflucht besser zu Bleigefügen oder zu Gefügen mit Eisenkitt nimmt. Dieser Fall wird jedoch unter 100 Mal nicht einmal eintreten. Ich halte das Holz für besser als das Blei, weil es mehr Elasticität besizt und daher nicht so leicht ausgetrieben wird. Was den Eisenkitt betrifft, so fehlt es ihm nicht nur gleichfalls an Elasticität, sondern es ist immer einige Zeit zu seiner Erhärtung nöthig, bevor man ihn mit Sicherheit einem Druke aussezen kann; auch muß, wenn sich irgend ein Fehler an dem Gefüge zeigt, dasselbe immer ganz neu gemacht werden.

XLIII.

Verbesserungen an den Pressen, worauf sich William Brindley von Birmingham am 23. December 1837 ein Patent ertheilen ließ.

Aus dem Repertory of Patent-Inventions. September 1838, S. 158.

Mit Abbildungen auf Tab. III.

Meine Erfindung, welche sich auf die sogenannten Schraubenpressen bezieht, erhellt aus folgender Beschreibung der beigegebenen Zeichnung.

Fig. 18 ist ein Aufriß einer meinem Systeme gemäß eingerichteten Schraubenpresse. Fig. 19 hingegen zeigt einen unmittelbar unter dem Scheitel der Presse genommenen Durchschnitt. An beiden Figuren ist a,a das Lager oder die Bodenplatte der Presse; b hingegen der Preßdekel, der sich von den Säulen c,c geführt, auf und nieder bewegt. Diese Säulen sind, wie man deutlich sieht, sowohl in den Boden als in das Haupt der Presse eingelassen. Die vier Schrauben d,d gehen durch Muttern, welche in dem Haupte der Presse fixirt sind; durch lezteres sezt auch ganz frei der stielrunde Stab oder die Spindel e. Sowohl die Schrauben als die zulezt erwähnte Spindel sind mittelst der Hälse f,f und mittelst der auf den oberen Theil des Preßdekels geschraubten Riemen g mit dem Preßdekel verbunden, wie dieß aus der Zeichnung deutlich zu ersehen. An jeder der Schrauben d ist ein Zahnrad h,h befestigt, und in alle diese Zahnräder h,h greift ein anderes Zahnrad j, welches entweder frei an der Spindel e läuft, oder so mit dieser verbunden werden kann, daß auch sie mit dem Rade umläuft. In Fig. 18 ist durch punktirte Linien angedeutet, daß die Enden der Schrauben d und die Spindel e in den Preßdekel eingesezt sind, weßhalb denn auch in diesen sorgfältig Löcher, die zu ihrer Aufnahme dienen und ihnen eine gute und ebene Unterlage sichern, gebohrt sind. Die Spindel i läuft in den Anwellen i',i', welche an dem oberen Theile des Preßdekels angebracht sind. An dieser Spindel i ist das Treibrad k befestigt, und an diesem befinden sich die Griffe l,l, mit denen der Arbeiter die Spindel i umdreht. Durch ein an dieser lezteren aufgezogenes Winkelgetrieb wird die Bewegung an das Rad j' fortgepflanzt, welches dann seinerseits die vier Schrauben h,h in Bewegung bringt, so daß der Preßdekel also auf diese Weise auf und nieder bewegt werden kann. Bei dieser Einrichtung läßt sich nicht nur ein sehr kräftiger Druk erzielen, sondern dieser wird auch über den ganzen Preßdekel gleichmäßig verbreitet werden. Man ist hiedurch in Stand gesezt, Pressen von viel größeren Dimensionen zu erbauen, als es möglich ist, wenn man nach der gewöhnlichen Methode nur eine einzige Schraube in der Mitte der Presse anbringt. Bemerken muß ich, daß man anstatt der vier Schrauben, die ich hier angegeben und abgebildet habe, ihrer auch nur drei anwenden kann, wo dann das Rad j nur drei Räder h,h,h zu treiben hat. Bei sehr großen Pressen kann man dagegen aber auch mehr als vier Räder h,h, und Schrauben d,d anwenden, und sie doch sämmtlich durch ein gemeinschaftliches Rad j in Bewegung sezen lassen. Ich nehme keinen der einzelnen Theile der Presse als meine Erfindung in Anspruch, sondern die ganze Einrichtung, die sich übrigens verschieden modificiren läßt.

XLIV.

Verbesserte Methode Leder oder andere Stoffe erhaben zu pressen, worauf sich Christopher Nickels, in Guilsford Street, Lambeth, Grafschaft Surrey, am 21. Mai 1838 ein Patent ertheilen ließ.

Aus dem Repertory of Patent-Inventions. September 1838, S. 160.

Mit Abbildungen auf Tab. III.

Meine Erfindung bezieht sich: 1) auf eine eigenthümliche Methode die Model oder Matrizen, deren man sich bisher zu dem angegebenen Zweke bediente, durch ausgeschlagene oder durchlöcherte Platten zu ersezen; und 2) auf die Anwendung von Sägespänen anstatt des erhabenen Models oder der Patrizen.

Aus der Zeichnung, auf deren Beschreibung ich sogleich übergehen will, ersieht man das meiner Erfindung zu Grunde liegende Princip in seiner einfachsten Form. Ist man einmal hiemit vertraut, so wird Jedermann die Platten je nach seinem Geschmake und je nach dem Muster, welches man auf dem Leder oder auf den sonstigen Substanzen erhaben erhalten will, auszuschlagen wissen. Ich bemerke vorläufig nur noch, daß das Pressen nach meiner Methode weit schneller und mit einem geringeren Kostenaufwande von Statten geht, als wenn man sich erst Matrizen und Patrizen aus Stahl oder einem anderen Material dazu verschaffen muß. Meine Platten, die aus Kupfer, Messing oder einem anderen entsprechenden Metalle bestehen können, haben beiläufig $\frac{1}{30}$ Zoll Dike, und können also bei dieser Dike mit großer Leichtigkeit ausgeschlagen werden. Auch kommt noch zu bemerken, daß sich die Muster dadurch abändern lassen, daß man für ein und dasselbe Muster Platten von verschiedenen Diken in Anwendung bringt.

In Fig. 20, 21 und 22 sieht man drei Platten von gleicher Größe, deren Löcher a, b, c jedoch von verschiedenem Durchmesser sind. Wenn nun z. B. ein Stük feuchtes Leder unter die Platte Fig. 20 gelegt wird; wenn sich unter dem Leder eine nachgiebige Substanz, wie z. B. Sägespäne, befinden; wenn auf die durchlöcherte Platte die undurchlöcherte Fig. 27 gelegt wird; und wenn man endlich auf die ganze Oberfläche dieser Platte Fig. 27 mittelst einer Schraubenpresse oder einer anderen Vorrichtung einen gleichmäßigen Druk wirken läßt, so wird auf dem Leder offenbar ein erhabener Abdruk bleiben, der im Durchschnitte dem Durchschnitte Fig. 23 gleicht. Hätte man auf die Platte Fig. 20 die Platte Fig. 21 gelegt, und mit diesen beiden

Platten zusammen einen Abdruk bewerkstelligt, so würde das erhabene Muster die in Fig. 24 ersichtliche Durchschnittsform bekommen; und wären die drei Platten Fig. 20, 21 und 22 angewendet worden, so würde die Durchschnittsform des erhabenen Abdrukes die in Fig. 25 angedeutete seyn.

Aus dieser Erläuterung des Principes ergibt sich, daß man durch Abänderung der Ausschnitte der Platten eine große Mannigfaltigkeit der erhabenen Dessins erzielen kann, und zwar ganz je nach dem Geschmake des Künstlers. Es erhellt ferner, daß, je nachdem man den Rändern der ausgeschlagenen Löcher Abdachungen gibt, die Umrisse der Dessins entweder mehr in einander fließen oder durch schärfere Winkel begränzt seyn werden. Wenn z. B. die Ränder der Löcher der Platten Fig. 20 und Fig. 22 vollkommen senkrecht durchgeschlagen sind, während die Lochränder der Platte Fig. 21 eine Abdachung haben, so wird das mit diesen drei Platten gepreßte erhabene Muster die in Fig. 26 angedeutete Durchschnittsform bekommen. Es erhellt ferner, daß man sich zu einem einzigen erhabenen Muster mehrerer Platten bedienen kann, und daß das Muster sehr mannigfaltige Veränderungen erleiden kann, je nachdem man eine oder mehrere Platten dazwischen ausläßt. Man erhält demnach auch ein und dasselbe Muster mehr oder weniger erhaben, je nachdem man eine größere oder geringere Anzahl von Platten auf einmal anwendet.

Da der mittelst meiner Erfindung zu erzielende Effect von dem Geschmake des Fabrikanten bedingt ist, so hielt ich es weder für möglich noch für nöthig, auf eine Darstellung verschiedener Muster einzugehen. Ich fand es vielmehr passender, nur bei der Kreisform allein stehen zu bleiben, da der Arbeiter nach dem Gesagten für jeden einzelnen Fall die dem gewünschten Muster entsprechende Dike und Anzahl der Platten zu wählen wissen wird. Bemerken muß ich aber, daß man bei der Anwendung der beschriebenen ausgeschlagenen Platten sorgfältig darauf zu achten hat, sie so zu ordnen und so in Register zu erhalten, daß sämmtliche damit hervorgebrachte erhabene Dessins auch correct sind. Ich bediene mich zu diesem Zweke zweier oder mehrerer Registerzapfen, welche ich durch Löcher steke, die zu diesem Zweke in den Platten angebracht sind. Oder ich gebe dem Kasten, worin die nachgiebige Substanz enthalten ist, solche Dimensionen und solche Vorsprünge, daß die Platten genau in ihn einpassen und während der Druk ausgeübt wird, unverändert in ihrer Stellung erhalten werden.

Ich brauche wohl kaum zu erinnern, daß man, um den erhabenen Dessins noch größere Schönheit zu verleihen, die arbeitenden

Oberflächen der Platten verschieden graviren lassen kann. Ebenso ist auch eine Colorirung der Dessins möglich, da man auf die arbeitenden Oberflächen, d. h. auf jene, die den Abdruk erzeugen, verschiedene Farben auftragen kann. Wenn ich ferner bisher nur von Leder sprach, so erhellt doch offenbar, daß Papier, Sammt und viele andere Stoffe auf ebendieselbe Weise gepreßt werden können. Ich brauche hierüber in keine weiteren Erörterungen einzugehen, da es sich hier nicht von den zu pressenden Stoffen, sondern von der Erzeugungsart der Pressung handelt.

Was die Erzielung des erforderlichen Drukes anbelangt, so binde ich mich in dieser Hinsicht an keine bestimmte Methode. Auch ist es nicht nöthig, daß man die ausgeschlagenen Platten immer bloß in Form von solchen anwende, da man sie verschieden biegen und selbst zu Cylindern umformen kann, die dann bei ihrem Umlaufen dieselbe Wirkung hervorbringen wie die Platten.

In Hinsicht auf das nachgiebige Material endlich, dessen ich mich bediene, um das Leder in die aus den durchlöcherten Platten gebildeten Matrizen zu pressen, habe ich Sägespäne für eines der zwekdienlichsten befunden. Namentlich zeigen sich diese dann sehr vortheilhaft, wenn der zu pressende Gegenstand, wie z. B. das Leder, vorher befeuchtet werden muß; die Späne nehmen nämlich diese Feuchtigkeit wieder auf. Abgesehen hievon ist dieses Material auch sehr wohlfeil, immer neuerdings wieder brauchbar, und von jedem beliebigen Grade der Feinheit zu bekommen. Man gibt die Sägespäne in den oben erwähnten Kasten, breitet das Leder, Papier etc. darüber, legt dann die ausgeschlagenen Platten und endlich die Platte Fig. 27 darauf, und läßt zulezt den erforderlichen Druk einwirken.

XLV.

Verbesserungen an den Maschinen oder Apparaten zum Kardätschen der Wolle und zum Streichen, Stükeln, Vorspinnen und Ausstreken der Wollenflöthen, worauf sich John Archibald, Fabrikant zu Alva in der Grafschaft Fürling in Schottland, am 4. August 1836 ein Patent ertheilen ließ.

Aus dem London Journal of arts. Jul. 1838, S. 193.

Mit Abbildungen auf Tab. III.

Meine Erfindung sezt mich in Stand eine größere Menge Wolle oder eine größere Anzahl der zur Tuchfabrication bestimmten Wollenwikler zu liefern, als dieß nach der bisherigen Kardätschmethode möglich war. Ich bezweke dieß durch Anwendung zweier Streichcylinder, die zum Theile und auf eigenthümliche Weise mit Drahtkarden besezt sind, und vermöge einer neuen Methode die Streichkämme in Bewegung zu sezen. Meine Verbesserungen machen es ferner möglich, die aus den Kannen herausfallenden Wikler gerade zu richten und mit den Enden an einander zu stükeln, so daß man mit einer Maschine zwei ununterbrochene Wikler erzeugen kann, die dann noch zum Behufe des Vorspinnens ausgestrekt werden.

Mein verbesserter Mechanismus beruht hauptsächlich in einem eisernen Gestelle, das sich an dem Streichende der Kardätschmaschine, mit der er verbunden ist, und von der aus alle seine Theile ihre Bewegung mitgetheilt erhalten, befindet. Fig. 62 ist ein Frontaufriß dieses Gestelles, hinter dem man die Kardätschmaschine sieht. Fig. 63 zeigt es in einem Endaufrisse mit einem Theile der Kardätschmaschine. Die Seitentheile dieses Gestelles a,a,a sind durch die horizontalen Balken b,b,b miteinander verbunden. An den Wellen der Kardätschmaschine sind zwei Streichcylinder c,c aufgezogen, welche die Wollenfasern auf gewöhnliche Weise von dem großen Cylinder her erhalten. Die Streichkämme d,d streichen die Wollenfasern von den Karden der Streichcylinder in die Büchsen oder Kammern e,e ab, aus denen sie auf gewöhnliche Weise von den gerieften Walzen f,f aufgenommen und vorne wieder abgegeben werden. Die Wolle fällt jedoch hier nicht auf ein endloses Tuch, wie dieß an den gewöhnlichen Maschinen der Fall ist, sondern die Wikler fallen, wie sie einzeln aus den Büchsen heraus gefördert werden, in eine Art winkeligen, von den Flügeln g,g gebildeten Trog.

Diese Flügel g,g öffnen sich in gewissen Zeiträumen, und wenn sie geöffnet sind, so fällt der in dem Troge befindliche Wikler auf ein endloses Leder h, welches über die Rollen i,j, die mit ihren Zapfen in dem Gestelle laufen, gespannt ist. Dieses Leder führt den Wikler in seitlicher Richtung zwischen der Rolle j und der Drukwalze k durch, und wenn der gestrichene Wikler so weit fortbewegt worden, daß sein Ende in eine kleine Entfernung von dem Ende der Flügel g gelangt ist, so öffnen sich die Flügel abermals, damit eine neue Wiklerlänge auf gleiche Weise auf das Leder h herabfalle, und damit hiebei an den Enden zweier Wikler kleine Portionen von Wollenfasern miteinander in Berührung kommen. Die beiden Enden werden bei dem Durchgange zwischen der Rolle j und der Drukwalze k in Folge des hiebei Statt findenden Drukes miteinander verbunden. Erhöht wird deren gegenseitige Adhäsion übrigens noch durch die Drehung der Fasern, welche, nachdem der Wikler das Leder bereits verlassen, zwischen anderen Walzen bewirkt wird.

Der Wikler gelangt nämlich nach dem Austritte aus den Drukwalzen j, k zwischen ein Paar kleiner Strekwalzen m, m, die mit grösserer Geschwindigkeit umlaufen, als die Drukwalzen, und die also die Wollenfasern des Wiklers ausstreken. Zwischen den Strek- und den Drukwalzen befindet sich aber noch ein anderes Walzenpaar m, m von grösserem Durchmesser, welches gegen erstere unter rechten Winkeln umläuft. Diese Walzen sind so gestellt, daß sich ihr Umfang, welcher etwas convex ist, beinahe berührt. Da sie beide in gleicher Richtung umlaufen, so wird der Wikler bei seinem Durchgange zwischen ihnen durch die Reibung der beiden umlaufenden Walzenoberflächen eine temporäre Drehung erhalten, so daß die Wollenfasern an jenen Stellen, an denen die Wiklerenden angestükelt wurden, in innige Verbindung kommen. Man kann demnach auf diese Weise Wikler von jeder beliebigen Länge erzielen.

Um meinen Mechanismus noch anschaulicher zu machen, und um noch deutlicher zu zeigen, wie man mit ihm Wikler von jeder Länge erhält, will ich nunmehr meinen Streichapparat beschreiben. Man sieht in Fig. 64 die beiden Streichkämme d, d an den gegliederten Stangen n, n angebracht; die geriesten Walzen und die übrigen in der Fronte befindlichen Apparate sind dagegen weggelassen, um die Zeichnung nicht zu verwirren. An Hörnern oder Armen, welche aus dem Gestelle der Kardätschmaschine hervorragen, sind zwei senkrechte Stangen p, p, in welche Leitungsfugen oder Längenspalten geschnitten sind, angebracht. In diesen Fugen gleiten die an den gegliederten Stangen n, n befestigten Zapfen q, q, q, damit die Streichkämme auf diese Weise geleitet oder geführt werden, während sie durch das Umlaufen der Kurbelwelle r auf und nieder bewegt werden.

In Fig. 65 sieht man eine der gegliederten Stangen des Streichkammes von der Seite betrachtet. Fig. 66 gibt eine ähnliche Ansicht von einer der Führstangen. s ist hier das Gewinde, in welchem sich die gegliederten Stangen abbiegen, während sich die Streichkämme auf und nieder bewegen. Mittelst dieser Gewinde s und der in den Führstangen p, p gleitenden Zapfen q, q werden die Streichkämme beim Emporsteigen von den Streichcylindern abgezogen, während sie beim Herabsinken wieder ihr Geschäft vollbringen. Alle diese Bewegungen werden, wie man sieht, durch die unterhalb angebrachte Kurbelwelle r, r, die selbst wieder auf die gewöhnliche Weise umgetrieben wird, hervorgebracht.

Den beiden Streichcylindern gebe ich irgend einen erforderlichen Durchmesser, und auf ihrem Umfange bringe ich in der Richtung ihrer Achse von einem Ende zum andern zwei, drei oder mehrere Blätter Drahtkarden an. Der zwischen den Kardenblättern gelassene freie Zwischenraum darf nicht von geringerer Breite seyn als die Kardenblätter selbst. Auch muß die gegenseitige Stellung der Streichcylinder in der Maschine eine solche seyn, daß die einzelnen Kardenblätter beider Cylinder abwechselnd in Thätigkeit kommen, damit die Karden eines jeden Streichcylinders in entsprechenden Zeiträumen Wolle von dem großen Kardätschcylinder aufnehmen.

Die auf solche Weise von den Streichcylindern abgestrichenen Wollenfasern fallen zwischen die umlaufenden gerieften Walzen f, f und deren Büchsen e, e, damit sie auf die gewöhnliche Weise zu Wiklern geformt werden. Als solche gelangen sie beim Austritte aus den Büchsen in die zu ihrer Aufnahme bestimmten winkeligen Tröge g, g. Da es von Belang ist, daß jeder Wikler möglichst gerade in seinen Trog gelegt werde, so fand ich es für gut, die vordere Kante der Büchsen aus Metallblech zu verfertigen, damit die Wollenfasern nicht an dem Holze der Büchsen hängen bleiben können. Ich biege ferner diesen vorderen Rand oder die sogenannte Lippe der Büchse in der Mitte etwas weniges nach Abwärts, wie man dieß in Fig. 62 sieht, damit der mittlere Theil des Wiklers zuerst aus der Büchse austrete. Diese Einrichtung habe ich getroffen, weil sich der Wikler bei dieser Methode auszufallen am leichtesten gerade in seinen Trog legt. Um übrigens dieß noch mehr zu begünstigen, und um das Hängenbleiben der Wollenfasern an dem Umfange der gerieften Walzen zu verhüten, lasse ich aus einer Reihe kleiner, in der horizontalen Röhre t angebrachter Löcher über die Fronte der gerieften Cylinder Luftströmchen nach Abwärts streichen. Die zu diesem Zweke nöthige Luft läßt sich mittelst eines in dem Gehäuse u befindlichen Windfanges, der von der Treibwelle her mittelst eines Treibriemens und einer Rolle oder auch auf irgend andere Weise in Bewegung gesezt wird, in die Röhre eintreiben.

In der Fronteansicht Fig. 62 sowohl, als auch in der seitlichen Ansicht Fig. 63 sieht man die Flügel des oberen winkeligen Troges g, g geschlossen, und zur Aufnahme der aus den Büchsen e herabfallenden Wikler bereit. An dem zur Rechten gelegenen Ende des Troges befindet sich aber bei z eine Oeffnung, bei der ein Theil des Wiklers heraushängt, damit er den früher abgelagerten Wikler, der sich auf dem unterhalb befindlichen Leder in seitlicher Richtung bewegt, berühre. Ich versichere mich demnach auf solche Art der Berührung der Fasern zweier Wikler; und wenn der untere Wikler auf dem Leder so weit nach Rechts geführt worden, daß sein Ende nur mehr 1½ Zoll von dem aus dem oberhalb befindlichen Troge heraushängenden Wiklerende entfernt ist, so öffnet sich der Flügel des Troges, damit der in ihm befindliche Wikler herabfalle, und sich in Berührung mit dem Ende des vorhergehenden Wiklers weiter fortbewege. Damit jedoch der Wikler vollkommen gerade auf das Leder gelegt werde, habe ich an dem linken Ende des hinteren Flügels des Troges eine kleine Lippe angebracht, die man in Fig. 62 durch Punkte angedeutet sieht, und welche dieses Ende des Wiklers so lange aufhält, bis es in Folge der Bewegung des Leders angezogen wird. Empfehlenswerth fand ich es, an den beiden Seiten des Leders eine Reihe von Gabeln aus dünnen Blechstreifen anzubringen, welche als Führer dienen und das Abgleiten des Wiklers über die eine oder die andere Seite verhüten.

Die zum Oeffnen des Troges h bestimmten Vorrichtungen ersieht man aus der Endansicht Fig. 63. An der Welle des vorderen oder beweglichen Flügels g ist nämlich ein Kurbelarm v befestigt, und dieser steht mit einer horizontalen Stange w in Verbindung, welche durch ein Gewinde an einem an dem Seitengestelle der Maschine befindlichen Kurbelarm x aufgehängt ist. An dem entgegengesezten Ende dieser Stange w befindet sich eine Reibungsrolle, die auf dem Umfange eines an der Welle des Streichcylinders aufgezogenen Muschelrades y ruht. Sowie also der Streichcylinder umläuft, treibt der größere Radius des Muschelrades die Stange w und den Kurbelarm v zurük, wodurch der bewegliche Flügel des Troges g geschlossen erhalten wird. Wenn aber beim Umlaufen des Cylinders die Reibungsrolle der Stange w von dem größeren auf den kleineren Halbmesser des Muschelrades fällt, so kehrt die Stange augenbliklich wieder zurük und der Flügel öffnet sich, so daß der Wikler auf die oben beschriebene Weise auf das endlose Leder h herabfallen kann.

Die Wollenwikler, welche, wie gesagt, von dem endlosen Leder seitlich hin geführt werden, laufen unter der Drukwalze h durch, damit die angestükten Enden hiedurch in innigere Berührung miteinander gebracht werden. Die Wellzapfen dieser Drukwalzen, die nur einen ihrer Schwere entsprechenden Druk ausüben, und welche durch die Reibung des unter ihnen hinweggehenden endlosen Leders umgetrieben werden, laufen lose in ausgeschnittenen, an der Stange h festgemachten Trägern. Die endlosen Leder h,h und die Rollen i,j,i erhalten ihre Bewegung von der Kardätschmaschine her durch ein Winkel- und Zahnrad mitgetheilt. Von den Drukwalzen aus gelangen die gestükelten Wikler an die Strekwalzen m,m, von denen die untere in einem von dem Ende des Gestelles auslaufenden Arme in Zapfenlagen läuft, und mittelst eines Zwischenrades von einem an der Welle der Rolle j aufgezogenen Zahnrade umgetrieben wird, während die obere, die bloß in Folge ihrer Reibung an der unteren Walze umläuft, in einem Arm aufgezogen ist, der mittelst eines Gewindes emporgehoben werden kann, wie dieß aus der partiellen Endansicht in Fig. 67 erhellt. Die Drehungswalzen l,l, die aus einem glatten, an den Kanten abgerundeten Räderpaare bestehen, laufen an Zapfen, die in das Endgestell eingelassen sind, wobei sie mit ihrem Umfange beinahe in gegenseitiger Berührung stehen. Zur Seite eines jeden dieser Räder l befindet sich eine ausgekehlte Rolle, und über diese Rolle läuft von der großen, oberhalb angebrachten Rolle A her eine Treibschnur. Leztere erhält ihre Bewegung von einer an ihrer Welle angebrachten kegelförmigen Rolle, die von der Treibwelle her ihre Bewegung bekommt. Die beiden Räder l,l laufen demnach in einer und derselben Richtung um, und bewirken hiebei, daß die zwischen ihnen durchgehenden Wikler eine temporäre Drehung erleiden, in Folge deren die gestükelten Enden hinreichend fest miteinander verbunden werden.

XLVI.

Ueber die verbesserte Jacquardmaschine der HHrn. d'Homme und Romagny; von Hrn. Prof. Rabenstein.

Mit Abbildungen auf Tab. III.

So gewiß es ist, daß Jacquard genau mit den Bedürfnissen der Weberei bekannt war und diesen zufolge seinem Stuhle eine bis jezt noch unübertroffene Zwekdienlichkeit gab, so ist derselbe doch in einzelnen Punkten noch einiger Verbesserungen fähig. Unter diese Punkte gehört namentlich die Einrichtung, daß die Nadeln durch Spiralfedern gegen die Karden gedrükt werden, wodurch Störungen beim Gebrauche der Maschine veranlaßt werden; denn wenn schon überhaupt Federn bei Maschinen möglichst vermieden werden müssen, da ihre Spannkraft sich nach und nach vermindert, so ist auch besonders die Anwendung so vieler einzelner Federn wegen mangelnder Gleichförmigkeit der Spannung zu widerrathen.

Durch die Mechaniker d'Homme und Romagny in Paris ist an der Jacquardmaschine eine Einrichtung getroffen worden, durch welche die Federn entbehrlich gemacht werden. Fig. 1 ist eine Seitenansicht in 1/4 der natürlichen Größe, welche links oben und rechts unten ein Stük Durchschnittszeichnung enthält, um die erwähnte Einrichtung deutlicher zu zeigen. Fig. 2 zeigt ein einzelnes Platin in natürlicher Größe; dasselbe besteht aus einem am obern Ende gekrümmten Drahte a und einem zweiten b, welcher durch ein Oehr mit dem Drahte a verbunden ist. Sizt a im Punkte c auf einer Fläche auf, so wird, wenn kein Hinderniß vorhanden ist, b durch seine Schwere den Haken a herabziehen und den Theil d nöthigen, nach

Links auszuschlagen. In Fig. 1 zeigt sich nun aber, daß das verlängerte Ende d an dem Winkelstük e anliegt und auf demselben zugleich aufsizt. Eine Zweihundert-Maschine besizt acht solcher Winkelstüke, die durch die ganze Breite der Maschine hindurchgehen und an den Seiten zu einem Roste verbunden sind. Bei der gezeichneten Stellung würden durch den aufbewegten Rost alle Platinen gehoben werden, folglich auch alle eingehängten Schnüre f,f aufgehen. Liegt aber nun auf dem Prisma P (welches gewöhnlich Cylinder genannt wird) eine durchlöcherte Karde, so wird, wie gewöhnlich, ein Theil der Nadeln g,g nach Rechts vorgeschoben, und die mit denselben durch die Oehre h,h in Verbindung stehenden Dráhte dadurch von dem Roste weggeschoben, wodurch verursacht wird, daß der Rost, ohne sie zu heben, aufgeht. Platinen und Schnuren der weggeschobenen Nadeln bleiben in Ruhe und bilden so mit den aufgehobenen den Sprung in der Kette. Sobald der Rost niedergeht, sezen sich die Enden d,d der Platinen wieder auf und können nun von Neuem wieder herabgestoßen werden. Die Nadeln g,g liegen etwas schräg, um leichter zurükgehen zu können und damit die Oehre h,h in ihrer Höhe nicht zu sehr abweichen.

Die Verbindung des Rostes zeigt Fig. 3, wo A ein abgebrochenes Winkelstük ist, B die verticale Führung im eisernen Geleise bewirkt, C einen Henkel vorstellt, deren zu beiden Seiten einer angebracht ist, um die Gurte D (Fig. 1) zu befestigen, welche mit der Rolle R verbunden sind und durch deren Umdrehung gehoben werden.

Eine andere Verbesserung, welche jedoch minder wesentlich ist, zeigen ebenfalls Fig. 1 und 3. Das Prisma P bewegt sich gewöhnlich im Bogen, wird aber durch den hier angegebenen Mechanismus mit sich selbst parallel horizontal ausgeschoben und eingezogen. Auf dem Stabe m ist der Rahmen n festgeschraubt; in dem Schlize o desselben bewegt sich die Rolle p, welche sich gleichzeitig mit dem Roste hebt und senkt, und dabei gegen die schiefe Ebene q drükt, wodurch n und m in der Richtung des angezeichneten Pfeiles bewegt werden. Mit m steht das Prisma P in Verbindung; senkt sich p, so wird daher P gegen die Nadeln bewegt, hebt sich p, so wird P von den Nadeln abgerükt; P ist dabei immer rechtwinkelig gegen die Nadeln gerichtet. Hiedurch wird auch die bei der alten Einrichtung nothwendige freistehende Feder entbehrlich gemacht. Das Umdrehen des Prismas geschieht übrigens hier genau so wie früher.

Der beschriebene Stuhl wird nicht nur Alles leisten, was der bisherige leistete, und seine Bewegungen werden dabei sicherer und leichter und für sorgfältige Fabrication geeigneter seyn, um so mehr, wenn die ganze Vorrichtung von Eisen ausgeführt ist, wie dieß die

Zeichnung voraussezt. In Chemnitz werden bereits drei der angegebenen Maschinen bearbeitet, an deren Leistung man um so weniger zweifelt, als sich eine technische Deputation des Handwerkervereins schon günstig über dieselbe aussprach.

(Gewerbebl. f. Sachsen, 1838, S. 74—75.)

XLVII.

Ueber die Reactionsräder. Auszug aus einer größeren Abhandlung des Hrn. Combes. Vom Verfasser selbst ausgezogen.

Aus dem Echo du monde savant, 1838, No. 33.

Unter dem Namen Reactionsräder oder Reactionsmaschinen versteht man Apparate, welche aus mehreren, an beiden Enden offenen, und um eine feststehende Achse beweglichen Canälen zusammengesezt sind. In diesen Canälen circulirt eine tropfbare oder gasförmige Flüssigkeit auf solche Weise, daß sie beständig gänzlich davon erfüllt sind, und zwar dergestalt, daß die relative Bewegung der Flüssigkeit kurze Zeit, nachdem die rotirende Bewegung der Maschine um die feststehende Achse Gleichförmigkeit erlangt hat, permanent wird.

Auf solche Art definirt zerfallen die Reactionsapparate in zwei Classen. Zur ersten Classe gehören jene, denen die rotirende Bewegung um die feststehende Achse durch den Druk mitgetheilt wird, den die in den beweglichen Canälen strömende Flüssigkeit gegen deren Wände ausübt. Es sind dieß Triebwerke, die zur Aufsammlung und Fortpflanzung der Kraft oder Arbeitsleistung eines Wasserfalles, einer in Bewegung befindlichen Flüssigkeit, eines comprimirten Gases 2c. dienen. Hieher gehört das Rad von Segner, welches Euler in den Jahren 1750 und 1751 studirte, und welches von Manoury d'Ectot modificirt und verbessert wurde; ferner das von Euler selbst angegebene Rad, dessen Theorie dieser berühmte Mathematiker im Jahr 1754 in den Abhandlungen der Berliner Akademie feststellte.

Zur zweiten Classe dagegen gehören jene Räder, bei welchen der Achse mit den Canälen durch eine äußere Kraft Bewegung mitgetheilt wird, und wo durch den Druk der Canalwände auf die in ihnen befindliche Flüssigkeit, eine Bewegung der lezteren hervorgebracht wird. Hieher sind zu zählen die von Demour im Jahr 1732 angegebene, und 1751 in den Berliner Denkschriften gleichfalls von Euler beschriebene Maschine zum Wasserheben durch die Wirkung der Centrifugalkraft; der aufsaugende und blasende Ventilator mit Centrifugalkraft, über den ich am 16. April 1838 vor der Akademie zu Paris einen Vortrag hielt.

Die diesen beiden Classen von Apparaten zu Grunde liegen Theorie ist dieselbe; die Gleichungen, welche ich in meiner eben erwähnten Abhandlung über den Ventilator mit Centrifugalkraft angegeben habe, finden mit einigen sehr einfachen Modificationen sowohl auf die Treibräder, als auch auf die zum Wasserheben bestimmte Maschine, die den Gegenstand meiner gegenwärtigen Abhandlung bildet, ihre Anwendung.[44]) An den leztern Rädern wird die treibende oder auch die in Bewegung gesezte Flüssigkeit in unbeweglichen Röhren den beweglichen Canälen zugeführt, wie dieß an der Euler'schen Maschine vom Jahr 1754 der Fall ist. Der Druk, den die in Bewegung befindliche Flüssigkeit bei dem Uebergange aus den unbeweglichen Röhren in die beweglichen Canäle ausübt, ist im Allgemeinen dem des umgebenden Mediums nicht gleich. Er wechselt unter übrigens gleichen Umständen nach der Angulargeschwindigkeit des Rades und zwar in umgekehrtem Verhältnisse mit dieser, und da das von den Rädern in der Zeiteinheit verbrauchte Volumen Wasser zugleich mit dem Druke auf die Ausflußmündungen der unbeweglichen Röhren wechselt, so folgt hieraus, daß dieses Volumen von der Angulargeschwindigkeit des Rades abhängt.

Was das Treibrad betrifft, so besteht für dieses eine gewisse Geschwindigkeit, bei der die gesammte Bewegkraft des Wassers an die Maschine fortgepflanzt wird, wobei jedoch die Reibung, auf die ich bei meinen Berechnungen keine Rüksicht genommen, in Abzug zu bringen ist. Bei allen von dieser abweichenden Geschwindigkeiten findet also Verlust Statt, weil das Wasser das Rad nicht mit gar keiner Geschwindigkeit verlassen wird, und weil also beim Austritte des Wassers aus den unbeweglichen Röhren und bei dessen Uebergang in die beweglichen Canäle ein Stoß Statt finden muß. Meine Formeln geben das Maaß für diesen Verlust, und zeigen, daß selbst bei großen Abweichungen von der dem Maximaleffecte entsprechenden Angulargeschwindigkeit, die Abweichungen mögen darüber oder darunter gehen, der Verlust doch immer nur ein kleiner Theil der Gesammtleistung bleibt. Folgende Tabelle zeigt bis zur Evidenz den Einfluß dieses Wechsels der Radgeschwindigkeit auf den Verbrauch an Wasser und auf den Verlust an der Leistung. Sie bezieht sich auf ein Rad, welches in jeder Secunde bei einer Drukhöhe von 1,50 Meter, dessen

44) Man findet die hier erwähnte Abhandlung im polytechnischen Journale Bd. LXIX, S. 128 und S. 279. A. d. R.

ganzer Durchmesser nur 0,60 Meter betrüge, gewöhnlich 170 Liter Wasser verbrauchen sollte.

Geschwindigk. des Rades an dem von den inneren Rändern der Schaufeln beschriebenen Umfange; in Metern per Secunde ausgedrükt.	Zahl der Radsumläufe in einer Minute.	Verbrauch an Wasser in Litern, bei einer constanten und gleichen Drukhöhe von 1,50 Meter u. bei gleichbleibender Oeffnung des Schuzbrettes.	Drukhöhe, welche in Folge der plözlichen Veränderung der Geschwindigkeit beim Eintritte des Wassers in das Rad und in Folge der von dem Wasser bei seinem Austritte beibehaltenen Geschwindigkeit verloren geht.
6	381,96	221,2	0,248 Met.
5,50	350,13	208,6	0,191
5	318,30	196,3	0,077
4,50	286,47	184,5	0,0259
4	254,64	173	0,0015
3,836	244,33	170	0 [45])
3,50	222,78	162,08	0,008
3	190,95	151,76	0,049
2,50	159,13	142,11	0,133
2	127,30	133,24	0,265
1,50	95,47	125,23	0,457
0	0	107,70	0,50 [46])

Die zum Wasserheben bestimmte Maschine bietet ähnliche Resultate.

An den meisten Wässern wechselt das Volumen des Wassers nach den Jahreszeiten in sehr hohem Grade, so zwar, daß ein und dasselbe Wasserrad zur Winterszeit oft zwei und drei Mal soviel leistet, als zur Zeit andauernder Trokenheit. Wenn die Arbeit nicht durch Zeiträume der Ruhe unterbrochen wird, während deren man das zum Treiben dienende Wasser in großen Reservoirs aufspeichern kann, so ist es unumgänglich nothwendig, die Maschine mit einer Schuzbrett-Vorrichtung zu versehen, bei der es möglich ist, die Quantität des zuströmenden Wassers unter beiläufiger Beibehaltung der Angulargeschwindigkeit genau zu verbrauchen. Daß die Zahl der von den Rädern betriebenen Mechanismen übrigens mit der Triebkraft im Verhältnisse stehen müsse, versteht sich von selbst. Die Schüzenvorrichtung für das Reactionsrad muß nothwendig an diesem selbst angebracht werden; und damit der Nuzeffect der in dem Wasservolumen vorkommenden Schwankungen ungeachtet immer derselbe bleibe, muß diese Vorrichtung zugleich oder gleichzeitig auf die Ein- und Austrittsmündungen der beweglichen Canäle wirken, welche Mündungen, beiläufig bemerkt, in einem constanten, durch

45) Bei dieser Geschwindigkeit kommt die mitgetheilte Leistung dem Gesammt-Effecte gleich. A. d. O.

46) Das Rad dreht sich hier nicht, sondern das Wasser tritt mit der durch die Drukhöhe bedingten Geschwindigkeit aus. A. d. O.

die Gleichungen der Bewegung bestimmten Verhältnisse zu einander stehen müssen. Ich habe nun in meiner Abhandlung eine derlei Vorrichtung angegeben, welche nicht nur diesen Bedingungen Genüge leistet, sondern bei der es zugleich möglich ist, die Höhe der beweglichen Canäle in ihrer ganzen Ausdehnung mit dem Volumen des zu verbrauchenden Wassers in Verhältniß zu bringen, während den das Wasser herbei leitenden unbeweglichen Röhren nur eine Höhe gelassen ist, die jener der beweglichen Röhren gleich kommt. Mittelst dieser Vorrichtung wird, wenn nur die Drukhöhe und die Angulargeschwindigkeit keine Veränderung erleiden, das Rad bei jedem beliebigen Wasservolumen stets in den theoretischen Bedingungen des Maximal-Effectes bleiben.

Das von Euler angegebene Rad läßt keine Schüzenvorrichtung zu, bei der mehr oder weniger Wasser verbraucht werden könnte; und daher dürfte es wohl rühren, warum dasselbe bei dem trefflichen Beweise, den der Erfinder für die Richtigkeit der Theorie gab, beinahe ohne alle praktische Anwendung blieb. Uebrigens muß ich bemerken, daß man in neuerer Zeit die Euler'sche Maschine sehr mit Unrecht den Rädern mit krummen Schaufeln, die sich um eine senkrechte Achse drehen, und deren Theorie Borda im Jahr 1767 feststellte, beigezählt hat; sowie man auch die wahren Principien der Reactionsräder, wie sie von Euler festgesezt wurden, vergessen zu haben scheint.

XLVIII.

Auszug aus dem Berichte des Hrn. Francoeur, über die Verbesserungen, welche Hr. Challiot in Paris r. St. Honoré Nr. 338, an den Harfen anbrachte.

Aus dem Bulletin de la Société d'encouragement. Jun. 1838, S. 197.

Der Mechanismus, welcher an den Harfen die halben Töne erzeugt, gilt seit den Arbeiten eines Nadermann und eines Seb. Erard für so vollkommen, daß er keiner weiteren Verbesserung mehr fähig scheint. Alle guten Harfen sind deßhalb auch mit demselben ausgestattet. Die Harfen des Hrn. Challiot bieten auch in dieser Hinsicht keine neuen Modificationen; ihre Pedale, Hebel und Drehstöke sind dieselben, wie an den Instrumenten anderer Künstler. Der Erfinder richtete dafür aber seine Anstrengungen gegen einen Vorwurf, der noch jezt allen Harfen gemacht werden kann, und der so groß ist, daß man nahe daran war, den Gebrauch der Harfen in Orchestern ungeachtet ihres beinahe wunderbaren Effectes aufzugeben.

Dieser Vorwurf liegt in dem häufigen Reißen oder Brechen der Saiten. Die Harfen, deren Saiten nicht aus Metall bestehen, haben vor dem Piano den außerordentlichen Vorzug, daß sie nach der natürlichen Tonleiter gestimmt werden, und daß daher jeder Spieler die Stimmung wieder herstellen kann, wenn sie verloren ging. Dagegen sind aber die Darmsaiten, und zwar namentlich jene, welche die schneidendsten Töne geben, und welche eben deßhalb auch die dünnsten sind, häufig dem Reißen oder der Verstimmung ausgesezt. Hr. Challiot hat nun einen Mechanismus ersonnen, der diesen Unannehmlichkeiten steuern soll, und der aus Folgendem erhellen dürfte.

Bekanntlich sind an der Harfe alle Saiten, welche an Dike und Länge abnehmen, mit einander parallel in einer und derselben Ebene, welche die Form eines Dreiekes hat, aufgezogen. Ihr unteres Ende ist an einem längs des Resonanzbodens laufenden Stabe, das obere dagegen an einem sogenannten Wirbel befestigt. Die Wirbel, welche an dem oberen Theile der Harfe in einer Curve gestellt sind, werden mit einem Schlüssel so lange umgedreht, bis die Saiten die gewünschte Spannung erlangt haben. Ein die Stelle eines Kammes vertretendes Stük bestimmt den Punkt, von dem angefangen die Schwingungen Statt finden. Wenn die Stimmung vollbracht ist, so kommen die Saiten, namentlich die dünneren, wegen der starken Spannung, die sie zu erleiden haben, häufig zum Reißen, besonders wenn die Spannung längere Zeit fort angedauert hat. Da nun die Harfe im Voraus gestimmt, und längere Zeit an dem Orte, wo sie gespielt werden soll, belassen werden muß, um die Saiten an die atmosphärischen Umstände dieses Ortes zu gewöhnen, so erhellt, daß die erwähnten Unannehmlichkeiten beinahe bei jeder Production eintreten müssen.

Hr. Challiot befestigt nun den Resonanzkasten der Harfe nur mit einem Scharnier, welches eine geringe Schaukelbewegung zuläßt, an dem untern Theile der Säule. Diese Bewegung wird mittelst einer oben an dem Kasten angebrachten Schraube hervorgebracht. Wenn man daher diese Schraube mit einem Schlüssel umdreht, so kann man den oberen Theil des Kastens um ein Geringes dem oberen Theile der Säule annähern und folglich die Spannung sämmtlicher Saiten, namentlich aber der brüchigsten, merklich vermindern. Wenn man also die Harfe mit den übrigen Instrumenten im Einklange gestimmt hat, so braucht man nur dem Kasten eine kleine Bewegung zu geben, um an sämmtlichen Saiten die Spannung um soviel zu mindern, daß sie nicht brechen können. Will man die Harfe spielen, so ist der Kasten durch einige Umdrehungen der Schraube wieder in seine frühere Stellung zurükgebracht, und die Harfe somit wieder gestimmt. Dieß geschieht ebenso einfach, als sicher, und der Berichterstatter hat sich überzeugt, daß man die Saiten auf diese Weise wiederholt nachlassen und wieder spannen kann, ohne daß die Stimmung leidet. Es genügt, mit den Fingern der einen Hand in die Saiten zu greifen, und mit der andern Hand den Schraubenschlüssel umzudrehen, bis die Töne wieder die richtigen sind, was an sämmtlichen Saiten gleichzeitig eintritt.

Die Preise der Harfen des Hrn. Challiot, die sich durch die Trefflichkeit ihrer Töne eben so sehr, wie durch Eleganz auszeichnen, kommen jenen der Instrumente anderer Künstler gleich. Für 100 Fr. stattet der Erfinder auch jede ältere Harfe mit seinem Mechanismus aus.[47]).

XLIX.

Verbesserter Apparat zu vollkommenerer Verbrennung der Kerzen und zur Verhütung des Puzens derselben, worauf sich Richard Bright, Lampenfabrikant in Bruton Street, Berkeley Square in der Grafschaft Middlesex, am 13. Jan. 1838 ein Patent ertheilen ließ.

Aus dem Repertory of Patent-Inventions. Sept. 1838, S. 148.

Mit Abbildungen auf Tab. III.

Ich verfertige aus Metall oder irgend einer anderen zwekgemäßen Substanz eine oder mehrere kurze Röhren, die entweder getrennt oder miteinander verbunden sind, und von denen für jeden Docht eine bestimmt ist; oder ich verfertige aus Draht Stäbchen, Keile oder Schleifen, die den Docht der Kerze auf die eine Seite drüken; Fig. 28—44. In Verbindung hiemit oder auch nicht bringe ich dünne durchlöcherte Platten oder Drähte a an, welche von den zur Direction der Dochte dienenden Theilen Wärme herleiten, damit hiedurch der Talg der Kerze erweicht und flüssig werde, und damit also dessen Verbrennung leichter und regelmäßiger von Statten gehe.

Die Vorrichtung, welche ich den Dochtführer (wick-director) nenne, ist in einem Kegelstüke, welches dem an der gewöhnlichen Kerzenlampe gebräuchlichen ähnlich ist, befestigt, und so über dem oberen Ende der Kerze angebracht, daß der Docht oder die Dochte

47) Die Société d'encouragement hat Hrn. Challiot am 27. Junius 1838 eine bronzene Medaille für seine Erfindung verliehen.

A. d. R.

in die für sie bestimmten Löcher eingeführt, und so hoch durch sie emporgeschoben werden können, als es zum Anzünden derselben nöthig ist. Der Dochtführer biegt die Dochte unter einem Winkel von beiläufig 45 Graden, und zwar so lange, als noch ein Dochtstük vorhanden ist.

Man kann bewirken, daß der Dochtführer im Maaße des Abbrennens des Dochtes an der Kerze herabsteigt; und zwar läßt sich dieß erreichen durch ein beschwertes Kegelstük, Fig. 45, oder durch andere angehängte Gewichte, die ihn senkrecht erhalten und den Docht unter dem Winkel durch ihn treiben, der zur vollkommenen Verbrennung erforderlich ist.

Eine andere Methode sich dieses Dochtführers zu bedienen ist die, daß man ihn in dem zu einer Kerzenlampe gehörigen Kegelstüke fixirt, wie dieß aus Fig. 46, 46* und 47 erhellt. Wenn man nämlich den oder die Dochte in den Dochtführer bringt und sie dann anzündet, so werden sie durch die Feder, auf der die Kerze ruht, unter dem zur vollkommenen Verbrennung erforderlichen Winkel emporgetrieben.

Die zur Führung der Dochte dienenden Röhren sind je nach der Form dieser Dochte rund, oval oder platt. Ihre unteren Enden sind ausgebogen, damit der Docht auf seinem Wege leichter durch sie hindurch gehen kann. Auch bemerkt man eine große Anzahl kleiner Löcher in ihnen angebracht, damit der geschmolzene Talg leicht durch sie hindurchfließen kann. Ihre Größe ist durch jene der Dochte bedingt, und kann bei 1/8 Zoll Durchmesser von 1/4 bis zu 3/4 Zoll Länge betragen. Wenn man mehrere solche Röhren mit oder ohne Leitungsplatten oder Drähte mit einander verbinden will, so ist es wegen der Hize, der sie ausgesezt sind, rathsam, sich eines strengflüssigen Lothes zu bedienen. Man kann in den dünnen Platten, Fig. 44, für den Durchgang der Dochte Löcher anbringen, die sich jedoch in solcher Entfernung von dem Mittelpunkte befinden müssen, daß die Drähte unter einem Winkel von beiläufig 45° über sie hinausragen.

Die Keile, Stäbchen oder die Drähte, welche als Keile zu wirken haben, und die man von Fig. 35 bis 39 sieht, müssen eine Weite und Größe haben, welche von der Stellung der Dochte in der Kerze bedingt ist, damit sie, wenn sie mit den Dochten in Berührung kommen, diese unter einem Winkel von beiläufig 45° seitwärts biegen.

Der Dochtführer läßt sich gleichfalls aus Drahtschlingen, Fig. 41, oder wenn man will, auch aus spiralförmig gewundenem Drahte, Fig. 34, verfertigen. Welcher Art von Dochtführer man sich übrigens bedienen mag, so ziehe ich es vor, ihn mittelst Draht oder auf solche Weise an den Kegelstüken zu befestigen, daß die Flammenhize nicht direct communicirt wird, Fig. 48 und 49. Der Dochtführer läßt sich je nach der Härte der Kerze mittelst eines verschiebbaren Ringes oder auch auf irgend andere geeignete Weise höher oder niederer stellen. Die Größe und Form der Leitungsplatten, welche dünn durchlöcherte Blätter oder Drähte sind, hängt von der Härte der Kerzen, deren man sich gewöhnlich bedienen will, ab.

Das Kegelstük, zu welchem der Dochtführer gehört, verfertige ich in der aus Fig. 46 und 47 ersichtlichen Art. Den ganzen oberen Theil der Röhre umgibt ein kleiner Raum b, der jenen Theil der verflüssigten Kerze, der an dem inneren Theile des Kegels durch die Löcher b,b tröpfeln möchte, in den äußeren, zu dessen Aufnahme bestimmten Behälter c gelangen läßt. Auf diese Weise ist es nicht leicht möglich, daß sich die innere Seite der Röhre oder die Spiralfeder verlege. Zuweilen bringe ich an dem Kegelstüke auch einen äußeren Kegel oder ein Stük von einem solchen oder einen Schild an, wie man dieß in Fig. 51 sieht. Ich vermindere auf diese Weise die directe Einwirkung der Hize der Flamme auf den Kegel; indem der Kegel nur an dem untersten oder entferntesten Theile der Flamme mit ihr in Berührung kommt, und indem an allen übrigen Stellen ein Zwischenraum von wenigstens $1/16$ Zoll gelassen ist. In einigen Fällen bilde ich diesen Theil meiner Vorrichtung auch auf solche Art, daß er am Scheitel umgebogen ist, und den äußeren oberen Theil der Kerze gegen die directe Einwirkung der Flammenhize schüzt, wie dieß aus Fig. 51 erhellt.

Ein anderer Theil meiner Vorrichtung ist das Näpfchen d, welches man in Fig. 52 und 53 einzeln für sich abgebildet sieht, und welches zur Aufnahme der allenfalls an der Kerze herabfließenden geschmolzenen Masse dient. Es soll von solchem Durchmesser seyn, daß es sich frei innerhalb der Röhre f der Kerzenlampe bewegen kann, und dabei irgend eine entsprechende Tiefe haben. Oben am Scheitel dieses Näpfchens wird von einem Drahte, der vom Boden oder von den Seiten des Näpfchens ausläuft, eine durchlöcherte Platte e getragen, die von etwas geringerem Durchmesser ist. An dieser Platte ist ein dünner Tförmiger Metallstreifen befestigt, der einem ähnlichen, am Boden der Kerze befindlichen Einschnitte entspricht, damit sie auf diese Weise noch sicherer an Ort und Stelle erhalten wird. Von dem Boden des Näpfchens läuft ein im Winkel gebogener Draht g aus, oder es sind an demselben Zapfen befestigt, welche durch entsprechende Löcher des Federhauses h gehen, so daß also das Kerzenhaus in gehöriger Stellung erhalten wird.

Zur Ausgleichung der Verschiedenheit der Temperatur und der verschiedenen Härte oder Schmelzbarkeit der Substanzen, aus denen die Kerze besteht, habe ich folgende Vorkehrung getroffen, welche ich jedoch nicht als neu geltend machen will. Um nämlich während der Verbrennung der Kerze innerhalb gewisser Gränzen eine Zu- oder Abnahme der Kraft der Spiralfeder zu gestatten, gehen von dem Federhause j, wie man in Fig. 46 und 47 sieht, Zapfen aus, die durch die senkrecht laufenden Fugen k gehen, und in die an dem äußeren Gehäuse l befindlichen spiralförmigen Fugen eindringen. Wenn man also das Gehäuse umdreht, so wird das Federhaus emporbewegt und die Feder zusammengedrükt, und deren Kraft mithin erhöht; durch die umgekehrte Bewegung dagegen wird die Feder nachgelassen oder ihre Kraft vermindert. Derselbe Zwek läßt sich übrigens auch mit einer Zahnstange und einem Getriebe oder auf verschiedene andere Weise erreichen.

In Fig. 54, 55, 56 und 57 sieht man den Kegel, den Behälter und den oberen Theil der Röhre einzeln für sich abgebildet; in Fig. 58 hingegen sieht man sie sämmtlich mit einander in Verbindung gebracht. m ist einer der beiden Zapfen, die den Kegel in geeigneter Stellung erhalten. n ist einer der beiden Haken, die unter den Zapfen n weggehen und in die Spalten o einfallen, wodurch alle diese Theile zusammengehalten werden. In Fig. 55 und 56 sieht man die Arme p, p, welche zum Festhalten von Kugeln oder anderen schattengebenden Vorrichtungen bestimmt sind.

So weit meine Erfahrung reicht, können die für derartige Leuchter bestimmten Kerzen aus den gewöhnlichen Materialien fabricirt werden. Zwei Theile Talg auf einen Theil Stearin geben eine treffliche Kerzenmasse. Die Dochte können rund oder platt seyn; die besten scheinen mir jene aus einem Baumwollgewebe, welches dem sogenannten Flatbobbin ähnlich ist, denn diese Gewebe geben, wenn man sie mit einigen Baumwollfäden ausfüllt, treffliche Dochte. Auch solid gewebte Dochte, nach Art der Patent-Ziehfensterleinen, entsprechen ganz gut. Die Dochte sollen central in die Kerzenmodel eingesezt und nicht näher als auf $^1/_{16}$ Zoll an einander gebracht werden. Was deren Zahl betrifft, so binde ich mich durchaus an keine bestimmte.

Als meine Erfindungen erkläre ich den Dochtführer, den Wärmeconductor, meine Methode die überschüssige geschmolzene Masse von dem inneren Theile des Kegels an einen äußeren Behälter abzuleiten: das Näpfchen, auf dem die Kerze ruht, und den Schuzkegel oder Schild.

L.

Verbesserungen in der Brodbereitung, worauf sich George Herbert James, Weinhändler in Lower Thames-Street in der City of London, auf die von einem Ausländer erhaltene Mittheilung am 23. Jan. 1838 ein Patent ertheilen ließ.

Aus dem London Journal of arts. Sept. 1838, S. 336.

Um nach der Ansicht des Patentträgers das möglich beste Brod zu erzeugen, d. h. Brod, welches bei der höchsten Nahrhaftigkeit auch am leichtesten zu verdauen ist, soll man folgende Bedingungen strenge einhalten. 1) muß das zur Brodbereitung bestimmte Mehl reich an Kleber seyn und durch beginnende Gährung keine Veränderung erlitten haben. 2) muß der Teig innig und vollkommen mit Wasser verbunden und nirgendwo compact oder fest seyn. 3) muß das Brod gut aufgegangen seyn. 4) endlich darf das Brod weder sauer noch zu stark gebaken seyn.

Es ist bekannt, daß die Bäker gar häufig bei der Vermengung des Wassers mit dem Mehle nicht gehörig zu Werke gehen, und aus dieser fehlerhaften, nicht hinreichend innigen Vermengung folgt, daß das Brod nicht nur um Vieles weniger nahrhaft, sondern auch viel schwerer zu verdauen wird. Das nach der gewöhnlichen Methode bereitete Brod enthält nicht genug Wasser, und zwar deßwegen, weil das Wasser nicht so mit dem Mehle verbunden ist, daß es gleichsam einen integrirenden Theil desselben ausmacht, und weil dasselbe also bei der Einwirkung der Ofenhize zu leicht verdünstet. Meine Erfindung besteht nun darin, daß ich mit dem zur Brodbereitung bestimmten Wasser vorläufig durch Kochen eine kleine Quantität Mehl von erster Qualität verbinde; und daß ich diese Mischung dann anstatt reinen Wassers anwende. Das Wasser verbindet sich nämlich auf diese Weise so vollkommen mit dem Mehle, daß seine Verdünstung beim Baken weit geringer ist, und daß man also ein Brod erhält, welches nicht nur nahrhafter, sondern zugleich auch leichter zu verdauen ist.

Am besten läßt sich meine Erfindung, wie mir scheint, auf folgende Weise ausführen. Man nehme auf einen Sak Mehl von 280 Pfd. 10 Pfd. Mehl von erster Qualität und rühre dieses mit 20 Quart kalten Wassers an. Man bringe ferner 55 bis 60 Quart reines Wasser in einem Gefäße, am besten in einer Art von Dampfkessel zum Sieden, und wenn es sich in vollem Sude befindet, so seze man ihm in kleinen Quantitäten unter beständigem Umrühren und ohne das Wasser aus dem Sude kommen zu lassen, das mit dem Wasser angerührte Mehl zu. Nachdem Alles eingetragen worden ist, muß das Sieden wenigstens noch eine Viertelstunde lang, oder mit anderen Worten, so lange fortgesezt werden, bis das Wasser durch und durch und innig mit dem Mehle verbunden ist und mit demselben eine Art von Kleister bildet. Um alle allenfalls darin gebliebenen Mehlklümpchen zu beseitigen, soll man das ganze Gemenge, nachdem man es vom Feuer genommen hat, durch ein Sieb laufen lassen. Mit diesem Gemenge, welches man auf 19° R. abkühlen läßt, und welches wie dünne Stärke aussieht, kann man ein feineres und leichteres, nahrhafteres und leichter zu verdauendes Brod anmachen, als mit gewöhnlichem Wasser. Außerdem fällt aber auch noch der Ertrag an Brod reichlicher aus; denn bei dem beschriebenen Verfahren geben die 290 Pfd. Mehl 106 bis 107 Laibe Brod zu je 4 Pfd. Schwere. Das übrige Verfahren bleibt ganz das übliche, nur hat man dem mit dem Wasser verbundenen Mehle eine etwas größere Menge Kochsalz, nämlich 24 Loth, beizusezen.

LI.

Ueber die Alkoholgewinnung aus den Weintrestern ohne Anwendung von Feuer. Von Hrn. Audouard, Apotheker in Beziers.

Aus dem Recueil supplémentaire du Journal de l'Académie de l'Industrie Vol. IV. S. 79.

Ungeachtet die Gewinnung des Alkohols aus den Weintrestern für Frankreich ein so bedeutender Industriezweig ist, daß schon eine kleine Verbesserung derselben von großem Einflusse seyn müßte, ist dieselbe dennoch seit längerer Zeit auf dem alten Standpunkte geblieben. Große kupferne Kasten, von denen einer gegen 1200 Fr. kostet und welche die Stelle von Destillirblasen versehen, arbeiten während der Weinlese Tag und Nacht mit großem Aufwande an Mühe und Geld, um eine alkoholhaltige, trübe Flüssigkeit, der man den Namen Blanquette beilegte, zu gewinnen: ein Fabricat, welches nicht nur den von den Traubenkernen herrührenden, sondern auch einen starken schimmligen und empyreumatischen Geruch hat.

Da ich in meiner Fabrike chemischer Producte einer ziemlich großen Menge Alkohol bedurfte, so suchte ich denselben auf wohlfeile und minder fehlerhafte Weise aus den Weintrestern zu gewinnen. Mein Verfahren beruht auf der Ausziehung des in den Trestern enthaltenen Alkohols mittelst kalten Wassers. Es ist dieses Verfahren, dessen man sich an einigen Orten zur Erzeugung ganz leichter Weine bedient, so einfach, so wenig kostspielig, und so sehr im Bereiche von Jedermann, daß man sich wahrlich wundern muß, daß man sich desselben nicht schon längst bediente. Die einzige Einwendung, die man dagegen machen könnte, scheint mir die zu seyn, daß man es für schwierig hielt, auf diese Weise allen in den Trestern enthaltenen Alkohol auszuziehen, während dieß nach der gewöhnlich gebräuchlichen Destillation ein Leichtes ist. Nach dem Verfahren, welches ich angeben werde, ist jedoch diese Schwierigkeit gehoben, und man erhält nach ihm eben so reichlichen und dabei viel wohlschmekendern Alkohol als bisher; abgesehen davon, daß man auch die Kosten des Brennmateriales und die Interessen des in den Oefen, Kesseln etc. stekenden Capitales erspart. Wasser, Stampfen, Bottiche, Fässer, lauter Geräthe, die jedem Weingartenbesizer zu Gebote stehen, sind Alles, was ich bedarf, um aus den Trestern eine an Alkohol reichere und wohlschmekendere Flüssigkeit als die Blanquette zu gewinnen.

Die Verdrängungsmethode ist, wie stark auch die Trestern zusammengepreßt seyn mögen, hier nicht anwendbar, da das Wasser stets zu rasch durchdringen würde, als daß es die Trestern erschöpfen könnte. Man muß daher zur Maceration seine Zuflucht nehmen. Ich bringe zu diesem Zweke in drei länglich vierekige steinerne Bottiche, von denen jeder an der Basis seinen eigenen Hahn hat, die Trestern von 14 Muids Wein mit 24 Fässern Wasser, jedes zu 1,200 Kilogr. Nach einstündiger Maceration lasse ich die Flüssigkeit bei den Hähnen ab, um sie unmittelbar in einem gewöhnlichen Kessel der Destillation zu unterwerfen. Sie ist stark genug, um 72 Kilogr. Alkohol von 22° und eine Quantität schwachen Weingeist zu liefern; lezteren läßt man so lange übergehen, als sich derselbe beim Verdampfen auf den Wänden eines im Sude befindlichen Kessels durch ein Kerzenlicht entzünden läßt. Unmittelbar nach dem Ablassen der ersten Flüssigkeit übergieße ich die Trestern mit einer gleichen Menge Wassers, dem der eben erwähnte schwache Weingeist zugesezt worden. Nach einstündiger Maceration wird auch diese Flüssigkeit abgelassen und in das Faß Nr. 1 gebracht. Dasselbe Verfahren noch ein drittes Mal mit einer gleichen Menge Wasser wiederholt, gibt mir eine Flüssigkeit, welche ich in das Faß Nr. 2 bringe. Die Trestern haben nach dieser Auswaschung zwar allerdings noch einen angenehmen geistigen Geruch; allein die Erfahrung lehrte mich, daß ihr Alkoholgehalt nach dreimaliger Maceration so unbedeutend ist, daß sie keine weitere Behandlung werth sind. Ich fülle daher die drei Bottiche neuerdings mit Trestern und übergieße sie mit der Flüssigkeit im Fasse Nr. 1. Nach einstündiger Maceration hat sich dieselbe in solchem Maaße mit

Weingeist gesättigt, daß sie bei der unmittelbar zu unternehmenden Maceration gegen 100 Kilogr. Alkohol von 22° gibt. Hierauf übergieße ich die Trestern mit der Flüssigkeit des Fasses Nr. 2, welche nach einstündiger Maceration in das Faß Nr. 1 abgelassen wird. Eine dritte Maceration geschieht mit der angegebenen Menge reinen Wassers, welches ich nach beendigter Maceration in das Faß Nr. 2 ablasse. Hierauf werden wieder neue Trestern in die Bottiche gebracht, und auf diese Weise wird fortgefahren, so lange man noch Trestern zu verarbeiten hat.

Ein Vergleich, den ich zwischen den Trestern von 1600 Muids Wein, die nach meinem Verfahren behandelt wurden, und einer gleichen Menge nach der gewöhnlichen Methode destillirter Trestern anstellte, ergab dem Gewicht nach zu Gunsten meines Verfahrens einen Vortheil von einem Zehntheil. Dieß erklärt sich dadurch, daß meiner Methode gemäß die Trestern, unmittelbar wie sie aus der Presse kommen, der Behandlung unterliegen und demnach keinen Verlust erleiden, während die bisher übliche Destillation nicht so rasch betrieben werden konnte, so daß der Fabrikant gezwungen war, des täglichen Verlustes an Alkohol ungeachtet, die Trestern aufzubewahren, um sie schimmeln und verderben zu lassen, und um dadurch den üblen Geruch, den der Alkohol bei der Destillation erhält, noch zu erhöhen.

Der meiner Methode gemäß gewonnene Alkohol hat nur den schwachen Geruch, der von dem ätherischen Oehle der Traubenkerne herrührt, und der nur von Sachkundigen erkannt wird. Mein Verfahren hat den Vortheil, daß es sehr rasch von Statten geht, ohne dabei den Arbeitslohn zu steigern. Es liefert ein besseres Product, und alle Auslagen auf Apparate, wie Kessel u. dgl. fallen weg. Kleine Weingartenbesizer, die selbst keinen Destillirapparat besizen, können die geistige Flüssigkeit endlich leichter und mit geringerem Verluste an eine benachbarte größere Fabrik verkaufen, als dieß mit den Trestern möglich ist.

LII.

Ueber die Fabrication des Runkelrübenzukers. Schreiben des Hrn. Kuhlmann an Hrn. Pelouze.

Aus den Annales de Chimie et de Physique, März 1838, S. 327.

Sie verlangen von mir einige Nachrichten über den Stand meiner Untersuchungen über den Zuker und einige damit verwandte Substanzen. Diese Untersuchungen sind noch lange nicht vollendet; um jedoch Ihrem Wunsche zu genügen, werde ich Ihnen in wenigen Worten die hauptsächlichsten Resultate mittheilen, zu denen ich bis jezt gekommen bin, und mich dabei vorzüglich auf das beschränken, was die Fabrication des Runkelrübenzukers betrifft. Ich habe schon früher [48]) die Wirkung des Sauerstoffes auf den Rübensaft als die Ursache der Färbung und wahrscheinlich auch der schnellen Zersezung des Saftes bezeichnet. Zum Beginn der Gährung des Runkelrübensaftes ist der Sauerstoff eben so nöthig, als er es nach Gay-Lussac zur Einleitung der Gährung des Traubenmostes ist. Die Färbung des Runkelrübensaftes tritt nicht ein, wenn er sogleich nach dem Austritte aus den Zellen, die ihn einschlossen, mit Kalk gemengt wird. Die Wirkung des Kalkes auf den Zuker ist bereits der Gegenstand mehrfacher Untersuchungen gewesen. Auf die Versuche von Daniell über die langsame Veränderung des Zukers durch den Kalk folgten Ihre Beobachtungen über die künstliche Bildung des krystallisirten kohlensauren Kalkes, und bei dieser Gelegenheit haben Sie gezeigt, daß der Zuker nach der Bildung dieses kohlensauren Kalkes, beim Aussezen einer Verbindung von Kalk und Zuker an die Luft, seine vorherigen Eigenschaften wieder annehme, und daß er dann fähig sey, eine neue Menge Kalk zu sättigen und unter Mitwirkung der Kohlensäure aus der Luft eine neue Bildung von kohlensaurem Kalk zu veranlassen.

Nachdem ich mich überzeugt hatte, daß der Zuker nach der Trennung vom Kalke, womit er verbunden gewesen war, seine Eigenschaft zu krystallisiren beibehalte, und nachdem ich gefunden hatte, daß der im Runkelrübensafte aufgelöste Kalk die Absorption des Sauerstoffes verhindert, und, indem er der Gährung entgegenwirkt, sogar gestattet, Feigensaft ohne merkliche Veränderung lange Zeit aufzubewahren, glaubte ich auf dieses conservative Vermögen des Kalkes vielmehr ein Verfahren zur Fabrication des Zukers gründen zu können, als den Einfluß desselben bei der Gewinnung des Zukers fürchten zu müssen.

Da die organischen Säuren in ihren Verbindungen mit Basen im Allgemeinen mehr Stabilität zeigen als im isolirten Zustande, so hoffte ich, daß man den Runkelrübenzuker, so lange er noch in Verbindung mit Kalk wäre, ohne ihn zu zersezen, einem großen Theile der zu seiner Ausziehung nöthigen Operationen würde unterwerfen können. Ich hoffte auf diese Weise eine leichtere Arbeit zu erhalten und an thierischer Kohle zu sparen. Ich sezte ein wenig gelöschten Kalk zu frisch ausgepreßtem Runkelrübensafte, um seine Färbung z

48) Polytechn. Journal Bd. LII. S. 67.

verhindern; ich schritt dann zur Klärung nach dem gewöhnlichen Verfahren und ließ endlich den Saft, statt ihn von dem damit verbundenen Kalke zu befreien, vielmehr mit einer neuen Quantität Kalk kochen, um ihn damit so sehr als möglich zu sättigen. In diesem Zustande ließ ich den Runkelrübensaft bis auf ein Drittheil seines ursprünglichen Volumens concentriren. Ich wandte darauf einen Strom von Kohlensäure an, um den Kalk abzuscheiden, und brachte den Saft nach der Fällung des kohlensauren Kalkes, ohne Zusaz irgend eines fremden Agens, zur gehörigen Consistenz. Ich erhielt einen wenig gefärbten Syrup, der nach zweitägigem Stehen so viel Zukerkrystalle lieferte, daß ich hoffen durfte, von diesem Verfahren künftig Nuzen zu ziehen. Ich hatte nur mit vier Liter Flüssigkeit gearbeitet; als ich gleichviel Runkelrübensaft auf die gewöhnliche Weise behandelte, waren die Resultate nicht so schön, ungeachtet der Anwendung von thierischer Kohle.

Ich habe meine Versuche wiederholt, ohne eine Klärung vorzunehmen, indem ich den Runkelrübensaft sogleich mit einem Ueberschusse von Kalk, anderthalb Procent von der Menge des Saftes, kochen ließ. Der durch die Klärung bewirkte Niederschlag erfolgte nicht so vollständig, ein Theil des Pflanzeneiweißes blieb, vermöge des Kalkes, in Auflösung, aber es fiel später mit dem kohlensauren Kalke nieder, als die Flüssigkeit einem Strome von Kohlensäure ausgesezt wurde. Die Resultate der Siedung waren die nämlichen wie bei dem vorhergehenden Versuche. Ich bemerkte, daß die Kohlensäure den Kalk nicht vollständig abschied und daß bei gewöhnlicher Temperatur leicht ein Theil des Kalkes sich in der überschüssigen Kohlensäure auflöste. Ich machte deßhalb meine Versuche bei mäßiger Wärme und fügte der Flüssigkeit nach dem Fällen zur äußersten Vorsicht noch ein wenig kohlensaures Ammoniak hinzu. Die Resultate waren jezt besser, aber am besten gelang die Abscheidung der lezten Antheile des Kalkes und die Entfärbung des Syrups, wenn die Flüssigkeit nach der Abscheidung des kohlensauren Kalkes mit gepulverter thierischer Kohle geklärt wurde. Die alkalische Wirkung der thierischen Kohle befördert die vollständige Abscheidung des Kalkes. Schon 1833 habe ich die Meinung ausgesprochen, daß die thierische Kohle bei der Zukerfabrication nicht bloß vermöge ihrer entfärbenden Eigenschaft, sondern zugleich vermöge des kohlensauren Ammoniaks wirke, mit welchem sie durchdrungen und dessen Gegenwart nöthig ist, um den Kalk aus seiner Verbindung mit dem Zuker zu trennen. Die beschriebenen Versuche wurden gegen Ende des verflossenen Monats Mai mit sehr veränderten Runkelrüben angestellt, die bei dem gewöhnlichen Verfahren nicht mehr gut angewandt werden konnten, dennoch erhielt ich selbst bei kleinen Massen schön Krystalle. Schon in einer 1833 publicirten Notiz habe ich die Anwendung der Kohlensäure, um die Consumtion der thierischen Kohle zu vermindern, vorgeschlagen. Damals aber hatte ich vorzüglich den Zwek im Auge, den Kalk so schnell als möglich vom Zuker zu trennen und jede Veränderung des Zukers durch die Einwirkung der Wärme auf das Kalksacharat zu vermeiden. Jezt aber, nachdem ich über die Möglichkeit einer solchen Veränderung beruhigt bin, habe ich im Gegentheile gesucht, von der Beständigkeit dieser Verbindung Nuzen zu ziehen, um die Runkelrübenzuker-Fabrication dadurch zu vereinfachen. Ich wollte vor Allem die Möglichkeit darthun, Zuker ohne Anwendung von thierischer Kohle zu fabriciren. Schon früher habe ich von den Mitteln gesprochen, die man versuchen müßte, um die Anwendung der Kohlensäure in der Runkelrübenzuker-Fabrication vortheilhaft zu machen. Ich bin jezt mehr als je überzeugt, daß Versuche darüber im Großen nüzliche Resultate geben würden. Indessen kann ich doch meine Beobachtungen nur mit einiger Vorsicht mittheilen, und ich verhehle mir die Schwierigkeiten nicht, denen man bei der Anwendung derselben begegnen wird. Obwohl ich nämlich durch Ihre Versuche und durch die meinigen überzeugt bin, daß der Zuker durch den Kalk nicht verändert wird, so kann doch eine Zersezung desselben unter einigen Umständen eintreten, die bei den Versuchen des Hrn. Becquerel und den Beobachtungen von Daniell vorhanden waren. Ich habe den Versuch von Daniell wiederholt. Eine ziemlich concentrirte Auflösung von Zukerkalk wurde in einer verkorkten Flasche ein Jahr lang aufbewahrt. Ich bemerkte einen leichten Absaz von kohlensaurem Kalk, die Auflösung hatte ihre vorige Flüssigkeit behalten; als ich aber einen Strom von Kohlensäure hindurchleitete, gerann das Ganze zu einer weißen, gallertartigen, halb durchsichtigen Masse. Ich suche jezt auszumitteln, ob der kohlensaure Kalk mit einer fremden, durch die Zersezung des Zukers entstandenen Substanz gemischt ist.

Die Verbindung von Zuker mit Kalk findet in bestimmten Proportionen Statt; ich bewirke die Isolirung der Verbindung durch schwachen Alkohol, welcher den unverbundenen Zuker auflöst und das Sacharat aus seiner wässerigen Auflösung niederschlägt. Ist die Zukerkalklösung sehr concentrirt, so läßt sie keinen kohlensauren Kalk an der Luft oder durch Einwirkung von Kohlensäure fallen. Im syrupdiken Zustande gibt die Auflösung keine Krystalle mehr von kohlensaurem Kalk, sie erhärtet allmählich an der Luft und zeigt dann das Ansehen von arabischem Gummi. Warme Luft zerstört zum Theil ihre Durchsichtigkeit und entzieht ihr Wasser.

Ich habe meine Versuche auch über die Wirkung des Kalkes und des Baryts auf Gummi, Traubenzuker, Süßholzzuker und Mannit ausgedehnt und werde Ihnen nächstens die erhaltenen Resultate mittheilen.

LIII.

Ueber den Chausseebau in England; nach Hamilcar Freiherrn von Paulucci.

Aus: Der Chausseebau in England rc. von Paulucci, Wien 1838, im polyt. Centralblatt, Nr. 57.

In England lag früher den verschiedenen Kirchspielen die Verpflichtung ob, die durch dieselben führenden Verbindungsstraßen zu bauen und zu unterhalten; die Straßen heißen daher auch parish roads. Im Jahre 1653 wurde zuerst ein Versuch gemacht, die Straße durch die Grafschaften Hertford, Cambridge und Huntington durch Chausseegeldereinnahme und einen Geldbeitrag der durchfahrenen Kirchspiele zu unterhalten, und später wurden bei allseitig vermehrtem Verkehre die mehrsten Hauptstraßen als solche Turnpike roads (Straßen mit Schlagbäumen) von besonderen Privatvereinen erbaut, einige auf öffentliche Kosten (z. B. die Holyhead-road) erbaute Straßen ausgenommen, die sich als Hauptverkehrstraßen besonders dazu eigneten. Für gewisse Straßenstreken haben die in der Nähe befindlichen Vereinsmitglieder die Aufsicht und Verwaltung, und theils deßhalb, theils wegen Mangel jeder Controle über die Einkünfte sind die Fonds, welche in England auf Straßenbau verwendet werden, als die am schlechtesten angelegten zu betrachten. So betrugen z. B. im Jahre 1829

die Chausseegelder	13,485,570 fl. Conv.
die Ablösung der Arbeitsverpflichtung der Kirchspiele und ihre geleistete Arbeit, so wie Strafgelder und zufällige Einnahmen .	2,067,360 — —
Gesammteinnahme:	15,552,930 fl. Conv.
Dagegen die Ausgabe auf Reparaturen, Besoldungen, einschließlich der zu zahlenden Interessen des Anlagecapitals	19.067,380 — —
folglich konnte an Zinsen nicht gezahlt werden	3,523,450 fl. Conv.

Nach Abrechnung der Zinsen kommen hienach bei 20000 Meilen englischer Straßen, die im Vorhergehenden zum Grunde gelegt waren, ungefähr jährlich 7000 fl. Kosten auf eine engl. Meile Straße.

Mac Adam hatte vor unlanger Zeit in England die Praxis beim Chausseebau dadurch geändert, daß er folgende fünf Säze aufstellte: 1) eine eigentliche Grundlage breitköpfiger, ein rauhes Pflaster bildender Steine sey bei jedem Grunde überflüssig, ja selbst nachtheilig; 2) das Maximum der Dike des Straßenkörpers bestehe in 10 Zoll; 3) nur die Dauer, nicht aber die Güte (Härte und Ebenheit) einer Straße hänge von der Qualität des zu Bau und Unterhaltung verwendeten Materials ab; 4) Schotter oder Flußkiesel gebe daher eine eben so gute, wenn auch weniger lange dauernde Straße ab, als jedes andere Material, und 5) sey es gleichgültig, ob das Bett aus hartem oder weichem Grunde bestehe. — Diese Ansichten haben sich durch die bis jezt gemachten Erfahrungen an Straßen nach seinem Systeme als falsch bewiesen, und man befolgt daher, namentlich seit mit Mac Neill's road indicator experimentirt wurde und Telford seine Thätigkeit dem Straßenbauwesen zuwandte, andere Grundsäze. Jede Straße erhält daher eine der Last und Anzahl der sie benuzenden Fuhrwerke angemessene Körperdike von möglichst hartem Materiale, und es ist bei einer mit Lastwagen und stark beladenen Eilkutschen befahrenen Chaussee ein rauhes Pflaster und über demselben eine 6″ dike Lage von Schlegelstein durchaus erforderlich. Fester Grund und möglichste Härte sind nach Telford Haupterfordernisse, wie dieß auch die Versuche mit Mac Neill's road indicator angeben, nach welchen zur Bewegung eines 21 Cntr. schweren Wagens erfordert werden:

Auf völlig horizontaler, gut gepflasterter Straße . . 33 Pfd.
Auf horizontaler Straße mit breitköpfiger Steingrundlage und sechszölliger Schicht von hartem Schlegelstein, im Ganzen 12 Zoll dik . . . . 46 —
Auf horizontaler Straße mit Grundlage aus Parker's Cement und Kies und 6zölliger Schicht von hartem Schlegelstein, im Ganzen 12 Zoll dik . . . . . 46 —
Auf horizontaler Straße von nur 10″ dikem Schlegelstein 65 —
— — — — 10″ diker Schotterlage 147 —

Die Breite englischer Straßen beträgt gewöhnlich 30 Fuß für den Fahrweg und 6 Fuß für den Fußweg, wozu zuweilen noch 6′ Saum (waste) kommen zur Bereitung des Materiales. Für möglichste Trokenlegung und Abziehung sowohl des Quell- als des Regenwassers von der Straße wird alle nur mögliche Sorge getragen, da man die darauf verwendeten Kosten durch verminderte Abnüzung und geringere Unterhaltungskosten ersezt erhält; die englischen Straßenbaumeister vergleichen die Einwirkung der Feuchtigkeit auf Straßen mit der Anwendung des Wassers beim Marmorsägen und Edelsteinschleifen.

Pflasterstraßen scheinen dem Transporte großer Lasten und starker Benuzung am meisten zu entsprechen, da, selbst abgesehen von der Ersparniß an Zugkraft auf denselben, die Reparaturkosten geringer als bei einer sehr benuzten Chaussee sind. Dieß beweisen die im Jahre 1825 in Schlegelsteinstraßen verwandelten Pflasterungen von Regent-street, Whitehall und Place-yard-street mit 11000 Quadratklaftern Flächenraum nach den im Unterhause vorgelegten Rechnungen.

Die Umwandlung kostete nämlich	60,560 fl. Conv.
Hiezu der Werth der verwendeten Pflastersteine	67,870 — —
folglich die Macadamisirung der ganzen Streke	128,430 fl. Conv.

oder auf die Quadratklafter 11 fl. 40,6 kr.

Im ersten Jahre der Benuzung betrugen die Reparaturkosten mit Einschluß der Koth- und Staubabkrükung 40,030 fl.; ferner die Auslage für Aufsprizen 6290 fl.; folglich die Reparaturkosten allein in 10 Jahren à Quadratklafter 36 fl. 23,5 kr.

Dagegen belaufen sich die Herstellungskosten einer Quadratklafter

	fl.	kr.
des besten Pflasters in London auf	26 fl.	30 kr.
Die Reparaturkosten dieses Pflasters, dessen Dauer auf 10 Jahre angenommen werden kann, innerhalb dieser Zeit	6 —	40 —
Die Staub- und Kothabkrükung in 10 Jahren . .	5 —	— —
folglich Summa	38 fl.	10 kr.
Hievon ist der Werth der Pflastersteine abzuziehen, welchen dieselben nach 10jähriger Benuzung noch haben	16 fl.	— kr.
folgl. 10jähr. Gesammtkosten einer Quadratklaft. Pflaster	22 fl.	10 kr.
— — — — macadam. Str.	48 —	4 —

Eine Pflasterstraße kostet in der ersten Anlage allerdings mehr als eine Chaussee, allein die Meinung, daß sie mit der Zeit immer uneben, holperig und für das Fuhrwerk verderblich werde, gründet sich nur auf die an den mehrsten Orten eingeführte unzwekmäßige Methode der Herstellung, deren Hauptgebrechen in unregelmäßiger Form der Steine, Mangel an festem Grunde und ungleichartigem Materiale besteht. In England wird auf folgende Art gepflastert: Man hebt zunächst das Bett der zu pflasternden Straße mit einer Convexität von 1 Zoll auf 5 Fuß von der Mitte gegen die Seiten so tief aus, daß eine 10—12″ starke Schicht zerstükelten Bruchsteins, welche successiv in 3″ diken Lagen aufgeschüttet wird, Raum findet. Nach Aufschüttung der ersten Lage wird die Straße so lange befahren, bis dieselbe ganz fest ist, und dabei jedes sich bildende Geleis sorgfältig eingeräumt; mit der zweiten, dritten und vierten Schicht, welche erst nach gehöriger Festwerdung der früheren aufgetragen werden, wird ebenso verfahren. So erhält man das 10—12″ dike feste Bett für Pflastersteine; die lezteren sind von der festesten Beschaffenheit, welche man ohne unverhältnißmäßige Kosten erlangen kann und nach rechtwinkeligen Formen zugehauen. Sie zerfallen in drei Größen. Bei Straßen der ersten Classe, oder der größten Frequenz, erhalten die Steine 10″ Höhe, 10″ Länge, 8″ Breite; bei den Straßen der zweiten Classe 8″ Höhe, 8″ Länge, 6″ Breite; bei Straßen der dritten Classe 6″ Höhe, 8″ Länge, 4—5″ Breite. Das feste Bett wird nun mit einer 2″ starken Lage reinen, von allen Erdtheilen befreiten, grobkörnigen Sandes bedekt, und jeder Stein so, daß die Fugen einen Winkel von 45° mit der Mittellinie der Straße bilden, an die nebenstehenden gepaßt, mit einem schweren hölzernen Hammer von Oben und von den Seiten fest angetrieben, und dann aus dem Lager wieder ausgehoben, an den beiden anliegenden Seiten mit dikem Mörtel bestrichen, worauf er wieder eingesezt und abermals mit Hammerschlägen in das vorher gebildete Lager fest eingetrieben wird, so daß seine Oberfläche der convexen Form der Straßenkrümmung vollkommen entspricht. Nach Vollendung des Pflasters ist kein weiteres Stoßen mit der Handramme erforderlich, da das so bereitete Pflaster schon von selbst die erforderliche Form und Festigkeit behält. — Das neue Pariser Straßenpflaster erhält über der festgestampften Grundlage noch eine Cementlage von mehreren Zollen Stärke, worauf die Pflastersteine in hydraulischen Mörtel gesezt werden. — Uebrigens würde es gut seyn, das wie vorher erst ohne Mörtel eingesezte Pflaster einige Zeit bis zur gehörigen Befestigung des Grundes befahren zu lassen und dann erst mit Mörtel gehörig einzulegen.

Alexander Gordon suchte im Jahre 1835 in einer kleinen Schrift die Vorzüge gut angelegter Straßen gegen Eisenbahnen geltend zu machen und lieferte mehrere tabellarische Uebersichten über die Leistungen auf verschieden construirten und geneigten Wegen, die wir im Folgenden mittheilen:

1. Tabellarische Uebersicht der erforderlichen Pferdezugkraft, um einen 4 Tonnen (à 2240 Pfund) schweren Wagen zu bewegen.

Steigung.	Stuhlschienenbahn. Pfund.	Steingeleisweg (stone tram way). Pfund.	Londoner Pflaster bester Gattung. Pfund.	Gutes gewöhnliches Londoner Pflaster. Pfund.	Chaussee mit einer Schlegelsteinoberfläche und guter Steingrundlage. Pfund.	Schotterstraße ohne Steingrundlage. Pfund.
horizontal	40	50	89	128	172	560
1/2000	44,48	54,48	93,48	132,48	176,48	564,48
1/1500	45,97	55,97	94,97	133,97	177,97	565,97
1/1000	48.96	58,96	97,96	136,96	180,96	568,96
1/900	49,95	59,95	98,95	137,95	181,95	569,95
1/800	51.2	61,2	100,2	139,2	183,2	571,2
1/700	52,8	62,8	101,8	140,8	184,8	572,8
1/600	54,93	64,83	103,93	142,93	186,93	574,93
1/500	57,92	67,92	106,92	145,92	189,92	577,92
1/400	62,4	72,4	111,4	150,4	194,4	582,2
1/350	65,6	75,6	114,6	153,6	197,6	585,6
1/300	69,87	79,87	118,87	157,87	201,87	589,87
1/250	75,84	85,84	124,84	163,84	207,84	595,84
1/200	84,8	94,8	133,8	172,8	216,8	604,8
1/150	99,74	109,74	148,74	187,74	231,74	619,74
1/100	129,6	139,6	178,6	217,6	261,6	649,6
1/90	139,55	149,55	188,55	227,55	271,55	659,55
1/80	152	162	201	240	284	672
1/70	168	178	217	256	300	688
1/60	189,3	199,3	238,3	277,3	321,3	709,3
1/50	219,2	229,2	268,2	307,2	351,2	739,2
1/40	264	274	313	352	396	784
1/35	296	306	345	384	428	816
1/30	338,6	348,6	387,6	426,6	470,6	858,6
1/25	398,4	408,4	447,4	486,4	530,4	918,4
1/20	488	498	537	576	620	1008
1/15	637,3	617,3	686,3	725,3	769,3	1157,3
1/10	936	946	985	1024	1068	1456

2. **Tabellarische Uebersicht** der von einem kleinen vierräderigen **Dampfwagen** von 466 engl. Pfd. **Zugkraft bewegten Lasten.**

Steigung.	Stuhlschienenbahn.	Flachbahn.	Steingeleisweg od. Pflaster aus genau zugerichteten Steinen auf einer guten Grundlage.	Londoner Pflaster bester Gattung.	Gutes gewöhnl. Londoner Pflaster.	Chaussee mit Schlegelsteinoberfläche und guter Steingrundlage.	Schotterstraße ohne Steingrundlage.
	Tonnen.	Tonnen.	Tonnen.	Tonnen.	Tonnen.	Tonnen.	Tonnen
horizontal	67,25	52,77	52,77	29,33	20,62	15,34	4,71
1/1000	53,43	44,70	44,70	26,65	19,27	14,58	4,63
1/900	52,22	43,96	43,96	26,38	19,13	14.50	4,62
1/800	50,75	42,97	42,97	26,06	18,96	14.40	4,61
1/700	49	41,97	41,97	25,65	18,74	14,27	4,60
1/600	46,76	40,59	40,59	25,13	18,46	14,11	4.58
1/500	43,93	38,81	38,81	24,13	18,08	13,89	4,56
1/400	40,20	36,41	36,41	23,16	17,54	13,57	4.52
1/350	37,8	34,87	34,87	22,81	17,18	13,35	4.50
1/300	35,07	33,01	33,01	22	16,71	13,07	4.46
1/250	31,66	30,72	30,72	20,96	16,11	12,69	4.42
1/200	27,47	27,82	27,82	19,56	15,27	12,17	4.36
1/150	22,11	24,03	24,03	17,61	14,06	11,38	4.25
1/100	15,21	18,89	18,89	14,69	12,13	10,08	4.06
1/80	....	16,28	16,28	13,05	10,99	9,29	3,92
1/60	....	13,23	13,23	11,02	9,51	8,21	3.71
1/40	....	9,63	9,63	8,40	7,49	6,66	3,36
1/20	....	5,30	5,30	4,90	4,58	4,25	2,61
1/10	....	2,79	2,79	2,67	2,57	2,47	1,81

3. **Uebersicht** des bei zunehmender **Geschwindigkeit** vermehrten **Widerstandes** und daraus folgender **Zugkraftvermehrung** nach **Mac Neill's** Versuchen mit einer 2360 Pfd. schweren **Diligence.**

Steigung.	Geschwindigkeit der Fahrt.	Zugkraft-Erforderniß.
1/20	6 Meilen per Stunde	268 Pfund
1/20	8 — — —	296 —
1/20	10 — — —	318 —
1/26	6 — — —	215 —
1/26	8 — — —	219 —
1/26	10 — — —	225 —
1/30	6 — — —	165 —
1/30	8 — — —	1[illegible]6 —
1/30	10 — — —	200 —
1/40	6 — — —	160 —
1/40	8 — — —	166 —
1/40	10 — — —	172 —
1/600	6 — — —	111 —
1/600	8 — — —	120 —
1/600	10 — — —	128 —

4. Tabelle, welche eine Uebersicht der ersten Anlags- und jährlichen Unterhaltungskosten per englische Meile auf verschiedenen Straßenarten, bei einer präsumirten jährlichen Frequenz von 250,000 Tonnen auf jeder derselben, und der Zugkraft-Erforderniß auf diesen Straßen liefert.

	Stuhlschienenbahn.	Neue Anlage eines Steingeleisweges.	Anbringung von Steingeleisen auf einer alten gewöhnlichen Straße.	Gutes 15 Fuß breites Londoner Pflaster.	Schlegelsteinstraße mit einem Unterbau 15' breit.	Schlegelsteinstraße auf einer Cementgrundlage 15' breit.	Schotterstraße, 15' breit.
Anlagkosten . . .	20,000 Pfd. St.	4000 Pfd. St.	2500 Pfd. St.	2700 Pfd. St.	2000 Pfd. St.	Die Herstellungskosten werden nicht angegeben.	1500 bis 2000 Pfd. St.
Jährl. Unterhaltung pro Meile	400 Pfd. St.	5 Pfd. St.	5 Pfd. St.	79 Pfd. St.	133 Pfd. St.		372 Pfd. St.
	ohne Hauptreparatur.	ohne Rüksicht auf die successive Abnüzung.		incl. der alle 10 Jahre erforderl. Umlegung.	Hierunter sind weder die zeitweisen Hauptreparaturauslagen, noch die Kosten des Aufsprizens und der Verwaltung mit begriffen.		inclus. des nach 10 Jahren erforderlichen Umbauens.
Zugkrafterforderniß zur Bewegung einer Tonne Last in der Ebene	10 Pfund.	12½ Pfund.		32 Pfund.	43 Pfund.		140 Pfund.

LIV.

Ueber eine von Hrn. Slack angegebene Methode Obelisken ohne Baugerüste aufzuführen.

Aus den Transactions of the Society of arts Vol. LI. P. II im Mechanics' Magazine, No. 778, S. 226.

Mit Abbildungen auf Tab. IV.

Die Society of arts beehrte Hrn. Slack, Baumeister zu Langholm, mit ihrer goldenen Isis-Medaille für die Erfindung seiner Methode Obelisken ohne Anwendung eines Baugerüstes aufzuführen. Man bediente sich des neuen Apparates das erste Mal bei Gelegenheit eines Obelisken, den man zu Ehren des Generals Sir John Malcolm in der Nähe von Langholm auf dem Berge Whitaw auf Subscription errichtete, und der aus weißem Sandsteine aufgeführt, ohne Grundlage eine Höhe von 100 Fuß bekommen sollte. Nachdem der von Hrn. Howe vorgelegte Plan zu dem Baue gut geheißen, und nachdem man auf den Antrag des berühmten Architekten Hrn. Burn auch beschlossen hatte, den Obelisken hohl und in Zwischenräumen mit durchlaufenden bindenden Steinreihen zu bauen, erklärten einige Baumeister von Langholm den Bau zu übernehmen, ohne die disponiblen Fonds zu übersteigen, wenn man ihm gestattete, in der Mitte einer jeden der durchlaufenden bindenden Steinreihen Löcher von 10 Zoll im Durchmesser anzubringen. Als Grund hiefür machten sie geltend, daß sie unter diesen Umständen das nöthige Material auf eine neue, viel wohlfeilere und ebenso rasche Weise emporschaffen könnten, als dieß unter Anwendung der gewöhnlichen Gerüste möglich ist. Da diese unbedeutende Abweichung von dem ursprünglichen Baue der Festigkeit desselben keinen Eintrag that, so stimmte die Commission auf Anrathen des Hrn. Obersten Pasley zu, so daß die einfache und sinnreiche Maschinerie, die den Gegenstand gegenwärtiger Abhandlung bildet, sogleich in Anwendung kam.

Ein Baum, an dessen oberen Enden sich ein Tförmiges Querhaupt befand, Fig. 1, und das man während der Führung des Baues in dessen Mitte aufrichtete, vertrat die Stelle eines zum Emporschaffen der Steine und der sonstigen Materialien bestimmten Krahnes. Man hängte dieselben zu diesem Zweke an ein Seil a, das man über das Querhaupt des Baumes und von diesem herab bis an ein an der entgegengesezten Seite des Obelisken aufgestelltes Hebezeug b, womit eine Last von fünf Tonnen mit Leichtigkeit gehoben werden konnte, laufen ließ. Dieses Hebezeug, sammt einer kleinen Spille c befand sich auf einem Wagen mit vier eisernen Rädern, deren Achsen gegen den Mittelpunkt einer um die Basis des Obeliskes gezogenen kreisrunden Schienenbahn, auf der sich der Wagen bewegte, convergirten.

Der Baum, der bei 40 Fuß Länge 10 Zoll im Durchmesser hatte, wurde mittelst der in den drei durchlaufenden bindenden Steinreihen angebrachten Löcher in der Mitte des Obeliskes aufrecht stehend erhalten, wie dieß in Fig. 1 zu sehen. Die beiden unteren bindenden Steinreihen dienten gleichsam als Kehlbänder; die oberste hingegen trug das ganze Gewicht des Baumes, der hier mit einem Kehlbande aus hartem Holze d, welches ihn umgab und so fest an ihn gebolzt war, daß es einen integrirenden Theil desselben bildete, ausgestattet war. Zwischen dieses Kehlband und die unmittelbar unter ihm befindliche bindende Steinreihe wurden 17 Kugeln zu je 3½ Zoll Durchmesser gebracht, damit man den Baum mit Leichtigkeit nach allen Richtungen umdrehen konnte. Zur Leitung der Bewegung dieser Kugeln war sowohl an der unteren Oberfläche des Kehlbandes als auch auf der oberen Fläche der bindenden Steinreihe eine im Kreise laufende Fuge angebracht.

Zum Behufe der ersten Aufstellung des Baumes ließ man in der Grundlage ein Loch von 2 Fuß im Gevierte, in dessen Grund man vorher einen großen Stein gelegt hatte. Auf diesen Stein brachte man einen Blok harten Holzes, in dessen Mitte ein kleines Loch geschnitten war, welches zur Aufnahme des am unteren Ende des Baumes befindlichen Zapfens diente. Nachdem der Bau bei einer Grundlage von etwas mehr dann 10 Fuß Tiefe etwas über die Oberfläche des Bodens empor geführt worden, stellte man den Baum auf, indem man ihn mittelst eines Paares sogenannter Scheeren in den erwähnten Holzblok einsezte. In dieser Stellung drehte sich der Baum, wenn es nöthig wurde, um seinen Zapfen, bis der Bau zur Höhe der ersten durchlaufenden bindenden Steinreihe im Piedestal emporgeführt worden. Auf dieser ließ man ihn dann mittelst des oben beschriebenen Kehlbandes und der Kugeln aufruhen. Bei dem weiteren Fortschreiten des Baues kam er regelmäßig nach einander auf jede der durchlaufenden Reihen zu ruhen, wobei er von Zeit zu Zeit auf die weiter unten anzugebende Weise emporgehoben werden mußte.

Der Balken des Querhauptes hatte gegen 12 Fuß Länge, und in der Mitte, wo er auf das Ende des Baumes gezapft war, 12 Zoll im Gevierte. Von der Mitte aus verdünnte er sich allmählich gegen die beiden Enden hin. Zur Verstärkung seiner Verbindung mit dem Baume dienten zwei starke eiserne Bänder, und überdieß auch noch ein drittes Band, welches über den Scheitel des Balkens und zu beiden Seiten des Baumes herablief. Sämmtliche Bänder wurden mit Schraubenbolzen, die durch den Baum getrieben wurden, befestigt. Der dem Hebezeuge zunächst liegende Arm des Balkens war massiv; an dem anderen Arme dagegen war in einer Entfernung von 18 Zollen von dem Mittelpunkte bis auf 2½ Zoll von dem mit einem eisernen Bande und einem Schraubenbolzen verstärkten Ende eine senkrechte Spalte durch das Holz geschnitten. Ueber diese Spalte lief eine Art von Eisenbahn, die aus zwei auf die beiden Schenkel der Spalte gelegten Eisenstäben bestand. Auf dieser Bahn lief ein kleiner gußeiserner Wagen e von 20 Zoll Länge mit Rädern von 4 Zoll im Durchmesser. Die Steine wurden mit entsprechenden Haken an das Ende des Zugseiles gehakt. Lezteres selbst, welches an seinem anderen Ende mit dem Hebezeuge verbunden war, lief über zwei, an den entgegengesezten Enden des Querbalkens angebrachte, eiserne Räder von 10 Zoll Durchmesser. Von diesen war das eine an dem massiven Balkenende in einem zu diesem Zweke angebrachten Zapfenloche aufgehängt, während sich das andere in der Mitte des beschriebenen, kleinen, eisernen Wagens befand und dessen Bewegungen folgte, so daß die mittelst des Zugseiles aufgezogenen Steine oder sonstigen Materialien je nach Umständen mehr oder minder nahe an den Mittelpunkt des Baues geschafft werden konnten. Die Regulirung dieser Bewegung geschah folgendermaßen.

Zwei kleine, an den äußeren Enden des Wagens befestigte Strike waren über zwei kleine, an den äußeren Seiten des anliegenden Balkenendes angebrachte, gußeisernen Rollen f, und von hier aus über zwei andere ähnliche, an den äußeren Seiten des anderen Endes des Balkens befindliche Rollen geführt. Eine Streke weiter nach Abwärts waren beide Strike miteinander zu einem einzigen verbunden, der seinerseits an die kleine Spille c, die sich mit dem Hebezeuge auf einem und demselben Wagen befand, hinablief. Wenn dieser Strik auf die Trommel der Spille aufgewunden wurde, so bewegte sich der Wagen auf der kleinen Eisenbahn bis zu dem äußersten Ende des Querbalkens; und wurde der Strik dann fest gemacht, so konnte sich der Wagen nicht weiter bewegen. Wenn daher unter diesen Verhältnissen ein Stein mittelst des Hebezeuges aufgezogen wurde, so wurde er bis auf die möglich größte Entfernung von dem Mittelpunkte des Baues hinaus gehalten; ließ man hingegen den Strik der Spille nach, so trieb das Gewicht des Steines den Wagen gegen den Mittelpunkt des Baues hin, wodurch mithin der Stein selbst diesem Mittelpunkte näher kam.

Die Arbeiter wurden gleichfalls mittelst des Hebezeuges hinauf und herab geschafft, indem sie zu diesem Zweke den einen Fuß in eine an dem Ende des Zugseiles befindliche Schleife sezten. Während des Herablassens bremste ein Arbeiter das Hebezeug so, daß keine gar zu große Geschwindigkeit möglich war.

Wenn der Baum 10 Fuß über die durchlaufende bindende Steinreihe, auf welcher der Baum ruhte, emporgestiegen war, und wenn also eine neue solche bindende Steinreihe gelegt werden sollte, so wurde der Baum jedesmal empor gehoben. Man errichtete zu diesem Behufe auf der zulezt gelegten Steinreihe und auf verschiedenen Seiten des Baumes zwei halbe Böke, in deren Scheitel sich ein halbkreisförmiges Loch befand, und verband dann diese zwei halben Böke mittelst vier starker eiserner Schraubenbolzen zu einem ganzen, dessen oberer Theil mithin den Baum umfaßte. Hierauf legte man in derselben Höhe, allein an gegenüberliegenden Seiten des Baumes, der Quere nach zwei Bohlen, die mit ihrem oberen Ende auf dem Scheitel des Bokes in der Nähe des Baumes aufruhten, während sie mit ihrem unteren Ende über die Seiten des Baues hinausragten. Um ein Auseinanderweichen dieser Bohlen zu verhüten, wurden sie am oberen Ende oder Kopfe mit Ketten verbunden. An jedem Ende der Bohlen ward dann eine gußeiserne Rolle von beiläufig 4 Zoll im Durchmesser so aufgehängt, daß zwei dieser Rollen sich in der Nähe des Baumes, aber an gegenüberliegenden Seiten befanden, während die beiden anderen um ein Kleines über die Außenseite des Mauerwerkes hinaus ragten. Das zum Emporheben des Baumes bestimmte Seil ward durch ein Loch geführt, welches etwas über dem Kehlbande durch denselben lief; und wenn die Mitte des Seiles in dieses Loch zu liegen gekommen, so führte man seine beiden Enden an entgegengesezten Seiten des Baumes über die an den Bohlen befindlichen Rollen, und von diesen herab einerseits an das Hebezeug und andererseits an eine Winde, die an der anderen Seite des Obeliskes aufgestellt worden. Wenn die Kurbel des Hebezeuges und der Winde gleichzeitig und regelmäßig in Bewegung gesezt worden, so wurde der Baum mittelst des oberen Rollenpaares um die erforderliche Höhe emporgeschafft, während die unteren Rollen jede Reibung des Seiles an dem Bauwerke verhinderten. Nachdem dieß geschehen, wurden die Kugeln unter dem Baume herausgenommen, und zwar mit einer Federzange, die einen 9 Fuß langen Stiel hatte. Hierauf wurden die neuen durchlaufenden Bindungssteine, welche vorher auf die äußeren Theile des Obeliskes gelegt worden, mit Hebebäumen in die Mitte gebracht, bis sie daselbst aneinander stießen und verklammert wurden. Wenn dann die Kugeln in die für sie ausgemeißelten Fugen gelegt worden, senkte man den Baum herab, bis sein Kehlband auf die Kugeln zu ruhen kam, worauf man den Bok beseitigte und wie gewöhnlich weiter arbeitete. Die ganze Zeit, welche erforderlich war, um den Baum auf die beschriebene Weise höher zu stellen, betrug nicht über zwei Stunden.

Als der Obelisk bis auf 95 Fuß Höhe emporgeführt worden und man die erste Steinreihe der pyramidenförmigen Spize desselben gelegt hatte, wurde ein leichtes schwebendes Gerüst gebildet. Dieses bestand, wie man aus Fig. 2 und 3 ersieht, aus vier starken hölzernen Tragbalken von je 12½ Fuß Länge, welche an die Abdachung der erwähnten Steinreihe gepaßt und an vier Punkten so zusammengebolzt wurden, daß sie einen vierekigen Rahmen bildeten, dessen Enden nach allen Richtungen beiläufig 3 Fuß weit über die Außenseite des Baues hinausragten. Auf diese vorragenden Enden wurden an drei Seiten des Rahmens Bohlen gebolzt; an der vierten Seite dagegen wurde eine Rolle befestigt, über die man einen mit einem Kübel ausgestatteten Strik schlang, womit die Arbeiter hinauf und herab geschafft wurden. Dieses Gerüst wurde mit ein Paar Hebtauen, die unten an gegenüberstehenden Seiten des Obeliskes festgemacht wurden, und die sich, um auf alle Eken des Rahmens zugleich zu wirken, oben in zwei Schenkel in Gestalt eines Y spalteten, niedergehalten, so daß es nicht aus seiner Stellung kommen konnte.

Nach Herstellung dieses schwebenden Gerüstes schaffte man alles zur Beendigung des Obeliskes noch nöthige Material auf dasselbe hinauf, worauf man den oberen Theil des Baumes mit dem daran befindlichen Querhaupt absägte und auf die Erde herabsenkte, während man den unteren Theil in dem Obelisk, in dem er nun eingemauert ist, zurükließ.

Die vier Tragbalken des schwebenden Gerüstes waren, wie oben gesagt, durch vier Bolzen miteinander verbunden. Jeder dieser Bolzen hatte an seinem unteren Ende ein Auge, welches zur Aufnahme eines Seiles diente; zwei von ihnen und zwar an den gegenüber liegenden Eken waren aber zugleich auch Schraubenbolzen, während die zwei an den anderen Eken befindlichen sogenannte Stekbolzen (slipbolts) waren, die an den oberen Enden verkeilt wurden. Der Kopf eines jeden der Keile trug einen Ring, der zur Aufnahme eines Seiles bestimmt war; durch das andere Keilende dagegen wurde ein kleinerer Keil oder Vorsteknagel gestekt, wie man in Fig. 4 sieht.

Nach Vollendung des ganzen Baues wurden die Bohlen des schwebenden Gerüstes losgemacht und einzeln nach einander herabgelassen; zugleich befestigte man aber an den Augen der vier Bolzen und an den Ringen der beiden Hauptkeile Seile, von denen die der ersteren gerade bis an die Basis des Obeliskes herabhingen, während ene der lezteren zuerst in horizontaler Richtung über Rollen geführt wurden, die zu diesem Zweke an den Enden zweier der Tragbalken angebracht waren. Die von den Bolzen herabhängenden Seile wurden in der Nähe der Basis des Obeliskes durch Leitungsblöke (snatch-blocks), und von diesen aus bis auf eine solche Entfernung geführt, daß man ohne alle Gefahr für die Mannschaft eine Winde auf sie wirken lassen konnte. Nachdem diese Vorkehrungen getroffen worden, machte einer der Arbeiter, welcher der lezte oben geblieben war, das zweite Paar der kleinen Keile von dem ersten Paare los, und ließ sich dann in dem Kübel herab. Hierauf wurden die beiden Hauptkeile mittelst der an ihren Ringen befestigten Seile ausgezogen, und ein Gleiches auch mit den Stekbolzen durch Anziehen ihrer Seile bewerkstelligt.[19]) Als dieß geschehen war, bildeten die vier Balken keinen zusammenhängenden Rahmen mehr, sondern zwei Theile, von denen jeder aus zwei Hölzern bestand, die mittelst der zu ihnen gehörigen Schraubenbolzen unter rechten Winkeln und in Form eines unregelmäßigen Kreuzes miteinander verbunden waren. Man brauchte nur mehr an den an diesen Bolzen befestigten Seilen zu ziehen, um das Gerüst herabstürzen zu machen. Wirklich fielen auch dessen Theile längs der gegenüberliegenden Winkel herab, ohne den Obelisken auch nur im Geringsten zu beschädigen. Das Karnieß, welches der Beschädigung am meisten ausgesezt war, war nämlich vorher mit Rasenstüken bedekt und überdieß durch acht lange Stangen, welche man über demselben an die Seiten des Stammes gelehnt hatte, geschüzt worden.

Hr. Thomas Slack gibt an, daß ihm die unter dem Namen „Hercules" bekannte Maschine, die er bei dem Baue einer Brüke für die Eisenbahn zwischen Carlisle und Newcastle anwenden sah, die Idee zu seinem Apparate gab, und daß er eigentlich nur eine gerade Bewegung in eine radiale umzuwandeln hatte. Betrachtet man jedoch die Sache näher, so wird man finden, daß sein Apparat weit mehr Aehnlichkeit mit jener Art von Balancirkrahn hat, deren sich Stevenson vor mehr dann 20 Jahren bei Errichtung des berühmten Leuchtthurmes von Bell Rock bediente. Es unterliegt jedoch

19) Auf sehr sinnreiche Weise bediente man sich zweier kleiner Leinen, von denen man eine in Fig. 4 bei g sieht, um diese Keile von dem Gewichte ihrer eigenen Seile zu befreien. Hätte man nämlich diesem Gewichte nicht auf solche Weise entgegengewirkt, so hätten die Keile vor der gehörigen Zeit und zu großer Gefahr des zulezt oben gebliebenen Arbeiters ausgezogen werden können. Unmittelbar nach der Ankunft dieses lezteren auf dem Boden wurden die erwähnten Leinen, die nur stark genug waren, um einen Unfall der angedeuteten Art zu verhüten, durch einen starken Zug der Winde abgerissen, wodurch zugleich auch die Keile durch die an ihnen befestigten Seile ausgezogen wurden. A. d. O.

keinem Zweifel, daß Slack's Apparat vor diesem Krahne viele Vorzüge, die in der Praxis von hoher Wichtigkeit werden können, voraus hat. Der Krahn war nämlich ganz aus Eisen, und aufs Beste gearbeitet; alle Räder, Getriebe ꝛc. bildeten einen integrirenden Theil des Krahnes selbst; und dieser wurde zuerst auf dem massiven Gemäuer und später in jeder der folgenden Kammern des Leuchtthurmes, bevor sie noch eingedekt wurden, aufgerichtet. An dem Malcolm-Obelisken wäre dieser Krahn ganz unanwendbar gewesen, indem die in ihm gelassenen hohlen Räume zu dessen Aufnahme viel zu klein gewesen wären; abgesehen hievon ist er aber auch noch so kostspielig, daß er nur bei Bauten, bei denen ein einfacher Apparat nicht ausreicht, und bei denen der Kostenpunkt nur in zweiter Linie in Betracht kommt, empfohlen werden kann. Der Apparat des Hrn. Slack dagegen dürfte, was Wohlfeilheit und Einfachheit anbelangt, kaum etwas zu wünschen übrig lassen; ein Baum aus Lerchenholz, ein Querbalken von mäßiger Größe, einiges Holz- und Eisenwerk, einige Seile, ein Hebezeug und eine kleine Winde, lauter Dinge, die jeder Baumeister ohnedieß besizt, und die er zu vielen anderen Zweken gleichfalls benuzen kann, sind Alles, was man braucht. Dadurch, daß Hr. Slack das Hebezeug unten anbrachte, machte er das an dem Balancirkrahne wesentlich erfoderliche Gegengewicht entbehrlich. Kurz Hr. Slack hat anstatt dieses allerdings sehr sinnreichen und für den Bau eines Leuchtthurmes sehr geeigneten Krahnes einen nicht minder trefflichen und dabei äußerst einfachen und wohlfeilen Apparat angegeben, einen Apparat, den wir nicht anstehen, um so mehr allen Baumeistern zu empfehlen, da ihn jeder Landzimmermann und Dorfschmied auszuführen im Stande ist. Was das schwebende Gerüst zur Vollendung der Pyramidenspize des Obeliskes betrifft, so scheint uns dieses noch sinnreicher ausgedacht und dabei auch gänzlich originell. Wir schließen mit der Bemerkung, daß der fragliche Obelisk mit Hülfe dieses Apparates in weniger dann 12 Monaten und ohne daß sich irgend ein Unfall bei dem Baue ereignete, zur größten Zufriedenheit der Subscribenten sowohl als des contrahirenden Baumeisters vollendet wurde.

LV.

Ueber die Dichtigkeit der bei verschiedenen Temperaturen gebrannten Thonarten; von A. Laurent.

Aus den Annales de Chimie et de Physique. Septbr. 1837, S. 96.

Bekanntlich haben gewisse Thonarten die Eigenthümlichkeit, daß beim Erhitzen ihr Volumen abnimmt und daß diese Abnahme in dem Grade erfolgt, in welchem die Temperatur, der sie unterworfen wurden, zunimmt. Hieraus läßt sich schließen, daß ihre Dichtigkeit in demselben Grade zunehme. Dieser Schluß ist jedoch nicht genau, und obgleich das Gegentheil offenbar ungereimt zu seyn scheint, so findet diese Ungereimtheit doch nur dem Anscheine nach Statt. Ich will dieß sogleich beweisen.

Ich ließ ein Prisma aus Kaolin, welcher in Wasser eingerührt war, um ihm mehr Gleichartigkeit zu geben, gießen, und troknete dieses bei ungefähr 150° C.

Seine Länge betrug	0,236 M.
Sein Gewicht	10,852 Gr.
Seine Dichtigkeit (gepulvert) . .	2,643.

Ich sezte das Prisma 6 Stunden lang der Rothglühhize aus, die im Stande war, eine Legirung aus 3 Theilen Silber auf 7 Th. Gold zu schmelzen.

Seine Länge war fast gleich . . .	0,233 M.
Sein Gewicht	9,852 Gr.
Seine Dichtigkeit (gepulvert) . . .	2,643.

Bis jezt zeigt sich nichts Außerordentliches. Das Volumen hat abgenommen und die Dichtigkeit zugenommen, aber nicht in gleichem Verhältnisse, denn es hat eine Veränderung in der chemischen Zusammensezung Statt gefunden, da das wasserhaltige Thonerdesilicat ungefähr $8\frac{1}{2}$ Proc. Wasser verloren hat.

Das Prisma wurde nachher ungefähr 6 Stunden lang bei einer Temperatur erhizt, die im Stande ist, eine aus gleichen Theilen Gold und Platin bestehende Legirung zu schmelzen (Temperatur der Eisenproben).

Seine Länge wurde gleich	0,212 M.
Sein Gewicht	9,814 Gr.
Seine Dichtigkeit (gepulvert) . .	2,481.

Wird die Länge und das Gewicht auf 100 Theile gebracht, so hat man folgende Verhältnisse:

	Bei 150°.	Bei Rothglühhize.	Bei Weißrothglühhize.
Länge	100	98,72	90,98
Gewicht	100	89,62	89,66.

Da von der Rothglühhize bis zur Weißrothglühhize das Gewicht fast dasselbe geblieben ist, so sieht man, daß das Volumen beträchtlich abgenommen hat und daß es sich eben so mit der Dichtigkeit verhalte, die aus 2,643 2,481 geworden ist.

Als ich ein anderes Stük Kaolin genommen hatte, erhizte ich es allmählich bei verschiedenen Temperaturen, wobei ich jedesmal die Dichtigkeit aufsuchte. Ich erhielt dabei folgende Resultate:

	Dichtigkeit.
Bei 100° C.	2,47
Bei 150°	2,53
Bei 300°	2,60
Bei Dunkelrothglühhize	2,70
Bei starker Rothglühhize	2,64
Bei einer Temperatur unter der der Eisenproben	2,50
Bei der Temperatur der Eisenproben . .	2,48.

Da das Volumen immerfort vom Anfange bis zum Ende abnimmt, so sieht man, daß die Dichtigkeit allmählich bis zur Dunkelrothglühhize zunimmt, wo sie ihr Maximum erreicht hat; daß ferner das Gewicht gleichmäßig bis zu dieser Temperatur abnimmt, und daß, wenn man von diesem Punkte ausgeht, die Dichtigkeit gleichzeitig mit dem Volumen abnimmt, während das Gewicht constant bleibt.

Es ist sehr leicht, sich von der Verminderung der Dichtigkeit, wenn man von der Dunkelrothglühhize ausgeht, Rechenschaft zu geben, wenn man bedenkt, daß das Volumen, in Masse gemessen, nur das scheinbare Volumen ist, welches aus dem wirklichen Volumen der Theilchen und dem Volumen der Luft, das sie von einander absondert, besteht. Durch die Hize nähern sich die Theilchen einander, indem die dazwischen befindliche Luft ausgetrieben wird, und sie nehmen zugleich an Volumen zu. Es ist eben so, als wenn man einen Kubikliter kleiner Stükchen Blattgold nähme. Wenn das Gold geschmolzen wird, so würde es vielleicht nur ein halbes Liter ausmachen, und wenn man die Dichtigkeit dieses oder des geschmolzenen gepulverten suchte, so würde man sie nicht so groß finden als die Dichtigkeit des Blattgoldes. Was die Volumenvermehrung der Theilchen des Thones betrifft, so könnte sie der Verbindung beigemessen werden, die allmählich zwischen den Moleculen der Kieselerde und Thonerde entsteht, die nur gemengt oder zum Theil verbunden in dem nicht gebrannten Thone sich befinden, was ganz der Erfahrung gemäß ist, welche beweist, daß fast immer, wenn zwei Körper sich verbinden, das Resultat der Verbindung eine geringere Dichtigkeit hat als die mittlere Dichtigkeit der beiden Bestandtheile ist.

LVI.

Miszellen.

Verzeichniß der vom 26. Julius bis 27. Septbr. 1838 in England ertheilten Patente.

Dem Wilton Wood in Liverpool: auf ein verbessertes Verfahren Laufbänder zur Fortpflanzung der Bewegung an den Maschinen zu verfertigen. Dd. 26. Jul. 1838.

Dem George Holworthy Palmer, Civilingenieur in New Croß in der Grafschaft Surrey, und George Bertie Paterson, Ingenieur in Horton in der Grafschaft Middlesex: auf eine verbesserte Methode gewisse Theile der Gasmesser zu construiren und anzubringen. Dd. 28. Jul. 1838.

Dem Andrew Paul in Drughty Street, St. Pancras, Grafschaft Middlesex: auf einen hydraulischen Apparat für Douchebäder. Dd. 30. Jul. 1838.

Dem Robert Hendly in Belgrave Street, St. Pancras, Grafschaft Middlesex: auf eine Metallcomposition, welche man in mannigfaltige Formen gießen und zu mannigfaltigen Zweken benuzen kann, wozu sonst Eisen, Blei, Zink, Messing 2c. verwendet wird. Dd. 30. Jul. 1838.

Dem Samuel Hall, Civilingenieur in Basford, Grafschaft Nottingham: auf Verbesserungen an Dampfmaschinen und in der Dampferzeugung. Dd. 30. Jul. 1838.

Dem Joseph Rayner, Civilingenieuer in Birmingham, Henry Samuel Rayner, Civilingenieur in Ripley, beides in der Grafschaft Derby: auf ihre Verbesserungen an den Maschinen zum Vorspinnen, Spinnen und Zwirnen der Baumwolle und anderer Faserstoffe. Dd. 31. Jul. 1838.

Dem Edward Heard, in Bateman's Buildings, Soho Square, Grafschaft Middlesex: auf eine verbesserte Methode Bleiweiß und Mennige zu bereiten, wobei die Nebenproducte zur Sodafabrication anwendbar sind. Dd. 1. Aug. 1838.

Dem George Marquis of Tweeddale: auf ein verbessertes Verfahren Ziegel zum Dachdeken und zu Dachrinnen, so wie Baksteine zu bereiten. Dd. 1. Aug. 1838.

Dem Edwin Whell in Walsall in der Grafschaft Stafford: auf Verbesserungen in der Kerzenfabrication. Dd. 1. Aug. 1838.

Dem John Dennett in New Village auf der Insel Wight: auf sein Verfahren die Raketen anzuwenden, um eine Communication mit Schiffen, welche in Gefahr sind, herzustellen. Dd. 2. Aug. 1838.

Dem Samuel Sanderson Hall im Circus, Minories, City of London: auf sein Verfahren gewisse vegetabilische Substanzen gegen das Verderben zu schüzen. Von einem Ausländer mitgetheilt. Dd. 3. Aug. 1838.

Dem Thomas Lund am Cornhill, City of London: auf ein Verfahren, wodurch die Korke aus Weinflaschen 2c. leicht und sicher ausgezogen werden können. Dd. 3. Aug. 1838.

Dem Charles Bourjot in Coleman Street, City of London: auf Verbesserungen in der Eisenfabrication. Dd. 3. Aug. 1838.

Dem Robert William Siever, in Henrietta Street, Cavendish Square, Grafschaft Middlesex: auf Verbesserungen an den Webestühlen und in dem Verfahren gemusterte Zeuge zu fabriciren. Dd. 6. Aug. 1838.

Dem Peter Armand Graf von Fontainemoreau in Charles Street, City Road, Grafschaft Middlesex: auf Verbesserungen im Kämmen der Wolle. Von einem Ausländer mitgetheilt. Dd. 6. Aug. 1838.

Dem Richard Rodda in der Pfarrei St. Austle, Grafschaft Cornwall: auf Verbesserungen an den Oefen, wodurch der Rauch verzehrt und Brennmaterial erspart wird, sowie in dem Verfahren sie zur Dampferzeugung, zum Schmelzen der Metalle 2c. anzuwenden. Dd. 7. Aug. 1838.

Dem Eugen von Beuret in Moorgate Street, City of London: auf eine verbesserte Construction der Eisenbahnen, um das Hinauf- und Hinabfahren bei Hügeln und geneigten Flächen zu erleichtern. Dd. 10. Aug. 1838.

Dem Matthew Heath, im Furnival's Inn, City of London: auf Verbesserungen in der Fabrication des Schnupftabaks. Von einem Ausländer mitgetheilt. Dd. 10. Aug. 1838.

Dem Thomas Corbett, in Plymouth in der Grafschaft Devon: auf Verbesserungen im Heizen von Treibhäusern und anderen Gebäuden. Dd. 10. Aug. 1838.

Dem David Cheetham jun. in Staley Bridge, Grafschaft Chester: auf ein verbessertes Verfahren die Oefen, besonders für Dampfkessel, rauchverzehrend zu machen und dabei Brennmaterial zu ersparen. Dd. 14. Aug. 1838.

Dem Charles Wye Williams in Liverpool: auf ein verbessertes Verfahren Terpenthin, Harz, Theer rc. zu reinigen, wodurch sie zur Leuchtgasbereitung tauglicher werden. Dd. 14. Aug. 1838.

Dem William Henry Porter in Russia Row, Cheapside, City of London: auf Verbesserungen an Ankern. Dd. 15. Aug. 1838.

Dem Ramsay Richard Steinagle in George Street, London, und George Robert d'Harcourt in King William Street, City of London: auf Verbesserungen im Forttreiben der Dampfboote und anderer Fahrzeuge. Dd. 15. Aug. 1838.

Dem George Robert d'Harcourt in King William Street, City of London: auf Verbesserungen in der Papierfabrication. Von einem Ausländer mitgetheilt. Dd. 15. Aug. 1838.

Dem Charles Fox am Gloucester Place, Camden Town, Grafschaft Middlesex: auf eine verbesserte Anordnung der Eisenbahnschienen an Ausweicheplätzen. Dd. 15. Aug. 1838.

Dem Matthew Warton Johnson am Buckingham Place in der Grafschaft Middlesex, auf eine verbesserte Einrichtung der Särge. Dd. 15. Aug. 1838.

Dem William Wainwright Potts in Burslem in der Grafschaft Stafford: auf Verbesserungen an den Maschinen zum Druken ein- und mehrfarbiger Muster, welche auf Töpferwaare, Porzellan, Glas, Metall, Holz, Marmor rc. übertragen werden sollen. Dd. 21. Aug. 1838.

Dem Samuel Stocker in der City of Bristol: auf Verbesserungen an den Schornsteinen für Wohnhäuser und an den Apparaten zum Reinigen derselben. Dd. 21. Aug. 1838.

Dem Richard Bradley, William Barrows und Joseph Hall an den Bloomfield Iron Works, Grafschaft Stafford: auf Verbesserungen in der Eisenfabrication. Dd. 21. Aug. 1838.

Dem Jean Leandre Clement aus Frankreich: auf sein Verfahren die Geschwindigkeit der Schiffe und anderer Fahrzeuge zur See und auf Canälen zu bestimmen. Dd. 21. Aug. 1838.

Dem Nicholas Troughton in Broad Street, City of London: auf sein Verfahren das Kupfer aus den Erzen zu gewinnen. Dd. 21. Aug. 1838.

Dem Peter Armand Graf von Fontainemoreau in Charles Street, City Road, Grafschaft Middlesex: auf Metalllegirungen, welche als Surrogate für Zink, Gußeisen, Kupfer und andere Metalle in verschiedenen Fällen gebraucht werden können. Dd. 23. Aug. 1838.

Dem George Dickinson in Wood Street, Cheapside, City of London: auf Verbesserungen an Dampfmaschinen. Dd. 23. Aug. 1838.

Dem Arthur Dunn am Stamford Hill, Grafschaft Middlesex: auf Verbesserungen in der Seifenfabrication. Dd. 21. Aug. 1838.

Dem John Coope Haddan, am Bazing Place, Grafschaft Surrey: auf Verbesserungen an den Eisenbahnenwagen und in der Art sie mit einander zu verbinden. Dd. 25. Aug. 1838.

Dem Henry Knill, am Eldon Place, Bermondsey: auf Verbesserungen im Reinigen des Grundes der Flüsse, Docks rc. Dd. 30. Aug. 1838.

Dem Joseph Davies im Nelson Square, Grafschaft Surrey: auf eine Composition, um Holz gegen Flammen zu schüzen. Dd. 30. Aug. 1838.

Dem John Grafton, Civilingenieur in Cambridge: auf Verbesserungen in der Einrichtung der Retorten und anderer Apparate zur Gasfabrication aus Steinkohlen. Dd. 30. Aug. 1838.

Dem William Dolier in Liverpool: auf dauerhafte Tafeln oder Flächen, worauf man schreiben, zeichnen und Inschriften druken kann, und die zum Pflastern der Straßen angewandt werden können. Dd. 30. Aug. 1838.

Dem Miles Berry, Patentagent im Chancery Lane, London: auf Verbesserungen an den Webestühlen für Metalltuch, und auch auf Verbesserungen an den Drahtgeweben, die zur Verfertigung von Knöpfen, Epauletten etc. anwendbar sind, wozu man sonst gewöhnlich Gold- und Silbertressen oder Borten nimmt. Dd. 30. Aug. 1838.

Dem Lawrence Heyworth in Yewtree bei Liverpool: auf eine neue Methode bei Locomotiven die Dampfkraft direct auf die Peripherie des Bewegungsrades wirken zu lassen. Dd. 30. Aug. 1838.

Dem John Earle Hurley in Great Marlborough Street, und John Oliver in Dean Street, Soho, London: auf Verbesserungen an gewissen Arten von Oefen. Dd. 31. Aug. 1838.

Dem William Joseph Curtis, Civilingenieur in Stamford Street, Blackfriars Road, London: auf einen verbesserten Apparat, um das Reisen und den Transport auf Eisenbahnen zu erleichtern. Dd. 31. Aug. 1838.

Dem John Keys in Sutton, Pfarrei Prescot, Grafschaft Lancaster, und William Thompson Clough in Eccleston, in derselben Pfarrei: auf ein Verfahren Schwefelsäure mittelst Kupferkies und Zinkblende zu fabriciren. Dd. 31. Aug. 1838.

Dem Morton Balmanno in Queen Street, in der City von London: auf ein verbessertes Verfahren Papier, Preßspäne und Filz zu verfertigen. Dd. 6. Septbr. 1838.

Dem John Frederick Bourne, Ingenieur in Manchester, und John Bartley jun., Ingenieur ebendaselbst: auf Verbesserungen an den Rädern für Eisenbahnen und Landstraßen. Dd. 6. Septbr. 1838.

Dem Miles Berry, Patentagent im Chancery Lane, Grafschaft Middlesex: auf Verbesserungen im Raffiniren des Zukers. Von einem Ausländer mitgetheilt. Dd. 6. Septbr. 1838.

Dem Timothy Burstall, Ingenieur in Leith in Schottland: auf Verbesserungen an den Dampfmaschinen und dem Mechanismus zur Fortpflanzung ihrer Triebkraft bei Dampfbooten und Dampfwagen. Dd. 6. Septbr. 1838.

Dem Henry Gibbs, Knopffabrikant in Birmingham: auf einen verbesserten durchbohrten Knopf. Dd. 6. Septbr. 1838.

Dem Joseph Brown in den Minories, London: auf Verbesserungen an Betten, Sofas, Stühlen und anderen Meubles, wodurch sie für Reisen und zu anderen Zweken anwendbar werden. Dd. 8. Septbr. 1838.

Dem James Ulric Vaucher, aus Genf, jezt in Manchester: auf Verbesserungen an den Feuersprizen und anderen Pumpen und hydraulischen Maschinen. Dd. 8. Septbr. 1838.

Dem Henry Dunnington, Spizenfabrikant in Nottingham: auf Verbesserungen an dem Strumpfwirkerstuhle. Dd. 10. Septbr. 1838.

Dem Alexander Southwood Stocker und Clement Heely in Birmingham: auf Verbesserungen an den Riemen für Hosenträger. Dd. 10. Septbr. 1838.

Dem Ambroise Ador im Leicester Square, Grafschaft Middlesex: auf Verbesserungen an den Lampen. Dd. 13. Septbr. 1838.

Dem Joseph Hall in Over, in der Grafschaft Chester: auf Verbesserungen in der Salzbereitung. Dd. 13. Septbr. 1838.

Dem John Chanter Esq. in Earl Street, Grafschaft Surrey, und John Grantham, Ingenieur in Liverpool: auf Verbesserungen an den Oefen für Dampfkessel. Dd. 13. Septbr. 1838.

Dem Edwin Bottomley in South Crossland, Pfarrei Almondbury, Grafschaft York: auf Verbesserungen an Hand- und mechanischen Webestühlen. Dd. 13. Septbr. 1838.

Dem Edward Massey in King Street, Clerkenwell, Grafschaft Middlesex: auf Verbesserungen an Uhren. Dd. 13. Septbr. 1838.

Dem James Wapshare in Bath, in der Grafschaft Somerset: auf Verbesserungen in der Anwendung der Hize zum Troknen wollener Garne und Gewebe, und auch auf Verbesserungen in der Anwendung der Presse beim Appretiren der Tuche. Dd. 13. Septbr. 1838.

Dem Joseph Wilkinson in Regent Street, City von Westminster: auf Verbesserungen an den Eisenbahnen und den darauf gebräuchlichen Wagen. Dd. 13. Septbr. 1838.

Dem Thomas Swinburne Esq., im South Square, Gray's Inn: auf Verbesserungen an den hydraulischen Abtritten. Dd. 13. Septbr. 1838.

Dem Archibald M'Lellan in Glasgow: auf Verbesserungen an den Federn der Räderfuhrwerke und in der Methode sie aufzuhängen. Dd. 13. Sept. 1838.

Dem Frederick Le Mesurier in New Street, St. Peters Port, auf der Insel Guernsey: auf Verbesserungen an den Pumpen zum Heben des Wassers Dd. 13. Septbr. 1838.

Dem Ritter Sir Hugh Pigot am Foley Place, Marylebone, Grafschaft Middlesex: auf eine gewisse Maschine, welche als Triebwerk oder als Pumpe etc. gebraucht werden kann. Dd. 13. Septbr. 1838.

Dem William Day in Gate Street, Pfarrei St. Giles-in-the-Fields, Grafschaft Middlesex: auf ein verbessertes Verfahren Bauholz und anderes Material beim Baue von Schiffen, Brüken etc. zu verbinden. Dd. 20. Septbr. 1838.

Dem James Nasmyth, Ingenieur in Patricroft bei Manchester: auf Verbesserungen an den Maschinen, Werkzeugen und Apparaten zum Schneiden und Hobeln oder Abebnen von Metallen und anderen Substanzen. Dd. 20. Septbr. 1838.

Dem Robert William Siebier in Henrietta Street, Cavendish Square, Grafschaft Middlesex: auf Verbesserungen an den Treibbändern für die Rigger oder Trommeln der Maschinen, sowie an den Seilen und Schnüren für andere Zweke. Dd. 20. Septbr. 1838.

Dem John Thomas Betts in Smithfield Bars, in der City von London: auf Verbesserungen in der Fabrication des Gin (Branntweins). Von einem Ausländer mitgetheilt. Dd. 21. Septbr. 1838.

Dem James Walton in Sowerby Bridge, Pfarrei Halifax, Grafschaft York: auf Verbesserungen an den Maschinen zur Verfertigung von Drahtkarden zum Kardätschen der Wolle, Baumwolle und Seide. Dd. 21. Septbr. 1838.

Dem John White in Haddington, Nordengland: auf Verbesserungen in der Einrichtung der Stubenöfen, besonders um mit erwärmter Luft zu heizen. Dd. 27. Septbr. 1838.

Dem Edmond Henze im Fenton's Hotel, St. James Street: auf Verbesserungen in der Dextrinbereitung. Dd. 27. Septbr. 1838.

Dem John Joseph Charles Sheridan, Chemiker, im Ironmonger Lane, London: auf Verbesserungen in der Seifenfabrication. Dd. 27. Septbr. 1838.

Dem John Hughes Rees Esq., in Penymaes, Grafschaft Carmarthen: auf Verbesserungen an der Maschinerie zum Heben von Wasser, um dadurch Boote, Wagen etc. fortzutreiben. Dd. 27. Septbr. 1838.

Dem Emile Alexis Fanquet Delarue im Bacon's Hotel, St. Pauls Church-Yard: auf Verbesserungen im Aufdruken und Befestigen der rothen Farbe auf baumwollenen, seidenen und wollenen Geweben. Dd. 27. Septbr. 1838.

(Aus dem Repertory of Patent-Inventions. September 1838, S. 186 und Oktober, S. 252.)

Beiträge zur Gewerbspolizei.

Das Mémorial encyclopédique, Julius 1838, S. 403 enthält im Auszuge eine Zusammenstellung mehrerer der Beschlüsse, welche in neuerer Zeit zu Paris von dem Conseil de salubrité et d'hygiène publique in Betreff einiger Industriezweige gefaßt worden. Wir entnehmen daraus für unsere Leser Folgendes:

Zukerraffinerien. Bedingungen: 1) Die Schornsteine der Oefen müssen so hoch geführt werden, daß die Nachbarschaft nicht durch Rauch belästigt wird. 2) Die Oefen müssen mit gehöriger Sorgfalt gebaut, und ihre Röhren so weit von allem Holzwerke entfernt seyn, daß keine Feuersgefahr Statt finden kann. 3) Die Oefen sind mit Mänteln zu versehen.

Hornarbeiter. Das Horn, welches abgeplattet werden soll, muß in Böttiche eingeweicht werden, und das zur Maceration verwendete Wasser darf man nur nach Mitternacht und vor 5 Uhr Morgens auf die Straße laufen lassen,

Der Rauchfang muß einen guten Zug haben, damit nichts von dem Rauche und den Ausdünstungen in die benachbarten Gewölbe ziehe.

Lumpensammler. Eine Lumpenniederlage ward deßwegen nicht geduldet, weil die beiden Gemächer, die dazu bestimmt waren, nur durch die Thüre und durch ein in einen ganz kleinen Hofraum gehendes Fenster Licht erhielten; weil beide nicht über 8 Fuß Höhe hatten; und weil sie nicht nur beide feucht, sondern auch nicht zu lüften waren.

Kienrußfabriken. Die Fabrication von Kienruß durch gedämpfte Verbrennung von Harz hat nichts der Gesundheit Nachtheiliges; sie kann selbst nicht durch Rauch belästigen, da der Ruß nichts anderes als der in eigens hiezu eingerichteten Kammern verdichtete Rauch ist.

Zeugdrukereien. In einer Drukerei sollte eine Dampfmaschine errichtet werden; auf die Einwendungen der Nachbarn ward beschlossen: 1) daß die Errichtung der Dampfmaschine zu unterbleiben habe, ausgenommen der Eigenthümer findet Mittel, den von den Verdampfungsapparaten erzeugten Dampf abzuleiten oder wenigstens sein Entweichen durch die Fenster auf die Straße hinaus gänzlich zu verhüten. 2) daß über den Verdampfungsapparaten entweder aus genau zusammengefügten Dielen oder auf irgend andere Weise ein großer Mantel zu erbauen sey, der über die sämmtlichen Apparate rings herum wenigstens um einen halben Meter hinausreicht und mit dem Rauchfange des Ofens communicirt. 3) daß der Rauchfang des Ofens der Dampfkessel bis über die Dächer der Nachbarhäuser hinauf geführt werden muß. 4) daß dem Ofen eine möglichst rauchverzehrende Einrichtung zu geben sey.

Fabriken von Javelle'scher Lauge. Beschluß: 1) sind diese Fabriken von jeder Wohnung zu entfernen; 2) hat man die Rauchfangröhren auf 20 Centimeter von allem Holzwerke fern zu halten; 3) dürfen nicht mehr als 300 Kilogramme Javelle'scher Lauge des Tages fabricirt werden.

Waschhäuser müssen gepflastert seyn; ihre Oefen müssen einen Mantel haben und ebenso muß für gehörige Ventilirung gesorgt seyn. Das Waschwasser muß täglich zweimal erneuert werden und durch unterirdische Röhren in einen Canal oder irgend einen anderen zwekdienlich befundenen Ort abfließen.

Niederlagen grüner Häute. Die Häute der in Paris geschlagenen Rinder gelangen in 36 Anstalten, wo sie gereinigt oder ausgewässert werden. Der Boden des Ortes, an welchem man die Häute aufhängt, muß gepflastert und so geneigt seyn, daß die Wasser leicht abfließen können. Außerdem muß die Pflasterung in einen Cement eingebettet seyn, der kein Wasser durchläßt.

Neues amerikanisches Gesez in Betreff der Dampfkessel.

Der Congreß der Vereinigten Staaten hat kurz nach der Annahme des im Polytechnischen Journale Bd. LXVIII. S. 324 angeführten Gesezes zur Verhütung der Dampfkesselexplosionen auch noch folgende Verordnung angenommen. §. 1. Der Präsident ist berechtigt drei Personen zu ernennen, von denen wenigstens eine im Baue und in der Anwendung der Dampfmaschine erfahren, die beiden übrigen aber eine solche wissenschaftliche Bildung haben müssen, daß sie competente Richter für die Beurtheilung der zur Verhütung der Dampfkesselexplosionen gemachten Erfindungen abgeben. Diese Commission hat alle ihr vorgelegten Erfindungen bezüglich auf die Entdekung der Ursachen der Explosionen und deren Verhütung zu prüfen. Sollte sie eine oder mehrere dieser Erfindungen einer Probe werth halten, so hätte sie solche Versuche damit vorzunehmen, wie sie zur Ermittlung ihres Nuzens und ihrer Wirksamkeit erforderlich sind. — §. 2. Die Commission hat die Zeit und den Ort ihrer Versammlung anzugeben, und die Vorkehrungen zu den Versuchen, sowie diese selbst an jenen Orten vorzunehmen, die sie für die geeignetsten hält. Auch hat sie dem Congresse einen vollständigen Bericht über ihre Verhandlungen vorzulegen. — §. 3. Zur Ausführung dieser Aufgabe ist bei der Schazkammer eine Summe von 6000 Dollars angewiesen, wovon die Commission, deren Mitglieder je 300 Dollars für ihre Bemühungen erhalten, den Bedarf zu ihren Versuchen zu erheben hat. (Aus dem Civil Engineers and Architects Journal, August 1838.)

Neuer Apparat zur Reinigung der Dampfkessel.

Man hat kürzlich, schreibt der Liverpool Albion, unter der Leitung des Hrn. C. W. Williams Esq. einen Versuch mit einer Maschine angestellt, mit deren Hülfe die Kessel der Dampfboote gereinigt werden können, ohne daß die Dampfmaschine angehalten zu werden braucht. Der Versuch soll das beste Resultat gehabt haben. Der Apparat, der die Erfindung der HHrn. Maudslay und Field in London und des Hrn. Scott in Sunderland seyn soll, ist sehr einfach, wie schon daraus hervorgeht, daß er in 10 Stunden an den Kesseln des Dubliner Dampfbootes Duchess of Kent angebracht werden konnte. Praktisch benuzte man denselben bisher nur theilweise an dem Great-Western, und auch hier angeblich mit Erfolg.

Torf als Heizmittel für Dampfboote.

Hr. Williams, Director der Dubliner Dampfschifffahrts-Compagnie, ist Liverpooler Blättern zu Folge der Erfinder eines neuen Brennstoffes für Dampfschiffe, und namentlich für solche Schiffe, welche weite Seereisen zu machen haben. Angeblich soll eine Tonne des neuen Brennstoffes, welcher nicht schwer wiegt, so viel Nuzeffect geben als vier Tonnen der besten Steinkohlen. Man bereitet ihn aus einer eigenen Art von Torf, den man in Irland wegen seiner Schwere und Festigkeit mit dem Namen Steintorf bezeichnet, und der eine sehr intensive Hize gibt. Mit Theer vermengt und einem sehr starken Druke ausgesezt, bekommt dieser Torf das Aussehen der besten Cannelkohle. (Civil Eng. and Archit. Journal, September 1838.)

Anthracit zum Heizen von Locomotiven benuzt.

Der Liverpool Albion schreibt von Versuchen, die man auf der Liverpool-Manchester-Eisenbahn anstellte, indem man eine der kleineren Maschinen, den Vulcan, mit Anthracit zu heizen probirte. Bei dem ersten Versuche lief die Maschine 6 Meilen weit ohne Ladung; man hatte gar keine Schwierigkeit beim Aufzünden der Feuer, welche brannten, ohne daß Staub oder Rauch bei dem Schornsteine entwichen wäre. Auf dem Rükwege erreichte die Locomotive mit einem angehängten Steinkohlentransporte ihre gewöhnliche Geschwindigkeit von 21 engl. Meilen in der Zeitstunde. — Bei einem zweiten Versuche legte dieselbe Maschine die ganze Streke bis Manchester in einer Stunde 29 Minuten zurük. Der Verbrauch an Anthracit betrug hiebei nur $5^1/_2$ Cntr., obwohl viel davon deßhalb verloren ging, weil die Roststangen für dieses Brennmaterial zu weit gestellt waren. An Kohks würde die Maschine zu derselben Fahrt $7^1/_2$ Cntr. gebraucht haben. — Man hofft hienach dem Liverpooler Blatte zu Folge den Anthracit in Bälde allgemein auf den Eisenbahnen eingeführt zu sehen, und dadurch bei deren Betrieb eine Ersparniß von 30 bis 40 Proc. zu machen. — Das Civil Engineers and Architects Journal bemerkt hingegen in seinem lezten Septemberhefte, daß man auch auf der London-Birmingham-Eisenbahn Versuche mit dem Anthracite anstellte, daß diese aber, so weit sie ihm bekannt seyen, nichts weniger als zur Zufriedenheit ausfielen. Der Anthracit zersprang nämlich in der Hize in kleine Stüke und bedekte die Roststangen in einer diken Schichte, welche den Zug sehr beeinträchtigte. Bei den Kohks ereignet sich dieß, obwohl sie oft in einer 12 Zoll diken Schichte auf dem Roste liegen, nie, theils wegen ihrer leichten und lokeren Textur, theils wegen der großen und unregelmäßig geformten Massen, in denen sie aus den Oefen kommen. Die Maschine blieb bei allen drei Versuchen an derselben Stelle, nämlich an einer etwas steilen Steigung stehen, so daß anderes Brennmaterial genommen werden mußte. Dagegen scheint es, daß der Anthracit gute Dienste leistet, wenn man ihn zugleich mit Kohks zur Heizung verwendet.

Eine der größten Locomotiven.

Die HHrn. Fenton, Murray und Jackson in Leeds erbauten im Laufe des lezten Sommers für die Eisenbahn von Paris nach Versailles die größte Locomotive, welche noch je aus den Werkstätten in Leeds hervorging. Diese lief auf den ebenen Streken der Leeds-Selby-Eisenbahn mit ihrem Munitions- und einem einzigen angehängten Personenwagen mit einer Geschwindigkeit von 60 engl. Meilen in der Zeitstunde. Mit einer Ladung von 140 Tonnen legte sie 20 engl. Meilen in der Stunde zurük. Die Maschine erzeugte während dieser Versuche mehr Dampf als sie brauchte, was hauptsächlich einer Verbesserung der Heizeinrichtung zugeschrieben wird. (Leeds Mercury.)

Vollendung der London-Birmingham-Eisenbahn.

Am 20. August l. J. befuhr eine Gesellschaft von Directoren und Eigenthümern der London-Birmingham Eisenbahn zum ersten Male die in ihrer ganzen Länge vollendete Bahn. Man fuhr um 6½ Uhr Morgens zu Birmingham ab, und traf um 1 Uhr an der Station zu London ein. Die eigentliche Fahrt dauerte 5 Stunden; 1½ Stunden wurden auf Untersuchung und Bewunderung der zulezt ausgeführten, Staunen erregenden Bauwerke verwendet. Die Streke bis Coventry, 18½ engl. Meilen, ward in 36 Minuten; jene von Coventry bis Rugby, 11 Meilen, in 22 Minuten; jene von Rugby bis Denbigh Hall, 35 Meilen, in 2 Stunden 10 Minuten; und jene von Denbigh Hall bis London, 48 Meilen, in 1 Stunde 45 Minuten zurükgelegt. (Civil Engineers and Architects Journal. Septbr. 1838.)

Elektrischer Telegraph an der Great-Western-Eisenbahn.

Nach einer Angabe im Mechanics' Magazine, No. 783, legt man dermalen an der Seite der Great-Western-Eisenbahn eiserne Röhren für die Drähte eines Wheatstone'schen elektrischen Telegraphen, damit man auf diese Weise mit größter Geschwindigkeit von einer Station zur anderen communiciren kann. Man schlägt die Kosten hievon auf 100 Pfd. St. auf die engl. Meile an.

Herron's Vorschlag zur Beleuchtung der Eisenbahnen.

Hr. Herron, der Ingenieur der Eisenbahn zwischen Gasten und Raleigh, hat eine neue Methode, die Eisenbahnen bei Nacht zu erleuchten, vorgeschlagen, welche der National Intelligencer mit folgenden Worten beschreibt. „Der Rauchfang der Locomotive soll auf der Bahn voraus laufen, und das demselben entsprechende Kesselende ist mit einem großen, oben abgerundeten Gehäuse aus Eisenblech, von dem der Rauchfang ausläuft, zu umgeben. Die Flammen sollen aus dem Ofen durch den Kessel in dieses Gehäuse schlagen, und zwar durch 60 bis 140 Röhren von je 2 Zoll im Durchmesser, so daß das Ende des Kessels, welches zugleich auch das innere Ende des Gehäuses bildet, ein honigfladenartiges Aussehen bekommt, und daß aus jeder dieser Zellen, wenn die Maschine in Bewegung gesezt ist, ein heller, das Gehäuse erfüllender und nach Aufwärts in den Rauchfang schlagender Flammenkegel strahlt. Der verbrauchte Dampf soll in einer Röhre durch das Gehäuse an die innere Mündung des Rauchfanges geleitet werden, damit er daselbst mit Gewalt ausströme, die Luft im Rauchfange vor sich her treibe, und also durch Nachziehen der in dem Gehäuse enthaltenen Luft ein Vacuum erzeuge, welches sogleich wieder durch die Ofenflamme ausgefüllt wird. An dem äußeren Ende dieses Gehäuses soll sich unmittelbar unter dem Rauchfange eine elliptische Thür aus Eisenblech von solcher Größe befinden, daß die nöthigen Reparaturen an den Röhren etc. vorgenommen werden können. Wenn nun anstatt dieses blechernen Thürchens die Oeffnung mit einer großen halbkreisförmigen Laterne, die aus kleinen Glasplatten zusammengesezt wäre, verschlossen würde, so müßte diese ein glänzenderes Licht verbreiten als irgend ein Leuchtthurm. Damit keine Funken in die Laterne gelangen, könnte man über die Oeffnung zuerst ein Drahtgitter spannen, und das Glas könnte man, um dem Zerspringen vorzubeugen, etwas einöhlen. Vielleicht wäre ein feines Drahtgitter, wie man es zu den

Davy'schen Sicherheitslampen nimmt, sogar der Laterne vorzuziehen, da durch die geringe Quantität zutretender Luft der Glanz der Flamme noch erhöht würde. Eine derlei Vorrichtung würde nicht viel kosten, und in Kürze durch die Ersparniß des Oehls in den dermaligen so wenig leistenden Lampen ausgeglichen seyn." (Civil Eng. and Archit. Journal.)

Einiges über die Wirkung der Wagen auf die Landstraßen.

Die Unterhaltungskosten einer Straße, sagt Sir Parnell in der zweiten Ausgabe seines trefflichen Treatise on Roads, richten sich zum Theile nach der Art der Wagen, womit sie befahren werden. Ist die Straße aus sehr hartem Materiale gebaut und sehr eben, so thut ihr ein über sie rollendes Rad, selbst wenn es eine große Last trägt, nur wenig Schaden; ist sie dagegen aus weichem Materiale gebaut, so schneidet das Rad um so tiefer ein, je größer die Ladung. Die Unwissenheit, welche in Hinsicht der wahren Principien des Straßenbaues herschte, veranlaßte beinahe alle Straßenverbesserer zu dem Glauben, daß schlechtes Material so gute Straßen gäbe wie gutes, wenn man die Breite der Radfelgen und die auf einen Wagen zu ladenden Lasten darnach regulirt. Die Folge hievon war eine mehr oder weniger absurde Legislation, bei der die Straßen doch immer schlecht blieben; und zwar aus dem ganz einfachen Grunde, weil es unmöglich ist, mit schlechtem Materiale eine gute Straße zu bauen. Wenn die Straßen gut und fest und von gehöriger Form gebaut, troken erhalten und gehörig abgekrazt werden, so hat die Gesezgebung nichts weiter zu schaffen, als die Räder mit vorstehenden Nagelköpfen zu verbieten. Auf solchen Straßen wird es im Interesse aller Fuhrleute liegen, keine anderen Fuhrwerke als einspännige Karren wie man sie in Schottland und Irland hat, zu benüzen, wo dann die Ladungen von selbst nie so groß ausfallen werden, daß die Straßen durch sie beschädigt werden könnten. Die Erfahrung hat nämlich gezeigt, daß ein Pferd weit mehr zieht, wenn es einspännig geht, als wenn es neben ein anderes gespannt ist. Der Grund hievon liegt in der Unmöglichkeit, zwei oder mehrere Pferde so zum Ziehen anzutreiben, daß auf jedes regelmäßig und beständig der gehörige Antheil der Last kommt. Man rechnet in Schottland und Irland, das Gewicht des Karrens nicht in Anschlag gebracht, auf einen einspännigen Karren eine Ladung von 30 Cntr., während man mit den englischen Wagen im Durchschnitte nur 15 Cntr. auf ein Pferd rechnet. Das einfachste und beste Mittel zur Verhütung der Straßenbeschädigung durch schwer beladene Wagen wäre, den Zoll für jedes Pferd bedeutend zu erhöhen. Wenn z. B. ein Pferd 4 Den. Zoll zahlt, so müßten zwei 10, drei 17 zahlen u. s. f. — Was die Wagen für den Personentransport betrifft, so scheint es, daß sich ihr Bau hauptsächlich deßhalb sehr zum Vortheile des Publicums verbesserte, weil sich die Gesezgebung nicht damit befaßte. In Frankreich dagegen verdankt man den schwerfälligen Bau und die Langsamkeit der Eilwagen und Diligencen hauptsächlich dem absurden Regulativ, welches in Betreff der Breite der Radreifen besteht. Obschon übrigens die englischen Eilwagen so gebaut sind, daß man mit Sicherheit und für geringe Kosten damit fahren kann, so scheint es doch, daß mehr für die Bequemlichkeit der Reisenden gesorgt werden könnte, und die Arbeit der Pferde vermindert werden dürfte, wenn man den Kasten größer, die vorderen Räder höher, die Federn länger und dünner machte, und wenn man die Last hauptsächlich auf die hinteren Räder verlegte. Die Wissenschaft wird wohl unstreitig zu weiteren Verbesserungen der Kutschen führen; dessen ungeachtet wäre aber wohl eine Reihe von Versuchen anzustellen, um mit Sicherheit zu ermitteln, um wieviel die Arbeit der Pferde bei vollem Nuzeffect der Räder und Federn und durch gute Straßen vermindert werden kann.

Huillier's Apparat zur Verkohlung des Holzes.

Der Moniteur industriel berichtet von einem Verkohlungsapparate, den Hr. Danelle in den Wäldern des Depart. de la Haute-Marne nach dem Systeme des Hrn. Huillier errichtet hat. Dem gemäß besteht dieser Apparat aus einer sogenannten Hizkammer (chambre de chaleur) aus Gußeisen, welche an den Eken 11, und in der Mitte 12 Fuß Höhe hat, bei einer Länge von 15 und einer Tiefe von 6 Fuß. Diese Kammer reitet über einer Grube von 4 Fuß Tiefe auf 5 Fuß Höhe, welche als Herd dient, und in die man an den beiden Enden hinabsteigt, um sie je nach der Richtung, in welcher der Wind weht, zu heizen. Die vordere Wand der Kammer besteht aus vier gußeisernen Rahmen von 11 bis 12 Fuß Höhe, einige 40 Zoll Breite; und in jedem dieser Rahmen befinden sich 3 Oeffnungen von 32 auf 33 Zoll. Die Seitenwände, der Rüken und der Plafond sind aus gut lutirten gußeisernen Platten zusammengesezt. Vom Plafond laufen mehrere Röhren von 6 Zoll Durchmesser aus, welche als Schornsteine dienen, und durch die beim Verbrennen von Reisig Rauch austritt. In die 12 Oeffnungen der vier Rahmen sind eben soviele Kästen eingesezt, welche aus Eisenblech von 1/3 Linie in der Dike verfertigt sind, und auf zwei Eisenstangen ruhen, die den Rüken der Kammer mit deren Vordertheil verbinden. Diese Kästen haben 29 auf 30 Zoll und 5 Fuß Länge; man schiebt sie, nachdem sie mit Holz gefüllt worden, auf einer Eisenbahn in die Kammer. Befinden sie sich in der Kammer auf den zum Tragen derselben bestimmten Stangen, so verschließt man die Oeffnungen mit einer lutirten Eisen- oder Blechplatte, und zündet auf dem in der halben Tiefe der Grube befindlichen Roste ein Feuer aus Reisig auf. Nach 5 bis 6 Stunden deutet eine in dem Rauche vorgehende Veränderung die Entwiklung von Gas an; man läßt dann das Feuer ausgehen, indem sich die Kästen nach einander entzünden und verkohlen, wobei man die Rauchfänge am Plafond verstopft, und die Gasentwiklung gegen eine Stunde lang wirken läßt. Wenn der Rauch viel dünner und seltener wird, so deutet dieß an, daß der Brand vollendet ist, in welchem Falle man die 12 Kästen heraus schafft und sogleich durch 12 neue ersezt. In dem Maaße als man die Kästen heraus zieht, müssen sie gut lutirt werden, damit sich die Kohle nicht an der Luft entzünde. Zum Abkühlen genügt eine Stunde Zeit. Die gewonnene Kohle gleicht der in den Meilern gebrannten vollkommen. Die vier gußeisernen Rahmen des Vordertheiles wiegen zusammen 1500 Kilogr., die Platten gegen 5000 Kilogr., die Eisenstangen gegen 600 Kilogr.. Die Hauptkosten veranlassen die 24 blechernen Kästen, von denen einer auf 84 Fr. zu stehen kommt. Der Apparat ist sehr dauerhaft und kann von 6 Arbeitern in einem Tage aufgestellt werden.

Gaudin's Lampen mit Terpenthingeist.

Hr. Gaudin in Paris will einen Apparat ausgemittelt haben, in dem man, wenn hinreichender Luftzutritt Statt findet, mit Terpenthingeist eine viel weißere Flamme erzeugen kann, als die Carcel'sche Lampe sie gibt. Mit diesem Apparate soll eine gleich starke Beleuchtung um die Hälfte weniger kosten, als mit Kerzenlicht. Läßt man statt gewöhnlicher Luft Sauerstoffgas in den Apparat eintreten, so erhält man eine blendende Flamme, welche 150 mal stärker leuchtet als die Gasflamme, und der er den Namen Flamme sidérale beilegt. Hr. Gaudin hält die von ihm erzielten Resultate von großer Wichtigkeit für die Beleuchtung im Allgemeinen und für jene der Leuchtthürme insbesondere. (Echo du monde savant 1838, No. 24.)

Gaudin's feuerfeste Tiegel aus Kalk und unoxydirbare Metallspiegel.

Hr. Gaudin zeigte der Akademie der Wissenschaften in Paris unterm 18. Jun. l. J. an, daß es ihm gelungen sey, dem Kalke eine solche Zubereitung zu geben, daß man aus ihm Tiegel und Röhren verfertigen könne, die nicht diker als eine Eischale und dabei so feuerbeständig wie reines Iridium sind. — Er kündigte ferner an, daß man durch Zusammenschmelzen von Platin mit einem Zehntheile Iridium ein vollkommen hämmerbares, auf dem Bruche glänzendes, und dabei härtbares Metallgemisch erzielen könne, und daß man daher sehr gute unoxydirbare Metallspiegel erzielen dürfte, wenn man diese Legirung auf Kupfer plattirte. (Echo du monde savant, 1838, No. 24.)

Lyon's Eisenschmelzproceß mit einer Composition aus Anthracit und Thon.

Ein Hr. Joseph Lyon in Pennsylvania nahm kürzlich ein Patent auf ein zum Eisenschmelzen bestimmtes Brennmaterial, welchem er den Namen „Thonkohle (clay-coals)" beilegt, und das er auf folgende Weise bereitet haben will. Man soll den Anthracit in ein grobes Pulver verwandeln, sieben und dann mit soviel Thon und Wasser vermengen, daß man eine Masse erhält, die man mit der Hand oder mittelst Maschinen in beliebige Formen bringen kann. Dieses Brennmaterial will er wie Stein- und Holzkohlen zum Eisenschmelzen benüzen. Wenn man es für gut findet, so soll man der Masse, wie er meint, auch Kalk oder andere Flußmittel, oder auch feinere Erztheile oder Beides beisezen. (Franklin Journal. Mai 1838.)

Einiges über die Wärme der Luft in verschiedenen Höhen.

Hr. Prof. Marcet in Genf hielt kürzlich vor der dortigen naturhistorischen Gesellschaft einen Vortrag über die Veränderungen, welche zu gewissen Zeiten des Tages in den unteren Luftschichten vorgehen. Er fand, daß die Temperatur der Luft bei Sonnenuntergang immer merklich und in dem Maaße steigt, als man sie in einer höheren Luftschichte beobachtet. Das Maximum dieses Steigens hat unmittelbar nach Sonnenuntergang Statt; es läßt sich aber selbst noch bei Sonnenaufgang constatiren, obwohl in geringerem Grade. Die Gränze der Höhe, bis auf welche hinauf sich dieses Steigen erstrekt, scheint selbst bei klarem, reinem Himmel 100 Fuß nicht zu übersteigen; bei trübem Wetter, und namentlich im Winter, ist diese Gränze viel enger gezogen. Diese Zunahme der Temperatur ist zu verschiedenen Jahreszeiten verschieden; im Winter übrigens am merklichsten. Während z. B. am 20. Januar 1838 ein zwei Fuß hoch über dem Erdboden aufgehängter Thermometer 16,25° C. unter Null zeigt, zeigte ein um 52 Fuß höher angebrachter Thermometer nur 8,25°. Als mittlere Differenz für 52 Fuß Höhe ergaben sich den angestellten Versuchen gemäß 5,5°. Die Differenz zwischen 2 und 5 Fuß Höhe ist oft noch bedeutender, denn sie betrug z. B. am 4. Januar 4°. Diese sonderbaren Thatsachen erklären die Anomalien, welche sich in der Wirkung der Kälte des lezten Winters auf die Bäume zeigten. In der Umgegend von Genf war nämlich eine große Menge der empfindlicheren Bäume bis auf eine Höhe von 4 bis 5 Fuß hinauf erfroren, während die oberen Aeste grün geblieben waren. (Echo du monde savant, 1838, No. 33.)

Desrivières's Drukerapparat für Jedermann.

Hr. Desrivières hat folgende Methode angegeben, nach welcher Jedermann seine Gedanken und litterarischen Erzeugnisse durch den Druk verbreiten kann. Man nimmt eine dünne ausgewalzte Bleiplatte oder eine Platte aus irgend einem anderen Metalle, legt sie auf einen flachen Körper, der selbst nur einen geringen Widerstand darbietet, und schreibt dann mit einem feinen Stifte mit weicher Spize so darauf, daß die Schriftzüge auf der Rükfläche der Platte Vorsprünge bilden. Wenn man dann die auf der einen Seite durch das Schreiben entstandenen Vertiefungen mit Gyps oder irgend einem anderen Kitte bleibend ausgefüllt hat, so kehrt man die Platte um, und legt sie auf eine feste harte Oberfläche. Man braucht sie dann nur mehr zu schwärzen, das befeuchtete Papier darauf zu legen, und wenn man keine Presse zur Verfügung hat, mit einer feinen Bürste darauf zu schlagen. (Mémorial encycl. August 1838.)

Amerikanische Methode Häuser zu versezen.

Hr. David Stevenson beschreibt in seinem neuesten Werke über die nordamerikanischen Bauten auch die Methode, welche man daselbst befolgt, um Häuser von einem Plaze auf einen anderen zu versezen. Das Civil Engineers and Architects Journal begnügt sich, aus dieser Beschreibung nur folgendes Wenige auszuziehen. „Das Haus, welches ich zu New-York versezen sah, war ganz aus

Baksteinen aufgeführt und hatte bei 50 Fuß Tiefe in der Fronte 25 Fuß Breite und mit den Dachstübchen 4 Stokwerke mit hohen Schornsteinen. Es sollte, um Raum für eine neue Straße zu gewinnen, um 14 Fuß 6 Zoll zurükgesezt werden. Der Unternehmer, Hr. Brown, sagte mir, daß, um dieß zu bewerkstelligen, im Ganzen gegen 5 Wochen Zeit erforderlich seyn würden; die ganze Versezung ward jedoch in 7 Stunden vollbracht! Er hatte die Operation für die Summe von 1000 Dollars oder 200 Pfd. Sterl. übernommen. Er versicherte mich ferner, daß er die Häuserversezung, die sein Vater zuerst bewerkstelligte, schon seit 14 Jahren treibe; daß er gegen 100 Häuser versezte, ohne daß sich je ein Unfall dabei ereignet hätte, und daß viele von diesen Häusern ganz aus Baksteinen gemauert waren.

Rubanhoffen's Dünger.

Ferdinand Rubanhoffen in Passey, rue basse, No. 27, hat die Bereitungsart eines von ihm erfundenen Düngers angegeben, den er besonders den Zukerfabriken und den in ihrer Umgegend befindlichen Landwirthen zu berüksichtigen empfiehlt, da die an vielen Orten beinahe werthlose Melasse den Hauptbestandtheil desselben bildet. Sein Verfahren wird im Recueil supplémentaire des Journal de l'Académie de l'industrie folgendermaßen angegeben. Man begießt einen Drittel Kubikfuß Aezkalk in einem Scheffel mit einem Pfund Wasser und dekt den Scheffel zu. Nach 6 Stunden, wo der Kalk abgelöscht ist, bildet man aus demselben mit 80 Liter (160 Pfd.) siedenden Wassers eine Kalkmilch, die man dann mit 100 Kilogr. Melasse vermengt. Dieses Gemenge rührt man endlich mit 20 Liter irgend eines thierischen Blutes ab, womit der Dünger fertig ist. Man erhält auf diese Weise für 14½ Fr. 175 Liter Dünger von 18° Dichtheit und 1,125 Kilogr. Schwere. Der Erfinder theilt nach den Versuchen, welche er mit seinem Dünger anstellte, die Bodenarten in folgende 5 Classen: 1) leichter Boden; 2) erschöpfter oder uncultivirter Boden; 3) sandiger Boden; 4) starker Boden; 5) Boden mit Kalksteinunterlage. Für die drei ersten Bodenarten soll man auf die oben angegebene Menge Kalkmilch und Blut 120 Kilogr. Melasse, für die beiden lezteren dagegen nur 90 Kilogr. nehmen. Um Weinstöke mit diesem Dünger zu begailen, soll man um sie herum Gruben von 3 bis 4 Zoll Breite und Tiefe machen und in diese den Dünger gießen. Wenn die Erde den Dünger eingesogen hat, soll man die Gruben wieder zumachen.

Einfluß der Eisenbahnen auf den Werth des Mastviehes.

Auf der London-Birmingham-Eisenbahn wurden kürzlich von drei Locomotiven auf ein Mal 1652 gemästete Hammel nach London geschafft. Die Eigenthümer sprachen ihre Ueberzeugung dahin aus, daß zwar der Transport dieser Thiere auf der Eisenbahn nicht wohlfeiler komme, als der gewöhnliche Trieb; daß aber der Werth derselben sich um 5 bis 7 Proc. höher stelle, als jener der getriebenen Schafe, und daß also der Vortheil auf Seite des Eisenbahntransportes immer ein bedeutender sey. — Die Viehzüchter in den Grafschaften Montgomery und Salop versicherten kürzlich gleichfalls, daß wenn sie ihr Mastvieh auf Eisenbahnen zu Markte schaffen könnten, der Werth eines jeden Mastochsen sich um ein Pfd. Sterl. höher stellen würde. (Civil. Eng. and Archit. Journal.)

Zur Statistik von Paris.

Nach einem Vortrage, den der Präfect der Seine vor einer Versammlung des Handelsstandes von Paris hielt, zählte Paris im J. 1836 nicht weniger als 909,126 Einwohner, während sich bei der lezten Zählung nur 774,000 ergaben. Die Zahl der Armen dagegen stieg nicht nur nicht in demselben Verhältniß, sondern sie hatte sich sogar gegen die lezte Zählung um 18,711 Individuen vermindert. Im Jahr 1831 betrugen die Steuerrollen von 44,726 Patentirten nur 5,550,561 Fr.; im J. 1836 betrugen sie bei 70,753 Patentirten 7,422,041 Fr.; im J. 1837 endlich bei 75,844 Patentirten 8,187,708 Fr. — Im J. 1830 wurden bei der Mauth in Paris Waaren im Werthe von 64,231,108 Fr. zur Ausfuhr declarirt; im J. 1836 stieg diese Summe auf 134,647,017 Fr., wogegen sie im J. 1837 wegen der amerikanischen Handelskrisis auf 94,065,280 Fr. herabfiel. Das Jahr 1838 verspricht günstiger zu werden, da schon im ersten Halbjahre für 51,305,304 Fr. ausgeführt wurden. — Die Accise, welche im J. 1830 nur 24,111,654 Fr. eintrug, war im J. 1836 auf 30,861,156 Fr. gestiegen; und das erste Halbjahr von 1838 zeigt gegen jenes des vorhergehenden Jahres ein Mehr von 539,032 Fr. — Im J. 1830 zählte man in 6 Freistätten 800 Kinder, und in 151 Unterrichtsanstalten 20,669 Kinder. Anfangs 1838 waren in 23 Anstalten ersterer Art 5225 und in 175 Anstalten lezterer Art 31,149 Kinder. Dazu kommen aber noch 524 Privatschulen mit 23,821 Zöglingen, so daß Paris dermalen 721 Anstalten für den Primärunterricht mit 59 655 Kindern zählt. Das Budget des Primärunterrichtes für Paris beläuft sich auf 832,970 Fr. — In die Sparkasse flossen im J. 1830 in 113,808 Einlagen 5,195,951 Fr.; im J. 1837 dagegen in 178,818 Einlagen 24,553,694 Fr.; im ersten Halbjahre von 1838 betrugen die Einlagen bereits 15,118,490 Fr. Ganz Frankreich zählt dermalen 248 Sparkassen, in welche seit deren Bestehen die Totalsumme von 288,710,186 Fr. eingelegt wurden! (France industrielle, 1838, No. 34.)

Literatur.

Musterblätter von Maschinenzeichnungen zum Gebrauch für Mechaniker, Gewerbschulen und Gewerbvereine von Hektor Rößler, Secretär des Gewerbvereins und Lehrer an der höheren Gewerbschule in Darmstadt, 1837; Verlag von C. W. Leske.

Von diesen Musterblättern, welche sich eben so sehr für den Gebrauch des praktischen Mechanikers als zu Vorlagen in Schulen eignen, da sie in der That mit aller Sorgfalt ausgearbeitet sind, erschienen bereits zwei Lieferungen, jede von 10 lithographirten Blättern nebst erläuterndem Text. Sie betreffen 1) Zapfenlager, offene und bedekte, für liegende und hängende Wellen; 2) Lagerpfannen für senkrecht stehende Wellen; 3) Pläuelstangen und Verbindungsstangen überhaupt; 4) Balanciers; 5) senkrechte Bewegung oder Mittel überhaupt, um eine vollkommen geradlinige, alternative Bewegung zu erzielen; 6) excentrische Scheiben; 7) Regulator (für Dampfmaschinen).

Technische Beschreibung der Eisenbahn von Nürnberg nach Fürth. Mit specieller Nachweisung der Anlage- und Unterhaltungskosten. Von Hektor Rößler, Secretär des Gewerbvereins etc. in Darmstadt. Nebst einem Atlas von 10 lithographirten Blättern in groß Folio. Darmstadt, 1837; Verlag von C. W. Leske.

Dieser Atlas über die Nürnberger Eisenbahn, welche sich bekanntlich durch ihren soliden Bau auszeichnet, enthält zwar nichts Neues, ist aber hauptsächlich deßhalb eine verdienstliche Arbeit, weil die Abbildungen in einem so großen Maaßstabe gegeben sind, daß jeder Werkmeister sich einen richtigen Begriff von dem Gegenstande machen und folglich ohne Anstand darnach arbeiten kann. Er enthält 1) den Situationsplan des Bahnhofs bei Nürnberg; 2) Bahnschiene und Sattel mit ihrer Befestigung auf den Steinblöken (in natürlicher Größe); 3) den Sattel bei dem Zusammenstoßen zweier Schienen (Flugsattel); den Sattel für die Schienen an Ueberfahrtsstellen; den Sattel für Verschiebung der Wechselschienen; den Sattel bei den Ausweicheplätzen; 4) den Sattel am Anfang und am Ende der Wechselschienen; 5) den Anfang einer Ausweichung; 6) die Kreuzung zweier Schienenreihen bei einer Ausweichung; 7) die Drehscheibe; excentrische Scheibe zur Bewegung der Wechselschienen; 8) die Vorrichtung an den Transportwägen, um die Stöße bei dem Anziehen und Aneinanderstoßen derselben zu verhüten; 9) die Abbildung der Eisenbahn selbst, und der Dampfwagen nebst ihren Tenders.

Polytechnisches Journal.

Neunzehnter Jahrgang, zweiundzwanzigstes Heft.

LVII.

Verbesserungen an den Dampfkesseln, worauf sich William Gilman, Ingenieur von Bethnal-green in der Grafschaft Middlesex, am 17. Aug. 1837 ein Patent ertheilen ließ.

Aus dem London Journal of arts. Septbr. 1838, S. 349.

Mit Abbildungen auf Tab. IV.

Die unter gegenwärtigem Patente begriffenen Erfindungen lassen sich in fünf verschiedene Abschnitte bringen. Sie betreffen nämlich: 1) einen neuen oder verbesserten Bau der Kammern, aus denen der Dampfkessel oder Dampferzeuger besteht, und in denen das Wasser in Folge ihrer eigenthümlichen Einrichtung während des Siedens circuliren muß. 2) einen verbesserten Bau der Dampfkessel, gemäß welchem die einzelnen schmalen Kammern, aus denen der Kessel zusammengesezt ist, mit Fächern, die unter der Linie der Roststangen anzubringen sind, ausgestattet werden, damit diese Fächer den sich bildenden Bodensaz aufnehmen. Es soll hiedurch dem Verbrennen der Böden der Kammern, welches bekanntlich Statt findet, wenn sie über dem Feuer angebracht und der directen Einwirkung desselben ausgesezt sind, vorgebeugt werden. 3) eine Verbesserung an den Metallplatten, die man zum Baue der aus schmalen Kammern zusammengesezten Dampfkessel oder Dampfgeneratoren verwendet. Diese Verbesserung besteht in einem solchen Auswalzen der Platten, daß sie an jenen Stellen, an denen die Löcher für die Nieten ausgeschlagen zu werden pflegen, und an denen sie also eine Schwächung erleiden, eine Verdikung und mithin eine größere Stärke bekommen. 4) eine verbesserte Einrichtung der Cylinder und der Ventile jener Dampfmaschinen, in denen der Dampf ausdehnungsweise arbeitet; d. h. an denen der Dampf mit hohem Druke in einen Cylinder eintritt, um, nachdem er in diesem seine Kraft auf den Kolben ausgeübt hat, in einen anderen Cylinder von größeren Dimensionen zu entweichen, und in diesem seine Kraft auf einen anderen Kolben auszuüben. Die Cylinder werden der neuen Methode gemäß innerhalb einander angebracht, und sämmtliche Kolbenstangen mit einem einzigen Querhaupte verbunden. Die Schiebventile betreffend ist für eine Einrichtung gesorgt, bei der die Dampfwege sämmtlicher Cylinder gleichzeitig geöffnet und geschlossen werden. 5) endlich Verbesserungen an der nach dem Principe der sogenannten Barker'schen Mühle arbeitenden rotirenden Dampfmaschine.

Was nun die in den ersten Abschnitt gehörende Erfindung, nämlich den Bau eines Kessels betrifft, bei welchem das der Einwirkung des Feuers ausgesezte Wasser in neben einander angebrachten Kammern circulirt, so sieht man in Fig. 51 eine dieser Kammern in einem senkrechten Durchschnitte, während Fig. 52 einen Theil eines derlei Dampfkessels in einem Endaufrisse zeigt. Diese Kammern bestehen aus zwei parallelen Seitenwänden a,a, von denen in Fig. 51 die eine weggelassen ist, um das Innere sichtbar werden zu lassen, und aus den Randstüken C,C, welche durch Nieten oder Bolzen fest damit verbunden sind. Zwischen den beiden Seitenwänden befinden sich die Zwischenstüke B,B, und sowohl durch erstere als durch leztere gehen die Nieten c,c,c, welche das Ganze so fest zusammenhalten, daß es dem in dessen Innerem entstehenden Druke zu widerstehen vermag. Die diagonale oder schräge Stellung der Zwischenstüke B,B bewirkt, daß der in den Zwischenräumen erzeugte Dampf in der Richtung der Pfeile in den senkrechten Canal D emporsteigt. Bei diesem Emporsteigen an die Oberfläche gibt er das überschüssige Wasser, welches er mit sich führt, ab; und da dieses Wasser in dem absteigenden Canale E zurükfließt, so ergibt sich, daß eine fortwährende Circulation des Wassers innerhalb der Kammern Statt findet. F ist die Röhre, durch welche die Kammern von dem mit der Speisungspumpe in Verbindung stehenden Gefäße G her ihren Wasserzufluß erhalten. Dieses Gefäß kann irgend eine entsprechende Gestalt haben, und die Kammern lassen sich längs ihm auf die aus Fig. 52 ersichtliche Weise reihen. Die Kammern sind auf die gewöhnliche Weise durch Röhren verbunden; wenn sie hingegen einander kreuzen, wie z. B. in dem Aufrisse, Fig. 53, zu ersehen ist, so sind sie abwechselnd auf der einen oder anderen Seite mit den Gefäßen G,G verbunden. Man kann die Kammern übrigens aber auch in zwei geschiedenen Reihen anbringen, wie dieß in dem Aufrisse, Fig. 54, angedeutet ist. Die Röhre H leitet den in den Kammern erzeugten Dampf in einen Dampfbehälter, mit dem alle die einzelnen Kammern in Verbindung stehen.

Der Patentträger bindet sich bei dem Baue dieser Art von Kessel nicht an die flachen parallelen Seitenplatten, indem die Zwischenräume eben so gut auch cylindrisch oder oval seyn können. Diesen Zwek erreicht man z. B., wenn man die Platten mit Modeln oder auf irgend andere Weise in Falten legt, und die gegenüberliegenden Erhöhungen oder Grate zusammennietet; oder wenn man die Platten zum Theil faltet und dann Zwischenplatten dazwischen bringt.

Auch der Winkel, unter dem der Scheitel und der Boden der Kammern an die Seitenwände stoßen, ist kein bestimmter, da die Kammern vierekig und die in ihnen befindlichen Zwischenstüke unter dem erforderlichen Winkel gestellt seyn können. Man kann diese Zwischenstüke, anstatt ihnen eine Neigung gegen die senkrechten Canäle D, E zu geben, auch unter einem rechten Winkel mit diesen laufen lassen, in welchem Falle dann die zur Bewirkung der Circulation nöthige Neigung dadurch erzielt wird, daß man den Kammern selbst eine Neigung gibt. Man kann ferner die Kammern ganz mit Wasser gefüllt erhalten, und die Scheidung des Dampfes von dem Wasser in einem eigenen Gefäße vor sich gehen lassen; in welchem Falle dann das in diesem Gefäße abgesezte Wasser durch eine Röhre in die Speisungskammer G zurükfließen könnte, um zur Speisung des senkrechten Canales E und der damit verbundenen Räume verwendet zu werden. Endlich kommt noch zu bemerken, daß die Kammern, wie gesagt, entweder aus Metallplatten gebaut, oder auch mit Ausnahme des senkrechten Canales E aus einem Stüke gegossen werden können. Dieser Canal muß nämlich nach der ganzen Länge der Kammer offen bleiben, damit man, nachdem die Oeffnungen an den Enden gegossen worden, den Kern herausnehmen kann. Der Schluß wäre dadurch zu bewirken, daß man auf die an jedem Ende des offenen Canales befindlichen Randvorsprünge ein entsprechendes Metallstük bolzt.

Der zweite, den Bau der Dampfkessel betreffende Theil der Erfindung erhellt aus Fig. 55, wo ein Theil eines Kessels mit einer anderen Art von Kammer in einem senkrechten Querdurchschnitte abgebildet ist, während man in Fig. 56 einen zwischen einem Kammerpaare genommenen Längendurchschnitt durch den Kessel sieht. Das Neue an diesen Kammern ist hauptsächlich darin gelegen, daß sie sowohl am oberen, als am unteren Ende eine Erweiterung haben, und daß hiedurch, wie Fig. 55 zeigt, der Boden und der Scheitel des Feuerzuges d,d gebildet wird. Die obere Erweiterung e,e bildet zugleich eine Wasser- und Dampfkammer, die irgend eine erforderliche Höhe haben kann, während die untere Erweiterung f eine Kammer für den Bodensaz bildet, welche sich unter den Roststangen befindet, und welche folglich der directen Einwirkung des Feuers nicht ausgesezt ist. Jede dieser Erweiterungen ist zum Behufe der Reinigung entweder an dem einen oder an beiden Enden mit entsprechenden Einsteiglöchern zu versehen. Man kann übrigens auch die unteren Löcher mit Röhren ausstatten, und diese mit einer gemeinschaftlichen, zum Ausblasen bestimmten Röhre in Verbindung bringen. Die Seitenwände der Kammern sind, damit sie dem Druke zu widerstehen vermögen, wie aus dem Durchschnitte, Fig. 55, erhellt, durch eine sogenannte lange Vernietung zusammengenietet; sie können entweder flach und eben oder gewölbt und zwischen den Nietenlinien gefaltet seyn, wie man dieß an den partiellen Kesseldurchschnitten, Fig. 58 und 59, sehen kann. Wenn man es für gut findet, so kann man die Kammern an ihren schmalen Seiten durch querlaufende Feuerzüge, die man in Fig. 56 bei g, g angedeutet sieht, von einander trennen. Bei dem Baue des Kessels selbst kann man der größeren Bequemlichkeit wegen die Kammern zuerst in einzelnen Stüken verfertigen und aus diesen dann den vollkommenen Kessel zusammensezen. Bestünden die Kammern aus zwei Stüken, so könnte man in der unteren Erweiterung ein Zwischenstük anbringen, und zwar so, daß nur an dem oberen Theile eine Communication mit der anderen Hälfte bleibt. In diesem Falle würde das zur Speisung dienende Wasser zuerst in die hintere Hälfte der Kammern gelangen, während die vordere Hälfte dadurch gespeist würde, daß das Wasser aus einer Kammer in die andere überfließt, indem an dem oberen Theile durch die Dampf- und Wasserkammer eine freie Communication besteht. Die obere Erweiterung einer jeden Kammer kann entweder in einer geraden horizontalen Linie oder auch in einer Curve bis über die Feuerstelle hinaus geführt werden, wie dieß in Fig. 56 bei h, h angedeutet ist. Ebenso läßt sich auch die untere Erweiterung unter den Roststangen fortführen.

Jede der Kammern ist mit einer Röhre P, Fig. 56, versehen, die den Dampf in eine Dampfkammer H leitet, aus der er dann in die Maschine gelangt. Das Wasser wird durch eine gemeinschaftliche Röhre, von welcher Röhrenarme an jede einzelne Kammer auslaufen, eingeführt. Was übrigens die Form des Wasserbehälters oder die Verbindungsweise der Kammern unter einander, oder die Verbindung der Speisungsröhre mit den Kammern anbelangt, so bindet sich der Patentträger an keine bestimmte Methode. Auch bemerkt er, daß die Stellung des Kessels eine solche seyn soll, daß jede Kammer, im Falle sie einer Ausbesserung bedarf, durch einfache Abnahme ihrer Speisungs- und Dampfröhren herausgenommen und durch eine andere ersezt werden kann, ohne daß die übrigen Kammern deßhalb irgend eine Störung erdulden. Die ganze Reihe von Kammern soll durch lange Bolzen, welche von einer Seite des Kessels bis zur anderen laufen, und an deren Enden man, nachdem sie durch Öhren, welche sich an den beiden äußersten Kammern befinden, gegangen, Muttern anschraubt, gehörig zusammengehalten werden.

Eine Modification dieser Art von Kessel sieht man aus dem Querdurchschnitte Fig. 57. Die Kammern des Kessels haben hier parallele Wände und können irgend eine beliebige Länge, Höhe und Dike haben. Sie sind am Scheitel und am Grunde gegen die obere und gegen die untere Kammer e, f, welche beide mit sämmtlichen mittleren Kammern i, i verbunden sind, offen. Die oberen und unteren Ränder der Seitenwände der mittleren Kammern sind durch ein im Winkel gebogenes Eisen so miteinander verbunden, daß die Eisen der gegenüberliegenden Wände zweier Kammern sowohl oben als unten etwas über einander zu liegen kommen, und wenn sie vernietet worden, Scheitel und Boden der Feuerzüge a, a, a bilden. Wollte man den Feuerzügen eine größere Weite geben, als bei der Anwendung der erwähnten Winkeleisen thunlich ist, so könnte man zur Verbindung der im Winkel gebogenen Theile auch eine aufgenietete Platte benuzen. Um aus einem Aggregate solcher Kammern einen vollkommenen Kessel zu bilden, hat man oben und unten nur eine halbcylindrische oder auch anders geformte Kuppel aufzunieten, wie man in Fig. 57 sieht; denn dann ist sowohl für den Dampf als für den Bodensaz eine eigene Kammer gebildet. Der Ofen läßt sich eben so wie der in Fig. 56 abgebildete dadurch bilden, daß man die Dampfkammer über die Roststangen hinaus reichen läßt, und die äußeren Kammern weiter gegen die Fronte vor führt. Man kann, um einen vollkommenen Kessel zu bilden, entweder eine hinreichende Anzahl der beschriebenen Kammern miteinander verbinden; oder man kann mehrere solcher verbundener Kammern neben einander reihen, gleichwie dieß bei den mehr einfachen Kammern, Fig. 55, der Fall ist. Das Wasser wird auf irgend eine für zwekmäßig erachtete Weise von einem Behälter her geliefert; der Dampf dagegen wird seinem Behälter zugeführt.

Der dritte Theil der Erfindung, welcher die Bildung der zu den Dampfkesseln, Dampfgeneratoren und Dampfbehältern bestimmten Metallplatten betrifft, erhellt aus Fig. 60 und 61. Leztere Figur ist ein Durchschnitt einer Eisen- oder Kupferplatte, an welcher beim Auswalzen Rippen oder Erhöhungen erzeugt wurden, deren gegenseitige Entfernung, Breite und Dike durch den Druk bedingt ist, den die Platte wahrscheinlich auszuhalten haben dürfte. Diese Rippen werden, wenn zwei parallele Oberflächen auf die aus Fig. 58 und 59 ersichtliche Weise zusammengenietet werden, oder wenn ihre Vereinigung durch kurze Nieten zu geschehen hat, den Nieten mehr Halt geben, als dieß an den gewöhnlichen Metallplatten der Fall ist. Wollte man zwei parallele Platten, gleichviel, ob die zwischen ihren Rippen befindlichen Theile eben oder gewölbt sind, durch Schweißung miteinander verbinden, so müßte man die Rippen zweier derlei Platten miteinander in Berührung bringen, sie in solcher erhalten, während man die Platten in einem entsprechenden Ofen bis zur Schweißtemperatur erhizt, und dann die Schweißung durch den Druk eines Walzenpaares oder einer anderen geeigneten Vorrichtung vollbringen. Fig. 61 ist ein Durchschnitt einer buchtigen oder gefalteten Metallplatte mit ausgebauchten Zwischenräumen, an der die dikeren Stellen mit a, a bezeichnet sind. In Fig. 58 sieht man einen Theil einer Kammer, welche aus solchen Platten zusammengesezt worden ist.

Die erste der die Dampfmaschinen selbst betreffenden Erfindungen bezieht sich auf jene Art von Maschinen, an denen der Dampf ausdehnungsweise arbeitet, oder die nach dem Principe der Woolf- und Edward'schen Expansionsmaschine mit Doppelcylindern gebaut sind. Die Ventile und Röhren erhalten hiedurch eine bedeutende Vereinfachung, abgesehen davon, daß auch an dem Raume, den die Maschine zu ihrer Aufstellung erheischt, bedeutend erspart wird. Die Cylinder sollen dieser Einrichtung gemäß innerhalb einander angebracht und dabei ihre Dampfwege so geordnet werden, daß es nur eines einzigen Ventiles bedarf, um den Dampf in dem ersten Cylinder über und unter dem Kolben eintreten, hierauf in dem größeren oder äußeren Cylinder an den Boden oder Scheitel des Kolbens gelangen, und endlich aus dem zweiten Cylinder in den Verdichter oder nöthigen Falles noch in einen anderen Cylinder entweichen zu lassen. Fig. 62 ist ein horizontaler Durchschnitt durch die beiden Cylinder, woraus sowohl deren Stellung, als auch jene des Schiebventiles, durch welches die Ein- und Auslaßcanäle verändert werden, erhellt. Fig. 63 ist ein senkrechter Durchschnitt durch die Cylinder nach der in Fig. 62 angedeuteten Linie a, b; und Fig. 64 ist ein ähnlicher Durchschnitt nach der Linie c, d. Der erste oder innere Cylinder A ist von einem äußeren Cylinder B umgeben, der seinerseits mit einem Gehäuse oder Mantel C, C ausgestattet ist. Der Kolben D des inneren Cylinders ist von gewöhnlicher Art und auch auf die herkömmliche Weise durch seine Kolbenstange mit dem Querhaupte verbunden. Der Kolben E des äußeren Cylinders dagegen muß eine ringförmige Gestalt haben, wie Fig. 63 zeigt, und auch an seiner inneren Seite mit einer Liederung versehen seyn, die sich an der äußeren Oberfläche des Cylinders A reibt. Dieser ringförmige Kolben hat zwei oder mehrere Kolbenstangen P, P, die an dasselbe Querhaupt geschirrt sind, wie die Kolbenstange des inneren Cylinders. Die Kraft wird auf solche Art concentrirt und läßt sich mithin auch besser anwenden, als wenn man mit den Kolbenstangen zweier von einander getrennter Cylinder zu thun hat. Beide Cylinder haben eine gemeinschaftliche Bodenplatte F und auch einen gemeinschaftlichen Dekel G; die Gefüge müssen jedoch sehr genau abgeschliffene Oberflächen haben, damit Alles ganz gut zusammen paßt. Der Mantel des äußeren Cylinders ist dazu bestimmt, die Temperatur in demselben zu erhalten, und dadurch die Ausdehnung des inneren Cylinders auszugleichen.

An dem senkrechten Durchschnitte, Fig. 64, bemerkt man das Ventil H und die abwechselnden Ein- und Auslaßcanäle a,a und b,b. Ein Blik auf die Zeichnung wird sowohl dieses Ventil als auch dessen Spiel verständlich machen. Der Cylinder A wird von dem Ventilsize oder von der Dampfbüchse her auf die herkömmliche Weise mit Dampf gespeist; c ist die von dem Kessel herführende Dampfröhre. Das Ventil H hat zwei Wege, von denen der eine d den Dampf aus dem Cylinder A in den größeren Cylinder B leitet, während der andere e den Dampf aus dem Cylinder B in die Auslaßröhre L leitet. Das Spiel dieses Ventiles dürfte für keinen Praktiker einer weiteren Erläuterung bedürfen.

Der Patentträger besteht nicht darauf, daß nur zwei Cylinder concentrisch innerhalb einander angebracht werden; er schlägt vielmehr vor, sich dreier concentrischer Cylinder zu bedienen, wenn die Kraft vom Anfange bis zum Ende des Hubes besser ausgeglichen werden soll, als dieß mit zwei Cylindern möglich ist, besonders wenn kein Schwungrad gehörig angebracht werden kann. In diesem Falle findet ein Theil der gewünschten Ausdehnung des Dampfes im zweiten, die volle Ausdehnung aber erst im dritten Cylinder Statt. Es versteht sich von selbst, daß hier zwei ringförmige Kolben und drei Reihen von Dampfwegen, die auf die aus der Zeichnung ersichtliche Weise vom Boden und Scheitel der drei Cylinder ausgehen, erforderlich werden. Ein einziges Ventil reicht auch bei dieser Einrichtung aus, nur muß dasselbe drei Leitungswege besizen, die ebenso angeordnet sind wie die Wege des oben beschriebenen Ventiles. Anstatt zweier Stangen kann man an jedem der ringförmigen Kolben eben so gut auch vier anbringen, die dann an ein mit Armen ausgestattetes Querhaupt geschirrt werden müssen, wie dieß aus Fig. 65 erhellt. Wären drei Cylinder vorhanden, so müßten die Arme des Querhauptes nothwendig so verlängert werden, daß auch die Kolbenstangen des zweiten ringförmigen Kolbens damit verbunden werden könnten. Was die Fixirung des inneren Cylinders anbelangt, so bindet sich der Patentträger hierin an keine Vorschrift, so wie man auch die Boden- und Dekelplatte für jeden einzelnen Cylinder aus einem eigenen Stüke bestehen lassen kann.

Eine weitere Erfindung und Verbesserung betrifft die nach dem Principe der sogenannten Barker'schen Mühle arbeitende rotirende Dampfmaschine, oder vielmehr jene Maschine, die in älterer Zeit schon von Hero und in neuerer von Avery empfohlen wurde. Die Bewegung wird hier erzielt durch die Reaction des Dampfes, welcher frei aus Oeffnungen, die sich im Umfange einer Trommel oder eines Rades befinden, oder aus den Enden röhrenförmiger, unter rechten Winkeln gegen einander gestellten Armen ausströmt. Fig. 66 ist ein senkrechter Querdurchschnitt der neuen Maschine nach der in dem senkrechten Längendurchschnitte, Fig. 67, durch Punkte angedeuteten Linie e,f. A,B sind die beiden Räder, aus denen die Maschine besteht, und welche an gesonderten Wellen aufgezogen sind. Das Rad B ist an der hohlen Welle g fixirt, die in dem Gestelle der Maschine in entsprechenden Zapfenlagern läuft, und deren Ende auf irgend eine der üblichen Verkuppelungsmethoden mit der Dampfzuführungsröhre verbunden ist. Die Welle leitet den Dampf in die Mitte des Rades B, von wo aus er dann durch die Canäle i,i, Fig. 66, in den ringförmigen, am Umfang des Rades befindlichen Canal h,h vertheilt wird. Aus diesem Ringe strömt der Dampf durch die an dessen Umfang angebrachten Oeffnungen k,k aus, wobei er die Flügel oder Schaufeln l,l des zweiten Rades A trifft, so daß also dieses Rad A in einer dem Rade B entgegengesezten Richtung umgetrieben wird. Das äußere Gehäuse r,r ist mit einer Röhre s versehen, durch welche der verbrauchte Dampf austritt. Da bereits von Anderen verschiedene Arten umlaufender Arme, Trommeln und Räder vorgeschlagen und angewendet wurden, so bindet sich der Patentträger an keine bestimmte Form des Dampfrades B. Er erklärt vielmehr ausdrüklich, daß seine Erfindung lediglich in der Anwendung des concentrischen Rades A, dessen Ring sich in derselben Ebene bewegt wie das Dampfrad, beruht. Dieser Ring ist mit den Flügeln oder Schaufeln ausgestattet, deren Stellung deutlich aus Fig. 66 erhellt.

Das Spiel dieser Maschine ist folgendes. Der frei bei den Oeffnungen b ausströmende Dampf theilt dem umlaufenden Körper, aus dem er ausströmt, nur einen Theil seiner Geschwindigkeit mit, woraus denn folgt, daß die nicht mitgetheilte Geschwindigkeit ebenso verwendet werden kann, wie Dampf, der mit einer gleichen Geschwindigkeit aus einer unbeweglichen Mündung ausströmt. Diese Geschwindigkeit wird nun benuzt, um das concentrische Flügelrad in Bewegung zu sezen, und zwar in einer den Austrittsmündungen entgegengesezten Richtung. Diese Bewegungen werden mittelst irgend eines der bekannten Mechanismen in der Haupttreibwelle F combinirt, wie dieß z. B. in Fig. 67 durch Riemen und Trommeln geschieht.

Fig. 68 zeigt eine Modification der verbesserten rotirenden Dampfmaschine. Dieser gemäß läuft das concentrische Flügelrad frei an der Achse oder Welle des Dampfrades, und die Bewegungen beider Räder A,B sind mittelst der drei Winkelräder m,n,o combinirt. Das Rad m ist an der Nabe des Flügelrades fixirt. Das Zwischenrad n läuft an einem Zapfen und ruht mit seiner Welle in einem an dem Gestelle befestigten Träger. Das dritte Rad o endlich ist an der Welle des Dampfrades fixirt. Die Kraft der beiden Räder A,B wird also in der Treibwelle F combinirt und concentrirt, und von dieser durch ein Treibband, einen Rigger oder irgend eine andere taugliche Vorrichtung weiter fortgepflanzt.

In Fig. 69 sieht man die eben beschriebene Modification in horizontaler Stellung angewendet. Die hohle Welle g des Dampfrades B läuft durch eine andere hohle Welle, an der das Flügelrad A aufgezogen ist. Die Bewegungen dieser Wellen und deren Kraft sind auf die oben beschriebene Weise mittelst dreier Winkelräder in der Treibwelle F concentrirt. Diese Maschine ist auch in solchen Fällen anwendbar, wo Wasser die Triebkraft bildet; denn wenn das Wasser, nachdem es wie an der Barker'schen Mühle durch Oeffnungen von gehörigen Dimensionen ausgetreten, auf die Flügel des concentrischen Rades fällt, so wird dieß ebenso umgetrieben werden, wie es in dem zuerst beschriebenen Falle durch Dampf getrieben wurde.

In Fig. 70, 71 und 72 sieht man verschiedene Formen von Flügeln und deren Stellung in dem Ringe des Rades A. Die Zeichnungen sind so deutlich, daß es keiner Beschreibungen bedarf. Wünschenswerth ist es, daß die Ränder der Flügel der austretenden Flüssigkeit dargeboten werden, wie dieß aus Fig. 66 erhellt. Der Ausschnitt, in den die Flügel eingesezt werden, kann entweder die Gestalt eines Viereckes haben, wie z. B. in Fig. 67; oder man kann ihm irgend eine winkelige, Fig. 68 und 69, oder eine krummlinige Form geben.

Eine fernere Verbesserung der rotirenden Maschinen beruht auf einer Verbindung der oben in Hinsicht auf die ausdehnungsweise arbeitenden Maschinen angegebenen Verbesserungen mit dem Principe der rotirenden Maschinen. Fig. 73 zeigt eine demgemäß eingerichtete Maschine in einem Längendurchschnitte. Das luftdicht schließende Gehäuse I,I ist durch die Scheidewände P,P in mehrere, mit 1, 2, 3 bezeichnete Kammern abgetheilt, und in jeder dieser Kammern ist an der Hauptwelle F ein dem oben beschriebenen ähnliches oder auch anders gebautes Dampfrad B aufgezogen. Jedes dieser Räder hat einen hohlen Halsring g, der sich in den entsprechenden Scheidewänden in kegelförmigen Anwellen bewegt. Diese hohlen Halsringe leiten den Dampf aus den Kammern in das Innere der Räder. Der in der Röhre K herbeiströmende Dampf tritt in die Mitte des Rades in Nr. 1 ein, und entweicht durch die am Umfange dieses Rades befindlichen Löcher in die Kammer Nr. 1, die hiedurch zum Dampfbehälter für das in Nr. 2 befindliche Rad wird. Ebenso wird die Kammer 2 zum Dampfbehälter für das Rad in Nr. 3, und so fort durch alle Kammern, welche die Maschine zählt. Diese Zahl leidet nur durch den Druk des Dampfes im Kessel und durch das Verhältniß, welches in der Differenz des Dampfdrukes in den verschiedenen Kammern besteht, eine Beschränkung.

Der Patentträger bemerkt, daß aus der beschriebenen Verbindung einer Reihe von Kammern und Rädern kein Vortheil erwachsen würde, wenn die Oeffnungen sämmtlicher Räder gleichen Flächenraum hätten. Der Vortheil ergibt sich vielmehr erst dann, wenn man diesen Flächenraum an den auf einander folgenden Rädern so regelt, daß in dem Druke, den der Dampf in den verschiedenen Kammern hat, eine bestimmte Differenz besteht und unterhalten wird; und wenn man so viele Räder und Kammern miteinander in Verbindung bringt, daß die Expansivkraft des Dampfes gänzlich erschöpft ist, bevor derselbe in die atmosphärische Luft oder in den Verdichter entweicht. Gesezt z. B., daß die Röhre K Dampf liefere, dessen Druk 80 Pfd. auf den Zoll beträgt; daß die Differenz des Drukes in den einzelnen Kammern 10 Pfd. ausmache, und daß 8 Kammern vorhanden sind, so erhellt offenbar, daß mit jeder Verminderung des Drukes durch die Ausdehnung auch eine entsprechende Zunahme im Volumen Statt finden wird; und daß der Uebergang dieses größeren Volumens aus einer Kammer in die andere, während gleichzeitig das angegebene Differenzverhältniß des Drukes beibehalten würde, gänzlich von der gehörigen Regulirung der Oeffnungen bedingt wäre. Ist diese Regulirung erzielt, so muß nothwendig durch die ganze Reihe von Kammern die Geschwindigkeit eine gleichförmige bleiben. Nimmt man demnach an, daß sich der Dampf in demselben Verhältnisse ausdehne wie die atmosphärische Luft, und daß der Druk des Dampfes in der lezten Kammer durch Ausdehnung auf 10 Pfd. per Zoll vermindert worden, so hat sich das Volumen des Dampfes im Vergleiche mit dem ursprünglichen Volumen um das Achtfache vergrößert; woraus dann folgt, daß die Oeffnungen des lezten Rades acht Mal mehr Flächenraum haben müssen, als jene des ersten der acht Räder, und daß deren Reactionskraft folglich auch acht Mal so groß seyn wird. Da die Ausdehnung in der ersten Kammer beginnt und durch die ganze Kammerreihe fortwährt, so wird der Gesammtbetrag der erzielten Kraft, nach dem Verhältnisse der atmosphärischen Ausdehnung berechnet, beiläufig 2⅔ Mal soviel betragen, als wenn der Dampf nur durch ein einziges Rad geströmt wäre. Zu bemerken kommt nur noch, daß man die Kraft noch erhöhen kann, wenn man in jeder der Kammern an der Hauptwelle ein Flügelrad A, A aufzieht, und sich dann der bei Fig. 68 beschriebenen Steuerung bedient.

LVIII.

Ueber eine verbesserte Methode die Platten der Kessel für Dampfmaschinen zusammenzufügen. Von Hrn. W. Ettrick in Sunderland.

Aus dem Mechanics' Magazine, No. 782.

Mit Abbildungen auf Tab. IV.

Während die Dampfmaschine und deren Kessel jährlich, ja man kann sagen täglich Verbesserungen erfahren, ist es wirklich merkwürdig, daß die übliche, höchst unvollkommene, einen Verlust an Material und Stärke bedingende Methode, die Kesselplatten zusammenzufügen, beinahe ganz außer Acht gelassen wurde. In der That wüßte ich nicht, daß mit Ausnahme einer Abhandlung, welche ich vor zwei Jahren vor der British Association vortrug, die aber noch immer nicht im Druke erschienen ist, irgend etwas über diesen Gegenstand bekannt gemacht worden wäre. Da mir einige Zeit darauf einige weitere Verbesserungen beifielen, so erlaube ich mir, sie selbst dem Publicum zu unterstellen.

Meine Verbesserung beruht nun darauf, daß ich an den Rändern der Platten, an denen das Metall durch das Ausschlagen der Löcher so sehr geschwächt wird, Vorsprünge anbringe, damit das Metall in seiner ganzen Ausdehnung von gleicher Stärke bleibe. Jedem Sachverständigen muß bereits die große Schwächung, die durch das Ausschlagen einer so großen Metallmenge nothwendig eintreten muß, aufgefallen seyn; eine Zeichnung wird dieß übrigens aber auch für Jedermann anschaulich machen. Wenn nämlich Fig. 29 eine Eisenplatte ist, deren Theile A, B, um eine gleiche Stärke zu erzielen, eine größere Dike haben, als die übrigen Theile, so wird sie, wenn man sie an beiden Enden aus einander zu reißen sucht, an keiner Stelle leichter nachgeben, als an den anderen. Wenn man aber bei a und b ein oder mehrere Löcher in dieselbe schlägt, so wird die Platte unter der Einwirkung der Gewalt an einer dieser Stellen zerreißen. Dieser Fall tritt nun gerade an den Platten der Dampfkessel ein; denn an diesen wird, nachdem die Platte in der Linie x, y entzwei geschnitten worden, das Loch der einen Hälfte b auf das Loch der anderen Hälfte a gelegt, wo man dann beide Theile mittelst eines Nietnagels an einander befestigt. Man kann dagegen den Platten dessen ungeachtet gleiche Stärke geben, wenn man ihnen an den Rändern mehr Metall gibt, als in der Mitte.

Die Form, welche eine derlei Platte darbieten würde, erhellt deutlich aus Fig. 25, wo A,B,C,D die beiden Ränder sind, durch welche die Nietenlöcher geschlagen worden. Es erhellt, daß hier blos die Ränder der beiden längeren Seiten verdikt sind; allein, wenn die Kessel von bedeutendem Durchmesser sind, so dürfte es besser seyn, auch den beiden andern Rändern eine größere Dike zu geben, wie dieß in Fig. 26 zu sehen ist.

Leute, die in der Mechanik keine Praxis und Erfahrung besizen, dürften wohl die Frage aufwerfen, wozu es nüze, Formen anzugeben, die entweder unausführbar sind, oder die sich wenigstens nicht so leicht herstellen lassen, daß der Künstler bei deren Anwendung mit den bekannten Methoden concurriren könnte? Darauf erwiedere ich, daß sich Kesselplatten, deren gegenüberliegende Ränder verdikt sind, ebenso leicht auswalzen lassen wie Platten, die keine solche Verdikung besizen. Es bedarf hiezu nichts weiter, als daß man an den beiden Enden der Walzen ein kleines Stük von diesen abschneidet. Eine Walze dieser Art ist in Fig. 27 angedeutet, wo C,D den diksten Theil der Walze, die den dünnsten Theil der Platte zu bilden hat, und A,B die dünneren zur Bildung der Verdikungen bestimmten Theile vorstellt, während x,y die beiden Wellzapfen sind. Wenn die Platten rings herum an allen vier Rändern Verdikungen bekommen sollen, so muß die Walze etwas abgeändert werden; auch ist dann von Seite des Arbeiters beim Einlegen der Platte unter die Walze viel größere Sorgfalt nöthig, was sich jedoch jeder Arbeiter bei einiger Uebung leicht anzueignen wissen wird. In Fig. 28, wo eine Walze dieser Art abgebildet ist, ist C,D deren höchster Theil, der den dünnsten Theil der Platte zu erzeugen hat; A,B sind die zum Behufe der Erzeugung der Ränder. A,B,C,D weggeschnittenen Theile; x,y sind die Wellzapfen, an denen die Walze läuft. Der einzige Unterschied zwischen dieser Walze und der in Fig. 27 abgebildeten besteht darin, daß der Theil E,G hier so weit ausgeschnitten ist, daß dessen Boden mit den Theilen A,B gleiches Niveau hat. Dieser Ausschnitt dient zur Erzeugung der verdikten Endränder der in Fig. 26 ersichtlichen Platte A,B,C,D. Es versteht sich hienach von selbst, daß der Durchmesser dieser Walze so bestimmt seyn muß, daß der Ausschnitt E,G die beiden Ränder in der gewünschten Entfernung bildet. Der Umfang der Walze ohne den Ausschnitt E,G muß hienach der Länge des dünnen Theiles der Platte gleichkommen.

LIX.

Nachträgliches über Wm. Bell's Verbesserungen in der Dampferzeugung. 50)

Aus dem Scotsman im Mechanics' Magazine, No. 783.

Hr. Bell hat zur Erprobung des von ihm aufgestellten Principes in kleinem Maaßstabe eine Reihe von Versuchen vorgenommen, aus denen stets hervorging, daß bei Anwendung der heißen Luft eine stärkere Verdampfung Statt fand. Gleiche Resultate ergaben sich bei jenen Versuchen, welche Dr. Fyfe auf den Wunsch des Patentträgers in etwas größerem Maaßstabe und mit einem ganz anders gebauten Apparate, nämlich mit einem kleinen Dampfwagenkessel, durch dessen Mitte Feuerzüge führten, anstellte. In neuester Zeit endlich wurden von demselben Chemiker in der Fabrike des Hrn. Morton längere Versuche mit einem Kessel einer Maschine von 8 Pferdekräften, durch dessen Mitte ein Feuerzeug führte, und der auch mit Feuerzügen umgeben war, vorgenommen. Die Resultate wechselten je nach Umständen. Im ungünstigsten Falle betrug die Ersparniß an Brennmaterial, wenn heiße Luft durch den Kessel getrieben wurde, immer noch 17 Proc.; im Allgemeinen kann man jedoch auf eine Ersparniß von 20 bis 30 Proc. rechnen, was also eine Durchschnittszahl von 23 Proc. gibt. An dem lezten Apparate, womit diese Resultate erzielt wurden, befand sich unmittelbar hinter dem Feuer ein eiserner Kasten, der vorne mit einem kreisrunden Gebläse in Verbindung stand, so daß die Luft durch dieses in den Kasten getrieben wurde, und aus diesem dann in Röhren durch den Kessel geführt wurde, um ihre Hize an das in diesem enthaltene Wasser abzugeben. Die Luft trat auf 600° F. und darüber erhizt in das Wasser, und trat, nachdem sie dieses durchströmt hatte, mit einer Temperatur von beiläufig 212° F. aus, so daß sie an das Wasser soviel Hize abgab, als nöthig war, um ihre Temperatur von 212 auf 600 bis 700° F. zu erhöhen, wodurch nothwendig die Verdampfung gesteigert wurde.

Es ist offenbar, daß bei dieser Transmission der Luft ein Theil der Hize verloren gehen muß, indem dieselbe mit der Temperatur des siedenden Wassers aus dem Kessel austritt. Um diesen Verlust jedoch zu verhüten, hat der Patentträger Mittel gefunden, die heiße

50) Es ist dieß ein Nachtrag zu den Aufsäzen, die im polyt. Journal Bd. LXVIII. S. 81 und 83 über die Bell'sche Erfindung mitgetheilt wurden. A. d. R.

Luft, nachdem sie ihre Wirkung im Kessel vollbracht, unter die Aschengrube zu leiten, um dadurch die Verbrennung zu bethätigen. Er verbindet also mit seiner Methode auch noch die Begünstigung der Verbrennung durch Zuführung von heißer Luft, welche bekanntlich einen unbestreitbaren Vortheil gewährt. Bei der Einleitung der heißen Luft in die Aschengrube stieg die oben erwähnte Ersparniß an Brennmaterial deßhalb auch noch höher: nämlich beinahe auf 33 Procent.

Bei den Versuchen, die gleichfalls unter der Leitung der HHrn. Fyfe und Morton angestellt wurden, bei denen man aber die heiße Luft in Röhren durch das Wasser führte, so daß sie sich nicht mit diesem vermengen konnte, wurde das Wasser zum Sieden gebracht und siedend erhalten, ohne daß ein Feuer unter demselben angezündet worden wäre. In einem Falle leistete der Dampf einer Maschine von niederem Druke, wenn man ihn durch einen großen, mit Wasser gefüllten Trog leitete, weniger, als wenn in jeder Minute 100 Fuß Luft von 600° F. durch die Flüssigkeit getrieben wurden, obschon aus dem Kessel innerhalb derselben Zeit wenigstens 250 Fuß Dampf ausgeströmt seyn mußten.

Wir wissen, daß Einwendungen gegen dieses System gemacht werden können und auch wirklich gemacht wurden. So behauptet man, daß der Behälter, in welchem die Luft erhizt wird, wegen der großen Hize, der er ausgesezt ist, in Kürze ausgebrannt seyn würde: eine Behauptung, die nicht Stich hält. Die bei Hrn. Morton gebrauchte Vorrichtung hat, ungeachtet sie längere Zeit über diente, nicht im Geringsten Schaden gelitten; die fortwährend einströmende kalte Luft schien nämlich schüzend auf sie einzuwirken. Ferner sagte man, daß die Kraft, welche erforderlich ist, um die heiße Luft durch die Röhren zu treiben, und durch welche die Ersparniß zum Theil oder ganz erzielt werden sollte, aufgezehrt werden muß, so daß also am Ende keine Ersparniß Statt finden kann. Auch dieser Einwurf, so triftig er auch scheint, ist nicht haltbar; diejenigen, die ihn vorbrachten, scheinen die Forttreibung der heißen Luft in den Eisenschmelzöfen im Auge gehabt zu haben, was nicht gelten kann, da die Umstände in beiden Fällen sehr verschieden sind. In lezterem Falle muß die Luft durch eine im Ofen angehäufte halbflüssige Masse strömen, wozu allerdings eine bedeutende Kraft nöthig ist; in ersterem dagegen strömt sie durch Röhren, in denen sie auf gar keinen oder nur auf einen unbedeutenden Widerstand stößt. Allein selbst dieser Unterschied braucht nicht einmal in Betracht zu kommen; denn wenn die heiße Luft in die Aschengrube geleitet wird, so wird diese gut verschlossen, wo dann erwiesen ist, daß der Zug im Rauchfange vollkommen ausreicht, um einen gehörigen Zug der Luft durch den Behälter zu erzeugen. Gegen jene Einwendung endlich, daß der Luft bei ihrem Strömen über erhiztes Eisen ihr Sauerstoff entzogen werden könnte, so daß sie nicht mehr die zur Förderung der Verbrennung dienlichen Eigenschaften besäße, genügt die Bemerkung, daß nach den von Dr. Fyfe angestellten Analysen, die Luft nie mehr als 3 bis 4 Procent ihres Sauerstoffes verliert, und sehr oft nur eine geringe oder gar keine Veränderung in ihrer Zusammensezung erleidet.

LX.

Ueber die Geschwindigkeit der Fahrten auf den Eisenbahnen.[51])

Aus dem Monthly Chronicle, im Auszuge.

Die Anwendung der Dampfkraft auf den Eisenbahnen gehört zu den größten Wohlthaten, die der Menschheit je daraus erwuchsen, daß man wissenschaftliche Forschungen mit den Hülfsmitteln der Kunst in Verbindung und Einklang brachte. Der Landtransport machte hiedurch plözliche und ganz unerwartete Fortschritte; denn schon bei den ersten Versuchen erreichte man eine Geschwindigkeit, die selbst unter den Ingenieurs Staunen und Verwunderung erregte. Ein Beispiel wird als Beleg hiefür genügen.

Vor der Eröffnung der Liverpool-Manchester-Eisenbahn rechneten zwei der nüchternsten und ausgezeichnetsten Ingenieurs, Hr. J. Walker und Hr. J. U. Rastrick, nur auf eine Geschwindigkeit der Locomotiven von 10 engl. Meilen in der Zeitstunde. Ebenso nahmen sie auf eine Locomotive nur eine Brutto-Last von 20 Tonnen an. Die HHrn. Stephenson und J. Locke legten in dem hierüber erstatteten Berichte eine Geschwindigkeit von 12 engl. Meilen in der Zeitstunde, und auf jede Locomotive eine Last von 30 Tonnen zu Grunde. Allen diesen Berechnungen zum Troze erreichte man aber schon bei den ersten Fahrten eine Geschwindigkeit von 30 engl. Meilen in der Zeitstunde, und bald sah man eine einzige Maschine die ungeheure Last von 240 Tonnen mit einer Durchschnittsgeschwindigkeit von 12 engl. Meilen ziehen! Diese Leistungen wurden in späterer Zeit in jeder Beziehung noch bedeutend überschritten; und wir selbst

---

51) Als den Verfasser dieses Aufsazes, der zwar wenig enthält, was dem Manne von Fach nicht bereits bekannt wäre, in dem jedoch die Resultate mehrjähriger Erfahrung in populärer und allgemein faßlicher Weise großen Theils zusammengestellt sind, bezeichnet man den durch seine literarischen Werke bekannten Dr. Lardner. Die englischen Blätter, welche diesen Aufsaz mittheilen, bemerken dazu, daß es dem Verf. auf den Eisenbahnen besser von Statten zu gehen scheine, als auf der See, die ihn durch seine verunglükten Prophezeyungen hinsichtlich der Möglichkeit des Dampfschiff-Verkehres zwischen Europa und Amerika um seinen sauer erworbenen literarischen und technischen Ruf gebracht habe.
A. d. R.

waren Zeuge, wie man eine bedeutende Last mit einer Geschwindigkeit von 40, und eine unbelastete Maschine selbst mit einer Geschwindigkeit von beinahe 60 engl. Meilen in der Zeitstunde forttreiben ließ.

Dessen ungeachtet hat man es aus mannigfachen Gründen bisher noch immer nicht zur Entwiklung der vollen Geschwindigkeit der Locomotiven gebracht. So kann z. B. auf kurzen Bahnstreken, besonders wenn an Zwischenstationen angehalten werden muß, keine einigermaßen bedeutende durchschnittliche Geschwindigkeit erreicht werden; denn so oft man sich einer Station nähert, muß die Triebkraft gehemmt werden, damit der Wagenzug allmählich zum Stillstehen kommt. Durch zu plözliches Anhalten würden nämlich die Wagen und Maschinen zu großen Schaden leiden, weßhalb denn auch die gewöhnlichen Bremsen nur selten in Anwendung kommen können. Wenn auf einer Streke von 30 engl. Meilen die volle Geschwindigkeit 30 engl. Meilen in der Zeitstunde beträgt; wenn aber der Verzug an den Stationen, und die Zeit, welche erforderlich ist, um in Ruhestand und in volle Geschwindigkeit zu kommen, 15 Minuten ausmacht, so wird die Durchschnittsgeschwindigkeit nicht höher als 24 engl. Meilen in der Zeitstunde seyn; da der Verlust 6 Meilen in der Stunde beträgt. Bei einer vollen Geschwindigkeit von 10 engl. Meilen und bei demselben Verzuge von 15 Minuten wird sich die Durchschnittsgeschwindigkeit für die Streke von 30 engl. Meilen auf 9¼ engl. Meilen in der Zeitstunde berechnen, da hier der Verlust nur ¾ Meile in der Zeitstunde beträgt. Um die volle Entwiklung der Geschwindigkeit der Locomotiven zu sehen, müssen wir daher die Beendigung der größeren, von London ausgehenden Bahnlinien abwarten; denn dann wird man ohne Zweifel Anstalt treffen, daß die ganze Streke von einem Endpunkte zum anderen durchfahren werden kann, ohne daß öfter angehalten werden müßte, als zum Einnehmen von Wasser und Brennmaterial durchaus erforderlich ist. Der Verbrauch an diesen beiden zulezt genannten Elementen steht aber mit der fortzuschaffenden Last im directem Verhältnisse: so zwar, daß wenn eine Brutto-Last von 50 Tonnen 30 Meilen weit fortgeschafft werden kann, ohne daß man Wasser einzunehmen braucht, eine Last von 25 Tonnen zweimal oder 60 engl. Meilen weit transportirt werden kann, ohne anhalten zu müssen. Abgesehen hievon ist es aber ein Leichtes, Munitionswagen herzustellen, die soviel Brennstoff und Wasser fassen, als ein leichter Wagenzug auf den bisher projectirten Bahnen von einem Endpunkte zum anderen bedarf.

Bei dem allgemeinen Interesse, welches man an den Eisenbahnen nimmt, wird man uns gestatten, die Hülfsmittel, deren man sich bei deren Befahrung bedient, auf populäre Weise zu erläutern. Die

Kraft des Dampfes wird hienach zuerst verwendet, um einen Kolben in einem Cylinder; welcher in horizontaler Richtung auf der Achse des die Maschine tragenden Räderpaares ruht, hin und her zu treiben. Die Stange dieses Kolbens steht durch ein Gelenke mit einem Stabe in Verbindung, der die sogenannte Kurbel (crank), welche sich an der Achse eines anderen Räderpaares, nämlich der Treibräder, befindet, faßt. Hieraus folgt, daß die Kurbel durch die Hin- und Herbewegungen des Kolbens umgetrieben wird; und daß mithin auch die Achse, die mit der Kurbel gleichsam nur einen Theil ausmacht, ebenfalls umlaufen muß. Da ferner die Treibräder fest an diese Achse geschirrt oder gekuppelt sind, so müssen auch sie zugleich mit der Achse umlaufen. Wenn auf diese Weise eines der Räderpaare, auf denen die Maschine ruht, umgetrieben wird, so muß sich die Maschine entweder auf der Bahn fortbewegen, indem die Radreifen auf deren Oberfläche hinrollen; oder sie muß stehen bleiben, indem sich die Reifen auf deren Oberfläche reiben. So lange jedoch der die Maschine zurükhaltende Widerstand geringer ist, als der durch den Druk des Reifens auf die Bahn bewirkte Widerstand gegen die reibende Bewegung, muß die Maschine fortrollen. Die Erfahrung hat ergeben, daß auf einer ebenen Bahn eine Last, die 20 Mal größer ist, als der Druk auf die Räder, die fortschreitende Bewegung der Maschine nicht aufzuhalten vermag, wenn die Radachse durch die Dampfkraft umgetrieben wird.

Jede Hin- und Herbewegung des Kolbens bedingt einen Umgang der Kurbel und mithin auch der Treibräder; und hieraus folgt eine fortschreitende Bewegung des Wagenzuges durch eine dem Umfange der Treibräder gleichkommende Streke. Da sich der Cylinder hiebei zweimal mit Dampf füllen muß, so wird, um die Wagen durch eine dem Umfange der Treibräder gleichkommende Streke zu treiben, zweimal soviel Dampf erfordert, als der Cylinder faßt. Die Kraft, welche die Kolbenstange auf die Kurbel ausübt, ist nach der Stellung lezterer sehr verschieden. Wenn das Knie einen rechten Winkel bildet, so erzielt die Kraft ihren vollen Nuzeffect; dagegen wird dieser um so geringer ausfallen, je stumpfer oder spizer der Winkel wird. Diese Verminderung währt so lange, bis die Kurbel in der einen extremen Stellung gerade gegen das Ende der Kolbenstange gespannt, in der anderen dagegen mit ihr gedoppelt ist. In beiden extremen Stellungen verliert der Kolben alle Kraft auf die Kurbel, so daß für diesen Augenblik seine treibende Kraft aufgehoben ist: ein Umstand, der bei jedem Kurbelumgange zweimal eintritt.

Da unter diesen Umständen die Bewegung der Wagen eine ungleiche seyn würde; und da, wenn die Wagen allenfalls in Stillstand kommen sollten, während sich die Kurbel in einer der beiden angedeuteten Stellungen befände, die Maschine sie nicht eher in Bewegung bringen könnte, als bis die Stellung der Kurbel durch irgend eine von Außen auf sie wirkende Kraft verändert worden wäre, so ist für einen zweiten Cylinder mit Kolben gesorgt, damit dieser eine zweite Kurbel treibe, welche mit der erstern an einer und derselben Achse, aber unter rechten Winkeln mit ihr angebracht ist. Durch diese Anordnung, gemäß der die eine Kurbel senkrecht steht, während die andere in horizontaler Stellung ist, wird eine beinahe gleichmäßige Triebkraft erzielt. Denn in dem Maaße als die Kraft der einen Kurbel abnimmt, wächst jene der anderen, so daß der Gesammteffect beider unter allen Umständen gleich bleiben muß. Verlust an Kraft findet hiebei keiner Statt, weil der Nuzeffect beider Kolben so groß ist, als jener eines Kolbens, der an Größe beiden Kolben zusammen gleich käme, und der bei jedem Hube die doppelte Menge Dampfes verbrauchte. Hieraus folgt, daß, um die Wagen durch eine dem Umfange der Treibräder entsprechende Streke zu treiben, eine dem vierfachen Rauminhalte der Cylinder gleichkommende Menge Dampf nöthig ist.

Nach diesen Erläuterungen sind die Umstände, welche die Geschwindigkeit bedingen, leicht aufzufassen. An den vor 7 Jahren auf der Liverpool-Manchester-Eisenbahn allgemein eingeführten Maschinen hatten die Treibräder 5 Fuß im Durchmesser und 15,7 Fuß im Umfange. Jeder Kolbenhub trieb die Wagen also 15,7 Fuß weit, so daß 336 Hube nöthig waren, um die Wagen eine engl. Meile weit zu treiben. Hienach berechnet sich leicht, daß, um eine Geschwindigkeit von 30 engl. Meilen in der Zeitstunde zu erlangen, der Kolben in jeder Minute 168 Hube vollbringen muß.

Angenommen, die Kessel vermöchten rasch genug den Bedarf an Dampf zu liefern, wollen wir untersuchen, welche Schranken einer weiteren Erhöhung der Geschwindigkeit im Wege stehen. Die rasche Hin- und Herbewegung der Kolben und der damit in Verbindung stehenden Theile der Maschinerie ist wegen der damit verbundenen Erschütterung eine der Hauptursachen der Abnüzung der Maschinerie und der aus dieser erwachsenden großen Kosten. Bei der dermalen gebräuchlichen mechanischen Verbindung der Kolben mit den Treibrädern kann eine größere Geschwindigkeit ohne größere Raschheit der Kolbenschwingungen offenbar nur dadurch erzielt werden, daß man den Treibrädern einen größeren Durchmesser gibt. Hätten z. B. die Treibräder statt 5 ihrer 10 Fuß im Durchmesser, so würde die bei jedem Umgange durchlaufene Streke doppelt so groß seyn, und die Bewegung wäre also bei gleicher Anzahl von Huben doppelt so rasch.

Man hat demnach die Wahl zwischen erhöhter Geschwindigkeit ohne stärkerer Schwingung und zwischen gleicher Geschwindigkeit mit bedeutend verminderter Schwingung.

Frägt man nun, warum man nicht schon längst zu diesem Auskunftmittel seine Zuflucht nahm, so sind, um eine richtige Antwort hierauf zu geben, noch einige weitere Punkte in Betracht zu ziehen. Die Locomotiven sowohl, als die Wagen werden nämlich bekanntlich durch die an den Radreifen befindlichen Randvorsprünge oder Scheibenkränze vor dem Abgleiten von den Bahnschienen geschüzt. Die Schiene läßt sich als ein Hinderniß betrachten, über welches die Scheibenkränze hinwegrollen müssen, bevor der Wagen die Bahn verlassen kann. Gleichwie aber ein großes Rad leichter über die auf einer Straße vorkommenden Hindernisse wegrollt, ebenso werden auch große Räder an den Maschinen und Wagen leichter den Widerstand der Schienen überwinden und leichter von diesen abgehen. Da nun durch das Abgleiten der Räder von den Schienen nicht selten Unglüksfälle sehr gefährlicher Art entstehen, so wird man es den Directoren der genannten Bahn nicht übel deuten, wenn sie auf keine diese Gefahr erhöhende Aenderung eingingen, und bei Rädern von 5 Fuß im Durchmesser stehen blieben. Man war um so mehr hiezu berechtigt, als ein Wagen, den man versuchsweise mit Rädern von 5 Fuß 6 Zoll Durchmesser versehen hatte, unglüklicher Weise durch das Abgehen von der Bahn einigen Personen das Leben kostete.

In neuerer Zeit hat man jedoch an dem Baue der Locomotiven eine Veränderung vorgenommen, die obigen Einwurf gegen die Vergrößerung des Rades größten Theils, wo nicht gänzlich umstößt. Früher ruhten die Maschinen nämlich auf vier Rädern, von denen die Treibräder wegen der Einwirkung der Kolben auf deren Achsen eine größere Neigung hatten die Schienen zu verlassen, als dieß an den anderen Rädern der Maschine oder der übrigen Wagen der Fall war. Gegenwärtig stellt man die Maschinen hingegen auf drei Räderpaare, von denen das eine, nämlich die Treibräder, einen größeren Durchmesser hat. Die Achse dieser Treibräder befindet sich gewöhnlich in der Mitte. Es erhellt offenbar, daß bei dieser Einrichtung die Maschine durch die Scheibenkränze des ersten und lezten Räderpaares auf den Schienen erhalten wird, und daß die Scheibenkränze des mittleren Räderpaares nie in Wirksamkeit zu kommen brauchen, ausgenommen, die Schienen hätten eine solche Krümme, daß zwischen dem ersten und lezten Räderpaare eine Biegung nach Innen Statt findet. Dieser Umstand dürfte sich aber wohl kaum an irgend einer Bahn vorfinden; und wenn man je auf ihn stieße, so wäre es besser, wenn man dem mittleren Rade gar keinen Scheibenkranz gäbe.

Hieraus ergibt sich, daß bei den auf solche Art gebauten Maschinen an den Treibrädern die Scheibenkränze unnöthig oder nur in dem Falle von Nuzen sind, wenn das eine oder das andere der Räder oder eine der Achsen bricht, oder wenn die Räder eine Neigung haben, von den Schienen abzulaufen.[52])

Obschon nun unter diesen Umständen, in welchen die Maschine von den Treibrädern ganz unabhängig auf den Schienen erhalten wird, keine Einwendung gegen die Vergrößerung der Treibräder mehr besteht, so hat man ungeachtet der offenbaren, mittelst einer solchen Vergrößerung erzielbaren Vortheile dennoch beinahe an allen Bahnen, selbst an den sechsräderigen Maschinen, Treibräder von 6 Fuß Durchmesser beibehalten. Nur in ein Paar Fällen versuchte man eine Vergrößerung des Durchmessers um 6 Zolle, und nur an der Great-Western-Eisenbahn huldigte man dem Principe großer Treibräder, indem man Räder von 7 bis zu 10 Fuß Durchmesser in Anwendung brachte.

Man darf übrigens nicht glauben, daß man mit größern Rädern dieselbe Last mit derselben Dampfkraft fortschaffen könne: ein Irrthum, der ziemlich verbreitet zu seyn scheint. Durch Vergrößerung des Durchmessers des Treibrades verlängert man den Hebel, gegen den die Kraft beim Ziehen der Last zu wirken hat. Der Hebel, auf den die Kraft wirkt, ist die an der Treibwelle angebrachte Kurbel; der Hebel, gegen den sie wirkt, ist die unterste Speiche des Treibrades. Verlängert man lezteren, während die Kraft und die Kurbel unverändert bleiben, so muß nothwendig die Last in demselben Verhältnisse vermindert werden. Bei gleicher Kolbenkraft und gleicher Kurbellänge wird also ein Treibrad von 10 Fuß Durchmesser eine nur halb so große Brutto-Last ziehen, wie eines von 5 Fuß.

Frägt man, wie ein bloßer Unterschied in der Größe der Räder den von einer bestimmten Menge Triebkraft gegebenen Nuzeffect verändern könne, so ist die Antwort einfach, daß keine solche Veränderung Statt finde; denn die wirkliche Dampfmenge, welche man braucht, um eine bestimmte Last eine bestimmte Streke weit zu schaffen, bleibt dieselbe, ob man Räder von 5 oder von 10 Fuß Durchmesser anwendet. Hat man Räder von 10 Fuß, so wird, wenn die Last dieselbe bleibt, der Widerstand gegen die auf den Kolben wirkende Kraft aus dem bereits angegebenen Grunde verdoppelt, und daher muß auch die zur Ueberwältigung dieses Widerstandes erforderliche Kraft:

---

52) Ein anderer, aus der Anwendung von drei Räderpaaren erwachsender Vortheil ist, daß im Falle eine Achse bricht, die Maschine, da sie mit dem Munitionswagen verbunden ist, von den beiden anderen Achsen getragen wird. Die Treibachse ist, da sie durch die Kurbeln geschwächt wird, dem Brechen sehr ausgesezt. A. d. O.

d. h. die Kraft des auf den Kolben wirkenden Dampfes, verdoppelt werden. Dieß kann geschehen, entweder indem man den Flächenraum des Kolbens verdoppelt, oder indem man den Druk, den der Dampf per Quadratzoll ausübt, auf das Doppelte steigert. In beiden Fällen wird die bei jedem Kolbenhube verbrauchte Dampfmenge eine doppelte seyn. In dem einen Falle hat man eine doppelte Dampfmenge von gleicher Dichtheit; in dem anderen dagegen hat man dieselbe Dampfmenge, aber von doppelter Dichtheit. [53]) Jeder Umgang der Räder von 10 Fuß kostet demnach zweimal soviel Dampf als ein Umgang der Räder von 5 Fuß. Da aber der Umfang der ersteren noch einmal so groß ist, als jener der lezteren, so wird die Last durch einen Umgang der ersteren eben so weit geschafft, als durch zwei Umgänge der lezteren; woraus dann folgt, daß zur Fortschaffung einer bestimmten Last um eine bestimmte Streke eine und dieselbe Dampfkraft erfordert wird, welches auch der Durchmesser der Räder seyn mag. Frägt man demnach, was denn durch Vergrößerung der Räder gewonnen wird, so ist die einfache Antwort hierauf die, daß man hiedurch in Stand gesezt wird, leichte Lasten mit einer weit größeren Geschwindigkeit fortzuschaffen, ohne dabei die Schwingungen der arbeitenden Theile der Maschine zu beschleunigen.

Die Erfahrung hat gelehrt, daß eine in gutem Zustande befindliche Locomotive mit Rädern von 5 Fuß Durchmesser auf einer ziemlich ebenen Bahn 6 Wagen erster Classe, von denen jeder 20 Personen faßt, mit einer Durchschnittsgeschwindigkeit von 30 engl. Meilen in der Zeitstunde fortzuschaffen vermag, wenn an keinen Zwischenstationen angehalten wird. Jeder der Wagen wiegt unbelastet gegen 3 Tonnen; 120 Personen geben eine Last von beiläufig 8 Tonnen; und rechnet man auf deren Gepäk noch 6 Tonnen, so gibt dieß eine Brutto-Last von 32 Tonnen. Dazu die Maschine sammt Munitionswagen, Wasser und Brennmaterial mit 18 Tonnen, macht in Summa 50 Tonnen, die eine Ortsveränderung zu erleiden haben. Nehmen wir nun an, daß Alles dasselbe bleibe; daß aber die Räder von 5 Fuß Durchmesser durch solche von 10 Fuß ersezt würden, und daß statt der 6 Wagen nur ein einziger fortzuschaffen wäre, der mit seiner Ladung nur 7 Tonnen wäge, so wird sich die Summa der fortzuschaffenden Last auf 25 Tonnen reduciren, und diese Last wird durch dieselbe Kraft mit einer doppelt größeren Geschwindigkeit, nämlich mit einer Geschwindigkeit von 60 engl. Meilen in der Zeitstunde fortbe-

---

53) Der Unterschied in der Temperatur bedingt einen geringen Unterschied im Nuzeffecte; dieser Unterschied ist jedoch so unbedeutend, daß er in der Praxis nicht in Anschlag kommt. A. d. O.

wegt werden: ausgenommen, der vermehrte Widerstand der Luft absorbirte einen Theil der Triebkraft. In welchem Grade dieß leztere eintritt, ist noch nicht genügend ermittelt; nur soviel ist gewiß, daß es von einigen zu hoch, von anderen dagegen zu gering angeschlagen worden.

Einige sehr erfahrene Ingenieurs sind der Ansicht, daß sich durch eine gänzliche Umänderung des Mechanismus, der die Kraft des Kolbens an die Treibräder fortpflanzt, eine größere Dauerhaftigkeit der arbeitenden Theile und eine größere Geschwindigkeit erlangen ließe. Sie behaupten, daß die Kurbeln, durch welche die Continuität der umlaufenden Achse an zwei Stellen aufgehoben wird, allen gesunden Principien der Mechanik zuwider seyen; daß die Achse, auf welche, um den Treibrädern die gehörige Adhäsion zu geben, die Hauptschwere der Maschine zu treffen hat, hiedurch zum schwächsten Theile der Maschine gemacht wird; daß man diesem Fehler auf eine sehr plumpe und unmechanische Weise zu steuern trachtet, indem man dem Metalle der Achse ein ungeheures Gewicht gibt; daß selbst dieses Hülfsmittel nur unvollständig entspricht, wie dieß schon daraus erhellt, daß selbst die aus den besten Fabriken kommenden Kurbeln häufig brechen; daß endlich die rasche Bewegung der Kolben, der Schieber und der übrigen arbeitenden Theile, welche selbst bei den möglich größten Treibrädern nöthig ist, wenn große Geschwindigkeiten erzielt werden sollen, für die Maschinerie höchst nachtheilig wird, den größten Kostenaufwand bedingt, und das fahrende Publicum durch das häufige Brechen einzelner Theile beständigen Gefahren aussezt. Es besteht demnach eine offenbare und eng gezogene Gränze gegen die Vergrößerung der Treibräder. Die unbeholfenen Dimensionen derselben und ihr ungeheures Gewicht würden in Kürze Nachtheile nach sich ziehen, die jeden Vortheil, den man aus einer größeren Geschwindigkeit oder verminderten Vibrirung erlangen könnte, mehr dann aufwiegen würden. Es ist selbst noch zweifelhaft, in wiefern sich die Räder von 10 Fuß Durchmesser, welche man dermalen an der Great-Western-Eisenbahn probirt, vortheilhaft bewähren werden; wenigstens hat sich bis jezt eine bedeutende Majorität erfahrener Ingenieurs gegen sie ausgesprochen.

Man behauptet, daß die Bewegung des Kolbens bedeutend langsamer seyn sollte, als an den dermalen gebräuchlichen Maschinen, weil hiedurch nicht nur den großen, aus der Wechselbewegung der arbeitenden Theile erwachsenden Nachtheilen gesteuert, sondern auch ein größerer Nuzeffect der Kraft erzielt werden würde. Watt und andere ausgezeichnete Praktiker sind der Ansicht, daß eine Dampfmaschine am besten arbeitet, wenn die Geschwindigkeit des Kolbens nicht über 240 Fuß in der Minute beträgt. Da aber an einem Rade von 5 Fuß Durchmesser, welches von einer Maschine mit 18zölligem Kolbenhub in Bewegung gesezt wird, der Kolben sich mit einer Geschwindigkeit von 500 Fuß in der Minute bewegt, um für das Rad eine Geschwindigkeit von 30 engl. Meilen in der Zeitstunde zu erreichen, so ergibt sich hier für den Kolben eine doppelt größere als die vortheilhafteste Geschwindigkeit.

Den aus der oben erwähnten Schwächung der Treibachse durch die Kurbeln erwachsenden Nachtheilen suchte man dadurch zu begegnen, daß man die Cylinder außerhalb der Maschinenräder anbrachte; und daß man die Kolbenstange mit einem Zapfen in Verbindung sezte, der in einer der Radspeichen befestigt war. Dieses Auskunftsmittel zeigte sich jedoch in der Praxis nicht nur als gänzlich ungeeignet, sondern es half auch nicht dem Hauptvorwurfe, der raschen Bewegung des Kolbens, ab.

Eine der Methoden, durch welche man bei einer mäßigen Geschwindigkeit der Kolben eine sehr bedeutende fortschreitende Bewegung erlangen zu können hoffte, beruhte auf der Fortpflanzung der Kolbenkraft an die Treibräder mittelst gehöriger verzahnter Getriebe. Sollte sich ein derlei Mechanismus einst mit den Eigenthümlichkeiten der Locomotiven in Einklang bringen lassen, so gäbe es wirklich für die auf den Eisenbahnen zu erreichende Geschwindigkeit auch keine Gränzen mehr. Selbst bei den dermaligen Mängeln dieses Mechanismus und den Schwierigkeiten, die seiner Anwendung zur Zeit noch im Wege stehen, glauben wir, daß für eine geringe Last, z. B. für einen einfachen, das Brieffelleisen und die Wächter führenden Wagen, eine Geschwindigkeit von 60 engl. Meilen in der Zeitstunde als vollkommen thunlich erwiesen seyn könnte; ja wir halten sogar eine solche von 100 engl. Meilen nicht für unmöglich.

Man hat, um diese Methode einzuschlagen, gerathen, an der Treibachse ein Getrieb oder ein kleines Rad anzubringen und so fest damit zu verbinden, daß es nicht umlaufen kann, ohne daß zugleich auch die Achse mit umläuft. In die Zähne dieses Getriebes sollen die Zähne eines größeren Rades, welches an einer zweiten Achse aufgezogen ist, und durch die Kolben der Maschine in Bewegung gesezt wird, eingreifen. Diese zweite Achse könnte, da sie nichts als ihr eigenes Gewicht und das eben erwähnte größere Rad zu tragen hat, ohne allen Anstand mit zwei Kurbeln, durch die sie von den Kolben her in Bewegung gesezt würde, ausgestattet werden.

Wenn nun z. B. das an der Achse der Treibräder befestigte Getrieb 18 Zoll, das größere, in dasselbe eingreifende Zahnrad dagegen 4 Fuß 6 Zoll im Durchmesser hat, so wird ein Umgang des lezteren drei Umgänge des ersteren, und mithin auch der Treibräder erzeugen. Da das große Zahnrad durch die an seiner Achse befindlichen Kurbeln umgetrieben wird, so wird jeder Kolbenhub einen Umgang dieses Rades und drei Umgänge der Treibräder bewirken. Die Bewegung würde demnach dieselbe seyn, wie sie mit den dermaligen Maschinen erzeugt würde, wenn sie Räder von dreimal größerem Durchmesser hätten. Unter diesen Umständen ließe sich mit Treibrädern von 6 Fuß und bei 56 Kolbenhuben in der Minute eine Geschwindigkeit von 36 engl. Meilen in der Zeitstunde erreichen, während nach der jetzt gebräuchlichen Methode zur Erlangung dieser Geschwindigkeit 168 Hube erforderlich sind. Dieselbe Kolbenbewegung, welche dermalen bei Rädern von 6 Fuß eine Geschwindigkeit von 36 engl. Meilen bedingt, würde also nach der neuen Methode eine Geschwindigkeit von 108 engl. Meilen in der Zeitstunde erzeugen!

Der hiezu nöthige Mechanismus ist so klar, seine Principien und die Mittel, die er erheischt, sind so bekannt, daß nur die mit seiner Anwendung verbundenen außerordentlichen Schwierigkeiten die Mechaniker und Ingenieurs von ihm abhalten konnten. Diese Schwierigkeiten beruhen hauptsächlich darauf, daß die Cylinder und die übrige Maschinerie auf Federn ruhen müssen, während die Achse der Treibräder, die von der Maschine ihre Bewegung mitgetheilt erhält, ohne Dazwischenkunft von Federn auf die Bahn wirken muß. Die Maschine ist daher einer Reihe von Bewegungen und Erschütterungen theilhaftig; die Treibachse dagegen einer anderen. Bei dem gegenwärtigen Baue der Maschinen, an denen sich weder Getriebe noch Zahnräder befinden, fallen die aus dem eben angegebenen Umstande erwachsenden Unannehmlichkeiten weg; denn die ungleiche Bewegung der Treibräder vertheilt sich auf die Kurbeln, die Kolbenstangen und die Kolben; ihre weitere Wirkung wird durch die Elasticität des Dampfes verhütet.

In neuerer Zeit jedoch ließ Hr. Harrison, Ingenieur der Eisenbahn zwischen Stanhope und Tyne, eine neue Anwendungsweise von Getrieben und Zahnrädern an den Locomotiven patentiren. Derselbe verbindet nämlich das große Zahnrad und die Achse, mittelst der es umgetrieben wird, durch eiserne Bänder mit der Achse der Treibräder, so daß beide Achsen fest zusammengehalten und einer gemeinschaftlichen senkrechten Bewegung theilhaftig werden. Hieraus folgt, daß alle aus der Bewegung der Treibräder erwachsenden Erschütterungen auch der über ihnen befindlichen Kurbelachse mitgetheilt werden, und daß die Zähne des Getriebes und des Zahnrades stets in gleichem Grade in einander eingreifen. Das die Cylinder und die übrigen Theile der Maschinerie tragende Gestell ruht wie gewöhnlich auf Federn. Um die seitlichen Bewegungen beider Achsen zu beschränken, ist für gehörige Stühle gesorgt.

Bei der Höhe dieser Art von Maschinerie ist es nicht thunlich, den Kessel wie an anderen Locomotiven auf demselben Wagen über der Maschinerie anzubringen; er ist daher mit dem Ofen und sonstigen Zugehör auf einen eigenen, an die Maschine angehängten Wagen gebracht. Die Röhren, die den Dampf an die Cylinder, und den verbrauchten Dampf wieder in den Rauchfang zurük führen, haben eigenthümliche Gefüge, welche sowohl nach der Länge als auch nach der Seite soviel Spiel gestatten, als es die Bewegungen der beiden Wagen erheischen können. Eines dieser Gefüge ist in der That das gewöhnliche Teleskopgefüge, das andere dagegen das Kugel- und Scheidengefüge; ersteres gestattet den beiden Wagen sich einander zu nähern und sich von einander zu entfernen; lezteres hingegen erlaubt seitliche Schwingungen, die, wenn sie auch nur in geringerm Maaßstabe Statt finden können, doch den Umständen entsprechen.

Durch die Uebertragung des Kessels auf einen eigenen Wagen wird das auf die Treibräder drükende Gewicht in so hohem Grade vermindert, daß, wenn man die Maschine zum Fortschaffen eines schweren Wagenzuges verwenden wollte, die Adhäsion der Räder kaum hinreichen würde. Aus diesem Grunde werden die die Maschine tragenden Räder verkuppelt; d. h. sie werden durch eine Stange, welche an entsprechenden, in die Speichen eingelassenen Zapfen fest gemacht ist, so miteinander verbunden, daß sich das eine Räderpaar nicht bewegen kann, ohne das andere zu zwingen, sich gleichfalls mitzubewegen. Es wirkt also hier die Adhäsion beider Räderpaare, und das Gewicht der Maschine läßt sich leicht so groß machen, daß die Adhäsion der Last entspricht.[54])

Die außerordentliche Vorsicht und Sorgfalt, welche sowohl die Ingenieurs als die Directoren der Eisenbahnen bisher befolgten, hat in hohem Grade hemmend auf die Fortschritte, die man in dieser

---

54) Hr. W. Baddeley drükt in einem an das Mechanics' Magazine gerichteten Schreiben seine Verwunderung darüber aus, daß Hr. Lardner hier gänzlich davon schweigt, daß die HHrn. Heaton in Birmingham ihren für Landstraßen bestimmten Dampfwagen mit Getrieben und Zahnrädern in Bewegung sezen ließen. Diese Herren wendeten Getriebe und Räder von verschiedenen Durchmessern an, um die Zugkraft und die Geschwindigkeit der Maschine je nach Umständen zu erhöhen und zu mäßigen, und waren auf diese Weise im Stande, mit einer und derselben Maschine sowohl ebene Straßen als die steilsten Hügel zu befahren. Hr. Baddeley glaubt, daß wenn dieses System auf den holperigen Landstraßen sich bewährte, es auf den ebenen Eisenbahnen noch bessere Dienste leisten müsse; er sagt aber keine Sylbe darüber, warum von den Wagen der HHrn. Heaton keine Spur mehr auf den Straßen zu finden ist. Den Dampfwagen der HHrn. Heaton findet man im polyt. Journal Bd. LI. S. 321; jenen des Hrn. Harrison Bd. LXVII. S. 8 beschrieben und abgebildet.

A. d. R.

Sache machte, eingewirkt. Dieß ist eine unumstößliche Wahrheit, wie sehr sich übrigens auch diese große Vorsicht vertheidigen läßt. Nur di e irection der Great-Western-Eisenbahn ging hievon in solchem Grade ab, daß diese Bahn beinahe in allen Dingen anders gebaut ist, als die übrigen Eisenbahnen Englands. Da wir uns jedoch vorbehalten, dieser Bahn einen eigenen Aufsaz zu widmen, so bemerken wir für jezt nur, daß man auf dieser Bahn demnächst eine Maschine probiren will, die von den HHrn. Hawthorn zu Newcastle-upon-Tysu nach dem oben angedeuteten Principe gebaut worden. Wie diese Versuche auch ausfallen mögen, so wird jedenfalls für die Wissenschaft und die Interessen des Publicums ein Gewinn daraus erwachsen.

LXI.

Auszug aus dem Berichte, den der Ingenieur der Great-Western-Eisenbahn, Hr. Brunel, den Directoren über deren Bau erstattete.

Aus dem Civil Engineers and Architects Journal. September 1838.

Da die Great-Western-Eisenbahn und ihre künftigen Hauptausläufer in keiner Verbindung mit anderen bereits vollendeten Bahnen stehen, und wir also in Hinsicht auf deren Dimensionen ganz freie Hand hatten, so entschlossen wir uns, ihr eine Spurweite (gauge) von 7 Fuß zu geben. Es konnte nicht fehlen, daß man mehrere Einwürfe gegen diese Abweichung von der als Princip aufgestellten Spurweite von 4 Fuß 8 Zoll machte. Keiner von ihnen zeigte sich jedoch als stichhaltig, und man besteht daher dermalen nur noch auf der Behauptung, daß die Baukosten aller zur Bahn gehörigen Werke und Bauten bedeutend größer ausgefallen seyn müßten.

Daß die Wagen um so viel stärker seyn müßten, als sie schwerer seyn würden; daß sie die Curven nicht durchlaufen könnten; daß sie leichter von den Schienen ablaufen würden; daß namentlich die Achsen wegen ihrer größeren Länge dem Bruche noch mehr ausgesezt seyn würden: Alles dieß betrachtete man nicht als Schwierigkeiten, die sich an jeder Eisenbahn, an denen mit größerer Spurweite aber in etwas größerem Maaßstabe ergeben, sondern als Einwendungen, welche das neue System allein treffen und zu dessen Sturz führen müßten.

Was den ersten, nämlich den Kostenpunkt betrifft, so ist dieß eine Frage des Calculs, die sich leicht abthun läßt, und die auch wirklich bereinigt war, bevor wir uns zu der größeren Spurweite entschlossen. Man hat aber auch hier auf vorgefaßte Meinungen mehr Gewicht gelegt, als auf Berechnungen, und Ursache und Wirkung unbedacht unter einander geworfen. Man hat angenommen, daß eine größere Spurweite nothwendig auch eine größere Breite des Weges und größere Dimensionen der Brüken, Tunnels ꝛc. mit sich bringe. Dieß ist jedoch nur innerhalb der Gränzen, die wir hier abhandeln wollen, der Fall. Eine Bahn von 7 Fuß erheischt keine breiteren Brüken oder Tunnels als eine von 5 Fuß; die Breite ist durch die den belasteten Wagen gestattete Maximalweite oder durch die größte, auf der Bahn zu führende Ladung, und durch den zu beiden Seiten gestatteten freien Raum bedingt. An der Liverpool-Manchester-Bahn beträgt die Totalbreite nur 9 Fuß 10 Zoll und die Brüken und Viaducte brauchten bloß eine doppelte Breite, nämlich 19 Fuß 8 Zoll zu haben. Da man jedoch diese Breite von 9 Fuß 10 Zoll etwas zu klein fand, so erhöhte man sie an der London-Birmingham-Bahn mit Beibehaltung der Spurweite durch Erweiterung des zwischen den beiden Bahnlinien gelassenen Raumes auf 11 Fuß. Gestattet man für jede Bahn 11 Fuß, so kann aber eben so gut eine Spurweite von 7 als von 5 Fuß angewendet werden, ohne daß eine Veränderung der Brüken, Viaducte und Tunnels erforderlich wäre. Viele fanden auch diese Breite von 11 Fuß, bei der für die Lasten wirklich nur ein Raum von 10 Fuß gestattet ist, zu gering; und wenn man bedenkt, daß die Ladungen großen Theils aus Baumwoll- und Wollenbällen, aus landwirthschaftlichen Producten und anderen leichten Gütern, die sich bei dem Transporte leicht verschieben, bestehen, so dürfte die für die Great-Western-Eisenbahn angenommene Breite von 13 Fuß, bei der die Maximalbreite unter allen Umständen auf 12 Fuß beschränkt ist, nicht übermäßig erscheinen. Aus diesem Grunde und nicht wegen der größeren Spurweite wurde an dieser Bahn das Minimum der Brüken- und Tunnelweite von 22 auf 26 Fuß erhöht. Auf den Erdbau hat die Erhöhung der Spurweite nur geringen Einfluß; denn sie betrifft an den Dämmen nur 2 Fuß und an den Durchstichen nicht einmal so viel.

Welches Resultat ergab sich nun aber in der Praxis? An der London-Birmingham-Eisenbahn haben die Brüken 30 und die Viaducte 28 Fuß Weite; an der Great-Western-Eisenbahn dagegen haben beide 30 Fuß. Hier sind also die Kosten nicht bedeutend höher, und wahrlich erscheint die Mehrausgabe nur sehr gering, wenn man bedenkt, daß der Raum für die Ladungen von 10 bis auf 12 Fuß erhöht wurde. Ein größerer Unterschied ergibt sich an den Tunnels, welche an ersterer Bahn nur 24 Fuß Weite haben, während an lezteren auch hier die Weite von 30 Fuß beibehalten wurde. Es geschah dieß nicht sowohl, weil man es für absolut nothwendig hielt; sondern vielmehr um den Einwendungen, die man gegen die Tunnels überhaupt macht, zu begegnen, und um denselben Minimalraum beizubehalten, der später als Gränzlinie für die Größe und Form der auf der Bahn zu transportirenden Frachtstüke dienen könnte. Das Princip, nach dem wir verfuhren, beruhte auf Firirung der Minimalweite und darauf, daß allen Bauten gleiche Weite zu geben sey, indem wir es nicht für nöthig erachteten, den Brustwehren eines Viaductes, der Veränderungen zuläßt, eine größere Weite zu geben, als den Seiten eines Tunnels, der nicht wohl mehr abgeändert werden kann.

Die Dämme an der London-Birmingham-Bahn haben 26, jene an der Great-Western-Bahn 30 Fuß, was an der wirklichen Erdarbeit für leztere Bahn ein Mehr von 6½ Proc. gibt. Die Landstreke, welche mehr erforderlich ist, beträgt auf die engl. Meile nicht mehr als einen Acre. Im Ganzen bedingt also die Dimensionserhöhung von 10 auf 12 Fuß eine Kostenerhöhung, welche im Durchschnitte nicht über 7 Proc. beträgt, während ich in meinem Berichte vom Jahre 1835 diesen Mehrbetrag zu 8 Proc. anschlug.

Was das Gewicht der Wagen anbelangt, so berechnet sich der größeren Bahnbreite ungeachtet, obschon wir Räder von 4 anstatt von 3 Fuß Durchmesser haben, obschon wir für jeden Passagier etwas weniges mehr Raum gestatten, und obschon die Kästen eine größere Höhe haben, das auf jeden Passagier kommende Bruttogewicht doch etwas niedriger.

	Tonnen.	Cntr.	Pfd.
Ein Birminghamer Wagen erster Classe wiegt .	3	17	2
Mit 18 Passagieren, wovon 15 auf die Tonne gehen	1	4	0
	5	1	2

oder 631 Pfd. auf den Passagier.

	Tonnen.	Cntr.	Pfd.
Ein Wagen erster Classe der Gr. West. Bahn wiegt	4	14	0
Mit 24 Passagieren	1	12	0
	6	6	0

oder 588 Pfd. auf den Passagier.

	Tonnen.	Cntr.	Pfd.
Unsere 6räderigen Wagen erster Classe wiegen .	6	11	0
Mit 32 Passagieren	2	2	2
	8	13	2

oder 600 Pfd. auf den Passagier, so daß also nach einem aus beiderlei Wagen genommenen Durchschnitte 594 Pfd. auf den Passagier kommen. Diese Gewichtsersparniß erwächst ungeachtet der größeren Stärke des Gestelles und ungeachtet des größeren Durchmessers

und der größeren Schwere der Räder, lediglich aus der größeren Spurweite. Unsere offenen Wagen zweiter Classe wurden zwar nicht gewogen, allein ich zweifle nicht, daß dasselbe Verhältniß auch für sie gilt.

Welches Resultat ergab sich uns in Hinsicht auf das häufigere Brechen der Achsen und das öftere Ablaufen der Räder von den Schienen? Daß wir von diesen Unfällen, die an anderen Bahnen schon so manches Unglük nach sich zogen, beinahe ganz verschont blieben. Es brach uns bisher nicht nur keine einzige Achse, sondern auch nicht eine der geknieten Achsen erlitt eine Beschädigung, obschon die Maschinen mehreren harten Proben ausgesezt gewesen waren. Eine unserer größten Locomotiven kam kürzlich, als sie bei Nacht, wo man sie nicht erwartete, zurükgeschikt wurde, mit einigen schweren Transportwägen in Collision, und wurde beinahe 6 Fuß weit von der Bahn weggeworfen. Keine der Achsen ward im Geringsten beschädigt, obschon der vordere, aus einem starken eichenen Bohlen bestehende Theil des Wagens zertrümmert wurde. Während eines 10wöchentlichen Betriebes der Bahn geschah es nur ein einziges Mal, daß ein Wagen eines ganzen Zuges die Bahn verließ und einen anderen Wagen mit sich riß, ohne daß man dieß eher entdekt hätte, als nachdem 1½ engl. Meile auf diese Weise zurükgelegt worden. Da sich dieser Wagen in der Mitte des Zuges befand, und das eine Ende der Achse ganz aus dem Achsenhüter gezogen wurde, so muß eine außerordentliche Ursache dieses Abweichen des Wagens von der Bahn veranlaßt haben. Jedenfalls war dieß eine harte Prüfung für die Achse; sie bestand dieselbe so gut, daß der Wagen, nachdem die Achse wieder an Ort und Stelle gebracht worden, nach London zurükgesendet werden konnte. Wollte man dasselbe Raisonnement wie die Vertheidiger der Spurweite von 4 Fuß 8 Zoll anwenden, so könnte man hienach beweisen, daß lange Achsen stärker sind als kurze, und daß große Spurweiten sich für die Curven besser eignen. Uns hingegen scheint durch die Erfahrung nur so viel erwiesen, daß die größere Neigung zu brechen, welche die Achsen, und die größere Neigung die Schienen zu verlassen, welche die Räder bekommen, mehr als aufgewogen wird, durch die aus der größeren Spurweite erwachsende Stetigkeit der Bewegung, durch die Beseitigung der heftigen, durch Unregelmäßigkeiten in der Spurweite bedingten Erschütterungen. In der That hat sich auch nicht eine einzige der gegen die größeren Spurweiten vorgebrachten Einwendungen bewährt; wohl aber ward dadurch einer der Zweke, die man im Auge hatte, erreicht: nämlich die Möglichkeit, den Durchmesser der Räder einst zu vergrößern, was bei der bisherigen Spurweite, wie wünschenswerth es auch gewesen seyn mochte, nicht thunlich war. Man kann zwar sagen, daß dieß bloß in Aussicht steht, allein bestreiten läßt sich nicht, daß sich schon jezt große Vortheile aus der größeren seitlichen Stetigkeit der Maschinen und Wagen, so wie auch aus dem größeren, den Leistungen der Locomotiven gestatteten Spielraume ergeben. Was den in Aussicht stehenden Vortheil betrifft, so kann ich nicht umhin, die Aufmerksamkeit darauf zu lenken, daß die Beseitigung der lästigen Gränze, welche die Verminderung der Reibung, die bei unseren Gradienten ⅘ oder 80 Proc. des Gesammtwiderstandes beträgt, im Wege steht, das ersehnte Ziel ist, und daß ich mich zur Zeit, als ich größere Räder in Vorschlag brachte, folgendermaßen ausdrükte: „Ich bin dermalen keineswegs im Stande, irgend eine bestimmte Radgröße oder auch nur irgend eine bedeutende Vergrößerung der jezt gebräuchlichen Dimensionen in Vorschlag zu bringen. Ich glaube aber, daß sie wesentlich vergrößert werden dürften, und der Zwek, den ich im Auge habe, ist jeden Theil einer Vervollkommnung zugängig zu machen, und Alles zu beseitigen, was irgend einem großen Fortschritte in diesem Fache im Wege steht, wie z. B. der Durchmesser der Räder, von dem der Widerstand, die Transportkosten und die zu erreichende Geschwindigkeit so wesentlich bedingt ist.“ Die Ergebnisse bei dem Betriebe unserer Bahn befestigen in mir die Ueberzeugung, daß wir unserer Bahn eine höchst schäzbare Kraft gesichert haben, und daß es eine Thorheit wäre, die zu erntenden Vortheile aufzugeben.

Wir wollen nunmehr auf den Bau unserer Maschinen übergehen, deren Modificationen man, obwohl sie nöthig waren, um die Maschinen den größeren Geschwindigkeiten anzupassen, gleich der Erweiterung der Spur als Neuerungen verworfen hat. Wir wollen dabei nicht hadern mit jenen, die jede Erhöhung der Geschwindigkeit für unnöthig halten; das Publicum wird jeder Zeit dem vollkommensten Fuhrwerke den Vorzug geben, und sich dafür aussprechen, daß Geschwindigkeit innerhalb verständiger Gränzen eine der Hauptbedingungen beim Reisen ist.

Eine Geschwindigkeit von 35 bis 40 engl. Meilen in der Zeitstunde wird gegenwärtig auf anderen Bahnen an den Stellen mit Gefälle und mit geringen Lasten auch auf ebenen Flächen erreicht, ohne daß sich ein Nachtheil dabei bemerken ließe. Eine solche Geschwindigkeit auf ebenen Bahnen und mit mäßigen Lasten regelmäßig zu erreichen, ist daher nicht nur thunlich, sondern unstreitig auch wünschenswerth. In diesem Hinblike wurden die Maschinen gebaut, und ich verlangte und empfahl nichts Neues. An den für geringe Geschwindigkeiten gebauten Wagen waren die Treibräder stets klein, n Verhältnisse zur Länge des Kolbenhubes. An den schnelleren Maschinen war das Verhältniß etwas anders; die Räder waren größer, oder die Kolbenhube kürzer. Aus dem großen Lärmen, den man gegen die großen Räder und den Bau unserer Maschinen erhob, möchte man den Schluß ziehen, daß wir von einem feststehenden Principe abgingen, und daß ich zu diesem Schritte rieth. Thatsache ist, daß, nachdem eine gewisse Kolbengeschwindigkeit als die vortheilhafteste befunden worden, ich diese Geschwindigkeit so fixirte, daß die Maschinen gewöhnlich 35 engl. Meilen laufen, und 40 engl. Meilen zu laufen im Stande sind, da die Maschinen der Liverpool-Manchester-Bahn für 20 bis 25 engl. Meilen berechnet sind, und doch leicht 30 bis 35 engl. Meilen in der Zeitstunde zurükzulegen vermögen. Ich fixirte ferner auch noch die Last, welche die Maschine zu ziehen im Stande seyn soll, und überließ den Bau und die Proportionen ganz und gar den Maschinen-Fabrikanten, mit dem einzigen Vorbehalte, daß umständliche Zeichnungen derselben mir zur Einsicht und Gutheißung vorgelegt werden müßten. Die meisten Fabrikanten nahmen aus eigenem Antriebe und ohne vorher Rüksprache mit mir gepflogen zu haben, große Räder als eine nothwendige Folge der verlangten Geschwindigkeit an: eine Ansicht, über deren Richtigkeit ich auch nicht den geringsten Zweifel hege.

Da die Hauptproportionen dieser Maschinen mit jenen zusammentreffen, die von den tüchtigsten Experimentatoren und Schriftstellern empfohlen wurden, so ist nicht wohl zu begreifen, welche Einwendungen dagegen gemacht werden können. Die Maschinen zeigten sich überdieß praktisch ganz dem speciellen Zweke, für den sie berechnet sind, nämlich zur Erreichung großer Geschwindigkeiten, geeignet, obschon sie dermalen verschiedener Umstände wegen noch unter großen Nachtheilen arbeiten. Eine eigens für große Geschwindigkeiten gebaute Maschine ist nicht wohl geschaffen, um bei geringer Geschwindigkeit eine große Kraft auszuüben; auch eignet sie sich nicht zu öfterem Anhalten; man hatte diese Absicht auch weder beim Baue der Maschinen, noch wird dieser Fall überhaupt eintreten, wenn einmal alle die Bahn betreffenden Anordnungen ausgeführt seyn werden. Dessen ungeachtet ist die auf unserer Bahn erzielte Durchschnittsgeschwindigkeit größer, als sie gleiche Zeit nach der Eröffnung der Bahn an der Grand-Junction- und Birmingham-Eisenbahn war. Wir haben unseren dermaligen Maschinen nur einen einzigen ernstlichen Vorwurf zu machen, und diesen verdanken wir hauptsächlich denen, die sich am lautesten gegen uns vernehmen ließen. Ich meine hierunter die unnöthig große Schwere der Maschinen. Die größere Spurweite erheischt nämlich durchaus keine bedeutend grössere Schwere der Maschinen. Eine Maschine von gleicher Kraft und Geschwindigkeit kann, sie mag für eine Spurweite von 4 Fuss 8 Zoll oder von 7 Fuss bestimmt seyn, ganz denselben Kessel, dieselbe Feuerung, denselben Cylinder, denselben Kolben, dieselben Seitentheile und dieselben Räder haben; nur die Achsen und die Querbalken allein müssen grösser seyn. Verdoppelt man diese im Gewichte, so bleibt die Gewichtserhöhung in Bezug auf die ganze Maschine doch immer noch unbedeutend. Wegen der wiederholt und von bedeutenden Autoritäten gemachten Versicherungen, dass die grössere Spurweite auch eine grössere Stärke und Kraft der Maschinen nöthig mache, gab man mehreren Theilen ganz unnöthige Dimensionen, Dimensionen, durch welche man meiner Ansicht nach die Stärke des Ganzen eher verminderte als erhöhte. Ich dachte und denke noch, dass es nicht klug gewesen wäre, der allgemeinen Meinung entgegen zu handeln, und die den Fabrikanten zukommende Verantwortlichkeit auf mich zu laden; ich stehe aber keinen Augenblik an zu behaupten, dass eine bedeutende Gewichtsverminderung vorgenommen werden kann, und dass durchaus keine so grossen Vorsichtsmassregeln nöthig sind, um den vorausgesezten, in der That aber eingebildeten, gewaltsamen Einwirkungen den nöthigen Widerstand entgegen zu sezen. Man wird sich nicht wundern, wenn unter solchen Umständen unsere Maschinen noch kein Muster von dem, was erreicht werden kann, sind; doch hatten wir das Glük, dass das Resultat der von uns angestellten Versuche den Lärmschlägern allen Credit nahm, so dass die Maschinenbauer dieses hemmenden Einflusses entledigt, in Zukunft ihren Einsichten und Erfahrungen ungehindert folgen können.

Es mag sonderbar klingen, dass ich auch in Bezug auf die beim Legen der Schienen befolgte Methode es von mir ablehnen muss, irgend etwas vollkommen Neues versucht zu haben. Die fortlaufenden Holzunterlagen, die ich anstatt der isolirten Tragblöke empfahl, gehören einem alten, in neuerer Zeit wieder hervorgezogenen Systeme an, welches nach den Erfahrungen, die man in Amerika an mehreren hundert Meilen und in England an einigen kurzen Bahnstreken machte, mannigfache Vortheile gewährt. Es gibt in vollem Betriebe stehende Eisenbahnen, an denen sich jene, die sehen wollen, die Ueberzeugung holen können, dass mit fortlaufenden Holzunterlagen Bahnen hergestellt werden können, auf denen die Bewegung viel ruhiger, das Geräusch viel unbedeutender, und die Abnüzung der Maschinen viel geringer ist. Für grosse Geschwindigkeiten ist dieses System unstreitig das geeignetste, und aus diesem Grunde empfahl ich es auch für unsere Bahn. Wenn ich aber auch für das System an und für sich einstehe, so bedauere ich doch, auf die Discussion des Werthes der von mir eingeschlagenen Baumethode nicht mit derselben Zuversicht eingehen zu können. Was die Gründe, die mich zur Einführung meines Pfahlbaues bewogen, und die Zweke, die ich dabei im Auge hatte, betrifft, so verweise ich in dieser Hinsicht auf meinen früheren Bericht.[55]) Der unter meinen Augen ausgeführte Theil des Baues entsprach vollkommen meinen Erwartungen, und auch nicht eine Unannehmlichkeit erwuchs aus der Anwendung der Pfähle; dagegen ergaben sich später allerdings einige Schwierigkeiten, und der schlechte Zustand, in welchem sich die Bahn einige Zeit über befand, und dem erst neuerlich abgeholfen wurde, ward unstreitig durch die Pfähle gesteigert, wo nicht ganz veranlaßt. Der Fehler lag jedoch keineswegs im Principe, sondern in der schlechten Ausführung, da der Bau zur Ausgleichung von früherem Zeitverluste zulezt in kürzerer Zeit vollendet werden mußte, als mit der nöthigen Sorgfalt zu vereinbaren war. Dazu kam unglüklicher Weise noch der Umstand, daß ich in Folge eines ernstlichen Unfalles in der ganzen lezten Zeit die Leitung des Baues nicht selbst besorgen konnte. Da man sich genau an das Verfahren hielt, welches bei dem zuerst vollendeten Bahnstüke gelang, so beging man mehrere ernstliche Fehler. Es war eine bedeutend festere und dichtere Fütterung nöthig, als man anfänglich vermuthete; das anfänglich bei der Fütterung befolgte Verfahren und das dazu benuzte Material zeigte sich an anderen Stellen ungeeignet; und die Fütterung ward an einer großen Bahnstreke, namentlich an den durch Thonlager führenden Durchstichen, übereilt und schlecht ausgeführt. Viele Streken erhielten sich jedoch gleich von Anfang an in gutem Zustande; andere verbessern sich immer mehr und mehr, und ich habe die Ueberzeugung erlangt, daß, wenn man überall vor dem Legen der Schienen eine Grundlage aus grobem Kiese eingestampft und auf diese erst die Fütterung gebracht hätte, die Bahn gleich vom Beginne an überall so fest und solid ausgefallen wäre, als sie es jezt an dem größeren Theile der Bahnlinie ist. Was wir seit Eröffnung der Bahn zur Verbesserung derselben leisten konnten, erheischte unvermeidlich eine langsame, kostspielige und mühselige Arbeit. Wir waren gezwungen, den Boden unter den Längenbalken bis auf eine Tiefe von 18 Zoll auszugraben, ohne dabei den Verkehr auf der Bahn zu hemmen. Wir mußten das ausgegrabene Material von der Bahn wegschaffen und es durch groben Kies ersezen; und da dieser Kies wegen der darüber liegen-

55) Man findet diesen Pfahlbau im polyt. Journal Bd. LXVIII. S. 339 beschrieben, und ausführlichere Bemerkungen hierüber, so wie Auszüge aus dem früheren Berichte des Hrn. Brunel Bd. LXIX. S. 81. A. d. R.

den Längenbalken nicht fest genug gestampft werden konnte, so mußte die Fütterung, nachdem sie durch die darüber laufenden Wagen zusammengedrükt worden, ein oder zwei Mal wiederholt werden. Diese neue Fütterung hat nun Festigkeit erlangt, und ich hoffe, daß die Bahn in Kürze in ganz gutem Zustande seyn wird. Ich bin daher immer noch für den Pfahlbau, da ich mich nicht von seiner Unzwekmäßigkeit, sondern vielmehr vom Gegentheile überzeugt habe, und da ich gewiß bin, daß ich unter ähnlichen Umständen alle die uns widerfahrenen Unannehmlichkeiten in Zukunft vermeiden kann. An jenem Theile der Bahn, an dem der Erdbau zunächst geführt werden soll, sind keine Pfähle anwendbar, weil der Boden mehrere Meilen weit aus festem, hartem Kalksteine besteht. Ich wollte hier, wo das erwähnte Unheil nicht zu befürchten ist, da der Kalk unter den Balken nicht so nachgeben kann, wie der Thon und der Kies, mein System in modificirter Form anwenden, d. h. ich wollte die hölzernen Längenbalken durch kleine, in den Kalk eingetriebene Eisenstäbe niederhalten. Ich bin jedoch nicht hartnäkig auf mein System versessen, wenn derselbe Zwek auf andere Weise eben so gut erreicht werden kann. Ich habe gefunden, daß der Pfahlbau bei der ersten Anlage bedeutende Kosten veranlaßt, und daß bei seiner Ausführung vielleicht eine zu große Vorsicht erfordert werden dürfte. Würde man diese Kosten ganz oder zum Theil auf stärkere Balken und größere Metalldike verwenden, so ließe sich gewiß eine sehr feste und dauerhafte, fortlaufende Bahn erzielen. Als Princip für alle Bahnen, auf denen große Geschwindigkeit erreicht werden soll, stelle ich fortlaufende Schienenunterlagen und größere Spurweite fest; mit diesem Principe will ich stehen oder fallen, und von diesen beiden Punkten soll meiner Ueberzeugung nach nicht abgegangen werden, wenn wir unserer Bahn eine unter anderen Umständen unerreichbare Superiorität sichern wollen.

In Hinsicht auf die Herstellung des permanenten Ueberbaues (permanent way) kann ich behaupten, daß selbst nach dem auf der Streke zwischen London und Maidenhead befolgten Systeme die Gesammtkosten sich nicht wesentlich höher berechnen, als bei dem Baue einer guten Bahn mit Steinblöken. Ich war zwar nicht im Stande, die Baukosten an anderen Bahnen genau zu ermitteln, allein aus einer approximativen Schäzung ergab sich mir, daß die Kosten des einen Baues jene des anderen beiläufig um 500 Pfd. St. auf die engl. Meile übersteigen dürften. Die Kosten unseres permanenten Ueberbaues berechnen sich auf 9000 Pfd. St., worunter jene für das Trokenlegen (under-draining), für die Zurichtung der Oberfläche, für die Seitenbauten an den Stationen, für verschiedene andere einschlägige Punkte, so wie auch die oben angegebenen Ausbesserungen der fehlerhaft gebauten Bahnstreken begriffen sind. Diese Kosten erleiden jedoch eine bedeutende Reduction, wenn man einmal auf diese Art von Bau eingeübt ist, so zwar, daß ich glaube, daß man in Zukunft mit Beibehaltung meines Systemes nicht mehr als 8000 Pfd. St. per engl. Meile rechnen dürfe. Würde man das System etwas modificiren und einfache, große, hölzerne Längenbalken mit Schienen von 54 Pfd. per Yard anwenden, so würden sich die Kosten einer Meile, selbst bei dem dermaligen hohen Preise des Eisens, auf nicht mehr als 7400 Pfd. St. berechnen. Ich weiß, daß diese Summe größer ist, als man sie gewöhnlich für den permanenten Ueberbau annimmt; ich kann nicht beweisen, daß dieser Bau an anderen Bahnen mehr oder auch nur so viel gekostet habe; allein so viel ist gewiß, daß Schienen und Steinblöke, wie man sie an der Liverpool-Manchester-Eisenbahn verwendete, an unserer Bahn wenigstens eben so viel gekostet haben würden.

LXII.

Ueber einen Apparat zum Schraubenschneiden mittelst der Drehebank, von der Erfindung des Hrn. Mechanikers Martin. Auszug aus einem Berichte des Hrn. de la Morinière.[56])

Aus dem Bulletin de la Société d'encouragement. August 1838, S. 301.

Mit Abbildungen auf Tab. IV.

Man benuzt zum Schneiden der Schrauben und Schraubenmuttern mittelst der Drehebank gewöhnlich die sogenannten tours en l'air, an deren Spindel sich gegen die Mitte hin eine Reihe von Schraubengängen befindet, unter denen man jenen auswählt, welcher der zu verfertigenden Arbeit entspricht. Dasselbe Princip findet dermalen zu demselben Zweke, aber auf bequemere Weise dadurch seine Anwendung, daß man an das Ende der Spindel einen kleinen Mannchen anstekt, an dem sich der zu erzeugende Schraubengang befindet. Oder endlich man erreicht seinen Zwek noch einfacher durch Anwendung des Schraubstahles, dessen man sich auch in den beiden ersteren Fällen bedient. Da aber die Spindel dann keinen Führer hat, so gehört eine gewisse Gewandtheit dazu, um regelmäßige Schraubenwindungen zu erhalten. Man nennt dieses Verfahren in Frankreich fileter à la volée.

---

56) Hr. Martin erhielt für seine Erfindung eine Bronze-Medaille.
A. d. R.

Bei der ersten dieser Methoden ist die Zahl der Schraubengänge, welche man erzeugen kann, auf die Zahl der in die Spindel geschnittenen Gewinde reducirt. Bei der zweiten läßt sich allerdings eine größere Anzahl von Schraubengängen erzielen, allein sie ist jederzeit durch die Anzahl der zur Verfügung stehenden Manchons bedingt. Die dritte endlich erfordert, so wie auch die beiden ersteren, die Anwendung von Drehstählen, deren Schraubengang mit dem zu schneidenden übereinstimmt.

Hr. Martin hat einen Apparat ausgedacht, bei dessen Anwendung man mittelst des einfachen Grabstichels jede Art von Schraubengang schneiden kann. Sein Verfahren besteht darin, daß man die Spindel während ihres Umlaufens mittelst eines Richtscheites, welches, je nachdem die Schraubengänge mehr oder weniger Höhe bekommen sollen, mehr oder weniger gegen seine Achse geneigt ist, vor- oder rükwärts bewegt; und daß man den Grabstichel, dessen Form der zu schneidenden Art von Schraube entsprechen muß, in fixer unbeweglicher Stellung erhält.

Dieß ist das Princip, nach welchem der kleine Apparat, der im Wesentlichen folgende Einrichtung hat, gebaut ist. Hinter der Doke sind zwei, senkrecht auf einander stehende Coulissen angebracht, von denen die längere, mit einer Verzahnung ausgestattete, sich in einer gegen die Achse der Drehebank senkrechten Richtung bewegt, während die zweite, die einen viel kürzeren Spielraum hat, fortwährend mittelst einer kräftigen, unterhalb angebrachten Feder auf das Ende der Spindel drükt. Diese Feder würde die Nase (nez) gänzlich aus ihrer Doke hinaus zu drängen suchen, wenn sich nicht ein an dem entgegengesezten Ende befindlicher Absaz mittelst einer kleinen Leiste gegen ein Richtscheit stemmte, dessen Neigung gegen die Achse der Coulisse die Steigung der Schnekenlinie, welche die Spindel der Drehebank beschreibt, bestimmt. Man braucht, um sich dieses Apparates zu bedienen, nur mehr die große Coulisse gleichförmig und durch Räume, welche mit der Zahl der Umläufe der Drehebankspindel im Verhältnisse stehen, zu bewegen. Dieß bewerkstelligt man mittelst eines an dieser Spindel fixirten Getriebes, welches in die oben erwähnte Verzahnung eingreift.

Hieraus erhellt das Spiel dieses Apparates zur Genüge. Wenn nämlich die große Coulisse an eines der Enden der Platten, auf der sie angebracht ist, geschoben wird; wenn das Getrieb in die Verzahnung eingreift, und wenn die Feder den Absaz der Spindel gegen das Richtscheit drängt, so wird dieses leztere durch die Umlaufsbewegung der Spindel vorwärts getrieben, wo dann das Richtscheit seinerseits die Spindel im Verhältnisse der vollbrachten Umläufe und ihrer Bruchtheile versezt. Läßt man die Spindel wieder zurükgehen, so findet das Umgekehrte Statt: d. h. die Spize des Grabstichels verzeichnet auf den Gegenstand regelmäßig die der Neigung des Richtscheites entsprechende Spirale. Diese Neigung läßt sich a priori bestimmen, weil der Winkel, den es mit der Achse der Drehebank bildet, kein anderer ist als jener der Tangente mit der auf die Spindel der Drehebank verzeichneten Spirale.

Das Richtscheit kann nach Rechts und nach Links geneigt werden, damit man recht- und linkhandige Schrauben schneiden kann. Um den Grad seiner Neigung bemessen zu können, durchläuft sein in eine Spize ausgezogenes Ende einen graduirten Kreisbogen.

Das durch diese Vorrichtung getroffene Auskunftmittel ist übrigens nicht neu; denn man bedient sich desselben bisweilen auf eine sehr wohlfeile Weise, indem man den mit einem Schraubengewinde ausgestatteten Manchon durch einen kleinen zinnenen Cylinder ersezt, auf dem man eine Messerklinge anbringt, die je nach der Höhe, welche man dem Schraubengange geben will, mehr oder weniger geneigt seyn muß. Diese Klinge, welche offenbar dieselben Dienste leistet, wie das Richtscheit des Hrn. Martin, steht selbst dem ärmsten Arbeiter zur Verfügung, während der hier beschriebene Apparat für einen solchen zuweilen zu kostspielig seyn dürfte. Jedenfalls ließe sich sein Preis aber sehr erniedrigen, wenn man ihn nicht aus Messing, sondern aus einem wohlfeileren Metalle verfertigte, und wenn man die Feder durch ein Gewicht, welches überdieß auch noch eine gleichmäßigere Wirkung hätte, ersezte. Bemerkt muß noch werden, daß man mit dem neuen Apparate ohne alles Probiren den Schraubengängen jede beliebige Höhe geben kann.

Fig. 30 ist ein Grundriß einer Drehebank, die mit dem Mechanismus des Hrn. Martin ausgestattet ist.

Fig. 31 ist ein Aufriß derselben vom Ende her gesehen.

In dem Gestelle A sieht man bei B die Spindel; bei C, C die Doken; bei D eine doppelt ausgekehlte Rolle; bei E, E verschiedene, in die Spindel geschnittene Schraubengewinde; bei F eine Platte, auf der sich die Coulissen befinden. a, a' sind die Coulissen, zwischen denen sich das Richtscheit schiebt; an einer derselben a' befindet sich, wie man sieht, eine Verzahnung. Die Feder c drükt die Coulisse a beständig gegen das Ende der Spindel. Der mit lezterer aus einem Stüke bestehende Absaz d stüzt sich mittelst einer Leiste auf das Richtscheit e, welches seinen Drehpunkt in i hat. Das an der Spindel angebrachte und in die Verzahnung eingreifende Getrieb sezt die große Coulisse a' in Bewegung. g ist ein an der Coulisse a angebrachtes Richtscheit, an das sich das Richtscheit e anlegt, während es in seitlicher Richtung versezt wird. Die an dem Ende des Richtscheites befindliche Stellschraube dient zur Regulirung der Neigung desselben, wobei seine Spize den graduirten Kreisbogen k durchläuft.

LXIII.

Auszug aus dem Berichte des Hrn. Vallot über den verbesserten Fensterverschluß des Hrn. Andriot.

Aus dem Bulletin de la Société d'encouragement. August 1838, S. 304.

Mit Abbildungen auf Tab. IV.

Die sogenannten Cremonen, deren man sich lange Zeit zum Schließen der Flügelfenster bediente, kamen kurz nach der Erfindung der Spanioletten, welche den Pariser Schlossern zugeschrieben wird, sehr in Abnahme. Es unterliegt keinem Zweifel, daß diese lezteren große Vorzüge vor allen bisher zum Fensterverschlusse benuzten Vorrichtungen haben; da aber auch sie ihre Unannehmlichkeiten haben, so kamen verschiedene Verbesserungen der Cremonen in Vorschlag, wozu denn auch jene des Hrn. Andriot gehören.

Die Vorwürfe, welche man den Spanioletten machen kann, betreffen hauptsächlich zwei Punkte. Erstens erheischen sie, wenn beim Schließen der Fenster die Vorhänge und Draperien nicht beschädigt werden sollen, von Seite der Dienerschaft eine Aufmerksamkeit, an welche man diese Classe von Leuten nur selten gewöhnen kann. Zweitens verstoßen sie, da der Griff, auf dessen Verzierung der Arbeiter am meisten Geschiklichkeit verwendet, an der Seite angebracht wird, gegen die Regeln der Symmetrie, die man heut zu Tage nicht mehr unberüksichtigt lassen darf. Manche anderweitige Einwendungen, die noch gemacht wurden, scheinen von geringerem Belange.

Das von Hrn. Andriot empfohlene System beruht auf dem Principe der alten Cremonen, von denen es sich jedoch in Folgendem unterscheidet. 1) endigt sich der obere Riegel nicht in einen Haken, sondern in ein Oehr, welches eine bewegliche Schließkappe bildet, in die ein an dem oberen Querholze des ruhenden Rahmens befestigter Haken eintritt. 2) ist die Zahnstange nicht an der Seite, sondern senkrecht gegen die Vorderseite des Kreuzstokes angebracht. Sie pflanzt die Bewegung an die Stange fort, in die sie von einem Getriebe versezt wird, welches seinerseits durch ein Stük eines Zahnrades in Thätigkeit gebracht wird. Lezteres befindet sich an einer Art von Hebel, der sich in einer Fläche bewegt, welche auf jener des Kreuzstokes senkrecht steht.

Durch diese beiden Modificationen ist allerdings den beiden oben angeführten Gebrechen abgeholfen. Allein reichen sie auch hin, um die Spanioletten, die vor den neuen Cremonen das voraus haben, daß sie drei Befestigungspunkte darbieten, zu verdrängen? Die Erfahrung allein kann hierüber entscheiden; wir sind indessen der Ansicht, daß die neue Vorrichtung alle Beachtung verdiene, und zwar um so mehr, als sie sich auch zum Schließen innerer Fenster- und Sommerladen eignet.

In Fig. 32 sieht man vorne einen mit der neuen Cremone ausgestatteten Kreuzstok, während Fig. 33 ein senkrechter Durchschnitt desselben und des Pfostens des Fensterrahmens ist.

a ist eine platte, aus einem Stüke bestehende Eisenstange, welche an dem rechten Pfosten des Kreuzstokes angebracht ist, und zwar ohne irgend eine andere Incrustation, als einen leichten Ausschnitt an der gebogenen Stelle der Stange, welcher Ausschnitt zur Aufnahme der Zahnstange dient. Die Länge dieser Stange richtet sich nach der Höhe des Kreuzstokes; an ihrem oberen Ende befindet sich ein Ringloch b, womit sie in den leicht nach Vorne gebogenen Haken c eingehängt wird. Dieses Ringloch muß sich gut an den Haken anlegen, weil sich sonst kein genügender Verschluß erzielen ließe. Der untere Theil der Stange ist schief abgeschnitten, damit sie leichter in die in das Querholz des ruhenden Rahmens eingelassene Schließkappe d eindringe. Gegen ihre Mitte hin befindet sich an ihr eine Verzahnung e, in die das Getrieb f eingreift, in welches seinerseits der mit dem Griffe h aus einem Stüke bestehende verzahnte Sector g eingreift. Ist das Fenster geschlossen, so befindet sich der Griff in der aus Fig. 33 ersichtlichen Stellung; öffnet man es, so kommt er in die durch punktirte Linien angedeutete Stellung. i ist eine flache hölzerne Leiste, welche die Eisenstange verstekt, und an deren Enden sich eine blechene Schließkappe k befindet, welche die Stange durchtreten läßt. l,l sind die Haken oder Riegel, welche verziert und mit zwei Schrauben an der Stange, deren Bewegung sie folgen, befestigt sind. Diese Haken sind zum Schließen der Fensterflügel bestimmt, und erfassen deren Bärte, die sich gegen die hölzerne Leiste auf einander legen.

In Fig. 34 sieht man eine neue Einfügung der Pfosten der Fensterrahmen. Man bemerkt daran zwei Aufhälter n, o, welche einen luftdichten Verschluß sichern, so daß man am Fenster arbeiten kann, ohne von Zugluft belästigt zu werden.

LXIV.

Verbesserungen an den Stühlen zum Weben façonnirter Zeuge, worauf sich Moses Poole, am Patent Office, Lincoln's Inn in der Grafschaft Middlesex, am 30. Nov. 1837 ein Patent ertheilen ließ.

Aus dem Repertory of Patent-Inventions. Septbr. 1838, S. 129.

Mit Abbildungen auf Tab. IV.

Die gegenwärtigem Patente zu Grunde liegende Erfindung beruht auf der Anwendung der bekannten Jacquard'schen Maschinerie auf die sogenannten mechanischen Webestühle, um mittelst Dampf oder einer anderen Triebkraft façonnirte Seiden-, Baumwoll-, Hanf-, Leinen- oder andere Zeuge fabriciren zu können. Obschon es bereits mannigfache Vorrichtungen gibt, denen gemäß die Art und Weise, auf welche die Fäden in einem Gewebe gelegt werden, nach dem Jacquard'schen Systeme durch Anwendung durchlöcherter Pappendekel controlirt werden soll; und obschon wir bereits mehrfache Arten mechanischer, durch Dampf oder eine andere Triebkraft in Bewegung zu sezender Webestühle besizen, so geschieht es nun meines Wissens doch zum erstenmal, daß das Jacquard'sche System mit einem mechanischen Webestuhle in Verbindung gebracht wird.

Fig. 41 zeigt den neuen Webestuhl in einem Seitenaufrisse, während man denselben in Fig. 42 in einem Frontaufrisse dargestellt sieht. An beiden Figuren sind zur Bezeichnung gleicher Theile gleiche Buchstaben beibehalten. Ich habe der Beschreibung nur die Bemerkung vorauszuschiken, daß ich bei derselben angenommen habe, der mit acht Lizen erzeugte Grund des Fabricates habe das Aussehen von sogenanntem Atlas. Sollte der Grund ein anderer seyn, so müßte eine etwas andere Einrichtung getroffen werden; ich habe übrigens gedacht, daß meine Beschreibung am deutlichsten ausfallen müßte, wenn ich den Stuhl dabei als in der Erzeugung eines bekannten Fabricates begriffen dachte.

Die Rolle oder Trommel A wird von einer Dampfmaschine oder einer anderen Triebkraft her mittelst eines Treibriemens in Bewegung gesezt. An ihrer Welle befinden sich die Kurbelarme B, an denen die beiden Verbindungsstangen C angebracht sind. Leztere theilen die Bewegung auf solche Art an die Lade D mit, daß diese so viele Schläge macht, als die Rolle A Umgänge vollbringt. Die Bewegung der Lade bedingt das Aufrollen des fabricirten Zeuges auf den Werkbaum, und in dem Maaße, als die Fabrication fortschreitet, auch das Abwinden der Kette von dem Kettenbaume. An der

Welle des Werkbaumes E, auf dem das erzeugte Gewebe aufgewunden wird, befindet sich das Rad F, welches in das an der Welle des Zahnrades H aufgezogene Getrieb G eingreift. An der Welle des Zahnrades H bemerkt man einen Hebel I, an dessen Ende die in das Rad H einfallenden Sperrkegel oder Däumlinge J angebracht sind. Derselbe Hebel ruht mit seinem anderen Arme auf einer Walze K, die an dem Hebel L, dessen Drehpunkt sich unter der Welle des Zahnrades H befindet, aufgezogen ist. Die Stange N verbindet das Ende dieses Hebels L mit der Lade. Um übrigens den Hebel L auf der erforderlichen Höhe zu erhalten, ist auch noch eine andere Stange O vorhanden. An dem Hebel I ist mittelst einer Schnur oder einer Stange das Gewicht P aufgehängt, welches die Sperrkegel J fortwährend mit dem Zahnrade H in Berührung erhält. Am Schlusse einer jeden Bewegung der Lade D wird der Hebel L von der Stange N aufgehoben, wo dann die Walze K ihrerseits die auf ihr ruhenden Arme des Hebels I emporhebt. Durch leztere Bewegung werden die die Sperrkegel J führenden Arme des Hebels I dagegen herabgesenkt, so daß diese Sperrkegel die Zähne des Rades H verlassen, und dafür in andere, weiter unten befindliche Zähne einfallen. Wenn die Lade D hingegen wieder zurückkehrt, so sinkt der Hebel L herab, ohne daß jedoch seine Walze K die Arme des Hebels I in die Höhe treibt, da diese durch das Gewicht P herabgezogen werden. Dagegen steigen die die Sperrkegel J führenden Arme empor, um das Rad H um eben so viele Zähne umzutreiben, als die Sperrkegel während der Bewegung der Lade D vorübergehen ließen. Während sich die Lade vorwärts bewegt, hält ein Sperrer R, der bei S einen Drehpunkt hat, das Rad H fest. Die Bewegung, die das Rad H durch die Sperrkegel J mitgetheilt erhielt, pflanzt sich durch das Getrieb G an das an der Welle des Werkbaumes E befindliche Rad F fort, so daß also auf diesen Baum eine den Verhältnissen der Durchmesser der Räder H und F und des Getriebes G, und der Zahl der Zähne, an denen die Sperrkegel J beim Herabfallen vorübergingen, entsprechende Zeuglänge aufgewunden wird. Die Zeuglänge, welche der Werkbaum bei jedem Schlage der Lade aufrollt, und der Schlag, den das Fabricat erleidet, läßt sich demnach beliebig reguliren. Je schneller sich das Getrieb G bewegt, um so weniger wird der Zeug geschlagen werden. Die Festigkeit desselben läßt sich also durch Regulirung der Länge der Stange N, die den Hebel L mit der Lade D verbindet, verändern. Wenn man z. B. diese Stange verlängert, so wird die Lade den Hebel L nicht so hoch emporheben; folglich wird dem Hebel I keine so ausgedehnte Bewegung mitgetheilt werden, die Sperrkegel J werden sich nicht über so viele Zähne des Rades H bewegen, und der Zeug wird also, da er nicht so rasch aufgewunden wird, stärker geschlagen werden. Dieses Aufwinden des gewebten Zeuges bedingt ein entsprechendes Abwinden der Kette T, unter der sich die Walze U befindet. An dieser Walze sind die beiden Riemen V,V befestigt, die, nachdem sie mehreremale um die Walze U gewunden, endlich an den Hebeln X,X, die ihre Drehpunkte in Y haben, festgemacht sind. An diesen Hebeln befinden sich die Gewichte Z, die den Riemen eine größere oder geringere Spannung geben, je nachdem man sie mehr oder weniger von den Drehpunkten Y entfernt. Die Spannung der Riemen V bestimmt die Spannung der Kette, die jedoch nicht so weit getrieben werden darf, daß dadurch das Glitschen der beiden Walzenenden U in den dieselben umschlingenden Riemen verhindert wird. Denn die Reibung dieser Riemen ist es, welche die Kette auf den gehörigen Grad gespannt hält; und diese Reibung muß eine solche seyn, daß sie dem Zuge nachgibt, der durch das Aufwinden des Zeuges auf den Baum E auf die Kette ausgeübt wird. A^1 ist eine kleine Walze, über welche die Kette läuft, nachdem sie die Walze U verlassen; sie kann mittelst ihrer Anwellen B^1, die in den Fugen oder Spalten C^1 fixirt sind, höher oder tiefer gestellt werden, so daß man die Kette auf die Höhe des Geschirres bringen kann. Die drei Stäbe D^1,D^1,D^1 dienen dazu, die Kettenfäden in gehöriger Ordnung zu erhalten; von ihnen aus laufen die Fäden in das Jacquard-Geschirr E^1; hierauf in die Lizen X^2,X^2, und endlich in das Rietblatt G^1, worauf sie durch das Einschießen des Eintrages in Zeug verwandelt an die Querstange und von dieser hinab an den Werkbaum E gelangen.

Ich gehe nun zur Beschreibung der Anwendung des Jacquard'schen Apparates über. Dieser Apparat, der, so wie man sich seiner an den Handwebestühlen bedient, hinlänglich bekannt ist, beruht auf der Leitung der Bewegung der Kettenfäden mittelst einer Reihe durchlöcherter Pappblätter, um bei der Damast-, Seiden- oder sonstigen Weberei Muster zu erzeugen, die durch die Zahl der Fäden, welche bei den einzelnen Würfen der Schüze aufgehoben oder niedergelassen sind, bedingt werden. I^1,I^1 sind die Bleie, welche die Schnüre J^1,J^1 des Jacquard-Geschirres beständig gespannt erhalten, und deren Gewicht so wie an dem gewöhnlichen Jacquard-Stuhle nach der Art und Qualität des Fabricates abgeändert werden muß. Die Schnüre J^1,J^1 gehen zuerst durch ein durchlöchertes Brett K^1,K^1, welches man in einigen Fabriken das heilige (holy board) zu nennen pflegt, und über dem jede einzelne Schnur, je nach dem Muster, welches gewebt werden soll, mit einer größeren oder kleineren Anzahl von Schnüren verbunden wird. Die Schnüre M^1,M^1 laufen ihrerseits urch ein zweites durchlöchertes Brett L^1, L^1, damit sie im Körper des Jacquard zusammengehalten werden, worauf dann jede einzelne Schnur durch das Oehr einer horizontalen Nadel N^1 geführt ist. Diese Nadeln sollen je nach der Länge, die sie haben müssen, aus Eisendraht Nr. 13, 14 oder 15 verfertigt werden. Nachdem die Schnüre durch das Oehr der Nadel gezogen worden, führt man sie durch die Löcher eines dritten Brettes, hinter dem sie einzeln mittelst eines Knotens festgehalten werden. Außerdem hat jede der Schnüre M^1 beiläufig einen Zoll vor der Nadel, durch die sie geführt ist, auch noch einen anderen Knoten. Hieran sind die Zähne eines Kammes fixirt, der jene Fäden, die durch die Wirkung der Nadeln und der Pappblätter aufgehoben worden sind, emporzuheben hat. P^1, P^1 sind die Däumlinge, welche sich bei jeder Veränderung der Musterblätter umdrehen. Die Aufgabe des unteren Däumlinges ist den Cylinder O^2, und wenn es nöthig ist, auch nach der entgegengesetzten Richtung mittelst der Schnur Q^1 und der Rolle R^1 umzudrehen. Diese Schnur Q^1 wird von dem den Stuhl bedienenden Arbeiter gehalten und in einen Knoten geschlungen. Soll der Cylinder nach entgegengesezter Richtung umgedreht werden, so wird er in einer Auskerbung zurückgehalten, wodurch der untere Däumling mit dem Jacquard-Cylinder in Berührung kommt, und der gewünschte Erfolg auf die bekannte Weise eintritt. S^1, S^1 sind die durchlöcherten Pappblätter, welche zum Behufe der Erzeugung des Musters mit dem Cylinder O^1 in Berührung kommen; sie laufen in Gestalt einer endlosen Kette über die zu ihrer Leitung bestimmten Walzen T^1, T^1. Sie werden hiebei von den ledernen Riemen U^1, U^1 getragen, und sind leicht so zu ordnen, daß sie in einer gewissen Reihenfolge an den Cylinder gelangen. Ein zur Bedienung des Stuhles aufgestellter Knabe kann leicht mit den Händen das Emporsteigen dieser Pappblätter reguliren. Der Hebel V^1 dient dazu, dem Jacquard seine Bewegung mitzutheilen. Die Stange X^1, welche an der Seite des Sahlbandes der Kette hinläuft, verbindet diesen Hebel mit dem sogenannten Contremarsche Y^1, der durch eine andere Stange auch mit dem Tritte Z^1 des Cylinders O^1 in Verbindung steht. Das Gewicht des Trittes Z^1 ist durch ein auf den Hebel W^1 wirkendes Gewicht ausgeglichen; und um die Bewegung des Trittes regelmäßiger zu machen, ist dessen Ende in einer Spalte fixirt. Es dreht sich um seinen Drehpunkt A^2, wenn der Cylinder O^1 gegen die Nadeln N^1 getrieben wird. Die Löcher der Pappblätter bleiben an der Stelle der Nadeln, die durch sie hindurchgedrungen sind; alle gleichen Pappblätter bringen aber die Nadeln wieder mit diesen Löchern in Berührung, wodurch die durch die Nadeln geführten Schnüre M^1

angezogen und deren Knoten auf den Zähnen des Kammes fixirt werden. Wenn dann der Hebel V^1 durch die Stange X^1 des an dem Tritte Z^1 angebrachten Contremarsches Y^1 in Bewegung gesezt wird, so wird das Muster durch die Pappblätter erzeugt. Der Hebel V^1 ist an einem Eisenstabe D^2, der sich an seinen beiden Enden E^2,E^2 dreht, festgemacht. Ebenso ist an diesem Stabe D^2 aber auch noch der Hebel F^2 befestigt, der an dem einen Ende mit einer um eine Achse beweglichen Stange G^2 in Verbindung steht. Das andere Ende dieser Stange G^2 steht seinerseits mit einer anderen Stange I^2 in Verbindung, und an der Verbindungsstelle dieser beiden Stangen befindet sich eine Walze H^2. Die Stange I^2 ist mit dem Gestelle, welches den Cylinder O trägt, verbunden, und die Schrägfläche J^2 nimmt die Walze H^2 auf. Der andere Arm des Hebels F^2 ist mit dem den Kamm C^2 führenden Gestelle verbunden, und hebt also diesen empor, wenn der erstere Arm des Hebels herabgesenkt wird. Wenn der Hebel V^1 von Oben nach Abwärts gezogen wird, so erhellt offenbar, daß sich der Hebel F^2 gleichfalls in derselben Richtung bewegen, und mithin eine entsprechende Bewegung der Stange G^2, der Walze H^2 auf der Schrägfläche J^2, der Stange I^2 und des einen der Gestelle des Cylinders O^1 veranlassen wird, wodurch bewirkt wird, daß der Cylinder die Nadeln entfernt. Findet die Bewegung des Hebels V^1 nach entgegengesezter Richtung Statt, so wird der Cylinder O^1 gegen die Nadeln getrieben. Während der Cylinder O^1 die Nadeln entfernt, dreht sich einer der Däumlinge P^1, wodurch ein neues Pappblatt vor die Nadeln gebracht wird. Die Schrägfläche J^2 gewährt nur den Vortheil, daß sie die Bewegungen des Jacquard regulirt. Das Gestell oder der Rahmen, der den Cylinder O^1 trägt, dreht sich am oberen Theile des Stuhles bei K^2, und wird mittelst Schrauben so regulirt, daß die Löcher in directe Berührung mit den Nadeln kommen. Der untere Theil des Jacquard hat seine Stüzpunkte bei L^2,L^2. An dem oberen Ende des Stuhles befinden sich die Schrauben und Schraubenmuttern, deren Aufgabe es ist, den Cylinder O^1 fixirt zu erhalten, wenn er durch die Däumlinge P^1 umgetrieben worden. An dem oberen Theile des Jacquard ist aber ferner einer Stange N^2 aufgehängt, die unten mit einem Gewichte versehen ist; ihr Geschäft ist während der rükgängigen Bewegung des Cylinders O^1 jene Nadeln, die bei der Bewegung desselben nach Vorwärts vorgedrungen sind, wieder zurükzuführen. Sie bewegt sich bei O^2 um eine Spindel; würde sie stets mit den Nadeln in Berührung bleiben, so würde sie eine bedeutende Gewalt darauf ausüben, was jedoch nicht nöthig ist, ausgenommen sie werden durch den Rüklauf des Cylinders O^1 zurükgetrieben. Eine nach

bwärts sich erstrekende Verlängerung P^2 dieser Stange trifft mit ei-
m kleinen Vorsprunge Q^2 der Stange I^2 zusammen. Dieser Vor-
rung treibt also beim Zurükweichen der Stange I^2 die Verlängerung
^{2} und mithin auch die Nadeln zurük; dagegen drükt die Verlänge-
ung P^2 vermöge ihrer eigenen Schwere gegen die Nadeln, wenn die
Stange I^2 vorschreitet, um den Rahmen des Cylinders O^1 zu be-
egen. R^2 ist eine kleine horizontale Platte mit mehreren kleinen
Walzen, über welche die Schnüre M^1 gegen die Mitte des Stuhles
n geführt werden, damit die den Sahlleisten zunächst gelegenen
Schnüre der Kette eben so hoch aufgehoben werden, als die in der
Mitte befindlichen. Je höher der Jacquard über dem Stuhle an-
ebracht wird, um so besser ist es.

Ich will nun zeigen, wie der Stuhl, wenn er in Thätigkeit
ist, auf den Jacquard wirkt. Das Rad S^2, welches man in Fig. 43
und 44 einzeln für sich abgebildet sieht, und welches an der Welle T^2
ufgezogen ist, drükt, wenn es umläuft, den Tritt Z^1 des Cylinders
herab, weil sein Umfang stets mit der an dem Tritte Z^1 angebrach-
en Walze U^2 in Berührung steht. Die Folge hievon ist, daß der
Jacquard mittelst der Stange X^1 und des Hebels V^1 in eine ent-
prechende Bewegung versezt wird, und daß also von den mit den
Schnüren in Berührung stehenden Kettenfäden jene aufgehoben wer-
en, die von den Nadeln erfaßt worden. Bei jedem Umgange des
Rades S^2 fällt jedoch die Walze U^2 in einen an dem ersteren befind-
ichen Ausschnitt, wie man dieß in Fig. 41 und 43 sieht; und hieraus
olgt, daß die Schnüre und mit ihnen auch die emporgehobenen Kettenfäden wieder herabsinken. Wenn in demselben Momente das eben
gewebte Pappblatt durch ein neues ersezt worden, so sezt das Rad S^2
seine Bewegung fort, wodurch der Tritt Z^1 abermals herabgedrükt
wird. Die mit den Muster- oder Pappblättern in Berührung gebrachten Kettenfäden werden also bei jedem Umgange des Rades S^2
aufgehoben. Der Tritt V^2 bewegt sich, wie Fig. 41 zeigt, an seiner
Welle A^3; und der Contremarsch hat seine Welle in B^3, wie dieß in
Fig. 42 angedeutet ist. Jede Schnur ist durch eine Schnur C^3 mit
einer Contreschnur verbunden. Zwei andere Schnüre oder auch Drähte
^{3} sind an den Hebeln E^3 befestigt, die mittelst der Stange F^3 mit
dem Hebel G^3 verbunden sind. An dem anderen Ende dieses Hebels
^{3} sind die Gewichte H^3 aufgehängt, welche die Lizen X^2, die sonst
durch das Gewicht des Trittes und des Gegentrittes herabgezogen
werden würden, beständig emporzuziehen streben. In senkrechter Stellung werden diese Gewichte H^3 durch die Führer I^3 erhalten. Hieraus
ergibt sich, daß, wenn die Stange Y^2 herabgesenkt wird, sie mittelst
der beschriebenen Anordnungen die mit ihr in Berührung stehenden

Schnüre herabziehen wird; daß aber, wenn ihre Wirkung aufhört, die Schnüre wieder durch die Gewichte H^5 emporgezogen werden, indem leztere durch die angegebenen Hebelverbindungen und Schnüre auf sie wirken. Der Tritt V^2 wird mittelst Fugen, die in das Gestell J^3 geschnitten sind, in einer und derselben Richtung erhalten. Der Querbalken K^3 trägt die Welle A^2 des Trittes Z^1 des Cylinders, so daß also die Hebelarme dieses Trittes zum Behufe der Regulirung des Winkels, den die Kettenfäden zu bilden haben, um hinreichenden Spielraum für die Schüze zu gestatten, regulirt werden können. Je länger nämlich der Hebelarm ist, um so größer wird dieser Raum seyn und umgekehrt.

Ich will nun zeigen, wie die Lizen X^2 durch den Tritt V^2 und die gegenüberliegende Stange Y^2 in Bewegung gesezt werden. An der Welle T^2 sind acht Kämme oder Muschelräder L^3 aufgezogen, welche durch den Tritt V^2 in gehöriger Ordnung in Thätigkeit gesezt werden, zu welchem Zweke sie auch spiralförmig an der Welle T^2 angebracht sind. Eine deutlichere Ansicht derselben erhält man aus Fig. 50. Mit dieser Anordnung lassen sich alle dem zu webenden Fabricate entsprechenden Stellungen erzielen. Eine an jedem der Tritte V^2 befindliche Hervorragung M^3 erfährt die Einwirkung des zu diesem Gange gehörigen Muschelrades. Der Umfang der Welle T^2 ist in neun gleiche Theile abgetheilt, von denen acht von je einem der Muschelräder L^3 eingenommen werden, während der neunte Theil dem Ausschnitte des Rades S^2 entspricht. Die im Grunde des Fabricates befindlichen Lizen bewegen sich nicht; auch sind hier keine Kettenfäden aufzuheben. Die Welle T^2 erhält ihre Bewegung durch das an ihr bemerkbare Rad S^2 und durch das Getrieb O^3 an der Welle P^3, die von der Trommel A her umgetrieben wird. Da das Getrieb O^3 neunmal weniger Zähne hat, als das Rad S^2, so vollbringt es neun Umläufe, während lezteres einmal umgeht. An der Welle P^3 sind zwei Kurbeln befestigt, und an diesen befinden sich zwei ausgefalzte Stangen C^3, die mit ihren anderen Enden an die Lade D gefügt sind. Hieraus folgt, daß jeder Umgang der Welle P^3 oder des Getriebes O^3 einen Schlag der Lade D, jeder Umgang des großen Rades S^2 dagegen neun solcher Schläge bewirkt. Dabei kommt zu bemerken, daß bei dem Atlasgrunde, der hier als Beispiel gewählt ist, auf jedes Pappblatt acht Schüzenwürfe kommen; und daß, während das Pappblatt für ein anderes umgewechselt wird, die Schüze ruhig zu verbleiben hat, wonach also während des neunten Schlages der Lade D die Schüze unbewegt bleiben muß. Ein Beispiel wird dieß erläutern. Die Lade D ist auf gewöhnliche Weise an dem oberen Theile des Stuhles aufgehängt; der Schüzentreiber Q^3 ist an dem Schwerte K^3 der Lade angebracht, und zwar mittelst der Krüke S^3; an ihm bemerkt man auch den Riemen U^3; je weiter er sich bewegt, um so höher wird er empor gehoben. Seine Bewegung erhält der Schüzentreiber Q^3 durch das an der Welle T^3 laufende Rad V^3. Diese Räder V^3, von denen man in Fig. 45 eines für sich allein abgebildet sieht, sind in neun gleiche Theile getheilt, von denen vier ausgetieft sind, während die fünf anderen zahnartige Vorsprünge bilden. Der vierte und fünfte Zahn, welche miteinander verbunden sind, bilden einen Doppelhaken. Auf jedem dieser Räder V^3 ruht ein Hebel X^3, der seinen Drehpunkt in Y^3 hat, und an dem sich ein Vorsprung Z^3 befindet. So oft dieser Vorsprung mit einem der Zähne des Rades in Berührung kommt, wird der Hebel aufgehoben; dagegen sinkt dieser herab, wenn der erwähnte Vorsprung in die ausgetieften Stellen des Rades gelangt. Durch das Umlaufen der Räder V^3 werden demnach die Hebel X^3 abwechselnd gehoben oder herab gesenkt, und zwar so, daß einer der Hebel gehoben; der andere dagegen gesenkt ist, ausgenommen, wenn am Ende des Umlaufes die beiden Vorsprünge der beiden Räder V^3 gemeinschaftlich wirken, was bei jedem neunten Umlaufe des an der Welle P^3 befindlichen Getriebes O^3 Statt findet. An das Ende eines jeden dieser Hebel ist eine Stange W^3 gefügt, die mit einem sogenannten Hunde A^4 in Verbindung steht. Lezterer ist seinerseits auf solche Weise an dem Gestelle des Stuhles befestigt, daß er sich leicht bewegen kann, wenn der Hebel X^3 gehoben oder gesenkt wird. Vorne vor diesem Hunde A^4 ist an dem Schwerte der Lade D ein Mechanismus B^4 angebracht, den man in Fig. 46 einzeln für sich abgebildet sieht, und den ich den Triangel nennen will. Dieser Triangel vollbringt an der Welle oder Spindel C^4, an der sich ein kleiner Vorsprung D^4 befindet, abwechselnd eine kreisförmige und eine horizontale Bewegung. Wenn einer der Hebel X^3 durch einen der Zähne der Räder V^3 emporgehoben wird, so wird der correspondirende, damit in Verbindung stehende Hund A^4 gleichfalls gehoben werden, dagegen wird derselbe herabsinken, so oft die Hebel X^3 in die Austiefungen der Räder V^3 einfallen. In der Zeichnung ist der Hund A^4 als herabgesunken dargestellt. Die Lade D trifft bei ihrer Rükkehr auf den Vorsprung D^4 des Triangels B^4; und die Folge hievon ist, daß sich lezterer rasch um seine Welle C^4 dreht, und zugleich den ledernen Riemen U^3 anzieht, der mit dem Schüzentreiber in Verbindung steht, so daß dann dieser auf die gewöhnliche Weise auf die Schüze wirkt. Hat der Schüzentreiber die Schüze ausgeschleudert, so wird er durch die Feder E^4 wieder an seine Stelle zurük geführt. Der Anordnung der Räder V^3 gemäß, bleibt einer der Schüzentreiber im Ruhestand, während der andere in Bewegung ist; beide bleiben sie aber bewegungslos, wenn der große Zahn der Räder V^3 gleichzeitig auf die Hebel X^3 wirkt. In diesem Augenblike, wo die Schüze ruht, bewirkt das Rad S^2 eine Veränderung der Pappblätter, was denn auch wirklich bei jedem neunten Umlaufe der Welle P^3 geschieht. Die Bewegung, welche die Lade in dieser Zeit vollbringt, hat keinen Einfluß auf das Fabricat; denn da der Kamm kein zu verarbeitendes Material findet, so kann er auch nichts ausrichten. Die Kraft des Schüzenwurfes läßt sich durch Verlängerung oder Verkürzung des ledernen Riemens U^3 oder auch durch irgend einen anderen Mechanismus reguliren.

Aus der voranstehenden Beschreibung ergibt sich, daß man sowohl an dem mechanischen Webestuhle, als an dem Apparate, durch den eine Reihe durchlöcherter Pappblätter nacheinander in Thätigkeit gesezt werden kann, an den Nadeln oder an den Instrumenten, welche zur Führung der Kettenfäden mittelst solcher durchlöcherter Pappblätter dienen, verschiedene Modificationen machen kann. Ich gründe daher meine Ansprüche auf keinen dieser einzelnen Theile, noch auf eine bestimmte Anordnung derselben, sondern ich dehne sie wie gesagt auf die Verbindung des Jacquard'schen Systemes mit der mechanischen Weberei im Allgemeinen aus.

Nachdem ich somit gezeigt, wie die Jacquard'sche Maschinerie durch den in Fig. 41 und 42 abgebildeten Mechanismus mittelst Dampf oder einer anderen Kraft in Bewegung gesezt werden kann; nachdem ich bisher eine Einrichtung gezeigt, der gemäß der Grund des Fabricates mit Tritten, deren Anzahl von der Art des gewünschten Grundes abhängt, erzeugt wird, während das Muster durch die durchlöcherten Pappblätter hervorgebracht wird; will ich nunmehr auch erläutern, wie ich jedes beliebige Muster ohne Anwendung der in Fig. 41 und 41 abgebildeten Tritte und lediglich mit den Pappblättern allein zu erzeugen im Stande bin.

Bekanntlich sind an allen Jacquard-Stühlen, mit denen Muster in den Zeugen erzeugt werden, wenn man sich zur Erzeugung des Grundes des Fabricates der Tritte bedient, durch jedes der sogenannten Ringelchen drei oder mehrere Kettenfäden gezogen, und diese Fäden sind einzeln durch die vorderen Blätter oder Tritte geführt. Wenn daher die Jacquard-Maschine mittelst der Pappblätter je nach dem zu erzeugenden Muster einen gewissen Theil des Kettengarnes aufhebt, so werden je nach der Zahl der in jedem Ringelchen befindlichen Fäden drei oder mehrere Kettenfäden zugleich emporgehoben werden. Wenn es sich z. B. um einen achtblätterigen Atlas handelte, so würden auf jedes Pappblatt acht Einschußfäden kommen, bevor irgend ein Wechsel im Muster Statt fände, wie dieß auch in Fig. 41

und 42 der Fall war. Die Hauptursache, warum ich für den Grund des Fabricates Tritte benüze, liegt, wie ich nun bemerken muß, darin, daß ein mit Tritten ausgerüsteter Stuhl weit weniger an Pappblättern, Bleien, Mustern rc. kostet. Dagegen kommt in Betracht, daß das Fabricat oder das Muster nicht so schön ausfällt, als wenn durch jedes Ringelchen nur ein Faden gezogen ist, und wenn auf jedes Pappblatt nur ein Faden Einschuß kommt.

In Fig. 47 und 48 sieht man einen Stuhl, der mit Pappblättern allein und ohne Anwendung von Lizen jedes Muster liefert. Da meine Maschinerie sich zum Betriebe aller Formen des Jacquard eignet, so hielt ich es nicht für nöthig, eine andere Art des lezteren abzubilden, und zwar um so weniger, als die in Fig. 41 und 42 dargestellte mir die beste zu seyn scheint. Ich habe ferner auch zur Bezeichnung der einzelnen Theile dieselben Buchstaben beibehalten. Es ist hier durch jedes Ringelchen nur ein Faden geführt, und es kommt auch auf jedes Pappblatt des Musters nur ein einziger Einschußfaden. Da jeder Kettenfaden auf solche Weise einzeln und unabhängig für sich aufgehoben werden kann, so folgt, daß wenn eine solche Einrichtung getroffen ist, daß die eine Hälfte der Pappblätter mit Löchern versehen ist, glatter Zeug gewebt wird, indem dann abwechselnd die Hälfte der Kette aufgehoben wird. Wäre der vierte Theil der Pappblätter durchlöchert, so würde der Zeug ein geköperter werden u. s. f. An dem in Fig. 47 und 48 abgebildeten Stuhle gibt die Lade jedem Einschußfaden zwei Schläge, und zwar den einen offen, den anderen hingegen, wenn die Maschine beinahe in ihre anfängliche Stellung zurükgekehrt ist. Man erhält auf solche Art ein viel besseres Fabricat, besonders wenn dasselbe aus feinen Seiden- oder Wollenfäden gewebt wird.

Ich erziele mittelst meiner Erfindung dieselben Bewegungen, wie sie an der gewöhnlichen, mit der Hand getriebenen Jacquard'schen Maschine Statt finden. In Fig. 47 ist A das Zahnrad und B dessen Betrieb; ersteres hat viermal so viel Zähne als lezteres, oder es verhält sich zu diesem wie 4 zu 1, so daß also das Getrieb viermal umlaufen muß, bis das Rad A einen Umgang zurüklegt. Die Lade gibt jedem Einschußfaden zwei Schläge. Die Schüze wird nur bei dem zweiten Umlaufe des Getriebes B geworfen, und ihre Bewegung ist nach dem in Fig. 41 und 42 angedeuteten Principe regulirt. An der Welle des Stuhles bemerkt man ein Excentricum X, welches in vier Theile getheilt ist, von denen zwei nach entgegengesezten Richtungen ausgeschnitten sind, wie man dieß in Fig. 47 bei K, K sieht. Da dieses Excentricum X an der Welle des Stuhles festgemacht ist, so wird es, wenn der Stuhl in Bewegung gesezt wird, die Jacquard-

Maschine mittelst des Trittes O und der Walze G in Thätigkeit bringen. In der Zeichnung sieht man dasselbe übrigens in der Stellung, die es einnimmt, wenn der Stuhl stillsteht. In Fig. 49 sieht man eine Rolle, an deren gegenüberliegenden Armen die beiden Löcher i,i angebracht sind. In diese Löcher sind verschiebbare Zapfen V,V eingepaßt, die mittelst eines Hebels, welcher an einer für den Weber bequemen Stelle angebracht ist, beliebig vor- und rükwärts bewegt werden können. Ein zweites Rad Z ist an der Treibwelle o aufgezogen; und an diesem Rade befinden sich zwei Däumlinge oder Lüpfer, die emporsteigen, wenn die Zapfen V,V eingetrieben werden. Haben die Zapfen V,V die Lüpfer aufgehoben, so werden die Federn T,T sogleich wieder in ihre frühere Stellung zurük gelangen, wodurch die Zapfen V,V gesperrt werden und der Stuhl unmittelbar in Thätigkeit geräth.

LXV.

Beschreibung der verbesserten Harfe des Hrn. Challiot in Paris, Rue Saint-Honoré Nr. 336.

Aus dem Bulletin de la Société d'encouragement. August 1838, S. 303.

Mit Abbildungen auf Tab. IV.

Fig. 35 zeigt die verbesserte Harfe mit allen dazu gehörigen Theilen und einigen abgespannten Saiten.

Fig. 36 ist ein Durchschnitt der in dem Flügel (culée) untergebrachten Theile nach der in Fig. 37 angedeuteteten Linie c,d.

Fig. 37 zeigt eben diese Theile im Grundrisse.

Fig. 38 ist ein Querdurchschnitt nach der in Fig. 37 angedeuteten Linie a,b.

Fig. 39 ist ein Durchschnitt des Fußes der Säule, dem eine leichte Schaukelbewegung gestattet ist.

Fig. 40 ist ein an dem unteren Ende des Resonanzbodens befindlicher, zur Aufnahme des unteren Endes der Säule dienender Halsring.

Der Sokel A, in dem die Pedale spielen, ruht mit vier Füßen auf dem Boden, und diese Füße sind so gestellt, daß dem Instrumente soviel Basis als möglich gegeben ist. Auf diesem Sokel ist mit Schrauben der Resonanzboden B befestigt. Der gut bestielte und an die Säule geleimte Hals (console) bildet gleichsam ein einziges Stük, welches man den Arm (bras) nennt. Den Flügel dieses Halses, der an den gewöhnlichen Harfen mittelst zweier einfacher hölzerner Zapfen an dem kleinen Ende des Resonanzbodens fest gemacht wird, sieht man bei D. Das untere Ende a der Säule E, welche mehr oder weniger verziert seyn kann, ist in den eisernen, fest in den Resonanzboden geschraubten Halsring b eingesezt.

Die Aufgabe, die Hr. Challiot sich sezte, ist Verhütung des Brechens der Saiten. Um diesen Zwek zu erlangen, müssen die Saiten abgespannt werden. Ein Zurükdrehen der Wirbel war jedoch nicht zulässig, selbst wenn sie sich sämmtlich auf Einmal bewegt hätten; denn die Saiten platten sich an den Wirbeln ab, verlieren ihre Elasticität, und können ohne zu brechen nicht wieder gespannt werden. Hr. Challiot war daher gezwungen, bei einer gegenseitigen Annäherung der Seitenenden stehen zu bleiben. Die Linien c in Fig. 35 deuten die verschiedenen Stellen an, welche die Saiten einnehmen können, ohne eine Veränderung ihrer Länge und mithin auch ihrer Spannung zu erleiden. Die punktirten Linien d zeigen, um wieviel sich die Saiten beim Zurükweichen des Flügels D verkürzen.

Aus Fig. 36 und 37 erhellt, auf welche Art die eben besprochene Bewegung bewirkt wird. Eine in dem Kasten f,f festgehaltene Schraube bewegt die Anwellen g,g in den Coulissen l,l vor- und rükwärts. In dem Kopfe dieser Schraube ist ein vierekiges Stük, welches in die Dike des Flügels eingesenkt ist, und mittelst des Schlüssels der Wirbel umgedreht wird. Dieser ganze Mechanismus ist, wie in Fig. 35 durch punktirte Linien angedeutet ist, in dem Flügel D untergebracht. Das Ende h des Resonanzbodens nimmt nur die beiden Anwellen, die sich in den Coulissen hin- und her bewegen, auf. Leztere sind in die auf den Theil h geschraubte Platte i, Fig. 36, geschnitten. Um die Reibung zwischen der Platte des Flügels und jener des Endes des Resonanzbodens zu vermindern, ist eine kleine, in einem Falze laufende Rolle dazwischen gebracht.

Ein in Fig. 38 bei a ersichtlicher Scharnierknopf, den man unten an der Säule bemerkt, wird von einem Halsringe b, der sich in einer der Nähe des Resonanzbodens angebrachten Auskehlung befindet, aufgenommen.

Will man die Saiten abspannen oder herablassen, so dreht man den Schlüssel, nachdem man ihn an den vierekigen Theil der Schraube gestekt, nach Rechts, und bringt den Flügel in die in Fig. 35 ersichtliche Stellung. Zur Führung und zur Regulirung dieser Bewegung, welche die Säule etwas auf ihrem Scharniergefüge bewegt und in erforderlichem Maaße nach Rükwärts führt, dienen die Anwellen g,g. Will man die Saiten hingegen wieder spannen, so braucht man den Schlüssel nur so weit nach Links zu drehen, daß die Harfe wieder in ihren früheren Zustand kommt.

Die Bewegung der Anwellen g, g in den Coulissen l, l ist
schränkt. Man kann sie ohne Nachtheil mit Gewalt bis an das
schieben; dagegen wäre es von großem Einflusse, wenn der F
nicht an den ihm angehörigen Plaz zurükgeführt würde, weil
die Saiten nicht mehr ihre frühere Stimmung erlangen und di
ben Töne nicht mehr richtig ausfallen würden.

Um die Harfe öhlen zu können, was nur alle halbe Jah
geschehen braucht, ist unter dem Flügel eine kleine Oeffnung
gebracht.

Die hier beschriebene Vorrichtung läßt sich für geringe K
an allen älteren Harfen anbringen.

LXVI.

Beschreibung des galvano-magnetischen Telegraphen zwis München und Bogenhausen, errichtet im Jahre 1 von Hrn. Prof. Dr. Steinheil.

Mit Abbildungen auf Tab. IV.

Der Telegraph (worüber bereits im polyt. Journal Bd. LX
S. 388 eine historische Notiz mitgetheilt wurde) besteht aus
wesentlichen Theilen: 1) einer metallenen Verbindung zwischen
Stationen; 2) dem Apparat zur Erzeugung des galvanischen Str
und 3) dem Zeichengeber.

1) Verbindungskette.

Man muß sich die sogenannte Verbindungskette als einen
verlängerten Schließungsdraht der Volta'schen Säule denken.
von diesem gilt, gilt auch von ihr. Bei demselben Metall und
cher Dike erleidet der galvanische Strom einen der Länge propo
nalen Widerstand. Dieser ist aber bei derselben Länge und dems
Metall um so kleiner, je größer die Dike des Metalls ist, und
umgekehrt der Durchschnittsfläche proportional. Die Leitungsfähi
der Metalle ist aber sehr verschieden. Nach Fechner's Messu
leitet Kupfer z. B. sechsmal besser als Eisen, viermal besser
Messing. Die Leitungsfähigkeit von Blei ist noch geringer, so
also die einzigen Metalle, welche bei technischer Anwendung mit
theil in Concurrenz treten können, Kupfer und Eisen sind. In
nun der Preis von Eisen nahezu sechsmal geringer als der des Kup
ist, man aber eine Leitung von Eisen sechsmal schwerer bei derse
Länge machen müßte als eine Kupferleitung, damit beide glei
Widerstand leisten, so ist es in finanzieller Beziehung gleichgül

welches dieser Metalle man wählt. Kupfer scheint vortheilhafter, weil es in der Luft weniger der Oxydation ausgesezt ist als Eisen. Man kann aber auch lezteres durch einfache Mittel (galvanisiren) schüzen. Ja es scheint die bloße Benüzung einer Eisenleitung beim Telegraphiren durch galvanische Kräfte ausreichend, sie vor Rost zu schüzen, wie sich an einem Theile der hiesigen Leitung, die fast schon ein Jahr aller Witterung ausgesezt, ergeben hat.

Wenn der galvanische Strom die ganze Leitungskette mit gleicher Erregungskraft passiren soll, so darf der Draht sich selbst nirgends berühren. Er darf aber auch nicht in vieler Berührung mit Halbleitern stehen, weil sich sonst durch diese ein Theil der erregten Kraft den nächsten Weg bahnt, und also die entferntesten Stellen Kraftverlust erleiden.

Vielfache Versuche, die Drähte zu isoliren und unter dem Boden fortzuleiten, haben bei mir die Ueberzeugung begründet, daß dieß auf große Entfernungen unausführbar ist, weil unsere besten Isolatoren doch immer nur sehr schlechte Leiter sind. Wenn aber bei sehr großer Länge ihre Berührungsfläche mit dem sogenannten Isolator gegen die Durchschnittsfläche der Metallleitung ungemein groß wird, so entsteht ein nothwendiger allmählicher Kraftverlust, indem die Hin- und Zurükleitung in Zwischenpunkten, wenn auch nur wenig, communicirt. Man darf nicht glauben, daß diesem Uebelstande auszuweichen ist, durch große Abstände der Hin- und Zurükleitung von einander. Dieser Abstand ist, wie wir später zeigen werden, fast gleichgültig. Da es also wohl nicht gelingen wird, gehörig isolirte Leitungen im Innern des stets feuchten Erdreichs herzustellen, so bleibt nur eine Möglichkeit, nämlich: sie durch die Luft zu führen. Hier muß zwar die Leitung von Distanz zu Distanz unterstüzt werden, sie ist böswilliger Beschädigung ausgesezt, und kann von anhängendem Eis und starken Stürmen beschädigt werden. Da aber keine andere Möglichkeit gegeben ist, so muß man suchen, diesen allerdings erheblichen Uebelständen durch passende Anordnungen möglichst entgegen zu wirken.

Die Leitungskette des hiesigen Telegraphen besteht aus 3 Theilen. Der eine führt von der k. Akademie nach der k. Sternwarte zu Bogenhausen und zurük; dessen Drahtlänge ist 30,500 Pariser Fuß. Der dazu verwendete Kupferdraht wiegt 210 Pfund. Beide Drähte (hin und zurük) sind in Abständen zwischen 3 und 10 Fuß über die Thürme der Stadt hin gespannt. Die größten Längen von Unterstüzungspunkt zu Unterstüzungspunkt betragen 1200 Fuß. Dieß ist für einfachen Draht unstreitig viel zu groß, weil anhängendes Eis das Gewicht des Drahtes selbst bedeutend vermehrt, ihm auch eine viel größere Durchschnittsfläche gibt, so daß alsdann Stürme ihn zu zerreißen vermögen. Ueber Streken, wo keine hohen Gebäude vorhanden sind, wurde die Drahtleitung durch Floßbäume unterstüzt, die 5 Fuß tief eingegraben, zwischen 40 und 50 Fuß hoch, auf einem oben befestigten Querholz den Draht trägen. An den Auflegungspunkten ist nur Filz untergelegt, und der Draht zur Befestigung um das Holz geschlungen. Die Abstände je zweier Bäume betragen zwischen 600 und 800 Fuß, was ebenfalls noch zu viel ist, weil, wie die Erfahrung zeigte, sich die Drähte durch Stürme 2c. bedeutend dehnten, und mehrmals gespannt werden mußten.[57]

Die auf solche Art geführte Leitung ist keineswegs vollkommen isolirt. Wenn die Kette z. B. in Bogenhausen geöffnet wird, so sollte ein in München bewirkter Inductionsstoß durchaus keine galvanische Erregung in den jezt getrennten Theilen der Kette hervorbringen. Das Gauß'sche Galvanometer zeigt aber auch dann noch einen schwachen Strom an; ja es haben Messungen ergeben, daß dieser Strom proportional wächst mit dem Abstande der Trennungsstelle von dem Inductor. Die absolute Größe dieses Stroms ist nicht constant. Im Allgemeinen wächst sie mit der Feuchtigkeit. Bei heftigen Regengüssen ist sie wohl fünfmal größer als bei andauernd trokenem Wetter. Auf kleine Entfernungen von einigen Meilen hat nun allerdings dieser geringe Verlust keinen erheblichen Einfluß, um so mehr, als man durch die Construction des Inductors über fast beliebig große galvanische Kräfte disponiren kann. Er würde aber auf Entfernungen von 50 Meilen den größten Theil der Wirkung aufheben. Deßhalb müßte für solche Fälle weit größere Vorsicht an den Unterstüzungspunkten der Drahtleitung beobachtet werden.

Wenn sich Gewitter bilden, so sammelt sich auf dieser halb isolirten Leitung, wie auf einem Conductor, Elektricität der Luft. Diese stört jedoch den Durchgang galvanischer Ströme in keiner Art.[58]

---

57) Alle diese Uebelstände sind zu vermeiden, wenn man die Leitung nicht aus einfachem Draht, sondern aus wenigstens dreifach zusammengewundenem bildet, und etwa von 300 Schuh zu 300 Schuh unterstüzt, dabei spannt mit einer Kraft, die nicht über $1/3$ der Tragkraft geht. Dieß war jedoch bei dem hiesigen Probetelegraphen, aus Gründen, die nicht weiter entwikelt werden können, nicht ausführbar.
St.

58) Hier muß ich eines Vorfalles erwähnen, der für die Zukunft Vorsicht gebietet. Während eines heftigen Blizes am 7. Jul. 1838 durchzukte in demselben Augenblike ein sehr starker elektrischer Funke die ganze Leitungskette. An dem Zeichengeber, welcher in meinem Zimmer angebracht ist, erfolgte in dem Augenblik ein Knall, wie der einer Peitsche. Zugleich ertönte die tiefe Gloke des Zeichengebers, durch Ablenkung der Nadel so heftig angeschlagen, daß die Drehungsspizen des Magnetstäbchens Schaden litten. Die nämliche Erscheinung wurde auf einer andern Station bemerkt. Da die ablenkende Kraft der Reibungs-Elektricität auf Magnete sehr gering ist, so deutet dieser Fall auf bedeutende Elektricitätsmengen hin. Diese Erscheinung kann nur dadurch entstanden seyn, daß in diesem Augenblike Elektricität des Bodens sich den Weg zu der in der Kette ge-

In der neuesten Zeit habe ich gefunden, daß man das Erdreich als die eine Hälfte der Leitungskette benuzen kann. So wie bei der Elektricität, kann auch bei galvanischen Kräften Wasser oder Erdreich einen Theil des Schließungsdrahtes bilden. Wegen der geringen Leitungsfähigkeit dieser Stoffe gegen Metalle ist jedoch erforderlich, daß an beiden Stellen, wo die Metallleitung den Halbleiter berührt, diese Berührungsfläche sehr vergrößert werde. Wenn z. B. Wasser 2 Millionenmal weniger leitet als Kupfer, so muß eine so vielmal größere Wasserfläche in Berührung mit Kupfer gebracht werden, damit der galvanische Strom gleichen Widerstand im Wasser und Metall von gleicher Länge finde. Beträgt z. B. der Durchschnitt eines Kupferdrahtes 0,5 Quadratlinien, so wird ein Kupferblech von 61 Quadratfuß Fläche erfordert, um durch den Boden den galvanischen Strom eben so fortzuleiten, wie ihn dieser Draht leiten würde. Da die Dike des Metalles hier gar nicht in Betracht kömmt, so wird die Herstellung der erforderlichen Berührungsflächen immer ohne bedeutende Kosten zu erlangen seyn. Man erspart dadurch aber nicht nur die Hälfte der Leitung, sondern kann auch den Widerstand im Erdreiche selbst kleiner als in der Metallleitung machen. Versuche an dem hiesigen Probe-Telegraphen haben dieß völlig bestätigt.

Ein zweiter Theil der Leitungskette führt von der k. Akademie nach meiner Wohnung und Sternwarte in der Lerchenstraße. Diese Leitung besteht aus Eisendraht, der hin und zurük 6000 Fuß lang ist, und auf dieselbe Weise über Thürme und hohe Gebäude gespannt wurde. Ein dritter Theil der Kette endlich führt im Innern des Gebäudes der k. Akademie nach der mechanischen Werkstätte des physikalischen Cabinettes, und ist ein 1000 Schuh langer dünner Kupferdraht, fortgeführt in den Fugen des Fußbodens, zum Theil eingemauert. Diese drei Theile zusammen bilden eine in sich selbst geschlossene Linie, in welche dann die Apparate zur Erzeugung des galvanischen Stromes und die Zeichengeber eingeschaltet sind.

2) Apparat zur Erzeugung des galvanischen Stroms.

Der Hydrogalvanismus oder der durch die Volta'sche Säule erzeugte galvanische Strom ist nicht wohl geeignet, sehr lange Schließungsdrähte zu durchlaufen, weil der Widerstand in der Säule, selbst wenn mehrere hundert Plattenpaare angewendet würden, immer noch klein wäre gegen den Widerstand in der Leitungskette selbst.

---

sammelten bahnte. Ob dieß geschehen ist durch in der Nähe befindliche Blizableiter oder durch die nicht völlige Isolirung der Unterstüzungspunkte, kann nicht wohl entschieden werden. St.

Was aber hauptsächlich gegen Anwendung der Säulen oder Trogapparate spricht, ist die Variabilität in ihrer Stärke und der Umstand, daß sie nach kurzer Zeit ganz unwirksam sind, also wieder neu aufgebaut werden müssen. Auch der sehr sinnreiche Telegraph von Morse unterliegt diesem Uebelstande. Alles dieß hört auf, wenn man nach Faraday's wichtiger Entdekung den Strom durch Induction, d. h. durch Bewegung von Magneten gegen Metallleitungen erzeugt. Es ist jedoch vortheilhafter, nicht die Magnete selbst zu bewegen, wie es Pixii bei seinem elektro-magnetischen Apparate thut, sondern die Multiplicatoren zu drehen gegen feststehende Magnete. Im Ganzen ist die Construction von Clarke mit einigen Modificationen hier angewendet worden. Wir dürfen bei unsern Lesern die Kenntniß des Apparates im Allgemeinen voraussezen, und führen also hier nur an, wie er dem Zwek der Telegraphie angepaßt wurde.

Der Magnet ist aus 17 Hufeisen von gehärtetem Stahl combinirt. Er wiegt mit der Armirung von Eisen circa 60 Pfd., und besizt eine Tragkraft von beinahe 300 Pfund. Zwischen den Schenkeln dieses Magnetes ist ein Metallstük befestigt, was in seiner Mitte eine mit Correctionsschrauben versehene Pfanne trägt, die der Achse der Multiplicatorsrollen als Stüze dient. Die Multiplicatorsrollen haben zusammen 15,000 Drahtumwindungen. Der Kupferdraht, von dem 1 Meter 1053 Milligramme wiegt, ist doppelt mit Seide übersponnen. Dessen beide Enden sind isolirt im Innern der verticalen Drehungsachse des Multiplicators hinaufgeführt, und enden dann in 2 hakenförmigen Stüken, wie aus Fig. 14 und 15 zu ersehen ist. Um die Isolirung sicher herzustellen, wurde die Verticalachse Fig. 14 hohl ausgebohrt. In dieses Bohrloch kamen, von Oben hereingeschoben, 2 halbcylindrische Kupferlamellen, die durch zwischengeleimten Taffet von einander getrennt, durch Umwiklung mit Taffet aber von der metallenen Achse isolirt sind. In jeden dieser Metallstreifen ist oben und unten ein Gewindloch geschnitten, und es sind in die unteren Löcher kleine Metallzapfen eingeschraubt, an welche die Enden des Multiplicatordrahtes fest gelöthet wurden. In die oberen Gewindlöcher aber sind, wie Fig. 15 und 16 deutlich zeigt, eiserne Haken eingeschraubt. Diese Haken bilden also die Enden des Multiplicatordrahtes der Inductionsrollen. Sie greifen hier, Fig. 21, in halbkreisförmige Quekſilbernäpfe, die durch Holz von einander getrennt sind. Von den Quekſilbernäpfen gehen Leitungen J,J, Fig. 14 und 19, nach den Ketten, so daß diese als ein eingeschalteter Theil der Leitungskette zu betrachten sind. Das Quekſilber steht in den halbkreisförmigen Gefäßen, vermöge seiner Capillarität, höher als die Zwischenwände, so daß die Endhaken der Multiplicatordrähte, bei Drehung um ihre Achse, über die Zwischenwände hinweg gehen. Man sieht, daß nach einem halben Umgange des Multiplicators die Endhaken die Quecksilbernäpfe wechseln, wodurch bewirkt ist, daß der galvanische Strom, so lange man den Multiplicator in Einem Sinne herum dreht, dasselbe Zeichen behält, aber ändert mit der Richtung, in welcher man den Multiplicator dreht. Diese Commutation, die sich übrigens auch ohne Quecksilber durch Berührung federnder Kupferstüke herstellen ließe, ist dem Zweke vollkommen entsprechend. Wir müssen jedoch noch zwei besonderer Einrichtungen erwähnen. Der erzeugte galvanische Strom soll, wie aus der Natur der Zeichengeber später erhellt, nur eine möglichst kurze Zeit hindurch wirken, aber während dieser Zeit sehr intensiv seyn. Es greifen daher die Endhaken des Multiplicatordrahtes nur an derjenigen Stelle, wo die erregte Kraft am größten ist, ein in Ausbeugungen der Quecksilbergefäße nach Innen, Fig. 19, 20 und 21. Fig. 21 zeigt die Lage des Inductors, bei welcher gerade die Endhaken in die Gefäße eingreifen. In allen übrigen Lagen des Inductors aber soll dieser von der Kette ausgeschlossen seyn, damit die Zeichen der andern Stationen nicht durch den Multiplicatordraht desselben gegeben werden müssen. Es ist dieß um so wesentlicher, je größer der Widerstand im Inductor ist. Um also für alle anderen Lagen, als die in Fig. 21 dargestellte, den Inductor auszuschließen, ist über die Rotationsachse des Inductors ein hölzerner Ring, Fig. 17 und 18, geschoben. Dieser Ring ist umgeben von einem kupfernen Reife, und in den Reif sind wieder 2 eiserne Haken eingeschraubt. Diese Haken tauchen, wie Fig. 20 zeigt, in die halbkreisförmigen Quecksilbernäpfe. In dem Augenblike aber, wo sie über die hölzerne Zwischenwand hinweg gehen, tauchen die Inductorhaken, welche mit ihnen einen Winkel von 90 Grad bilden, ein. Wenn also die Multiplicatorhaken mit den Quecksilbernäpfen in Verbindung stehen, sind die Ausschließungshaken ausgelöst. In allen übrigen Lagen aber sind die Multiplicatorhaken ausgelöst, und es tauchen die Ausschließungshaken ein, wodurch natürlich bewirkt ist, daß der Strom, welcher von der andern Station her etwa die Kette durchläuft, direct durch die Ausschließungshaken, also direct von einem Quecksilbergefäße zum andern übergeht, und nicht erst den Inductordraht zu durchlaufen hat. Zur bequemen Bewegung des Inductors ist endlich noch auf dessen Verticalachse ein horizontaler Balancier angebracht, der in 2 Metallkugeln endet, Fig. 5 und 6. Damit aber bei rascher Drehung des Multiplicators das Quecksilber nicht durch die eingreifenden Haken zerstreut werde, ist noch ein cylindrischer Glasring über das Quecksilbergefäß gesezt, Fig. 5. Bei jedem halben Umgange sieht man das Ueberspringen der Funken, wenn die Multiplicatorhaken ihre Quekfilbernäpfe verlassen.

Will man verzichten auf die Sichtbarkeit dieser Funken, die übrigens durchaus unwesentlich sind für die Anwendung des Instrumentes als Telegraph, so läßt sich der Inductor ungemein viel einfacher construiren. Man muß dann nur den Commutationsapparat unmittelbar über den Anker sezen, und die Rotationsachse weiter gegen den Balancier hin im Halse gehen lassen. Es ist alsdann nicht nöthig, die Achse zu durchbohren, sondern die Enden des Multiplicators sind unmittelbar an 2 Kupferplättchen durch Umwinden befestigt, welche Kupferplättchen in einen Holzring diametral gegenüber eingelassen sind. Der Holzring aber ist auf die Rotationsachse aufgestekt und festgeklemmt. Auf seinem cylindrischen Umfange ist außer den erwähnten Kupferplättchen noch ein von Innen getrennter Absperrungsbogen von Kupfer eingelassen, und zwei Enden der Kette, welcher der galvanische Strom mitgetheilt werden soll, bilden feststehende, gegen den cylindrischen Holzring diametral gegenüber andrükende Federn, so daß auch hier nur während eines kleinen Theils der halben Umdrehung die Enden des Inductor's mit der Kette in metallischer Berührung sind, die übrige Zeit aber der Schließungsbogen die Enden der Kette unmittelbar verbindet. Diese Construction, bei welcher durchaus kein Quekfilber vorkommt, verdient, ihrer größern Einfachheit und Dauer wegen, vor erstbeschriebener den Vorzug. Auch sind die Apparate auf den Stationen Bogenhausen und Lerchenstraße nach derselben ausgeführt.

3) Die Zeichengeber.

Wir haben in vorstehender Abhandlung gezeigt, daß es die Aufgabe ist, den durch den Inductor hervorgebrachten und durch die Leitungskette geführten galvanischen Strom dahin zu benüzen, daß er, an leicht drehbaren Magnetstäben vorübergeführt, nach Oersted's Entdekung Ablenkungen derselben bewirkt. Diese Ablenkungen müssen, wenn die Zeichen schnell hinter einander bewirkt werden sollen, möglichst rasch, also kräftig seyn. Dadurch aber sind die Dimensionen der abzulenkenden Magnetstäbchen gegeben. Man darf diese jedoch auch nicht zu klein annehmen, weil sonst die durch die Ablenkung resultirende mechanische Kraft zu klein wird, um unmittelbares Anschlagen an Gloken 2c. hervorzubringen. Die Ablenkungen sind, bekannter Weise, bei gleicher galvanischer Erregung des Drahtes um so stärker, je größer die Anzahl der Umwindungen ist, oder je öfter der Draht längs dem Magnetstabe hin vorübergeführt wird. Die Größe des Durchmessers der einzelnen Umwindungen hat, wie bekannt, nur insofern Einfluß, als sie die Länge des Schließungsdrahtes im Ganzen vermehrt. Der Zeichengeber ist also ein in die Leitungskette mit seinen beiden Enden eingeschalteter Multiplicator, in welchem der abzulenkende Magnetstab steht. Man darf aber nicht vergessen, daß durch ihn der Widerstand der ganzen Kette um so mehr vergrößert wird, je dünner dieser Multiplicatordraht, je größer die Umwindungen und je größer ihre Anzahl angenommen wird.

Fig. 22 und 23 stellt nun einen solchen Zeichengeber in horizontalem und verticalem Querschnitte abgebildet dar, der 2 um Verticalachsen drehende Magnete enthält, und sowohl zum Anschlagen an Gloken, als auch zum Fixiren einer aus Punkten bestehenden Schrift bestimmt ist. In den aus Messingblech zusammengelötheten Multiplicatorrahmen, Fig. 23, sind 2 Hülsen eingelöthet zur Aufnahme und freien Bewegung der Achsen beider Magnetstäbchen. Sie sind oben und unten mit Gewinden eingeschnitten und nehmen 4 Schrauben auf, welche den Achsen als Pfannen dienen. Durch sie können die Magnetstäbchen so gestellt werden, daß sie sich völlig frei und leicht bewegen. In den Multiplicatorrahmen sind 600 Umwindungen desselben isolirten Kupferdrahtes, der den Inductor bildet, gelegt. Anfang und Ende dieses Drahtes zeigt Fig. 22 M,M. Die Magnetstäbchen sind, wie aus der Figur ersichtlich, in solchen Lagen im Multiplicatorrahmen, daß der Nordpol des einen, dem Südpol des andern zunächst liegt. An diesen nächsten Enden, die wegen ihrer Wechselwirkung nicht füglich näher an einander gebracht werden dürfen, sind noch 2 dünne Aermchen von Messing angeschraubt, welche ganz kleine Gefäße tragen, Fig. 23 und 24. Diese Gefäßchen, bestimmt zur Aufnahme schwarzer Oehlfarbe, haben kleine, sehr fein durchbohrte und nach Vorne abgerundete Schnäbel. Wenn Oehlfarbe in die Gefäße kommt, zieht sie sich vermöge der Capillar-Attraction durch die Bohrung der Schnäbel und bildet an ihren Oeffnungen, ohne auszufließen, halbkugelförmige Erhöhungen. Die leiseste Berührung reicht also hin, einen schwarzen Punkt zu fixiren. Wird der Multiplicatordraht dieses Zeichengebers galvanisch erregt, so streben beide Magnetstäbchen, sich in demselben Sinne um ihre Verticalachse zu drehen. Es würde also eines der Farbgefäßchen aus dem Multiplicatorrahmen hervortreten, das andere in diesen hinein gehen. Um lezteres zu vermeiden, sieht man in dem Spielraume zur Schwingung der Magnetstäbe zwei Platten gegenüber befestigt, Fig. 23, gegen welche die andern Enden der Magnetstäbe andrüken. Es kann also immer nur eines der Gefäße aus dem Multiplicator heraustreten, während das andere in Ruhe bleibt. Um die Magnetstäbchen nach vollbrachter Ablenkung rasch wieder in die ursprüngliche Lage zurükzubringen, dienen gesonderte kleine Magnete, deren Abstand und Lage so regulirt wird, bis dieser Zwek erreicht ist. Diese Stellung muß durch Versuche ermittelt werden, weil sie bedingt ist von der Intensität des erregten Stromes.

Sollte dieser Apparat dienen, um durch Anschlagen an Gloken zweierlei leicht zu unterscheidende hörbare Töne zu geben, so wird man Uhrgloken oder auch Glasgloken zu wählen haben, die leicht ansprechen, und etwa um die Sexte im Ton verschieden sind. Dieses Toninterval ist keineswegs gleichgültig. Man unterscheidet die Sexte leichter als jedes andere Intervall, namentlich würden Quinten und Octaven bei minder Geübten zu häufiger Verwechslung Anlaß geben. Die Gloken kommen auf eine kleine Stativsäule mit Fußplatte zu stehen, und müssen den Widerlagplatten gegenüber in ihrer Stellung und in ihrem Abstand gegen die Magnetnadeln durch Versuche regulirt werden. Sie müssen die Gloke an derjenigen Stelle treffen, wo der Klang am leichtesten anspricht. Sie dürfen nicht zu nahe an den Hämmern stehen, weil sonst leicht ein Nachklingen erfolgt. Aber alles dieß ergibt sich leicht durch einige Versuche. Sollen die Zeichengeber schreiben, so muß sich eine Papierfläche vor den Schnäbeln derselben mit gleichförmiger Geschwindigkeit vorüber bewegen. Am schiklichsten wählt man dazu sehr lange Streifen des sogenannten endlosen Maschinenpapieres, welches man auf ein Holz aufwindet, und auf der Drehebank in schmale Streifen absticht. Ein solcher Papierstreifen muß sich von einem Cylinder abwikeln, an den Gefäßchen vorübergehen, dann eine Streke weit horizontal fortgeführt seyn, um die aufgetragenen Punkte sichtbar zu machen und endlich wieder auf einen zweiten Cylinder aufwinden. Dieser zweite Cylinder ist von einem Uhrwerk gedreht, die Regulirung der Bewegung geschieht durch ein Fugalpendel. Diese ganze Einrichtung ist aus Fig. 5 im Längendurchschnitt, in Fig. 6 aber von Oben ersichtlich. Der Rahmen, über welchen der Streifen hinweggeht, hat da, wo er Eken bildet, 2 um Spizen bewegliche Cylinder zur Verminderung der Friction. Er kann überdieß verschoben werden im Abstande von den Magnetstäbchen, und somit findet sich auch hier durch Versuche die vortheilhafteste Lage. Natürlich können dieselben Magnetstäbe nicht gleichzeitig an Gloken anschlagen und schreiben, weil schon eine dieser Operationen ihre kleine Kraft erschöpft. Um aber beides zu erlangen, ist bloß nöthig, noch einen zweiten Zeichengeber mit in die Verbindung zu bringen. Ja man könnte auf diese Art durch Vermehrung der Anzahl der Apparate die Glokentöne beliebig verstärken, was jedoch auf Kosten eines größeren Widerstandes in der Kette geschehen würde. Um diesen überhaupt möglichst wenig zu vermehren durch die Zeichengeber, wird man besser in Zukunft deren Multiplicationen aus sehr starkem Kupferdrahte oder Kupferblechstreifen zu bilden haben.

Das bisher Gesagte wird für jeden Sachverständigen zur Herstellung des Apparates ausreichen. Wir müssen aber noch einiges beifügen über die

Zusammenstellung der Apparate.

Fig. 5 zeigt den Längendurchschnitt und die obere Ansicht eines pyramidalen, auf dem Fußboden des Zimmers aufstehenden Tisches, der sämmtliche Apparate enthält. Die Drahtleitung von Bogenhausen, die von der Lerchenstraße, die Enden des Zeichengebers und 2 Leitungen aus den Quecksilbergefäßen des Inductors, also eigentlich auch die Enden seines Multiplicators, kommen in der Mitte des Tisches, wie Fig. 6 zeigt, zusammen. Hier führen sie in 8 mit Quecksilber gefüllte Löcher, die in einem Holzcylinder angebracht sind, Fig. 9. Von der Verbindung dieser 8 Enden unter einander hängt es nun ab, wohin der erregte Strom geleitet wird. Wären z. B. diese 8 Löcher durch 4 Klammern von Kupferdraht so verbunden, wie es Fig. 9 zeigt, so ginge der erregte Strom durch sämmtliche Apparate und Ketten. Eine Verbindung wie in Fig. 12 aber, würde die Kette von Bogenhausen ausschließen und also bewirken, daß der Strom vom Inductor aus durch den Multiplicator und die Lerchenstraße ginge. Eben diese Figur um 180 Grad gedreht, bewirkte das Ausschließen der Lerchenstraße und führte den Strom nach Bogenhausen. Ein drittes System von Verbindungen ist durch die Kupferklammern von Fig. 13 gegeben. In der Lage der Zeichnung wäre der Inductor und Multiplicator verbunden, dagegen die Lerchenstraße und Bogenhausen ausgesperrt. Diese Fig. 13 aber um 90 Grad gedreht, verbände Bogenhausen und die Lerchenstraße, so daß diese beiden Stationen mit einander communiciren können, ohne daß man auf der Akademie die Nachricht empfängt. Diese dreierlei Systeme und Verbindungen sind nun in einem hölzernen Dekel mit Kupferdrähten eingetragen, Fig. 10. Aus diesem stehen also 24 Drahtenden hervor. Es sollen aber immer nur 8 davon wirksam seyn, deßhalb wurden in dem Cylinder, der die Quecksilbergefäße enthält, noch 16 Löcher angebracht, in denen kein Quecksilber ist, und die bestimmt sind zur Aufnahme derjenigen Drahtenden, die gerade nicht in Wirksamkeit seyn sollen. So entsteht die Möglichkeit, den Strom in jeder gewünschten Richtung zu leiten, und es sind die betreffenden Verbindungen auf der Außenseite des Dekels Fig. 8, der die verschiedenen Verbindungssysteme enthält (Fig. 10), durch beigeschriebene Buchstaben bezeichnet. S. Fig. 8. Durch Versezung dieses Dekels gegen den auf dem Tische befindlichen Pfeil kann also über die Richtung des Stroms beliebig disponirt werden. Natürlich ließen sich statt Quecksilbernäpfchen auch hier konisch gebohrte Kupferstiften anbringen, was auch auf den Stationen Bogenhausen und Lerchenstraße geschehen ist.

Wir haben jezt noch einige Worte beizufügen über die

Benüzung des Apparates zum Telegraphiren.

Nach dem Gesagten weiß man, daß, so oft der Balancier von Rechts nach Unten zur Linken einen halben Umgang macht, einer der Zeichengeber abgelenkt wird. Ich habe die Drahtenden so verbunden, daß bei dieser Bewegung jedesmal auf allen Stationen die hohe Gloke angeschlagen wird. Steht man auf der Seite B,B vor dem Apparate Fig. 6, so fixirt das Schreibgefäß zugleich einen Punkt auf dem bewegten Papierstreif. Die Zeitintervalle, in welchen man dieses Zeichen wiederholt, sind repräsentirt durch die wechselseitigen Abstände der auf dem Papier in einer Linie sich bildenden Punkte. Dreht man aber nun von Links nach Unten zur Rechten, so ertönen die tiefen Gloken, und das zweite Schreibgefäß trägt jezt einen Punkt auf den bewegten Papierstreifen auf, der nicht mehr in derselben Linie mit den ersteren liegt, sondern tiefer steht. So sind also die Töne hoch, tief auf dem Papierstreifen, gleichsam wie durch geschriebene Noten, dargestellt durch hohen Punkt, tiefen Punkt. So lange die Zwischenzeiten zwischen den einzelnen Zeichen gleich bleiben, bildet sich eine zusammengehörige Gruppe, sowohl in den Tönen, als in der sie darstellenden Schrift. Eine längere Pause trennt solche Gruppen kenntlich. Man ist dadurch also im Stande, durch schiklich gewählte Combinationsgruppen als Bezeichnung für das Alphabet oder für stenographische Zeichen irgend ein System zu bilden, und dadurch den Gedanken an allen Punkten der Kette, wo Apparate wie der beschriebene stehen, im Augenblike selbst wieder zu geben und zu fixiren. Das von mir gewählte Alphabet gibt die in unserer Sprache am öftesten wiederkehrenden Buchstaben durch die einfachsten Zeichen. Es hat sich eine Aehnlichkeit zwischen den lateinischen Lettern und diesen Zeichengruppen herstellen lassen, wodurch sie sich dem Gedächtnisse leicht einprägen. Die Vertheilung der Buchstaben und Zahlen in Gruppen, die bis 4 Punkte enthalten, ist aus Fig. 5 ersichtlich.

(Aus der Vorlesung des Verf. über Telegraphie, gehalten in der königl. bayer. Akad. d. Wiss. am 25. August 1838.)

LXVII.

Verbesserungen in der Fabrication von Zuker aus dem Zukerrohre und im Raffiniren der Zuker, worauf sich Edward Stolle Esq., in Arundel Street, Strand in der Grafschaft Middlesex, am 27. Febr. 1838 ein Patent ertheilen ließ.

Aus dem Repertory of Patent-Inventions, Okt. 1838, S. 233.

Das Wesen meiner Erfindung liegt in der Anwendung eines neuen (?) chemischen Agens zur Entfärbung der Zuker anstatt der bisher allgemein zu diesem Zweke verwendeten thierischen Kohle. Die entfärbende Kraft der schwefligen Säure ist so bekannt, daß ich nicht weiter auf sie hinzuweisen brauche. Ein anderer Vortheil, der sich jedoch bei deren Anwendung zur Behandlung der Zuker ergibt, beruht darauf, daß die schweflige Säure den zur Behandlung der Zuker verwendeten Kalk fällt, und zugleich auch die zukerigen Substanzen hindert, in Gährung überzugehen.

Die schweflige Säure läßt sich auf folgende Weise anwenden. Der Zukerrohrsaft wird mit einem oder zwei Tausendtheilen Kalk geläutert, so daß auf einen 1000 Pfd. Saft haltenden Kessel 2 Pfd. Kalk kommen. Während des Siedens wird der an die Oberfläche emporsteigende Schaum und Unrath abgenommen; und wenn hierauf 12 Pfd. flüssige schweflige Säure, welche an Baumé's Aräometer nicht über 4° zeigt, langsam und mit Vorsicht zugegossen worden, dikt man den Saft bis auf 20 oder 22° ein, um ihn dann durch ein Filter aus Flanell oder einem anderen sachdienlichen Stoffe zu seihen, und endlich bis auf den zur Krystallisation geeigneten Grad zu concentriren. Zur ersten Krystallisation soll der Saft oder Syrup nicht zu dik seyn, weil eine zweite Krystallisation noch 20 bis 30 Proc. Zuker gibt, wenn das erste Versieden nicht zu weit getrieben worden ist.

Zum Behufe der Raffinirung sehr schlechter Zuker ist das Verfahren auf folgende Art zu modificiren. Man nimmt sehr starken concentrirten Alkohol oder Weingeist, welcher gegen 2 Proc. schweflige Säure enthält, und vermengt ihn mit so viel Zuker, daß nur eine kleine Quantität Flüssigkeit über dem Zuker steht. Nach mehrmaligem Umrühren und Verlauf von zwei Stunden läßt man die Flüssigkeit ab, und wäscht den Zuker mit reinem Alkohol aus. Bei diesem Verfahren wird die Melasse aufgelöst und beim Ablassen beseitigt, während der krystallisirte Zuker als im Alkohol unauflöslich rein und weiß zurükbleibt. Der zum Auswaschen des Zukers benuzte

Alkohol wird durch Destillation von der Melasse geschieden, um neuerdings wieder in Anwendung zu kommen. [59])

LXVIII.

Ueber den Einfluß, welchen die Erden auf den Vegetationsproceß ausüben. Von J. Pelletier.

Aus dem Journal de Pharmacie, Mai 1838.

Die Erde ist die Trägerin und Nährerin der Pflanze, und aus ihr schöpft sie mittelst der Wurzeln einen Theil ihrer Nahrung. An diese eben so klare als einfache Thatsache knüpfen sich aber verwikeltere Fragen, die vom größten Interesse für die Physiologie und die Agricultur sind. Ehe ich diejenige dieser Fragen, welche mich zunächst beschäftigt hat, auseinanderseze, will ich an einige Thatsachen erinnern, die mir zum Verständniß derselben erforderlich zu seyn scheinen.

Die Erde ist kein Element. Ihre äußere Schicht, welche die Pflanzenwelt trägt, ist aus mehreren Metalloxyden, Kieselerde, Thonerde, Kalk zusammengesezt, wozu oft noch Bittererde und Eisenoxyd kommen. Außerdem enthält sie nothwendigerweise die Ueberreste der zerstörten Organismen. So zusammengesezt ist sie unter dem Einflusse der Luft, des Wassers und der Imponderabilien ganz geeignet zur Entwiklung der Keime und zum Gedeihen der wachsenden Pflanzen.

Die Nothwendigkeit der Gegenwart einer organischen Materie, um eine im höchsten Grade mit der pflanzennährenden Eigenschaft begabte Erde zu bilden, ist außer Zweifel. Vergebens suchte Tull 1773 zu beweisen, daß fein zertheilte erdige Stoffe die einzige Nahrung der Pflanzen ausmachten. Duhamel erwies die Unrichtigkeit dieser Ansicht.

Wenn es aber auch gewiß ist, daß die Gegenwart organischer Materie eine Bedingung der Fruchtbarkeit ist, so kann man doch fragen, ob diese Gegenwart eine so wesentliche Bedingung sey, daß eine Pflanze in einer gänzlich von organischer Substanz freien Erde, auch bei dem Zusammenwirken anderer günstiger Umstände, namentlich der Gegenwart von Wasser und Kohlensäure, gar nicht zu vegetiren vermöchte.

Zahlreiche Versuche sind zur Entscheidung dieser Frage angestellt

59) Man sieht hieraus, daß das in England genommene Patent des Hrn. Stolle mit dem übereinstimmt, was von seinem Verfahren bezüglich der Runkelrübenzuker-Fabrication in Frankreich bekannt wurde, und worüber man das polyt. Journal Bd. LXIX. S. 148 nachlesen kann. A. d. R.

werden. Einige derselben widersprechen sich; die Mehrzahl derselben verdiente wegen des hohen Interesses, welches sich daran knüpft, mit Sorgfalt erörtert und wiederholt zu werden. Aber eine andere nicht minder wichtige Frage, die, wie es uns scheint, zuvor behandelt werden muß, ist die: welchen Einfluß haben die Erden selbst auf den Act der Vegetation? Diese Frage will ich zunächst zu beantworten suchen.

Der Akerboden muß als ein Gemenge mehrerer Erden (Metalloxyde) betrachtet werden. Alle fruchtbaren Bodenarten, sagt Chaptal, bestehen aus Kieselerde, Kalk und Thonerde, und zur Stüze dieser Ansicht führt er eine große Zahl von Analysen an.

Davy bestätigt dieß durch die in seiner Agriculturchemie mitgetheilten Thatsachen, und in der That bestand keine Bodenart aus einer einzigen Erde, ja nicht einmal aus zweien, wie etwa Kalk und Kieselerde, Kieselerde und Thonerde, Thonerde und Kalk. An einer anderen Stelle führt Chaptal Folgendes an: „Das Gemenge von Kieselerde und Thonerde bildet die Grundlage eines guten Bodens; wenn aber der Boden alle wünschenswerthen guten Eigenschaften besizen soll, so bedarf es gewisser Proportionen in dem Gemenge, Proportionen, welche die Analyse der besten Bodenarten kennen gelehrt hat. Betrachtet man die Analyse der minder fruchtbaren Bodenarten, so sieht man, daß die Fruchtbarkeit in dem Verhältnisse abnimmt, als die eine oder die andere der drei hauptsächlichen Erden vorwaltet, und daß sie fast Null wird, wenn das Gemenge nur noch die Eigenschaften einer einzigen derselben besizt.

Eine gewisse Complication der Zusammensezung des Bodens ist demnach im Allgemeinen eine Bedingung der Fruchtbarkeit. Die fruchtbare Erde, welche man in den Thalgründen findet und die durch die vollständige allmähliche Zersezung der Urgebirgsarten entsteht, ist im Allgemeinen von vortrefflicher Beschaffenheit. Man weiß aber, daß der Granit, aus Quarz, Feldspath, Glimmer, bisweilen auch Hornblende bestehend, durch seine Zersezung eine aus Kieselerde, Kalk, Thonerde, etwas Bittererde und bisweilen Kali bestehende Erde liefern muß. Die von der Zersezung einfacherer Gesteine herrührende Erde dagegen, z. B. des kieselhaltigen Kalksteins, sind leichter und nur für wenige Arten des Anbaues günstig; sie verlangen nach Chaptal Düngung und fördern nur unter nassen Himmelsstrichen die Vegetation. Die aus der Zersezung der Trapparten und Basalte, die eine complicirte Zusammensezung haben, entstehende Erde ist dagegen sehr fruchtbar.

Die Flüsse, sagt Chaptal ferner, nehmen in ihrem Laufe andere Wässer auf, welche die von ihnen fortgeschwemmten erdigen

Substanzen mit dem Schlamme der ersteren mengen. Es ist bisweilen der Fall, daß das Schlammgemenge zweier Flüsse einen fruchtbareren Boden bildet, als das der beiden einzelnen Flüsse.

Dieß ist also ein Beweis, daß eine Erde, abgesehen von der organischen Substanz, um so fruchtbarer ist, je complicirter ihre Zusammensezung ist.

Suchen wir nach der Ursache dieser Erscheinung, so finden wir bei den Schriftstellern nur unsichere und zweifelnde Erklärungen, die meisten begnügen sich sogar mit der bloßen Angabe der Thatsache.

Die Agronomen, welche sich mit der Theorie beschäftigt haben, scheinen die Ursache der Fruchtbarkeit mehr in der physischen Beschaffenheit als in der chemischen Zusammensezung zu suchen. Er schreibt Davy, nachdem er beobachtet hatte, daß verschiedene Bodenarten die Feuchtigkeit der Atmosphäre mit ungleicher Energie anziehen, und indem er zu bemerken glaubte, daß die Erdarten, welche das meiste hygrometrische Wasser anziehen, die fruchtbarsten wären, der hygroskopischen Beschaffenheit die wichtigste Rolle bei der Fruchtbarkeit des Bodens zu. Aber Davy hat nicht dargethan, daß die hygrometrische Eigenschaft eines Bodens immer im Verhältnisse zu seiner Zusammensezung stehe.

Wenn die hygroskopische Beschaffenheit die vorzüglichste Ursache der Fruchtbarkeit der Bodenarten wäre (immer abgesehen von den organischen Substanzen, welche als Dünger dienen), so würde man nicht einsehen, warum die Vereinigung der drei vorher genannten Erden zur Bildung eines Bodens von bester Beschaffenheit nöthig wäre. In der That, eine gewisse Menge Thonerde in einem übrigens ganz kieselerdigen oder kalkigen Boden, ein gewisses Verhältniß zwischen den feinen und groben sandigen Theilen des Bodens würde die hygroskopische Beschaffenheit und damit die Fruchtbarkeit herstellen. Aber dieses wird durch keine Thatsache bestätigt.

Die hygroskopische Beschaffenheit eines ternär zusammengesezten Bodens kann wohl ein Element der Fruchtbarkeit, aber bloß ein secundäres, der chemischen Zusammensezung untergeordnetes Element seyn.

Die Eigenschaft der Bodenarten, durch die Sonnenstrahlen mehr oder weniger erhizt zu werden, eine Eigenschaft, von welcher Davy ebenfalls glaubte, daß sie im Verhältnisse zu ihrer Fruchtbarkeit stehe, scheint mir gleichfalls nur eine secundäre Ursache zu seyn. Uebrigens handelte es sich bei den von Davy angeführten Fällen um Bodenarten, die durch Humus schwarz gefärbt waren, und Davy hat nicht genug Rüksicht auf den Einfluß des Humus als Dünger genommen.

Mir scheint es, daß das Gemenge der verschiedenen Erden, welche den Boden bilden, auf die Vegetation wirkt und die Fruchtbarkeit befördert, vermöge einer elektro-chemischen Kraft, deren Wirkung in sehr vielen anderen Fällen erkannt, hier aber noch nicht berücksichtigt worden ist. Es ist Thatsache, obwohl man dieselbe bis jezt nicht gewürdigt hat, daß die Kieselerde, Thonerde und der Kalk, welche in eine gute fruchttragende Erde eingehen, nicht mit einander chemisch verbunden, sondern bloß mit einander gemengt seyn müssen (der Kalk als kohlensaurer). Ein dreifaches Kalk- oder Thonerde-Silicat, in welchem die Kieselerde, Thonerde und Kalkerde in dem Verhältnisse enthalten wären, welches die beste Akererde gibt, könnte selbst in der günstigsten Zertheilung keine wesentlich fruchtbare Erde geben. Wenn in einer fruchtbaren Erde, die aus einem Gemenge von Kieselerde, Thonerde und Kalk bestände, die Verbindung der drei Oxyde plözlich erfolgte, so würde der Boden kalt und unfruchtbar werden. Nun ist es aber gewiß, daß in einem Gemenge von Kieselerde, Thonerde und Kalk eine Kraft vorhanden ist, vermöge deren diese Substanzen sich zu verbinden streben. Die Kieselerde und Thonerde sind im Verhältnisse zum Kalk elektro-negative Körper und bei Anwesenheit derselben muß der Kalk die entgegengesezte Elektricität annehmen. Je nachdem äußere Bewegungen und fremde Ursachen die Theilchen des Bodens einander nähern oder von einander entfernen und sie auf verschiedene Weise gruppiren, werden sich elektrische Säulen bilden; es werden Entladungen Statt finden und die Erde wird so zu sagen belebt werden. Die elektrische Flüssigkeit, welche sie durchströmt, wird auf die Oeffnungen der Wurzelfasern einen Reiz ausüben, das Spiel der Organe anregen und die Absorption der Nahrungssäfte wird vor sich gehen. Die mit Feuchtigkeit imprägnirten Würzelchen und Wurzelfasern werden auf solche Weise zu Leitern, welche die Elektricität der Pflanze zuführen, die gewiß eben so nothwendig für das Leben ist, als das Licht und die Wärme.

Das Verdienst einer Theorie besteht darin, daß sie die beobachteten Thatsachen erklärt, daß sie vorauszusehen gestattet, was unter gewissen Umständen eintreten wird, und daß sie im Voraus diejenigen Umstände anzugeben gestattet, die man herbeiführen müßte, um eine günstige Anwendung u. s. w. davon zu machen.

Untersuchen wir, ob die von mir vorgeschlagene Theorie diese Bedingungen erfüllt.

Es sey eine kreidehaltige Erde gegeben. Um sie zu verbessern, mengt man sie mit thonhaltigem Mergel, dem vorwaltenden Kalk sezt man Kieselerde und Thonerde zu. Dem positiven Elemente, das allein vorhanden wär, wird das fehlende negative zugesezt.

Man könnte sagen, die Kreide sey so compact, daß die Wurzeln sie nicht zu durchdringen vermöchten, oder so zerklüftet, daß das Wasser wie durch ein Sieb hindurchginge, und daß die Mergelung den Zwek habe, durch Veränderung ihrer physischen Constitution diese Beschaffenheit zu verändern.

Wenn aber der Mergel dazu diente, die Kreide zu zertheilen, um ihre physische Beschaffenheit zu verändern, so würde ein mehr oder weniger grober Kalksand diesen Zwek erfüllen, und doch ist es noch Niemanden in den Sinn gekommen, die Kreide durch Kalkstein verbessern zu wollen, während Godin v. St. Memin eine vortreffliche Vegetation mittelst eines Gemenges von Kreide von Meudon und Haidesand erzeugte.

Auf einem Chaptal zugehörigen Grundstüke war der thonige Boden wenig fruchtbar, unter demselben lag eine Schicht schwärzlicher Erde. Chaptal ließ, dießmal auf empirische Weise verfahrend, den Boden tief akern und die beiden Schichten mengen. Gegen seine Erwartung wurde der Boden dadurch noch unfruchtbarer. Erst im fünften Jahre erlangte der Boden die frühere Fruchtbarkeit wieder, nachdem alles Eisen zu Oxyd geworden und die früher schwärzliche Erde tief gelb geworden war. Chaptal fragt dabei, ob das schwarze Oxyd an sich der Vegetation nachtheilig sey oder es durch Entziehung von Sauerstoff werde.

Nach unserer Theorie erklärt sich die Thatsache, und man hätte sie voraussehen können. Das schwarze Eisenoxyd ist bekanntlich eine Verbindung von Oxydul und Oxydoxydul, welche Körper indifferent gegen Kieselerde und Thonerde sind. Der Luft ausgesezt, zersezt sich die Verbindung und das Eisen geht in Oxyd über, welches fähig ist, sich mit der Kieselerde und Thonerde zu verbinden. Unter ähnlichen Umständen darf man also die Schichten nie mengen, weil man 5 Jahre verlor, um zu einem sehr gewöhnlichen Resultate zu kommen.

Die angenommene Theorie läßt sich auch sehr gut auf die Mergelung anwenden. Der Mergel ist kein einfaches Gemenge von Kieselerde und Thonerde mit kohlensaurem Kalk. Der Mergel hat Kalk- und Thonsilicate zur Grundlage, und einige Mineralogen betrachten ihn sogar als oryktognostische Species. Dieß ist der Grund, weßhalb die Pflanzen in einem Mergel, welcher der Luft nicht lange ausgesezt gewesen ist, nicht vegetiren können, selbst wenn Kieselerde, Thonerde und Kalk sich in dem Verhältnisse einer guten Akererde darin finden. Beim Liegen an der Luft zerstört die Kohlensäure die Verbindung zwischen den Erden und dann, aber auch nur dann erst, ist der Mergel zur Verbesserung des Bodens geeignet. Waltet dann das negative Element vor, wie in den Thonmergeln, so ist er vortrefflich für kalkhaltigen Boden, ist dagegen das positive vorherrschend, wie in den Kalkmergeln, so eignet er sich für thonig-sandigen Boden. [60])

Man hat wahrgenommen, daß die Salze der Erden und Alkalien, welche in gewisser Menge den Pflanzen nachtheilig sind, in kleinen Quantitäten einen günstigen Erfolg hervorbringen. Die Chemiker und Agronomen haben zu ermitteln gesucht, wie hier die Salze wirken. Einige glaubten, daß es mit gewissen Salzen bei den Pflanzen wie mit gewissen Nahrungsmitteln bei den Thieren sey und daß die Salze und selbst die Erden als Nahrungsmittel aufgenommen würden; andere dagegen glaubten, daß jene Substanzen bloß als Reizmittel im Acte der Vegetation wirkten. Ohne zu läugnen, daß die erdigen Substanzen in die Masse der Vegetabilien übergehen können, um ihrem Baue Festigkeit zu geben, wie der phosphorsaure Kalk in den Knochen der Thiere, muß ich doch bemerken, daß die Gegenwart dieses oder jenes Salzes, mit wenigen Ausnahmen, nicht absolut nothwendig für die Vegetation ist. Die Borragineen und der Salat zum Beispiel, deren Extracte sehr viel Salpeter enthalten, wenn sie auf gedüngtem Boden wachsen, enthalten kaum merkliche Mengen davon, wenn sie ohne Düngung gebaut worden sind. Ich möchte deßhalb lieber die Meinung der Physiologen annehmen, welche mit Decandolle glauben, daß die Salze bloß als Reizmittel wirken. Da aber jene vagen Erklärungen, die in bloßen Worten bestehen, in den Wissenschaften nicht zulässig sind, so verstehe ich hier unter Reiz das außerordentliche Leitungsvermögen für die Elektricität, welches schon eine kleine Menge Salz dem Wasser ertheilt. Auf diese Weise scheint mir der Salpeter bei der Vegetation zu wirken, die er so außerordentlich begünstigt. So wirkt wahrscheinlich auch der Gyps, indem er das Wasser leitend macht für Elektricität, obgleich hier die Wirkungen complicirter zu seyn und eine directe Untersuchung zu verdienen scheinen.

Wir haben bis jezt den Kalk im freien Zustande angenommen, wo von Gemengen von Kieselerde, Thonerde und Kalk die Rede war, welche die Bodenarten bilden. Der Kalk ist aber in kohlensaurem Zustande. Dieß ändert jedoch wesentlich nichts, da er auch so sich elektro-positiv gegen Kieselerde und Thonerde verhält. Dieser Umstand

60) So eben habe ich in Erfahrung gebracht, daß ein äußerst fruchtbarer Urboden auf Cuba, der jährlich, ohne gedüngt zu werden, bis zu vier Zukerrohrernten lieferte, aus kohlensaurem Kalk und Raseneisenstein (Eisenoxyd, wahrscheinlich mit Kieselerde und Thonerde) bestehe. Ich werde denselben analysiren. Diese Zusammensezung entspricht meiner Theorie. Das Eisenoxyd würde die Stelle der nur in geringer Menge vorhandenen Kieselerde ersezen. A. d. O.

gestattet, eine wichtige Thatsache aus der Pflanzenphysiologie zu erklären. Der Kohlenstoff der Pflanzen wird zum größten Theil, wo nicht ganz, durch die Zersezung der Kohlensäure erzeugt, welche sie nicht bloß aus der Luft, sondern auch aus dem Boden aufnehmen, wie Decandolle glaubt. Diese vom Boden dargebotene Kohlensäure scheint in die Pflanzen im Entstehungsmomente überzugehen, wahrscheinlich in der Feuchtigkeit des Bodens aufgelöst. So wird sie von den Würzelchen aufgenommen und steigt mit den Säften auf. Aber wie bildet sich diese Kohlensäure? Man begreift, daß in gedüngtem Boden, daß in den oberen Schichten, welche die Luft durchdringen kann, sich Kohlensäure durch die Reaction des Sauerstoffes auf die organischen Reste bilden muß; aber wie erzeugt sich die Kohlensäure in den großen Tiefen, bis zu denen die Wurzeln der Eichen, Cedern u. s. w. dringen? Wie können der Sauerstoff der Luft und die organischen Substanzen bis dahin eindringen? Nach unserer Theorie ist die Erklärung leicht. Die Kohlensäure erzeugt sich aus dem kohlensauren Kalke, auf welchen die Kieselerde und Thonerde eine fortwährende langsame Wirkung ausüben, um damit Silicate zu bilden.[61])

So würde demnach die Kieselerde in gewissen Tiefen und unter Umständen, die noch wenig bekannt sind, den kohlensauren Kalk zersezen, während an der Oberfläche der Erde und unter dem Einflusse der äußeren Agentien die Silicate wieder durch die Kohlensäure zersezt werden würden, welche durch die Reaction des Sauerstoffs auf die organischen Reste entsteht.

Dieser lezte Saz meiner Theorie, die Zersezung der Silicate durch die äußeren Agentien und vorzüglich durch die Kohlensäure, kann nicht in Zweifel gezogen werden. Er ist von Becquerel unter Umständen erwiesen worden, wo die Cohäsionskraft sich dieser Zersezung noch mehr entgegenzustellen schien, ich meine bei der Zersezung des Feldspathes im Granit und der Bildung des Kaolins.

Die Zersezung des kohlensauren Kalkes durch die Kieselerde im Innern der Erde stüzt sich gleichfalls auf Beobachtungen und Erfahrungen. Wenn man bei der Analyse einer Akererde den groben Kieselsand durch Schlämmen abgesondert und den kohlensauren Kalk durch verdünnte Säuren entfernt hat, so findet man, daß die fein

---

61) Die thierischen Düngerarten scheinen zur Zersezung der Silicate beizutragen, nicht bloß durch die Kohlensäure, welche sie in Folge der Absorption von Sauerstoff bilden, sondern auch, indem sie Substanzen, wie die fetten Säuren, erzeugen, die ein Bestreben haben, sich mit dem Kalke zu verbinden und die Kieselerde auszuscheiden. Raspail scheint die kieseligen Versteinerungen, welche man in der Kreide findet, sehr glüklich durch die Einwirkung der verschütteten Thiere auf den kieselhaltigen Kalkstein erklärt zu haben. A. d. O.

ertheilte Substanz, welche der Wirkung der Säuren widerstanden hat, weder Thonerde, wie Chaptal meint, noch Kieselerde, nach der Meinung Anderer, ist, sondern daß sie vorzüglich aus wahren Kalk-, Thonerde- und Eisenoxydsilicaten besteht.

Man könnte zwar einwerfen, daß diese Silicate vor aller Vegetation vorhanden gewesen seyen und daß es directer Beweise bedürfe, um darzuthun, daß sie neuester Bildung seyen und sich noch täglich erzeugten. In lezterer Beziehung aber berufe ich mich auf die schönen Untersuchungen Becquerel's und die Mineralien, welche er künstlich im Laboratorium dargestellt hat, mit allen Charakteren der natürlichen, sowie auf die künstliche Bildung des Feldspathes durch Cagniard de Latour.

Endlich könnte man meiner Theorie noch einen Einwurf machen. Wenn die gemengten Erden vermöge elektro-chemischer Kräfte wirken, weßhalb sind dann drei Erden erforderlich? Würden nicht Kieselerde und Kalk, oder Kalk und Thonerde hinreichen, um in jedem Elemente des Gemenges einen Zustand entgegengesezter Elektricität hervorzubringen? Auch auf diesen Einwand läßt sich durch Thatsachen antworten, die allen Mineralogen bekannt sind. Es ist gewiß, daß die binären Silicate seltener in der Natur vorkommen als die ternären und daß ihre Masse weit unbeträchtlicher ist. Die Kieselerde hat also mehr Neigung, sich mit Kalk und Thonerde zugleich als mit jeder dieser Erden einzeln zu verbinden. Hiedurch begreift man, wie die Vereinigung der drei Erden nothwendig wird, um einen Boden von der größten Fruchtbarkeit zu erzeugen. Ich werde diese Ideen später durch directe Versuche prüfen.

LXIX.

Miszellen.

Preise, welche die Société industrielle in Mülhausen in ihren Generalversammlungen vom 13. Jun. 1839, 1840 und 1841 zuerkennen wird.

Die Nr. 55 des Bulletin de la Société industrielle de Mulhausen enthält die von dieser Gesellschaft am 13. Junius l. J. ausgeschriebenen Preise. Da das Programm hierüber bis auf einige wenige neue Preise mit den früheren Programmen gleichlautend ist, so begnügen wir uns mit specieller Aufführung der neuen Preise.

I. Chemische Künste.

Die 11 ersten, auf das J. 1839 verschobenen Preise sind dieselben, wie die unter Nr. 1, 2, 5, 6, 8, 10, 11, 14, 15, 16 und 17 im polytechnischen Journale Bd. LXI, S. 473 aufgeführten.

Dazu kommen unter Nr. 12 und 13 die außerordentlichen Krapppreise zu 15,300, und zu 14,600 Fr.; und unter Nr. 14 der Preis auf die Analysen der Luft, welche in den Schornsteinen der Dampfkessel befindlich ist.

Neue Preise sind:

15) Silberne Medaille für einen Appret, der den Baumwollzeugen einen seidenartigen Glanz gibt, ohne deren Fäden zu zerquetschen und ohne ihnen ihre Geschmeidigkeit zu nehmen. (Dieser Appret darf nicht mehr als 3 Fr. per Stük kosten.)

16) Silberne Medaille für eine Methode die zum Druke bestimmten Wollenzeuge zu bleichen. (Der Concurrent soll die Natur der in den Wollenfasern enthaltenen Stoffe, welche bewirken, daß die Zeuge den Druk nicht gut oder ungleich annehmen, und daß bald vor bald nach dem Dämpfen Fleken in dem nüancirten Grunde entstehen, angeben; er soll ferner zeigen, wie diese Stoffe weggeschafft werden können; und wie sich ohne Nachtheil für die Dauerhaftigkeit und Weichheit des Zeuges ein vollkommenes Drukweiß erzielen läßt.)

II. Mechanische Künste.

Die 16 ersten, auf das J. 1839 verschobenen Preise sind gleichlautend mit Nr. 1, 2, 3, 4, 5, 6, 7, 8, 9, 10, 11, 12, 13, 14, 15 und 16 im polyt. Journale Bd. LXI, S. 474, worunter der außerordentliche Preis von 20,000 Fr. für Erfindung eines Treibkraft-Reservoirs. Dazu kommen unter Nr. 17 und 18 die unter gleichen Nummern im polyt. Journale Bd. LXVI, S. 229 aufgeführten.

Neue Preise sind:

19) Goldene Medaille zu 500 Fr. für die beste Abhandlung über die Ersparniß von Brennmaterial auf den Herden in den Haushaltungen. (Der Abhandlung müssen Zeichnungen oder Modelle beigefügt seyn; sie muß Apparate angeben, in denen man mit Holz, Steinkohlen und Torf heizen kann; und diese Apparate müssen im Vergleiche mit den bereits bekannten Apparaten eine Ersparniß von wenigstens 25 Proc. bedingen, ohne höhere Anschaffungskosten zu verursachen.)

20) Goldene Medaille für eine wichtige Verbesserung an den Spindelbänken.

III. Naturgeschichte und Landwirthschaft.

Die 11 ersten auf das Jahr 1839 verschobenen Preise gleichlautend mit Nr. 1, 5, 6, 7, 8, 9, 10, 12, 13, 14, 16 im polyt. Journale Bd. LXI, S. 475.

Neue Preise sind:

12) Silberne Medaille für ein wirksames und im Großen anwendbares Mittel zur Vertilgung der Raupen.

13) Silberne Medaille für den besten Vorschlag zu einer vollkommenen Bewässerungsordnung.

IV. Verschiedene Preise.

Die ersten 5 Preise gleichlautend mit Nr. 1, 2, 3, 4, 5 im polyt. Journale Bd. LXVI, S. 230.

Neue Preise sind:

6) Goldene Medaille zu 500 Fr., (von Hrn. J. Zuber, d. Sohne, gegründet), für die beste Abhandlung über den Industrialismus in seinen Beziehungen zur Gesellschaft, vom moralischen Standpunkte aus betrachtet.

7) Goldene Medaille, für die beste Abhandlung über die Modificationen, welche der dermalige Zustand der Industrie und des Handels in den verschiedenen Formen von Handelsgesellschaften erheischt.

Ueber den Maschinenbetrieb mit Dampf in Frankreich und England.

Frankreich besaß im Jahre 1816, wo es in Großbritannien bereits von Dampfmaschinen wimmelte, deren beinahe noch keine einzige, und drei Jahre später, nämlich im J. 1819, war deren Anzahl auch erst auf 65 gestiegen, welche zusammen 1106 Pferdekräfte repräsentirten. Diese Zahl wuchs im J. 1820 um 28, im J. 1821 um 27, im J. 1822 um 52, im J. 1823 um 53, im J. 1824 um 25, im J. 1825 um 69, im J. 1826 um 73, im J. 1827 um 56, im J. 1828 um 47, im J. 1829 um 56, im J. 1830 um 74, im J. 1831 um 47, im J. 1832 um 86, im J. 1833 um 164, im J. 1834 um 177, im J. 1835 um 295, so daß man in diesem Jahre ihrer 1448 mit 19,122 Pferdekräften zählte. Von diesen Maschinen waren 1112 französischen Ursprunges, 191 waren von

Auslande gekommen, und 145 unbekannten Ursprunges. 486 arbeiteten mit niederem Druke und 8785 Pferdekräften, 962 mit hohem Druke und 10,340 Pferdekräften. In der Kraft wechselten sie von $^1/_5$ Pferdekraft bis zur Kraft von 105 Pferden; die stärkste befand sich an den Eisen- und Kupferwerken in Imphy. Das Dept. du Nord besaß 297, das Dept. de la Seine 197, das Dept. de la Loire 175, das Dept. de la Seine Infer. 160, das Dept. du Rhône 65, das Dept. de l'Aisne 49, das Dept. du Haut-Rhin 48, das Dept. de Saône et Loire 45, das Dept. du Gard 35, das Dept. de la Marne 34 Maschinen. Auf die übrigen 55 Departements kamen zusammen nur 343 Maschinen. Zum Betriebe von Spinnereien dienten 404, von Bergwerken 260, von Zukerraffinerien 112, von Hammer- und Strekwerken 83, zum Wasserheben 76, zum Tuchweben 72, zum Betriebe von Mahlmühlen 52, von mechanischen Werkstätten 51, von Seidenwebereien 36, von Appretiranstalten 34, von Oehlmühlen 29, zu verschiedenen Zweken 233. — Vergleicht man hiemit England, so ergibt sich, daß die Grafschaften Lancashire, Chester, Derby, Stafford und York allein 998 Maschinen mit einer Gesammtkraft von 27,318 Pferden besaßen. Dazu kommt noch, daß sich die Zahl der Maschinen im Lancashire in einem einzigen Jahre um 90 vermehrte. Die Maschinen von Lancashire allein besaßen im J. 1835 eine Kraft von 102,343 lebenden Pferden, während die Dampfmaschinen von ganz Frankreich nur die Kraft von 86,067 lebenden Pferden besaßen, und dabei doch um ein Drittheil mehr Kosten veranlaßten, als die Maschinen im Lancashire! — Was die Dampfschifffahrt betrifft, so zählte die französische Handelsmarine im J. 1835 nur 100 Dampfboote, von denen die größten nur 600 Passagiere faßten, und höchstens 244 Tonnen hielten. Diese 100 Boote hatten 118 Motoren, wovon 82 von niederem und 36 von hohem Druke. Alle zusammen hatten 3863; das größte 110 Pferdekräfte. Die königliche Marine zählte zu jener Zeit 32 Dampfboote von 4800 Pferdekräften, worunter 4 von 220 Pferdekräften. Die Postadministration besaß 12 Dampfboote von 1600 Pferdekräften. Die Dampfboote von ganz Frankreich hatten also nur 10,203 Pferdekräfte. — Die Dampfschifffahrtsgesellschaften von Liverpool allein besaßen aber um jene Zeit schon 67 Dampfboote von 9035 Pferdekräften, abgesehen von 30 Booten, welche den Dienst zwischen den beiden Ufern des Mersey versahen! — Noch viel größer ist der Unterschied, der zwischen Frankreich und England in Hinsicht auf die Anwendung des Dampfes auf Eisenbahnen besteht, worüber es jedoch zur Zeit noch an bestimmten Nachweisungen fehlt. Leider, sagt der Verfasser des Artikels in der France industrielle, aus welchem obige Daten entnommen sind, stehen die französischen Locomotiven den englischen auch in Hinsicht auf den Bau bedeutend nach.

Ueber die ausdehnungsweise Benuzung des Dampfes.

Bei Gelegenheit einer Discussion, welche vor der Institution of Civil Engineers im Februar d. J. über die Dampfmaschinen in Cornwallis Statt fand, ward von Hrn. Wicksteed geltend gemacht, daß die ausdehnungsweise Benuzung des Dampfes an den zum Pumpen bestimmten Maschinen, so wie an den meisten rotirenden Maschinen eine offenbare Ersparniß bedinge; daß aber, wenn sehr zarte Maschinen auf diese Weise betrieben werden sollen, eine Unregelmäßigkeit in der Bewegung bemerkbar wird. Hr. Jackson von Leeds gab an, daß an einer Maschine von niederem Druke durch das Absperren des Dampfes bei $^4/_5$ des Hubes eine Unregelmäßigkeit eintrat, in Folge deren die feinen, von Hrn. Marshall fabricirten Flachsgarne häufig brachen. — Dagegen ward von anderen Seiten erinnert, daß man dermalen in mehreren Fabriken im Lancashire, in welchen feine Baumwollgarne gesponnen werden, den Dampf ohne allen Nachtheil mehr oder weniger ausdehnungsweise arbeiten läßt; und daß sich die Unregelmäßigkeit der Bewegung leicht durch Anwendung schwererer und rascher umlaufender Schwungräder oder durch Verkuppelung zweier Maschinen beseitigen läßt. — In derselben Versammlung ward auch eine äußerst interessante Abhandlung des Hrn. W. J. Henwood über die ausdehnungsweise Benuzung des Dampfes an den Maschinen in Cornwallis vorgetragen. Das London Journal, September 1838, S. 366, entnimmt hieraus nur folgende Daten. Die größte Leistung, welche man mit einem gemessenen Bushel, mit 84 Pfd. feuchten und mit 84 Pfd. trokenen Steinkohlen erzielte, ist $86^1/_3$, $72^1/_2$ und $77^1/_2$ Millionen. Den Verbrauch an

Kohlen, Fett und Oehl in Anschlag gebracht wurden von der Huel Towan Maschine 1085 und von Binner Downs 1006 Tonnen für einen Farthing einen Fuß hoch gehoben. Hienach würde also das Gewicht eines Mannes (1½ Cntr.) für einen Penny 10 engl. Meilen hoch gehoben werden!

Ueber die Dampfmaschinen in Cornwallis.

Die durch ihre großen und eben deßhalb schon oft bezweifelten Leistungen berühmten Dampfmaschinen von Cornwallis waren neuerlich der Gegenstand mehrerer Abhandlungen und vieler Discussionen vor der Institution of Civil Engineers in London. Besondere Aufmerksamkeit erregten die Mittheilungen des Hrn. Thomas Wicksteed und des Hrn. Parkes, und aus diesen heben wir nach dem Auszuge der Verhandlungen, welchen das London Journal in seinen lezten Heften gab, für unsere Leser Folgendes aus. Die Versuche, welche Hr. Wicksteed an einer Pumpe der Holmbush-Gruben anstellte, und bei denen man das aufgepumpte Wasser in einem Behälter sammelte und wog, ergaben als Leistung der Maschine 102,721,323 Pfd., welche mit einem Aufwande von 94 Pfd. oder einem Bushel Steinkohlen auf eine Höhe von einem Fuß gehoben wurden. Diese Quantität drükt jedoch nicht die ganze Leistung der Maschine aus, welche nach dem Inhalte der Pumpen und der Luft ohne irgend ein Zugeständniß für Auslassen berechnet werden muß, und wonach sich 117,906,992 Pfd. auf einen Fuß Höhe gehoben ergeben. Bei einem durch drei Tage fortgesezten Versuche mit einer Maschine, deren Cylinder 60 Zoll Durchmesser hatte, wobei man das Gehäuse oder den Mantel zuerst mit Dampf erfüllte und dann keinen Dampf einließ, ergab sich in ersterem Falle eine um 10 Proc. größere Leistung. Die Quantität des in dem Mantel während 216 Huben verdichteten Wassers betrug 2 Proc. des zum Behufe des Betriebes der Maschine verdampften Wassers. — Hr. Parkes äußerte sich dahin, daß die meisten Ingenieurs darüber einig seyen, daß die mit niederem Druke arbeitende Kurbelmaschine, wie man sich ihrer zum Fabrikbetriebe bedient, im Zustande der höchsten Vollendung für jede Pferdekraft wenigstens 10 Pfd. gute Steinkohle in der Zeitstunde fordere, und daß dieß auch mit der Schäzung Watt's übereinstimme. Dabei ist angenommen, daß 1 Pfd. Steinkohle 7 Pfd. Wasser verdampfe. Er hatte Gelegenheit mehrere von Boulton und Watt und anderen gebaute Maschinen zu prüfen, und fand den Verbrauch an Brennmaterial nur in drei Fällen nicht höher als zu 10 Pfd. Er führt einen Versuch an, der mit solcher Strenge durchgeführt wurde, daß man sich auf dessen Genauigkeit verlassen kann. Die Maschine, welche angeblich 40 Pferdekräfte haben sollte, ward von den HHrn. Hick und Rothwell zu Bolton gebaut und in St. Ouen bei Paris aufgestellt worden, um daselbst Wasser für einen neuen Dok zu pumpen. Der Versuch mit ihr wurde 2 Tage lang in Gegenwart der HHrn. Arago, Jouy, Farey und Parkes geführt. Der Indicator zeigte, daß die Maschine genau mit 40 Pferdekräften arbeitete, und zwar mit einem stündlichen Verbrauche von 11 Pfd. guter Steinkohlen von Mons per Pferdekraft. Da jedoch das Gewicht des wirklich auf einen Fuß in der Minute gehobenen Wassers, wenn man es durch 40 theilte, 36,000 Pfd. gab, so war der stündliche Verbrauch an Steinkohlen 10 Pfd. per Pferdekraft. Da sich die Maschine in vollkommenstem Zustande befand, so zieht Hr. Parkes aus diesem Versuche den Schluß, daß die Leistung der gewöhnlichen, mit niederem Druke und nicht ausdehnungsweise arbeitenden Kurbelmaschine nicht höher als auf 20 bis 21 Mill. Pfd., die mit 90 bis 94 Pfd. Steinkohlen einen Fuß hoch gehoben werden, anschlagen läßt; und daß sich also die Leistung der von Wicksteed erprobten Maschine von Cornwallis zur Leistung lezterer wie 5 : 1 verhält. In demselben Verhältnisse steht demnach auch die Ersparniß an Brennmaterial.

Ueber Dampfkessel-Explosionen.

Da man behauptete, daß die Explosion der Dampfmaschinen durch Spalten oder Risse ohne Lärm und Gefahr erfolgen könne, so stellte man in dieser Hinsicht Versuche mit einem Kessel an, der aus einer nicht spröden Substanz bestand. Nach den Angaben, welche Hr. Arago am 17. Septbr. d. J. vor der Akademie in Paris machte, erlitt dieser Kessel, nachdem man ihn bis zum Explodiren gebracht, weder einen Rükstoß, noch bekam er einen Riß, sondern er ward in unzählige kleine Stüke zersprengt. (France industrielle.)

Versuche über ein aus Steinkohlen bereitetes Brennmaterial für Dampfmaschinen.

Am Arsenale in Woolwich wurden im Monate August l. J. unter der Leitung der Ingenieure Kingston und Dunen Versuche angestellt, welche auf einen für die Dampfschifffahrt höchst wichtigen Gegenstand abzwekten: nämlich darauf, das Heizmittel in den möglich kleinsten Raum zu bringen. Man wählte hiezu eine Art von Ziegel, die aus fein gesiebten Steinkohlen, Flußschlamm und Theer zusammengesezt worden. Die hiemit geheizte Dampfmaschine verbrauchte innerhalb 6 Stunden 15 Minuten 750 Pfd. solcher Ziegel; wogegen sie innerhalb derselben Zeit von nordenglischen Steinkohlen 1165, von Walliser Steinkohlen 1046 und von Steinkohlen von Pontop 1068 Pfd. brauchte. Bei einem zweiten Versuche belief sich der Verbrauch an den erwähnten Ziegeln nur auf 680 Pfd., so daß die Ersparniß auf 418 Pfd. angeschlagen werden konnte; und bei weiteren Versuchen stieg die Ersparniß abermals um 50 Proc. Das neue Brennmaterial dürfte demnach bald auf den Dampfbooten angenommen werden, und zwar um so mehr, als es sich fester und in einen kleineren Raum paken läßt, als die unregelmäßig geformten Steinkohlen. (Morning Post.)

Vorkehrung zur Verhütung der Unfälle auf Eisenbahnen.

Die Directoren der Great-Western-Eisenbahn haben folgende einfache Vorkehrung getroffen, um jenen Unfällen vorzubeugen, welche durch eine unvermuthete Annäherung oder eine zu schnelle Abfahrt der Wagen entstehen können. Sie ließen nämlich längs der äußeren Seite der Schienen Röhren legen, durch welche Messingdrähte laufen. Diese Drähte führen an jeder Station der Wegaufseher an eine Gloke. So oft ein Wagenzug von einer Station abfährt oder sich ihr nähert, wird die Gloke geläutet, wo dann auf dieses Signal Alles in gehöriger Ordnung und Bereitschaft erhalten werden kann. (Standard.)

Ueber das Wasserrad des Hrn. Passot.

Hr. Coriolis berichtete der Akademie zu Paris über ein von Hrn. Passot erfundenes Wasserrad, und sagte darüber im Wesentlichen Folgendes. Das neue Rad ist nach einem dem Systeme der Reactionsräder ähnlichen Systeme gebaut, und besteht aus einem sehr stark abgeplatteten Fasse, welches um seine senkrecht gestellte Achse umläuft. Das Wasser gelangt von Oben in das Rad, und zwar in einer Röhre, welche central in den Dekel des Fasses eingesezt ist. Die cylindrische Oberfläche am Ende des Fasses hat eine oder mehrere Kammern, die durch drei einspringende Flächen gebildet werden. Von diesen Flächen stehen zwei senkrecht gebildet auf der äußeren Oberfläche; die dritte hingegen, welche die beiden ersteren verbindet, ist ein senkrechter Cylinder, dessen Radius kleiner ist als jener des äußeren Gehäuses des Fasses. In einer der oberen Flächen befindet sich eine Oeffnung, durch welche das in dem Fasse enthaltene Wasser ausfließt und zwar durch einen Vorstoß, der dem Abfließwasser in Hinsicht auf die Oberfläche des Cylinders eine tangentale Richtung gibt, so daß also das Wasser in einer der Umlaufsbewegung des Fasses entgegengesezten Richtung mit relativer Geschwindigkeit austritt. Die Entfernung zwischen der Mündung und der ihr gegenüber liegenden ebenen Fläche ist so klein als möglich; jedoch immer so groß, daß das Wasser diese Fläche nicht erreichen kann. Das Wasser gelangt durch die in den Dekel eingesezte Röhre in das Faß, und zwingt, indem es bei der Abflußmündung austritt, die Maschine in einer dem Abflusse entgegengesezten Richtung umzulaufen. Das System dieses Rades ist demnach nicht neu; denn dasselbe unterscheidet sich von den gewöhnlichen Reactionsrädern nur dadurch, daß an die Stelle der geraden oder krummlinigen Canäle, in denen man das Wasser an die Mündungen gelangen ließ, ein Faß gesezt wurde. Aus den von Hrn. Passot angestellten Versuchen ergab sich, daß wenn die Röhre, die das Wasser in die centrale Röhre leitete, in Hinsicht auf den Flächenraum der Abflußmündungen nicht einen etwas großen Durchmesser hat, der Verbrauch, der beim Umlaufen des Rades durch die Wirkung der Centrifugalkraft hätte erhöht werden sollen, nicht merklich größer war, als beim Stillstehen des Rades. Man müßte demnach bei der Berechnung des Nuzeffectes dieses Rades jenen Kraftverlust in Anschlag bringen, der aus dem Stoße, den das Wasser bei seinem Uebergange aus der Röhre in das Faß erleidet, erwächst; so daß also das für die Reactionsräder aufgestellte Princip hier nicht in Anwendung kommen kann. Hr. Coriolis glaubt übrigens, daß das Rad des Hrn. Passot sich in vielen Fällen sehr nüzlich bewähren könnte. (Mémorial encycl. August 1838.)

Journet's Maschine zu Erdarbeiten.

Die France industrielle berichtet, daß man Anfangs September l. J. Versuche mit mehreren Maschinen anstellte, welche Hr. Journet zur Vollbringung der Erdarbeiten an Eisenbahnen und Canälen erfunden. Die Maschine, der er den Namen Omni-Tolle beilegte, soll hienach im Stande seyn, mit Beihülfe von nicht mehr als 12 Arbeitern 600 Meter Erdreich auf eine Höhe von 15 Meter emporzuschaffen, wozu unter Anwendung der Schubkarren 240 Arbeiter nöthig gewesen wären.

Cattle's und North's Feuersprizen.

Die sogenannten Verbesserungen an den Feuersprizen, worauf sich die HHrn. Robert Cattle Esq. und William Greaves North Gentleman, beide von York, am 4. Decbr. 1832 ein Patent geben ließen, bestehen in nichts weiter, als in dem Betriebe der Feuersprizen durch eine rotirende, anstatt durch eine in geradliniger Richtung wirkende Triebkraft, indem hiedurch das Pumpgeschäft sehr erleichtert, und bedeutend an Kraft gewonnen werden soll. Im inneren Baue der Pumpen selbst, der Luftgefäße, Röhren und Ventile scheint gar nichts Neues zu liegen. Die Bewegung wird durch Zahnräder und Getriebe, welche von Außen von zwei Arbeitern mit einer Kurbel umgetrieben werden, hervorgebracht. (London Journal, Oktober 1838.)

Houdard's Appretirapparat.

Die Blätter von Rouen melden von einer von Hrn. Houdard erfundenen Maschine, welche zum Appretiren der gedrukten Calicos bestimmt ist, und der er den Namen Calorifère apprêteur beilegte. Die Maschine soll mit einer erstaunlichen Geschwindigkeit und Regelmäßigkeit arbeiten, und die Entfettung, Reinigung und Gummirung zugleich bewirken. (France industrielle, No. 47.)

Dujardin's verbessertes Mikroskop.

Hr. Dujardin hat an dem Mikroskope der HHrn. Trécourt und Oberhäuser eine Vorrichtung angebracht, durch welche das zur Beleuchtung dienende Licht so auf dem unter das Mikroskop gebrachten Objecte concentrirt wird, daß es von diesem selbst auszugehen scheint. Da auf diese Weise die Diffraction, welche den scheinbaren Durchmesser der zarten Linien im gewöhnlichen Mikroskope erhöht, vermieden ist, so sieht man diese Linien in ihrer wirklichen Dike. Die aus mehreren achromatischen Linsen bestehende Vorrichtung bewegt sich in einer am Fuße des Instrumentes angebrachten Röhre in der Richtung der gemeinschaftlichen Achse, und wirft auf das der Untersuchung unterliegende Object den Brennpunkt eines von einem parallelen Spiegel reflectirten Lichtkegels. Um sich der Coincidenz des Brennpunktes zu versichern, wählt man ein entferntes Absehen, dessen von dem Spiegel reflectirtes Bild auf den Objectträger gemalt ist und sich gewissermaßen über dem Objecte selbst befindet. Wenn man dann den Spiegel stärker neigt, fängt man nur das Licht eines stark beleuchteten Theiles des Himmels auf. (France industrielle.)

Van Schoultz's Methoden Salzsoolen zu reinigen.

Ein Hr. Nils Sholtewskii Van Schoultz in Salina, im Staate New-York, nahm am 23. Jul. 1837 ein Patent auf eine Reinigungsmethode der zur Gewinnung von Kochsalz bestimmten Salzsoolen. Wir entnehmen hierüber aus der im Franklin Journal, Mai 1838, S. 278 enthaltenen Beschreibung des Patentes Folgendes. Der Patentträger theilt die Salzsoolen in zwei Classen. Zur ersten Classe zählt er jene, die mehr oder weniger mit schwefelsaurem und kohlensaurem Kalke verunreinigt sind, und also auch ein mit diesen Salzen verunreinigtes Kochsalz geben. Zur zweiten Classe rechnet er die Soolen, welche hauptsächlich salzsaure Bitter- und Kalkerde unter den Unreinigkeiten enthalten, und die beim Versieden ein unreines, dem Zerfließen ausgesetztes Kochsalz liefern. Die Soolen der ersten Classe reinigt er, indem er in eine hölzerne Cisterne, welche 600 Kubikfuß Wasser faßt, 50 Bushel Holzkohle (oder wenn man den Kohlenstoffgehalt berüksichtigt, auch mineralische Kohle) bringt; dann dieselbe mit der Soole füllt, und hierauf unter Umrühren 1 Pfd. 2 Unzen Alaun zusezt. Nach 48 Stunden Ruhe ist die Soole zum Versieden geeignet. — Um die Soolen der zweiten Classe zu reinigen trägt er in eine hölzerne Cisterne, welche 5000 Kubikfuß Wasser faßt, 100 Bushel mineralische Kohle ein. Wenn die Cisterne dann zur Hälfte mit Soole gefüllt worden, rührt er ein Sechzehntel Bushel Aezkalk darunter; und wenn die Cisterne hierauf ganz gefüllt worden, sezt er unter Umrühren auch noch 3 Pfd. Alaun zu. Nach 48 Stunden Ruhestand kann auch diese Soole versotten werden. Der Kalk soll die Bittererde fällen, und der hiedurch gebildete salzsaure Kalk wird durch die Kohle und den Alaun zersezt. Würde man den Alaun vor dem Kalke beimischen, so würde lezterer ersteren zersezen. — Die angegebene Quantität Kohle reicht für einen Monat hin; die angegebenen Quantitäten Alaun und Kalk dagegen müssen nach jedesmaliger Füllung der Cisterne eingetragen werden. Ist soviel Jod in der Soole enthalten, daß die Pfannen dadurch angegriffen werden, so sezt der Patentträger eine Viertelunze schwefelsaures Mangan zu, das er in Papier eingewikelt in die Cisterne wirft, und alle 14 Tage erneuert. — Da die nach obigen Angaben behandelten Soolen stets Zeit zur Abscheidung der gefällten Unreinigkeiten brauchen, so muß man immer mit wenigstens drei Behältern oder Cisternen arbeiten, von denen jede soviel faßt, als an einem Tage versotten werden kann.

Embrey's Methode Porzellan, Glas- und Töpferwaaren zu vergolden.

Das Patent, welches Goodwin Embrey, Töpfer von Lane Delph in der Grafschaft Stafford, am 14. April 1835 nahm, scheint dem London Journal nur wenig Neues zu enthalten, da es in der Hauptsache nur darin besteht, daß der in den Töpfereien unter dem Namen Goldglanz (gold-lustre) bekannten und zum Vergolden von Porzellan u. dergl. bestimmten Composition etwas Gummi zugesezt werden soll. Der Patentträger löst nämlich 6 Unzen Gold und 6 Gran Körnerzinn in einem Pfunde Salpetersalzsäure auf, und vermengt in einem anderen Gefäße unter Anwendung einer gelinden Wärme 2 Pfd. Schwefelbalsam und 1 Pfd. Terpenthinöhl. Hierauf gießt er erstere Auflösung allmählich und unter Umrühren in leztere Mischung, worauf er endlich das Ganze durch Zusaz von gesottenem Oehle und Gummi bis zur gehörigen Consistenz verdikt. Mit dieser Composition wird das Dessin von der Kupferplatte oder dem Holzblocke auf ein Papier, wie man sich seiner zu derlei Zweken bedient, übergetragen, und wenn das Dessin von diesem auf das Porzellan, Glas 2c. transferirt worden ist, so brennt man es auf diesem nach dem gewöhnlichen Verfahren ein.

Hemming's Methode Bleiweiß zu fabriciren.

Die verbesserte Methode Bleiweiß zu fabriciren, auf die sich John Hemming, Gentleman in Edward-Street in der Grafschaft Middlesex, am 13. Okt. 1836 ein Patent ertheilen ließ, beschränkt sich dem London Journal, August 1838, S. 279 gemäß auf Folgendes. Der Patentträger destillirt aus salpetersaurem Natron oder Kali mit Schwefelsäure Salpetersäure. Den aus Glaubersalz bestehenden Rükstand verwandelt er, indem er ihm eine hinreichende Menge Kohle und Kalk zusezt durch Ausglühen in kohlensaures Natron. In der Salpetersäure löst er, nachdem er sie mit ihrem sechsfachen Volumen Wasser verdünnt, Bleioxyd oder Bleiglätte auf, welche durch Erhizen des Bleies an freier Luft, oder beim Scheiden des Silbers vom Bleie oder auf irgend andere Weise gewonnen worden. Dieser Bleiauflösung sezt er so lange eine verdünnte Auflösung von kohlensaurem Natron oder Kali zu, als noch ein Niederschlag erfolgt. Aus der Mutterlauge gewinnt er durch Abdampfen salpetersaures Natron oder Kali, welches neuerdings angewendet werden kann. Den Niederschlag dagegen troknet er, nachdem er ihn sorgfältig ausgewaschen. Der Patentträger bemerkt, daß er sich nicht an den Gebrauch der Salpetersäure bindet, obwohl er diese für am meisten geeignet hält, und daß er anstatt ihrer auch brennzelige Holzsäure, Essigsäure oder irgend eine andere Säure, welche das Bleioxyd aufzulösen vermag, anwendet.

Emery's Methode Felle abzuhaaren.

Hr. Benjamin F. Emery in Bath, in den Vereinigten Staaten, nahm kürzlich ein Patent auf die Abhaarung der Häute mittelst Dampf anstatt mit Wasser, Säuren oder anderen Substanzen. Er hat es hiebei hauptsächlich auf die Abnahme der Wolle von den Schaffellen abgesehen, die er auf folgende Art bewerkstelligen will. Die Schaffelle werden troken, oder um den Proceß zu beschleunigen, auch befeuchtet, auf dieselbe Weise an Latten mit Spannhaken aufgehängt, auf welche dieß beim Gerben derselben zum Behufe des Troknens zu geschehen pflegt. Diese aufgehängten Felle bringt man in eine gut schließende Dampfkammer, in der sich an den gegenüberliegenden Seiten ein Paar kleine, zur Ventilirung dienende Fenster befinden. Ist die Kammer mit diesen Fellen angefüllt, wobei jedoch so viel Raum gestattet seyn muß, daß sie einander nicht berühren, und daß man zwischen ihnen herumgehen kann, so läßt man von irgend einem Dampferzeuger her Dampf in denselben treten. Bei der Blutwärme, die man mittelst des Dampfes unterhält, sind die Schaffelle gewöhnlich innerhalb drei Stunden so gedämpft, daß sie die Wolle fahren lassen, wovon man sich überzeugen kann, wenn man in die Kammer eintritt. Durch eine etwas höhere Temperatur läßt sich das Verfahren etwas beschleunigen; doch räth der Patentträger, die Temperatur nicht über 52° R. zu treiben, weil sonst die Felle Schaden leiden. — Rindshäute lassen sich auf ähnliche Weise behandeln, erfordern aber eine verhältnißmäßig längere Dämpfung.. — Endlich meint der Patentträger, daß man in großen Schlächtereien seine Methode auch statt des Brühens der Schweine einführen könnte. In diesem Falle müßte die Temperatur in der Dampfkammer auf 63 bis 65° R., und wenn es schnell genug geschehen kann, selbst bis zur Siedhize gesteigert werden. Unmittelbar nach geschehener Dämpfung wäre durch Oeffnen der Fenster die Temperatur so weit abzukühlen, daß die Fleischer an die Beseitigung der Borsten gehen könnten. (Mechanics' Magazine, No. 782.)

Saint-Léger's Schreibtafeln für Blinde und für den Gebrauch bei Nacht.

Hr. Ferd. Saint-Léger in Paris, rue de la Jussienne, No. 25, hat eine neue Art von Schreibtafeln für Blinde und für solche, die bei Nacht ohne Licht schreiben wollen, angegeben, die nach einem von Hrn. Jomard der Société d'encouragement erstatteten Berichte alle bisherigen Coecographen und Nyctographen an Bequemlichkeit, Einfachheit und Wohlfeilheit übertreffen sollen. Dieselben bestehen nämlich aus einer Art von Portefeuille, in welchem sich ein Rahmen befindet, über den ein an der unteren Fläche dik mit Graphit bestrichenes Pergament gespannt ist. Ueber diesen Rahmen sind der Quere nach 12 versilberte Metalldrähte gezogen, welche als Führer für den Zeichenstift und zur Regulirung der Zeilenweite dienen. An jedem dieser Drähte befindet sich ein kleiner Läufer, der sich an den Drähten schiebt, und auf den man beim Schreiben den kleinen Finger legt. Diese Läufer deuten an, wo man in jeder Zeile zu schreiben aufhörte. Um zu wissen, welche Zeile die lezte war, ist in der Längenrichtung an dem einen Rande der Tafel eine Schnur mit einem beweglichen Knopfe angebracht, welchen Knopf man nur an jenen Draht zu schieben braucht, welcher der zulezt geschriebenen Zeile entspricht. Das Blatt Papier, auf welches man schreiben will, wird unter das Pergament gelegt. Geschrieben selbst wird auf lezteres, und zwar mit einem hölzernen Stifte mit weicher Spize. Die Schriftzüge erscheinen auf dem Papiere vollkommen rein mit Graphit abgedrukt. Hr. Jomard bemerkt, daß Hr. Bérard in Briançon, welcher in seinem 23sten Jahre erblindete, sich während seiner Blindheit einer ganz ähnlichen Vorrichtung, die man im Jahrgange 1817 des Bulletin de la Société d'encouragement, S. 277 beschrieben findet, bediente. (Bull. d. l. Soc. d'encour. August 1838.)

Frankreichs Zukerproduction.

Frankreich erzeugte im Jahre 1833 nur 4 Mill.; im J. 1834 nur 7,300,000; im J. 1835 schon 13,200,000; im J. 1836 30,400,000, und im J. 1837 41 Mill. Kilogr. Runkelrübenzuker. Im J. 1838 dürfte die Production auf 65 Mill. Kilogr. steigen, was der Gesammtconsumtion vom J. 1832 gleichkäme. (France industrielle, No. 47.)

Ueber die Vertilgung des weißen Kornwurmes.

Hr. Herpin in Mez, der die Naturgeschichte des weißen Kornwurmes zum Gegenstande seines Studiums gemacht hat, übergab kürzlich die Resultate desselben der Oeffentlichkeit. Das Wesentliche ist in Folgendem zusammengefaßt: 1) Der weiße Kornwurm übt in Frankreich erst seit 60 Jahren seine Verheerungen aus. 2) Er vermehrt sich auf den Feldern, in den Scheunen und auf den Speichern; vielleicht auch durch Wanderungen der ausgefallenen Schmetterlinge. 3) Seine Larve oder Puppe bleibt unbeschädigt, wenn sie mit dem Saatkorne ausgesäet wird; aus ihr fällt der Schmetterling gegen Mitte Junius aus, und dieser legt dann auf dem Felde selbst noch seine Eier auf die Getreideähren, und zwar kurz nach der Blüthe. 4) Eines der sichersten und wohlfeilsten Mittel das von dem weißen Kornwurme angegangene Getreide zu schüzen und diesen zu zerstören, ist dessen Erstikung, die in verschlossenen Behältern mittelst Kohlensäure oder Stikstoff zu geschehen hat. 5) Man braucht zu diesem Zweke nur einige glühende Kohlen in ein leeres Faß zu werfen; dieses dann mit dem angestekten Getreide zu füllen, und es hierauf gut verschlossen gegen 3 Wochen lang stehen zu lassen. 6) Die durch den Kornwurm veranlaßte Erhizung des Getreides läßt unmittelbar nach Verschluß des Fasses nach und mindert sich bis zum Tode der Würmer immer mehr und mehr. Der Tod erfolgt in weniger als 24 Tagen, und zwar um so schneller, je höher die Temperatur der atmosphärischen Luft steht. 7) Das auf diese Art behandelte Getreide bekommt keinen üblen Geruch oder sonst eine nachtheilige Eigenschaft; es liefert gutes Brod und verliert auch seine Keimkraft nicht. 8) Zu den Zerstörungsmitteln des weißen Kornwurmes gehört das Schneiden des Getreides, so lange es noch etwas grün ist; denn das in diesem Zustande aufgespeicherte Getreide entwikelt viel Kohlensäure, welche die Raupen beim Ausfallen aus dem Eie tödtet. 9) Das vom Kornwurme angestekte Getreide muß so schnell als möglich ausgedroschen und gemahlen werden, wenn man es nicht auf die angegebene oder sonst eine andere bewährte Methode schüzen will oder kann. 10) Angestektes Getreide verliert innerhalb 6 Monaten wenigstens 40 Proc. seines Gewichtes oder 75 Proc. seines Mehlgehaltes. 11) Nie soll man angestektes Getreide zur Aussaat wählen, und wenn man dieß ja thun muß, so soll man den zum Kalken desselben bestimmten Substanzen Chlorkalk zusezen. (Echo du monde savant 1838, No. 33.)

Verbrauch an Lebensmitteln in Paris.

In Paris wurden im J. 1836 verzehrt: 922,363 Hectoliter Wein; 36,441 Hectol. Branntwein; 18,138 Hectol. Cider; 111,811 Hectol. Bier; 72,330 Ochsen; 17,442 Kühe; 77,583 Kälber; 378,476 Schafe; 91,929 Schweine; für 4,771,383 Fr. Fische; für 1,219,659 Fr. Austern; für 8,387,296 Fr. Geflügel und Wildpret; für 11,532,080 Fr. Butter und für 4,935,864 Fr. Eier. Geboren wurden 19,309 eheliche und 9633 uneheliche Kinder, wovon 14,645 Knaben und 14,297 Mädchen. Gestorben waren 24,057 Personen, also um 4885 weniger als geboren wurden. Heirathen wurden 8308 geschlossen. (Echo du monde savant No. 38.)

Literatur.

The Steam-Engine; its invention and an investigation of its Principles for navigation, Manufactures and Railways. By Thomas Tredgold. Enlarged and edited by W. T. B. Woolhouse Esq. Part. I. with 60 plates. London 1838; by John Weale.

A Treatise on Engineering Fieldwork: containing practical Land surveying for Railways etc., with the theory, principles and practice of Levelling and their application to the purposes of Civil Engineering. By Peter Bruff, Surveyor. 8. London 1838; by Simpkin and Marshall.

The Practical Mathematician's Pocket Guide. By Robert Wallace. 2. edit. Glasgow 1838; by W. R. M'Phun.

A complete Treatise on Practical Land Surveying; or the whole art of Land Surveying, Plotting, Embellishing of Maps, Railway Surveying, Conic Sections, Gauging, Plane Trigonometry, Levelling and Measuring of Solids and Superfices. The whole designed for the use of Schools and Young Surveyors. By Thos. Holliday. 8. with plates and wood-cuts. London by Whittacker and Comp. 1838.

A practical Treatise on Railroads and Interior Communication in general: containing numerous Experiments on the Powers of the improved Locomotive Engines and Tables of the comparative Cost of Conveyance on Canals, Railways and Turnpike Roads. By Nicholas Wood. Third edition with additions. London 1838; by Longman and Comp.

The Railway Company's, Engineer's, Contractor's, General Builder's and Manufacturer's Labour wages tables. By E. Peckins. London 1838; by Effingham Wilson.

The Book of the Grand Junction Railway, forming a Guide from Birmingham to Liverpool and Manchester. By Thom. Roscoe Esq. assisted by the Resident Engineers of the line. London 1838; by Orr and Comp. Illustrated by Steel Plates.

A Dictionary of Arts, Manufactures and Mines, containing a clear exposition of their principles and practice. By Andrew Ure Md. F.R.S. 8, London by Longman, Orme and Comp. (Mit 1000 Holzschnitten. Erscheint in 50 wöchentlichen Heften zu 1 Schill. d. Heft.)

The progress of the nation in its various social and economical relations, from the beginning of the nineteenth century to the present time. By G. R. Porter Esq. F. R. S. 8. London 1838; by Knight and Comp.

The Life of the late Thomas Telford, written by himself; containing a Narrative of his Professional Labours. Edited by Mr. Rickman, of the House of Commons. 4. London 1838; by Paine and Foss. With 83 Plates. 8 Pfd. 8 Schill.

A Treatise on Roads; wherein the principles on which roads should be made are explained and illustrated by the Plans, Specifications and Contracts made use of by Thomas Telford on the Holyhead Road. By the Right Honourable Sir Henry Parnell Bart. etc. London 1838. Second edition.

Sketch of the Civil Engineering of North America, comprising remarks on the Harbours, River and Lake Navigation, Lighthouses, Steam Navigation, Water-Works, Canals, Roads, Railways, Bridges and other works in that Country. By David Stevenson, Civilengineer. 8. London 1838; by John Weale. With Plates.

LXX.

ber die rotirende Dampfmaschine des Hrn. E. B. Rowley, Esq. Von Hrn. Richard Evans in Manchester.

Aus dem Mechanics' Magazine. No. 781.

Mit Abbildungen auf Tab. V.

Ich erlaube mir hiemit eine Zeichnung der neuesten, und wie mir eint auch der besten der vielen rotirenden Dampfmaschinen vorzuzen. Sie ist die Erfindung des Hrn. Edmund Butler Rowley, sq., Schiffsarzt zu Manchester, der bereits durch seinen pneumaschen Telegraphen [62]) und auch durch seinen Stoßaufhälter für Eisenihnwagen bekannt ist. Obwohl Hr. Russell den rotirenden Dampfaschinen in einem langen Aufsaze [63]) sammt und sonders den Stab brochen, so hoffe ich doch, daß er die gegenwärtige mit etwas günigeren Augen betrachten werde, da sie jenes Princip, welches er och am meisten billigt, auf die vollkommenste Weise umfaßt.

Fig. 42, 43, 44, 45 sind einzelne Theile der rotirenden Dampfaschine des Hrn. Rowley, die, um als stationäre Maschine zu enen, in einem entsprechenden Gestelle zusammengesezt werden muß id die man in Fig. 46 auf eine Locomotive angewendet sieht.

Die Maschine besteht aus einem Cylinder A, dessen Scheitelid Bodenplatten oder dessen beide Seitenwände a,a einander in jer Hinsicht gleich und mit Randvorsprüngen an den Cylinder gelzt sind. An der inneren Seite einer jeden dieser Platten befinden b zwei Falzen oder Rinnen b,b und c,c, von denen der äußere b llkommen kreisrund und concentrisch, der innere c dagegen zum heile kreisrund und zum Theile excentrisch ist. D,D ist eine kreisrmige, gleich einem Rade aus einem Kranze und Speichen oder men bestehende Vorrichtung, welche übrigens auch aus einem Stüke beitet seyn kann, und an der sich zwei oder mehrere dampfdichte mmern e,e befinden, in denen sich die Kolben f,f aus- und einleben können. Diese ganze Vorrichtung ist fest an die in ihrem ttelpunkte angebrachte Welle g geschirrt, welche Welle in gehörigen pfenlagern läuft, durch die Seitenplatten a,a sezt und über sie aus ragt. Der äußere Kranz oder Reifen D,D dieses umlaufen-

62) Siehe Polyt. Journal Bd. LXVIII. S. 80.

63) Siehe Polyt. Journal Bd. LXVII. S. 332.

den Rades, wenn man es so nennen darf, paßt genau in den kreisrunden Falz b,b, und bildet die innere Wand der Dampfkammer L,L, während die Führzapfen der Kolben i,i, welche Zapfen mit Rollen ausgestattet seyn können, in den excentrischen Falzen oder Rinnen c,c laufen. Hieraus erhellt, daß, sowie der durch die Röhre j eingelassene Dampf seine Expansivkraft gegen die Kolben ausübt, er das Rad D,D umtreibt; und daß, sowie die Führzapfen der Kolben sich in den excentrischen Falzen c,c bewegen, die Kolben abwechselnd nach Einwärts gegen den Mittelpunkt des Rades gezogen werden, damit sie an dem Widerlager K vorübergehen können, um dann wieder allmählich in die Dampfkammer eingetrieben zu werden. Der Dampf entweicht, nachdem er seine Kraft auf die Kolben ausgeübt hat, durch die Auslaßröhre k.

Zur Unterstüzung der Parallelbewegung der Kolben laufen die Führzapfen i,i in parallelen Fugen oder Zapfenlöchern m,m, welche in den Kolbenkammern angebracht sind. Jeder der Kolben ist auch mit einer Leitungsstange h, die sich in einer in der Welle g befindlichen Oeffnung bewegt, ausgestattet.

Aus einem Blike auf Fig. 46 wird man ersehen, daß, wenn dieß umlaufende Rad oder die rotirende Maschine, wie bei a,a auf eine Locomotive angewendet wird, die Welle g die Wagenräder mittelst eines Winkelräderwerkes b,b in Bewegung sezt. Soll die Maschine hingegen zum Betriebe stationärer Dampfmaschinen dienen, so müßte das Haupttreibrad an die Welle g geschirrt werden und mit dieser auch umlaufen. Die Seiten der Kolben sowohl als der Widerlager sind mit gehörigen Metallliederungen zu versehen.

Die Ursache, warum zwei oder mehrere Kolben vorhanden seyn müssen, ist offenbar. Wäre das Rad nämlich nur mit einem einzigen Kolben ausgestattet, so könnte dasselbe vielleicht, wenn es dem Widerlager gegenüber kommt, in Stillstand gerathen, wo dann der Dampf ein- und austreten würde, ohne irgend eine Wirkung auf den Kolben hervorzubringen. Wenn aber der Apparat zwei oder mehrere Kolben hat, von denen immer nur ein einziger auf einmal zurückgezogen werden kann, so muß der Dampf offenbar immer auf einen derselben wirken, wodurch also eine ununterbrochene rotirende Bewegung erzeugt wird.

In Fig. 47 sieht man die Ein- und Auslaßröhren. Jede derselben hat zwei Arme, von denen je einer an beiden Seiten des Widerlagers hin und zurük führt. An der Theilungsstelle der Röhren befindet sich ein Sperrhahn, welcher so gebaut ist, daß der Dampf nur durch einen der Arme der Ein- und Auslaßröhren ein- und ausströmen kann. Beide Röhren werden mittelst einer einzigen Stange gehandhabt; wird diese nach Rechts gedreht, so kann der Dampf an der rechten Seite des Widerlagers ein- und an der linken austreten; wird sie hingegen nach Links gedreht, so findet das Umgekehrte Statt. Man kann also das Dampfrad beliebig nach Rechts oder nach Links umlaufen lassen, damit die Locomotive z. B. nach Vor- oder nach Rükwärts getrieben wird.

Hr. Rowley gibt an, daß seine Erfindung darin besteht, daß er ein Rad, in welchem zwei oder mehrere Kolben untergebracht sind, in einem cylindrischen dampfdichten Gefäße einschließt; daß sich die Kolben in einer kreisrunden Dampfkammer bewegen, in welcher eine dem Dampfe als Widerlager dienende Scheidewand angebracht ist; daß die Kolben, um an diesem Widerlager vorüber zu kommen, allmählich in das Rad zurükgezogen werden, um dann, nachdem sie vorüber gegangen, ebenso allmählich wieder in die Dampfkammer einzudringen. Dieses allmähliche Zurükziehen und Vorwärtstreten erfolgt auf selbstthätige Weise, und zwar dadurch, daß die beiden Führungszapfen, womit jeder der Kolben ausgestattet ist, in zwei excentrischen, an der inneren Seite des Cylinders angebrachten Fugen läuft. Der Ein- und Austritt des Dampfes an der einen oder anderen Seite des Widerlagers ist wie gesagt beliebig regulirbar.

LXXI.

Ueber die Heizung der Dampfkessel oder Dampfgeneratoren mit Anthracit. Von Hrn. Hector Petit-Lafitte, Director der Zukerraffinerie des Hrn. Klose in Offenburg.

Aus dem Bulletin de la Société industrielle de Mulhausen, No. 55.

Das der Anwendung des Anthracites zum Grunde liegende Princip ist eine starke Concentration der Wärme, die dadurch erlangt wird, daß man eine große Menge Brennstoff auf einmal in Brand bringt. Die Feuerstelle und der Rost können ebenso gebaut seyn, wie für die Heizung mit Steinkohlen; da jedoch zur Verbrennung des Anthracites viermal soviel Zeit erheischt wird, als zur Verbrennung der Steinkohlen, so muß die Oberfläche des Rostes noch einmal so groß, und die Höhe zwischen ihm und dem Kessel gleichfalls die doppelte seyn. Wie zu jeder gehörigen Verbrennung, so ist auch hier ein guter Zug unerläßlich.

Um das Feuer aufzuzünden, was nur geschehen kann, indem man eine große Oberfläche auf einmal in Brand bringt, wird von Seite des Heizers große Sorgfalt, Geduld und Geschiklichkeit erfordert. Man beginnt die Feuerung mit Holz und etwas Saarbrüker-

Steinkohlen von bester Qualität. Wenn die ganze Oberfläche gut in Feuer steht, so trägt man gleichmäßig Anthracit ein, wobei man sich wohl hüten muß, das bereits Eingetragene zu berühren, oder es gar mit einem Eisen anschüren zu wollen. Die Anthracitstüke, welche nicht zerschlagen werden dürfen, behalten im Feuer ihre Form, sie blähen sich weder auf, noch schmelzen sie. Hieraus folgt, daß, da die Zwischenräume zwischen den Stüken dieselben bleiben, die Luft frei zwischen ihnen durchstreichen kann. Da die Weite der Roststangen darauf berechnet ist, daß ein Theil der Zwischenräume durch das Schmelzen der Steinkohlen verstopft wird, so folgt hieraus, daß eine zu große Menge Luft durch das Feuer streichen würde, wenn nicht soviel Anthracit gleichmäßig eingetragen würde, daß der Rost überall stark damit beladen ist. Es muß deßhalb soviel Anthracit als möglich eingetragen werden; d. h. man muß damit fortfahren, so lange man sieht, daß die ganze Masse immer in guter Gluth bleibt.

Diese starke Schichte Brennstoff, welche die doppelte Höhe der üblichen Steinkohlen-Schichte haben soll, ist nöthig: 1) damit nur soviel Luft als zur Unterhaltung einer vollkommenen Verbrennung eben nöthig ist, durchdringen kann; und 2) damit das Brennmaterial eine hohe Temperatur zu erlangen im Stande ist: eine unumgängliche Bedingung bei der Heizung mit Anthracit. Die ganze Masse bleibt glühend ohne beinahe irgend eine Formveränderung zu erleiden, wobei sie eine enorme Hize entwikelt, ohne eine Flamme oder Rauch zu erzeugen. Die Hize ist so stark, daß die ganze Masse stets im Weißglühen ist. Zur gänzlichen Verzehrung des Brennstoffes ist wenigstens viermal soviel Zeit erforderlich, als zur Verzehrung der Steinkohle, so daß, um in gleicher Zeit gleiche Quantitäten Steinkohle und Anthracit zu verbrennen, für lezteren ein doppelt größerer Rost nöthig ist.

Wenn eine Feuerstelle mit einem Roste von gewisser Größe in einer Stunde einen Centner Steinkohle verbraucht, so wird dieselbe in 4 Stunden 4 Cntr. verbrennen. Wenn eine Feuerstelle mit doppelt größerem Roste und doppelt höherer Schichte Brennstoff 4 Cntr. Anthracit trägt, so werden diese in vier Stunden verzehrt, so daß also innerhalb gleicher Zeiträume gleiche Quantitäten Steinkohlen und Anthracit verbraucht und derselbe Nuzeffect erreicht wird. Hiebei ist vorausgesezt, daß beide Brennstoffe in Hinsicht auf Wärme-Production einander gleich stehen: eine Annahme, die der Wahrheit nahe kommt, da 12 Cntr. Anthracit in Stüken soviel werth sind, als 10 Cntr. gewöhnliche Steinkohlen. Dieß Verhältniß, welches ich aus der Erfahrung abstrahirte, wechselt natürlich je nach der Güte der Steinkohlen und der Reinheit des Anthracites.

Wenn der Anthracit einmal entzündet ist, so muß man dessen Berührung und das Schüren soviel als möglich verhüten, weil er onst gleich zu Pulver zerfällt, wodurch die Zwischenräume so verlopft würden, daß das Feuer in Kürze verlöschen müßte. Wenn ich die Schlaken gebildet haben, muß man warten, bis das Brennnaterial beinahe verzehrt ist, wo man dann den Rost gänzlich reiigt und ein neues Anthracitfeuer auf dieselbe Weise anmacht. Diese Operation hat des Tages nur ein oder zweimal zu geschehen; denn väre der Anthracit so unrein, daß der Rost oft gereinigt werden nüßte, so ist es beinahe unmöglich, sich dieses Brennstoffes zu bedienen.

Die Gruben zu Offenburg liefern zwei Sorten Anthracit; ich bediene mich der reineren, schwerer entzündbaren. Der unreinere, welcher leichter brennt, kann auf gewöhnlichen Herden und in Schmieden verwendet werden; für Hammerwerke eignet er sich nicht, und auch ich konnte mich seiner nicht mit Vortheil bedienen. [61])

Die Anthracit-Feuerung erfordert von Anfang bis zum Ende große Sorgfalt; man muß anfangs Geduld haben, und wenn das Feuer schnell und gleichmäßig fangen soll, ist auch einige Gewandtheit nöthig. Die Anthracitstüke dürfen nicht zerbrochen werden; man muß sie in gehöriger Menge eintragen, um die möglich beste Feuerung zu erhalten, und doch darf die Schichte auch nicht zu dik seyn, weil sonst das Feuer ganz auslöschen könnte: und ein erloschenes Anthracitfeuer läßt sich nur sehr schwer wieder anfachen. Kurz, man muß dieses Brennmaterial auf eine seiner Natur entsprechende Weise behandeln, wozu geräumige Feuerstellen und ein starker Zug erforderlich ind. Unter diesen Umständen wird man ihn bei einiger Ausdauer gewiß mit Vortheil zu benuzen lernen, während er auf einem gewöhnlichen Roste und nach Art der Steinkohlen behandelt, keine guen Resultate geben kann. Ich sezte den anfänglich im Wege stehenen Schwierigkeiten Geduld und Ausdauer entgegen und befinde mich un ganz gut dabei, so zwar, daß ich im lezten Winter täglich 100 Zentner Anthracit brannte. Man hat vor mir in mehreren Anstalten Versuche mit ihm angestellt und ihn aufgegeben; jezt, nachdem nan mein Beispiel gesehen, kommt man abermal auf ihn zurük, und

61) Hr. Petit-Lafitte bedient sich auch der kleineren Anthracitstüke, inem er $^{9}/_{10}$ Anthracit mit $^{1}/_{10}$ Thonerde vermengt und daraus mit Wasser eine Masse anmacht, aus der er Kuchen formt, welche an der Sonne getroknet und ann in Magazinen aufbewahrt werden. Diese Kuchen verwendet er hauptsächlich um Heizen der Trokenstuben; einige Reiser trokenes Holz reichen zu ihrer Entündung hin. Uebrigens gilt ganz besonders auch von ihnen, daß man das Feuer icht schüren darf. A. d. O.

ich zweifle nicht, daß man bald überall dieselben Vortheile davon ernten wird, wie ich.

Anhang.

Die Société industrielle in Mülhausen ertheilte Hrn. Petit Lafitte für die von ihm bewerkstelligte Einführung des Anthracites zur Heizung von Dampfkesseln ihre goldene Medaille. Aus dem von Hrn. Leonhard Schwartz hierüber erstatteten Berichte fügen wir Folgendes bei.

Was soll während der Reinigung des Rostes und der Aufzündung eines neuen Feuers, wobei vielleicht eine ganze Stunde lang wenig oder gar kein Dampf erzeugt wird, geschehen? Am besten dürfte es seyn, während dieser Zeit auf einer anderen Feuerstelle zu brennen; oder unter einem und demselben Kessel mehrere von einander geschiedene Roste anzubringen, welche gemeinschaftlich oder einzeln geheizt werden könnten. Auch wäre es der Mühe werth, um die Roststangen entbehrlich zu machen und doch die Schlaken herausschaffen zu können, einen tiefen Ofen, z. B. von 3 bis 4 Fuß Höhe auf 6 bis 8 Fuß Länge, welcher oben breit wäre, nach Unten zu aber sich bedeutend verengerte, zu probiren. Man könnte überdieß auch noch durch seitliche Oeffnungen Luft zutreten lassen. Derlei Oefen müßten ganz aus Baksteinen gebaut und gleich den immer brennenden Kalköfen von Oben mit Brennmaterial gespeist werden.

Da sich bei der Anthracit-Heizung das Feuer nicht ohne großen Nachtheil plözlich steigern oder mäßigen läßt, so würde in den Dampffärbereien die Anwendung großer Dampfbehälter nöthig; denn hier braucht man bald eine sehr große Menge Dampf auf einmal, bald aber auch beinahe gar keinen.

Endlich unterliegt keinem Zweifel, daß die Anthracitfeuer besser und vollkommener brennen würden, wenn man ihnen heiße Luft zuführte, wie dieß in neuerer Zeit in England geschieht.

LXXII.

Ueber den Kraftverbrauch und Nuzeffect der Locomotiven.

Aus dem Irish Railway Report im Civil Engineer and Archit. Journal October 1838, S. 343.

Einer der Hauptmomente, welche bei Erwägung der Vortheile, die der Eisenbahn-Verkehr im Vergleiche mit dem Verkehre auf den Canälen und Landstraßen bietet, in Betracht zu ziehen kommen, liegt in der Summe der Kraft, welche aufgewendet werden muß, bevor noch irgend eine Zugkraft auf die Last ausgeübt werden kann. Dieser Aufwand oder Verbrauch an Kraft übersteigt bei weitem das, was man bei oberflächlicher Betrachtung der Frage für wahrscheinlich halten dürfte. Wenige dürften vielleicht wissen, daß an den größeren der dermalen an der Liverpool-Manchester-Eisenbahn gebräuchlichen Maschinen die Kraft, welche absorbirt wird, um die Maschine ꝛc. in die zur Bewegung erforderlichen Bedingungen zu versezen, ganz unabhängig von der Kraft, welche auf die Bewegung der Last selbst verwendet wird, gegen den dritten Theil des Gesammtverbrauchs an Kraft beträgt. Hieraus ergibt sich, wie wesentlich es für das Gelingen des Betriebes einer Eisenbahn mit Locomotivkraft ist, daß eine große Menge Güter und Personen, und zwar nicht in einzelnen kleinen Abtheilungen, sondern in großen Massen auf einmal fortzuschaffen sind. Großer Verkehr ist demnach eine der Grundbedingungen für das Gelingen einer Eisenbahn in finanzieller Hinsicht; und wenn es auch unstreitig Fälle gibt, in denen durch die Errichtung einer Bahn die Ressourcen einer Gegend, und folglich auch deren Verkehr in hohem Grade gesteigert werden, so erscheint es jedenfalls als geeignet, sich vollkommen darüber ins Klare zu sezen, um wieviel der Transport einer Tonne per Meile bei geringem Verkehre nothwendig höher zu stehen kommt.

Die Quellen, aus denen die Absorption von Kraft erwächst, sind:

1) Die Reibung der Maschinerie abgesehen von aller Ladung.

2) Die Reibung der Räder, Achsen ꝛc. der Locomotive selbst.

3) Die Reibung der Räder, Achsen ꝛc. des Munitionswagens.

4) Der constante Widerstand des Drukes, den die Atmosphäre gegen die Bewegung der Kolben ausübt. Alle diese Retardationen müssen nothwendig überwunden werden, bevor die hienach als Ueberschuß bleibende Kraft zur Fortschaffung der Last verwendet werden kann.

Wir hielten es nicht für geeignet, in den Bericht selbst Zahlenberechnungen hierüber aufzunehmen; aus der angehängten Note, auf die wir verweisen, wird man aber ersehen, daß man im Allgemeinen annehmen kann, daß beinahe der dritte Theil der gesammten Dampfkraft darauf verwendet wird, die Last in einen zur Fortschaffung geeigneten Zustand zu versezen (in preparing to move a load). Dieß gilt sowohl für große als für kleine Lasten. Die nothwendig hieraus hervorgehende Folge ist, daß der Kraftaufwand zur Fortschaffung einer Tonne per Meile bei einer Last von 10 Tonnen beinahe sechsmal größer ist, als bei einer Last von 100 Tonnen. In eben diesem Verhältnisse findet auch eine Steigerung des Aufwandes an Lohn des Maschinisten, des Heizers und der übrigen mit der Führung des Wagenzuges beschäftigten Individuen Statt. Die Abnüzung der Maschine hält gleichfalls wenigstens eben dasselbe Verhältniß ein. Die Kosten der Direction, der Beaufsichtigung der Bahn u. dgl. steigern sich in noch weit höherem Maaße. Hier handelt es sich jedoch nur von den relativen Kosten des Bahnbetriebes bei verschiedenen Lasten, welche man in der hier folgenden Note in eine Tabelle gebracht findet.

Note.

Der Umfang und die Größe der drei oben erwähnten Widerstandsquellen hängt zum Theile von der Vollkommenheit der Maschinen ab, und wurde deßhalb auch an verschiedenen Maschinen verschieden befunden. Nach den Erkundigungen, die wir einzuziehen bemüht waren, und in die man, wie wir glauben, Vertrauen sezen kann, lassen sich hiefür folgende mittlere Anschläge annehmen.

1) Die Reibung der Maschinerie, abgesehen von aller und jeder Ladung, ist auf jede Tonne des Gewichtes der Maschine aequivalent mit 6 Pfd., welche auf den Umfang des Rades wirken. D. h. wenn die Maschine vom Boden aufgehoben wäre und man auf den Umfang des Rades eine Kraft wirken lassen würde, so würde, wenn beide Seiten des Kolbens dem Zutritte der Luft zugängig sind, eine Kraft von 6 Pfd. per Tonne nöthig seyn, um die Räder zu veranlassen, daß sie den Kolben und die Maschinerie in Bewegung sezen. Wenn daher umgekehrt die Kolben die Räder treiben, so wird es eine ebenso große Dampfkraft bedürfen, um die Maschinerie in Bewegung zu bringen.

2) Die Reibung und der Widerstand der Locomotive selbst, abgesehen von der Maschinerie, beträgt per Tonne 8 Pfd., welche auf den Umfang des Rades wirken. D. h. wenn man die Maschinerie von dem Rade trennt, so ist eine Zugkraft von 8 Pfd. auf die Tonne erforderlich, um den durch die Reibung der Achsen und durch die auf der Bahnlinie Statt findende Retardirung bedingten Widerstand zu überwinden.

3) Die Reibung des Munitionswagens an und für sich beträgt mit Einschluß der durch ihn bewirkten Steigerung der Reibung in der Maschinerie auf die Tonne seines Gewichtes 9 Pfd.

4) Der Druk der Atmosphäre auf den Kolben beträgt nothwendig 14,7 Pfd. auf den Quadratzoll oder 11½ Pfd. auf den Circularzoll des Flächenraumes beider Kolben. Diese Kraft muß jedoch, da sie auf das Ende der Kolbenstange wirkt, und da sie nur mit der Geschwindigkeit des Kolbens überwältigt wird, nach dem zwischen den Geschwindigkeiten des Rades und der Kolbens bestehenden Ver-

hältnisse, welches an verschiedenen Maschinen ein verschiedenes ist, reducirt werden. [65]).

Bevor sich demnach die zulezt erwähnte Retardirung numerisch in Anschlag bringen läßt, müssen jene Dimensionen der Maschinen angegeben werden, welche die Directoren der Liverpool-Manchester- und anderer Eisenbahnen nach sechsjähriger Erfahrung anzunehmen für gut fanden: Diese sind:

Für Maschinen	Durchmesser der Cylinder.	Kolbenhub.	Radddurchmesser.	Gewicht der Maschine.	Gewicht des Munitionswagens.
1ter Classe	14 Zoll.	16 Zoll.	4 Fuß 6 Z.	12 Ton.	6 Ton.
2ter —	12 —	16 —	5 — — —	12 —	6 —
3ter —	11 —	18 —	5 — — —	$8^1/_2$ —	$5^1/_2$ —
4ter —	11 —	16 —	5 — — —	$8^1/_2$ —	$5^1/_2$ —

An allen diesen Maschinen zeigt das Sicherheitsventil einen Druk von 50 Pfd. auf den Quadratzoll, so daß also die wirkliche Spannkraft des im Kessel enthaltenen Dampfes 50 + 14,7 Pfd. oder 64,7 Pfd. auf den Quadratzoll beträgt.

Mit Hülfe dieser Daten läßt sich der Betrag der in den angegebenen einzelnen Fällen absorbirten Kraft leicht berechnen.

An den Maschinen 1ster Classe ist nämlich die

Reibung der Maschinerie	6 × 12 =	72 Pfd.
— der Locomotive	8 × 12 =	96 —
— des Munitionswagens	9 × 6 =	54 —
		222 Pfd.
Der Flächenraum beider Kolben von 307,8 Quadratzoll bei 14,7 Pfd. auf den Kolben gibt, wenn man die Reduction im umgekehrten Verhältnisse des doppelten Kolbenhubes zu dem Umfange des Treibrades vornimmt		853. —
Mithin Summa der absorbirten Kraft		1075 Pfd.

Da nun allgemein angenommen ist, daß auf einer guten Straße und mit gut gebauten Wagen 1 Pfd. 30 Pfd. zieht, so würde die auf solche Weise absorbirte Kraft, welche an den Locomotiven erster Classe lediglich darauf verwendet wird, die Last für die Fortschaffung

65) Dieses Verhältniß ist jenes des doppelten Kolbenhubes zu dem Umfange der Treibräder. Es ist ein in der Mechanik wohl bekannter Grundsaz, daß, wenn eine Kraft von einem Theile eines Systemes auf ein anderes übertragen wird, das Product des Drukes in die Geschwindigkeit ein constantes ist. Das Product des auf den Kolben wirkenden Drukes in die Geschwindigkeit des Kolbens ist gleich dem Producte des auf die Achse resultirenden Drukes in die Geschwindigkeit der Achse, die sich zu der erstgenannten Geschwindigkeit verhält, wie der Umfang des Rades zu dem doppelten Hube des Kolbens. (Vergl. de Pambour über die Locomotiven.)
A. d. D.

vorzubereiten, hinreichen, um auf einer guten Straße mit Pferdekraft 32,250 Pfd. oder mehr dann 14 Tonnen zu ziehen. Auf einem Canale vollends, auf dem mit den gewöhnlichen Barken bei einer Geschwindigkeit von $2^1/_2$ engl. Meilen in der Zeitstunde 1 Pfd. 400 Pfd. Ladung, abgesehen von dem Gewichte der Barke zieht, würde die angegebene absorbirte Kraft 430,000 Pfd. oder mehr als 190 Tonnen ziehen!

Auf gleiche Weise berechnet sich der Betrag der absorbirten Kraft für die drei übrigen Wagenclassen folgender Maßen:

An den Maschinen 2ter Classe ist die

Reibung der Maschinerie	72 Pfd.
— der Locomotive	96 —
— des Munitionswagens . . .	54 —
Der atmosphärische Druk auf 226,2 Zoll bei 14,7 Pfd. Druk auf den Zoll gibt reducirt im Verhältnisse von 5,9 zu 1	564 —
Summa der absorbirten Kraft	786 Pfd.

An den Maschinen 3ter Classe ist die

Reibung der Maschinerie	51 Pfd.
— der Locomotive	68 —
— des Munitionswagens . . .	$49^1/_2$ —
Der atmosphärische Druk auf 190,06 Zoll reducirt im Verhältnisse von 5,23 zu 1	$533^1/_2$ —
Summa der absorbirten Kraft	702 Pfd.

An den Maschinen 4ter Classe ist die

Reibung der Maschinerie	51 Pfd.
— der Locomotive	68 —
— des Munitionswagens . . .	$49^1/_2$ —
Der atmosphärische Druk auf 190,06 Zoll reducirt im Verhältnisse von 5,9 zu 1	$471^1/_2$ —
Summa der absorbirten Kraft	640 Pfd.

Die Gesammtkraft der angegebenen Maschinen findet man, indem man den Flächenraum ihrer Kolben mit dem auf diese wirkenden Druke (64,7 Pfd.) multiplicirt, und das Product auf den Radumfang reducirt. Auf diese Weise ergibt sich:

	1ster Classe.	2ter Classe.	3ter Classe.	4ter Classe.
als Totalkraft für die Maschinen	3,755	2,488	2,337	2,090
als absorbirte Kraft dagegen	1,075	786	702	640

Hieraus folgt, daß an allen diesen Maschinen beinahe der dritte Theil ihrer Totalkraft absorbirt wird. Diese Absorption findet Statt, es mag die ganze Kraft der Maschine erheischt werden oder nicht, woraus sich der Vortheil für große Lasten, bei denen die Maschinen stets ihre ganze Kraft aufzuwenden haben, ergibt.

Wenn man die Totalkraft einer Maschine und die Summe der Kraft, welche an ihr absorbirt wird, ausgemittelt hat, so ist es nach folgenden Daten ein Leichtes, die Last zu finden, welche die Maschine im äußersten Falle fortzuschaffen im Stande ist. Die Kraft, welche im mittleren Durchschnitte erforderlich ist, um auf einer ebenen Bahn mit den besten Wagen die Reibung zu überwinden, beträgt 8 Pfd. per Tonne der Bruttolast, d. h. der Last mit Einschluß des Gewichtes der Wagen. Hiezu kommt aber noch 1 Pfd. auf jede Tonne der Bruttolast für die an der Maschinerie bewirkte Extrareibung.

Man erhält also:

	1ster Classe.	2ter Classe.	3ter Classe.	4ter Classe.
als Totalkraft für Maschinen	3755	2488	2337	2090
als absorbirte Kraft	1075	786	702	640
	9/2680	9/1702	9/1635	9/1450
	297 Ton.	189 Ton.	182 Ton.	160 Ton.

Es gibt übrigens auch noch eine andere Gränze für die Kraft einer Maschine: nämlich die Adhäsion zwischen den Rädern und den Schienen. Diese Adhäsion beträgt nach den von George Rennie, Esq. angestellten und in den Philosophical Transactions, Jahrg. 1827 bekannt gemachten Versuchen gegen $\frac{10}{67}$ des drükenden Gewichtes, so daß, wenn das Gewicht der Treibräder 6 Tonnen beträgt, die größte Adhäsionskraft sich zu 2000 Pfd., und die größte Last beiläufig zu 222 Tonnen berechnet. Dergleichen Lasten kommen jedoch, ausgenommen bei Versuchen, selten vor.

Theoretisch und vom Standpunkte der Kostenersparniß aus betrachtet, erscheint jene Last als die vortheilhafteste, welche dem Maximum der Last, die eine Maschine auf einer allerwärts horizontalen Bahn fortzuschaffen vermag, am nächsten kommt. Da jedoch an den meisten Bahnen Steigungen und Gefälle vorkommen, bei denen ein Mehraufwand an Kraft eintritt, so beträgt die Last selten die Hälfte des Maximums, welches die Maschine auf ebener Bahn fortzuschaffen im Stande ist. Alles in Anschlag gebracht, wird aber stets die größte Ersparniß erzielt, wenn man sich an die unter allen Umständen möglich größte Last hält.

In der beigegebenen Tabelle ist in der zweiten Columne der für verschiedene Lasten, von 10 bis 290 Tonnen, erforderliche Dampfdruk angegeben. Man erhält denselben, indem man zu der absorbirten

Kraft 9 Pfd. per Tonne addirt. An den Maschinen erster Classe erheischt hienach eine Last von 10 Tonnen 1075 + 90 = 1165 Pfd.
eine Last von 100 Tonnen 1075 + 900 = 1975 Pfd.
D. h. eine zehnmal größere Last wird durch eine Kraft fortgeschafft, welche bedeutend unter der doppelten Kraft steht. In dem Maaße als die Last über 100 Tonnen, was als die gewöhnliche Last angenommen wird, steigt, fällt der Vergleich in Hinsicht auf den Verbrauch an Brennmaterial minder ungünstig aus, und über diese Last hinaus ist der Verbrauch geringer als in dem als Mittel angenommenen Falle.

Um zu zeigen, welches Verhältniß in dieser Hinsicht in allen in der Praxis vorkommenden Fällen besteht, haben wir in der vierten Columne der ersten Tabelle den verhältnißmäßigen Kraftbetrag, welcher per Meile oder für irgend eine beliebige Distanz auf die Tonne trifft, angegeben. Gefunden wurden diese Zahlen auf folgende Art: die für 100 Tonnen erforderliche Kraft beträgt 1975 Pfd. oder 19,75 Pfd. auf die Tonne; für 10 Tonnen beträgt sie 1165 oder 116,5 Pfd. auf die Tonne. Nimmt man daher Ersteres als Einheit an, so ergibt sich die Proportion: 19,75 : 116,5 = 1 : 5,89; d. h. mit 10 Ton. ist der Kraftaufwand, welcher in jeder Meile auf die Tonne trifft, beinahe sechsmal größer als mit 100 Tonnen. Auf dieselbe Weise sind auch alle die übrigen Zahlen der vierten Columne berechnet.

Die dritte Columne enthält die mit verschiedenen Lasten erreichbaren relativen Geschwindigkeiten, die folgendermaßen berechnet wurden. Es besteht nämlich zwischen den Geschwindigkeiten das umgekehrte Verhältniß, wie zwischen dem in der zweiten Columne angegebenen, constant bleibenden, erforderlichen Kolbendruk und der gleichfalls als constant angenommenen Kraft der Maschine oder der Dampferzeugung; d. h. die Geschwindigkeit, mit der Dampf von einer durch 1,975 ausgedrükten Kraft erzeugt werden kann, verhält sich zu der Geschwindigkeit bei einem Druke von 1,165 umgekehrt wie 1,975 : 1,165, oder wie $\frac{1}{1975} : \frac{1}{1165}$. Nennt man daher erstere Geschwindigkeit 1, so wird leztere 1,70 seyn; oder 10 Tonnen werden mit einer $1\frac{7}{10}$ Mal größeren Geschwindigkeit fortgeschafft werden, als 100 Tonnen.

Wir haben bisher bloß von dem Mehrverbrauch an Brennmaterial gesprochen, man wird aber gleich sehen, daß sich der Verbrauch auch in allen übrigen Punkten bei kleinen Lasten mehr oder minder steigert. Die Zeit des Maschinisten und des übrigen Personales z. B. kostet bei kleinen Lasten auf die Stunde ebensoviel wie bei großen. Wäre daher die Dauer der Fahrt dieselbe, so würde der in der Meile auf die Tonne treffende Arbeitslohn bei 10 Ton. 10 Mal größer seyn, als bei 100 Ton. Da jedoch diese Dauer nicht dieselbe ist, so verhält sich hier der auf die Tonne per Meile treffende Kostenaufwand direct wie die Zeit, und umgekehrt wie die Last, oder umgekehrt wie die Last und die Geschwindigkeit. Nimmt man daher auch hier wieder den für Beaufsichtigung der Locomotive auf eine Tonne treffenden Kostenaufwand als Einheit an, so verhält sich dieser Aufwand bei 10 Tonnen zu jenem bei 100 Tonnen, wie $\frac{1}{10} \times 1{,}7$ zu $\frac{1}{100} \times 1$, oder wie 100 zu 1,7, oder wie 5,98 zu 1. Hienach sind sämmtliche Ziffern der fünften Columne berechnet.

Ein anderer, mit Benüzung der Locomotivkraft verbundener Kostenaufwand erwächst aus der Abnüzung der Maschine, der Schienen, der Schienenstühle ꝛc. Dieser läßt sich jedoch nicht so leicht auf Zahlen reduciren. Es dürfte vielleicht keine sehr gegen die Wahrheit verstoßende Annahme seyn, wenn man annimmt, daß eine Maschine, welche mit einer Last von 10 Tonnen eine gewisse Distanz mit einer Geschwindigkeit von 34 engl. Meilen in der Zeitstunde zurüklegt, eine ebenso große und vielleicht sogar noch größere Abnüzung erleidet, als mit einer Last von 100 Tonnen bei einer Geschwindigkeit von 20 engl. Meilen in der Zeitstunde. Hienach würde sich also der Aufwand, welcher hier in der Meile auf die Tonne trifft, umgekehrt wie die Last verhalten, so daß mit 10 Tonnen die Abnüzung per Tonne sich 10 Mal größer berechnete als mit 100 Tonnen. Wenn wir jedoch nur die momentane Abnüzung als constant annehmen, so verhält sich auch hier, wie bei dem Arbeitslohne, die in der Meile auf die Tonne treffende Auslage umgekehrt wie die Last und die Geschwindigkeit, wonach diese Auslage also durch die nämliche Zahl wie in den vorhergehenden Fällen ausgedrükt werden kann. Diese Zahlen findet man in der sechsten Columne.

Ganz auf gleiche Art wurden auch die Tabellen 2, 3 und 4 berechnet, mit dem einzigen Unterschiede, daß bei den Maschinen 2ter und 3ter Classe 80 Tonnen, und bei den Maschinen 4ter Classe 60 anstatt 100 Tonnen als mittlere Last angenommen wurden.

Tabelle I. Locomotiven erster Classe.

Betrag der Last.	Dampf-druk.	Relative Geschwindigkeit.	Verbrauch an Dampfkraft per Tonne in der engl. Meile.	Lohn per Ton. in der engl. Meile.	Kostenbetrag der Abnüzung per Tonne in der engl. Meile
keine Last.	1075	1,84			
10 Ton.	1165	1,70	5,90	5,98	5,98
20	1255	1,57	3,17	3,17	3,17
30	1345	1,47	2,27	2,37	2,27
40	1435	1,37	1,82	1,82	1,82
50	1525	1,29	1,54	1,54	1,54
60	1615	1,22	1,36	1,36	1,36
70	1705	1,18	1,23	1,25	1,23
80	1795	1,10	1,13	1,15	1,13
90	1885	1,05	1,05	1,05	1,05
100	1975	1,00	1,00	1,00	1,00
110	2065	,95	,95	,95	,95
120	2155	,91	,91	,91	,91
130	2245	,88	,87	,87	,87
140	2335	,84	,84	,84	,84
150	2425	,81	,82	,82	,82
160	2515	,78	,80	,80	,80
170	2605	,75	,77	,77	,77
180	2695	,73	,75	,75	,75
190	2785	,71	,74	,74	,74
200	2875	,69	,72	,72	,72
210	2965	,66	,71	,71	,71
220	3055	,64	,70	,70	,70
230	3145	,62	,69	,69	,69
240	3235	,61	,68	,68	,68
250	3325	,59	,67	,67	,67
260	3415	,58	,66	,66	,66
270	3505	,56	,65	,65	,65
280	3595	,55	,64	,64	,64
290	5685	,54	,64	,64	,64

Tabelle II. Locomotiven zweiter Classe.

Betrag der Last.	Dampf-druk.	Relative Geschwindigkeit.	Verbrauch an Dampfkraft per Tonne in der engl. Meile.	Lohn per Ton. in der engl. Meile.	Kostenbetrag der Abnüzung per Tonne in der engl. Meile
keine Last.	786	1,91			
10 Ton.	876	1,74	4,60	4,60	4,60
20	966	1,55	3,48	3,48	3,48
30	1056	1,42	1,88	1,88	1,88
40	1146	1,31	1,52	1,52	1,52
50	1236	1,22	1,31	1,31	1,31
60	1326	1,13	1,18	1,18	1,18
70	1416	1,06	1,08	1,08	1,08
80	1506	1,00	1,00	1,00	1,00
90	1596	,94	94	,94	,94
100	1686	,89	90	,90	,90
110	1776	,85	,85	,85	,85
120	1866	,81	,82	,82	,82
130	1956	,77	,80	,80	,80
140	2046	,73	,78	,78	,78
150	2136	,70	,76	,76	,76
160	2226	,67	,74	,74	,74
170	2316	,64	,73	,73	,73
180	2406	,62	,72	,72	,72

Tabelle III. Locomotiven dritter Classe.

Betrag der Last.	Dampfdruk.	Relative Geschwindigkeit.	Verbrauch an Dampfkraft per Tonne in der engl. Meile.	Lohn per Ton. in der engl. Meile.	Kostenbetrag der Abnüzung per Tonne in der engl. Meile.
keine Last.	702	2,02			
10 Ton.	792	1,79	4,46	4,46	4,46
20	882	1,61	2,48	2,48	2,48
30	972	1,46	1,82	1,82	1,82
40	1062	1,34	1,49	1,49	1,49
50	1152	1,23	1,29	1,29	1,29
60	1242	1,14	1,16	1,16	1,16
70	1332	1,06	1,07	1,07	1,07
80	1422	1,00	1,00	1,00	1,00
90	1512	,94	,95	,95	,95
100	1602	,89	,90	,90	,90
110	1692	,84	,86	,86	,86
120	1782	,79	,84	,84	,84
130	1872	,75	,81	,81	,81
140	1962	,72	,79	,79	,79
150	2052	,69	,77	,77	,77
160	2142	,66	,75	,75	,75
170	2232	,64	,74	,74	,74
180	2322	,65	,73	,73	,73

Tabelle IV. Locomotiven vierter Classe.

Betrag der Last.	Dampfdruk.	Relative Geschwindigkeit.	Verbrauch an Dampfkraft per Tonne in der engl. Meile.	Lohn per Ton. in der engl. Meile.	Kostenbetrag der Abnüzung per Tonne in der engl. Meile.
keine Last.	640	1,84			
10 Ton.	730	1,61	3,73	3,73	3,73
20	820	1,44	2,08	2,08	2,08
30	910	1,29	1,55	1,55	1,55
40	1000	1,18	1,27	1,27	1,27
50	1090	1,08	1,11	1,11	1,11
60	1180	1,00	1,00	1,00	1,00
70	1270	,93	,93	,93	,93
80	1360	,87	,86	,86	,86
90	1450	,81	,83	,83	,83
100	1540	,76	,79	,79	,79
110	1630	,72	,76	,76	,76
120	1720	,68	,74	,74	,74
130	1810	,65	,71	,71	,71
140	1900	,62	,69	,69	,69
150	1990	,59	,68	,68	,68
160	2080	,56	,67	,67	,67
170	2170	,54	,65	,65	,65
180	2260	,52	,64	,64	,64

LXXIII.

Ueber die zum Messen der Geschwindigkeit der Schiffe und der Tiefe der See bestimmten Patent-Apparate der HHrn. Massey und Windham. Von Hrn. E. Whitley Baker.

Aus dem Mechanics' Magazine, No. 753.

Mit Abbildungen auf Tab. V.

Ich erlaube mir hiemit die Aufmerksamkeit der Betheiligten auf zwei nautische Apparate von großer Wichtigkeit zu lenken und dieselben auch durch eine Zeichnung zu erläutern. Fig. 54 zeigt nämlich das sogenannte perpetuirliche Log der HHrn. Massey und Windham, welches diesen Namen deßhalb führt, weil es die Zahl der Knoten oder Seemeilen, die ein Fahrzeug innerhalb irgend einer bestimmten Zeitperiode im Wasser zurükgelegt hat, angibt und auch bis 100 hinauf registrirt. Fig. 55 hingegen zeigt eine von denselben Erfindern verbesserte Vorrichtung zum Messen großer Seetiefen, wozu man sich bisher nur eines sehr unvollkommenen Apparates, der nur approximative Messungen gab, bediente.

Ich finde mich, um die neuen Apparate für Jedermann vollkommen verständlich zu machen, veranlaßt, das bisher übliche Meßverfahren mit wenigen Worten zu erklären. Was nämlich das Log anbelangt, so bestand die ältere Methode darin, daß man am Buge des Schiffes ein Holz oder irgend einen anderen schwimmenden Körper auswarf, und daß man aus der Geschwindigkeit, mit der er hinter dem Schiffe hergezogen wurde, auf die Geschwindigkeit, mit der das Schiff segelte, schloß. Eine Verbesserung dieser Methode war das sogenante Logbrett, das aus einem Stüke Holz von der Form eines Quadranten, welches an dem kreisförmigen Rande mit Blei beschwert war, bestand. Man befestigte an zwei Eken dieses Logbrettes drei Schnüre, welche man an der Logleine festmachte; von dieser lezteren führte man eine Schnur, welche mit den beiden ersteren gleiche Länge hatte, an die dritte Eke, um sie mittelst eines Zapfens in dem daselbst befindlichen Loche zu befestigen. Das Logbrett hing auf diese Weise senkrecht an der Logleine, und wenn der Zapfen mit der dritten Schnur in das ihm entsprechende Loch eingelassen worden, warf man das Log aus. Der Widerstand, den die ebene Fläche des Logbrettes gegen das Wasser leistete, bewirkte, daß das Log beinahe unverändert in der Stellung verblieb, in der es zuerst in das Wasser fiel. Wenn die Logleine so weit von dem am Zapfen umlaufenden Loghaspel abgelaufen war, daß sich das Logbrett in gehöriger Entfernung von dem Hintertheile des Schiffes befand wobei man das Ende der Leine durch ein daran befestigtes Stük ...then Tuches erkannte), so rief der das Log führende Offizier einem Matrosen zu, damit dieser eine in seinen Händen befindliche Sand... ...r umstürze. Hierauf ließ man die Logleine bei dem Hintertheile ...s Schiffes so lange auslaufen, bis aller Sand in den Bodentheil ...r Sanduhr übergegangen war, wo man dann die Leine anhielt, und ...e Knoten der abgehaspelten Leine zählte. Durch das Anhalten der ...ine ward der Zapfen aus dem Logbrette ausgezogen, damit man ...s Log leichter an Bord ziehen konnte. Die Knoten der Logleine ...aren Bruchtheile einer Seemeile, welche mit einem halben Minuten... ...lase in Uebereinstimmung gebracht worden. Bei stürmischer Witte... ...ung bediente man sich einer anderen Sanduhr. Es erhellt von ...elbst, daß dieses Verfahren, obschon es vor dem ersteren bei weitem ...en Vorzug verdient, doch nur approximativ richtige Resultate geben ...ann, und selbst dieß nur für halbe Minuten. Das Fahrzeug kann ...n der ersten Stunde der Uhr um einen Knoten schneller segeln, als ...n der lezten, wo sich dann nothwendig Irrthümer in das Logbuch ...inschleichen müssen, wie es denn auch die Erfahrung zeigte.

Das verbesserte perpetuirliche Log registrirt an Bord, und da ...er Rotator a sich beständig im Wasser und in Thätigkeit befindet, ...o muß er correcte Resulate geben. Die Registrirung an Bord ge...währt für das Log denselben Vortheil, den die gehende Schneke für ...ie Uhr gewährt; indem die Bewegung des Rotators während der ...ganzen Reise ununterbrochen andauert. Wenn man annimmt, daß ...nach der alten Methode beim Einziehen der Leine, dem Ablesen der Distanz, dem Stellen der Zeiger und dem abermaligen Schießenlassen ...es Log alle zwei oder höchstens alle vier Stunden nur eine Minute ...verloren geht, so gibt dieß bei einer Reise nach Westindien schon einen ...bedeutenden Irrthum im Logbuche.

An dem verbesserten Log in Fig. 54 ist a,a der Rotator, der ...n einem gegebenen Raume umläuft; V, V, V, V sind dessen Flügel, ...welche den Rotator umlaufen machen, wenn derselbe in horizontaler Stellung dem Fahrzeuge nachgezogen wird. Der Rotator communi...irt durch die Schnur c mit dem an Bord befindlichen Apparate. Jede Eintheilung des ersten Kreises ist der 120ste Theil einer Meile: ...d. i. 51 Fuß oder Halbeminuten-Knoten. Dieser Kreis ist in 12 Theile getheilt; und die Anzahl solcher Eintheilungen, welche der Zeiger in einer halben Minute durchläuft, gibt die Geschwindigkeit ...es Fahrzeuges in Meilen per Stunde. Der zweite Zeiger läuft in ...einer Seemeile, der dritte in 10, und der vierte in 100 ein Mal um.

Fig. 56 zeigt die Art und Weise, auf welche das Log dem Fahrzeuge nachgezogen wird. A ist ein Blei, welches mit einem dreiseitigen Stabe C, der den Rotator D enthält, dargestellt ist. B ist die Leine, woran das Blei festgemacht ist, und E eine kleine Leine, welche von dem Rotator an Bord führt, und dem Räderwerke im Register Bewegung mittheilt.

Die Sondirvorrichtung ist darauf berechnet, ohne Anhaltung der Bewegung des Fahrzeuges im Wasser senkrechte Sondirungen zu erzielen: eine Aufgabe, die gewiß nicht leicht zu lösen ist. Nach der älteren Methode ging man auf folgende Weise zu Werke. Man zog die Segel sämmtlich an dem einen Mast ein, damit der Wind so wenig als möglich auf die Segel wirken konnte. Dann führte man das Senkblei, so daß ihm nirgendwo ein Hinderniß aufstieß, an das Bugspriet, wobei auf dem Gange des Schiffes Matrosen aufgestellt waren, in Bereitschaft, die in ihren Händen befindlichen Leinenwindungen auf ein gegebenes Signal über Bord zu werfen. Wenn hierauf das Blei ausgeworfen wurde, so rief ein Mann dem andern zu: „Achtung", um seinen Nachbar darauf aufmerksam zu machen, daß er den in seinen Händen befindlichen Theil der Leine über Bord zu werfen habe. Der Offizier hielt das Ende der Leine und konnte also leicht fühlen, wenn das Blei auf den Boden auffiel, so daß er nur zu zählen hatte, welche Anzahl von Fäden bis zur Wasserfläche von dem Haspel abgelaufen waren. Zur Ausgleichung des Winkels, den die Leine mit der senkrechten Linie machte, blieb es dem Officiere überlassen, nach seinem Gutdünken eine beliebige Anzahl von Fäden zuzugeben. Nach dieser Methode erhielt man bei 60 Fäden Tiefe Messungen, welche je nach der Uebung, womit sie angestellt wurden, um 10 Fäden von der Wahrheit abweichen konnten. Der verbesserte Sondirapparat macht das Einraffen der Segel unnöthig; er bedingt daher nicht nur eine bedeutende Ersparniß an Zeit und Arbeit, sondern er beseitigt auch manche Gefahr, die bei schlechtem Wetter aus diesem Einraffen erwachsen kann.

In Fig. 55 ist o das Senkblei, an dessen Stange mittelst zweier Schrauben e, e eine Platte befestigt ist, welche den Rotator a enthält. Die Flügel dieses Rotators sind so gestellt, daß sie in einer gegebenen Anzahl von Fußen, die auf Fäden reducirt worden, einen Umgang vollbringen. An dem oberen Ende des Rotators befindet sich eine endlose Schraube, und diese treibt zwei Räder, welche die Anzahl der Fäden, die das Blei bei seinem senkrechten Versinken durchlief, registriren. Das aus Messing gearbeitete Stük p dient zum Sperren des Rotators und verhütet das Umlaufen desselben während des Einziehens des Senkbleies. Während des Versinkens wird dieses Stük p durch die Einwirkung des Wassers in senkrechter Stellung erhalten, in der es schattirt dargestellt ist; so wie aber das

Blei auf den Boden fällt, fällt auch dasselbe herab, so daß sich der Rotator weder nach der einen, noch nach der anderen Richtung bewegen kann.

An dem unteren Theile des Senkbleies ist eine Aushöhlung angebracht, die mit Talg ausgefüllt wird, damit beim Aufziehen des Bleies etwas von dem Boden der See daran kleben bleibt, und der Seemann sich von der Beschaffenheit des Meergrundes überzeugen kann. Bei Sondirungen, die tiefer als auf 100 bis 120 Fäden reichen, wird der Rotator durch den Druk des Wassers leicht zersprengt; da jedoch im Allgemeinen selten über 80 bis 90 Fäden tief sondirt wird, so ist hierauf kein besonderes Gewicht zu legen.

Ich habe schließlich nur noch die Bemerkung beizufügen, daß ich sowohl das verbesserte Log als auch das verbesserte Senkblei Versuchen unterwarf, und daß ich mich hiedurch überzeugte, daß beide ihrem Zweke trefflich entsprechen.

LXXIV.

Verbesserungen an den Maschinen zum Heben von Flüssigkeiten und andern Körpern, worauf sich Elisha Haydon Collier von Globe Dock Factory Rotherhithe, ehemals in Boston in Nordamerika, am 21. Novbr. 1837 ein Patent ertheilen ließ.

Aus dem London Journal of arts. Sept. 1838, S. 338.

Mit Abbildungen auf Tab. V.

Die Erfindung besteht in einer neuen Einrichtung der Apparate, deren man sich bedient, um Wasser aus Bergwerken, Schiffsräumen und anderen tiefen Orten heraufzupumpen, und in einer Verbindung derselben mit einem Mechanismus, mit dessen Hülfe man Kohlen, Erze oder andere schwere Körper zu Tage schaffen, auch Anker u. dergl. lichten kann. Lezterer zum Emporschaffen schwerer Körper bestimmte Apparat kann mit der Pumpmaschinerie beliebig verbunden oder auch außer Verbindung mit ihr gesezt werden. Die mit den Kolben oder Eimern des Pumpgeräthes verbundenen Hebel oder Griffe werden durch Excentrica oder ausgefalzte Muschelräder, welche an einer rotirenden Welle angebracht sind, und welche auf die an den erwähnten Hebelarmen angebrachten Reibungsrollen wirken, in Bewegung gesezt.

Der seitliche Aufriß, Fig. 19, und der Grundriß, Fig. 20, zeigen meine Maschine zum Aufpumpen von Wasser und zum Bewegen einer Ankerwinde oder zum Heben anderer schwerer Körper eingerichtet. Sie ruht, wie man sieht, auf der Bodenfläche A,A. B,B sind die Pumpen; C ist die Ankerwinde oder Spille, die in entsprechenden Anwellen und Tragpfosten aufgezogen ist. Die rotirende Welle D, an der sich die Excentrica befinden, erhält ihre Bewegung mittelst eines Treibriemens, der von einer Dampfmaschine, einem Wasserrade oder irgend einer anderen Triebkraft her über eine an dieser Welle angebrachte Rolle d läuft. An eben dieser Welle befinden sich auch die beiden Excentrica oder Muschelräder c,d, an denen man die durch die doppelten metallenen Ringe f,f gebildeten Fugen oder Falzen e,e bemerkt. g,h sind die Hebel oder Griffe der Pumpen; sie haben ihre Stüzpunkte in dem Pfosten i; ihre kürzeren Arme stehen durch die Gelenkstüke k,k mit den Kolbenstangen l,l der Pumpen in Verbindung; an ihrem einen Ende befinden sich die in den Falzen e,e der Excentrica laufenden Reibungsrollen m,m; an den anderen Enden dagegen sind die Sperrkegel oder Däumlinge o,o befestigt, welche in die Zähne p,p des Rades q eingreifen. Lezteres ist mit gehöriger Sicherheit an der Ankerwinde oder Spille, auf die beim Lichten des Ankers die Kette oder das Tau aufgewunden wird, befestigt.

Das Spiel der Maschine geht auf folgende Art von Statten. Wenn die Welle D in rotirende Bewegung geräth, so werden die excentrischen Falzen e,e, indem sie umlaufen, die Enden der Hebel g,h mittelst der Reibungsrollen abwechselnd auf und nieder bewegen, wodurch die gewöhnliche Bewegung der Pumpenkolben erzielt wird. Gleichzeitig wird aber der Sperrkegel in die Zähne des Sperrades einfallen, wodurch die Spille umgetrieben und die Kette oder das Tau auf sie aufgewunden wird. Will man die Spille außer Verbindung mit der Pumpe sezen, so braucht man nur die Sperrkegel aus dem Zahnrade zu heben und sie zurükzuschlagen, wie dieß in Fig. 19 durch Punkte angedeutet ist. In diesem Falle geht dann die Pumpe für sich allein, ohne die Spille in Bewegung zu sezen.

Ich nehme keinen der einzelnen Theile der Maschinerie als meine Erfindung in Anspruch, sondern lediglich deren Verbindung zu einem Ganzen.

LXXV.

Verbesserungen an den Vorrichtungen zum Ventiliren von Bergwerken, Schiffen ꝛc., worauf sich James Buckingham, Civilingenieur von Miner's Hall Strand in der Grafschaft Middlesex, am 16. Novbr. 1837 ein Patent ertheilen ließ.

Aus dem London Journal of arts. Sept. 1838, S. 341.

Mit Abbildungen auf Tab. V.

Gegenwärtige Erfindung besteht in drei verbesserten Apparaten, womit aus Bergwerken, Schiffsräumen und anderen Orten die daselbst angesammelte verdorbene oder auch brennbare Luft ausgezogen werden kann, damit sich das hiedurch entstehende partielle Vacuum durch frische atmosphärische Luft erseze. Der erste dieser Apparate besteht in einem rotirenden Windfange, der in einem geschlossenen Gehäuse enthalten ist, und der, während er umläuft, die Luft mittelst eines Saugrohres, welches sich an dem einen Ende in den zu ventilirenden Raum, an dem anderen dagegen lediglich in den Windfang öffnet, aussaugt. Der zweite ist ein doppeltwirkendes Gebläs, welches zur Erzeugung eines ununterbrochenen Luftzuges dient. Der dritte endlich ist ein rotirendes Windrad, dessen Flügel in schiefer Richtung gegen die Achse gestellt sind, und welches sich an dem Ende oder an irgend einem anderen geeigneten Theile der Zugröhre mit einem Gehäuse umgeben befindet. Die schiefen Flügel dienen zum Ausziehen und Forttreiben der verdorbenen Luft.

In Fig. 21 sieht man einen Längendurchschnitt des ersten dieser Apparate, woran a der rotirende Windfang und b das Zugrohr ist, welches bis in den zu ventilirenden Raum geleitet werden muß, während die Maschine oder der Apparat in dem Maschinenraume oder an irgend einem anderen geeigneten Orte untergebracht ist. Das zum Austritte der verdorbenen Luft dienende Rohr c kann sich an irgend einem Theile des Gehäuses befinden. Durch punktirte Linien angedeutet sieht man eine an dem inneren Gehäuse angebrachte Oeffnung, durch welche die verdorbene Luft in dieses Gehäuse, in welchem sich der Windfang befindet, eintritt. Der Windfang ist so gebaut, daß seine Ränder die Wände des Gehäuses, welches ihn umschließt, beinahe berühren, damit auf diese Weise ein vollkommenes Vacuum und mithin ein stärkerer Zug erzeugt wird. Noch deutlicher ersieht man aus dem Grundrisse, Fig. 22, die Stellung der inneren Kammer und auch die Art und Weise, auf welche die verdorbene Luft an den Windfang gelangt. e, e ist nämlich das geschlossene

Gehäuse, in welches die schlechte Luft durch die Oeffnung d gesaugt wird, während deren Austreibung bei der Röhre c Statt findet. Aus der Zeichnung ist zu ersehen, daß die Zuführungsröhre bedeutend kleiner ist als die Austrittsröhre; und daß die Einrichtung demnach so getroffen ist, daß die verdorbene Luft bei ihrem Austritte wenig oder gar keinen Widerstand erfährt.

Der Patentträger gibt an, daß er die Zuführungsröhre bisweilen direct an dem Windfange anbringt, wo dann weder ein inneres noch ein äußeres Gehäuse nöthig ist; doch gibt er dem beschriebenen Apparate mit den beiden Gehäusen den Vorzug.

Fig. 23 zeigt eine Modification dieses Theiles der Erfindung. Hier wird nämlich dem Windfange die Luft um seine Achse herum durch die Röhren f,f zugeführt, an deren Enden, um dem Windfange mehr Kraft zu geben, die Platten g,g angebracht sind. Die verdorbene Luft wird in diesem Falle von allen Theilen des Umfanges des Windfanges fortgetrieben und auf solche Weise in die atmosphärische Luft gestoßen. Derlei Apparate eignen sich hauptsächlich für solche Orte, wo es nicht darauf ankommt, daß die verdorbene Luft bis auf eine gewisse Entfernung fortgetrieben wird; dagegen verdienen die zuerst beschriebenen Apparate auf Schiffen und überhaupt an allen Orten, an denen die verdorbene Luft ganz und bis auf eine bedeutende Streke entfernt werden soll, den Vorzug.

Den zweiten Apparat, nämlich die doppeltwirkenden Gebläse, ersieht man aus dem Grundrisse, Fig. 24, aus welchem die gegenseitige Stellung der Ein- und Austrittsventile hervorgeht. In Fig. 25 sieht man an diesem Apparate eine zu dessen Betrieb dienende Kurbelbewegung angebracht. Eine der Luftkammern saugt hier durch das Zuführungsrohr die verdorbene Luft an sich, während die andere die Luft, welche vorher in sie gesaugt worden war, ausstößt. Die Wechselbewegung ist das Werk der Kurbel. Um die Communication zwischen den beiden Luftkammern zu verhüten, ist zwischen ihnen die Scheidewand c angebracht. Am Grunde dieser Scheidewand befinden sich zwei oder mehrere, nach Innen sich öffnende Zutrittsventile d,e, welche mit den beiden Kammern a,b communiciren. f,g dagegen sind Austrittsventile, welche sich nach Außen zu öffnen. Wenn dieser Apparat in Bewegung gesezt wird, so wird die verdorbene Luft bei den Ventilen d oder e in die Kammer a oder b gezogen; und wird die Bewegung mittelst der Kurbel umgekehrt, so wird die schlechte Luft bald aus der einen, bald aus der anderen der Kammern bei den Ventilen f oder g ausgetrieben.

Der dritte Apparat, nämlich das Rad mit den schief gegen die Achse gestellten Flügeln erhellt aus dem Durchschnitte Fig. 26, wo man auch die Zuführungsröhre und das Gehäuse, in welchem das Rad horizontal aufgezogen ist, sieht. Man kann diesen Apparat, je nachdem man die Bewegung umkehrt, saugend oder treibend wirken lassen. Er eignet sich wegen seiner Bequemlichkeit und Wohlfeilheit hauptsächlich für solche Orte, an denen kein großer Kraftaufwand erforderlich ist.

LXXVI.

Ueber die Sharp-Robertssche Mahlmühle mit excentrischen Steinen, und die Steine aus Bergerac. 66)

(Dem Vereine zur Beförderung des Gewerbfleißes in Preußen von dem königl. Finanzministerium mitgetheilt und aus den Verhandlungen dieses Vereins, 1838, 4te Lieferung, S. 157 entnommen)

Mit Abbildungen auf Tab. V.

Unter den zahlreichen Erfindungen der neuesten Zeit, in Bezug auf das Mahlwesen, war die Sharp-Roberts'sche Mahlmühle mit excentrisch laufenden Steinen geeignet, die Aufmerksamkeit auf sich zu ziehen, und es mußte, bei der Wichtigkeit der Mehlfabrication überhaupt, und insbesondere für den preuß. Staat, wünschenswerth erscheinen, ein bestimmtes und zuverlässiges Urtheil über die Zwekmäßigkeit dieser neuen Vorrichtung zu gewinnen. Die Verwaltung für Handel, Fabrication und Bauwesen fand sich daher veranlaßt, eine solche Mühle aus England kommen und mehrfache Versuche von Sachkundigen mit derselben anstellen zu lassen, deren Ergebnisse in dem Folgenden zusammengestellt sind.

Ein zweiter, für die Mehlfabrication wichtiger Gegenstand war die Prüfung der in Frankreich vielfach angewendeten und sehr gerühmten Mühlsteine aus Bergerac, im Departement der Dordogne, und eine Vergleichung der Leistungen dieser Steine mit denen der in den inländischen bedeutenden Mühlenanlagen fast allgemein angewandten französischen Burrsteine aus La Fertésous-Jouarre. Auch hierüber sind Versuche veranlaßt worden, deren Resultate in dem Folgenden enthalten sind.

I. Sharp-Robertssche Mahlmühle.

Im Jahre 1834 ließen sich Thomas Sharp und Richard Roberts, beide Ingenieure in Manchester, auf die erwähnte, von einem

66) Das königl. preuß. Ministerium des Innern für Handel, Gewerbe und Bauwesen hat bekanntlich schon im Jahre 1832 auf seine Kosten höchst schäzbare „Beiträge zur Kenntniß des amerikanischen Mühlenwesens" in den Druk gegeben. Im J. 1837 wurde diese Schrift auch in dem bayerischen Kunst- und Gewerbeblatt (8tes und 9tes Heft) abgedrukt. A. d. R.

Amerikaner erfundene Mühle in England ein Patent ertheilen. Die Beschreibung so wie Abbildungen derselben finden sich im London Journal of arts etc. Vol. 5, pag. 345, und gingen von hier bald darauf in Dingler's polyt. Journal Bd. LVI. S. 285 über. Das wesentlich Neue an dieser Mühle liegt in einer eigenthümlichen Bewegung der Steine. Während bei den gewöhnlichen Mühlen mit horizontalen Steinen der untere, der Bodenstein, ruht, und nur der obere, der Läufer, sich drehend über ihn hinbewegt, drehen sich bei der hier in Rede stehenden Mühle beide Steine. Zunächst wird der untere größere Stein mittelst der an ihn befestigten Spindel und konischer Getriebe in Bewegung gesezt, und durch Reibung theilt er dem kleineren oberen Steine, der an einer besonderen Welle so über ihm befestigt ist, daß er ihn berührt, seine Bewegung mit, und nimmt ihn nach derselben Richtung, in der er selbst sich bewegt, mit herum. Dazu kommt, daß die Welle des oberen Steines nicht in der Verlängerung der des unteren, sondern excentrisch liegt, wodurch bewirkt wird, daß sowohl die Berührungspunkte zwischen den beiden Mahloberflächen, als die Geschwindigkeiten, mit denen diese Punkte an einander vorübergehen, beständig wechseln.

Größere Reibung auf die zu mahlenden Gegenstände, daher vollkommneres und schnelleres Mahlen und geringerer Kraftaufwand zur Bewegung werden als Hauptvortheile dieser neuen Einrichtung, im Vergleich zu den bisher gebräuchlichen Mühlen, von den Patentirten behauptet. Noch ist zu bemerken, daß das Princip dieser neuen Mühlen auch auf verticalstehende Steine angewendet werden kann, so wie, daß statt der Steine auch rauhe Metallplatten anwendbar sind.

Briefliche Mittheilungen aus England enthielten viel Rühmendes von diesen excentrischen Mühlen, und es ward daher eine solche mit französischen Steinen von resp. 28 und 24 Zoll Durchmesser zu dem Preise von 78 Liv. St. im Oktober 1835 bei Sharp, Roberts und Comp. in Manchester in Bestellung gegeben; außerdem ein Paar eiserne und ein Paar Granitsteine. Im Frühjahr 1836 kamen die bestellten Gegenstände hier an, ihr Preis betrug jedoch, da das Stangeneisen inzwischen von 7 Liv. St. 10 Sch. auf 11 Liv. St. 10 Sch. aufgeschlagen war, 129 Liv. St. 10 Sch.

Der erste Versuch fand in der hiesigen Dampfmühle des Hrn. Schumann Statt, der sich zur Vornahme desselben bereit erklärt hatte, und der Fabriken-Commissionsrath Frank berichtet hierüber Folgendes:

Wegen Mangel an Raum in den unteren Etagen konnte die Aufstellung nur auf dem Bodenraume, auf einem etwas bebenden

ußboden, geschehen. Zum Betriebe wurde eine in der Mühle vor-
andene eiserne Riemenscheibe von 42½ Zoll Durchmesser benutzt, die
0 bis 82 Umgänge in einer Minute machte. Von dieser ging der
Riemen unmittelbar auf die 17½ Zoll im Durchmesser haltende Rie-
enscheibe der Sharp-Roberts'schen Mühle. Der Bodenstein
erselben erhielt daher eine Geschwindigkeit von 194 bis 200 Um-
rehungen in einer Minute. Gleich beim Anfange des mit den
ranzösischen Burrsteinen angestellten Versuches zeigte sich der Uebel-
tand, daß der Weizen nur unvollkommen zwischen die Steine geführt
wurde, wenn dieselben so dicht zusammengestellt waren, als es zur
gehörigen Zermalmung nöthig war. Es stopfte sich daher im Auge
des oberen Steines und wurde über denselben hinweggestreut. Es
war daher nöthig, die Steine weiter auseinander zu stellen. Dabei
ließ das Stopfen im Auge zwar etwas nach, und das Korn kam
besser zwischen die Steine, wurde aber nur grob zerrissen und schlecht
enthülst. Da nach mehrmaligem Auf- und Niederstellen des Steins
kein besseres Resultat hervorgebracht werden konnte, so mußte die
Hoffnung aufgegeben werden, auf diese Weise zum Ziel zu gelangen.

Da es aber wahrscheinlich war, daß die Zuführung des Korns
unter den Stein besser erfolgen würde, wenn der Oberstein vom Auge
ab mit einigen kurzen vertieften Furchen in Form eines Sterns versehen würde, so wurde die Abänderung gemacht. Die hierauf angestellten Mahlversuche sind zwar etwas besser, als die ersteren, ausgefallen, waren jedoch keineswegs befriedigend, indem in einer Stunde
nur ein halber Scheffel vermahlen wurde, das Schrot ein hartes
Anfühlen hatte, sehr griesig war und keine Spur von der schönen
Ausschälung bemerken ließ, welche die Burrsteine sonst gewöhnlich
bewirken.

Zur Vornahme anderweitiger Versuche ward hierauf die fragliche
Mühle an den Mühlenbaumeister Wulff, auf der Broddener Mühle
bei Mewe, gesendet, welcher vor mehreren Jahren, als Zögling des
Gewerbinstituts, nach Nordamerika gesendet worden war, und daher
Gelegenheit gehabt hatte, sich mit dem Mühlenwesen genau bekannt
zu machen. Der Umzug des Wulff nach Danzig, so wie einige
andere Umstände bewirkten, daß die Versuche erst im Sommer des
Jahres 1837 vorgenommen werden konnten.

Der erste Versuch, so schreibt derselbe, geschah mit den französischen Burrsteinen, die unverändert, wie ich dieselben erhalten, in
Gang gesezt wurden. Der untere Stein erhielt 160 bis 180 Umdrehungen in der Minute. Bei diesem Versuche wurde Weizen geschrotet, welches Schrot indessen nur griesig ausfiel; auch zeigte sich
hier der Fehler, daß beim stärkern Zusammendrüken der Steine, um

das Schrot mehliger zu erhalten, der Weizen nicht gehörig unterz-, im Auge des oberen Steins sich stopfte und überlief. Diesem Ue-wurde dadurch abgeholfen, daß der obere Stein um das Auge her-ungefähr in einem Durchmesser von 10 Zoll etwas hohl gearbe-wurde, worauf sich ergab, daß der Weizen beim nachherigen Versu-sehr gut unter die Steine geführt, indessen das Schrot noch ni-von der nöthigen Feinheit erhalten wurde; vorzüglich waren die Sch-len des Weizens nicht rein genug ausgemahlen. Ich ließ die Ma-schine deßhalb nochmals auseinandernehmen und die Steine schärfen. Die Schärfe wurde ringförmig um das Centrum der Steine ausge-setzt, wie aus Fig. 28 ersichtlich. Zu gleicher Zeit wurden die Löcher und Fugen der Steine gehörig vergossen und mit den Flächen der Steine geebnet, da mitunter von den Steinen nebst dem Schrot halbe und ganze Körner ausgeworfen wurden. Nach diesen Vorbe-reitungen lieferten die Steine ein ganz gleichförmiges Schrot, obgleich immer noch nicht zu der gewünschten Feinheit, wie es die Steine der anderen Mahlgänge liefern. Es wurde indessen jezt weicher und häufte hinsichtlich der Quantität bei weitem mehr.

Bei diesem Versuche ging die Maschine 12 Stunden ununter-brochen fort; der untere Stein machte 160 bis 180 Umdrehungen in der Minute und leistete die Mühle das feinste und mehrste Schrot, wenn der obere Stein alsdann sich 110 bis 120 Mal umdrehte. Eine geringere Geschwindigkeit für den oberen Stein konnte ich bei Beibehaltung der Geschwindigkeit des unteren nicht erzielen, welches wohl jedenfalls vortheilhafter seyn würde. Hiebei fand ich indessen, daß die Feinheit des Schrotes nicht durch das scharfe Zusammen-pressen der Steine erlangt werden konnte, indem dadurch jedesmal das Schrot ungleichförmiger und gröber wurde, wahrscheinlich weil der untere Stein, nur in der Mitte durch die Spindel unterstüzt, bei dem Druke gegen den darüber liegenden excentrischen Stein aus der horizontalen Lage weicht, und dadurch die Flächen der Steine, obgleich der obere beweglich, nicht gehörig gegen einander arbeiten. Eben so darf nicht zu wenig Speise für den Stein einfallen, um das Schrot gehörig fein zu erhalten, denn je weniger einfällt, desto rascher läuft der obere Stein, bis derselbe die Geschwindigkeit des unteren erlangt und dann die Flächen der Steine nicht Zeit genug haben, das Korn zu zerkleinern; will man diese Geschwindigkeit des oberen Steines aber durch das schärfere Anpressen des unteren Stei-nes hemmen, so stellt sich das oben erwähnte Uebel ein, und man thut besser, den Stein ein wenig zu lüften, und ihm mehr Arbeit zu geben, wodurch die Geschwindigkeit des oberen Steines mit mehr Vortheil verringert wird.

Während dieser Versuche lieferte die Mühle in 12 Stunden 35 Scheffel Schrot, wobei ich bemerken muß, daß nur etwa 10 Scheffel, von denen $1\frac{1}{2}$ Scheffel in der Stunde fertig geschafft, gehörig fein gemahlen wurden, so daß ich solches mit dem Schrote der anderen Mahlgänge zum Beuteln vermischen konnte, und der Hoffnung war, ein gewünschtes Resultat zu erzielen. Allmählich wurde aber das Schrot gröber und ungleicher, und fand es sich, daß die eingegypste Spindel des unteren Steines im Gyps losgelassen hatte, der untere Stein aus seiner gehörigen Lage gebracht war, und deßhalb theils ganz feines, theils grüziges Schrot lieferte. Ich war deßhalb genöthigt, die Steine abzunehmen, die Spindel ganz loszumachen und dann von Neuem zu vergypsen. Leider konnte ich hier zur Stelle keinen Gyps erhalten, der gut genug war, um dazu gebraucht werden zu können. Mehrere Versuche zeigten, daß der hier käufliche Gyps, selbst nach mehreren Tagen, noch nicht ganz hart geworden, daher auch nicht die gehörige Festigkeit zwischen der Spindel und dem Steine erlangt werden konnte. Der lezte Versuch war, rohen Gyps selbst zu brennen, und so frisch als möglich zu verbrauchen. Derselbe wurde dem Anscheine nach sehr hart, und der Stein in Gang gebracht. Anfangs lieferte die Maschine ganz gutes Schrot, und zwar $1\frac{1}{2}$ Scheffel in der Stunde, jedoch nach zwei Stunden Arbeit zeigte sich der alte Uebelstand, daß das Eisen aufs Neue vom Gyps sich gelöst hatte, und dadurch die weiteren Versuche auf diese Art aufgegeben werden mußten.

Während der Zwischenzeit hatte ich die eisernen Platten zusammengestellt und in Gang gesezt. Der Weizen, den ich damit schrotete, lieferte hierauf ein ganz zur Genüge feines Schrot; nur wurden die Schalen nicht gehörig vom Mehle rein, sondern mehr breit gequetscht, welches wohl nur der Glätte der Flächen zuzuschreiben ist.

Gedarrtes Getreide, wie zu Branntweinschrot, müßte ganz vortheilhaft darauf zu vermahlen seyn, und wenigstens stündlich 2 Scheffel liefern. Ich konnte diesen Versuch in der hiesigen Mühle, in welcher nur auf Mahlfreischeine Exportationsgemahl gefertigt wird, der Steuer wegen nicht anstellen.

Gebrannter Gyps, den ich bei dieser Gelegenheit in der Mühle hatte, und welcher in Stüken von großen Erbsen zum Vermahlen aufgeschüttet, wurde zur größten Feinheit vermahlen. In 25 Minuten war 1 Scheffel davon fertig geschafft.

Zum Betriebe der Mühle hatte ich eine Riemscheibe mit Vorgelege an ein Kammrad mit einem besonderen Wasserrade angebracht, und konnte theils durch das Wechseln mit größeren und kleineren Scheiben, so wie durch mehr oder weniger Umdrehungen des Wasserrades, die Geschwindigkeit der Maschine beliebig ändern. Die gr Geschwindigkeit, die ich dem Steine gegeben hatte, waren 300 drehungen in der Minute. Bei dieser Geschwindigkeit bewegte die ganze Maschine bedeutend, auch erforderte sie im Verhäl zu ihren Leistungen ungleich viel mehr Kraft, als bei der frühe geringeren Geschwindigkeit von 160 bis 180 Umdrehungen in Minute, so daß ich die lezteren vorziehen möchte.

Der Hauptvortheil der Maschine wäre, selbst wenn sie im gleiche zu unseren größeren Mahlgängen im Verhältnisse nicht leisten sollte, daß die kleine Mühle einmal bei der geringen Kraft, die sie erfordert, doch gutes Mehl macht, welches mit derselben Kraft bei unserer gewöhnlichen Methode nie erlangt werden kann, selbst wenn die Menge des Gemahls nur eben so groß, oder noch weniger seyn sollte, als bei dieser Maschine, und zweitens, daß diese Maschine das Schrot sehr kühl liefert. Außerdem bedarf dieselbe aber einer viel sorgfältigeren Beaufsichtigung, als unsere gewöhnlichen Mühlen, und ist die Construction zur Befestigung der Mühlenspindel mit dem Steine nicht zwekmäßig.

Da der Berichterstatter hoffte, bei einer anderen, besseren Verbindungsart der Mühlenspindel mit dem Steine ein günstigeres oder wenigstens ein ganz bestimmtes Resultat zu erhalten, so ward die Genehmigung zu dieser, wie zu jeder anderen zwekmäßig scheinenden Abänderung der Construction der Mühle ertheilt. Hierauf machte Wulff folgende Mittheilung.

Nach der erhaltenen Erlaubniß ließ ich, zur sicheren Befestigung des unteren Steines mit der Spindel, eine neue Haue mit 3 Flügeln gießen. Dieselbe wurde in derselben Art, wie die frühere runde Büchse, auf der Spindel befestigt, dann aber die Flügel der Haue in den Stein versenkt, gehörig verkeilt, und dann erst der Umguß von Gyps gemacht. Bei den späteren damit gemachten Versuchen war keine Veränderung des Steines gegen die Spindel zu bemerken. (Fig. 29 und 30.)

Umstände halber war ich genöthigt, der Maschine die nöthige Geschwindigkeit durch Riemenzüge zu geben. Obgleich die Riemen der ersten Vorgelege 6 Zoll Breite hatten, so gaben sie doch, sobald die Maschine belastet war, nach, und ich erhielt statt der berechneten 200 Umdrehungen des unteren Steines oft nur 100, auch weniger, welches die damit erlangten Resultate wieder ungewiß machte, und die Maschine zum zweiten Male dislocirt werden mußte. Bei diesen lezten Versuchen wurde das erste Vorgelege durch Räderwerk, und zur Sicherheit für die Kraft der Riemen, die Maschine durch einen 6 Zoll breiten Riemen bewegt, der durch die Verkuppelung der

= und Festscheibe mit einander auf beide Scheiben zum Betriebe Maschine wirken konnte. Hienach erhielt ich auch bei Belastung Maschine 180 bis 200 Umdrehungen des unteren Steines in der nute. Bei den hiemit gemachten Versuchen war immer noch kein Genüge weiches Schrot zu erlangen, und ich war der Meinung, ch Veränderung der Schärfe den schnellen Auswurf des Schrotes vermeiden, um dadurch dasselbe feiner zu erhalten. Zu dem Zweke rde die gewöhnliche französische Schärfe aufgesezt, indessen so, daß Furchen nicht mit, sondern gegen den Zug des Steines liefen. g. 31.)

Bei dieser Schärfe wurde das Schrot länger zwischen den Stei= i gehalten, und auch feiner; bei voller Arbeit zog aber das Ge= ide nicht zwischen die Steine, sondern sammelte sich im Halse des eren Steines an. Der obere Stein hatte dicht unter der eisernen älse, durch die das Korn zwischen die Steine geleitet wird, Löcher d Unebenheiten in der vorstehenden Steinmasse, die dem regelmä= gen Nachfallen des Getreides wohl schaden konnten, weßhalb diese aber ausgefüllt, und außerdem noch ein besonderes Leitrohr aus lech, vom Schuh aus bis beinahe auf die Fläche des Bodensteines gefertigt und angehängt wurde, damit der Weizen nicht etwa durch e Centrifugalkraft im Fallen verhindert werden konnte. Durch die= s Rohr wurde wenigstens das Ueberlaufen des Getreides aus dem eren Steine verhindert. (Fig. 32.) Von der Schärfe war, bei ehreren Versuchen, die früher angegebene Kreisschärfe die zwekmä= gste. Bei diesen lezten Versuchen lieferte die Mühle theilweise ein r gutes Schrot, welches auch sofort mit dem Schrote der anderen ahlgänge zum Verbeuteln gemischt wurde, nur verstellte sich die aschine sehr leicht von selbst, indem sie anfing, schwerer zu ziehen, nach die Steine gelüftet werden mußten und das Schrot gröber rde; bis durch allmähliches Nachstellen und Reguliren des Futters s Schrot die gehörige Feinheit erlangte. Auf solche Weise lieferte Mühle in einer Stunde 1½ bis 2 Scheffel, und war die Kleie im gehörigen Gange der Maschine ebenso gut und rein ausgemah= , wie auf den anderen Gängen. Daß die Mühle also bestimmt te Dienste leisten kann, ist nicht zu verkennen, daß dieses indessen r in kurzen Absäzen geschah, liegt gewiß an der bis jezt unkun= gen Behandlung derselben, und können sehr geringe Abänderungen, lleicht bei der Schärfe 2c., die durch Versuche zu ermitteln blei= n, ein ganz gewünschtes Resultat liefern.

Uebrigens muß die Mühle aber sehr aufmerksam behandelt wer= n; vorzüglich erfodert das Anstellen der Steine, wie ich schon frü= r bemerkt habe, die größte Vorsicht, daß nämlich die Steine nicht

zu sehr gepreßt, sondern die Feinheit des Schrotes mehr durch
verminderte Geschwindigkeit des oberen Steines, und zwar durch
mehr einfallende Menge der Speise bewirkt werde. Je langsam
der obere Stein im Verhältnisse zum unteren sich drehen kann, u
desto sicherer erhält man ein befriedigendes Resultat. Ich habe b
den 180 bis 200 Umdrehungen des unteren Steines die des obere
bis auf etwa 70 und 80 Mal in der Minute vermindern können.

Genaue Beobachtungen über das Verhältniß der Geschwindigkeiten beider Steine gegen einander, so wie über die Leistungen de
Maschine ließen sich bis jezt, da dieselbe theils wegen Mangel
überflüssiger Betriebskraft, theils ihres unregelmäßigen Ganges wegen nur immer in kurzen Zeiträumen hat gehen können, nich
anstellen.

Sollte die Mahlmühle dem bestimmten Zweke ganz entsprechen,
woran ich nicht zweifle, so wäre, zur bequemeren Bedienung der
Mühle, dieselbe in ihrer Construction noch dahin abzuändern, daß
das Abheben des oberen Steines, so wie das Aufstellen und Befestigen des Umlaufes mit leichterer Mühe und weniger Zeitversäum-
niß zu machen sey; etwa dadurch, daß der obere Querriegel des Gerüstes, woran das Hängelager für den oberen Stein sich befindet,
leicht abzunehmen und wieder zu befestigen wäre. Auch leidet das
obere Pfannenlager der stehenden Welle für den unteren Stein bedeutend beim Gange der Maschine.

Ein günstigeres, vollkommen befriedigendes Resultat ließ sich
auch bei abermaligen Versuchen nicht erlangen; der starke Seitendru
des oberen excentrischen Steines, der sich durch die schnelle Abnützung
des oberen Halslagers für die Spindel nach der einen Seite hin
deutlich zeigte, brachte den unteren Stein stets bald aus der horizontalen Lage, und zwar um so mehr, je stärker die Steine zusammengepreßt wurden, so daß mit der Stärke dieses Zusammenpressens
auch die Ungleichmäßigkeit des Mahlens und die daraus entstehende
griesige Beschaffenheit des Schrotes zunahm.

Als Hauptresultat aller dieser Versuche stellt sich also heraus,
daß das Princip der fraglichen Mühle nicht zu tadeln ist, die Ausführung desselben aber noch nicht völlig demselben entspricht, und
daß, so lange es nicht gelingt, die beiden Steine dauernd in horizontaler Lage zu erhalten, eine Benuzung dieser Maschine zum Vermahlen von Weizen mit Vortheil nicht Statt finden könne, dieselbe
dagegen zum Schroten des Getreides als Futter und Branntweinschrot angewendet, im Verhältnisse zu ihrer Größe und erforderlichen
Kraft, ein ganz genügendes Resultat gebe.

II. Bergerac-Mühlsteine.

Bekanntlich bedienen sich die Engländer und Amerikaner zu ihrer ehlfabrication der bei ihnen unter dem Namen French-burrs be- nnten Steine aus la Ferté-sous-Jouárre, und auch in den inlän- chen vorzüglichsten Mühlenanlagen werden diese Steine gegenwärtig ufig angewendet. Es war jedoch in Erfahrung gebracht worden, ß in Frankreich noch bessere Steine, als die erwähnten, gefunden irden, nämlich zu Bergerac im Departement der Dordogne; daß se Art Steine, von denen es 2 Arten gebe (Meules de Caillou Bergerac für Weizen und Caillou gris für Roggen ꝛc.) nicht nur er größeren Härte wegen bei weitem dauerhafter wären, als die n La Ferté, sondern auch in kürzerer Zeit ein besseres und weißeres ehl geben sollten, als jene, weßhalb sie denn in Frankreich selbst in herem Rufe ständen und ungleich häufiger angewendet würden, s diejenigen von La Ferté.

Um vergleichende Versuche mit denselben anstellen zu lassen, zog die Verwaltung durch Vermittelung der königl. Seehandlung Paar von jeder der beiden erwähnten Gattungen Bergerac-Steine n 4 Fuß Durchmesser. Das Paar von der ersten Gattung (für eizen) kostete an Ort und Stelle 800 Fr.; die zweite Art (zum ahlen von Roggen ꝛc.) 700 Fr.; nach Hinzurechnung aller Kosten r Spesen, Eingangszoll ꝛc. erhöhte sich jedoch der Preis der beiden are auf 557 Rthlr. 17 Sgr. 6 pf.

Der erste vorläufige Versuch mit diesen Steinen, der in der sigen Dampfmühle des Hrn. Schumann vorgenommen wurde, llte nicht gelingen. Es wird berichtet, die Steine hätten sich als zlich unbrauchbar erwiesen, indem die Schärfung kaum 10 Stun- vorgehalten habe. Nach Verlauf dieser Zeit, während welcher eine sehr geringe Quantität Getreide höchst unvollkommen abge- hlen worden, seyen die Steine so stumpf und glatt gelaufen, daß n sie habe herausnehmen und auf die Seite stellen müssen.

Ein Paar dieser Steine, und zwar das zum Vermahlen von izen bestimmte, ward hierauf an den oben erwähnten Mühlen- meister Wulff gesendet, um Versuche mit demselben anzustellen, andere Paar (von der Gattung, die in Frankreich zum Mahlen Roggens, der Gerste, des türkischen Weizens ꝛc. angewendet d) ward zu gleichem Zweke dem Mühlenbaumeister Ganzel in lau, der mit dem Wulff zugleich, als Zögling des Gewerbinsti- s, in Nordamerika gewesen war, zugesendet. Der leztere berichtet r seine Versuche Folgendes:

Nachdem das Bearbeiten und Zurichten der besagten Mühlsteine hehen war, wurden dieselben aufgebracht, mit Sand abgemahlen,

um eine möglichst gleiche Fläche zu erzielen, wiederum aufgeschär
und sodann zum Mahlen von Getreide angestellt. In den erst
Tagen waren die Resultate noch nicht so günstig, als sie erwart
werden durften, und es kann hier als Ursache nur angegeben werde
daß die Steine noch nicht gehörig zusammen gemahlen waren; d
der Schnitt der Steine noch nicht eingetreten war, welches gewöh
lich erst nach mehrmaligem Ueberschärfen geschieht, und daß namen
lich der Läufer zu große Poren enthielt, und dadurch das Getreide
wegen der geringen Mahlfläche, nicht vollkommen gleichmäßig ze
kleinert wurde.

Ich ließ daher die Steine einige Zeit in diesem Zustande i
Thätigkeit und beim jedesmaligen Aufnehmen derselben die ganz
Fläche sorgfältig nacharbeiten und die Furchen aufschärfen. Nachdem
dadurch das Zerkleinern gleichmäßiger geschah, ließ ich die Poren de
Läufers mit Alaun ausgießen, da Gyps und andere Ingredienzie
nicht haltbar sind, die Fläche der Steine recht gleichförmig bearbei
ten, und die Furchen von Neuem aufhauen, mit einer möglich
scharfen Federkante.

Beim jezigen Anstellen der Steine auf Getreide war das Re
sultat vollkommen günstig, das Zerkleinern geschah gleichförmig un
das Schrot wurde weich und rein. Bis Ende December v. J. wu
den diese Steine in Thätigkeit gehalten, und habe ich Nachstehende
über ihr Verhalten während einer längeren Arbeitszeit beobachtet.

Hinsichtlich ihrer Zusammensezung und Bearbeitung muß i
bemerken, daß der Sandstein, oder die Composition, wie es zu se
scheint, welche das Auge des Steines bildet, sehr unzwekmäßig is
weil sich der Stein beim Mahlen ungleich mehr abnuzt und dadur
hohl wird. Die Mühlsteine hohl zu halten, und zwar so bedeutend
wie es bei diesen der Fall war, ist nicht zulässig, weil sonst die g
ringe Mahlfläche, welche dem Steine am Umfange übrig bleibt, da
Getreide nicht hinreichend zerkleinern kann, ohne sehr dicht zu gehe
Dieses Dichtgehen hat bei so harten Steinen, außer dem Nachthei
der Wärmeerzeugung noch den, daß sie sich leicht verschmieren, u
deßhalb oft nachgeschärft werden müssen. Dieß war auch hier d
Fall, denn selten hielten die Steine länger als 2 Tage aus, wäh
rend die hiesigen mit 3 Tagen noch recht gut mahlen, und erst de
4ten oder 5ten Tag geschärft werden durften.

Wäre das Auge aus gleichmäßig porösen, wenn auch nicht ga
so harten Steinen, als die am Umfange gebildet, so würde diese A
Mühlsteine bei weitem brauchbarer seyn, und gewiß vollkommen i
rem Zwek entsprechen. Für ganz trokenes, wie mehrjähriges od
gedörrtes, Getreide würden sich diese Steine ganz besonders eigne

eil wegen ihrer großen Härte die Schalen wenig angegriffen wer- en, und das Einschmieren hier weniger leicht Statt finden kann.

Bei Getreide im gewöhnlichen Zustande muß jedoch das Ver- mahlen mit größter Vorsicht geleitet, und hauptsächlich darauf gese- en werden, daß die Steine etwas rauh, recht rein an der Oberfläche ehalten werden, und daß sie nicht zu viel Arbeit bekommen, alsdann ird das Schrot weich, die Schale flach und rein, und das Mehl weiß, als es der Kern des Getreides nur geben kann, wie dieß uch bei den hiesigen Versuchen der Fall war.

Hinsichtlich der Leistung einer bestimmten Quantität in einer egebenen Zeit ergeben die hiesigen Versuche Folgendes:

Die Steine wurden durch dasselbe Stirnrad in Bewegung gesezt, velches auf der anderen Seite einen hiesigen Mühlstein von 5 Fuß Durchmesser treibt, und da die Getriebe gleich sind, die Bewegung von ein und demselben Wasserrade ausgeht, so war auch die Anzahl er Umdrehungen dieser beiden Paar Mühlsteine gleich.

Beide Steine wurden gehörig und sorgfältig geschärft, zugelegt nd in Gang gebracht; beim Anstellen wurde genau beobachtet, den Steinen so viel Arbeit zu geben, als sie leisten konnten, und daß dabei as Schrot von beiden Steinen, so viel sich dem Gefühle nach beur- heilen ließ, möglichst von gleicher Feinheit abgeliefert wurde. Nach- em die Steine in solcher Art ungefähr eine Stunde in Arbeit wa- en und das Mahlen sich regelmäßig eingestellt hatte, wurden zu leicher Zeit auf jeden Gang 2 Scheffel Weizen aufgeschüttet und, i 135 Umdrehungen der Steine in einer Minute, diese 2 Scheffel on dem Steine von 5 Fuß Durchmesser in 24 Minuten, von dem teine von 4 Fuß Durchmesser jedoch erst nach 30 Minuten abge- ahlen, so daß der 5füßige Stein 5 Scheffel und der 4füßige 4 Schef- l in einer Stunde verarbeitete. Mehrere Versuche ergaben ziemlich eiche Resultate, so daß auf kleinere Abweichungen nicht Rüksicht nehmen war.

Nach 5 bis 6 Stunden Arbeit zeigte sich, daß dem 4füßigen teine schon etwas weniger Arbeit gegeben werden mußte, weil das chrot von ihm nicht mehr in derselben Feinheit abgeliefert und lschalig wurde, und ein Versuch nach 20stündiger Arbeit ergab, daß r noch etwa 3 Scheffel bei guter Arbeit vermahlen wurden, wäh- ed der 5füßige Stein noch immer 5 Scheffel in einer Stunde bei rselben Feinheit schaffte und erst am zweiten Tage nachließ.

Wenn nun auch erwiesen ist, daß die Quantität Getreide, welche Stein in einer gewissen Zeit verarbeiten kann, hauptsächlich vom rchmesser des Steines abhängt, und ein Stein von größerm Durch- esser im Verhältnisse mehr leistet, als ein kleiner, weil ihm mehr

Kraft zuertheilt werden kann, so ergibt sich doch hier aus der Vergleichung der beiden Steine bei gleichmäßiger Krafterttheilung, daß der kleine Stein weit früher nachließ, welches wohl nur seiner größeren Härte und seiner im Verhältnisse geringeren Mahlfläche zuzuschreiben ist.

Ich zweifle jedoch nicht, daß die Abnahme beim Mahlen bei den kleinen Steinen in nicht anderem Verhältnisse Statt gefunden haben würde, als bei den größeren, wenn die ersteren in der bereits angegebenen Art angefertigt gewesen wären, und daß sie das Quantum, welches ein kleinerer Stein im Verhältnisse zum größeren zu liefern im Stande ist, auch in demselben Zeitverhältnisse geliefert haben würden.

Es stellt sich nach meiner Ansicht daher der Brauchbarkeit dieser Steine zur Weizenmüllerei nichts weiter entgegen als ihre mangelhafte Zusammensezung. Zur Roggenmüllerei ergaben sie sich jedoch nicht als geeignet, weil der Roggen im Allgemeinen zäher ist, als Weizen, und zum Mahlen ein offener weicherer Stein erfodert wird.

Ueber die in Danzig von dem Mühlenbaumeister Wulff angestellten Versuche berichtet derselbe:

Nach Empfang der Mühlsteine fand ich es für nöthig, die Mehlbahn derselben nacharbeiten und ebnen zu lassen, so wie die Schärfe dahin zu verändern, daß die Richtung der Hauschläge beibehalten, die Tiefe derselben aber vermindert wurde. Der mittlere Theil des Steines, um das Auge herum aus weichen Sandsteinen zusammengesezt, hatte sich sehr ausgezogen, und wurde durch den üblichen Kitt aus Alaun, wenig Gyps und Steinstükchen ausgefüllt, der indessen bei den späteren Versuchen nicht Bestand hielt, weil ... Aufguß von der großen, mehr glatten als rauhen Fläche sich l... Außerdem mußte der obere Theil des Läufers, der wahrscheinlich durch den Transport gelitten, neu vergypst werden.

Im Oktober vorigen Jahres waren die Steine bereits so w... bearbeitet und zusammengestellt, um in Gang gesezt werden zu können. Da ich nicht Gelegenheit hatte, dieselben damals zur Weizenmüllerei, zu der sie eigentlich bestimmt waren, zu gebrauchen, so benuzte ich dieselben während des Winters zum Roggenschroten. Zum Roggenschroten bewährten sich die Steine sehr gut, mit Ausnahme des mittleren Theiles um das Auge herum, welches offenbar zu weich ist.

Mit einer Schärfe habe ich bequem 10 Lasten Roggen abgeschrotet, ohne daß die Steine zu stumpf gemacht wurden. Da... ist zu bemerken, daß dieser Versuch während des strengen Fro... und mit ganz trokenem Roggen gemacht wurde. Roggen zu Schli...

ehl zu mahlen, gelang nicht, wenigstens werden die Schalen mehr
quetscht als zerrieben.

Seit dem vergangenen Monate benuze ich diese Steine zur
eizenmüllerei und finde, daß dieselben ein reines, weiches Schrot
fern, die Hülse nicht so stark zerreißen, als die Burrsteine, aber
rch ihre Härte bald mehr Glätte bekommen, und deßhalb beim
ahlen früher nachlassen. Zum Vergleiche der Leistungen der Steine
s Bergerac mit denen der Burrsteine wählte ich zwei nebeneinander
gende Wasserräder der Untergänge. In der hiesigen Mühle hat
des Paar Steine ein besonderes oberschlächtiges Wasserrad, und
nn bei den gleich hohen Durchmessern derselben das Aufschlagwasser
icht so regulirt werden, daß jeder Gang ziemlich genau die gleiche
kraft erhält, welches bei diesen Versuchen geschah. Der Durchmesser
es Steines von Bergerac ist 4 Fuß, der des anderen 4 Fuß 6 Zoll.
eide Paar Steine waren vor diesem Versuche schon seit mehreren
agen in Arbeit gewesen und die Flächen nach jedesmaligem Stumpf-
erden gehörig geebnet und geschärft. Bei dem 4füßigen Steine
us Bergerac war die feine Sprengschärfe sehr schwierig aufzusezen,
a die Steine sehr hart sind, und bei einem etwas starken Schlage
ie Oberfläche leicht in flachen Stüken absprang. Nachdem nun beide
aar sauber scharf gemacht und in Gang gesezt waren, wurden beide,
ach dem gehörigen Bemahlen der Steine, jedes mit 30 Scheffel
Beizen beschüttet. Der 4füßige Stein machte bei der größtmöglich-
en Belastung 130 Umdrehungen, der Burrstein von 4 Fuß 6 Zoll
urchmesser bei derselben Kraft nur 120 in der Minute. In der
sten Stunde fühlte sich das Schrot des kleineren Steines bei wei-
m schärfer an, als das des größeren, später aber verlor sich dieses
harfe Anfühlen, und das Schrot wurde weicher als das des Burr-
ines, dabei fing der Stein aber an, allmählich weniger Arbeit zu
rauchen. Der Unterschied des Mahlquantums während der ersten
unden war unbedeutend, so daß ich hier nur das Quantum von
Scheffeln anführe, welches bei dem 4füßigen Steine in einem
raume von 9 Stunden vermahlen wurde, während die 4½füßigen
rrsteine 30 Scheffel desselben Weizens in 7¼ Stunde geschrotet
ten. Nach dieser Zeit mußte dem kleineren Steine merklich weni-
Arbeit gegeben werden, während das Schrot des größeren erst
anfing, das scharfe Anfühlen zu verlieren, aber dasselbe Mahl-
ntum lieferte. Auch fing das Schrot des ersteren an sehr weich
die Schale platt zu werden, wenn gleich noch immer rein. Nach
ündiger Arbeit fühlten sich die Schalen schon dik an, wurden
t mehr rein und mußte der Stein am dritten Tage von Neuem
härft werden. Der Burrstein ließ erst nach 48 Stunden merklich

mit Mahlen nach, fing am dritten Tage an glatt zu mahlen, und wurde am vierten Tage scharf gemacht.

Dieser Unterschied der länger vorhaltenden Schärfe beider Steine kann leicht in der Verschiedenheit der Durchmesser derselben gesucht werden. Der kleinere Stein mit seiner kleineren Mahlfläche muß mehr gepreßt werden, als der größere, um die gleiche Feinheit des Schrotes zu liefern; besonders merklich war es bei den Steinen von 4 Fuß Durchmesser, da die mittleren Flächen der Steine so tief waren, daß der Weizen sehr wenig oder gar nicht durch sie angegriffen wurde, daher die sogenannte Mehlbahn allein das Zerkleinern und Feinmahlen zu leisten hatte. Aus dieser Ursache mußten auch die Steine mehr als gewöhnlich gepreßt werden, und konnten, um feines Schrot zu liefern, nicht die gehörige Menge Arbeit erhalten, daher sie auch, nach dem Ausdruke der Müller, durchgriffen. Außerdem war aber die Schale des sehr troken vermahlenen Weizens von diesen Steinen größer, als die der Burrsteine und dabei vollkommen mehlrein, ein sehr günstiges Resultat, welches immer für mehr Weißmehl spricht, als bei den mehr zerkleinerten Schalen. Ich glaube wohl, daß bei genauen Versuchen die Ausbeute an feinem Mehle aus dem Schrote von den Steinen aus Bergerac größer seyn dürfte, als die von dem Schrote der Burrsteine, welche Versuche jezt anzustellen mir aber nicht möglich ist, indem ich sonst sämmtliche übrige Gänge auf einige Zeit versäumen müßte.

Eine bessere Zusammenstellung der Steinmassen würde gewiß noch ein günstigeres Resultat liefern, namentlich den Vortheil gewähren, daß die Steine längere Zeit mit der Schärfe vorhielten und kühler mahlten. Im Uebrigen bin ich mit den Leistungen der Steine nicht unzufrieden, und habe dieselben bis jezt in Stelle der Burrsteine in Thätigkeit.

Die Urtheile der beiden genannten Mühlenbaumeister sind hienach im Wesentlichen übereinstimmend; bemerkenswerth ist es übrigens, daß die dem Ganzel übersendeten Steine sich bei den von ihm angestellten Versuchen zur Roggenmüllerei als nicht geeignet ergaben, während dieselben in Frankreich auch hiezu, ja sogar vorzugsweise hiezu benuzt werden sollen. Von erfahrenen Müllern aus Bordeaux war eine Instruction über die Behandlung der Steine ertheilt worden. Ihr zufolge sollte man, nachdem die Steine vollkommen waagerecht auf ihre Achse gestellt sind, den Lieger zuvörderst eine halbe Stunde in Bewegung erhalten, ihn dann aufheben, mit einem etwas harten Teig aus Roggenmehl, oder in dessen Ermangelung aus Weizenmehl, die kleinen Löcher ausfüllen, welche sich auf der Oberfläche der Steine finden, diese Ausfüllung mit Teig niedrig halten, als den Stein, und ihn troknen lassen, in welchem Falle man darauf rechnen könne, gleich bei den ersten Umgängen der Steine schönes Mehl zu erhalten. Ob dieses Verfahren bei den angestellten Versuchen zur Anwendung gekommen ist, geht aus den Anzeigen über dieselben nicht hervor.

Faßt man nun das Ergebniß der Prüfung der Bergerac-Steine zusammen, so wird man ihnen für ganz trokenen Weizen in so fern den Vorzug vor den Burrsteinen einräumen müssen, als sie mehr Weißmehl liefern als diese, welchem Vorzuge jedoch die Nachtheile entgegen treten, daß sie eher stumpf werden, heißer mahlen, und daß sie, wie insbesondere der erste Versuch zeigt, schwieriger zu behandeln sind, als die zulezt genannten, und bei nicht völlig angemessener Behandlung durchaus ungenügende Resultate liefern. Ob durch eine bessere Zusammensezung derselben, namentlich durch Anbringen härterer Steinarten in der Nähe des Auges alle diese Nachtheile völlig beseitigt werden können, muß dahin gestellt bleiben. Für weiches Getreide scheinen sich die fraglichen Steine weniger zu eignen.

Bei diesen ihren Vorzügen und Mängeln, im Vergleiche zu den Burrsteinen, wird es großen Theils von ihrem Preise abhängen, ob es vortheilhaft erscheint, sie neben den lezteren anzuwenden. Es muß daher bemerkt werden, daß bei dem Ankaufe derselben angezeigt wurde, in Zukunft könne der Lieferant dergleichen Steine nur zu einem um 50 à 60 Fr. höheren Preise für das Paar verabfolgen. Da dieser Einkauf jedoch bereits im Jahre 1829 gemacht wurde, so können sich inzwischen die Preise wesentlich geändert haben.

LXXVII.

Verbesserungen an den Lampen, worauf sich Jeremiah Bynnei, Lampenmacher in Birmingham, am 9. Decbr. 1837 ein Patent ertheilen ließ.

Aus dem Repertory of Patent-Inventions. Okt. 1838, S. 220.

Mit Abbildungen auf Tab. V.

Meine Erfindung betrifft eine eigene Art den Lampenflammen die zur Unterhaltung der Verbrennung nöthige Menge Luft zuzuführen, um der Flamme dadurch eine größere Länge, mehr Ruhe und einen helleren Glanz zu verschaffen. Sie beruht auf der Anwendung gewisser deflectirender Oberflächen in Verbindung mit eigens geformten Rauchfängen. Die Luftströme wirken hiedurch über dem Entzündungspunkte auf die Flamme, und würden, wenn sie bloß von einer Seite her gegen dieselbe schlügen, sie in horizontaler Richtung seitwärts blasen. Dadurch aber, daß sie von allen Seiten her getrieben werden, erhält die Flamme eine Ruhe und einen Glanz, der bisher noch auf keine andere Weise erzielt worden ist. Besonderes Augenmerk ist darauf zu richten, daß die deflectirten Luftströmungen, welche von allen Seiten her die Flamme zu durchkreuzen trachten, dieselbe über dem Entzündungspunkte treffen, weil es wesentlich darauf ankommt, daß die Flamme unter jenem Punkte gebildet werde, an dem die Luftströme auf sie treffen.

Fig. 36 ist ein Durchschnitt einer Lampe mit einem gewöhnlichen Brenner mit Röhrendocht. a ist ein außen herumlaufender vorspringender Ring, in welchem die Deflectoren ruhen. Der Deflector b besteht aus einer kegelförmigen Metalloberfläche, in der sich eine Anzahl Löcher befindet, durch welche die Luft von einer unter dem Entzündungspunkte gelegenen Stelle nach Aufwärts gelangen kann. An dem oberen Theile ist eine für den Durchgang der Flamme bestimmte Oeffnung d. Es ist klar, daß, wenn die Luft durch c,c strömt, die Luftströme von dem Deflector b geleitet werden; und daß sie, wenn sie an die Theile e,e,e emporgelangen, eine bedeutende Geschwindigkeit erreicht haben, wo sie dann gegen diese Theile e,e anschlagen, und von hier aus in einer quer durch die Flamme führenden Richtung zurükgeworfen werden. f,f,g,g ist der Rauchfang, dessen unterer Theil einen größeren Durchmesser und auch eine größere Länge als der obere Theil g.g hat. Der Rauchfang muß nothwendig diese Gestalt haben, wenn man den vollen Effect erzweken will.

Fig. 37 ist ein theilweiser Durchschnitt einer Lampe, deren Brenner für einen platten Docht eingerichtet ist.

Fig. 38 zeigt einen theilweisen Durchschnitt einer Lampe mit Argand'schem Brenner.

Fig. 39 und 40 stellt einen Gasbrenner vor.

An allen diesen Figuren sind zur Bezeichnung der einzelnen Theile die gleichen Buchstaben beibehalten, und an allen sieht man meine Erfindung auf die betreffenden Arten von Lampen angewendet.

In Fig. 41 sieht man einen gläsernen Rauchfang, der jedoch nicht ganz aus Glas besteht, sondern dessen oberer Theil aus Metall geformt ist, und der eine centrale Strömung über der Flamme hervorbringt. Es sind, wie man sieht, keine Oeffnungen vorhanden, welche Luft in den Rauchfang eintreten lassen, mit Ausnahme jener Luft, die bei e,e durch den Deflector dringt.

Man kann die Deflectoren auch in Verbindung mit gewöhnlichen gläsernen Rauchfängen anwenden; doch ziehe ich die von mir angegebenen vor. Ich schließe mit der Bemerkung, daß ich mich an eine Form von Lampe binde, da die Form je nach Geschmak abgeändert werden kann.

LXXVIII.

Verbesserungen an den Apparaten zum Fassen und Comprimiren des tragbaren Gases, und an den Mechanismen zur Regulirung der Gasausströmung aus tragbaren Gasgefäßen sowohl, als aus fixirten, mit einem gewöhnlichen Gasometer communicirenden Röhren, worauf sich Henry Quentin Teneson, im Leicester Square in der Grafschaft Middlesex, auf die von einem Ausländer erhaltenen Mittheilungen, am 19. Okt. 1837 ein Patent ertheilen ließ.

Aus dem London Journal of arts. Oktbr. 1838, S. 18.

Mit Abbildungen auf Tab. V.

Der Patentträger beginnt mit der Bemerkung, daß man den zum Fassen von comprimirtem Gase bestimmten Gefäßen gewöhnlich eine cylindrische Form mit halbkugelförmigen Enden zu geben pflegte, und daß, wenn ein derlei Gefäß zersprang, sein ganzer Inhalt sich auf einmal in das Gemach, in welchem es sich befand, entleerte. Um diesem Uebel zu begegnen, sollen die für das tragbare Gas bestimmten Behälter aus mehreren kleineren Gefäßen zusammengesezt werden, welche sämmtlich durch kleine Röhren mit dem Brenner communiciren. Die Röhren müssen an der Mündung so verengt seyn, daß kein sehr rasches Entweichen des Gases Statt finden kann.

In Fig. 47 sieht man einen Aufriß mehrerer derlei mit einander verbundener Gefäße a, a, a.

Fig. 48 gibt eine Ansicht derselben von Oben; und Fig. 49 zeigt einen horizontalen Durchschnitt.

Sämmtliche Gefäße werden durch ein sechsseitiges eisernes Band zusammengehalten; und sowohl ihre oberen als ihre unteren Enden communiciren durch gebogene Röhren mit einander. Das in diesen Gefäßen zu comprimirende Gas wird mittelst einer Drukpumpe, wie man sich ihrer an den mit comprimirtem Gase arbeitenden Werken gewöhnlich zu bedienen pflegt, am Grunde derselben bei der Röhre b eingetrieben. Die Austrittsröhre c dagegen befindet sich an dem oberen Ende der Gefäße.

Wenn bei diesem Baue der Gasbehälter auch wirklich eines der Gefäße berstet, so wird zum Entweichen des Gases aus den übrigen Behältern einige Zeit erforderlich seyn. Es kann daher aus der

Explosion kein wesentlicher Nachtheil entstehen, wie dieß der Fall ist, wenn aus einem größeren Gefäße eine größere Menge Gas auf einmal entweicht.

Der verbesserte, zur Compression des Gases in den Behälter bestimmte Apparat erhellt aus Fig. 50 zum Theil im Perspectiv zum Theil im Durchschnitte. Die zur Erzeugung des nöthigen Drukes bestimmte Kraft wird nicht wie bisher durch eine Drukpumpe sondern dadurch erzielt, daß man Hize auf das Gaserzeugungsgefäß einwirken läßt. Dieses leztere Gefäß oder die Retorte a ist in einen aus Bäksteinen aufgeführten Ofen b,b eingesezt; sie ist cylindrisch und um dem Druke im Inneren widerstehen zu können, sehr stark aus Schmiedeisen gebaut.[67]) Senkrecht über dem einen Ende der Retorte steht ein Oehlbehälter c, aus dem das Oehl durch einen Sperrhahn tropfenweise in die Retorte gelangt. Das in der Retorte entwikelte Gas entweicht durch die Röhre d und streicht durch eine andere Röhre e in den Behälter f, aus dem es durch eine Reihe von Röhren in die einzelnen Gasgefäße h,h,h gelangt. Die Röhrengefüge müssen sehr dicht schließen, sehr stark seyn, und sich dennoch leicht abnehmen lassen, wenn die Gefäße hinreichend gefüllt sind. Der Behälter f ist mit einer Barometerröhre i mit graduirter Scala ausgestattet, woran man den Druk des in ihm enthaltenen Gases erkennt. Ebenso hat es auch ein Sicherheitsventil k, welches je nach dem Druke, den man erlangen will, belastet wird.

Das aus dem Oehlbehälter in die Retorte herab gelangende Oehl wird durch die Ofenhize zersezt und in Gas verwandelt; und da bei dem weiteren Vorgange der Ofen bedeutend erhizt wird, ohne daß das Gas irgendwo entweichen kann, so wird es sich sowohl in der Retorte als in dem Behälter f in verdichtetem Zustande anhäufen, und in diesem Zustande auch in die Gefäße h,h,h übergeben, so daß es in diesen ohne Hülfe einer Drukpumpe comprimirt wird. Damit das Oehl in dem Behälter c sowohl von Oben als von Unten gleichem Druke ausgesezt ist, ist von der Röhre d aus in den oberen Theil des Oehlbehälters eine Röhre l geführt.

Die Vorrichtung zur Regulirung des Gasausflusses aus dem tragbaren Gasbehälter oder auch aus einem gewöhnlichen Gasometer erhellt aus Fig. 51, 52 und 53 in verschiedenen Modificationen. Fig. 51 ist ein senkrechter Durchschnitt eines Apparates zur Regulirung der Speisung des Brenners eines tragbaren Gasbehälters. a,a ist ein luftdichtes metallenes Gehäuse; b eine Röhre, durch die

---

67) Es ist gar nicht wahrscheinlich, daß die glühende Retorte dem Druke des comprimirten Gases in die Länge widersteht. A. d. R.

as Gas aus dem Gasbehälter, in welchem es in comprimirtem Zuande enthalten ist, herbeiströmt. In der Platte c ist für den Durchgang des Gases ein kleiner horizontaler Canal angebracht, an essen Ende sich eine sehr kleine Mündung befindet, in welche ein Kolbenventil aus Stahl oder Achat eingesezt ist. Dieses Kolbenventil ist an dem kürzeren Arme des Hebels d befestigt, an dessen entgegengeseztem Ende man eine starke Spiralfeder bemerkt, welche den ängen Hebelarm niederzieht und mithin das Ventil gehoben und den Gascanal offen erhält. Ueber dieser Vorrichtung ist quer durch das Gehäuse luftdicht eine elastische Scheidewand f gespannt, an deren Mittelpunkt eine Scheibe g, von deren Mittelpunkt eine senkrechte, mit dem längeren Arme des Hebels d in Verbindung stehende Stange ausläuft, festgemacht ist. Eine in die Seite des Gehäuses geschnittene Oeffnung läßt das Gas durch die Röhre i an den Brenner gelangen.

Wenn das Gas bei dem Ventile ausgeströmt ist und den zwischen der Platte c und Scheidewand f befindlichen Raum in solchem Maaße erfüllt hat, daß es eine grössere Spannkraft ausübt, als für dessen beschränktes Ausströmen an der Röhre i erforderlich ist, so wird die elastische Scheidewand f emporgetrieben, und dadurch der längere Arm des Hebels d aufgehoben. Hieraus folgt, daß das an dem kürzeren Hebelarme befindliche Ventil niedergedrükt, und die Mündung, durch die das Gas in die Kammer strömte, zum Theil geschlossen wird. Der Grad, in welchem das Ventil geöffnet ist, hängt also von dem Steigen und Sinken der Scheidewand ab; und wenn das Gas einen unzwekmäßigen Druk ausübt, so wird dessen Entweichen beschränkt und dadurch der an der Mündung der Brenneröffnung Statt findende Druk regulirt.

Fig. 52 ist ein senkrechter Durchschnitt einer Vorrichtung, die sich von dem eben beschriebenen Apparate nur dadurch unterscheidet, daß das Kolbenventil in horizontaler Richtung angebracht ist. Das Spiel des Hebels d und der Scheidewand f geht auf die angegebene Art von Statten.

Der in Fig. 53 abgebildete Apparat ist als Regulator zur Ablieferung von Gas von gewöhnlichem Druke bestimmt, und befindet sich in einem geschlossenen Gehäuse, welches durch eine horizontale Scheidewand a in ein oberes und unteres Fach geschieden ist. Lezteres ist selbst wieder durch eine Scheidewand in die beiden Kammern b und c geschieden. In diese beiden Kammern ist eine Quantität Wasser gebracht, welches durch eine am Grunde der Scheidewand befindliche Oeffnung aus einer Kammer in die andere gelangen kann. Auf dem Wasser in der Kammer b bemerkt man einen Schwimmer d, von dem aus an das Ende des Hebels e eine Stange läuft. Das andere Ende dieses Hebels, welcher einen feststehenden Stüzpunkt hat, trägt ein conisches Ventil, welches in einer conischen für den Gasaustritt bestimmten Oeffnung spielt. Das Gas tritt durch die Röhre g in die obere Kammer des Gehäuses, und gelangt durch die Mündung des Ventiles f an die zum Brenner führende Röhre. Im Falle jedoch dessen Druk das nöthige Maaß übersteigt, übt dasselbe seine Spannkraft auf die in der Kammer b befindliche Wasserfläche. Hiedurch wird ein Theil des Wassers in die Kammer c gedrängt; der Schwimmer d sinkt also in der Kammer b und zieht das Ende des Hebels e herab, wodurch das an dessen entgegengesezten Ende befindliche conische Ventil in die Austrittsmündung emporgehoben wird. Der Zufluß des Gases kann demnach auf diese Weise durch theilweise Verschließung der Oeffnung beliebig regulirt werden. Die kleine, seitwärts an dem Gehäuse angebrachte Glasröhre h deutet die Höhe des Wasserstandes und mithin den Druk des Gases in der Kammer an. An der entgegengesezten Seite befindet sich der Sperrhahn i, damit man das Gas rein durchströmen lassen kann, wenn der Apparat in Gang gesezt wird.

LXXIX.

Verbesserte Methode zur Verdichtung der bei der Zersezung des Kochsalzes und anderen chemischen Processen entwikelten Dämpfe, worauf sich William Losh Esq., von Benton Hall in der Grafschaft Northumberland, am 23. Decbr. 1837 ein Patent ertheilen ließ.

Aus dem Repertory of Patent-Inventions. Okt. 1838, S. 217.

Mit Abbildungen auf Tab. V.

Bei der Zersezung des Kochsalzes entwikelt sich bekanntlich eine große Menge salzsaures Gas, welches für die ganze Nachbarschaft in hohem Grade lästig und beschwerlich wird. Unter den mannigfachen Methoden, welche man in Vorschlag brachte, um das Entweichen dieses Gases in die freie Luft zu verhüten, erwähne ich nur folgende beide. Man ließ nämlich in die langen Züge, in denen die sauren Gase in den Schornstein geleitet wurden, durch durchlöcherte Platten Wasser sprizen. Man leitete ferner Dampf in die Züge, damit das mit dem Dampfe vermengte Gas leichter verdichtet werden sollte. Keine dieser Methoden entsprach jedoch, und ich erwähne derselben auch nur deßhalb, weil sie auf den ersten Blik mit meiner Erfindung einige Aehnlichkeit zu haben scheinen. Meine Erindung besteht nämlich darin, daß ich den Zug in den zur Zersezung es Kochsalzes dienenden Oefen dadurch begünstige oder erzeugen daß ch kleine Wasserströmchen mit einer diesem Zweke entsprechenden Geschwindigkeit durch eigene Mündungen in den vom Ofen herführenden Feuerzug treibe und auf diese Weise auch das salzsaure Gas ganz oder größten Theils verdichte.

Fig. 33 ist ein Längendurchschnitt der zur Erzielung des Zuges und zur Verdichtung der Dämpfe dienenden Feuerzüge und Apparate. Da die zur Zersezung des Kochsalzes dienenden Oefen hinreichend bekannt sind, so hielt ich es nicht für nöthig, einen solchen abzubilden, und zwar um so weniger, als ich mich an keine bestimmte Art von Ofen binde. Fig. 34 ist ein Querdurchschnitt, und Fig. 35 ein Grundriß des Apparates. a ist der von dem Ofen herführende Feuerzug, in welchem man bei b eine nach Abwärts sich erstrekende Oeffnung bemerkt, die an dem unteren Theile enger ist als an dem oberen. Ein Theil der Dämpfe dringt durch diese Oeffnung b, der Ueberrest durch die Oeffnung b′, b′′ nach Abwärts, wie dieß durch Pfeile angedeutet ist. c,c ist eine irdene, bleierne oder aus einem anderen tauglichen Materiale bestehende Röhre, in der sich mehrere kleine Löcher, z. B. von 1/16 Zoll im Durchmesser befinden, und durch die mittelst einer Pumpe oder auf andere Weise mit großer Geschwindigkeit Wasser getrieben wird. Ich wende zu diesem Zweke einen Druk von 100 Pfd. auf den Quadratzoll an, ohne mich jedoch gerade hieran zu binden. Die kleinen, aus der Röhre b austretenden Wasserströmchen gelangen durch die Oeffnung b herab und verbreiten sich nach allen Richtungen in dem Feuerzuge. Sie reißen in Folge ihrer Geschwindigkeit das salzsaure Gas und die sonstigen Dämpfe mit sich herab, wodurch in dem Feuerzuge a ein theilweises Vacuum entsteht, das den Uebergang neuer Dämpfe vom Ofen her bedingt. Bei der Geschwindigkeit, mit der das Wasser herabstürzt, trifft es mit Heftigkeit auf die Oberfläche des in d befindlichen Wassers, so zwar, daß es zugleich mit den Dämpfen und Gasen, die es mit sich führt, bis unter diese Oberfläche gelangt, wobei die Gase zum größten Theil obsorbirt werden. Sollten aus dem Wasserbehälter d noch saure Dämpfe aufsteigen, so würden sie durch den Zug e in einen zweiten, dem oben beschriebenen ähnlichen Apparat gelangen. Bei dem Austritte aus dem zweiten Apparate kann man die Dämpfe, die nicht verdichtet wurden, durch den Schornstein in die freie Luft entweichen lassen, da sie selten soviel saure Gase enthalten, daß ein Schaden aus deren Entweichen erwachsen könnte. Wäre dieß jedoch der Fall, so müßte eine größere Menge Wasser mit größerer Geschwindigkeit durch die Röhre getrieben werden. In einigen Fällen, besonders wenn die Züge von zwei oder mehreren Oefen in einen einzigen Zug sich vereinen, ist es gut, die Zahl der Apparate auf drei zu erhöhen. Noch vollkommener erfolgt die Reinigung der Dämpfe von Säure, wenn man Kalk unter das Wasser mengt. f, f sind die Abflußröhren, durch die das Wasser, welches zur Verdichtung des sauren Gases gedient hat, in irgend einen Behälter abfließen kann.

Es bedarf kaum der Erwähnung, daß ein ganz ähnlicher Apparat auch zur Verdichtung der bei anderen Processen sich entwikelnden schädlichen Dämpfe und Gase verwendet werden kann; daß er sich namentlich an Blei-, Kupfer- und anderen derlei Werken benuzen läßt.

LXXX.

Verbesserungen in der Eisenfabrication, worauf sich Eduard François Joseph Duclos, Gentleman, ehemals in Sampson in Belgien, dermalen in Church in der Grafschaft Lancaster, am 20. Okt. 1837 ein Patent ertheilen ließ.

Aus dem London Journal of arts. Sept. 1838, S. 345.

Mit Abbildungen auf Tab. V.

Meine Erfindung, sagt der Patentträger, besteht darin, daß ich das Roheisen, und die Schlaken, während sie sich in Fluß befinden, mit gewissen Substanzen verbinde, welche dem Roheisen in Folge ihrer chemischen Einwirkung dadurch die in ihm enthaltenen Unreinigkeiten entziehen, daß sie mit denselben flüchtige Verbindungen eingehen oder Schlaken bilden, die, wenn sie auch nicht flüchtig, doch wenigstens leichtflüssiger sind, als die bei dem gewöhnlichen Schmelzprocesse erzeugten Schlaken. Die flüchtigen Substanzen schüzen, indem sie sich mit der den Ofen ausfüllenden Flamme vermischen, das Eisen gegen Angriffe; gleichzeitig wird aber auch ein Metall frei gemacht, und zwar in einer solchen Menge, daß es mit dem Eisen eine Legirung bildet, die sowohl in ihren physischen als chemischen Eigenschaften dem besten mit Holzkohlen fabricirten Schmiedeisen täuschend ähnlich ist. Man pflegt das Roheisen, welches in Gußeisen verwandelt werden soll, gewöhnlich zuerst dem Frisch- und dann dem Puddlirprocesse zu unterwerfen; meine Erfindung bezieht sich auf beide Processe.

Zum Frischen oder Raffiniren bediene ich mich eines sogenannten Reverberirofens, wie man ihn in Fig. 26 abgebildet sieht. a ist die Thür, bei der das Brennmaterial in den Ofen eingetragen wird. c, b sind die Stangen, die über die Aschengrube gelegt sind; d der Steg; e der Tiegel oder Schmelzraum; f ein Thürchen, welches sich was über dem Tiegel in den Ofen öffnet; g die Sohle, welche sich gen den Tiegel hin abdacht; h der Rauchfang. Das Brennmaterial, womit ich diesen Ofen heize, ist Steinkohle, welche mit Flamme brennt. Sobald die Sohle des Ofens mit solcher zum Weißglühen bracht worden ist, schaffe ich 30 Cntr. Roheisen von guter Qualität auf dieselbe; und unmittelbar darauf trage ich bei dem Thürchen f in den Tiegel e eine Mischung ein, welche ich aus 336 Pfd. :okenen salzsauren Manganoxyduls oder Manganchlorides und ¼ Pfund Chlorkalk, auch Bleichpulver genannt, zusammenseze; d. h. ich nehme von der ersteren der beiden Ingredienzien 10 und von der lezteren ⅓ Proc. des der Behandlung unterzogenen Roheisens. Auf diese Mischung bringe ich eine 2 — 3 Zoll dike Schichte Holzkohle, und diese bedeke ich ihrerseits mit einer ebenso diken Schichte Eisenschlaken, die ich jedoch mit einer hinreichenden Menge Aezkalk mische, damit sich der Kalk mit der in den Schlaken enthaltenen ungebundenen Kieselerde verbinde. Nachdem diese Vorkehrungen getroffen worden, treibe ich die Hize des Ofens so schnell als möglich so weit, daß das vorläufig auf die Sohle geschaffte Roheisen in Fluß geräth, dann in den Tiegel e hinabläuft und diesen bis auf einige Zoll von dem Thürchen f füllt. Wenn das Roheisen vollkommen geschmolzen worden ist, bedeke ich dessen Oberfläche mit Holzkohle, worauf ich die zum Umbrechen des geschmolzenen Metalles dienenden Werkzeuge durch das in dem Thürchen f befindliche Loch einführe. Während des Umbrechens selbst trage ich in Zwischenräumen von beiläufig 4 Minuten je 10 Pfd. des oben angegebenen Gemenges aus salzsaurem Mangan und Chlorkalk ein, wobei das Register des Schornsteines nach jedem Zusaze einige Secunden lang geschlossen werden muß. Der Proceß, bei dem sorgfältig darauf gesehen werden muß, daß das Metall beständig mit Holzkohle bedekt bleibt, ist in beiläufig einer halben Stunde beendigt, wo man dann das raffinirte Metall auf gewöhnliche Weise aus dem Ofen laufen läßt.

Der chemische Vorgang während des eben beschriebenen Processes scheint folgender zu seyn. Der in dem Roheisen enthaltene Schwefel, Arsenik und Phosphor verbindet sich mit dem Chlor des Manganchlorides und des Chlorkalkes, und bildet damit gasförmige Verbindungen, die sich verflüchtigen, während sich ein Theil des Mangans mit dem Eisen verbindet. Die hauptsächlich aus Eisensilicaten bestehenden Schlaken werden durch die gemeinschaftliche Wirkung des Kalkes und der Holzkohle zersezt, und geben nebst metallischem Eisen eine leichtflüssige Schlake, welche hauptsächlich aus Kalksilicat mit etwas Eisen- und Mangansilicat besteht.

Das nach dem angegebenen Verfahren raffinirte Eisen hat der Puddlirprocesse zu unterliegen, der sich von dem gewöhnlichen Puddliren in Folgendem unterscheidet. Ich trage nämlich, während das Puddliren von Statten geht, von Zeit zu Zeit ein Procent des angegebenen Gemenges aus salzsaurem Mangan und Chlorkalk ein, um dadurch die üblen Folgen zu beseitigen, die aus der Einwirkung des in der Flamme der Steinkohlen enthaltenen Schwefels auf das Eisen erwachsen könnten. Die in der Flamme enthaltene Kohlensäure wird, bevor sie an das Eisen gelangt, in Kohlenstoffoxydgas umgewandelt, indem man den Steg des Ofens aus zwei parallelen Mauern aufführt, und den zwischen ihnen befindlichen Raum mit Holzkohle ausfüllt. Wenn das Metall, wie man in der Hüttensprache zu sagen pflegt, seine Natur erlangt hat, so lasse ich die Schlaken ab, und werfe kleine Holzkohlenstüke in den Ofen, um das Eisen so viel als möglich gegen die nachtheilige Einwirkung des Feuers zu schüzen, während es in Ballen aufgebrochen wird.

Ich lege auf die beschriebenen Modificationen des Raffinir- und Puddlirofens keine Ansprüche; wohl aber dehne ich diese auf die Umwandlung des Roheisens in Schmiedeisen mittelst aller jener Metallchloride aus, die einer Zersezung, bei der sich ihre Basis mit dem Eisen verbindet, während das Chlor mit dem Schwefel und den sonstigen im Eisen enthaltenen Unreinigkeiten flüchtige Verbindungen bildet, fähig sind. Ebenso belege ich die Anwendung aller jener Metallchloride, deren Basen, indem sie sich mit den erdigen Unreinigkeiten des Roheisens verbinden, diese in Schlaken umwandeln und also deren Abscheidung aus dem Eisen mittelst der unter dem Namen Wolfsfeuer (wollow-fires) bekannten Oefen erleichtern.

Wenn das Metall nach dem Ablassen der Schlaken seine sogenannte Natur erlangt hat, so nehme ich dasselbe, um es von den lezten Kiesel- und Schlakenatomen, die ihm fast immer noch anhängen, zu befreien, aus dem Puddlirofen, und seze es der Einwirkung eines Holzkohlenfeuers aus, damit es sich in diesem reinige und zusammensintere. In diesem Zustande werden dann die sogenannten Blumen (blooms) daraus geformt, die nur mehr ausgewalzt zu werden brauchen. Um die Unannehmlichkeiten zu umgehen, die sich gewöhnlich zeigen, wenn das Eisen bei der weiteren Behandlung mittelst Reverberiröfen erhizt werden soll, erhize ich diese Blumen.

LXXXI.

Ueber den Einfluß des Wassers bei einigen chemischen Reactionen. Von Kuhlmann.

Aus den Annales de Chimie, Bd. LXVII. S. 209.

Der Einfluß, welchen die Gegenwart des Wassers bei einigen chemischen Reactionen ausübt, ist schon der Gegenstand mehrerer wichtigen Beobachtungen gewesen. Proust beobachtete, daß Salpetersäure von 1,48 spec. Gewicht das Zinn nicht angreift, und daß, durch Hinzufügung von wenig Wasser, diese Säure auf das kräftigste einwirkt. Kürzlich stellte Hr. Pelouze unter anderen folgende Thatsachen fest: 1) daß Essigsäure von 1,063 spec. Gew. kohlensauren Baryt nicht zersezt; 2) daß die kohlensauren Salze des Kalis, Natrons, Bleies, Zinks, Strontians, Baryts und der Bittererde durch krystallisirbare Essigsäure zersezt werden, daß aber die Einwirkung durch Hinzufügung von Wasser viel kräftiger wird und daß die Wirkung auf die kohlensauren Salze gleich Null ist, wenn man die Säure in absolutem Alkohol auflöst, endlich daß wasserfreier Alkohol, Schwefeläther, Essigäther die Eigenschaften, selbst der stärksten Säuren, vollkommen verdeken; ihre Auflösungen röthen nicht einmal Lakmuspapier, und üben keine Einwirkung auf eine große Anzahl kohlensaurer Salze aus.

Die rationelle Erklärung, sagt Hr. Pelouze, einer so bizarren Thatsache (der Vernichtung des Einflusses der mit Alkohol gemischten Essigsäure auf das kohlensaure Kali) scheint mir nicht leicht aufzufinden. Man kann hier nicht annehmen, daß die Unlöslichkeit der Bildung des Kalis entgegenstehe, da dieses Salz nicht allein in Alkohol, sondern auch in einem Gemisch von Essigsäure und Alkohol löslich ist.

Diesen Beobachtungen schließen sich noch andere von Braconnot an; sie beziehen sich namentlich auf die Salpetersäure. Diese Säure wirkt, concentrirt und kochend, nicht im mindesten auf Stüke von weißem Marmor oder auf gepulverten kohlensauren Baryt. Diese Wirkungslosigkeit wird von ihm der Unlöslichkeit des salpetersauren Baryts und Kalkes in concentrirter Salpetersäure und der Verwandtschaft zugeschrieben, welche die Kohlensäure in ihren Verbindungen zurükhält.

Hr. Braconnot weist ferner auf eine bündig erscheinende Weise nach, daß, wenn weder Zinn, noch Eisen, noch Silber, noch Blei durch concentrirte Salpetersäure angegriffen werden, dieß daher kommt, daß die salpetersauren Salze dieser Metalle in diesen Säuren unlöslich sind. Der nämlichen Ursache sucht er die durch Hrn. Pelouz erhaltenen Resultate zuzuschreiben.

Ich theile hier einige neue Thatsachen mit, welche die Erklärung des Hrn. Braconnot für einige Fälle vollkommen zulassen, aber wie ich glaube, beweisen werden, daß diese Erklärung nicht generalisirt werden kann, und daß andere Ursachen als die angeführten die Einwirkung der Säuren auf die Basen oder deren kohlensaure Salze verhindern.

Eine der merkwürdigsten chemischen Reactionen ist die, welche bei Berührung der Schwefelsäure mit dem Baryt eintritt. Man weiß, daß die Verbindung bisweilen mit solcher Wärmeentwikelung geschieht, daß die Masse des Baryts glühend wird und daß ein Theil der Schwefelsäure dampfförmig entweicht. Ich bemerkte bei dieser Gelegenheit Eigenthümlichkeiten, welche mir von wissenschaftlichem Interesse zu seyn scheinen.

A. — Ein Stük Baryt, mit rauchender Schwefelsäure in der Kälte zusammengebracht, bewirkt sogleich eine sehr lebhafte Reaction. Diese Wirkung ist noch viel mächtiger, wenn man wasserfreie, ungefähr bei 25° C. geschmolzene Schwefelsäure anwendet.

B. — Ein frisch geglühtes Stük Baryt, mit Schwefelsäurehydrat in Berührung gebracht, das nur ein Atom Wasser enthält (von 1,848 spec. Gew.) wird nicht verändert; es erscheint kein Anzeichen einer Verbindung. Nach einigen Momenten der Berührung tritt sogleich die Wirkung ein, wenn man das Gemenge der feuchten Luft aussezt. Sie kann auch hervorgerufen werden, wenn man den mit Schwefelsäure benezten Baryt an einem einzigen Punkte mit einem heißen Eisen oder einem mit Wasser befeuchteten Glasstäbchen berührt.

C. — Bringt man ein Stük Baryt in der Kälte mit wasserhaltiger Schwefelsäure von 1,848 spec. Gew., der man vorher ein wenig Wasser zugesezt hatte, zusammen, so tritt augenbliklich ein Ergluhen ein. Die Wirkung ist eben so schnell, wenn man verdünnte Säure anwendet, aber Ergluhen findet nicht mehr Statt.

D. — Schwefelsäure von 1,848 spec. Gew., die auf frisch geglühten Baryt in der Kälte ohne Wirkung ist, wirkt kräftig auf Baryt ein, der aus der Luft Feuchtigkeit angezogen hat.

E. — Schwefelsäurehydrat, hinlänglich verdünnt, um sogleich auf den Baryt zu wirken, hat in der Kälte keinen Einfluß mehr, wenn es mit absolutem Alkohol, Aether oder Holzgeist vermischt ist.

Aus diesen abweichenden Resultaten muß man schließen, daß in der Schwefelsäure mit einem Atom Wasser, dieses nur schwer aus seiner Verbindung ausgetrieben werden kann; es neutralisirt gewissermaßen die Eigenschaften der Säure; denn selbst bei Gegenwart einer

mächtigen Basis, wie der Baryt ist, wirkt die Säure nur mit
lfe einer höheren Temperatur.

Es wird sehr wichtig, genau die Dichtigkeit der Schwefelsäure
bestimmen, wenn man bei chemischen Reactionen dieselbe anwen-
; denn die obigen Versuche zeigen, daß sie sich mit Energie mit
n Baryt verbindet, wenn man sie damit bei gewöhnlicher Tempe-
ur wasserfrei, rauchend oder endlich von geringerer Dichtigkeit als
848 in Berührung sezt; daß sie aber aufhört, darauf einzuwirken,
nn sie genau ein spec. Gew. von 1,848 besizt.

Wenn die wasserfreie oder rauchende Schwefelsäure sich mit dem
aryt nicht mit so großer Energie verbände, könnte man, um die
othwendigkeit, die Säure von 1,848 spec. Gew. zu verdünnen, zu
chtfertigen, annehmen, daß die Bildung des schwefelsauren Baryts
ur unter dem Umstande Statt finden könnte, daß die Bildung von
Barythydrat voranginge, und zwar auf Kosten eines Theils des von
er Schwefelsäure schwach zurükgehaltenen Wassers; aber die ange-
[illegible]ten Thatsachen lassen diese Erklärung nicht zu. Bei Anwendung
ner Säure von 1,848 spec. Gew. wird die Reaction durch die
Wärme eben so wie durch Hinzufügung von Wasser hervorgebracht,
und in dem lezteren Falle bewirkt das Wasser ohne Zweifel nur die
Entwikelung der nothwendigen Wärme. Dieser Entwikelung können
erschiedene Ursachen zum Grunde liegen; in dem Versuche C kann
e der Verbindung eines Antheils Wasser der schwachen Säure mit
em Baryt, oder der Bildung von Barythydrat zugeschrieben werden,
nd in dem Versuche D ist es das schon gebildete Barythydrat,
elches, der Verbindung günstiger, augenbliklich die Bildung des
hwefelsauren Baryts durch seine Berührung mit Schwefelsäure von
,848 spec. Gew. hervorruft.

Die von Hrn. Braconnot gegebenen Erklärungen der Wir-
ungslosigkeit der Säuren auf die Metalle, Basen und kohlensauren
Salze unter gewissen Umständen lassen sich auf die Resultate der
itgetheilten Versuche nicht anwenden; sie reichen ebenfalls nicht
us, um die von Proust beobachtete Erscheinung zu erklären, näm-
ch bei der Einwirkung der Salpetersäure auf das Zinn, welche die Bil-
ung einer unlöslichen Verbindung (Zinnsäure) nicht bewirkt, selbst wenn
ie Säure die Concentration besizt, welche einer kräftigen Einwirkung
m günstigsten ist. Ich glaube, daß bei allen von Proust, Pe-
ouze und Braconnot angegebenen Reactionen die Stabilität
er Verbindungen der Säuren mit dem Wasser, wenn diese Ver-
indungen nach dem angegebenen Atomenverhältnisse Statt finden,
on großem Einfluß ist, und daß das Gemisch des Alkohols oder
es Aethers mit den Säuren nicht allein eine Flüssigkeit hervorbringt,

in der das Product, welches bei Einwirkung der Säuren auf kohlensauren Salze entstehen könnte, unlöslich ist, sondern vielm noch jede Einwirkung hindert aufzutreten, indem sie den Säuren Antheile von Wasser entzieht, welche nicht in einem festen Verhä nisse mit denselben verbunden sind. Der Versuch E dient dieser A sicht zur Stüze.

Bei der Berührung der Salpetersäure und der Metalle dient oh Zweifel auch die Gegenwart einer geringen Menge nicht verbunden Wassers oft dazu, die Reaction zu erleichtern. Das Ammoniak, dess Entstehung ich bei dem Eisen, dem Zink, dem Cadmium wie b Zinn bestätigt habe, macht dieß annehmlich; aber dieser Einfluß i nicht leicht anzunehmen bei dem Blei, Kupfer und Silber.

In dem Laufe dieser Versuche fand ich, daß die Einwirkun der Salpetersäure auf die Metalle immer von der Bildung ein mehr oder minder beträchtlichen Menge von Ammoniak begleitet wird, je nachdem die Metalle die Eigenschaft besizen, das Wasser mit meh oder weniger Leichtigkeit zu zerlegen. Die Metalle, welche das Wa nicht zerlegen, geben auch keine Spur von Ammoniak.

Bei Kalium und Natrium indessen erhielt ich keine Spur von sal petersaurem Ammoniak, was ich der hohen Temperatur zuschreibe, welche sich erzeugt und bei der das salpetersaure Ammoniak nicht be stehen kann. Diese Versuche mit den Alkalimetallen sind nicht ge fahrlos, der heftigen Explosionen wegen, welche im Moment der Berührung des Metalls mit der Säure entstehen.

LXXXII.

Ueber die Bereitung der ätherischen Oehle. Von E. Soubeiran.

Aus dem Journal de Pharmacie, November 1837.

Seitdem Hoffmann den Rath gegeben hat, bei der Bereitung der schweren ätherischen Oehle Kochsalz dem Wasser beizufügen, ha nur Baumé ausgesprochen, daß dieses Verfahren unnüz sey. E scheint jedoch nur wenig Einfluß auf seine Nachfolger gehabt zu ha ben; denn alle haben gerathen, die Methode Hoffmann's anzu wenden. In der neuesten Zeit hat indessen Mialhe aus einem sel angestellten Experiment geschlossen, daß die Anwendung des Kochsal zweklos sey.

Folgendes sind die Vorzüge, die Hoffmann dem beigefügten Kochsalze beilegt: es schärfe das Wasser und mache es geschikter, die vegetabilischen Stoffe zu durchdringen und aufzulösen; es verhindere die Gährung, wenn man mit troknen Substanzen operirt, welche da

[d]er vorläufigen Einweichung unterworfen werden müssen; es erhöhe [e]ndlich die Temperatur des Wassers und erleichtere auf diese Weise [d]en Uebergang einer größern Menge des ätherischen Oehles. Dieser [l]eztere Umstand, der vollkommen mit der Theorie übereinstimmt, ließ [m]ich an der Genauigkeit des von Mialhe angezeigten Resultats zweifeln, und wirklich habe ich, seiner Meinung entgegen, gefunden, daß, wenn man vergleichungsweise ein ätherisches Oehl mit destillirtem und mit solchem Wasser behandelt, welches mit Kochsalz gesättigt ist, in dem zweiten Falle verhältnißmäßig mehr Oehl übergeht als in dem ersten.

Ich machte den Versuch in einer kupfernen Blase, und um jede Verdichtung des Dampfes im Helme zu vermeiden, hüllte ich diesen bis an das Kühlrohr in einen wollenen Stoff ein. In die Blase brachte ich destillirtes Wasser und rectificirtes Terpenthinöhl, welches über dem Wasser eine Schicht von 3 bis 4 Finger Dike bildete, und ich fing die Producte der Destillation nicht eher an zu sammeln, als bis die Destillation in vollem Gange und der Apparat vollkommen erwärmt war. Während der ganzen Zeit der Destillation verhielt sich das im Recipienten sich verdichtende Wasser und Oehl zu einander dem Volumen nach wie 1 : 0,757, oder dem Gewichte nach wie 1 : 0,66. Dieß sind genau die relativen Mengen, welche aus der Verdichtung einer mit Wasser- und Oehldampf gesättigten Mischung erhalten werden müssen, bei einer Temperatur von 100° C. und unter einem Druk von 76 Millim., wenn man von der jeder der beiden Dämpfe angehörigen Tension ausgeht.

Doch bleibt dieß Verhältniß nur so lange dasselbe, als das Oehl eine zusammenhängende Schicht über dem Wasser bildet. Hat sich die Menge des Oehls so weit vermindert, daß sie nur noch einzelne Tropfen bildet, so erhält man eine große Menge Wasserdampf und die Quantität Oehl im Product vermindert sich immer mehr und mehr.

Ich stellte einen zweiten Versuch an, indem ich zu dem Wasser die Hälfte seines Gewichts Kochsalz hinzufügte; dießmal änderten sich die Verhältnisse ganz und gar; nahm man das Wasser als die Einheit des Volumens an, so war das des Oehls 1,75. Das Verhältniß des Gewichts fand man demnach wie 1 : 1,517. So stimmten die Theorie und die Erfahrung überein. Die Gegenwart des Kochsalzes hat die Menge des ätherischen Oehls vermehrt; aber es fragt sich, ob dieselbe Erscheinung bei der Behandlung aromatischer Vegetabilien Statt findet.

Ich brachte auf 2,500 Grm. chinesischen Zimmt 13 Liter kochendes Wasser; nach 48 Stunden destillirte ich so lange als das Wasser milchicht überging; ich erhielt auf diese Weise 3 Liter milchich-

tes Wasser, von welchem ich, nachdem sie 3 Tage gestanden hatte
durch Abgießen 5 Grm. ätherisches Oehl erhielt. Dasselbe Wa
enthielt aufgelöst noch 5,3 ätherisches Oehl; davon habe ich m
überzeugt, indem ich eine Quantität dieses Wassers mit reinem Ae
behandelte und die ätherische Auflösung der freiwilligen Verdunstu
überließ. Dieses Zimmtwasser goß ich in die Blase zurück und d
stillirte von Neuem; ich erhielt wieder 3 Liter milchichtes Wasser;
eine dritte Destillation gab nichts mehr. Zieht man das in dem de
stillirten Wasser enthaltene Oehl ab, so erhielt ich durch diese zwei
Destillationen 2,25 Grm.

Ich stellte jezt einen neuen Versuch mit derselben Menge Zimmt
und derselben Menge Wasser an, doch dießmal fügte ich 4400 Grm.
Kochsalz hinzu; hieraus erhielt ich 3 Liter des milchichten Productes,
welche mir 6 Grm. abgesetztes und 5,3 in der Auflösung enthaltenes
flüchtiges Oehl lieferten, im Ganzen 11,3 Grm.

Bei der zweiten Destillation hörte, nachdem 1 Liter übergegangen war, das Wasser auf klar überzudestilliren; das bei dieser Operation gewonnene Oehl betrug 2 Grm. Eine dritte Destillation gab
nichts mehr.

Vergleichen wir die Resultate, so findet sich, daß mit reinem
Wasser die erste Destillation 10,3 Grm. Oehl lieferte; wurde das
Wasser mit Kochsalz gesättigt, so erhielt man daraus 11,3 Grm.; die
ganze Menge Oehl verlangte mit bloßem Wasser 6 Liter Flüssigkeit;
dieselbe Menge erhielt man bei Wasser, das mit Kochsalz vermischt
worden war, aus 4,5 Liter; in diesem Falle ist es wirklich von Vortheil, sich des Kochsalzes zu bedienen; aber dieser Vortheil ist nur
gering und wird durch die Ausgabe, welche das Salz verursacht, nicht
gedekt; er würde gar nicht Statt finden, wenn man, statt das Wasser
mit Chlornatrium zu sättigen, nur den zehnten Theil seines Gewichtes
zusezen wollte, wie es die Vorschriften angeben. Bemerkenswerth
ist, daß bei Extraction der flüchtigen Oehle mittelst Destillation man
immer eine bedeutende Menge Wasser destilliren muß, um die ganze
Menge Oehl zu gewinnen, der Erscheinung entgegen, die man bemerkt, wenn eine Mischung von Wasser und ätherischem Oehl destillirt wird. Es hat dieß den Grund darin, daß die Oehle in dem
Gewebe der Pflanzen sich befinden, daß ihre Menge im Verhältniß
zu der des Wassers, die man zum Einweichen der Pflanzen anwenden muß, sehr gering ist, und endlich, daß die organischen Elemente,
mit denen sie verbunden sind, eine Verwandtschaft zu ihnen haben,
die ihrer Abscheidung entgegen wirkt. Ich goß auf 3 Kilogramme
gemahlener Cubeben 17 Liter kochendes Wasser; ich ließ es 48 Stunden weichen und destillirte dann; ich beendigte den Versuch, als ich

Liter destillirtes Wasser erhalten hatte; darauf schwammen 75 Grm. ehl; ich stellte einen andern Versuch an, indem ich zu dem Wasser Kilogramme und 500 Grm. Kochsalz hinzufügte; bei dem Destilen von 6 Liter erhielt ich nur 50 Grm. Oehl.

Ich machte einen neuen Versuch mit 2,700 Grm. Cubeben und Liter Wasser ohne Kochsalz; auf den 3 ersten Litern, welche bei r Destillation übergegangen waren, schwammen 28 Grm. Oehl und uf den folgenden 3 Liter 35 Grm., im Ganzen 63 Grm.

Ich begann wiederum mit denselben Mengen Cubeben und Wasser operiren, zu welchem ich 10 Kilogramme Kochsalz fügte. Diesmal lieferten die 4 ersten Liter 25 Grm. Oehl und die beiden folenden 18 Gr., im Ganzen 43.

Diese beiden Versuchsreihen beweisen einen Umstand, den ich nicht erwartet hätte, nämlich daß bei der Destillation der Cubeben das Kochsalz der Gewinnung des ätherischen Oehls geradezu entgegen ist. Ich kann diesen Umstand nicht erklären, ich erzähle ihn so, wie ch ihn zu beiden verschiedenen Malen beobachtet habe.

Ich kann keinen allgemein gültigen Schluß aus meinen Versuchen ziehen; wenn sie mich auf der einen Seite überzeugten, daß bei der Destillation einer Mischung von Oehl und Wasser der Fortgang des Versuchs durch die Beimischung von Kochsalz beschleunigt wurde, so haben sie mir auf der andern Seite gezeigt, daß bei der Destillation von Zimmt der Vortheil fast verschwindet, während es bei der Destillation der Cubeben den Uebergang des Oehls verzögert. Jedenfalls ergibt sich aus meinen Versuchen, daß die Fabrication der Oehle, welche als eine ganz bekannte Sache betrachtet wird, im Gegentheil einer neuen Untersuchung bedarf. Ich habe zu selten Gelegenheit, ätherische Oehle darzustellen, um diese Untersuchungen zu Ende zu führen; indeß hoffe ich, daß sich irgend Jemand, dem mehr Gelegenheit dazu sich darbietet, von Neuem damit beschäftigen wird. Es bietet sich hier ein weites Feld neuer und interessanter Untersuchungen dar.

LXXXIII.

Ueber arsenikhaltige Lichtkerzen. Aus einem im Namen einer Commission abgestatteten Berichte; von D. Granville.

Aus der Biblioth. univers. April 1838, S. 346.

Chevreul entdekte bekanntlich in dem gewöhnlichen Talge zwei verschiedene fette Stoffe, einen, das Stearin, der selbst bei einer ziemlich hohen Temperatur fest bleibt, während der andere, das Oleïn, bei der gewöhnlichen Wärme der Luft flüssig wie Oehl ist. Alle be- finden sich in den meisten Oehlen und Fetten, sowohl vegetabilisch als animalischen, die ihren Grad von Consistenz oder Flüssigkeit de Vorherrschen des einen oder des andern dieser beiden Stoffe verdanke.

Wird das Stearin durch die Wirkung eines Alkali's, wie Ka und Natron, oder einer andern kräftigen Base verseift, so verw delt es sich, wie Chevreul gezeigt hat, in eine kleine Menge lö. licher Substanz von zukerartigem Geschmak (ungefähr 5 Proc.) und einen modificirten fetten Stoff, der sich leicht von der Base durch eine Säure abscheiden läßt. Dieses modificirte Fett besteht aus einem Gemenge von zwei Säuren, der Margarin- und der Stearinsäure. Beide sind einander so ähnlich, daß man dieselben in technischer Be- ziehung als gleichartig betrachten kann. Die so erhaltene Substanz ist perlmutterartig, krystallisirt in langen glänzenden und seidenartigen Nadeln, die sich in der erstarrten Masse durchkreuzen. Ihr ganz un- bedeutender Geruch ist dem des geschmolzenen Wachses ähnlich. Sie schmilzt höchstens bei 45° R. und gibt, wenn sie vermittelst eines Dochtes entzündet wird, ein schönes und lebhaftes weißes Licht, das keinen Geruch verbreitet.

Der große Vorzug, den diese beiden neuen Körper für die Be- leuchtung gegen den gewöhnlichen Talg, sowohl wegen der Schönheit des Aussehens als auch wegen ihrer geringern Neigung zu laufen, sowie auch, und zwar vornehmlich, wegen Abwesenheit des so unan- genehmen Geruches der gewöhnlichen Lichter gewähren, mußte noth- wendig bald die Aufmerksamkeit der Fabrikanten auf sich ziehen. Dessen ungeachtet zeigten sich in der Praxis Schwierigkeiten, welche vornehmlich von der starken Neigung der Margarinsäure zur Kry- stallisation herrührten, wodurch die daraus bereiteten Lichter sehr brüchig und fast zerreiblich gemacht wurden. Endlich kamen im Jahre 1833 oder 1834 aus dieser Substanz bereitete Lichter zu Paris unter dem Namen bougies de l'Étoile in den Handel, und ihre Schönheit, ihr mäßiger Preis erwarben ihnen bald einen großen Ruf. Da sich aber bei verschiedenen Personen, die sich dieser neuen Lichter bedienten, bedenkliche und beunruhigende Symptome gezeigt hatten, und man an diesen Lichtern einen Knoblauchgeruch wahrgenommen hatte, so erregte dieß die Aufmerksamkeit der französischen Behörden. Der Po- lizeipräfect ließ durch das Conseil de Salubrité eine Untersuchung an- stellen, deren Resultat war, daß die besagten Kerzen Arsenik ent- hielten, der hinein gebracht worden war, um die verseiften Fette, welche die Grundlage derselben bildeten, verbrennlicher zu machen. Die französischen Behörden verboten die Anwendung dieser giftigen Substanz bei Bereitung der neuen Lichter, ohne daß jedoch eine betliche Bekanntmachung in dieser Sache erfolgte, da der Arsenik wischen durch eine unschädliche Substanz ersezt worden war.

Einige Zeit nach dieser Untersuchung begab sich ein Individuum ch London und verkaufte da an eine große Anzahl von Lichtfabriten ein weißes Pulver, welches die Eigenschaft hatte, die Stearinsre in schöne Kerzen zu verwandeln, welche sehr gesucht wurden. s wurde jedoch bald die Entdekung gemacht, daß dieses Pulver chts anderes als gepulverter weißer Arsenik (arsenige Säure) war, d da das vermeinte Geheimniß auf diese Weise entdekt worden ar, so wurde die Fabrication der Lichter, die aus mit Arsenik gengter Stearinsäure verfertigt waren, bald fast ganz allgemein. ie angesehensten Fabrikanten, durch die Niedrigkeit des Preises gewungen, welche diese furchtbare Concurrenz veranlaßte, ahmten ihre öllegen nach, und obgleich das Verfahren bei dieser Fabrication für eine der bei diesem Handelszweige angestellten Personen ein Geheimiß war, so hatte doch das Publicum, das sich dieser vergifteten eleuchtung bediente und daher am meisten dabei betheiligt war, keine enntniß davon.

Endlich machte am 28. October vorigen Jahres ein Mitglied er medizinischen Societät von Westminster in London eine Anzeige, aß er, da einer seiner Patienten sich gegen ihn über den Nachtheil eklagt hätte, den er von dem Gebrauche der Kerzen empfände, welche r im Gasthause erhalten, eine Analyse hätte anstellen lassen, die einen Arsenikgehalt als Resultat gegeben hätte. Die Societät ernannte arauf eine Commission von Sachkundigen, welche den Auftrag erielt, eine gründliche Untersuchung über einen für den öffentlichen esundheitszustand so wichtigen Gegenstand anzustellen. Diese Comission gab in einem Berichte das Resultat ihrer Untersuchungen, und a in England die Publicität das einzige Mittel ist, das Publicum or Gefahren, wie diese sind, zu warnen, wurde die Arbeit dem Druke überliefert und es wurden zahlreiche Exemplare davon vertheilt.

Es hätte überflüssig scheinen können, diese Anwesenheit des Arseniks durch die Analyse darzuthun, da sie von den Fabrikanten selbst nicht geläugnet wurde. Dessen ungeachtet verschafften sich die Mitglieder der Commission Proben dieser Producte, die bei den Londoner Lichthändlern unter sehr verschiedenen Namen verkauft wurden, wie z. B. Chandelles de stéarine, cire d'Allemagne. bougies de cire impériale, bougies françaises, suif comprimé, bougies des tropiques, cire moulée, cire de Venise u. s. w. Durch Kochen von Bruchstüken dieser verschiedenen Kerzen in Wasser überzeugten sich die Mitglieder der Commission von der Anwesenheit des weißen Arseniks in einer Menge von zehn bis achtzehn Gran auf ein Pfund

Lichter, so daß jedes Licht vier und einen halben Gran davon enthielt, was namentlich bei denen der Fall war, die den geringsten Preis hatten. Dieser Arsenik war nicht in der Masse aufgelöst, sondern bloß mit ihr gemengt, und die Commissarien überzeugten sich, daß der obere Theil des Lichtes, welcher beim Gießen den untern Theil der Gießform einnimmt, weit mehr als das andere Ende davon enthielt. Der Unterschied war so bedeutend, daß er fast noch ein Drittel mehr ausmachte, so daß eine solche Kerze in der Luft weit mehr Arsenikdämpfe verbreiten muß, wenn man sie zum erstenmale anzündet, als wenn sie schon zum Theil verbrannt ist.

Um die Natur der beim Verbrennen sich entwikelnden arsenikalischen Dämpfe kennen zu lernen, wurden gläserne Gefäße über die Flamme gebracht, und sie bedekten sich mit einer dünnen Schicht arseniger Säure, wie dieß durch Reagentien deutlich dargethan wurde. Um die Menge der auf diese Weise durch das Verbrennen entwikelten Säure aufzufinden, wurde der angezündete Docht des verdächtigen Lichtes in eine kleine Retorte ohne Boden gebracht, so daß sie dann ruhig und ohne Rauch verbrannte. Der Hals der Retorte war in eine horizontale Glasröhre von sechzehn Zoll Länge und einem Zoll im Durchmesser eingesezt, die mit feuchter Leinwand umgeben war. Die Retorte und die Röhre bedekten sich sogleich mit einer weißen Schicht arseniger Säure, und ein wenig wässeriger Flüssigkeit, die sich in der Röhre verdichtete, ergab sich als eine concentrirte Auflösung von demselben Gifte.

Es war also dargethan, daß bei dem gewöhnlichen Verbrennen sich Arsenik als arsenige Säure aus den Stearinkerzen entwikelte. Es blieb aber noch zu untersuchen übrig, ob sich unter andern Umständen nicht andere arsenikalische Producte entwikeln könnten. Die Commissarien stellten directe Versuche darüber an, und sie überzeugten sich, daß, wenn die Verbrennung durch einen nicht so anhaltenden Zutritt von Sauerstoff verlangsamt wird, sich metallisches Arsenik, schwarzes Arsenikoxyd und vielleicht selbst Arsenikwasserstoff, dieses so heftige Gift entwikeln. Sie überzeugten sich, daß das in die Masse gebrachte Arsenik beim Verbrennen durch das frei werdende Wasserstoffgas zu metallischem Arsenik reducirt wird, welches sich mit der Flamme verflüchtigt. Hier verbrennt es wiederum, und wenn hinreichende Luft hinzutreten kann, wie dieß gewöhnlich in Zimmern geschieht, verwandelt es sich von Neuem in arsenige Säure, die sich nach und nach an alle umgebende Körper absezt. Wird aber der Zutritt der Luft, z. B. durch gläserne, die Kerzen umgebende Cylinder erschwert, so können einige Portionen Arsenikwasserstoffgas durch die Flamme gehen, ohne zu verbrennen, und so in der Luft ihren tödtlichen Einfluß vereiten. Die aus diesem Theile der Untersuchung gezogenen Schlüsse stätigten daher die Anwesenheit des Arseniks in beträchtlicher Menge den Stearinkerzen. Eine ähnliche Untersuchung wurde mit den Wachs- und Wallrathkerzen angestellt, es wurde aber nichts Verdächtiges darin entdekt. Der Wallrath bietet indessen dieselbe Schwierigkeit dar, wie die Stearinsäure, wegen seiner Neigung zur Krystallisation und seiner brüchigen Consistenz. Dem Uebel wird aber durch Zusaz von einem Dreissigstel weißem Wachse leicht abgeholfen, und es ist wahrscheinlich, daß ein solcher Zusaz eine ähnliche Wirkung auf die Stearinkerzen haben würde.

Obgleich man fast nicht annehmen kann, daß der beständige Gebrauch von Lichkern, die bei ihrer Verbrennung arsenige Säure entwikeln, ohne gefährliche Wirkungen auf die thierische Oekonomie sey, so sollte, nach dem Wunsche der Commission, die Erfahrung auch über diese wichtige Frage entscheiden. Sie ließ geräumige hölzerne Behältnisse anfertigen, die in zwei Abtheilungen getheilt waren. Oben und unten angebrachte Oeffnungen gestatteten eine hinreichende Lüftung, um die Luft beständig zu erneuern, und gläserne Thüren ließen das Tageslicht ungehindert hinein und man konnte durch sie beobachten, was in den Behältnissen vorging. Thermometer, die in jeder Abtheilung aufgehängt waren, gaben in jedem Augenblike die Temperatur der Behältnisse an, und ein mehr oder weniger schneller Luftstrom machte es möglich, dieselbe nach Belieben zu reguliren.

In jede der Abtheilungen dieser Behältnisse brachte man zwei lebendige gesunde Vögel (Zeisige), die in einen Käfig gebracht waren, zwei Meerschweinchen und ein Kaninchen. In der ersten Abtheilung wurden vier arsenikhaltige Lichter angezündet und in der zweiten vier Wallrathkerzen. Die Verbrennung wurde sechs Tage, jedesmal ungefähr zwölf Stunden, in den beiden Behältnissen fortgesezt, die dem bereits beschriebenen ähnlich waren, ausgenommen, daß in dem zweiten nur drei Lichter und drei Kerzen statt vier waren und daß es statt Zeisige zwei Grünfinken (verdiers) enthielt. Jeden Tag wurden die Behältnisse und die Käfige gereinigt, und es wurden vor Beginn des Versuches von Neuem Wasser und Nahrungsmittel hineingebracht. Während der ganzen Dauer der Versuche war die Temperatur der Behältnisse beinahe Sommerwärme, von 15° bis 20° R., da diese den darin eingeschlossenen Thieren am angenehmsten seyn mußte. Die Behältnisse wurden immer hinreichend gelüftet und die Nahrung war reichlich und gesund.

Drei oder vier Stunden nach dem Anfange des Versuches wurde einer der Zeisige sichtlich angegriffen; er erholte sich aber während der Nacht wieder, wo die Verbrennung aufhörte. Den folgenden Tag, eine Stunde nachdem die Lichter von Neuem angezündet worden waren, wurde derselbe Vogel von Neuem angegriffen, und am Ende der zweiten Stunde war er todt. Der andere Zeisig folgte ihm eine halbe Stunde nachher. Diese zwei Vögel waren im Ganzen der Arsenikatmosphäre sieben und eine halbe Stunde ausgesezt gewesen.

Es wurden hierauf drei andere Zeisige in das Behältniß gebracht, und statt vier, wurden bloß zwei Stearinkerzen angebrannt. Vier Stunden nachher schienen die Vögel wie erstarrt auf ihrem Stäbchen, ob sie gleich im ersten Augenblike mehr Lebhaftigkeit als gewöhnlich gezeigt hatten. Während des übrigen Theiles des Tages waren sie offenbar immerfort unpäßlich. In der Nacht schienen sie wieder Kräfte zu erhalten, aber am folgenden Tage, kurz nachdem die Lichter wieder angebrannt worden waren, kehrte die Krankheit zurük. Sie konnten ihre Flügel nicht erhalten, sie athmeten mit Mühe und hatten beständig ihren Schnabel offen. Am dritten Tage endlich starben alle drei, obgleich sie in jeder Nacht, wo die Arsenikdämpfe eine Zeit aufhörten, fast ihre gewöhnliche Gesundheit wieder erhalten zu haben schienen. Die hauptsächlichsten bei ihnen vorkommenden Symptome, außer dem erschwerten Athemholen, waren Zukungen am ganzen Körper, große Niedergeschlagenheit und fast völlige Lähmung der willkürlichen Muskelbewegungen. Wurden sie aufgescheucht, so fielen sie, indem sie wegzufliegen versuchten, auf den Boden des Käfigs.

Die zwei Grünfinken, welche viel stärker waren, widerstanden den Wirkungen der von den Stearinkerzen verbreiteten Arsenikdämpfe viel länger; endlich aber kamen bei ihnen dieselben Symptome vor und sie unterlagen, nachdem sie mit Unterbrechung neun und vierzig Stunden denselben ausgesezt gewesen waren. Sie schienen einen nicht zu stillenden Durst zu fühlen, und einer von ihnen starb, während er seinen Schnabel in das Trinknäpfchen tauchte. Auch tranken alle diese Vögel zum wenigsten viermal mehr Wasser als diejenigen, welche nicht den tödtlichen Einflüssen der Kerzen ausgesezt waren. Sie verloren nach und nach ihren ganzen Appetit, und wenn sie ein Körnchen zerhakten, so konnten sie es nur verschlingen, wenn sie ihren Schnabel in Wasser eintauchten, um es zu befeuchten. Sie zeigten auch deutliche Spuren von Störung in den Verdauungsorganen.

Die Commissarien glaubten die Körper dieser Vögel nach ihrem Tode untersuchen zu müssen und sie entdekten deutliche Spuren von Arsenik, der entweder verschlukt oder durch die Athmungswerkzeuge eingeführt worden seyn mußte. Es ist wohl nicht nöthig zu sagen, daß bei den Vögeln von der nämlichen Art, aus deren Käfig diejenigen genommen worden waren, welche den Versuchen unterworfen wurden, und die bloß der Vergleichung wegen unter ganz gleichen mständen hinsichtlich der Nahrung, Temperatur, des Raumes, der lftung u. s. w. in der andern Abtheilung des Behältnisses aufbewahrt worden waren, wo die gewöhnlichen Wallrathkerzen brannten, cht das geringste Symptom von Unbehaglichkeit oder Störung ihres esundheitszustandes vorkam.

Die Säugethiere gaben vom zweiten Tage an Zeichen von Unbehaglichkeit in der Atmosphäre. Das Kaninchen vornehmlich hatte othe Augen, war erstarrt, lag immer auf der Seite, seine Weichen waren eingefallen und das Athemholen ging bei ihm schneller vor sich. Es wurde oft von einer Art Zittern befallen. Es erbrach sich ft und wollte, wie die Meerschweine, nicht fressen. Der Versuch wurde nicht lange genug fortgesezt, um den Tod dieser stärkern Thiere herbeizuführen. Ihre Unbehaglichkeit und ihre Magerkeit aber zeigten, daß sie bald unterlegen wären.

Bloß am dritten Tage des Versuches waren in verschiedene Theile der Behältnisse Gefäße mit destillirtem Wasser gestellt worden, um zu entdeken, ob die Arsenikdämpfe in der Luft blieben, oder niedergeschlagen würden. Obgleich diese Gefäße nur ungefähr sechs und dreißig Stunden den Arsenikdämpfen ausgesezt gewesen waren, so gab dennoch das Wasser, welches sie enthielten, mit Reagentien deutliche Beweise, daß es das Gift enthalte. Es wurde folglich dadurch bewiesen, daß die durch die Stearinkerzen bei der Verbrennung entwikelte arsenige Säure sich verdichtet und auf die verschiedenen in dem Behältnisse befindlichen Gegenstände zurükfällt.

Die Commissarien haben also durch Versuche die tödtlichen Wirkungen gezeigt, die der Gebrauch der arsenige Säure enthaltenden Stearinkerzen auf das Leben haben muß. Eine große Anzahl völlig authentischer Thatsachen hätten schon im voraus ein ähnliches Resultat geben können.

Wir haben gesagt, daß die Mengung des Arseniks mit den fetten Substanzen bald Arsenikwasserstoffgas, bald metallischen Arsenik, bald arsenige Säure erzeugt. Das erstere muß ohne Zweifel sehr selten erzeugt werden, aber seine Anwesenheit würde bei denen, die es einathmeten, einen gewissen Tod herbeiführen. Die Chemie zählt schon zwei Opfer dieses erst in neuerer Zeit entdekten Gases, das eins von den stärksten Giften, die wir kennen, zu seyn scheint.

Bekannt ist, daß Gehlen seinen Tod bei Versuchen mit demselben fand; und noch im vorigen Jahre ereignete sich zu Falmouth derselbe Unglüksfall. Der Chemiker Bullock wollte bei einem Cursus der Experimentalchemie über die Gasarten in der Gewerbschule Arsenikwasserstoffgas bereiten, indem er Schwefelsäure auf eine Legirung von Zink und Arsenik goß.

Um das Gas reiner zu erhalten, wollte er die atmosphärische Luft aus dem Fläschchen aussaugen, unglüklicher Weise aber hatte sich schon eine kleine Menge von dem unglüklichen Gase damit gemengt, und er büßte nach vier und zwanzigtägiger Krankheit seine Unvorsichtigkeit mit dem Leben. Diese Fälle sind darum merkwürdig, weil sie, außer der ungeheuren tödtlichen Kraft dieses Gases, auch zeigen, mit welcher fast unbedeutenden Dosis diese traurigen Wirkungen erzeugt werden können.

Hinsichtlich des Einflusses der Dämpfe der arsenigen Säure auf die thierische Oekonomie erwähnen die Commissarien die Erzählung des Dr. Waltl, der, da er dieses Heilmittel bei gewissen Hautkrankheiten versuchen wollte, sich von den Wirkungen an sich selbst zu überzeugen wünschte, die sie im Allgemeinen auf die Gesundheit hätten. Er warf sechs Gran Arsenik auf rothglühende Kohlen, die er in dem Zimmer ließ, worin er sich befand. Es zeigten sich während der Nacht beunruhigende Symptome an ihm, aus denen er ersah, daß die Dämpfe der arsenigen Säure als Gift wirken, wenn sie mit der atmosphärischen Luft eingeathmet werden. Wir erinnern noch an den krankhaften Zustand und die Lebenskürze der Arbeiter, welche in Arsenik- und Kobalthütten arbeiten, ungeachtet der Vorsichtsmaßregeln, die man trifft, um den Arsenik in den hohen Essen zu verdichten. Die Annalen der Medicin würden zur Unterstützung dieser Meinung außerdem noch eine große Anzahl übrigens sehr wahrscheinlicher Beweise von der Gefahr darbieten, welche die Dämpfe der arsenigen Säure, selbst in nicht sehr beträchtlichen Mengen, bei denen zeigen, welche sie athmen. Die Commissarien warfen die Frage auf, welche Wirkung auf die Gesundheit zum wenigsten Einiger der Anwesenden eine große Anzahl von arsenikhaltigen Stearinkerzen haben könnte, wenn dieselben zugleich in einer Gesellschaft, einer Kirche, oder einem Theater, z. B. in dem von Drury-Lane, brennen, wo die Anzahl der Kerzen 152 beträgt und wo, wenn statt derselben aus Sparsamkeit Stearinkerzen gebraucht würden, 608 Gran arseniger Säure während der Dauer des Schauspieles in der Luft verbreitet werden würden. Sie halten es für unmöglich, daß in einer so zahlreichen Versammlung Niemand hiedurch afficirt werden sollte.

Die schädlichen Wirkungen, die eine solche Beleuchtungsart haben müsse, scheinen kaum bezweifelt werden zu können. Sollte aber ja noch bei dem Einen oder bei dem Andern ein Zweifel daran entstehen, so ist es auf jeden Fall, wenn es sich von Arsenik handelt, immer besser, den Grundsaz des Weisen buchstäblich anzuwenden: Im zweifelhaften Falle enthalte dich.

Die Commission schließt ihren Bericht mit einigen praktischen

Bemerkungen über die Mittel, die Stearinkerzen von den Wachskerzen zu unterscheiden, da leztere, wenn sie mit einem elfenbeinernen Instrumente gerieben werden, Politur annehmen, während erstere in diesem Falle die Politur verlieren, die sie von Natur auf ihrer Oberfläche haben. Die, welche Arsenik enthalten, sind undurchsichtig, zeigen unter dem Vergrößerungsglase kleine glänzende Punkte und verbreiten vornehmlich, wenn sie so ausgelöscht werden, daß noch ein langer rothglühender Docht zurükbleibt, einen sehr deutlichen Knoblauchgeruch. (Erdmann's Journ. f. prakt. Chemie, 1838 Nr. 14. Man vergl. auch polytechn. Journal Bd. LXVII. S 233.)

LXXXIV.

Verbesserungen in der Fabrication von Bleiweiß und anderen Bleisalzen, worauf sich Homer Holland von Massachusetts in den Vereinigten Staaten ein Patent ertheilen ließ.

Aus dem Franklin Journal. Mai 1838.

Die Erfindung beruht auf zwei Punkten: 1) auf einer verbesserten Methode metallisches Blei durch gemeinschaftliche Wirkung der Reibung, der Luft und des Wassers in ein feines Pulver oder in ein breiartiges Bleioxyd zu verwandeln, aus welchem dann salpetersaures und essigsaures Blei erzeugt werden. 2) in der Verbindung dieses Oxydes mit Kohlensäure durch Zusaz von kohlensaurem Natron oder einem anderen kohlensauren Alkali, um auf diese Weise Bleiweiß zu gewinnen.

Der Patentträger bringt, um das Blei zu oxydiren, grobe Schrote oder andere Stüke unlegirten Bleies in einen bleiernen Cylinder oder Behälter von vier Fuß Länge und drei Fuß Durchmesser, welcher in horizontaler Richtung um eine Welle umläuft. Diesen Cylinder, in dem an den Enden in der Nähe der Welle zum Behufe des Eintrittes der Luft Löcher gebohrt sind, und in den soviel weiches[68]) Wasser gebracht wird, daß die Schrote oder Bleistüke davon bedekt sind, umgibt er mit einem starken, gut schließenden, hölzernen Gehäuse. Umgetrieben wird der Cylinder durch irgend eine Triebkraft mit einer Geschwindigkeit von 18 bis 20 Umgängen in der Minute. Durch die aus der Reibung erwachsende elektro-chemische Wirkung, durch die Luft und das Wasser, wird das Blei in feines, breiartiges Oxyd umgewandelt, welches man bei einem an der Seite der Kammer angebrachten Spunde auf ein Sieb laufen läßt, durch

68) Wie v. Bonsdorff gezeigt hat, ist es unumgänglich nöthig, bei diesem Verfahren chemisch reines (destillirtes) Wasser anzuwenden, damit sich Bleioxydhydrat und Blei-Hydrocarbonat bilden kann. (Polytechn. Journ. Bd. LXVIII. S. 38.) A. d. R.

welches es in den zu dessen Aufnahme bestimmten Behälter gelan-
Es verbindet sich in diesem Zustande, wenn man das Wasser geh
davon ablaufen ließ, mit Essigsäure leicht zu Bleizuker und mit S
petersäure zu salpetersaurem Blei.

Um Bleiweiß zu fabriciren wird ein ähnliches Verfahren einge
schlagen; nur wird dem Wasser, welches man in den Cylinder bringt
auf 10 Pfd. immer 12 bis 16 Loth kohlensaures Natron zugesetz
Zur Erzeugung des zur Bereitung des Bleizukers und des salpeter
sauren Bleies bestimmten Oxydes muß der Cylinder oder Behälte
mehrere Stunden lang umlaufen; das kohlensäure Blei oder da
Bleiweiß dagegen kann erst nach 12 bis 16 Stunden auf das Sie
gebracht werden. Man läßt es aus dem Siebe in ein mit einem
Agitator versehenes Gefäß laufen, in welchem man es, um es von
allem anhängenden Alkali zu befreien, ein- oder zweimal mit reinem
Wasser auswäscht. Es braucht, nachdem dieß geschehen, nur mehr
getroknet zu werden, um als Bleiweiß in den Handel zu kommen.[69]
Da bei diesem Verfahren keine Essigsäure in Anwendung kommt, so
leidet die Gesundheit der Arbeiter nicht so sehr durch die bleihaltigen
Essigdämpfe.

Der umlaufende Behälter kann cylindrisch, viereckig oder auch
vielseitig seyn, und eine beliebige Größe und Länge haben. Zur Aus-
fütterung eines hölzernen Cylinders kann man auch Bleiblech nehmen.
Die Cylinder sind von Zeit zu Zeit, wenn sie sich ausgerieben haben,
zu erneuern. Ihre Anzahl, ihr Gewicht, und die Ladung, die man
ihnen gibt, hängt von der zur Verfügung stehenden Kraft und von
der Ausdehnung der Fabrik ab. Jeder Cylinder, d. h. jeder Behälter, kann gegen 600 Pfd. wiegen. Als Eintrag kann man 100
bis 150 Pfd. Bleistüke und das nöthige Wasser mit kohlensaurem
Natron nehmen. Das Blei läßt sich in Schroten, in Spänen von
Bleiblech, oder in Stüken anwenden, die man erhält, wenn man
geschmolzenes Blei durch einen Seiher in Wasser gießt. Wenn die
im Handel vorkommenden Bleischrote Spießglanz oder andere Metalle
beigemengt enthalten, wie dieß öfter der Fall ist, so eignen sie sich
nicht zu dieser Fabrication.

Das breiartige Oxyd läßt sich auch dadurch mit Kohlensäure
verbinden, daß man es in dem mit dem Agitator versehenen Gefäße,
in welches es bei seinem Austritte aus dem Cylinder gelangt, mit
Kohlensäure in Verbindung bringt, die man entweder durch Verbrennung von Holzkohle, oder durch Gährung, oder durch Zersezung von

69) Bekanntlich hat Hr. Director Prechtl in Wien dieses Verfahren zuerst zur Bleiweißbereitung vorgeschlagen. Man vergl. polytechn. Journal Bd. LXIII. S. 217. A. d. R.

ohlensaurem Kalke mit Schwefelsäure oder Salzsäure entwikelt. Um dem kohlensauren Blei die gelbliche Farbe, welche es auch in reinem Zustande öfter hat, zu nehmen, kann man ihm in dem Abwaschgefäße eine ganz geringe Menge Indigo oder Schmalte zusezen. (!)

LXXXV.

Verbesserungen in der Fabrication von Cement und in der Anwendung von solchem oder anderen erdigen Substanzen zu Ornamenten oder Zierrathen, worauf sich John Danforth Greenwood und Richard Wynn Keene, beide in Belvedere Road, Lambeth in der Grafschaft Surrey, am 27. Febr. 1838 ein Patent ertheilen ließen.

Aus dem Repertory of Patent-Inventions. Okt. 1838, S. 229.

Die unter gegenwärtigem Patente begriffene Erfindung bezieht sich zuvörderst auf die Bereitung eines Cementes aus Gyps oder anderen kalkhaltigen Substanzen; und ferner auf die Erzeugung von Ornamenten oder Zierrathen mit solchem Cemente oder anderen erdigen Substanzen.

Zur Erzeugung eines guten weißen Cementes nehmen wir Gypsblöke, welchen durch das gewöhnliche Brennen ihr Krystallisationswasser entzogen worden ist. Je nach der Quantität des Gypses geben wir in einen großen Trog eine entsprechende Anzahl Gallons Wasser, worin auf den Gallon 1 Pfd. käuflicher Alaun aufgelöst worden ist. In dieser Alaunauflösung belassen wir den Gyps, bis er so viel als möglich davon eingesogen hat. Den mit der Flüssigkeit gesättigten Gyps brennen wir, nachdem er vorher an der Luft getroknet worden ist, in einem entsprechenden Ofen bei einer am Tage sichtbaren Rothglühhize, um auf diese Weise den Alaun bleibend in ihm zu fixiren. Der gebrannte Gyps wird zu Pulver gemahlen, und wenn es nöthig seyn sollte, auch gesiebt. Handelt es sich zu gewissen Zweken um einen weißen Cement von größerer Reinheit, so wählen wir hiezu den reinsten und schönsten Gyps aus, und benuzen statt der angegebenen Alaunauflösung geklärte oder concentrirte Mutterlauge der Alaunwerke von gehöriger Stärke, welche, da sie kein Alkali und keine anderen fremdartigen Stoffe enthält, unserem Zweke noch besser entspricht.

Zu färbigem Cemente nehmen wir ein halbes Pfund käuflichen Alaun und ein Viertelpfund Eisenvitriol auf jeden Gallon Wasser und verfahren im Uebrigen ganz auf die angegebene Weise. Als Resultat erhalten wir einen blaßrothen Cement. Andere farbige Cemente erzielen wir durch ähnliche Calcinirung des Gypses mit ein oder mehreren schwefelsauren oder anderen erdigen oder metallisch Salzen. Die Calcinirung darf hiebei nicht bis zur Entwikelung ein Schwefelgeruches getrieben werden, was die Arbeiter bei einig Uebung leicht zu erzielen wissen werden. Da der Gyps und d übrigen kalkigen Substanzen von verschiedener Beschaffenheit sind, ist es gut, sie jedesmal vorher in kleinen Quantitäten mit verschie denen Mengen Alaun oder anderen Salzen zu probiren, um auf dies Art das beste Mischungsverhältniß für den Cement zu ermitteln.

Die beschriebenen Cemente lassen sich wie alle anderen Cement oder Gypsmassen sowohl an den Außen- als an den Innenseiten von Gebäuden zu Stukarbeiten benuzen. Handelt es sich um Erzeugung einer Stukmasse, so nehmen wir Eisenschlaken oder eine andere glasige Masse, verwandeln sie in ein scharfes Pulver, und wenden sie in solcher Quantität an, daß der Cement leicht zu verwenden ist. Wenn die Oberfläche Politur erhalten soll, so tragen wir die lezte Schichte aus Cement allein auf. In den meisten Fällen genügt eine mit der Kelle zu gebende Politur; eine feine Politur erhält man durch Befolgung der beim Poliren von Scagliola üblichen Methoden.

Der zweite Theil unserer Erfindung beruht auf der Anwendung unserer Cemente zur Erzeugung von eingelassenen oder incrustirten Ornamenten. Wir bereiten zu diesem Zweke aus gegerbtem Thone, aus Wachs oder irgend einem anderen entsprechenden Materiale eine Schichte von entsprechender Dike, welche wir auf eine ebene Schiefer-, Glas-, Marmor- oder andere Platte bringen. Auf die Oberfläche dieser Schichte übertragen wir den gewünschten Dessin, den wir dann so auszschneiden, daß die Schnittränder eine geringe Abdachung erhalten. Hiemit erzeugen wir einen Abguß in Gyps, Wachs oder Schwefel, auf den wir dann, nachdem er gehörig gefettet oder geseift worden ist, den mit Wasser zur gehörigen Consistenz angerührten Cement einreiben. Die Masse ist nach 24 Stunden so weit erhärtet, daß man sie abnehmen, und den auf ihr befindlichen Dessin mit irgend einem farbigen Cemente ausfüllen kann. Nach dem Troknen braucht das Ganze nur mehr glatt abgerieben und nach einer der gewöhnlichen Methoden polirt zu werden. Nach demselben Verfahren lassen sich auch mit Terracotta und allen Arten von Töpfermassen eingelegte Ornamente erzeugen.

Die von uns angegebenen Mittel und Methoden erscheinen uns zwar als die besten; dessen ungeachtet binden wir uns aber nicht streng an sie oder an die angegebenen Quantitäten. Auch bemerken wir, daß sich der Cement mit anderen Substanzen als den angege-

en vermischen läßt, da unsere Erfindung nicht auf solchen Ge-
chen, sondern auf der Bereitungsart des Cementes selbst beruht.

LXXXVI.

enard's Methode aus Erde Bausteine zu pressen und damit zu bauen.

Folgende Notiz über die Methode des zu Odessa lebenden Fran-
en Isenard ist durch die Vermittlung des Landesökonomieraths
jaer vom Baumeister Hitzig in Berlin bekannt gemacht worden.

Man kann aus jeder zum Weizenbau tauglichen Erde durch
ressung Bausteine machen; aus reinem Sandboden gar nicht, aus
hmboden nur mit Anwendung eines passenden Sandzusazes. Die
ressung wird mittelst einer wie gewöhnlich construirten Zugramme,
e keiner weitern Beschreibung bedarf, ausgeführt. Unter dem Ramm-
äre, d. h. an dem Theile des Fundaments der Ramme, wo der
Rammbär hinfällt, ist ein starker eichener Tisch angebracht und auf
iesem eine vierekige hölzerne Scheibe, welche sich um eine an der
inken Seite befindliche Schraube drehen läßt und an der rechten
Seite einen vorstehenden Handgriff hat. In diese Scheibe ist ein
us starkem, zähem Holze, und zwar aus einem Stük gearbeiteter,
nten offener Kasten eingelassen. Aeußerlich ist dieser Kasten mit ei-
rnen Bändern versehen, und sein innerer Raum ist mit einem un-
efähr ½ Zoll starken, genau in den hölzernen passenden, gußeiser-
en Kasten gefuttert. Dieser Kasten bildet die Form des zu schla-
enden Steins. Die gußeiserne Form muß möglichst glatt ausge-
liffen seyn, damit keine Unebenheiten den Stein am Herausfallen
indern, und überall genau an die hölzerne anschließen, weil sie sonst
ugenbliklich zerplazt. Man gibt dieser Form ungefähr das Doppelte
r Höhe, welche man für den Stein bestimmt hat. Steht die Form
rade unter dem Rammbäre, so ist sie nach Unten durch den eiche-
n Tisch verschlossen. Nach Vorn zu befindet sich aber in dem Tische
n der untern Formöffnung entsprechendes Loch in einer solchen Lage,
ß es durch eine Drehung der Scheibe mit der Form in Ueberein-
immung gebracht werden kann. Der Rammbär wirkt natürlich nicht
mittelbar auf die in die Form gebrachte Erde, sondern mittelst ei-
s andern aufgesezten Klozes. Die anzuwendende Erde, welche so
oken seyn muß, daß sie sich durchaus in der Hand nicht ballen
ßt und niedergeworfen in Staub zerfällt, wird nun in die Form
than, und nachdem dieß geschehen, wird ein oben mit Eisen be-
hlagener Kloz, dessen unterer Theil genau in den mit Erde gefüllten

Raum des Kastens paßt, aufgesezt, und nun beginnt das Ramme
Die ersten Schläge geschehen langsam, damit der Kloz nicht na
der Seite abweicht und die Form verdirbt; erst beim dritten Schla
wird scharf angezogen. Mit 6—7 Schlägen sizt der Kloz mit s
nen Kanten auf dem Rande des Kastens auf, und der Stein
alsdann fertig. Jezt dreht ein auf der rechten Seite stehender Ar
beiter die Scheibe so weit, daß der Kasten gerade über dem Loch im
Tische steht, wo alsdann der Stein durch dieses auf eine unterge
spannte Leinwand fällt und auf der linken Seite herausgenomme
wird. Die Größe der Steine ist ganz willkürlich; die in Odessa a
gefertigten sind 12" lang, 8" breit und 6" dik. Fünf Arbeiter
welche zur Bedienung dieser Vorrichtung nöthig sind, nämlich dr
an der Ramme, die zwei andern zu den Handdiensten — machen
von diesen Steinen an einem Sommertage 350 Stük, und da dere
Kubikinhalt 4½ Mal größer als der unserer Ziegel ist, welche durch
schnittlich 10" lang, 5" breit und 2½" hoch sind, so ergeben sich
1575 Stük, welche von fünf Arbeitern an einem Tage angefertig
werden. Erhält nun der Arbeiter auf dem Lande ⅓ Thaler Taglohn,
so betragen die Kosten der Anfertigung von 1575 Steinen 1⅔ Thaler.
Oder rechnet man circa 1500 Stük Steine als zu einer Schacht
ruthe Mauerwerk erforderlich, so kostet diese an allem Material 1⅔
Thaler, indem man keine Transportkosten zu zahlen braucht, da die
Steine an Ort und Stelle gemacht werden. Lehm oder andere Binde
materialien sind nicht nöthig. Der Stein wird nur mit der Hand
ein wenig befeuchtet und fest an die untere Lage angetrieben. Isenard
hat bis jezt drei Gebäude in Odessa ausgeführt. Das eine ist 5 Jahre,
das zweite 2 Jahre und das dritte 1 Jahr alt. Zum ersteren wa
als Bindematerial Kalk, zum zweiten Lehm und zum dritten kein
Bindematerial genommen, und lezteres hat sich bis jezt als die beste
Art bewährt. Während des Erdbebens in Odessa haben diese dre
Gebäude durchaus nicht gelitten. Mit den einzelnen Steinen sowohl
als mit den Mauern sind mannigfache Versuche angestellt, und zwar
bricht ein Stein, der nach dieser Art angefertigt worden, wenn ma
ihn aus Leibeskräften auf die Erde wirft, nicht entzwei, sondern er
hält höchstens einige Beschädigungen an den Kanten. Mit einem
Beile kann man einen solchen Stein nur mit Mühe zertrümmern.
Eine Büchsenkugel, auf 30 Schritt auf eine solche Mauer abgeschos
sen, fällt platt gedrükt, ohne die geringste Zerstörung bewirkt zu ha
ben, auf die Erde nieder. Der Generalgouverneur Graf Woronzow
hat eine Kanone anfahren lassen, und eine 3½' starke Mauer ertrug
diesen Schuß ohne bedeutende Zerstörung, und nur der Stein, auf
den die Kugel gewirkt, hatte eine Vertiefung in der Stärke dieser

gel bekommen. Der Stein läßt sich nicht anders zum Gebrauch
kleinern, als wenn man ihn mit einer Schrotsäge zerschneidet.
an thut wohl, die Mauern mit einer Berappung oder einem Abpuz
bekleiden; obgleich der Regen ihnen nichts schadet, so ist es für
Dauer doch zwekmäßig. Unter vielen guten Eigenschaften dieser
uart, bei denen die Wärme, welche die Räume erhalten, für unser
ima nicht die unbedeutendste seyn möchte, ist besonders noch zu
merken, daß die Bekleidung der Mauer durch Kalk in Zeit von
–10 Tagen vollkommen troken ist, und den der Gesundheit so
chtheiligen Kalkgeruch durchaus in sich aufnimmt, so daß solche
äuser schon 14 Tage nach Vollendung der Bekleidung bewohnt wer-
n können. Zu den Fundamenten benuzt man Feldsteine, wenn der
rund feucht ist; bei trokenem Grunde hat man indeß nur nöthig,
nen Canal zum Fundament zu graben und in demselben schichten-
eise 6" hoch Erde zu füllen. Jede Schicht wird tüchtig mit einer
andramme festgestampft und damit fortgefahren, bis der Canal
oll ist. (Riecke's Wochenbl. 1838, Nr. 31.)

LXXXVII.

Verbesserungen an den Stiefeln, Schuhen und sonstigen Fußbekleidungen, worauf sich James Dowie, Schuhmacher in Frederik-Street in Edinburgh, am 2. Decbr. 1837 ein Patent ertheilen ließ.

Aus dem London Journal of arts. Septbr. 1838, S. 330.

Mit Abbildungen auf Tab. V.

Ich bezweke durch mein Verfahren den Stiefeln, Schuhen oder
onstigen Fußbekleidungen in der Mitte oder zwischen dem sogenann-
en Vorder- und Hinterquartiere eine Elasticität zu geben, die sie
onst nicht haben, und welche die Bewegungen des Fußes beim Gehen
ußerordentlich erleichtert. Um diesen Zwek zu erreichen, bringe ich
dem mittleren Theile des Schuhes oder Stiefels sowohl in der
nie der Sohle, als auch in der Linie des Ueberleders gewisse ela-
he Stoffe an. So z. B. zwischen dem Absaze und dem vorderen
eile der Sohle unmittelbar unter dem Bogen der Fußsohle, in den
itentheilen des Ueberleders der Stiefel und Schuhe nach Art von
ikeln, die gleich dem elastischen Theile der Sohle der Länge nach
ufen, und die sich an den Stiefeln beinahe bis zur Höhe der Knö-
el, an den Schuhen hingegen bis an das obere Ende des Hinter-
artieres hinauf erstreken. Diese elastischen Stüke können verschie-
ne Formen haben, und entweder aus Kautschuk allein oder aus einer

Verbindung von solchem mit Leder, Tuch oder irgend einem Gewe[be] bestehen.

Die auf Taf. V gegebenen Zeichnungen zeigen verschiedene Arten der meiner Erfindung gemäß verfertigten Stiefel und Schuhe, sowie auch die elastischen Theile derselben einzeln für sich. Ich will einige derselben beispielsweise beschreiben, obwohl ich mich durchaus an keine Form binde, da diese mannigfach abgeändert werden kann.

Fig. 1 gibt eine Ansicht eines nach meiner Methode gearbeiteten Schuhes von der Außenseite betrachtet. Fig. 2 zeigt denselben Schuh von der inneren Seite gesehen. Fig. 3 ist eine Darstellung seiner Sohle.

Fig. 4 zeigt die Außenseite eines meiner Stiefel; Fig. 5 seine innere Seite; Fig. 6 läßt seine Sohle erbliken.

An allen diesen Figuren ist a,a der vordere Theil des Oberleders; b,b das Hinterquartier, welches aus einem einzigen oder auch aus zweien, am Rüken zusammengenähten Lederstüken bestehen kann. Zwischen dem Vorder- und Hinterquartiere befinden sich die elastischen Zwikel c,d, welche sowohl an das Oberleder als an das Hinterquartier fest genäht sind; ersterer gehört für die äußere, lezterer für die innere Seite bestimmt. An dem unteren Theile oder an der Sohle des Stiefels oder des Schuhes befindet sich der elastische Theil e zwischen dem unelastischen Vordertheile g und dem Absaze h.

Einzeln und ausgebreitet sieht man die Theile des Oberleders und die Zwikel a,b,c,d in Fig. 7; zusammengenäht erblikt man sie in Fig. 8; und in verschiedenen Ansichten, von der inneren und äußeren Seite betrachtet, in Fig. 9 und 10. Die unelastischen ledernen Theile der Sohle erblikt man einzeln in Fig. 11, und das zu deren Verbindung bestimmte elastische Stük in Fig. 12.

Folgendes Beispiel wird genügend zeigen, auf welche Weise sich die verbesserten Stiefel und Schuhe verfertigen lassen. Die sogenannte Brandsohle (insole) besteht aus zwei Theilen von entsprechender Form, welche man wie gewöhnlich zuerst auf den Leist legt, mit dem Unterschiede jedoch, daß man jenen Theil, welcher Elasticität bekommen soll, frei läßt. Man sieht dieß in Fig. 13, wo i,k die Theile der Brandsohle sind, und l der zwischen ihnen freigelassene Raum l. Die oberen Theile des Schuhes, nämlich das Vorderquartier oder Oberleder, und das Hinterquartier werden, sie mögen aus Leder oder einem anderen festen Stoffe bestehen, nachdem sie auf die aus Fig. 7 ersichtliche Weise gelegt worden, auf die in Fig. 8, 9 und 10 angedeutete Art mit den elastischen Zwikeln zusammengenäht und hierauf auf den Leist Fig. 13, auf dem sich bereits die Brandsohle befindet, genagelt. Wenn dann das Oberleder an die Brandsohle genäht wor[den] n, und wenn man, wenn es nöthig seyn sollte, üblicher Weise ich noch eine Zunge daran befestigt hat, so verbindet man die Endänder m,n der elastischen Zwikel an der unteren Seite des Leistes, ie man dieß aus Fig. 14 sieht. Hiedurch wird jener Theil der Sohle, der unter den ausgewölbten Theil der Fußsohle zu liegen komen soll, gebildet, und zugleich auch der zwischen den beiden Sohlenükken gelassene Raum mit einer elastischen Masse ausgefüllt. Auf iesen elastischen Sohlentheil kann man, wenn man es für nöthig rachtet, mittelst Kautschukauflösung eine Kautschukschichte auftragen. Diese Schichte wird zugleich auch als Cement oder Kitt zur besseren Befestigung des elastischen Theiles der Sohle e dienen.

Bevor man jene Theile, welche die eigentliche Sohle zu bilden haben, auf dem Leiste befestigt, werden die steifen Sohlenstüke g,h durch eine Nath oder auch auf eine sonstige geeignete Weise mit dem elastischen Theile e verbunden. Am besten geschieht dieß, indem man die äußersten Enden von g,h etwas weniges dünner schneidet, und dann nach Art der sogenannten Spleißung einen Viertelzoll von dem Rande weg an den elastischen Theil e der Sohle näht. Die äußersten Ränder des elastischen Theiles e selbst näht man an die harten Leder g,h, so zwar, daß die Nath einen Viertelzoll weit von den Rändern lezterer weg fällt, wie dieß aus Fig. 15 zu ersehen, und auch aus dem in Fig. 16 gegebenen Längendurchschnitte der Sohle. Nach diesen Vorkehrungen werden alle die steifen Theile der Sohle durch Nähte an den Zungen, dem Oberleder und den Quartieren befestigt; der elastische Theil dagegen wird, wie schon oben angedeutet, mittelst Kautschukauflösung oder eines anderen starken elastischen Kittes an den Zwikeln fest gemacht. Wenn man es für nöthig erachten sollte, könnte man, um die Ränder des elastischen Theiles der Sohle noch sicherer an den oberen Theilen und an dem Absaze des Schuhes zu befestigen, Nieten anwenden, wie man dieß in Fig. 17 sieht. Zulezt wird der Schuh ganz auf die gewöhnliche Weise vollendet und fertig gemacht.

Man kann sowohl zu dem elastischen Theile der Sohle, als auch zu den Zwikeln des Oberleders entweder starken, blätterförmigen Kautschuk, oder Kautschuk, welcher mit dünnem Leder überzogen, oder mit Tuch, Pergament u. dgl. verbunden ist, verwenden. Das beste Material scheint mir übrigens Kautschuk mit Leder.

Es bedarf für Sachverständige wohl kaum der Erinnerung, daß nach der beschriebenen Methode auch verschiedene Arten von Ueberschuhen, Pantoffeln u. dgl. verfertigt werden können. Es braucht hiezu keiner weiteren, durch Abbildungen erläuterten Beschreibung.

Eine Modification des angegebenen Verfahrens erhellt aus Fig. 18, wo, wie man sieht, der ganze mittlere Theil des Schuhes (od jener Theil, der elastisch seyn soll), mitsammt dem Hinterquarti aus elastischem Materiale gearbeitet ist. Diese Methode dürfte f manche Fälle sehr empfehlenswerth seyn, da hiedurch nicht nur de Bogen oder die Wölbung des Fußes, sondern auch die Ferse ein elastische Unterlage bekommt.

Das Leder, welches durch Verbindung mit Kautschuk Elasticitä bekommen soll, muß einer eigenen Behandlung unterliegen, durch di es verkürzt wird. Es wird zu diesem Behufe, nachdem es dei Gerbeprocesse unterlegen und nachdem es von dem Lederbereiter ge schaben worden, bevor man jedoch noch Oehl oder irgend ein andere Fett in dasselbe eingelassen hat, zusammengepreßt oder geschniegelt. Nach dieser Zubereitung klebt man mit Kautschukauflösung ein dünne Kautschukblatt darauf, und wenn dieß geschehen ist, wird Oehl ode Fett eingelassen und dem Leder die gewöhnliche Zurichtung und Vol endung gegeben. Würde man das Oehl früher einlassen, so würd dieß der vollkommenen und innigen Verbindung des Leders mit dem Kautschuk nachtheilig seyn.

Ich weiß, daß man bereits Ueberschuhe und andere Fußbeklei dungen besizt, die ganz aus Kautschuk gearbeitet sind, und auf denen man nur eine Sohle aus Leder befestigte. Diese Fußbekleidungen waren an allen oberen Theilen elastisch, an den unteren dagegen starr und unbiegsam, während die meinigen gerade an diesen Theilen die gewünschte Elasticität haben.

LXXXVIII.

Miszellen.

Telford'sche Preise.

Die Institution of Civil Engineers hat beschlossen, im Jahre 1839 die von Telford gestifteten Preise für preiswürdige Mittheilungen über folgende Gegenstände zu ertheilen.

1. Ueber die Natur und die Eigenschaften des Dampfes, besonders mit Rücksicht auf die Menge Wassers, welche angestellten Versuchen gemäß in einer bestimmten Menge Dampfes, dem bei verschiedenen Temperaturen freie Communication mit dem Wasser gestattet ist, enthalten ist.

2. Ueber die Heizung und Ventilirung öffentlicher Gebäude mit Angabe der Methoden, deren man sich mit dem meisten Erfolge bediente, um die Luft gesund zu erhalten.

3. Beschreibung und Abbildung des Wasserbrechers in Plymouth in seinem ursprünglichen und dermaligen Zustande.

4. Ueber das aus Versuchen entnommene Verhältniß, welches an den Eisenbahnen zwischen Geschwindigkeit, Last und Kraft der Locomotiven besteht; und zwar 1) an ebenen Flächen, und 2) an Flächen mit Gefäll.

5. Beschreibung und Abbildung der besten Maschine zur Verzeichnung des Profiles einer Straße, und zum Messen des Zuges verschiedener Straßen.

6. Ueber die Explosionen der Dampfkessel; und zwar namentlich mit Beschreibung der bei Explosionen beobachteten Erscheinungen, und mit Abbildung des Kessels vor und nach der Explosion.

7. Beschreibungen und Zeichnungen eiserner Dampfboote.

8. Ueber die vergleichsweisen Vortheile von Holz und Eisen, in Hinsicht auf deren Verwendung zum Baue von Dampfbooten.

9. Ueber die Vortheile und Nachtheile der heißen Gebläsluft bei der Eisengewinnung, mit Angabe der Güte und Menge der angewendeten Materialien und der daraus erzielten Producte.

10. Ueber die Ursachen der Textur- und anderen Veränderungen, welche das Eisen bei langer fortgesezter Einwirkung des Seewassers erleidet, und über die Mittel, womit diesen Veränderungen vorgebeugt werden kann.

11. Ueber die Eigenschaften und chemischen Bestandtheile verschiedener Arten von Steinkohlen.

Außerdem werden auch andere Abhandlungen von besonderem Interesse zur Preisbewerbung zugelassen. Die Einsendung hat bis längstens 30. März 1839 an den Secretär der Gesellschaft, Hrn. Thomas Webster, Nr. 25, Great-George-Street, Westminster zu geschehen.

Amerikanisches Gesez, die Dampfboote betreffend.

Das Gesez, welches der Congreß der Vereinigten Staaten unterm 7. Jul. 1838 annahm, führt den Titel: „Acte zur Sicherung des Lebens jener Personen, welche sich an Bord von Booten befinden, die ganz oder zum Theil durch Dampf getrieben werden." Sein Inhalt ist folgender:

§. 1. Jeder Eigenthümer eines Bootes, welches ganz oder zum Theil durch Dampf getrieben wird, ist gehalten, dasselbe vor dem 1. Okt. 1838 den bestehenden Gesezen gemäß neu enrolliren zu lassen, und von dem Aufseher des Hafens, an dem die Enrollirung geschah, unter den durch die bisherigen Geseze und die dermalige Acte auferlegten Bedingungen eine neue Licenz zu erholen.

§. 2. Kein Eigner oder Capitän eines derlei Bootes ist vom 1. Okt. 1838 an ermächtigt, auf den schiffbaren Gewässern der Vereinigten Staaten Güter, Waaren oder Personen zu transportiren, ohne sich vorher die erwähnte Licenz von dem geeigneten Beamten verschafft zu haben. Jeder Dawiderhandelnde verfällt in eine Strafe von 500 Dollars, wovon die Hälfte dem Angeber zufällt, und welche von jedem Districtgerichtshofe der Vereinigten Staaten nach einem summarischen Verfahren erkannt werden kann.

§. 3. Jeder Districtsrichter, in dessen District sich an den schiffbaren Gewässern ein Hafen befindet, ist gehalten, auf Verlangen des Eigners oder Meisters eines Dampfbootes von Zeit zu Zeit eine oder mehrere Personen abzuordnen, welche die Boote, Kessel und Maschinen zu untersuchen im Stande, und bei dem Baue derselben und der zu ihnen gehörigen Maschinerien nicht betheiligt sind. Diese Personen haben, wenn sie dazu aufgefodert werden, die Untersuchung vorzunehmen, und hierüber dem Eigner in Duplo Zeugnisse auszustellen. Vorher sind sie jedoch vor der gehörigen Behörde zu beeidigen.

§. 4. Die zur Untersuchung des Rumpfes eines Bootes berufenen Personen haben in dem, dem Eigner auszustellenden Zeugnisse anzugeben, wann und wo das Boot gebaut wurde; wie lange es fährt; ob dasselbe ihrer Ueberzeugung nach in gutem Zustande, in jeder Hinsicht seetauglich, und zum Transporte von Gütern und Personen geeignet ist. Die Eigner haben jedem der Untersuchenden für jede Untersuchung die Summe von 5 Dollars zu bezahlen.

§. 5. Der oder die zur Prüfung der Kessel und Maschinerien Berufenen haben nach genauer Untersuchung in Duplo ein Zeugniß auszufertigen, worin ihre Ueberzeugung in Betreff der Güte und Tauglichkeit der Kessel, so wie deren Alter anzugeben ist. Das eine dieser Zeugnisse ist dem Hafenaufseher, bei dem um eine Licenz oder um eine Erneuerung einer solchen nachgesucht wird, vorzulegen; das andere ist auf dem Boote so anzuheften, daß Jedermann Einsicht davon nehmen kann. Für jede Untersuchung hat der Eigner jedem der Untersuchenden 5 Dollars zu bezahlen.

§. 6. Die Eigner haben die in §. 4 angeordnete Untersuchung innerhalb 12 Monaten wenigstens ein Mal, die in §. 5 angeordnete aber wenigstens in 6

Monaten ein Mal zu erwirken, und das Zeugniß hierüber dem Hafenaufse bei dem sie die Licenz nahmen, einzuhändigen. Die Dawiderhandelnden verlie die ertheilte Licenz, und verfallen in dieselbe Strafe wie jene, die ohne Lic fahren. Ebenso sind die licentirten Eigner gehalten, an Bord ihrer Boote eine entsprechende Anzahl erfahrener und tüchtiger Maschinisten zu sorgen, wi gen Falles sie für allen Nachtheil verantwortlich sind, der an den an Bord befind lichen Personen und Gütern durch die Explosion eines Kessels oder dadurch erwächs, daß die Maschine in Unordnung geräth.

§. 7. Wenn der Schiffmeister oder der mit der Leitung des Bootes Betrau das Boot unterwegs anhält, oder wenn gehalten wird, um Ladung, Brennmaterial oder Personen einzunehmen oder auszusezen, so ist das Sicherheitsventil zu öff nen, damit der Dampf im Kessel so viel als möglich auf eben so niederem Druck erhalten wird, wie wenn das Boot in Gang ist. Jede Unterlassung zieht eine Strafe von 200 Dollars nach sich.

§. 8. Die Eigner aller für den Dienst zur See oder auf den großen Land seen bestimmten Dampfboote, deren Tonnengehalt nicht über 200 Tonnen beträgt, haben bei jeder Fahrt zwei Boote oder Nachen, von denen jedes wenigstens 2 Personen faßt, mitzuführen. Hätte das Boot über 200 Tonnen Gehalt, so müß ten wenigstens drei Nachen von der angegebenen Größe vorhanden seyn. Für jede Unterlassung verfällt der Eigner in eine Strafe von 300 Dollars.

§. 9. Jeder Eigenthümer eines Dampfbootes von der in §. 8 berührten Art hat dasselbe mit einem Saugrohre, einer Feuersprize und den nöthigen Schläuchen zu versehen und diese Geräthe stets in guter Ordnung zu erhalten. Ferner sollen an allen Dampfbooten anstatt des Rades und der Taue Eisenstangen und Ketten zur Steuerung benuzt werden. Im Unterlassungsfalle tritt eine Strafe von 300 Dollars ein.

§. 10. Jedes zwischen Sonnenunter- und Sonnenaufgang fahrende Boot muß ein oder mehrere Signallichter führen, wodurch anderen Booten und Schiffen de ren Annäherung signalisirt wird, bei Strafe von 200 Dollars.

§. 11. Die in gegenwärtiger Acte bestimmten Strafen werden von den Gerichtshofe jedes Districtes verhängt, in welchem die Uebertretung oder die Unterlassung vorfiel, oder in welchem der Beklagte wohnt. Die eine Hälfte der Strafen verfällt dem Angeber, die andere dem Staate.

§. 12. Jeder Capitän, Maschinist, Pilot oder andere Bedienstete auf einem Dampfboote, durch dessen Mißverhalten, Nachlässigkeit oder Unachtsamkeit auf die ihm obliegenden Berufsgeschäfte der Tod einer oder mehrerer der an Bord befind lichen Personen veranlaßt wird, soll wegen Todschlages vor Gericht gestellt, und im Falle der Ueberweisung zu harter Arbeitsstrafe für höchstens 10 Jahre ver urtheilt werden.

§. 13. Bei allen gerichtlichen Verfolgungen, welche gegen die Eigner wegen Beschädigungen von Personen oder Gütern eingeleitet werden, die durch Bersten des Kessels, durch das Einsinken eines Feuerzuges, oder durch anderes schädliche Entweichen von Dampf bewirkt wurden, soll das bloße Factum genügen, den Beklagten in so lange einer Nachlässigkeit von seiner Seite zu bezüchtigen, bis er bewiesen, daß keine solche Statt gefunden hat.

Blanchard's Schuzmittel gegen Dampfkesselexplosionen.

Der in der Geschichte der Erfindungen der Vereinigten Staaten rühmlich bekannte Thomas Blanchard hat, wie der New York Advertiser schreibt, nunmehr auch eine Vorkehrung angegeben, mit deren Hülfe den Explosionen der Dampfboote ein Ziel gesezt werden soll. Es ist nämlich hiedurch eine solche Ein richtung getroffen, daß, wenn der Wasserstand unter einen bestimmten Punkt ge sunken ist, das zum Eintragen des Brennmateriales bestimmte Thürchen geschlos sen wird, und nicht eher wieder geöffnet werden kann, als bis der Wasservorrath wieder gehörig ergänzt ist. Hiedurch ist nach der Meinung des Erfinders der Sorglosigkeit, Trunkenheit und Tollkühnheit des Heizers aller gefährliche Einfluß benommen. Hr. Blanchard verspricht seinen Apparat den härtesten Proben auszusezen, und will sogar jedem, der einen damit ausgestatteten Kessel zur Ex plosion bringt, einen Preis zuerkennen. — Das amerikanische Blatt führt zur

npfehlung des Hrn. Bl. an, daß er der Erfinder jener Maschine ist, mit der
n unregelmäßig geformte Gegenstände mancher Art, wie z. B. Hutblöke, Lei-
: für die Schuhmacher u. dergl. drehen kann, und deren man sich namentlich
ch zur Fabrication der Ladstöke für das amerikanische Militär bedient. Die
ranlassung zur Erfindung dieser Maschine wird folgendermaßen erzählt. Hr.
l. hatte einige Verbesserungen in der Gewehrfabrication gemacht, in Folge de-
i mehrere Dinge, die sonst mit der Hand gefertigt wurden, nunmehr mit der
aschine gearbeitet wurden. Die Ladstokfabrikanten priesen sich hierauf gegen
ı glüklich, daß er durch seine Erfindungen wenigstens sie nimmermehr brodlos
ichen könnte. Er rieth ihnen entgegen, nicht gar zu sicher hierauf zu rechnen,
d kurze Zeit darauf förderte er wirklich die berühmte Drehbank zu Tage, auf
lcher man dermalen die Ladstöke fabricirt! — Ebenso ist Bl. auch der Erfin-
: von Booten, mit denen man dermalen auf dem Connecticut Untiefen befährt,
; früher für gänzlich unfahrbar gehalten wurden.

Price's Methode Eisenbahnen zu bauen.

Hr. J. Price erläuterte vor der British-Association in Newcastle-upon-
yne die Modificationen, welche er bei dem Baue der Eisenbahnen angenommen
issen will. Man soll nämlich nach seiner Methode die Schienen auf einer fort-
ıufenden Steinunterlage fixiren, und in dieser eine Fuge anbringen, welche einen
n der unteren Fläche der Schienen befindlichen Vorsprung aufzunehmen hätte.
)ie Stein- und Schienengefüge hätten im Verbande zu einander zu stehen. Die
Stühle, welche die Schienen festzuhalten haben, sollen mit Bolzen, die nicht ein-
enietet, sondern eingestekt werden, an den Schienen befestigt werden. Sie wären
) tief zu versenken, daß ihre obere Fläche mit der Steinfläche in eine und die-
elbe Ebene zu liegen käme; ihre Befestigung hätte mittelst zweier kleiner hölzer-
ıer Zapfen zu geschehen. Jeder allenfallsigen Senkung der Bahn wäre dadurch
ıbzuhelfen, daß man hölzerne Keile unter sie eintriebe, bis sie sich wieder auf
ehöriger Höhe befände. Die Stühle sollen in Entfernungen von 4 Fuß ange-
racht werden, und wenn sie aus Schmiedeisen bestehen, 14, aus Gußeisen dagegen
0 Pfd. wiegen. Das Gewicht der Schienen will Hr. Price bei seinem Systeme
uf 50 Pfd. per Yard feststellen. (Mechanics' Magazine, No. 788.)

Motley's gußeiserne Querschwellen für Eisenbahnen.

Vor derselben Versammlung kamen auch die gußeisernen Querschwellen zur
Sprache, die Hr. J. Motley anstatt der Steinblöke einführen will. Diese
Querschwellen, welche in Entfernungen von 6 Zoll von einandergelegt werden sollen,
ill der Erfinder keilartig geformt, hohl und so gelegt haben, daß ihre nach In-
en laufenden Seiten nach Abwärts gerichtet sind. Der Länge nach und in die
Mitte der Querschwellen wären hölzerne Balken zu legen, welche mit eisernen
nd hölzernen Keilen zu befestigen wären, und die eine solche Dike haben müßten,
ıß zwischen den Querschwellen keine merkliche Abbiegung derselben Statt finden
nnte. Die Querschwellen wären bis zu ihrem oberen Ende hinauf einzubetten,
ıd die Balken, auf denen irgend eine Art von Schienen zu befestigen wäre,
üßten in hinreichendem Grade über die Erde hinaus ragen. — Hr. Stephen-
ɔn erklärte diese Art von Bau für zu kostspielig; Hr. Donkin bemerkte, daß
ne gewisse Elasticität von Vortheil sey; Hr. Vignolles endlich sah in dem
anzen Systeme des Hrn. Motley nur eine Modification desjenigen, worauf
r. Reynolds ein Patent besizt. (Mechanics' Magazine.)

Kosten der Eisenbahnbills in England.

In jedem der halbjährigen Berichte, die an die 25,000 Eigenthümer der
ndon-Birmingham-Eisenbahn versendet werden, stößt man in dem Kostenverzeich-
isse vor Allem auf die traurige Thatsache, daß Männer, welche Millionen ihrer
abe daran wagten und einen Theil derselben für 7 bis 8 Jahre voraus vorschoß-
n, um ein so herrliches Bauwerk, wie diese Eisenbahn ist, zu Stande zu brin-
en, die enorme Summe von 72,868 Pfd. St. 18 Sch. 10 D. daran sezen muß-

ten, um nur die hiezu nöthige Parliamentsbill zu erwirken! (Aus Roscoe u
Lecount's History of the Lond. and Birm. Railway.)

Einiges über die London-Birmingham-Eisenbahn.

Die von den HHrn. Roscoe und Lecount abgefaßte „History of th
London and Birmingham Railway" enthält in ihrem zweiten Theile unt
anderen folgende Notiz über eine der interessanteren Stellen dieser Eisenbah
„Die Bahn läuft von ihrem Anfange am Euston Square bis Camden Town i
einem breiten Durchstiche von 20 Fuß Tiefe, dessen Wände zierlich mit Backstein
gemauert und oben mit einem eisernen Geländer versehen sind, um das sich d
Gesträuche der benachbarten Gärten schlingen. Die bedeutende Steigung, welc
außerhalb London beginnt, wird mittelst endloser Taue, die in der Mitte de
Bahnspuren über Rollen laufen, und die von den stehenden Maschinen in Camde
Town aus in Bewegung gesezt werden, befahren. Beim Anhängen der Wage
an die Taue ist große Sorgfalt nöthig, und es geschieht dieß daher auch v
einem Manne, der eigens für diese Arbeit eingeübt ist. Die Befestigung geschi
mit einem kleinen Strike, messenger genannt, an dessen einem Ende sich ei
Schleife befindet, welche um das Tau geschlungen wird; das andere Ende dagege
hält der Mann mit der Hand fest. Er steht hiebei auf dem vordersten Wage
um den Wagenzug bei der Ankunft in Camden Town oder im Falle irgend eine
Ereignisses sogleich loszulassen. Die ganze Streke wird gewöhnlich in 3 oder
Minuten zurükgelegt, während denen man unter mehreren schönen steinernen un
eisernen Brüken und Stollen wegfährt. Die Seitenmauern haben eine Curv
damit sie dem Druke besser widerstehen; sie haben oben 3 und 7 Ziegel Dike, un
zu deren Aufführung wurden gegen 16 Millionen Baksteine verwendet." —
Weiter heißt es: „In Camden Town befindet sich eine Station für die Verla
dung der Güter, während die Station im Euston Square lediglich für Passagier
bestimmt ist. Erstere, welche 33 Acres Flächenraum einnimmt, ist um eini
Fuß höher gelegen, als das übrige Terrain, und mit einer Mauer umgeben, da
mit die schweren Güter leicht von den Eisenbahnwaggons auf die zu ihrer weite
ren Beförderung bestimmten Fuhrwerke umgeladen werden können. In diese
Station befindet sich auch ein sehr großes Maschinenhaus, welches allein 21,000
Pfd St. kostete; mehrere Oefen zur Fabrication der für die Maschinen bestimm
ten Kohks; ein Stall für das auf der Eisenbahn herbeigeschaffte Vieh; ein Stal
für 50 Pferde; eine Wagenfabrik, und ein großes Bureau. Die zum Treibe
des beschriebenen Taues bestimmten stehenden Maschinen befinden sich gleichfal
hier, und zwar unmittelbar unter der Eisenbahn unter der Erde. Ihre Existenz
erfährt man durch zwei sehr elegante Schornsteine, welche 133 Fuß hoch übe
die Bahn empor geführt sind, und am Grunde 11, an der Spize hingegen 6 Fu
im Durchmesser haben. Das erwähnte Maschinenhaus communicirt durch ein
Röhre, welche von einer Orgelpfeife ausläuft, mit der Station am Euston Square
und auf diese Weise kann in 4 Secunden von einer Station zur anderen ei
Signal gegeben werden. Das Signal, auf welches die Maschinen in Bewegung
zu kommen haben, wird mittelst eines, einem Gasometer ähnlichen Apparates ge
geben. Derselbe besteht nämlich aus einem belasteten Cylinder, der in einen an
deren mit Wasser gefüllten Cylinder untertaucht; sinkt der innere Cylinder her
so wird die in ihm enthaltene Luft in einer in ihm befindlichen Röhre herau
trieben, um durch eine unter der Erde gelegte Röhre an die Orgelpfeife zu
men, und dadurch das Signal zu geben. (Aus dem Civil Eng. and Archit
Journal. October 1838.)

Fairbairne's Maschine zum Vernieten der Kesselplatten.

Hr. Fairbairne hat eine zur Verfertigung der Dampfkessel dienende
schine erfunden, mit welcher zwei Arbeiter und zwei Lehrjungen in jeder Mi
8, und in einer Stunde gegen 500 Nieten von 3/4 Zoll im Durchmesser fer
können. Nach dem gewöhnlichen Verfahren kann eine um einen Mann stärkere
zahl von Arbeitern in derselben Zeit nur 40 solcher Nieten einsezen! Ein
wöhnlicher Locomotivkessel von 10 Fuß 6 Zoll Länge auf einen Fuß im Du
messer kann mit Hülfe dieser Maschine in 4 Stunden vernietet werden, wä

hne die Maschine und mit Beschäftigung von einer größeren Anzahl Menschen
inden 20 Stunden hiezu erforderlich sind. Abgesehen hievon fällt aber die Ar-
eit auch besser aus; denn da die Nieten heiß genommen werden, so füllen sie die
öcher gänzlich aus, wo sie dann beim Abkühlen durch die Contraction die Plat-
en so dicht an einander ziehen, daß vollkommen schließende Gefüge zum Vorscheine
ommen. Ein mit der Maschine verfertigter Hochdrukkessel ließ bei einer Probe,
ei der man 200 Pfd. Druk auf den Quadratzoll wirken ließ, nirgendwo Wasser
us; ein gewöhnlicher Kessel dagegen wird bei einer solchen Probe gewiß an vie-
en Nieten auslassen. (Aus den Verhandlungen der British-Association vom
Jahre 1838.)

Hall's Apparat zum Wasserheben.

Hr. Hall unterhielt die British-Association in Newcastle-upon-Tyne mit
einem angeblich neuen Apparate zum Heben von Wasser, von dem man jedoch
schon in den ältesten Zeiten auf dem Continente Gebrauch gemacht hatte. Dieser
Apparat, den er einen hydraulischen Riemen nennt, besteht nämlich aus einem
endlosen, gedoppelten Bande aus Wolle, welches über zwei Walzen läuft, von
denen die eine auf der Höhe, bis zu welcher hinauf das Wasser gehoben werden
soll, und die andere auf der Höhe der Wasserfläche angebracht ist. Dieses Band
soll mit einer Geschwindigkeit von nicht weniger dann 1000 Fuß in der Minute
laufen, und zwischen dessen beiden Oberflächen soll das Wasser längs der einen
Seite emporgeführt werden, um dann an der oberen Walze in Folge des Drukes,
den das Band auf die Walze ausübt, und in Folge der Centrifugalkraft das
Band zu verlassen. Man bediente sich dieser Vorrichtung vor einiger Zeit an
einem Brunnen, um Wasser aus einer Tiefe von 140 Fuß herauf zu schaffen,
und zwar mit einem Nuzeffecte, welcher 75 Proc. des Kraftaufwandes betrug,
und also um 15 Proc. über dem Nuzeffecte der gewöhnlichen Pumpen stand. Hr.
Donkin erklärte, daß er die Originalität der Erfindung des Hrn. Hall unbe-
rührt lassen wolle, daß er aber wirklich mit einem Apparate von der beschriebenen
Art einen Nuzeffect von 75 Proc. erzielen sah. (Mechan. Magaz., No. 788.)

Einiges über die Mahlmühlen.

Hr. Aikin bemerkte in einem Vortrage, den er vor der Society of Arts
hielt, und den man in dem lezten Bande der Verhandlungen dieser Gesellschaft
abgedrukt findet, unter Anderem Folgendes: „Welche Sorgfalt man auch beim
Aufziehen des Läufers darauf verwendet haben mag, daß zwischen seiner unteren
Oberfläche und der oberen Fläche des Bodensteines überall ganz gleiche Entfernung
bestehe, so geschieht es doch zuweilen, daß der Läufer den vollkommenen Parallelismus verliert und in schiefe Stellung kommt. Die Folge hievon ist, daß die
Steine, wie man in England sagt, schnattern (chatter), d. h., daß sie einander
an der einen Seite berühren, während sie sich an der entgegengesezten Seite so
weit entfernen, daß es unmöglich ist, gutes Mehl damit zu mahlen. Diesem
bedeutenden Uebel ist schwer abzuhelfen; denn wenn beide Steine still stehen, so sind
sie vollkommen parallel, und nur beim Umlaufen des Läufers tritt die Schiefheit
ein. Hr. Donkin gibt für diese Erscheinung folgende Erklärung, welche sehr
große Wahrscheinlichkeit für sich hat. Die Steine werden aus einem Gesteine,
welches man in England Buhr nennt, und welches in Stüken von verschiedener
Form und Größe vorkommt, zusammengesezt, und zwar mit einem Gypskitte, dessen specifisches Gewicht von jenem der Steinmasse bedeutend abweicht. Hieraus
ergibt sich eine sehr ungleiche Vertheilung des Gewichtes durch die Masse, und
hieraus folgt, daß die Rotationsfläche nie genau mit jener horizontalen Fläche
übereinstimmen wird, nach der die Mahloberflächen allein adjustirt werden können.
Wenn diese beiden Flächen um einen gewissen Winkel differiren, so muß der Läufer nothwendig in einem gewissen Zeitpunkte seiner Rotation mit dem Bodensteine
in Berührung kommen. Das einzige Mittel gegen dieses Uebel ist große Sorgfalt bei der Auswahl der Steinstüke (pieces of Buhr) und eine solche Anordnung
derselben in dem Steinrahmen, daß der Kitt so gleichmäßig als möglich vertheilt
wird.

Treibriemen aus unelastischem Leder.

Hr. Fred. Chaplin empfiehlt im Mech. Mag., No. 782 das nach se Patentmethode (polyt. Journal Bd. LXI. S. 462, und Bd. LXVIII. S. gegerbte Leder zur Fabrication der Treibriemen für Maschinen. Er behau nämlich, dergleichen Riemen dehnten sich nicht so aus, wie die gewöhnlichen, das Leder schon während des Gerbeprocesses durch das Eindringen des Gerbe die Ausdehnung erlitten, deren es fähig ist.

Ueber die Wirkung des See- und Flußwassers auf das Eisen.

Hr. Robert Mallet erstattete der British-Association bei Gelegenheit ihrer lezten, in Newcastle-upon-Tyne gehaltenen Versammlung Bericht über Versuche, welche er auf Kosten der Gesellschaft gemeinschaftlich mit Hrn. Prof. E. Davy in Dublin über die Wirkung anstellte, welche klares und unreines See- und Flußwasser bei verschiedenen Temperaturen auf Guß- und Schmiedeeisen ausübt. Der Bericht zerfällt in vier Abschnitte, von denen der erste eine kurze Darstellung dessen gibt, was bei dem dermaligen Zustande der Chemie über die Einwirkung von Luft und Wasser auf das Eisen bekannt ist. Der zweite Abschnitt erläutert die Natur der angestellten Versuche, welche in so großem Maaßstabe vorgenommen wurden, daß sie den Techniker befriedigen, während sie zugleich auch den Anforderungen des Chemikers entsprechen. Man versenkte nämlich zu diesem Zweke Behälter, in welche von beinahe allen in England erzeugten Eisensorten regelmäßig geformte Stüke gebracht worden, 1) in das klare Wasser im Hafen von Kingstown; 2) in das trübe Wasser desselben Hafens; 3) in trübes Wasser des Flusses Liffey; 4) in trübes Wasser desselben; 5) endlich in Seewasser, welches beständig auf einer Temperatur von 41° R. erhalten wird. Alle diese Proben sollen durch vier Jahre jährlich zwei Mal untersucht werden; und hieraus soll sich die absolute und relative Corrosion ergeben, welche die einzelnen Stüke während dieser Zeit erlitten. Die Behälter sind so gebaut, daß sowohl Wasser als Luft freien Zutritt zu ihnen haben. — Der dritte Abschnitt enthält eine Widerlegung der von Hrn. John B. Hartley in Liverpool empfohlenen Methode das Eisen mittelst Messing zu schüzen. Die Beweise hiefür liefern hauptsächlich die mit größter Sorgfalt von Hrn. Prof. Davy geleiteten Versuche, so wie die Resultate, zu denen Schönbein und andere Physiker des Continentes gelangten. Es ist nachgewiesen, daß die fragliche Methode gänzlich irrig und mit aller Theorie im Widerspruche ist, und daß sie vielmehr zu einer äußerst raschen Corrosion des Eisens durch das Wasser führt. — Der vierte Abschnitt endlich enthält den Vorschlag zu einer neuen, auf elektro-chemische Agentien sich fußenden Methode, mit welcher dermalen Versuche vorgenommen werden. — In einem Vortrage, den Hr. Mallet vor einer anderen Section der Versammlung hielt, erklärte er, daß angestellten Versuchen gemäß reiner Sauerstoff und reines Wasser dem Eisen gegenüber neutrale Körper sind, welche nur in Gemeinschaft mit einander wirken, daß diese Agentien um so mehr Wirkung auf das Eisen haben, je mehr ungebundener Kohlenstoff in dem Gußeisen enthalten ist, so zwar, daß schottisches Schmiedeeisen oder irländisches Gußeisen benuzt werden kann, um graues Gußeisen gegen alle Corrosion zu schüzen. Zink schüzt seiner Erfahrung nach das Eisen nur für einige Zeit; denn wenn Zinkoxyd auf die Oberfläche des Eisens gelangt, hört alle Schuzkraft auf. (Mechanics' Magazine.)

Ueber Entwikelung von Wasserstoffgas in bleiernen Wasserleitungsröhren.

Das von Hrn. Silliman redigirte American Journal enthält im Junihefte des Jahres 1838 ein Schreiben des Hrn. Nelson Walkly in Tuscaloosa, aus dem wir Folgendes entnehmen. Jemand legte eine Streke von 3/4 engl. Meile entlang eine bleierne Wasserleitungsröhre zwischen der Quelle und seinem Hause, welches um 15 Fuß tiefer lag als erstere, befanden sich ein Hügel, der um mehrere Fuß höher war als die Quelle, und mehrere kleinere Hügel. Die Röhre ward mehrere Male gelegt; nie aber lief das Wasser in ihr mehr als 10

ge lang; nie war hiebei eine Beschädigung derselben zu finden; ja man pro-
rte sie endlich, um sich gewiß hievon zu überzeugen, unter einem Druke von
Pfd. auf den Zoll. Die Röhre ward, da sie sich gesund zeigte, neuerdings
egt, und das Wasser mittelst einer Drukpumpe zum Laufen gebracht. Nach
Tagen, während denen der Abfluß des Wassers von Tag zu Tag abnahm,
rte es abermal gänzlich zu fließen auf. Ich stach, um mir die Ursache dieser
terbrechung zu erklären, die Röhre an einem der unter der Quelle gelegenen
heren Punkte an, und fand zu meinem Erstaunen, daß sie keine atmosphärische
ft, sondern Wasserstoffgas enthielt. Als ich um dieselbe Zeit eine blechene
chale mit Wasser nahm und dabei längs des Randes eine Reihe kleiner Bläs-
n bemerkte, kam mir die Idee, daß durch die in der Röhre enthaltenen Me-
lle eine galvanische Wirkung erzeugt worden seyn konnte, die das Wasser zer-
zte. Ich brachte daher ein kleines Stük derselben Röhre in einen Becher mit
asser. Nach zwei Tagen Stillstand fand sich die Röhre mit einer Schichte wei-
n Bleioxydes überzogen, mit Ausnahme jener Stelle, an der die Röhre gelöthet
orden, und an der das als Loth gebrauchte Zinn glänzend geblieben war. Dieß
berzeugte mich, daß das Wasser durch den Galvanismus zersezt wurde, und daß
as entbundene Wasserstoffgas sich an den höher gelegenen Stellen der Röhre
esammelte, bis es endlich den Durchfluß des Wassers gänzlich hemmte. Ich
achte zur Abhülfe an jeder der höher gelegenen Stellen ein kleines Loch in die
Röhre, und löthete auf dieses eine oben offene senkrechte Röhre. Nur an jener
Stelle, welche höher lag als die Quelle, löthete ich eine Röhre auf, welche oben
ugelöthet war. Die ersteren Röhren ließen das Gas entweichen; in lezterer
ammelte sich dasselbe hingegen an, bis eine kleine Blase an ihrem unteren Ende
um Vorscheine kam und von dem Wasser mit fortgerissen wurde. Seit ich diese
Vorkehrung getroffen, läuft nun das Wasser schon 8 Monate lang, ohne eine
Störung erlitten zu haben.

Frankreichs Bergwerk-Statistik.

Hr. G. R. Porter unterhielt die zu Newcastle-upon-Tyne versammelte
British-Association mit einer ausführlichen, aus amtlichen Documenten gezogenen Statistik des Gruben- und Bergbetriebes in Frankreich, aus welcher wir
für unsere Leser die Haupt-Daten entnehmen.

Seit dem April 1833 besteht in Frankreich eine Behörde, welche die den
französischen Bergbau betreffenden statistischen Documente zu sammeln und zusam-
menzustellen hat. Aus ihren Arbeiten ergab sich, daß der Ertrag an Steinkohlen,
Eisen, Blei, Silber, Spießglanz, Kupfer, Braunstein, Alaun und Eisenvitriol
von 105,750,995 Fr., auf welche er sich im Jahr 1832 summirte, im J. 1836
auf 154,228,455 Fr. gestiegen war, und zwar in den einzelnen Positionen in folgendem Verhältnisse.

	1832	1836
Steinkohle, Braunkohle und Anthracit	16,079,670 Fr.	26,607,071
Eisen und Stahl	87,312,994	124,384,616
Silber und Blei	856,673	821,534
Spießglanz	71,233	305,032
Kupfer	247,680	196,924
Braunstein	105,150	152,671
Alaun und Eisenvitriol	1,077,595	1,760,607
	105,750,995	154,228,455.

In den früheren 4 Jahren dagegen, d. h. vom Jahr 1828 bis 1832, betrug
die Zunahme nur 304,392 Fr.

Steinkohlen. Frankreich zählt bis jezt 46 in dreißig Departements vertheilte Kohlenlager, welche sich über 42,038 englische Acres erstreken. Im Jahr
1814 wurden an Steinkohlen, Braunkohlen und Anthracit 675,747 Tonnen er-
beutet, eine Menge, welche bis zum Jahr 1835 um 282 Proc., nämlich bis auf
2,583,587 gestiegen war.

Im J. 1836 wurden ausgebeutet:	189 Steinkohlengruben mit	19,813 Arbeitern
	44 Braunkohlengruben mit	1,181 —
	25 Anthracitgruben mit	919 —
Summa	258 Gruben mit . . .	21,913 Arbeitern.

Dieser Zunahme ungeachtet hat der Verbrauch an Steinkohlen in Frankreich in einem noch rascheren Verhältnisse zugenommen, wie aus folgender Tabelle der Steinkohlen-Einfuhr hervorgeht.

	Tonnen.		Tonnen.
1815 wurden eingeführt . .	245,653	1826 wurden eingeführt . .	495.31[illegible]
1816	315,815	1827	531.80[illegible]
1817	235,269	1828	570.01[illegible]
1818	277,624	1829	539.24[illegible]
1819	234,102	1830	621.15[illegible]
1820	276,705	1831	533.25[illegible]
1821	315,785	1832	567.25[illegible]
1822	332,192	1833	686.11[illegible]
1823	321,497	1834	730.25[illegible]
1824	456,644	1835	755.36[illegible]
1825	499,325	1836	949.17[illegible]

Eisen. Frankreich nimmt dermalen unter den eisenproducirenden [illegible] den zweiten Rang ein. Seine Eisenwerke lassen sich in folgende Gruppen [illegible]gen: 1) Nordöstliche. 2) Nordwestliche. 3) Vogesische. 4) Jura. 5) [illegible]pagne und Burgund. 6) Mittel. 7) Indre und Vendée. 8) Süden. 9) Perigord. 10) Alpen. 11) Landes. 12) Pyrenäen. Der Betrieb an diesen Gruppen gestaltete sich im J. 1836 wie folgt:

Gruppe.	Zahl der Eisenwerke.	Zahl der Arbeiter.	Verbrauch an Brennmaterial in Steren und Tonnen.				Production.			[illegible]
			Holzkohle.	Kohks.	Steinkohle.	Holz.	Gußeisen.	Stabeisen.	Stahl.	
			Ton.	Ton.	Ton.	Steren	Ton.	Ton.	Ton.	
1	94	2,233	90,844	3,530	8.230	33,583	46.233	30.450	16[illegible]	[illegible]
2	59	1,771	54,051	—	2.964	—	23,755	11.182	—	[illegible]
3	7	388	—	7,315	24,830	—	2.226	9.189	—	[illegible]
4	148	2,090	126,754	—	910	—	54,737	28.900	58[illegible]	[illegible]
5	152	2,807	139.602	—	40.947	—	81,499	42.509	—	[illegible]
6	124	2.133	71.098	14,094	35.798	—	36,995	27,029	766	[illegible]
7	21	499	17,564	—	—	—	5,824	2,870	—	[illegible]
8	15	1,243	—	87,444	115,058	—	28,440	27,276	—	[illegible]
9	115	1,175	39,120	—	3,399	—	14,893	9,064	96	[illegible]
10	39	174	6.614	—	251	—	2,021	282	1,120	[illegible]
11	21	410	17,466	—	32	478	7,118	3,674	—	[illegible]
12	99	815	30,742	—	—	—	—	9.466	—	[illegible]
	894	15,738	593,855	112,383	232,399	34,061	303,739	201,691	2,725	[illegible]737

Diese Tabelle ergibt jedoch keineswegs die ganze Wichtigkeit von Frankreichs Eisenwerken; diese erhellt vielmehr aus folgender Zusammenstellung.

	Zahl der Arbeiter.	Werth der Production.
1) Gewinnung und Zubereitung der Erze . .	17,557	500.632 Pfd. St.
2) Erzeugung von Roheisen	6,776	1,969,132 —
3) Erzeugung von Schmiedeeisen	8,678	1,506,247 —
4) Gießen, Streken, Auswalzen 2c. . . .	8,615	812,186 —
5) Modeln, Gießen 2c. Stahlfabric. . . .	2,149	186,927 —
Summa	43,775	4,975,424 Pfd. St.

Von dieser lezteren Summe kommen etwas über 40 Proc. auf den Aufwand Brennmaterial, nämlich auf

Holzkohle	1,643,826	Pfd. St.
Holz	13,040	—
Kohks	96,972	—
Steinkohlen	285,235	—
Torf	694	—
	2,039,767	Pfd. St.

Diese Summe vertheilte sich unter die verschiedenen Operationen wie folgt:

			Dec. Prop.
1) auf Röstung der Erze	1,782	Pfd. St.	0,087
2) auf Schmelzung	1,132,039	—	55,500
3) auf Frischung, Puddlirung rc.	737,888	—	36,175
4) auf Gießen, Streken, Walzen rc.	121,556	—	5,959
5) auf Modeln, Gießen, Stahlfabrication	46,502	—	2,279
	2,039,767	Pfd. St.	100,000

Dabei waren die Durchschnittspreise der Brennstoffe im J. 1836:

Für Holzkohle	54	Schill.	10	Den.	die Tonne.
Steinkohle	18	—	5	—	
Kohks	20	—	3	—	
Holz	2	—	10	—	die Stere.

Die Zunahme des Holzverbrauches im J. 1836 rührte zum Theile von der nwendung von scharf getroknetem oder theilweise verkohltem Holze anstatt der teinkohlen her. Hiedurch ergab sich allerdings eine Verminderung der Kosten des rennmateriales; dafür lieferte aber ein und derselbe Ofen innerhalb derselben eit weniger Eisen, und aus einer gegebenen Menge Erz wurde auch weniger Ei- en ausgebracht. Wo man mit Holzkohle allein arbeitete, brauchte man 18 me- rische Cntr. auf 13 metr. Cntr. Eisen; mit einem Gemenge aus 10 Theilen ohks auf 9 Theile Steinkohlen erzeugte man mit drei Cntr. Brennmaterial ei- en Cntr. Eisen; in einigen Fällen, wo man auf einen Cntr. Kohks zwei Cntr. olzkohle nahm, brauchte man zur Gewinnung von acht Cntr. Eisen zehn Cntr. rennmaterial. Im ersten Falle, nämlich mit Holzkohle allein, berechnete sich r Brennstoff per metrischen Cntr. Eisen auf 9,92 Fr.; im zweiten, mit Kohks nd Steinkohlen, auf 4,45 Fr.; im dritten, mit Kohks und Holzkohle, auf 7,60 Fr. agegen galt im ersten Falle das ausgebrachte Eisen per Ctr. 20,99 Fr.; im eiten 11,13 Fr.; und im dritten 20,32 Fr. Das Gemenge aus Kohks und olzkohlen erscheint demnach im Ganzen als das vortheilhafteste. Mit heißer Ge- äsluft arbeitet man an mehreren Werken. Anfänglich zeigte sich das hiemit ge- onnene Eisen nicht so geeignet zur Umwandlung in Stabeisen, wie das mit lter Gebläsluft ausgebrachte; seitdem man das Verfahren aber etwas modificirt, dieß nicht mehr der Fall.

Vom Jahr 1824 an stieg die Eisenproduction Frankreichs in folgendem Maaße:

	Roheisen in engl. Tonnen.	Schmiedeeisen in engl. Tonnen.
1824	194,636	139,564
1825	195,588	141,396
1826	202,756	143,336
1827	213,175	146,621
1828	217,604	149,117
1829	213,868	151,319
1830	222,965	146,242
1831	221,423	138,942
1832	221,660	141,336
1833	232,559	149,982
1834	265,028	174,507
1835	290,378	206,396
1836	303,739	201,691

Die Eiseneinfuhr verhält sich vom J. 1815 an in folgendem Maaße:

Jahr.	Werth des eingeführten Eisens. Pfd. St.	Summe des daran erhobenen Zolles. Pfd. St.	Jahr.	Werth des eingeführten Eisens. Pfd. St.	Summe des daran erhobenen Zolles. Pfd. St.
1815	87,556	29.840	1826	218.212	130.326
1816	98.063	45,600	1827	186.846	98.960
1817	202.205	122.024	1828	179.655	95.073
1818	165.173	89 491	1829	160 625	84,596
1819	164,238	94.180	1830	187,117	100.476
1820	162.107	81.517	1831	123,185	63.644
1821	226.571	126.945	1832	159,222	82.193
1822	144.193	74.540	1833	174.601	91.56[illegible]
1823	141.501	86.258	1734	200,573	104.5[illegible]
1824	164.812	94.157	1835	231.208	121.346
1825	150,690	86,891	1836	252,702	132.5[illegible]

Blei und Silber. Die eilf Bleiwerke Frankreichs erzeugten im Jahre 1836: 713 Tonnen Blei im Werthe von 16,209 Pfd. St., und 5072 Pfd. Silber im Werthe von 16,650 Pfd. St. Vom J. 1832 bis 1836 betrug im mittleren Durchschnitte die Einfuhr an Blei jährlich 14,800 Tonnen, die hauptsächlich aus Spanien kamen.

Spießglanz. Eilf Gruben lieferten im J. 1836: 411 Tonnen, im Werthe von 12,121 Pfd. St.

Kupfer. Fünf Gruben lieferten im J. 1836 nur 102 Tonnen Kupfer im Werthe von 7877 Pfd. St.; im Durchschnitte betrug aber der Verbrauch an solchem jährlich 6235 Tonnen, welche hauptsächlich aus Rußland und England eingeführt wurden.

Braunstein. Sieben Gruben erzeugten 1667 Tonnen im Werthe von 6106 Pfd. St.

Folgende Tabelle enthält eine Zusammenstellung der wichtigsten Fächer des Bergbaubetriebes und der davon zunächst abhängigen Industriezweige.

	Zahl der Anstalten.	Zahl der Arbeiter.	Werth der [illegible]
Stein- und Braunkohlen, Anthracitgruben und Torfstechereien	2219	55.735	30.[illegible]
Eisen- und Stahlwerke	—	43.775	134.[illegible]
Blei-, Silber-, Kupfer-, Spießglanz- und Braunsteinwerke	—	4,770	1.[illegible]
Erdharzgruben	6	245	[illegible]
Alaun- und Eisenvitriolwerke	19	1.141	1.[illegible]
Salinen	—	16.615	10.[illegible]
Steinbrüche	—	70.396	40.[illegible]
Glasfabriken	—	10.497	47.[illegible]
Porzellanfabriken und Töpfereien	—	20.485	37.[illegible]
Ziegel- und Kalkbrennereien	—	44.604	51.[illegible]
Gypswerke	—	4.298	14.[illegible]
Chemische Producten-Fabriken	—	2.216	31.[illegible]
Kupfer-, Zink- und Bleiwerke	—	1.597	[illegible]
		273.374	377.[illegible]

(Aus dem Mechanics' Magazine, No. 787.)

Polytechnisches Journal.
Neunzehnter Jahrgang, vierundzwanzigstes Heft.

LXXXIX.

Ueber den neuen Locomotiv-Dampfkessel des Sir James Anderson.

Aus dem Mechanics' Magazine, No. 775.

Mit Abbildungen auf Tab. VI.

Wir geben hier eine Beschreibung des neuen Patentkessels des Sir James Anderson, da auf diesem das Wesentliche der Dampfwagen beruht, mit denen eine zu diesem Zweke gebildete Gesellschaft ihr Glük auf den Landstraßen Englands versuchen will.

Die in Fig. 34 ersichtliche Zeichnung gibt eine seitliche Ansicht des fraglichen Kessels, an der mehrere Theile, um sie anschaulicher zu machen, im Durchschnitte dargestellt sind. Man sieht nämlich bei a die Feuerkammer mit der unter ihr befindlichen Aschengrube b. Das Gebläse c treibt die zur Verbrennung nöthige Luft durch einen Röhrenapparat d, d, der mit einem Verdichtungscylinder umschlossen ist, in die Aschengrube, aus der sie dann zwischen den Roststangen emportritt, um die Verbrennung zu beleben. Der aus dem Feuer sich entwikelnde Strom erhizter Gase steigt aus der Feuerkammer empor, um sich über die erste der in einer Reihe angebrachten, breiten flachen Wasserkammern, welche man bei e, e, e von der schmalen Seite abgebildet sieht, zu schlagen, und dann zwischen den weiteren Wasserkammern abwechselnd auf und nieder zu streichen, bis er endlich in den Schornstein f gelangt. Die Seitenwände und der Scheitel der Feuerkammer sowohl als des Kessels sind gleichfalls in Wasserkammern umgebildet, theils um innerhalb des gegebenen Raumes die möglich größte Menge Dampf zu erzeugen, theils um den Verlust durch Wärmeausstrahlung zu verhüten. Die Wasserkammern, deren eine man im Durchschnitte abgebildet sieht, bestehen aus zwei Platten von je 15 Fuß Oberfläche, welche in Entfernungen von zwei Zoll von einander angebracht sind, und die durch ein zwischen sie gebrachtes eisernes Geripppe, an das die äußeren Platten fest angenietet sind, in ihrer Stellung erhalten werden. Da hiebei auf je drei Zoll Raum eine Befestigung der Platten trifft, so können sie durch die Kraft des zwischen ihnen erzeugten Dampfes unmöglich auseinander getrieben werden. Die Speisung des Kessels mit Wasser geschieht auf die gewöhnliche Weise. Das Wasser gelangt nämlich in die untere horizontale Röhre, und steigt von hier aus durch kurze senkrechte Röhren in den Wasserkammern e, e empor, so daß nicht nur diese Kammern bis zum Scheitel gefüllt erhalten werden, sondern daß zum Theil auch die obere horizontale Röhre gefüllt ist. Der entwikelte Dampf steigt durch durchlöcherte Dekel h, h in den Dampfbehälter g, g empor. Diese durchlöcherten Dekel verhindern das Emporreißen von Wassertheilchen durch den Dampf, so daß die Maschine von dem Dampfbehälter aus stets mit gereinigtem, aber dennoch dichtem Dampfe gespeist wird. Ein Theil des verbrauchten Dampfes wird verdichtet und mittelst der Drukpumpen wieder in den Kessel zurükgetrieben. Die Verdichtung wird bewirkt, indem man den Dampf in zwei große horizontale Cylinder, die unter dem Wagen angebracht sind, und durch welche in kleinen Röhren die in die Feuerkammer eingetriebene Luft streicht, eintreten läßt.

Ein Kessel dieser Art, welcher vor 15 Monaten gebaut wurde, hat seither ununterbrochen gearbeitet, ohne Wasser auszulassen und ohne je in Unordnung zu gerathen, obwohl der Dampf mehrmalen so gesteigert wurde, daß er einen Druk von 500 Pfd. auf den Quadratzoll ausübte.[70])

XC.

Saulnier's Dampfmaschine mit veränderlicher Expansion.

Aus dem Portefeuille industriel du Conservatoire des Arts et Métiers, Bd. II. S. 73 im polyt. Centralblatt 1838, Nr. 30.

Mit Abbildungen auf Tab. VI.

Im Jahre 1834 gab Saulnier der ältere zur französischen Industrieausstellung eine Hochdruk-Dampfmaschine mit veränderlicher Expansion (à détende variable), welche die besondere Aufmerksamkeit der Beurtheilungscommission auf sich zog. Seit jener Zeit verfertigte Saulnier eine große Anzahl solcher Maschinen von 3 oder 4 bis zu 20 und 30 Pferdekräften, ja sogar einige von 50 Pferdekräften. Man war mit dem Gange derselben außerordentlich zufrie-

---

70) Sir Anderson erklärt in einem Schreiben, welches er später an die Redaction des Mechanics' Magazine richtete, daß er die Summe von 30,000 Pfd. St. daran wendete, ehe er seinen Wagen auf jenen Grad von Vollkommenheit brachte, den er dermalen hat, und mit dem er denselben in Stand glaubt, alle der Dampfwagenfahrt auf den Landstraßen im Wege stehenden Hindernisse zu überwältigen. — Dagegen erklärt Hr. W. Hancock, welcher bekanntlich diesen Gegenstand noch mit dem größten Erfolge und mit der größten Ausdauer verfolgte, daß er schon im Jahre 1827 einen Kessel mit ebensolchen flachen Dampfkammern, wie sie Sir Anderson angibt, patentiren ließ; und daß er lezteren nur deßwegen nicht wegen eines Eingriffes in seine Patentrechte belangen wolle, weil er überzeugt sey, daß die weiteren Versuche mit einem Kessel der Art nur fruchtlos ausfallen können. A. d. R.

en, und sie empfehlen sich gleichmäßig durch Einfachheit und Soli-
itât der Mechanik, durch Regelmäßigkeit des Ganges und geringen
Betrag des Brennmaterialbedarfs.

Was das allgemeine Arrangement der einzelnen Theile dieser
Dampfmaschine betrifft, so ruht der Cylinder auf einem gußeisernen,
nach einer Richtung zu hohlen Fuße in der Mitte einer vierekigen
starken Bodenplatte, auf deren Eken sich vier Säulen erheben, welche
oben mit einander verbunden sind und hier die Leitung für die nach
Oben schiebende Kolbenstange und die übrigen Nebentheile tragen;
die Kurbelstangen gehen nach Unten, und unter dem Cylinder liegt
die Haupt- oder Schwungradwelle, welche mitten unter dem Cylinder die Scheiben zur Steuervorrichtung trägt. Am oberen Theile
des Cylinders ist die Dampfkammer mit dem Schieberventile angebracht; die Schieberstange kommt oben aus der Dampfkammer und
ist durch zwei zu beiden Seiten niedergehende Stangen mit dem
Winkelhebel verbunden, welcher seine steuernde Bewegung von der
Schwungradwelle erhält. Der Regulator wird durch eine Schnur
ohne Ende von einer Scheibe an der Schwungradwelle aus bewegt,
und diese Schnur ist vermöge der Disposition der Theile über Leitrollen geführt und im Winkel gebrochen.

Fig. 19. zeigt die Art und Weise, wie von der Schwungradwelle
aus mittelst geschweifter Scheiben und des Rahmens die Steuer-
stangen bewegt werden. Direct über dem Mittel der durchschnitte-
nen Schwungradwelle ist die Dampfcylinderachse zu denken; die Darstellung des Fußes für den Dampfcylinder, durch welchen X′ hin-
durchgeht, ist weggeblieben. — Fig. 21 bis 24 zeigen die vier
Stellungen, welche der Schieber während eines Umganges der Schwungradwelle anzunehmen hat. — Die Dampfleitung r″ führt den
Dampf aus der Dampfkammer über den Kolben, und r″, welche
Leitung sich längs des Cylinders nieder erstrekt, führt ihn unter den
Cylinder; beide Leitungen dienen außerdem, wie gewöhnlich, zur Ab-
führung des gebrauchten Dampfes mit Hülfe der Höhlung im Dampfschieber S und der Röhren r′ und R. In Fig. 21 ist die Stellung
angegeben, die der Schieber hat, wenn der Kolben im tiefsten Stande
sich befindet und aufwärts zu gehen anfängt; soll nun mit vollem
Cylinder ohne Expansion des Dampfes gearbeitet werden, so muß
der Schieber diese Stellung beibehalten, bis der Kolben in seinen
höchsten Stand gekommen ist, und dann plözlich die Stellung annehmen, welche Fig. 23 angibt, bei welcher dem Dampfe der vollkommen entgegengesezte Weg wie vorhin angewiesen wird, und nur
nach vollendetem Kolbenniedergange ist eine zweite Schieberbewegung
erforderlich. Sobald aber mit expandirendem Dampfe gearbeitet

werden soll, muß, wenn der Schieber die Stellung Fig. 21 hat und der Kolben am tiefsten steht, nach einem gewissen Theile des Kolbenhubes, von welchem die Stärke der Expansion abhängt, der Schieber in die Stellung Fig. 22 treten und dann dem Dampfe den Zutritt unter den Kolben wehren, nach vollendetem Hube vollends in die Stellung Fig. 23 treten, in dieser Stellung wieder während eines Theils des Hubes verharren, um die Stellung Fig. 24 während des übrigen Hubtheiles zu behaupten, und endlich in die Stellung 21 nach vollendetem Hube treten, worauf dasselbe Spiel von Neuem beginnt. Betrachtet man diese Bewegungen des Schiebers genauer, so zeigt sich, daß der Schieber nur am Ende des Kolbenweges bewegt werden muß, wenn die Maschine mit vollem Dampfe ohne Expansion geht, dagegen außerdem auch noch nach vollendetem ersten Drittel oder Viertel des Kolbenweges, wenn die Maschine mit Expansion betrieben werden soll.

Die Bewegung des Schiebers erfolgt auf folgende Art: An der Schwungradwelle der Maschine befindet sich eine excentrische Scheibe Y, welche Fig. 18 in zwei Ansichten darstellt; ihre Form ist etwas complicirt, doch besizt sie die Haupteigenschaft, daß alle gerade durch die Achse der Welle, an welcher sie sich befindet, gezogenen geraden Linien, welche in entgegengesezten Punkten der excentrischen Scheibe enden, einander gleich sind, oder mit anderen Worten, daß die Summe je zweier Radien dieser Scheibe, welche in eine gerade Linie fallen, eine constante Größe ist. Denkt man daher die Scheibe mit ihrer Welle in drehender Bewegung, und rechts und links in einer durch die Achse gehenden horizontalen Linie einen Punkt, welcher sich gegen den Umfang der Scheibe andrükt und sich von demselben nicht entfernen kann, so bleibt die Entfernung dieser beiden Punkte von einander immer gleich groß, und beide werden nur gleichmäßig nach Rechts und nach Links verschoben. Zugleich beträgt aber diese Verschiebung nach Rechts und Links eben so viel, als die Differenz des entsprechenden größten und kleinsten Halbmessers der Scheibe beträgt.

Aus den vorstehenden Erörterungen wird sich die Wirkungsart des Führungsrahmens (cage à galets), welcher von der excentrischen Scheibe bewegt wird, leicht begreifen lassen. Dieser Führungsrahmen ist nebst Zubehör in Fig. 19 abgebildet; er besteht aus zwei gußeisernen Endplatten, zwei Reibungsrädern und vier Verbindungsstäben. Jede dieser Endplatten X hat an den vier Eken Oeffnungen zur Aufnahme der Enden der vier Verbindungsstäbe, und an den Seiten zwei Erhöhungen, in welchen die Zapfen der Reibungsräder X' ihr Lager finden. Die Verbindungsstangen X'' sind in der Mitte mit eingelegten Stahlplatten versehen, mit denen dieselben an einem vollkommen cylindrisch gearbeiteten Theil der Schwungradwelle gleiten. Die vier Verbindungsstangen liegen parallel, zwei oberhalb, zwei unterhalb der Welle, zwei auf der einen und zwei auf der anderen Seite der Scheibe. An einer der beiden Endplatten ist der Verbindungstheil X' mit vier Schrauben befestigt, durch welchen die Bewegung des Führungsrahmens auf den Winkelhebel V v' übertragen wird. Auf einem entsprechenden Lager ruht nämlich die Welle V', in deren Mitte sich der Arm V befindet, während sie an beiden Enden die parallelen Arme v', v' trägt, welche mit den mittleren einen rechten Winkel bilden und bei T'' die Stangen T, t bewegen, welche mit dem Dampfschieber verbunden sind; um die senkrechte Lage dieser Stangen zu sichern, geht jede durch eine Leitung v'' in dem Gestelle V'', welches zugleich die Lager der Welle V' trägt. Der Führungsrahmen nebst dem Verbindungstheile hat nur die beiden Stüzpunkte, nämlich die Schwungradwelle und das untere Ende des Armes V, und bewegt sich daher vollkommen frei in horizontaler Richtung.

Soll die Gestalt der Scheibe bestimmt werden, so ist zu erwägen: ob die beiden Hebelarme V und v' gleich oder ungleich sind, im ersten Falle muß der Führungsrahmen horizontal genau dieselbe Bewegung machen, welche der Schieber in vertikaler Richtung zu machen hat; ferner ist zu bestimmen, nach dem wie vielsten Theile des Kolbenhubes die absperrende Schieberbewegung erfolgen soll. In dem Augenblike, wo die Schieberbewegung eintreten soll, wird der Krummzapfen der Schwungradwelle einen gewissen Winkel mit der Vertikallinie bilden, welcher von den Dimensionen der Kurbel und Kurbelstange abhängt und sich durch Rechnung und Zeichnung finden läßt.

Sezen wir nun fest, daß die gesammte Bewegungsgröße des Schiebers = 3, d. h. 3 Mal der vertikalen Höhe eines Dampfcanals r', r''' oder r''' gleich sey, wobei eine solche Höhe als Maaßeinheit dienen soll; daß die Höhe des Dampfschieberraumes im Lichten = 4 und die äußere Höhe des Dampfschiebers = 6 ist, und daß die beiden Arme V, v' einander gleich sind, so muß der Führungsrahmen eine Bewegungsgröße = 3 haben. Die Maschine soll nach $1/_3$ des Kolbenweges den Dampf absperren. Sobald der Kolben im tiefsten Stande angekommen ist, so müssen nach und nach folgende Bewegungen gemacht werden: in dem Augenblike, wo der Kolben zu steigen anfängt, muß der Schieber die Bewegung 2 nach Oben machen und die Stellung Fig. 21 einnehmen (die Scheibe muß eine schiefe Ebene mit der Neigung 2 nach der einen Seite haben);

in dieser Stellung bleibt der Schieber während 1/3 des Hubes; während der Zeit macht der Krummzapfen 76° 38′ Umgang (an die schiefe Ebene der Scheibe schließt sich daher ein Bogen von 76° 38′); nun soll der Dampf abgesperrt und der Schieber in die Stellung Fig. 22 gebracht werden, folglich eine Bewegung = 1 herunter machen (die Scheibe hat hier eine abfallende schiefe Ebene von 1 Höhe); in dieser Stellung verharrt der Schieber bis ans Ende des Hubes, d. h. während der Kurbelarm 103° 22′ durchläuft (folglich hat die Scheibe hier einen Bogen von 103° 22′). Die nun beginnende niedergehende Bewegung fordert wieder zwei schiefe Ebenen und zwei Bogen an der Scheibe, indem der Schieber erst eine Bewegung = 2 nach Unten und dann eine Bewegung = 1 nach Oben zu machen hat. Vergleicht man die Bogen der Scheibe, welche dieß bewirken, mit den vorhergehenden, so zeigt sich, daß sie gerade entgegengesezt liegen, und daher die Eigenschaft der Scheibe hervorbringen, daß zwei in einer geraden Linie liegende Halbmesser zusammen immer gleich groß sind, wodurch die Scheibe zur Bewegung des Führungsrahmens geschikt wird. Hiebei ist angenommen, daß man die Differenz, welche noch dadurch Statt findet, daß die Kurbel bei 1/3 des niedergehenden Kolbenweges nur 65° 2′ durchläuft, während sie bei 1/3 des aufgehenden 76° 38′ durchlief, so ausgeglichen hat, daß man einen zwischen beiden Bogen liegenden mittleren Bogen nimmt (etwa 70°), wobei beim Niedergange eine unbedeutende Menge mehr Dampf in den Cylinder geführt wird, als beim Kolbenaufgange. Bezeichnen wir den kleinsten Halbmesser der Scheibe mit ν, so würden sie umlaufend aus folgenden Bogen bestehen:

Bogen	von	70 Grad	mit	dem	Halbmesser	$\nu + 3$
—	—	110	—	—	—	$\nu + 2$
—	—	70	—	—	—	ν
—	—	110	—	—	—	$\nu + 1$

so daß $\nu + 3 + \nu = \nu + 2 + \nu + 1$ jedesmal $= 2\nu + 3$ wird. An den Enden sind die Bogen durch entsprechende schiefe Ebenen mit einander zu verbinden.

Hätte die Absperrung des Dampfes nicht nach 1/3 des Kolbenhubes, sondern schon nach 1/4 erfolgen sollen, so würde nach dem Vorigen nichts zu ändern gewesen seyn, als die Bogenlängen; man hätte nämlich statt 70 Grad einen Bogen von 60° wählen müssen, und umgekehrt statt 110° einen Bogen von 120°.

Saulnier wollte aber seine excentrische Scheibe so vorrichten, daß sie leicht eine verschiedene Expansion zu bewirken vermöge. Führen wir nun an einem Beispiele durch, wie dieß möglich ist. Es ist zunächst die Frage, was muß geschehen, wenn die Absperrung rst nach $^2/_3$ des vollendeten Hubes erfolgen soll? Der Krummzapfen durchläuft beim Kolbenniedergange 65°, während der Kolben $^1/_3$ des Hubes vollendet; folglich wird er 115° beim aufsteigenden Kolbengange zurüklegen, während der Kolben $^2/_3$ seines Weges vollendet. Beim Aufgange beschreibt im ersten Drittel des Kolbenweges der Krummzapfen 76°, folglich während $^2/_3$ des niedergehenden Kolbenspieles 104°. Das Mittel aus 116 und 104 ungefähr 108°; man muß daher, um eine Absperrung bei $^2/_3$ des Kolbenweges zu erhalten, den vorher erwähnten Bogen von 70° durch einen von 108° ersezen. Oder denkt man sich neben einander befindlich an ein und derselben Welle zwei nach Art der vorher beschriebenen eingerichtete Scheiben angebracht, von denen die eine mit der Welle fest verbunden, die andere dagegen um die Welle drehbar ist und in verschiedenen Stellungen an die erstere befestigt werden kann, so wird man nun mit diesen beiden Scheiben eine Absperrung bei $^1/_3$ des Kolbenweges bewirken, wenn die Scheiben so über einander liegen, daß sie sich vollkommen deken; dagegen wird eine Verminderung dadurch möglich werden, daß man die Scheiben so neben einander verschiebt, daß z. B. die beiden Bogen von 70° zu beiden Seiten so viel über einander herausstehen, daß sie einen Bogen von 108° zusammen ausmachen. Die Theile, welche dann auf die Reibungsräder des Führungsrahmens wirken, gehören dann abwechselnd der beweglichen und der festen Scheibe an, und es müssen daher die Reibungsräder eine Breite haben, welche der Summe der Stärken der beiden Scheiben entspricht. Hiebei ist nun noch zu bemerken, daß, während sich der Vergrößerung des Bogens mit dem größten Halbmesser kein Hinderniß in den Weg stellt, der Theil der Scheibe mit dem kleinsten Halbmesser nicht gleichmäßig vergrößert wird, indem dann das benachbarte Stük mit dem größeren Halbmesser nicht so verschwindet, wie es die äußere Fläche der anderen Scheibe vorschreibt; man muß daher bei der einen Scheibe dadurch nachhelfen, daß man dieses Stük gänzlich fehlen läßt, was offenbar nicht vom geringsten Nachtheile ist, da die beiden schiefen Ebenen, welche den Bogen der Scheibe vom kleinsten Halbmesser begränzen, ebenfalls den beiden Scheiben angehören. Um die Absperrung bei $^1/_3$ in eine bei $^2/_3$ zu verwandeln, müßte man beide Scheiben um 38° gegen einander verstellen; wenn man sie nur um 10, 20, 30° verstellt, so bewirkt man Absperrungen, welche innerhalb $^1/_3$ und $^2/_3$ des vollendeten Hubes Statt finden.

Fig. 18 stellt diese Einrichtung zweier neben einander verschiebbarer Scheiben vor. Die feste Scheibe Y ist mit dem Bolzen y versehen, welcher durch den bogenförmigen Einschnitt y′ in die bewegliche Scheibe Y′ geht und zur Befestigung beider Scheiben an einander dient; außerdem ist an Y noch der Schraubenbolzen y'' befindlich, welcher zur Befestigung dieser Scheibe auf der Welle dient.

Die zweite von uns noch abgebildete Einrichtung ist die Stellung der Dampfklappe gegen den Regulator; Fig. 25 zeigt den an einem schiklichen Punkte des Gestelles angebrachten Regulator, welcher keiner Erklärung weiter zu bedürfen scheint; auf die gewöhnliche Art wird bei demselben durch das Auseinanderfahren und Zusammenfallen der Schwungkugeln Z',Z' die Stange W' gehoben und gesenkt, welche durch die Verbindungsstange W mit einem Hebelarm an der Achse w zusammenhängt, welche leztere innen die Dampfklappe trägt. Die verschiedene Neigung des Hebelarmes bestimmt die Menge des einströmenden Dampfes; die Adjustirung des Regulators aber für einen bestimmten Gang der Maschine erfolgt gewöhnlich so, daß die Stange W unten ein breites, mit mehreren unter einander befindlichen Löchern versehenes Ende hat; in eines dieser Löcher wird dann der Zapfen am Ende des Hebelarmes gestekt. Hier dagegen ist die Stange W durch ein Gelenk mit dem Hebelarme verbunden und an seiner Stelle mit dem in Fig. 20 besonders gezeichneten Stellungstheile versehen. W trägt nämlich unten eine Schraube, w'' oben eine Mutter; lezterer Theil ist unten mit Handgriffen versehen, um gedreht werden zu können, und ist, natürlich auch drehbar, mit dem nach dem Hebelarme führenden Stangenstüke verbunden. Durch Umdrehung von w'' wird daher dasselbe bewirkt, was eine Veränderung der Löcher bei der gewöhnlichen Einrichtung bezwekt, nur daß die hier abgebildete Vorrichtung den Vorzug besizt, daß keinen Augenblik die Verbindung von W' mit der Dampfklappe unterbrochen wird, während bei der anderen Einrichtung sich doch wenigstens einen Augenblik lang die Regulirung der Maschine in der Hand des Arbeiters befindet. Zugleich bietet diese Vorrichtung die größte Bequemlichkeit beim Reguliren während des Ganges.

Fig 18 ist in $^1/_{12}$ der natürlichen Größe gezeichnet; Fig. 19, 21, 22, 23 und 24 in $^1/_{16}$; Fig. 20 in $^1/_8$ und Fig. 25 in $^1/_5$.

XCI.

Einiges über die für Landstraßen bestimmten Dampfwagen des Herrn Walter Hancock.

Aus dem Mechanics' Magazine. No. 787.

Mit Abbildungen auf Tab. VI.

Die Dampfwagenfahrt auf den Landstraßen gehört zu jenen Projecten, durch welche das Publicum am häufigsten zu großen Erwartungen angereizt und beinahe eben so oft in diesen getäuscht rde. Vor 9 bis 10 Jahren z. B. waren alle Tagblätter mit hochtrabenden Artikeln hierüber angefüllt, und man sprach von hohen Wetten, die dahin abgeschlossen worden seyn sollten, daß in 12 Monaten in England die Dampfwagen alle übrigen Fuhrwerke verdrängt haben dürften. Dessen ungeachtet ist es gewiß, daß so vielversprechend allerdings manche der angestellten Versuche in ihren Resultaten ausfielen, man es doch nie über diese Versuche hinaus brachte. Auch scheint es, daß die ersten Dampfwagen beinahe eben so viel leisteten, wie ihre zahlreichen Nachfolger. Hienach drängen sich von selbst die Fragen auf: Welche Hindernisse stellten sich der Benuzung dieses Lieblingsgegenstandes zu einem praktischen Zweke im Großen entgegen? Wie kam es, daß in den lezten 14 Jahren ein Dampfwagen-Erfinder nach dem andern auf der Bühne erschien, um, nachdem er den Beifall der Zuschauer geerntet, von der Scene zu verschwinden, und sich entweder nie mehr oder nur um seinen Schwanengesang vernehmen zu lassen, bliken zu lassen? Die Antwort auf diese Fragen, die in Kürze die Geschichte aller dieser Erfinder, mit Ausnahme eines einzigen, repräsentiren, findet man in den Verhandlungen der Parlaments-Commission, welche seiner Zeit über die Ansprüche Gurney's auf eine Nationalbelohnung zu berichten hatte. Zur Ergänzung hievon dient jedoch eine Schrift, welche unter dem unten bezeichneten Titel [71]) von jenem rastlosen Manne herausgegeben wurde, der unter den ersten auf der Bahn erschien, und der dermalen der einzige ist, welcher sich noch auf ihr behauptet. Wir meinen hierunter Hrn. Walter Hancock, von dem wir bereits vielfach zu berichten Gelegenheit hatten, und dessen Verwandte Thomas, William und Charles Hancock durch ihre mannigfachen, auf die Anwendung des Kautschuk bezüglichen Erfindungen gleichfalls rühmlich bekannt sind. Einiges aus diesem Werke der Beurtheilung unserer Leser zu unterstellen ist der Zwek gegenwärtigen Aufsazes.

Eine Drukschrift über den Dampfwagen, den die HHrn. Bramah für Hrn. Griffiths gebaut hatten, brachte Hrn. Hancock darauf, sich mit den für Landstraßen bestimmten Dampfwagen zu beschäftigen. Er hatte im Jahre 1824 ein Patent auf eine neue Art von Dampfmaschine genommen, zu deren Bau er den Kautschuk verwendet wissen wollte, und die man daher füglich auch eine Kautschuk-Dampfmaschine nennen könnte. Diese Maschine bestand aus

71) Narrative of twelve years Experiments — 1824 — 36 — demonstrative of the practicability and advantage of employing Steam carriages on Common roads; with engravings and descriptions of the different Steamcarriages constructed by the Author, his Patent Boiler, Wedge-wheels and other Inventions. By Walter Hancock, Engineer. 8. London 1838 by Weale, Holborn and Mann, Cornhill.

zwei elastischen kugelförmigen Dampfrecipienten, welche aus Canev
schichten, die mit Kautschukauflösung verbunden und mit Kautsch
überzogen waren, verfertigt worden. Durch die abwechselnde, du
Einlassen und Austreiben von Dampf bewirkte Ausdehnung und Z
sammenziehung dieser Kautschukballons, welche einen Druk von 60 P
auf den Quadratzoll auszuhalten vermochten, sollte eine Wechsell
wegung erzielt werden, die dann auf gewöhnliche Weise in eine ro
rende umgewandelt wurde. Wegen der wenigen metallenen Thei
die zu dieser Maschine verwendet wurden, wegen ihrer großen Lei
tigkeit, wegen ihrer geringen Abnüzung und ihrer Gefahrlosigk
schien dem Erfinder diese Maschine ganz besonders geeignet f
Dampfwagen, welche auf den Landstraßen so vielen und heftig
Erschütterungen ausgesezt sind. Ein Dampfwagenmodell, welch
nach diesem Plane gebaut wurde, übertraf so sehr die gehegten Er
wartungen, daß Hr. Hancock sogleich ein zweites in größere
Maaßstabe bauen ließ. Hier ergab sich aber nach mehrfachen Ver
suchen, daß mittelst der neuen Maschine die für Dampfwagen nö
thige Kraft nicht zu erzielen ist. Weit entfernt, sich hiedurch ab
schreken zu lassen, gewann Hancock vielmehr gerade durch das erst
Mißlingen seiner Versuche die volle Ueberzeugung von der Thunlich
keit des Dampfwagenbetriebes auf den Landstraßen. Als das groß
und wesentlichste Desideratum erschien ihm ein Kessel, der rasch
und ununterbrochen eine hinreichende Menge Dampf erzeugt, dabei
wenig Raum einnimmt, von geringer Schwere ist, einen einfachen
Bau hat, wenig kostet, und selbst wenn er bersten sollte, keinen gro
ßen Schaden anrichtet. Einen solchen Kessel ausfindig zu machen
war von nun an sein Hauptstreben.

Die ungünstigen Resultate, zu denen er bei der Anwendung
mannigfach modificirter Röhrenkessel gelangte, überzeugten ihn von
der Unmöglichkeit, nach diesem Principe einen sicheren und dabei
hinreichend wirksamen Kessel zu erzielen; und zwangen ihn auf eine
Anordnung zu sinnen, bei der das der Einwirkung des Feuers aus
gesezte Wasser minder vertheilt und dennoch über eine große Ober
fläche verbreitet wäre. Er kam hiedurch auf den sogenannten Kam
mernkessel, auf den er im Jahre 1827 ein Patent nahm, dessen er
sich an den später von ihm gebauten Dampfwagen bediente und der
sich auch zu verschiedenen anderen Zweken benuzen läßt. Die Originalität
dieser Art von Kessel, so wie auch die Frage: ob sich die Patentansprüche
Hancock's auf alle Arten flacher Kammern, in denen Feuer oder
vielmehr heiße Luft, Flammen und Wasser abwechselnd enthalten sind,
erstreken, ist in neuester Zeit eine Streitsache geworden. Uns scheint
es, daß Hancock der ursprüngliche Erfinder der flachkammerigen

sel ist, und daß, wenn derselbe auch beispielsweise nur eine einzige solcher Kessel beschrieben hat, das Gesez ihn doch gegen alle Modificationen schüzt, die man an seinem Systeme machen kann, die, wie gut sie auch seyn mögen, doch immer nur mit seiner timmung angewendet werden dürfen, bis das Patent einmal ver= en seyn wird.

Schon oft verdankten wir Erfindungen in der Mechanik und Entdekung gewisser, besonders zwekdienlicher Formen dem reinen 'alle. Ein neues Beispiel liegt in Folgendem. Hancock ver=)te verschiedene Formen, die er den Seitenwänden der Kammern ıer Kessel gab. Einige waren der ganzen Länge nach gerieft oder ippt, so daß sie geradelaufende Feuerzüge bildeten; andere dage= ı hatten unregelmäßige Formen, wodurch die erhizte Luft bei ihrem nporsteigen auf verschiedene Weise an deren untere Oberflächen getrieben werden sollte. Nach Prüfung sämmtlicher Formen schien ihm am Geeignetsten, bei der halbkugeligen Ausbauchung stehen bleiben, da ihm diese die größten Vortheile zu bieten schien. Des= ı ungeachtet glaubt er, daß man in gewissen Fällen mit Vortheil r Anwendung senkrechter Stangen schreiten könne, um theils die usdehnung der Kammern zu verhüten, theils zur Bildung der Feuerzüge zu dienen.

Der halbkugelförmigen Ausbauchungen an den Seitenwänden der ammern bediente sich Hancock zufällig gleich vom Anfange an. ie gerieste oder gerippte Form ergab sich ihm zufällig bei der An= ndung eines Kessels mit flachwandigen Kammern, zu deren Ver= rkung Eisenstäbe angebracht worden sind. Als nämlich dieser Kes= einmal durch vernachlässigte Speisung mit Wasser zum Rothglü= n gekommen, hätten die Wände der Kammern nicht mehr ihre frü= re, aus Fig. 26 zu ersehende flache Gestalt beibehalten, sondern s Metall war durch die Hize so nachgiebig geworden, daß die ände in Folge des in den Kammern Statt findenden Drukes die Fig. 27 ersichtliche Gestalt bekamen. Durch einfaches Ausneh= n der Stäbe und dadurch, daß man die zwischen denselben vor= drängten Theile mit einander in Berührung brachte, blieb immer ch Raum genug für das Emporsteigen des Feuers, ohne daß deß= lb die Stangen g,g dazu nothwendig gewesen wären. Zwei Kam= ern dieser Art sieht man in Fig. 28 abgebildet.

Die vollkommene Sicherheit seines Kessels erwächst, wie Hr. ancock sagt, aus der großen Vertheilung seiner Theile und seiner raft, sowie aus der Schwäche der Kammern im Vergleiche mit den olzen und Klammern, die das Ganze zusammenhalten. Das Aeußerste, as geschehen kann, ist, daß eine der Kammern berstet, und zwar

mit einer Gewalt, die nur dem 15ten oder 20sten Theile der ga
Gewalt gleichkommt. Ein solches Bersten erleichtert den Druk
Ganzen und eine Explosion des Ganzen ist unmöglich, weil die
zen und Klammern, wodurch sämmtliche Kammern zusammengeha
werden, von solcher Größe und Stärke sind, daß sie einen zwan
mal größeren Druk auszuhalten vermögen, als jener ist, den
Kammern auszuhalten haben.

An den Röhrenkesseln findet eine Drosselung der Röhren St
in Folge deren der Dampf nicht frei, sondern stoßweise entwei
dadurch das Wasser aufrührt und mithin bewirkt, daß der Da
Theilchen dieses lezteren mit sich fortreißt. An dem Kammerke
dagegen wird der Dampf mehr gleichmäßig erzeugt und geschie
und die ganze Oberfläche des Wassers gibt den aus diesem erzeug
Dampf ungehindert ab, während das Wasser selbst verhältnißmäß
ruhig verbleibt.

Auch Farey äußerte sich vor der angeführten Parlaments-Com
mission dahin, daß Hancock's Kessel Allem entspreche, was man i
Hinsicht auf Sicherheit verlangen könne, und daß ihm in Hinsi
auf die Schwere gleichfalls vor jedem anderen Kessel von gleich
Kraft der Vorzug gebühre. Bei der Freiheit, womit sich der Damp
in Blasen, und ohne das Wasser mit sich fortzureißen, aus dem Wass
entwikeln kann, bleibt die Metalloberfläche stets mit Wasser bedekt;
und deßhalb wird mit einer bestimmten Metalloberfläche und eine
in ihr enthaltenen Wassermenge eine kräftigere Dampferzeugung un
eine längere Dauer der Metallplatten erzielt, als man mit kleinen
Röhren je zu erreichen im Stande ist. Hr. Hancock selbst hä
seinen Kessel unter allen bisher bekannten für den für Dampfwagen,
Locomotiven für Eisenbahnen, Dampfboote und in vielen Fällen selbst
für fixe Dampfmaschinen geeignetsten; denn er ist leichter, minder
voluminös, weniger kostspielig in Hinsicht auf den Aufwand an
Brennmaterial, kräftig, sicher, wohlfeil und leichter auszubessern.
Er kann ferner leicht zerlegt und verpakt werden, so daß man ihn
selbst auf Pferden weiterschaffen kann: ein Umstand, der besonders
in fremden Landen für den Bergwerksbetrieb von hoher Wichtigkeit
ist. Eine schadhaft gewordene Kammer endlich kann leicht und selbst
von ungeübten Arbeitern durch eine neue ersezt werden. Auf Dampfbooten kann man, leicht in einen kleinen Raum verpakt, mehrere
Ersazkammern unterbringen, deren man sich im Nothfalle auf offener
See bedienen kann.

Ohne auf eine Beschreibung der von Hrn. Hancock bisher gebauten Dampfwagen, von denen der erste nur drei Räder hatte, be
das Eingreifen eines einzigen Rades in die Straße sich als zum

üben des Wagens genügend bewies, einzugehen, wollen wir nur
Verzeichniß derselben vorlegen.

erimentirwagen . . . . für 4 Außenpassagiere.
: Infant (mit Zapfenmaschinen) . . — 10 —
selbe, (vergrößert u. mit fixirten Maschinen) — 14 —
Era (nach Greenwich bestimmt) . . — 16 In.= u. 2 Außenp.
Enterprise . . . . — 14 Innenpassagiere.
: Autopsy . . . . — 9 In.= u. 5 Außenp.
r Erin . . . . — 8 In.= u. 6 Außenp.
r deutsche Zugkarren (german drag) . — 6 Außenp. und mehrere angeh. Wagen.
r Automaton . . . . — 22 Innenpassagiere.

Diese Liste vermehrte sich in neuester Zeit noch durch die bereits ehrmals besprochene Dampfgig, womit Hr. Hancock in den lez- n 6 Monaten in den bevölkertsten Theilen Londons fuhr. Einen ufriß dieses lezteren Fuhrwerkes sieht man in Fig. 29, und einen ingendurchschnitt in Fig. 30. a ist der Kessel; b der Ofen; c das schenloch; d einer der Cylinder; e die Kette, welche die Bewegung n der an der Kurbelwelle befindlichen Trommel an die an der chse des Treibrades aufgezogene Trommel fortpflanzt; f ist die zur teuerung des Wagens dienende Vorrichtung; g ein Hebel, womit r Dampfzufluß regulirt wird; h ein Hebel, der, wenn der Steuer- ann mit dem Fuß darauf tritt, den Hemmapparat in Thätigkeit zt; i der Plaz für den Maschinisten; k der zur Speisung des Ofens enende Trichter; l der Windfang. Die Wasserbehälter sind unter n beiden Sizen angebracht.

Was den Kostenpunkt und die Abnüzung betrifft, so hat Hr. ancock hierüber nach dem Ergebnisse der Miethfahrten, welche er it seinen Wagen, und namentlich mit dem Automaton unternahm, lgende Rechnung abgelegt.

rechnung für eine Tagarbeit von 100 engl. Meilen.

Ausgaben.	Pfd.	Schil.	Den.
r Kohks zu 1 Schilling per engl. Meile	5	—	—
r Reparaturen und Abnüzung	4	—	—
r Oehl, Hanf 2c.	—	10	—
r zwei Maschinisten, zwei Steuermänner, zwei Schürer, einen Wächter	2	—	—
r Miethe der Stationen; Salaire der Bediensteten .	3	—	—
r Zölle	1	10	—
r den Fond zur Erneuerung der Wagen, auf jeden 2 Pfd.	4	—	—
r zufällige Ausgaben	2	—	—
	22	—	—
Täglicher Gewinn	10	9	4
	32	9	4

Einnahmen.

	Pfd.	Schil.	D
Ertrag von 50 Passagieren zu $1\frac{1}{2}$ Den. per Meile . .	31	5	
Ertrag von 1 Tonne Ladung zu 1 D. der Cntr. p. Meile	9	6	
	40	11	
Hievon ab 20 Proc. für leichte Ladungen . . .	8	2	
	32	9	

Berechnung für eine Tagarbeit von 1000 engl. Meilen

Ausgaben.

	Pfd.	Schil.	Den.
Für 80 Dampfwagen zu 1500 Pfd.	120,000	—	—
Für 50 gewöhnliche Wagen zu 120 Pfd. . .	6000	—	—
Für Stationen ꝛc.	14,000	—	—
Pfd. St.	140,000	—	—

Einnahmen.

	Pfd.	Schil.	Den.
Ertrag von 313 Arbeitstagen, zu 10 Pfd. 9 S. 4 D. auf 100 engl. Meilen gibt für 1000 engl. Meilen	32,760	—	—

Der Gewinn am Capitale würde demnach dieser Berechnung gemäß für ein Unternehmen von der angedeuteten Größe gegen 25 Proc. betragen! Das Publicum wird diesen Daten jedoch nach so vielen unbewährt gebliebenen Voraussagungen erst dann Glauben schenken, wenn sie durch wenigstens ein halbes Jahr lang fortgesezte ununterbrochene Fahrten erwiesen sind. Leider hat Hr. Hancock bei seinen Bemühungen nicht mehr die Neuheit für sich; sondern er hat vielmehr, abgesehen von allen sonstigen Schwierigkeiten, die Gleichgültigkeit eines oft getäuschten Publicums zu überwinden.

XCII.

Ueber den Patent-Stoßaufhälter für Eisenbahnwagen, welchen Hr. Rowley erfunden.

Aus dem Mechanics' Magazine, No. 790.

Mit Abbildungen auf Tab. VI.

Der zum Aufhalten der Stöße an den Eisenbahnwagen bestimmte Apparat, auf den Hr. Rowley ein Patent besizt, besteht aus sogenannten pneumatischen oder Vacuumfedern, die entweder für sich allein, oder in Verbindung mit elliptischen oder auch anders geformten Stahlfedern angewendet werden sollen. Zugleich gibt der Patentträger eine neue Methode an, nach welcher die Stoßaufhälter der Wagen mittelst eines in deren Mitte angebrachten Bolzens mit einander verbunden werden sollen, und wonach man im Stande ist, die

r Bolzen mittelst einer Rolle oder eines Hebels emporzuheben, so
ß man ohne anzuhalten an den verschiedenen Stationen einen oder
hrere Wagen von dem Wagenzuge losmachen kann.

Fig. 15 ist ein Grundriß oder eine horizontale Ansicht des ver-
serten, an dem Gestelle einer Locomotive, eines Munitionswagens
r eines Passagierwagens anzubringenden Stoßaufhälters. a,a sind
ei Cylinder, die mit Kolben und Kolbenstangen ausgestattet sind,
d so vollkommen luftdicht passen müssen, daß sie pneumatische Fern bilden. An jedem Ende des Wagengestelles ist eine derlei Feder
gebracht. Die Köpfe c,c der Kolbenstangen stehen mit den ersten
t elliptischen, in dem Gehäuse e enthaltenen Federn d,d in Ver-
ndung. Die hölzernen Stößer f,f stehen durch die Arme g,g mit
igem Federapparate in Verbindung. Die Arme gehen durch läng-
h vierekige, in das Ende des Wagengestelles geschnittene Löcher,
nd sind bei h,h durch Zirkelgewinde mit den Kolbenstangen verbun-
en, wodurch ihnen eine seitliche Bewegung gestattet ist. Hieraus
gibt sich, daß, so oft eine Erschütterung Statt findet, der Kolben
edurch gegen die Mitte des Wagens hin getrieben wird, wodurch
dem gegenüberliegenden Cylinderende ein Vacuum entsteht, das
nen kräftigen Widerstand leistet und eine Vacuumfeder bildet. Wenn
r Kolben den Stoß erlitten, wird er durch den atmosphärischen
ruk, den die Metallfedern unterstüzen, in seine frühere Stellung
rükgebracht.

In Fig. 16 und 17 sieht man die zur Herstellung und Aufhe-
ng der Verbindung zweier Wagen bestimmte Vorrichtung. Fig. 16
eine Fronteansicht der Stößerstange f, und Fig. 17 ein Durch-
nitt derselben, nachdem die Verbindung hergestellt worden. In die
itte der Stange f ist nämlich ein starkes Eisen a eingelassen, dessen
hr zur Aufnahme des Verbindungsbolzens b dient, der zugleich
h durch die andere Stößerstange c sezt, und ein in dem metalle-
n Knaufe d spielendes Drehgelenk bildet. An der Stange f ist
iel Spielraum gelassen, daß dem Verbindungsstüke a eine senk-
hte Bewegung gestattet ist. An dem Kopfe des Verbindungsbol-
ns b ist eine Fuge angebracht, in welcher eine kleine Feder gerade
t soviel Kraft auf ihn drükt, daß er dadurch an Ort und Stelle
alten wird. Um, während der ganze Wagenzug in Bewegung ist,
en der Wagen davon loszumachen, braucht man nur den Verbin-
ngsbolzen emporzuziehen, indem man die Schnur e, welche an
er Rolle oder einem Hebel festgemacht ist, anzieht.

XCIII.

Verbesserungen an den Eisenbahnen, worauf sich Ja Cooper, in Johnstown im Staate Pennsylvanien, a 22. Julius 1837 ein Patent ertheilen ließ.

Aus dem Franklin Journal. April 1838, S. 276.

Mit Abbildungen auf Tab. VI.

Meine Verbesserungen betreffen 1) die Form, welche ich de oberen Seiten der Schwellen, auf welche die Schienen, Stühle ode Platten zu liegen kommen, oder auch den oberen Seiten der zu dem selben Zweke bestimmten hölzernen oder steinernen Blöke gebe; di Form und den Bau der Schienenstühle; und 2) die Verbindung dies Theile zu einer festeren Schienenunterlage, als sie bisher erziel wurde.

In Fig. 31 sieht man einen meiner Erfindung gemäß geführte Bau für Kantenschienen. A ist ein Querdurchschnitt einer der hö zernen Schwellen mit einem der darauf gelegten Schienenstühle B. Diese Schwellen können irgend eine für zwekdienlich erachtete Läng und Größe haben; ich finde es am besten, ihnen bei 12 Zoll Höhe 2 Zoll in der Dike zu geben. Sie haben, wie man aus der Zeichnung sieht, oben einen Grat, dessen Winkel sehr verschieden seyn kann; eine 2½ Zoll betragende Senkung beider Seiten dürfte allen Zweken entsprechen. Die Seiten können, anstatt in gerader Linie von dem Grate herabzulaufen, auch etwas ausgebaucht oder ausgeschw d. h. convex oder concav seyn, in welchem Falle die Schienenstühle dieser Form angepaßt werden müssen. Dasselbe gilt auch von den weiter unten zu beschreibenden Holz- oder Steinblöken. Die Schienenstühle, die wie gesagt mit ihrer unteren Fläche auf den Grat, auf dem sie zu reiten haben, passen müssen, gewähren, da sie kein so große Neigung haben, ihren Ort zu verändern, und da sie den seitlichen Gewalten einen größeren Widerstand entgegensezen, als dieß bei irgend einer anderen dermalen gebräuchlichen Befestigungsweise de Fall ist, sehr große Stabilität.

Will man sich platter Schienen bedienen, so muß der Scheit der Schwellen diesen angepaßt werden. Eine solche platte Schie mit dem dafür von mir erfundenen Stuhle sieht man in Fig. 32. Die obere Seite der Schwellen ist hier nur gegen die äußere Kant hin abgedacht, wobei die Abdachung von einem Punkte aus beginnt, der sich unmittelbar unter der äußeren Kante der platten Schiene be findet. C ist hier ein Durchschnitt der Schwelle; D der Schienenstuhl und E die platte Schiene. Der Stuhl, dessen Form aus de

chnung erhellt, ist so in die Schwelle eingelassen, daß ihr Scheitel
t jenem der Schwelle in einer und derselben Ebene liegt. Bei
: er, wie man sieht, eine Schulter, die sich bis auf ⅞ Zoll von
Oberfläche der platten Schiene erstreken kann, und welche der
bieme Stätigkeit gibt. Ich gieße diese Stühle aus Eisen und von
her Stärke, daß sie der Last, welche die Schienen zu tragen ha-
n, entsprechen. Man wird jedoch finden, daß sie nicht leicht bre-
en, wenn sie gehörig eingelassen sind. Die gegenseitige Entfernung
rselben von einander kann von 18 Zoll bis zu 3 Fuß wechseln.
ie punktirten Linien in der Zeichnung deuten an, bis auf welche
iefe der Stuhl in die Schwelle eingelassen werden kann.

In Fig. 33 sieht man einen Querdurchschnitt einer nach meiner
rfindung gebauten Bahn, wo die Schienen oder die dieselbe tra-
nden Stühle auf Holz- oder Steinblöke gelegt sind, deren obere
ieite gleich den oben beschriebenen Schwellen ebenfalls einen Grat
ildet. F. ist ein Querdurchschnitt eines Holz- oder Steinblokes,
elcher an seinem unteren Theile mittelst Keilen in dem Querbalken
fest gemacht ist. Die Querbalken können verschiedene Größe ha-
n, doch komme es sehr darauf an, daß es ihnen nicht an Stärke
hle. Ich gebe ihnen gewöhnlich gegen 8 Fuß Länge, 14 Zoll Breite
nd 8 Zoll Dike, und tiefe die zur Aufnahme der Blöke bestimmten
inschnitte bis auf 4 Zoll aus. Man kann den Schienen eine Form
ben, gemäß der man sich ihrer ohne Anwendung von Stühlen be-
enen kann. Ihr oberer Theil wird in diesem Falle den T förmigen
chienen ähnlich, während ihr unterer Theil dem Grate des Blokes
ntspricht. Man kann Kantenschienen von jeder der gebräuchlichen
ormen anwenden, wenn man Stühle wählt, die sowohl ihnen als auch
n Blöken mit dem Grate angepaßt sind. Bei einem auf diese Art
führten Baue wird auch eine Steinblokunterlage die gehörige Ela-
citât besizen, indem sie auf den hölzernen Querbalken zu liegen
mmt. Wenn man es vorziehen sollte, könnte man aber auch die
teinblöke auf gewöhnliche Weise in eine Kiesunterlage einbetten,
nd die Querbalken auf ihnen anstatt unter ihnen befestigen. In
zterem Falle sind die Enden der Querbalken so zuzuschneiden, daß
: den oben beschriebenen Stühlen oder Schienen entsprechen; d. h.
: müssen, damit leztere auf ihnen sizen können, Grate haben.

XCIV.

Verbesserungen an den Maschinen und Apparaten zum Schneiden von Faßdauben und anderen derlei Gegenständen, worauf sich Miles Berry, Patentagent im Chancerylane in der Grafschaft Middlesex, am 13. Jul. 183[illegible] ein Patent ertheilen ließ.

Aus dem London Journal of arts. Oktober 1838, S. 1.

Mit Abbildungen auf Tab. VI.

Der Zwek der Erfindung des Patentträgers ist Beschleunigung und Vervollkommnung des Schneidens der Faßdauben und anderer derlei Gegenstände mittelst einer verbesserten Maschinerie. Die Verbesserungen selbst betreffen die verschiedenen hiebei nöthigen Operationen; nämlich 1) das Ausschneiden von krummlinigen Hölzern von solcher Dike, wie sie für die Faßdauben erforderlich sind; 2) das Zuschärfen und Formen der Ränder, damit dieselben, wenn man die Dauben zusammensezt, genau an einander passen; 3) endlich die Zurichtung der äußeren Oberfläche der Dauben, damit die Fässer die gehörige Rundung bekommen.

Alle diese Verbesserungen sind so zu sagen in drei verschiedenen Maschinen untergebracht; doch lassen sich, wenn man es wünschen sollte, die zur Vollbringung von zweien oder mehreren Operationen nöthigen Vorrichtungen auch in einem einzigen Maschinengestelle vereinigen.

Das Holz wird zuerst mittelst Sägen oder auf andere Weise in Stüke, deren Seiten parallel laufen und deren Dike der gewünschten Breite der Dauben entspricht, geschnitten. Die Breite dieser Hölzer muß mit der gewünschten Länge der Dauben übereinstimmen. Auch ist darauf Rüksicht zu nehmen, daß die Holzfasern soviel als möglich in die Längenrichtung der Dauben fallen.

In Fig. 1 sieht man die verbesserte Maschine zum Ausschneiden der Dauben in einem Grundrisse. Der Wagen, auf dem sich das Holz befindet, ist eben im Begriffe abzufahren, und den Holzblok unter den Bereich der Säge zu bringen. An dem Frontaufrisse, Fig. 2, sieht man den Holzblok in der ihm zukommenden Stellung. Fig. 3 gibt eine ähnliche Ansicht, wie Fig. 2, nur ist der Wagen mit dem Holzbloke hier beseitigt, damit die unter ihm befindlichen Theile sichtbar werden. Fig. 4 endlich zeigt den Wagen einzeln für sich in einem Grundrisse, jedoch in einem anderen Zustande, als in Fig. 1, d. h. die Schiebstangenklammern sind geöffnet, und zur Aufnahme eines neuen Holzblokes zurükgezogen. Auch ist der Querbalꝛn des Wagens beseitigt, um die unterhalb gelegenen Theile anschaulich zu machen.

Das Gestell a,a,a der Maschine kann auf irgend eine Art aus Holz oder Metall gearbeitet seyn. Der Wagen oder die Plattform b, auf den der Holzblok gelegt wird, läuft in der Richtung des Pfeiles auf den gebogenen Führern c,c. Die Kreissäge d, welche an der dem Holzbloke zunächst gelegenen Seite concav, an der anderen dagegen convex ist, so daß sie der Krümme, welche die Dauben bekommen sollen, entspricht, schneidet von dem Holzbloke die Dauben, die man zu erhalten wünscht, ab. Diese Säge, welche überall von ganz oder beinahe gleicher Dike seyn muß, ist an dem Ende der Welle e aufgezogen, welche in dem Gestelle in entsprechenden Zapfenlagern läuft, und durch ein Treibband, welches von irgend einem Motor her an den Rigger f führt, rasch umgetrieben wird. Zur Bewegung des Wagens dient ein endloser Riemen g, der um eine kleine, an der Welle e aufgezogene Rolle geschlungen, und über Leitungsrollen an den Rigger h geführt ist. Lezterer befindet sich an dem Ende der Welle i, deren äußeres Ende in dem Gestelle in einem Zapfenlager läuft, während sich das Zapfenlager ihres entgegengesezten Endes an dem Schwunghebel k befindet. Dieser hat seinen Drehpunkt an den Mittelzapfen des Querbalkens l, an dem er fest gemacht ist. Die an dem Ende der Welle i befindliche endlose Schraube m greift in die Verzahnung n, welche an der unteren Seite des Wagens angebracht ist, und bewegt dadurch den Wagen so lange in der Richtung des Pfeiles, bis eine Daube von dem Holzbloke abgeschnitten worden. Ist dieß geschehen, so wird die Schraube aus der Verzahnung gehoben, wo dann der Wagen sogleich wieder in seine frühere Stellung, Fig. 2, zurüklaufen kann. Bewirkt wird dieses Zurüklaufen durch ein Gewicht, welches an einem Strike o, der über eine Rolle geschlungen und an dem Wagen befestigt worden, aufgehängt ist. Das Eingreifen der endlosen Schraube in die Verzahnung n wird durch einen an der Schiebstange q befindlichen Vorsprung p, welcher durch den an dem Gestelle angebrachten Federfänger r niedergedrükt wird, erhalten. Die Schiebstange q ist mittelst Schrauben und Fenstern auf solche Art an dem Schwunghebel k befestigt, daß sie sich frei in der Richtung ihrer Länge verschieben kann.

Der auf den Wagen zu legende Holzblok muß so auf die Querhölzer s, s zu liegen kommen, daß sein innerer Rand um soviel über den Wagen hinaus ragt, daß die Säge zuerst und ohne einen unnöthigen Verlust an Holz zu bedingen, gerade soviel von dem Bloke abschneidet, als nöthig ist, um dem Bloke jene Wölbung zu geben, welche die zunächst abzuschneidende Daube bekommen soll. Auf die

Lage des Holzblokes auf dem Wagen ist gehörige Sorgfalt zu ve
wenden. Zur Erleichterung der Adjustirung dient ein Richtzapfen
gegen den der eine Rand des Blokes angelegt wird. Zur Befestigun
des Blokes auf dem Wagen dient die belastete Hebelklammer u, welc
aufgehoben wird, wenn der Blok auf die Querhölzer gelegt wir
Diese Klammer ist so angebracht, daß sie sich an einem Gewin
frei in einem adjustirbaren, an dem Querbalken v des Wagens b
findlichen Lager dreht. An jenem Ende, an welchem sie ihren Stü
punkt hat, ist ein Däumling oder ein krummliniger Arm angebrach
der auf die Federvorrichtung w wirkt. Leztere ist mit Zähnen au
gestattet, die, wenn die Klammer herabgedrängt wird, sich in da
Holz eindrüken, und auf diese Art dasselbe auf dem Wagen fe
halten.

Wenn die Maschine in Gang gesezt worden, so werden von de
Holzblöken nach einander Stüke von der zu Faßdauben geeignete
Größe abgeschnitten, indem der Blok jedesmal, so oft eine Daub
abgeschnitten worden, und so oft der Wagen zurükkehrt, um ein Ent
sprechendes vorwärts geschoben wird. Lezteres wird folgendermaße
bewerkstelligt. Wenn nämlich der Blok in jener Stellung, welch
in Fig. 1 durch punktirte Linien angedeutet ist, auf den Wagen ge
bracht und mittelst der Hebelklammer befestigt worden, so bewirkt
man das Eingreifen der endlosen Schraube m in die Verzahnung n,
indem man den Griff der Schiebstange q zuerst vorwärts schiebt und
dann niederdrükt. Hiedurch wird der Zapfen p von der oberen Seite
des Federfängers r weg bewegt, während eine an der Stange ange
brachte Feder denselben wieder zurükführt und den Zapfen unter den
Fänger schafft. Durch diese Bewegung wird das andere Ende des
Schwunghebels emporgehoben, und die endlose Schraube mit der
Verzahnung in Berührung erhalten. Wenn dieß geschehen, so wird der
Wagen mit dem Holzbloke sogleich beginnen sich längs der Führer c, c
zu bewegen, und dadurch den Blok in den Bereich der Säge d zu
bringen. Die Bewegung des Wagens in der durch den Pfeil ange
deuteten Richtung dauert so lange, bis eine Daube abgeschnitten wor
den, wo dann der an der unteren Seite des Wagens befindliche Auf
hälter x mit einem anderen an der Schiebstange q befindlichen Auf
hälter y in Berührung kommt. Die Folge hievon ist, daß der Zapfen
p der Schiebstange q von dem Fänger r befreit wird, und daß un
mittelbar darauf eine an der unteren Seite des Wagens angebrachte
Feder z das Ende des Schwunghebels k emporhebt, wodurch dem
Eingreifen der endlosen Schraube in die Verzahnung n ein Ziel ge
sezt ist. Dem Wagen ist hiedurch gestattet, in die aus Fig. 1 er
sichtliche Stellung zurükzulaufen, was durch das an dem Strike e

aufgehängte Gewicht bewirkt wird. Während des Zurüklaufens des Wagens bewegt sich der Zapfen der Hebelklammer u längs der Schrägfläche x* hinauf, wodurch das längere Ende dieser Klammer emporgehoben, und das Holz von dem Druke befreit wird. Die Schrägfläche 15 ist durch ein Gefüge auf solche Art mit dem Pfosten 16 verbunden, daß der Zapfen unter ihr hingleiten kann, wenn der Wagen in entgegengesezter Richtung läuft.

Der Holzblok muß nunmehr um eine der Breite der nächsten Daube entsprechende Streke nach Innen bewegt werden, und dieß geschieht durch den sogleich näher zu beschreibenden Speisungsapparat. Zu beiden Seiten des Wagens befindet sich eine verschiebbare Hebelklammer 1,1, welche mittelst Schrauben und Fenstern an Ort und Stelle erhalten wird. Diese Klammern sind an ihren inneren Enden mit Klauen ausgestattet, welche sich öffnen und schließen, während den Klammern selbst auf folgende Art eine parallele Schiebebewegung nach der Längenrichtung gegeben werden kann. Die Klammern stehen nämlich durch Gefüge mit den Stangen 2,2 in Verbindung, welche ihrerseits mit dem inneren Ende des Centralhebels 3 ein Gefüge bilden. Wenn das äußere Ende dieses lezteren Hebels von einer Seite zur anderen bewegt, und dabei von dem in der parallelen Spalte 26 gleitenden Zapfen 25 geführt wird, so nähern oder entfernen sich die Klauen der Klammern 1,1 gegenseitig, damit sie den Blok erfassen, um ihn eine geeignete Streke vorwärts zu bewegen, und damit sie denselben loslassen, wenn er frisch gepakt werden soll. Die Bewegung nach Einwärts oder die sogenannte Speisung wird durch den Tförmigen Hebel 4, der seinen Drehpunkt in 5 hat, hervorgebracht. Das Ende des einen Armes dieses Hebels steht durch einen Zapfen, welcher in einer Spalte spielt, mit der rechten Hebelklammer in Verbindung; das Ende des anderen Armes dagegen ist durch ein sogenanntes Knöchelgefüge mit einem Hebel 6 verbunden, dessen Drehpunkt sich in 7 befindet, und der an seinem entgegengesezten Ende durch einen, gleichfalls in einer Spalte spielenden Zapfen mit der linken Hebelklammer in Verbindung gebracht ist. Auf den dritten oder äußeren Arm des Hebels 4 wirkt ein an dem Gestelle befestigter Aufhälter, und dadurch wird dieser Hebel bei der Rükkehr des Wagens veranlaßt, auf die Hebelklammern einzuwirken, damit sie den Holzblok vorwärts bewegen. Diese beiden Bewegungen der Klammern werden auf folgende Art hervorgebracht.

Wenn der Wagen in der Richtung des Pfeiles vorwärts geschritten und die Säge eine Daube beinahe abgeschnitten hat, so wird das Ende des Centralhebels 3 mit dem oberen Ende des beschwerten Aufhalthebels 8, der durch das Gewicht und die Schnur 9 nach

Links gedrängt wird, in Berührung kommen. Wenn der Wagen sei-
Bewegung nach Rechts fortsezt, so wird der Hebel 8 das Fortschreiten des Endes des Centralhebels 3 verhindern; und wenn der Wagen vorüber geht, so wird er bewirken, daß die Klammern durch die
dazu bestimmten Vorrichtungen an ihrem inneren Ende zusammen gezogen werden und sich also auf dem Bloke schließen. Haben die
Klammern hinreichend fest gepakt, so wird der Hebel 8 nachgeben.
Das Ende des Centralhebels wird durch das Einfallen eines an seiner unteren Seite befindlichen Zahnes in die auf der oberen Seite
des Hebels 11 angebrachte Verzahnung 10 in dieser Stellung erhalten. Der Hebel 11 hat seinen Drehpunkt an dem einen Ende an
dem Zapfen 12, während sein anderes Ende durch eine Feder 13 gegen den Centralhebel hinauf gehalten wird. Wenn der Wagen beinahe am Ende seines Laufes nach Rechts angelangt ist, d. h. wenn
die Daube abgeschnitten worden, kommt der an seiner unteren Seite
befindliche adjustirbare Aufhälter x mit dem an der Stange q angebrachten Fänger y in Berührung. Verschiebt man diese Stange
nach der Längenrichtung, so wird der Zapfen p unter dem Federfänger r weggezogen, wo dann die an der unteren Seite des
Wagens befindliche Feder z das eine Ende des Schwunghebels k
niederdrükt, und die endlose Schraube nicht länger mehr in die Verzahnung n eingreift. Ist dieß geschehen, so wird der Wagen durch
das an dem Strike c aufgehängte Gewicht rasch zurükgezogen, wodurch der Zapfen der Klammer d mit der Schrägfläche 15 in Berührung kommt, durch sie emporgehoben wird, und das Holz von
dem Druke befreit. Um diese Zeit tritt der äußere Arm des T förmigen Hebels mit dem an dem Maschinengestelle befestigten Aufhälter
17 in Berührung; und da hiedurch dieser Arm stillgehalten wird, so
werden die anderen Arme in Folge ihrer Verbindung mit den verschiebbaren Hebelklammern diese vorwärts treiben, und bewirken, daß
sie den Holzblok um eine der Daubendike entsprechende Streke mit
sich führen. Wenn dieß geschehen, hat der Zapfen der Klammer u
die obere Seite der Schrägfläche 15 verlassen; das beschwerte Ende
der Klammer u ist herabgefallen und hält abermals wieder den Holzblok
fest. Um dieselbe Zeit kommt der an der unteren Seite des Wagens befindliche Aufhälter x mit dem Federfänger r in Berührung, wodurch, indem er diesen zurükdrängt, der Zapfen p der Schiebstange q frei gemacht
wird. Hiedurch wird der Hebel frei, und die Feder z drükt alsogleich das eine Ende des Schwunghebels nieder, während das andere
Ende emporsteigt, die endlose Schraube in die Verzahnung eingreifen
macht, und dadurch den Wagen neuerdings in der durch einen Pfeil
angedeuteten Richtung in Bewegung sezt. Da die Schrägfläche 15

urch ein Gelenk mit dem Pfosten 16 verbunden ist, so kann dieselbe mporgehoben werden, um den Zapfen der Klammer u unter ihr eggehen zu lassen, dann wieder in ihre frühere Stellung herab zu llen und bei der Rükkehr des Wagens den Zapfen abermals über re obere Seite hingleiten zu lassen. Bei der Bewegung des Waens nach Vorwärts kommt der Zapfen 18 des Hebels 11 mit der nteren Seite der Schrägfläche des Hebels 19 in Berührung, welcher ztere an einem Zapfengefüge an der Seite des Gestelles aufgezogen t. Durch diese Vorkehrungen werden der Zapfen 18 und der Hel 11 niedergedrükt, wo dann die Zähne der Verzahnung 10 von em Fänger des Centralhebels 3 befreit werden, und diesem gestattet t, sich wieder nach Rükwärts zu bewegen. Zugleich werden die lammern durch die Feder 20, welche einerseits mit dem Centralhebel, nd andererseits mit dem Wagengestelle in Verbindung steht, geöffnet, damit sie das Holz loslassen. Sie werden dann zurükgezogen und ur Erfassung eines anderen Theiles des Holzes in Bereitschaft geezt, was mittelst der Federn 21 geschieht, welche an ihren Seiten urch Stifte mit den Hebeln und mit dem Wagengestelle in Verbindung stehen. Die Streke, um welche die Klammern zurük bewegt werden sollen, hat sich nach der den Dauben zu gebenden Dike zu richten, und läßt sich durch die an der rechten verschiebbaren Klammer befindliche Stellschraube 22 und durch den an dem Wagengestelle angebrachten Aufhälter 23 reguliren. Bei noch weiter fortgesezter Bewegung des Wagens kommt endlich das Ende des Centralhebels wieder mit dem beschwerten Hebel 8 in Berührung, wobei es geschieht, daß die Federklammern neuerdings Holz fassen. Auf diese Weise gehen sämmtliche Bewegungen von Statten, bis der ganze Holzblok aufgezehrt ist, und ein neuer eingelegt werden muß.

Am Schlusse der Beschreibung dieser Maschine muß bemerkt werden, daß der Querbalken des Wagens mit Schrauben und Schraubenmuttern auf dem senkrechten, ihn tragenden Pfosten so adjustirt werden kann, daß die Hebelklammer mit gehöriger Kraft auf Holzblöke von verschiedener Dike drükt. Die Curve der Führer des Wagens soll ein Kreissegment oder beinahe ein solches seyn, und der gewünschten Rundung des Fasses entsprechen. Ferner ist in Verbindung mit der Maschine unter der Säge ein im Kreise umlaufender Windfang oder ein Gebläs 23 anzubringen, welches die Sägespäne nach einer Richtung zu wegbläst.

Wir gehen nunmehr auf die Beschreibung jener Maschinerie über, womit den Rändern der abgeschnittenen Dauben die gehörige Form gegeben wird, so zwar, daß dieselben von der Mitte gegen die Enden hin schmäler werden. Diese Maschinerie ist mit jener, welche der äußeren Daubenoberfläche die gehörige Abrundung und Vollendung gibt, in einem und demselben Gestelle vereinigt.

Fig. 5 zeigt diese doppelte Maschinerie in einem Grundrisse oder in einer horizontalen Ansicht; der zum Zuschneiden der Ränder dienende Mechanismus befindet sich an der einen, jener, womit den Dauben die äußere Rundung gegeben wird, an der anderen Seite des Gestelles. Fig. 6 ist ein seitlicher Aufriß, und zwar von jener Seite genommen, an der die Abrundungsmaschinerie arbeitet. Fig. 7 ist ein Querdurchschnitt durch beide Maschinen in der Richtung der in Fig. 1 ersichtlichen punktirten Linie a,b. Die ganze Maschinerie ruht in dem Gestelle a,a. Der Wagen b, auf den eine Anzahl noch unvollendeter Dauben gebracht wird, bewegt sich auf der krummlinigen Bahn c. Die Dauben werden so auf diesen Wagen gelegt, daß ihre äußere oder bauchige Seite nach Abwärts gerichtet ist. Zu ihrer Befestigung dient die Hebelklammer d, welche an dem adjustirbaren Querbalken e des Wagens aufgezogen ist. Der Hebel wirkt wie an der oben beschriebenen Maschine auf das Federstük f; nur sind die Zähne oder Klauen hier weggelassen. Die Dauben ruhen mit den Enden auf vorspringenden Leisten und werden in der Mitte nach Abwärts gedrükt, so daß sie dieselbe oder beinahe dieselbe Biegung bekommen, wie wenn sie durch Reifen miteinander verbunden sind. Die Kreissäge g hat hier die gewöhnliche Einrichtung und ist an der Haupttreibwelle h aufgezogen. Leztere, welche mit bedeutender Geschwindigkeit in ihren in dem Gestelle angebrachten Zapfenlagern umläuft, ist unter einem kleinen Winkel mit dem Horizonte gestellt, damit man hiedurch und mit Hülfe der später zu beschreibenden adjustirbaren Stellung des Wagens den Rändern der Dauben die gehörige Schräge geben kann. Die Bewegung erhält die Hauptwelle h mitgetheilt durch einen Treibriemen, der von irgend einem Motor her um den Rigger i geführt ist. Hiedurch wird nicht nur die Säge g, sondern vermöge eines endlosen Riemens, welcher über Leitrollen an den an dem Ende der Welle m befindlichen Rigger l läuft, auch diese Welle und mithin auch die an ihr angebrachte endlose Schraube n in Bewegung gesezt, ganz so, wie dieß an der zuerst beschriebenen Maschine geschieht. Die Welle m ruht mit ihrem äußeren Ende in einem gehörigen, im Gestelle angebrachten Zapfenlager; das Zapfenlager für ihr anderes Ende dagegen befindet sich an dem Ende des Hebels o, der seinen Drehpunkt in dem Seitengestelle hat. Dieser Hebel, in Verbindung mit dem Federfänger p, bringt die endlose Schraube in oder außer Berührung mit der an der unteren Seite des Wagens befindlichen Verzähnung q. An der Welle bemerkt man eine Feder r, welche dieselbe zugleich mit der endlosen Schraube herabgedrükt zu halten sucht, wenn diese nicht in die Verzahnung eingreift; dagegen hält der Federfänger p die Schraube mit der Verzahnung in Berührung, wenn der Wagen in Thätigkeit ist. Der Wagen ist auf solche Weise in das Gestell eingesezt, daß sein innerer Rand auf der krummlinigen Bahn c ruht, während sein äußerer Rand von dem adjustirbaren Schwanzstüke s, welches in einer in das Gestell geschnittenen Spalte t spielt, getragen wird. Aus einem Blike auf Fig. 7 erhellt, daß man den Wagen mit den Dauben mittelst dieses adjustirbaren Schwanzstükes s unter irgend einem beliebigen Winkel mit dem Horizonte stellen kann, d. h. so, daß sich die inneren Kanten der Dauben gegen die Kreissäge zu überneigen. Es ist also hiedurch und vermöge der schiefen Stellung der Achse der Säge die Möglichkeit gegeben, die Kanten der Dauben mit irgend einer beliebigen Schräge zuzuschneiden. Zugleich erhalten aber die Dauben in Folge ihrer Biegung und in Folge der ihnen in dem Wagen gegebenen Stellung gegen ihre Enden zu die gehörige Verschmälerung, so daß sie in einem Zustande aus der Maschine kommen, gemäß welchem sie nur mehr zusammengesezt zu werden brauchen, und nur mehr einer sehr unbedeutenden Adjustirung mit der Hand bedürfen.

Das Spiel dieser Maschinerie geht folgendermaßen von Statten. Wenn sich der Wagen, wie Fig. 5 zeigt, an dem einen Ende der Maschine befindet, und die Schraube und Verzahnung nicht in einander eingreifen, so legt man eine gehörige Anzahl unvollendeter Dauben mit ihren bauchigen Seiten nach Abwärts gekehrt auf den Wagen, und zwar so, daß ihre Ränder mit den an dem Gestelle fixirten Führern u, u in Berührung gebracht sind. Hierauf fixirt man sie in dem Wagen, indem man den Griff der Hebelklammer d auf die andere Seite hinüber bewegt und herabdrükt. Dann läßt man die endlose Schraube in die Verzahnung eingreifen, indem man das äußere Ende des Hebels o herabdrükt; denn dadurch wird das Ende der Welle m aufgehoben, und die endlose Schraube mit der Verzahnung in Berührung gebracht, in welcher Stellung sie auch durch den Federfänger p erhalten wird. Unmittelbar darauf beginnt der Wagen sich in der Richtung des Pfeiles zu bewegen, wodurch die Dauben in den Bereich der Säge gebracht und die überflüssigen Theile von ihnen weggeschnitten werden. Sobald dieß geschehen, kommt der an der Seite des Wagens hervorgehende Zapfen v mit dem oberen Ende des Federfängers p in Berührung, wodurch dieser von dem Ende des Hebels o abgezogen und lezterer demnach frei gemacht wird. Zunächst hierauf drükt die Feder r der Welle m die endlose Schraube so herab, daß sie die Verzahnung verläßt, wo dann die fortschreitende Bewegung des Wagens aufhört, und derselbe entweder mit der Hand, oder wie an der zuerst beschriebenen Masch' durch ein Gewicht in seine frühere Stellung zurückgebracht wer[den] kann. Wenn endlich hierauf das Ende der Hebelklammer d emp[or]gehoben und übergeschlagen worden ist, so lassen sich die Daub[en] abnehmen und umkehren, damit nunmehr auch die gegenüberliege[n]den Ränder auf dieselbe Weise in den Bereich der Säge gebra[cht] werden.

Was die zum Formen oder Abrunden der äußeren Dauben[-]oberfläche dienende Maschinerie anbelangt, so wird eine Anzahl von Dauben, welche die beiden ersteren Operationen erlitten, zwischen Führern auf eine Platform gebracht, und zwar mit ihrer äußeren oder bauchigen Oberfläche nach Aufwärts gekehrt. In dieser Stellung werden sie einzeln mittelst einer endlosen, mit Hältern ausgestatteten Kette der Einwirkung mehrerer rasch umlaufender Schneidgeräthe oder Hobel ausgesezt, damit sie auf diese Weise an ihrer äußeren Ober[-]fläche die dem Fasse entsprechende Abrundung bekommen.

A,A ist die Platform, auf deren eines Ende die Dauben B,B zwischen den geradestehenden Führern C,C,C gebracht sind, wie dieß in Fig. 6 und 7 angedeutet ist. Diese Platform ist auf starken Füßen D,D, welche sich senkrecht zwischen gehörigen Führern an den Enden des Gestelles oder mittelst Schrauben- und Spaltgefügen bewegen, angebracht. Sie ruht auf den kürzeren Enden der zwei beschwerten Hebel E,E, deren Drehpunkte sich an dem Gestelle befinden, und an deren entgegengesezten Enden die schweren Gewichte F,F aufgehängt sind. Die umlaufenden Schneidgeräthe oder Hobel G,G sind an den an der Welle I aufgezogenen Scheiben H,H befestigt; und diese Welle läuft in entsprechenden Anwellen in dem metallenen Rahmen K,K, der an dem Gestelle der Maschine festgemacht ist. Sowohl die Hobel als die Welle werden mittelst eines Treibriemens, der von dem an der Haupttreibwelle Z befindlichen Rigger L her an einem anderen, an dem Ende der Welle I angebrachten Rigger M läuft, in rasche Bewegung gesezt. Die endlose Kette N,N bewegt sich in einer auf der oberen Seite der Platform befindlichen Leitungsfuge oder Rinne; ihre Klauen oder Haken ragen um soviel über diese Rinne empor, daß sie die Dauben gehörig festhalten. Diese Kette ist an dem einen Ende der Platform über entsprechende Leitungsrollen, an dem anderen Ende der Platform dagegen über das Stirngetrieb O geführt. Sie ist, wie gesagt, mit Haken oder Klauen P ausgestattet, welche die Dauben festhalten und sie in den Bereich der rotirenden Hobel bringen. Sie wird auf folgende Art in Bewegung gesezt. Der kleine endlose Riemen Q läuft von einer kleinen, an dem Ende der Welle I befindlichen Rolle her über die Rolle R, welche lose an einem in das Gestell eingelassenen Zapfen umläuft, und an deren Nabe zwei andere kleine Rollen S angebracht sind. Von diesen ist ein zweiter endloser Riemen an die Rolle T geführt, die gleichfalls lose an einem Zapfen umläuft, die aber zugleich auch das kleine Zahnrad U führt, welches in das größere, an dem Ende der Welle des Stirngetriebes O aufgezogene Zahnrad V eingreift.

Wenn die Dauben auf die aus Fig. 6 ersichtliche Art in die Maschine gebracht worden sind, so kommen die Haken der endlosen Kette mit den Enden der untersten Daube in Berührung, wodurch diese vorwärts geführt wird, und unter den Bereich der Hobel geräth. Wenn hiedurch von der äußeren Oberfläche der Daube alles überschüssige Holz abgeschnitten worden ist, so gelangt sie beinahe vollendet an das entgegengesezte Ende der Platform, wo sie abgegeben wird. Die Federführer W, W helfen mit die Dauben gehörig unter die Hobel zu bringen. Die Retardirfedern X, X verhindern, daß die Dauben durch die Hobel aus der Maschine getrieben werden können. Dasselbe läßt sich, wenn man will, auch durch belastete, auf die Dauben drükende Reibungsrollen erreichen. An den Füßen D der Platform bemerkt man endlich auch die Zapfen Y, Y, welche eine zu große Annäherung der Dauben an die Hobel verhüten.

Der Patentträger bindet sich an keine bestimmten Formen und Dimensionen der Theile seiner Maschinen, da diese den verschiedenen Formen und Größen, welche die Dauben bekommen sollen, und zum Theil auch der Beschaffenheit des Holzes, aus dem sie geschnitten werden, angepaßt werden müssen.

XCV.

Verbesserungen an den zur Papierfabrication dienenden Maschinen, worauf sich William Harrold, Kaufmann in Birmingham, auf die von einem Ausländer erhaltenen Mittheilungen am 11. Jan. 1833 ein Patent ertheilen ließ.

Aus dem London Journal of arts. Okt. 1838, S. 32.

Mit einer Abbildung auf Tab. VI.

Die Erfindung des Patentträgers betrifft eine zur Zurichtung des zur Papierbereitung bestimmten Zeuges dienende Walze, und ist hauptsächlich zur Scheidung der in dem Zeuge befindlichen Knötchen und Klümpchen von den feinen Fasern bestimmt.

Diese Walze hat Zähne oder Furchen von der in Fig. 9 zu ersehenden Form. Die eine Seite eines jeden der Zähne befindet sich in einer von der Walzenachse auslaufenden radialen Linie; die andere Seite dagegen läuft schräg und bildet mit ersterer einen rechten Winkel. Die Walze wird, zum größten Theil unter der Wasserl[...] in dem Zeugtroge aufgezogen, und mittelst irgend einer der gewöhnlichen Vorrichtungen umgetrieben. In die vordere Seite eines jeden der Zähne sind kleine Spalten geschnitten, welche den Zeug mit dem Wasser in die hohle Achse eindringen, und von hier aus in die Bütte gelangen lassen, während alle Knötchen und Klümpchen, die nicht durch diese Spalten dringen können, in dem Zeugtroge zurükbleiben.

Der Patentträger schlägt auch vor, die Walze aus dünnen Metallplatten, welche so gestellt sind, daß sie einander beinahe berühren, d. h. daß für den Durchgang des Zeuges und des Wassers nur ein sehr kleiner Raum bleibt, zusammenzusezen. Man kann die Entfernungen dieser Platten auch mit Hülfe einer Schraube so reguliren, wie es die Qualität des zu fabricirenden Papieres erheischt.

XCVI.

Verbesserungen an den Drossel- und Dublirmaschinen zum Spinnen, Zwirnen und Drehen von Baumwoll-, Seiden-, Leinen-, Wollen- und anderen Garnen, worauf sich Charles Axon, Baumwollwaaren-Fabrikant von Heaton Norris in der Grafschaft Lancaster, am 1. Mai 1838 ein Patent ertheilen ließ.

Aus dem London Journal of arts. Okt. 1838, S. 40.

Mit einer Abbildung auf Tab. VI.

Der Patentträger hat sich bei seiner Erfindung die Aufgabe gesezt, die Schwingungen, in welche die Spindeln und Spulen gerathen, wenn sie mit sehr großer Geschwindigkeit umlaufen, zu verhüten. Die neue Maschine weicht in ihrem Baue kaum von der bekannten Drosselmaschine ab; nur wird an ihr die Spule nicht mittelst einer Dokenlatte auf und nieder bewegt, um das Garn in gleichförmigen Spiralwindungen auf die Spule zu winden, sondern die Spindel läuft zu diesem Zweke lose durch die Spule, und die Fliege bewegt sich auf und nieder.

Die Art und Weise, auf welche der Patentträger dieß zu bewerkstelligen sucht, erhellt aus Fig. 10. Hier sind nämlich a, a die unbeweglichen vorderen Latten der Drosselmaschine. An dem oberen Ende der Spindel b, welche durch diese Latten und durch die Spule läuft, ist die Fliege d befestigt. Das untere Ende der Spindel ruht in einer beweglichen Latte e, die an der senkrechten Schiebstange f

[fest]gemacht ist. Leztere wird mittelst einer an der Welle h befestig[te]n Kette g emporgehalten. Durch die rotirenden Wechselbewegungen [de]r Welle h wird also die senkrechte Stange f, die Latte e und die [S]pindel b mit der Fliege d auf und nieder bewegt, während die auf [de]r oberen unbeweglichen Latte a ruhende Spule c unbeweglich bleibt. [D]ie Folge hievon ist, daß das Garn, indem die Spindel umläuft, [in] gleichförmigen Spiralwindungen auf die Spule gewunden wird, [oh]ne daß die Spindel jene Erschütterungen erleidet, die Statt fin[de]n, wenn die Spule an der Spindel auf und nieder gleitet.

XCVII.

[V]erbesserungen an den Percussionsflinten, worauf sich Leopold Foucard, Kaufmann im George-Yard, Lombard-Street in der City of London, auf die von einem Ausländer erhaltenen Mittheilungen am 2. Novbr. 1832 ein Patent ertheilen ließ.

Aus dem London Journal of arts. Okt. 1838, S. 31.

Mit einer Abbildung auf Tab. VI.

Die Erfindung besteht in einem Magazine, welches eine Anzahl [k]upferner Zündkapseln faßt, und so angebracht ist, daß durch das [N]iederdrüken desselben eine Zündkapsel auf den Zündkegel gestekt wird.

Man sieht in Fig. 8 eine seitliche Darstellung einer Flinte, [d]eren Schloßblech mit diesem Magazine a ausgestattet ist. Der [Z]apfen b dient zur Befestigung des Magazines an dem Schloßbleche. Im Inneren des Magazines bemerkt man einen Canal c,c, der ver[m]öge seiner Länge gegen 20 Zündkapseln zu fassen vermag, und in [de]n man diese Kapseln sorgfältig neben einander, mit dem offenen Theile nach Abwärts gerichtet, reiht. Dieser Canal ist nur so weit, [d]aß die Kapseln mit Leichtigkeit darin rutschen können. An seinem [h]interen Theile bemerkt man eine Spiralfeder d, die durch ihre Aus[d]ehnung die ganze Reihe von Kapseln, so viel ihrer auch seyn mö[ge]n, gegen das äußere Ende des Magazines drängt, so daß also, [s]o lange sich Kapseln in dem Magazine befinden, immer eine der[se]lben an der Mündung e des Magazines dem Zündkegel f gegen[ü]ber erscheint. Drükt man das Magazin nieder, so gelangt die [M]ündung e auf den Zündkegel f herab, wo dann die an ihr befind[l]iche Kapsel fest auf den Zündkegel gedrükt werden wird. Entfernt [d]er Jäger hierauf seinen Daumen von dem Magazine, so wird die[s]es durch die Feder g zurükgeschnellt und außer den Bereich des Hah[n]es gebracht.

XCVIII.

Verbesserungen an den Apparaten zum Eintreiben und Auspumpen von Luft, worauf sich Jakob Perkins, Ingenieur in Fleet-Street in der City of London, am 9. Jun. 1832 ein Patent ertheilen ließ.

Aus dem London Journal of arts. Okt. 1838, S. 39.

Mit einer Abbildung auf Tab. VI.

Es handelt sich in diesem Patente um ein rotirendes Gebläse eigenthümlicher Art, dessen Flügel die Gestalt eines Kegelsegmentes haben.

Fig. 10 zeigt einen Durchschnitt des Apparates. Er besteht aus einem äußeren Gehäuse a, a, welches an der Stelle, an der sich der rotirende Windfang b, b befindet, eine größere Weite hat, sich aber bei c in eine Art von Rohr verengt, welches die Luft in den Ofen leitet, wenn das Gebläs an einem solchen in Anwendung kommen soll. Die Scheidewand d, b bildet einen krummlinigen Canal für die Gebläsluft.

Der rotirende Windfang b hat vier oder irgend eine andere Anzahl von Flügeln, welche radienartig an der Welle e, die in dem Gehäuse in Anwellen ruht, und auf irgend eine Art in rotirende Bewegung versezt wird, befestigt sind. Die atmosphärische Luft dringt, wie durch Pfeile angedeutet ist, bei den Oeffnungen f, f in den Apparat, und wird durch das Umlaufen des Windfanges b in den krummlinigen Canal getrieben, um endlich bei der Röhre c auszutreten.

Ein ganz ähnlicher Windfang läßt sich auch anwenden, um Luft, Rauch und Dampf aus den Feuerzügen eines Ofens auszupumpen. Man braucht nämlich die Oeffnungen f, f nur mit diesen Feuerzügen in Verbindung zu bringen; alles Uebrige bleibt dasselbe.

XCIX.

Beschreibung eines Sandbades für chemische Laboratorien. Von Med. Dr. R. E. Rogers.

Aus dem Franklin Journal. Mai 1838.

Mit Abbildungen auf Tab. VI.

Jeder Chemiker kennt die nachtheiligen Einflüsse, welche die aus den gewöhnlichen Sandbädern sich entwikelnden Gase und Dämpfe in den Laboratorien auf die Waagen und sonstigen zarteren Instruente ausüben. Ebenso wird ihm oft auch schon die Hize beschwerlich geworden seyn, die er des Sandbades wegen zuweilen in seinem Locale auszuhalten gezwungen war. Ich habe, um diesen Uebeln abzuhelfen, eine Einrichtung getroffen, welche ich zur allgemeinen Kenntniß bringen zu müssen glaube, und die aus folgender Beschreibung der hierauf bezüglichen Zeichnung zur Genüge erhellen dürfte.

In Fig. 12 und 13 ist a ein neunzölliger Ofen aus Eisenblech, dessen Scheitel von einem rechtekigen Bade b aus Eisenblech, welches auf 2 Fuß Länge 18 Zoll in der Breite hat, gebildet wird. Die heiße Luft des Ofens circulirt unter dem Sandbade, bevor sie durch die Ausgangsröhre entweichen kann. In Fig. 14 sieht man bei c diesen Ofen mit seinem Sandbade in das Mauerwerk eingesezt. Den hiezu bestimmten Raum, welcher in Hinsicht auf Größe dem Sandbade entsprechen muß, sieht man bei d. Das Brennmaterial wird bei der Oeffnung e eingetragen; zur Entfernung der Asche dagegen dient die Oeffnung f. Der Raum oder die Kammer, in die der Ofen eingesezt ist, communicirt durch Löcher, welche in die Wand, an die der Apparat gebaut ist, eingetrieben sind, mit der äußeren atmosphärischen Luft, damit die Wand in Folge der Luftcirculation sich nie erhizen kann. g ist eine in der Mauer befindliche, mit einem Drahtgitter versehene Oeffnung, durch welche die Dämpfe in die Luft entweichen, während deren Eindringen in das Gemach durch ein Schiebfenster verhindert ist. Man hat bei dieser Einrichtung Alles unter seinen Augen, ohne den Nachtheilen der gewöhnlichen Sandbäder ausgesezt zu seyn.

C.

Anleitung zum Druken der wollenen, seidenen, und der aus Wolle und Seide gemischten Gewebe.[72]

(Aus Vitalis' Grundriß der Färberei und des Zeugdruks. Zweite Auflage, gänzlich umgearbeitet von Dr. E. Dingler. Im Verlage der J. G. Cotta'schen Buchhandlung, 1839.)

Mit Abbildungen auf Tab. VI.

I. Von dem Druken der wollenen und der aus Wolle und Seide gemischten Gewebe.

Unter die wollenen Stoffe, welche überdrukt werden, gehören Tücher, Casimirs, Merinos und Wollenmusline; unter den aus Seide und Wolle gemischten Zeugen sind die Chalys die gewöhnlichsten.

---

[72] Nach Thillaye's Manuel du Fabricant d'indiennes bearbeitet.

Für die wollenen und die aus Wolle und Seide gemischten Gewebe benuzt man folgende Drukfarben (Dampffarben):

Nr. 1. Schwarz.

2 Maaß [73]) Campecheholzabsud von 4° B. werden mit
16 Loth Stärke verdikt und heiß darin aufgelöst
2 — lösliches Indigblau [74]),
2 — Kleesäure; nach dem Erkalten sezt man
12 — mit Bleizuker abgestumpftes salpetersaures Eisen zu. [75]

Nr. 2. Blauschwarz für Böden.

1½ Maaß Campecheholzabsud von 4° B. und
½ — Orseilleabsud von 5° B. werden mit
12 Loth Stärke verdikt; in der Wärme
3 — lösliches Indigblau darin aufgelöst und nach dem Erkalten
8 — mit Bleizuker abgestumpftes salpetersaures Eisen zugesezt.

Nr. 3. Dunkles Ponceau.

2 Maaß Wasser werden mit
12 Loth Stärke und
24 — zerriebener Cochenille gekocht und in dem lauwarmen Kleister
6 — Kleesäure aufgelöst, nach dem Erkalten endlich
12 — salzsaures Zinnoxyd [76]) zugesezt.

---

73) Die Maaß ist immer gleich dem Raum von zwei Pfund Wasser angenommen.

74) Das lösliche Indigblau erhält man zu diesem Zwek auf folgende Art: Man behandelt Wolle oder Flanell, welche zuvor mit Seife und alkalischem Wasser gewaschen worden sind, bei gelinder Wärme mit einer verdünnten Auflösung von Indig in Schwefelsäure, wascht sie im Fluß aus und digerirt sie dann mit Wasser von 64° R., worin man zuvor ein wenig Potasche aufgelöst hat; nachdem sodann die Wolle aus der Flüssigkeit genommen worden ist, dampft man leztere bis auf einen gewissen Punkt ein, worauf das blaue Kalisalz sich niederschlägt, welches man auf Leinenzeug sammelt und in Teigform aufbewahren oder troknen kann.

75) Man erhält dasselbe, wenn man in 3 Pfd. flüssigem salpetersaurem Eisenoxyd von 55° B. 1 Pfd. gepulverten Bleizuker auflöst, das Gemenge umrührt und absezen läßt. Die überschüssige Salpetersäure zersezt das essigsaure Blei; es wird Essigsäure frei, welche in der Flüssigkeit bleibt, während sich salpetersaures Blei absezt, das noch zu einigen Drukfarben benuzt werden kann.

76) Das salzsaure Zinnoxyd wird für die Drukfarben auf Wolle folgendermaßen bereitet: man löst in 4 Pfd. Wasser 6 Pfd. krystallisirtes salzsaures Zinnoxydul (Zinnsalz) auf, gießt die Auflösung in ein Steingutgefäß und leitet dann soviel Chlorgas hinein, als man in einem Kolben bei mäßiger Wärme aus 2 Pfd. Braunstein und 8 Pfd. Salzsäure entwikeln kann. Die Operation soll beiläufig 8 Stunden dauern, und ist erst beendigt, wenn die Glasröhre, durch welche das Chlorgas herbeigeleitet wird, sich durch die übergehenden Wasserdämpfe stark zu erhizen anfängt.

Nr. 4. Rosenroth.

8 Loth gepulverte und zerriebene Cochenille,
4 — Kleesäure,
6 — salzsaures Zinnoxyd werden in einer Steingutschüssel
rmischt, mit 2 Maaß Wasser versezt, mit 1¼ Pfd. Gummi ver=
kt und dann durch ein Sieb passirt.

Nr. 5. Dunkelroth mit Orseille.

2 Maaß Orseilleabsud von 4° Baumé werden mit
12 Loth Stärke verdikt, noch lauwarm mit
2 — salzsaurem Zinnoxyd,
6 — gepulverter Weinsteinsäure und
4 — gepulvertem Alaun versezt.

Nr. 6. Dunkle Amaranthfarbe.

1½ Maaß Orseilleabsud (von 2 Pfd. Orseille) und
½ — Cochenilleabsud (von 16 Loth Cochenille) werden mit
12 Loth Stärke verdikt, noch lauwarm
4 — Alaun darin aufgelöst und nach dem Erkalten
salzsaures Zinnoxyd zugesezt.

Nr. 7. Capucinerbraun.

⅞ Maaß Quercitronabsud von 4° B.,
⅝ — Cochenilleabsud von 8 Loth Cochenille werden mit
6 Loth Stärke verdikt und lauwarm
2 — Kleesäure darin aufgelöst; nach dem Erkalten sezt man
4 — salzsaures Zinnoxyd zu.

Nr. 8. Orange mit Orlean.

Man rührt 1 Pfd. Orlean mit 2 Maaß kaustischer Natronlauge
on 10° B. an, läßt eine Viertelstunde lang kochen, ergänzt die
Maaß durch Wasser und passirt durch ein Sieb; dann sezt man
Pfd. einer Auflösung von Thonerde in Aezkali[77]) zu und verdikt
nit 1½ Pfd. Gummi.

Nr. 9. Orange.

¼ Maaß Ponceau Nr. 3,
1 — Gelb Nr. 12.

---

77) Um den alkalischen Thonerde=Morbant zu erhalten, kocht man
200 Maaß Wasser,
100 Pfd. Potasche und
40 — Kalk
ne Stunde lang mit einander, läßt absezen, gießt die klare Flüssigkeit ab und
det sie auf 35° Baumé ein. Dann löst man in 60 Maaß Lauge von 35° durch
ochen 50 Pfd. gepulverten Alaun auf und läßt die Flüssigkeit erkalten, wobei

Nr. 10. Orange.

2 Maaß Kreuzbeerenabsud (von 1 Pfd. Beeren) werden mi
12 Loth Stärke verdikt und dem noch lauwarmen Kleister
4 Loth gepulverter Alaun,
12 — Zinnsalz,
2 — Kleesäure und
2 — salzsaures Zinnoxyd zugesezt.

Nr. 11. Jonquillengelb.

2 Maaß Kreuzbeerenbrühe (von 1 Pfd. Beeren) werden mit
12 Loth Stärke verdikt, noch lauwarm
4 — Kleesäure darin aufgelöst und nach dem Erkalten
8 — salzsaures Zinnoxyd zugesezt.

Nr. 12. Citronengelb.

2 Maaß Kreuzbeerenbrühe (von 1 Pfd. Beeren) werden mit
12 Loth Stärke verdikt und noch lauwarm
22 — gepulverter Alaun darin aufgelöst.

Nr. 13. Bereitung der ammoniakalischen Cochenille-Auflösung für Violett u. s. w.

Man rührt 1 Pfd. gepulverte Cochenille mit 2 Pfd. Aezammoniak an und läßt sie damit 24 Stunden lang stehen. Dieses Gemenge wird dann mit 3 Maaß Wasser verdünnt, eine Viertelstunde gekocht und hierauf ausgepreßt; der Rükstand wird hierauf mit 3 Maaß Wasser ausgekocht, wieder ausgepreßt, nochmals mit beiläufig 1½ Maaß Wasser ausgekocht und wieder ausgepreßt; endlich werden alle drei Absüde zusammengegossen, welche im Ganzen 6 Maaß bilden müssen. Diesen Absud nennen wir im Folgenden ammoniakalische Cochenille-Auflösung.

Nr. 14. Dunkelviolett.

In 2 Maaß Campecheholzabsud (von ¾ Pfd. Holz) löst man
4 Loth gepulverten Alaun auf und sezt
12 — ammoniakalische Cochenille-Auflösung Nr. 13.
1 — lösliches Indigblau und
6 — salzsaures Zinnoxyd zu; man verdikt mit 1 Pfd.
4 Loth Gummi.

Nr. 15. Dunkelviolett zum Vordruk.

2 Maaß Campecheholzabsud von 2° B. verdikt man mit
12 Loth Stärke, sezt vor dem Kochen

---

schwefelsaures Kali aus ihr auskrystallisirt. Endlich gießt man die klare Flüssigkeit ab, spült die Krystalle mit ein wenig Wasser ab und erhält so beiläufig 66 Maaß Mordant.

12 Loth ammoniakalische Cochenille-Auflösung zu, löst in der noch lauwarmen Farbe
2 — Kleesäure auf und versezt sie nach dem Erkalten mit
6 — salzsaurem Zinnoxyd und
1 — salpetersaurem Eisen.

Nr. 16. Hellviolett.

In 2 Maaß ammoniakalischer Cochenille-Auflösung Nr. 13 löst man
8 Loth Alaun und
4 — Kleesäure auf, versezt sie mit
4 bis 8 Loth essigsaurem Indig [78]) oder
12 bis 16 — gummirtem Blau Nr. 19 und verdikt mit
40 Loth Gummi.

Je nachdem man mehr oder weniger Blau zusezt, erhält man rschiedene Nüancen von Violett.

Nr. 17. Malvenfarbe.

In 2 Maaß ammoniakalischer Cochenille-Auflösung löst man
8 Loth gepulverten Alaun,
2 — Kleesäure und
1 — salzsaures Zinnoxyd auf und verdikt mit
40 — Gummi.

Nr. 18. Dunkelblau.

In 2 Maaß Wasser, welches auf 48° R. erwärmt ist, löst man
16 Loth lösliches Indigblau,
4 — Weinsteinsäure und
4 — Alaun auf; man verdikt mit
40 — Gummi.

Nr. 19. Mittelblau.

1 Maaß Blau Nr. 18,
1 — Gummiwasser.

Nr. 20. Hellblau.

½ Maaß Blau Nr. 18,
1½ — Gummiwasser.

---

78) Man bereitet den essigsauren Indig, indem man 1 Pfd. feingepulrten Indig mit 7 Pfd. (englischer) Schwefelsäure in einer Steingutschüssel anhrt und über einem Wasserbade auf höchstens 40° R. während 24 Stunden wärmt; dann gießt man in die Auflösung langsam 2 Maaß Wasser, läßt sie kalten und versezt sie mit einer heißen Auflösung von 7 Pfd. Bleizuker in Maaß Wasser, rührt das Gemisch gut um und sezt noch 12 Loth gebrannten alk, der mit 1 Maaß Wasser abgelöscht und angerührt wurde, hinzu, läßt erlten und filtrirt.

Nr. 21. Blauer Ansaz für Grün.

In 2 Maaß Wasser, welches auf 28° R. erwärmt ist, löst man
1 Pfd. lösliches Indigblau,
6 Loth Weinsteinsäure und
4 — Alaun auf.

Nr. 22. Dunkelgrün zum Vordruk.

2 Maaß Kreuzbeerenabsud (von 1 Pfd. Beeren) verdikt man mit
12 Loth Stärke, löst lauwarm
8 — gepulverten Alaun, und nach dem Erkalten
4 — salzsaures Zinnoxyd und
6 — essigsauren Indig darin auf.

Nr. 23. Schmaragdgrün.

In 1 Maaß Kreuzbeerenabsud (von 1 Pfd. Beeren) und
1 — Quercitronabsud von 4° B. löst man
24 Loth gepulverten Alaun auf, sezt
12 — blauen Ansaz, Nr. 21, zu und verdikt mit
40 — Gummi.

Nr. 24. Hellgrün.

In 1 Maaß Kreuzbeerenabsud (von 1 Pfd. Beeren) und
1 — Wasser löst man
8 Loth gepulverten Alaun auf, sezt
2 — salzsaures Zinnoxyd und
6 — blauen Ansaz, Nr. 21, zu und verdikt mit
40 — Gummi.

Anstatt des blauen Ansazes kann man auch essigsauren Indig zur Bereitung der grünen Farbe nehmen.

Nr. 25. Holzfarbe.

4 Pfd. Gelb Nr. 12,
4 — Ponceau Nr. 3,
12 Loth essigsaurer Indig.

Indem man das Verhältniß zwischen dem Gelb, Ponceau und dem essigsauren Indig abändert, erhält man eine Menge von Nüancen.

Nr. 26 a. Oliven.

In 2 Maaß Kreuzbeerenabsud (von 1 Pfd. Beeren) löst man
10 Loth Alaun und
2 — Eisenvitriol auf, sezt
1 — salpetersaures Eisen zu und verdikt mit
40 — Gummi.

Nr. 26 b. Granatfarbe.

In 2 Maaß Orseilleabsud von 2° B. löst man
8 Loth Alaun auf, verdikt mit
1¼ Pfd. Gummi und mischt
2 Maaß Malvenfarbe, Nr. 17, bei.

Nr. 27. Bronze.

2 Maaß Gelbholzabsud von 5° B. verdikt man mit
12 Loth Stärke und sezt nach dem Erkalten
4 — salpetersaures Kupfer und
2 — salpetersaures Eisen zu.

Nr. 28. Mahagonifarbe.

1 Maaß Quercitronabsud von 8° B. und
1 — Cochenilleabsud (von 24 Loth Cochenille) werden vermischt, mit
12 Loth Stärke verdikt, noch lauwarm,
12 — gepulverter Alaun darin aufgelöst und nach dem Erkalten
4 — salzsaures Zinnoxyd und
4 bis 6 Loth essigsaurer Indig zugesezt.

Die Wollenstoffe werden gerade so gedrukt wie die Baumwollenzeuge; auf die für Westen bestimmten Casimirs drukt man nur kleine Muster, welche auch nur einmal abgeschlagen werden; die Merinos werden für Shawls verwendet, und da die Muster darauf Massen bilden, so muß man die Drukformen darauf doppelt abschlagen. Dasselbe gilt für die Drukformen, womit Böden gedrukt werden; auf den Wollenmuslinen, so wie auf den Chalys schlägt man die Formen nur einmal ab, mit Ausnahme der für die Böden bestimmten, für welche man ein wenig gerböstete Stärke in das Chassis gibt, was den Farben durchaus nicht schadet. Nach dem Druken werden die Zeuge 20 bis 30 Minuten lang gedämpft, je nachdem man sich des einen oder anderen der im polyt. Journal Bd. LVI. S. 164 beschriebenen Apparate bedient. Nach dem Dämpfen hängt man sie im Rechen auf, um sie zu lüften, und wascht sie dann im fließenden Wasser aus, worin man sie eine Viertelstunde einhängt; nach dem Waschen klopft man sie oder läßt sie auch durch Walzen laufen; sie werden endlich durch die Wringmaschine ausgepreßt und getroknet. Diese Stoffe müssen behufs des Drukens heiß gerollt (calandert) und die Casimirs vor dem Rollen noch in die Breite gezogen werden. Die oben angegebenen Farben eignen sich für alle farbigen Böden, sowohl auf Wollenzeugen als auf Chalys.

B. Von dem Druken der seidenen Zeuge.

I. Von der Fabrication der Seidenzeuge, die nach dem Bedruken mit Mordans in Krapp gefärbt werden.

Es ist dieses ohne Zweifel einer der schwierigsten Fabricationszweige, welcher nur bei vieler Uebung und Erfahrung gelingt.

Die erste Operation, welcher man die seidenen Zeuge unterziehen muß, ist das Degummiren, welches man folgendermaßen vollzieht: man füllt einen Kessel mit Wasser an, bringt die Stüke in einen Sak, gibt in den Kessel $\frac{1}{4}$ Pfd. Seife auf jedes Pfd. Seide und unterhält das Sieden drei Stunden lang. Wenn die Gewebe aus indischer Seide angefertigt sind, sezt man auf jedes Pfund Seide noch 1 Loth kohlensaures Natron hinzu. Man nimmt die Zeuge dann heraus, spült sie im Flußwasser rein, passirt sie hierauf durch Wasser, welches auf 48° R. erwärmt ist und worin 16 Loth kohlensaures Natron aufgelöst sind; endlich spült man sie, um sie von der Seife zu reinigen, noch in kaltem Wasser aus. Hierauf haspelt man die Stüke in ein schwefelsaures Wasser von $\frac{1}{2}$° B., läßt sie darin vier Stunden liegen, spült sie rein und troknet sie.

Bereitung des rothen Mordants.

In 2 Maaß kochendem Wasser löst man

1 Pfd. Alaun,
$\frac{1}{2}$ — Bleizuker,
4 Loth Salmiak und
2 — Kreide auf. Nachdem sich der Niederschlag gesezt hat, wird die klare Flüssigkeit abgezogen.

Roth.

2 Maaß des vorhergehenden Mordants werden mit
14 Loth Stärke verdikt und mit ein wenig Fernambukabsud geblendet.

Für Dunkelroth löst man in 2 Maaß rothem Mordant 4 Loth Kupfervitriol auf, den man aber weglassen muß, wenn man ein lebhaftes Roth erzielen will.

Schwarz.

2 Maaß holzsaures Eisen von 8° B. werden mit
14 Loth Stärke verdikt und in dem noch lauwarmen Kleister
2 — Kupfervitriol aufgelöst.

Püce.

1 Maaß rother Mordant und
1 — holzsaures Eisen von 10° B. werden mit
14 Loth Stärke verdikt und mit ein wenig Blauholzabsud geblendet.

Violett.

In 1 Maaß holzsaurem Eisen von 6° B. löst man
2 Loth Weinstein.
2 — Salpeter,
2 — Kupfervitriol und
1 — Alaun auf und vermischt diese Auflösung mit
2 Maaß Gummiwasser (1½ Pfd. Gummi per Maaß).

Behandlung der Zeuge nach dem Druken.

Die Zeuge, auf welche zuerst das Schwarz, dann das Püce, hierauf das Violett und zulezt das Roth gedrukt worden ist, hängt man in einem warmen Rechen auf: 48 Stunden nach dem Druken werden sie dann auf folgende Art abgezogen oder gereinigt: Man läßt für jedes Stük Foulard 4 Pfd. Kleie abkochen, bringt dieses Abzugsbad in einen Kessel von viereckiger Form, schrekt es darin auf 44° R. ab und fährt dann mit den Stüken — die bedrukte Seite zu unterst — hinein, behandelt solche mit der Vorsicht, sie breit und unter dem Abzugsbade zu halten, eine halbe Stunde darin, nimmt sie dann heraus und reinigt sie. Bei der Behandlung von gedekten Gründen auf Foulards sezt man dem Abzugsbade per Stük 4 Loth Schmak zu.

Färben in Krapp. Angenommen, man habe 48 Foulards mit gedektem Grunde zu färben, so bringt man in den Färbekessel 12 Pfd. Krapp, 1 Pfd. Schmak und 6 Pfd. Kleie, geht mit den Stüken lauwarm hinein, steigert die Temperatur während 20 Minuten auf 32° R. und in 1½ Stunden bis zum Sieden, während man die Stüke lebhaft umhaspelt.

Die Stüke erscheinen, wenn sie aus der Krappflotte kommen, sehr eingefärbt; um sie weiß zu machen, behandelt man sie zuerst eine halbe Stunde in einem kochenden Kleienbade, reinigt sie dann im Flußwasser und sezt hierauf einen Kessel mit 3 Pfd. Seife, 3 Loth salpetersalzsaurer Zinnauflösung [79]) und 24 Maaß Kleie an,

---

79) Man erhält die salpetersalzsaure Zinnauflösung zum Aviviren der Krappfarben, indem man in 10 Pfd. Salpetersäure von 34° Baumé 8 Pfd. Zinnsalz auf folgende Art auflöst: man bringt das Zinnsalz in eine Steingutschüssel, welche wenigstens 18 Maaß faßt, und gießt die Salpetersäure in Portionen von 8 Loth hinzu. Dabei erfolgt eine sehr lebhafte Einwirkung, und es entbindet sich eine Menge Salpetergas; um von den Dämpfen nicht belästigt zu werden, muß man daher mit einer langen Glasröhre umrühren. Wenn die Gasentbindung nachläßt, sezt man die zweite, dann die dritte ꝛc. Portion Salpetersäure zu. Nachdem beiläufig zwei Drittel der Säure zugesezt worden sind, wird die Masse fest und die Entbindung von Salpetergas hört auf: ein Beweis, daß alles Zinnsalz in salzsaures Zinnoxyd verwandelt ist. Man sezt dann noch die übrige Säure zu, indem man das Gemenge gut umrührt. Nach dem Erkalten wird die Auflösung in Steingutkrügen aufbewahrt. Diese Auflösung ist sehr dik und sieht wie Rahm aus.

läßt die Stüke eine halbe Stunde lang darin kochen, reinigt sie dann und passirt sie hierauf in einem schwachen schwefelsauren Bade, reinigt und troknet sie.

Durch die Befolgung dieses Verfahrens erhält man den Grund von einer sehr schwachen Lachsfarbe.

Wenn man den Krapp, welcher zum Färben verwendet werden soll, vorher mit etwas saurem Wasser auswascht, färben die seidenen Zeuge weniger ein.

II. Das Bedruken der seidenen Zeuge mit Dampffarben.

a) Dampffarben für seidene Zeuge, die mit Alaun vorbereitet wurden.

Hiezu werden die Gewebe auf folgende Weise vorbereitet:

Nachdem man die Seide in Seifenwasser ausgekocht hat, indem man 8 Loth Seife auf 1 Pfd. Seide nahm, reinigt man sie zuerst in kaltem Wasser und dann in einem auf 48° R. erwärmten, spült sie, gibt ihr hierauf ein schwaches schwefelsaures Bad, spült sie wieder, weicht sie noch naß in ein Alaunbad ein, welches 4 Loth Alaun auf die Maaß Wasser enthält, und läßt sie darin vier Stunden lang, indem man sie von Zeit zu Zeit durch die Hand zieht, spült sie dann aus und troknet sie.

Schwarz.

2 Maaß Campecheholzabsud (von 2 Pfd. Holz) kocht man mit
14 Loth Stärke und
2 — fein gepulverten Galläpfeln, und gießt die Farbe in eine Steingutschüssel aus, welche enthält:
2 — Weinsteinsäure,
2 — Kleesäure, beide gepulvert, und
2 — Olivenöhl; man rührt die Farbe bis zum Erkalten und versezt sie dann mit
8 — salpetersaurem Eisen und
4 — salpetersaurem Kupfer.

Roth.

Zur Bereitung dieser Farbe braucht man einen Fernambuklak, welchen man folgendermaßen erhält: man versezt 6 Maaß Fernambukabsud von 5° B. mit ½ Maaß salzsaurer Thonerde[80]), läßt die Flüssigkeit zwei Tage lang stehen und seiht dann das Ganze

80) Die salzsaure Thonerde bereitet man durch unmittelbare Auflösung frischgefällter Thonerde in Salzsäure mittelst Erwärmens. In 1 Pfd. 12 Loth käuflicher Salzsäure kann man das Thonerdehydrat auflösen, welches aus 3 Pfd. Alaun mit Potasche niedergeschlagen worden ist.

rch Leinwand, um den Niederschlag zu sammeln, welchen man als uchte Pasta aufbewahrt.

Farbe: 2 Pfd. feuchten Lak rührt man mit
1 Maaß Wasser und
1 — essigsaurer Thonerde von 7° B. an, und verdikt mit
1 Pfd. Gummi.

Violett.

Man bereitet sich dazu einen violetten Lak, indem man Maaß Blauholzabsud von 5° B. mit 1 Maaß salzsaurer Thonrde versezt, das Gemisch zwei Tage lang stehen läßt, und dann en Niederschlag auf einem Filter sammelt.

Farbe: 1 Pfd. des feuchten Niederschlags rührt man mit
1 Maaß Wasser und
1 — essigsaurer Thonerde von 7° B. an; verdikt mit
1 Pfd. Gummi.

Die violette Drukfarbe erhält man, wenn man
1 Theil dieser Farbe mit
3 Theilen Gummiwasser vermischt.

Lilas.

Man vermischt 2 Theile Roth mit
3 — violetter Drukfarbe.

Gelb.

2 Maaß Kreuzbeerenbrühe (von 2 Pfd. Beeren) und
2 — essigsaure Thonerde von 7° B. werden mit
3 Pfd. Gummi verdikt.

Oliven.

In 2 Maaß Kreuzbeerenbrühe (von 1 Pfd. Beeren) löst man
10 Loth Alaun,
2 — Eisenvitriol,
1 — salpetersaures Eisen auf und verdikt mit
$1\frac{1}{4}$ Pfd. Gummi.

Blau.

In 1 Maaß Wasser löst man
6 Loth Kleesäure und andererseits in
1 Maaß Wasser
12 Loth eisenblausaures Kali auf.

Beide Auflösungen werden vermischt, worauf man sie 24 Stunden stehen läßt, die klare Flüssigkeit abgießt und mit $1\frac{1}{4}$ Pfd. Gummi verdikt.

Grün.

In 1½ Maaß Kreuzbeerenabsud (von 1 Pfd. Beeren) und
½ — essigsaurer Thonerde von 7° B. löst man durch Erwärmen
2 Loth Weinsteinsäure,
2 — Kleesäure und
12 — eisenblausaures Kali auf.

Man läßt die Flüssigkeit 24 Stunden lang stehen und verdikt dann das Klare mit 1¼ Pfd. Gummi.

Holzfarbe.

2½ Maaß Wasser kocht man eine Viertelstunde lang mit
1 Pfund gepulvertem Catechu, löst darin
8 Loth Salmiak nebst
3 — Grünspan auf und verdikt mit
12 — Stärke.

Orange.

2 Maaß kaustische Kali- oder Natronlauge von 12° B. werden zehn Minuten lang mit 2 Pfd. Orlean gekocht, den man vorher mit einem Theil der Lauge abreibt; das verdampfte Wasser wird wieder ersezt, worauf man die klare Auflösung abzieht, mit 1 Pfd. einer Auflösung von Thonerde in Aezkali (Note 77 S. 433) vermischt und mit 1¼ Pfd. Gummi verdikt.

b) Dampffarben für seidene Zeuge, die mit keinem Mordant vorbereitet wurden.

Wenn die seidenen Zeuge weiß sind, braucht man sie nicht mit Seife abzukochen.

Schwarz.

Man wendet das Seite 440 angegebene an.

Roth.

In 2 Maaß Fernambukabsud (von 2 Pfd. Holz) löst man 1 Pfd. Alaun, 16 Loth Bleizuker, 4 Loth Kochsalz und 1 Loth krystallisirten Grünspan auf, rührt eine halbe Stunde lang um und filtrirt. Die filtrirte Flüssigkeit vermischt man mit 3 Maaß Fernambukabsud (von der angegebenen Stärke) und versezt sie dann mit 8 Loth salpetersalzsaurem Zinnoxydul (Physik) [81]), worauf man die Farbe mit Gummi verdikt.

81) Man bereitet das salpetersalzsaure Zinnoxydul (sogen. Physik) folgendermaßen: man vermischt 4 Pfd. Salzsäure mit 2 Pfd. Salpetersäure und läßt darin granulirtes Zinn, welches man portionenweise einträgt, in der Kälte sehr langsam sich auflösen, bis die Flüssigkeit auf das Metall nicht mehr wirkt.

Wenn das Roth zum Vordruk bestimmt ist, verdikt man den ernambukabsud mit Stärke und versezt die Farbe nach dem Erkalten it der Zinnauflösung.

Um Rosenroth zu erhalten, läßt man bei dem Roth den rünspan weg und verdünnt die Farbe bis auf die gewünschte Nüance it Gummiwasser.

Violett.

2 Maaß Campecheholzabsud (von 2 Pfd. Holz) kocht man mit
2 Loth Cochenille und filtrirt; in der noch lauwarmen Flüssigkeit löst man dann
2 — Alaun auf und sezt 4 Loth salpetersalzsaures Zinnoxydul (Physik) zu. Man verdikt mit 1 Pfd. Gummi.

Um Violett zum Vordruk zu erhalten, verdikt man die Farbe nit Stärke und versezt sie nach dem Erkalten mit der Zinnauflösung. Um sie heller zu machen, verdünnt man sie mit Gummiwasser.

Gelb.

In 2 Maaß Kreuzbeerenabsud (von 2 Pfd. Beeren) löst man
8 Loth Zinnsalz und
4 — salpetersalzsaures Zinnoxydul (Physik) auf und verdikt mit 1 Pfd. Gummi.

Orange.

In 2 Maaß äzender Potaschelösung von 10° B. löst man
2 Pfund Orlean auf, indem man sie eine Viertelstunde lang damit kocht, sezt dann
2 — Thonerdekali (Note 77) zu, und verdikt mit
1½ — Gummi.

Um die Lachsfarbe zu erhalten, verschwächt man mit Gummiwasser.

Blau.

In 2 Maaß Wasser von 40° R. löst man
12 Loth lösliches Indigblau,
4 — Weinsteinsäure und
1¼ Pfd. Gummiwasser.

Man kann auch das Blau S. 441 anwenden.

Grün.

In 2 Maaß Kreuzbeerenabsud (von 1 Pfd. Beeren) löst man
16 Loth Alaun auf, sezt
6 bis 12 Loth essigsauren Indig zu und verdikt mit
1¼ Pfund Gummi.

Man kann auch das Grün S. 442 anwenden.

Holzfarbe.

Man benuzt dazu die Farbe S. 442.

Apparat zum Bedruken der seidenen Zeuge.

Die Druktische, deren man sich für seidene Zeuge bedient, sind von der Art, daß sie die Stoffe in ihrer ganzen Breite aufnehmen können. Zwischen dem Farbkasten und dem Druktische befindet sich eine Walze (Doke), auf welcher die für den Druk bestimmten Stüke aufgerollt werden. In dieser Walze (A,B, Fig. 35), ist ihrer ganzen Länge nach eine Fuge angebracht, in welche eine Leiste eingepaßt, die dazu bestimmt ist, das Stük festzuhalten. Der Kopf B der Walze ist mit mehreren Löchern durchbohrt, in welche man eiserne Riegel stekt, um den Zeug anzuspannen und zu befestigen, wie es B zeigt. An dem andern Ende des Druktisches bringt man einen Kamm A,B, Fig. 36, an, welcher in Querleisten befestigt ist; die Zähne von diesem Kamm sind mit dem Druktuch auf gleicher Höhe. Man richtet das Stük zum Druken folgendermaßen her: man rollt es von der Walze ab und bringt den Anfang davon auf die Zähne des Kammes, worauf man ihn dadurch befestigt, daß man mit einer Bürste leicht darauf schlägt. Hierauf spannt man das Stük aus, indem man die Walze fest anzieht und sie mit dem Riegel befestigt. Man schreitet hierauf zum Druken, nachdem man die Foulards abgezeichnet hat. Während der Arbeit muß man aber darauf bedacht seyn, daß man die Zähne des Kammes stets zwischen zwei Foulards placirt, weil sich dann das Einpassen viel leichter ausführen läßt.

Vierundzwanzig Stunden nach dem Druken werden die Stüke gedämpft, dann in fließendem Wasser gewaschen und rasch getroknet.

III. Von den Mandarinage-Arbeiten auf seidenen Zeugen und Chalys.

Die Mandarinage-Arbeit oder die Darstellung von ächter orange, grüner oder Solitärfarbe auf weißen und indigblauen Böden, gründet sich darauf, daß die seidenen und schafwollenen Stoffe durch Einwirkung von Salpetersäure dauerhaft goldgelb oder orange gefärbt werden.

Die Zeuge werden zu diesem Zwek auf die S. 438 angegebene Weise degummirt und dann auf gewöhnliche Weise bedrukt. Der Druktisch muß aber auf vorher angegebene Weise, mit einer Walze und einem Kamm versehen seyn.

Der Farbtrog ist gewöhnlich doppelt und für den Dienst von zwei Druktischen bestimmt; anstatt wie gewöhnlich an einem Ende des Druktisches aufgestellt zu seyn, stellt man ihn nämlich zwischen zwei, folglich hinter den Druker. Er besteht aus einem kupfernen

asten, Fig. 37, A,B,C,D, in welchem der durch die Röhre I ein-
ömende Dampf circuliren kann; die Röhre I dient dazu, den über-
ässigen Dampf nebst dem verdichteten Wasser entweichen zu lassen.
as Chassis ist in dem hohlen Gehäuse K,K angebracht. Zwischen
n beiden Chassis befindet sich eine kupferne Platte L, welche das
ehäuse verschließt; auf diese stellt man die Drukformen, um die-
lben warm zu erhalten. Bei E,H sind Verlängerungen des Ge-
luses zur Aufstellung von Gefäßen F,G, worin die Reservage auf-
ewahrt wird.

Fig. 38 stellt den Durchschnitt von diesem Apparate dar; A′,B′,C′,D′
l das kupferne Gehäuse; a,b,c,d, a′,b′,c′,d′ der Farbtrog, e,e′
zeichnet den Raum, welcher mit alter fetter Reservage gefüllt wird;
′ ist das Chassis aus hölzernen Rahmen angefertigt, mit Boden
Sieb) von Leder. L′ ist die kupferne Platte, welche die beiden
Chassis trennt und gleiche Oberfläche mit dem Gehäuse hat. F′,G′
ind kupferne Gefäße zur Aufnahme der Reservage; I eine mit einem
Hahn versehene Leitungsröhre für den Dampf; I′ die Röhre, durch
velche der überschüssige Dampf und das verdichtete Wasser austreten;
ie ist ebenfalls mit einem Hahn versehen.

Darstellung der Reservage.

Man schmilzt in einem Kessel
2½ Pfund Harz und
1 — Talg zusammen, gießt die Mischung, wenn sie ganz
gleichartig geworden ist, in die Gefäße F′,G, und läßt dann den
Dampf einströmen, um sowohl die Reservage als auch die alte Farbe
unter dem Chassis in flüssigem Zustande zu erhalten.

Das Aufdruken der Reservage.

Nachdem das Stük auf dem Druktisch ausgebreitet und die Reservage auf dem Chassis aufgetragen worden ist, läßt der Druker
die Drukform (welche mit Blei eingefaßt seyn muß, wenn das Muster
es gestattet) auf der kupfernen Platte L′ heiß werden, nimmt die
Reservage von dem Chassis auf und drukt solche ohne Verzug auf
das Stük, indem er leicht auf die Drukform schlägt und sie dann
gleich wieder aufhebt, damit sie sich beim Erkalten nicht an den Stoff
anklebt. Wenn ein Tisch beendigt ist, überstreut er den Aufdruk
mit Sand und fährt mit dem Druken fort. Man darf das Stük
erst dann aus seiner Spannung bringen, wenn die Reservage gut
troken geworden ist, wozu gewöhnlich sechs Stunden Zeit erforderlich
sind. Wir nehmen hier den einfachsten Fall an, daß man nämlich
Weiß auf Orangegrund erhalten will, und werden später die andern
Artikel, welche sich durch dieses Verfahren erzielen lassen, beschreiben.

Nachdem das Stük gedrukt und gut getroknet ist, unterwirft man es der

Mandarinage.

Der Apparat, dessen man sich hiezu bedient, besteht aus einem Trog von Sandstein A,B,C,D, Fig. 39; an den beiden Seiten A,C, A,D' des Troges sind zwei hölzerne Bohlen befestigt, welche einen Zoll von dem Boden desselben mit einem Loch versehen sind, um die Rolle E aufzunehmen, unter welcher das Stük durchgeht. In diesen Trog gibt man die saure Mischung. Derselbe befindet sich in einem hölzernen oder kupfernen Trog F,G,H,I, in welchen man Wasser bringt, dessen Temperatur mittelst Dampf oder eines gehörig angebrachten Ofens erhöht wird. An der vordern und hintern Seite sind zwei Haspel, K, L, angebracht, wovon der eine dazu dient, um die Stüke in den Trog zu leiten, und der andere, um sie herauszutreiben. Von da laufen die Stüke sogleich in das Flußwasser, oder in Ermanglung desselben in einen großen Bottich, welcher ein Gemisch von Wasser und Kreide enthält. Die beiden Haspel werden mittelst Kurbeln bewegt, welche man je nach der Wirkung der sauren Mischung mehr oder weniger schnell umtreibt. Der Haspel L muß höher angebracht werden, als der Haspel K, um der Säure zum Abtropfen Zeit zu gewähren. In Fig. 40 sieht man diesen Apparat im Durchschnitt.

Die Temperatur der sauren Mischung muß zwischen 24 und 28° R. erhalten werden, denn wenn sie höher steigt, ist zu befürchten, daß die Reservage schmilzt, wo sodann der Aufdruk ganz ungleich würde.

Zusammensezung der sauren Mischung.

Man vermischt 1 Maaß Salpetersäure von 34° B. mit 1 Maaß Wasser; für dichte Gewebe kann man etwas mehr, für Chalys aber muß man etwas weniger Säure anwenden. Für dunkelgrüne Böden vermischt man 2 Maaß Salpetersäure von 34° B. mit 1 Maaß Wasser.

Die Zeitdauer für die Säurepassage ist höchstens eine Minute.

Das Beleben der Orangefarbe und Reinigen der Reservage.

Die aus dem Mandarinagebade kommenden Stüke spült man im Flußwasser rein; man läßt sie dann unter gutem Herumhaspeln eine halbe Stunde in einem Bade sieden, welches man für ein Stük von 24 französischen Ellen (Stab) aus 8 Loth einfach kohlensaurem Natron und 2 Pfd. Seife bereitet hat. Hierauf reinigt man sie in kaltem Wasser, passirt sie dann in heißem Wasser, reinigt sie wieder und troknet sie.

Orangeboden mit weißem Reservagedruk.

1) Aufdruken der fetten Reservage;
2) Mandarinage;
3) Beleben der Orangefarbe und Reinigen von der Reservage.

Orangeboden mit blauem Reservagedruk.

1) Blaufärben in der kalten Küpe wie bei baumwollenen Zeugen;
2) Aufdruk der fetten Reservage, um die blaue Farbe zu reserviren;
3) Mandarinage;
4) Beleben der Orangefarbe und Reinigen von der Reservage.

Orangeboden mit blauem und weißem Reservagedruk.

1) Vordruken der fetten Reservage, um das Weiß zu reserviren;
2) Blaufärben in der kalten Indigküpe, Reinigen und Abtroknen;
3) Einpassen der fetten Reservage, um die blaue Farbe zu reserviren;
4) Mandarinage;
5) Beleben der Orangefarbe und Reinigen von der Reservage.

Dunkelgrüner Boden mit Weiß.

1) Vordruken der hellen Reservage;
2) Mandarinage, Reinspülen, aber nicht Abtroknen;
3) Dunkelblaufärben;
4) Reinigen und Beleben der Orangefarbe.

Dunkelgrüner Boden mit Blau.

1) Hellblaufärben, Reinigen und Abtroknen;
2) Vordruken der fetten Reservage;
3) Mandarinage, Reinwaschen, nicht Abtroknen;
4) Dunkelblaufärben;
5) Reinigen und Beleben der Orangefarbe.

Dunkelgrüner Boden mit Weiß und Blau.

1) Vordruken der fetten Reservage;
2) Hellblaufärben und Troknen;
3) Einpassen der fetten Reservage;
4) Mandarinage und Reinigen;
5) Dunkelblaufärben;
6) Reinigen und Beleben der Orangefarbe.

Dunkelgrüner Boden mit Weiß, Blau und Orange.

1) Vordruken der fetten Reservage;
2) Hellblaufärben und Troknen;
3) Einpassen der fetten Reservage, Spülen und Troknen;

4) Mandarinage, Spülen und Troknen;
5) Wiederholtes Einpassen der fetten Reservage;
6) Dunkelblaufärben;
7) Reinigen und Beleben der Orangefarbe.

Blauer Boden mit Weiß.

Man drukt die fette Reservage vor, färbt in der Küpe blau und befreit die Stüke dann durch ein kochendes Seifenbad von der Reservage.

Alle diese Verfahrungsarten sind auch auf Chalyzeuge anwendbar.

Von der Darstellung der Solitärfarbe durch die Mandarinage-Arbeit.

Diese Art der Fabrication hat viel Aehnlichkeit mit der vorher beschriebenen.

Mischung zum Mandariniren.

Man mischt 2 Maaß Salpetersäure von 22° B. mit
¾ — salpetersaurem Eisen von 60° B.

Wenn man mehr salpetersaures Eisen anwendet, so erhält man eine dunklere Nüance. Die Temperatur dieses Bades muß auf 24 bis 28° R. erhalten werden. Man läßt die aus dem Mandarinagebade kommenden Stüke in das Flußwasser laufen und eine Stunde lang darin hängen.

Um die Solitärfarbe zu beleben und den Stoff von der Reservage zu befreien, kocht man die Stüke in Soda und Seife aus, wie wir es S. 446 für die Orangefarbe angegeben haben.

Solitärboden mit Weiß.

1) Vordruken der fetten Reservage;
2) Blaufärben, Troknen;
3) Imprägniren durch die Maschine mit einem Blauholzabsud (von 1 Pfd. Holz per Maaß) und Abtroknen, unter der Vorsicht, die Salleisten auszustreichen;
4) Mandariniren und eine Stunde in den Fluß einhängen;
5) Reinigen und im Seifenbade behandeln.

Solitärboden mit Blau.

1) Blaufärben und Troknen;
2) Vordruken der fetten Reservage;
3) Imprägniren auf der Maschine mit einem Blauholzabsude (1 Pfd. Holz per Maaß), Troknen;
4) Mandariniren und eine Stunde in den Fluß einhängen;
5) Reinigen und Beleben der Solitärfarbe.

Solitärboden mit Weiß und Blau.

1) Vordruken der fetten Reservage;
2) Blaufärben, Troknen;
3) Einpassen der fetten Reservage;
4) Grundiren mit Blauholzabsud;
5) Mandariniren, eine Stunde im Fluß einhängen;
6) Reinigen und durch Seife passiren, um die Solitärfarbe zu beleben.

Dieser Artikel liefert auch auf Chalys sehr schöne Resultate.

Orange auf Küpenblauem Boden.

Auf die in der kalten Indigküpe gefärbten, gut gereinigten und troknen seidenen Zeuge kann man Orange äzen, wenn man sie mit folgender Aezbeize bedrukt und dann der Einwirkung des Wasserdampfs aussezt:

2 Maaß Wasser werden mit
16 Loth Stärke verdikt und nach dem Erkalten mit
16 bis 24 Loth Salpetersäure von 34° B. versezt.

Orange auf Berlinerblau-Böden.

Die berlinerblau gefärbten Seidenzeuge werden mit folgender Aezbeize bedrukt: Man bereitet eine kaustische Lauge von 12° B., löst in 2 Maaß derselben 1 Pfd. Orlean auf und verdikt mit 40 Loth Gummi. Zwei Tage nach dem Druken dämpft man die Stüke und wascht sie dann im Flußwasser aus. Bei lezteren zwei Artikeln läßt sich auch noch das S. 440 angegebene Schwarz anwenden.

CI.

Miszellen.

Verzeichniß der vom 27. Septbr. bis 25. Okt. 1838 in England ertheilten Patente.

Dem John White, Eisengießer in Haddington in Nordengland: auf Verbesserungen in der Construction der Oefen zum Heizen der Wohnungen und zu deren Zweken. Dd. 27. Septbr. 1838.

Dem John Bourne, Ingenieur in Dublin: auf Verbesserungen an den Dampfmaschinen, ihren Kesseln und Oefen. Dd. 8. Okt. 1838.

Dem Jehiel Forbes Norton, Kaufmann in Manchester: auf Verbesserungen an den Oefen und den Apparaten zur Verfertigung derselben. Dd. 8. Okt. 1838.

Dem Henry Dunington, Spizenfabrikant in Nottingham: auf Verbesserungen an den Zettelmaschinen. Dd. 8. Okt. 1838.

Dem George Haden, Ingenieur in Towbridge in der Grafschaft Wilts: auf eine Seife oder Composition zum Filzen und anderen Zweken in den Tuchfabriken, wozu gewöhnlich Seife angewandt wird. Dd. 8. Okt. 1838.

Dem Charles Sanderson, Stahlfabrikant in Sheffield: auf eine Verbesserung im Ausschmelzen der Eisenerze. Dd. 11. Okt. 1838.

Dem Matthew Heat Esq. im Furnival's Inn, City of London: auf Verbesserungen im Klären und Filtriren des Wassers, Biers, Weins und anderer Flüssigkeiten. Dd. 11. Okt. 1838.

Dem John Woolrich, Prof. der Chemie in Birmingham: auf ein verbessertes Verfahren Bleiweiß zu fabriciren. Dd. 11. Okt. 1838.

Dem John Fowler in Birmingham: auf Verbesserungen in der Schwefelsäurebereitung. Dd. 16. Okt. 1838.

Dem William Brockedon Esq. im Queen's Square, Grafschaft Middlesex: auf eine Verbindung bekannter Materialien, so daß sie ein Surrogat für Korke und Spunte abgeben. Dd. 17. Okt. 1838.

Dem Henry Meyer, Kaufmann in Piccadilly: auf Verbesserungen in der Verfertigung von Lampen. Dd. 17. Okt. 1838.

Dem Elias Robison Handcock in Dublin: auf Verbesserungen an den Rollen für Meubles. Dd. 17. Okt. 1838.

Dem George Harrison in Carlton House Terrace: auf ein verbessertes Verfahren geschlossene Oefen mit Luft zu speisen und Brennmaterial dabei zu ersparen. Dd. 17. Okt. 1838.

Dem William Edward Newton, Patentagent im Chancery Lane, Grafschaft Middlesex: auf Verbesserungen in der Construction von Brüken, Viaducten, Dächern, Bindebalken für Bauten 2c. Dd. 17. Okt. 1838.

Dem John George Bodmer, Ingenieur in Manchester: auf Verbesserungen an den Maschinen zum Kardätschen, Streken, Vorspinnen und Spinnen von Baumwolle, Flachs, Wolle und Seide. Dd. 22. Okt. 1858.

Dem William Jukes in Great Russel Street, Bloomsbury: auf seine Methode an den nach Dr. Arnott's Princip construirten Oefen Ventilirapparate anzubringen. Dd. 22. Okt. 1838.

Dem William Edward Newton im Chancery Lane, Grafschaft Middlesex: auf sein Verfahren gewisse zur Conservation des Bauholzes dienliche Substanzen zuzubereiten. Dd. 22. Okt. 1838.

Dem John Henfrey, Ingenieur in Weymouth Terrace, Shoreditch: auf Verbesserungen in der Fabrication von Thürangeln und an der dazu dienenden Maschinerie. Dd. 25. Okt. 1838.

(Aus dem Repertory of Patent-Inventions, Nov. 1858, S. 336.)

Preise, welche die Society for the Encouragement of Arts, Manufactures and Commerce im Jahr 1838 votirte.

Dem Hrn. Lavis Thompson, in der Seifenfabrike der HHrn. Hawes in Lambeth, die goldene Isismedaille für seine Methode Berlinerblau zu fabriciren.

Demselben die goldene Medaille für seine Methode Kupfer zu reinigen.

Dem Hrn. A. P. Walsh, Great George Street, Euston Square, die silberne Isismedaille für seine Hemmung für Uhren.

Dem Hrn. J. Crockford, Litchfield Street, Soho, die silberne Isismedaille für sein Kugelventil für Wasserröhren.

Dem Hrn. J. Burkitt, Bartholomew Place, West Smithfield, die silberne Isismedaille für seine Trommel für Druckerpressen.

Dem Hrn. C. Jenkins, Harvey-Buildings, Strand, die silberne Isismedaille für seine adjustirbare Sprossenleiter.

Dem Hrn. T. Carrick, Newcastle-on-Tyne, die silberne Isismedaille für seine Marmortäfelchen für Miniaturgemälde.

Den HHrn. G. und W. Bursill, Queen's Head-lane, Islington, die silberne Medaille für ihre Sicherheitslampe für Bergleute.

Dem Hrn. J. F. Goddard, Chatham, die silberne Medaille für seinen Apparat zu Versuchen über die Polarisation des Lichtes.

Dem Hrn. J. P. Paine, High-Street, Bloomsbury, die silberne Medaille für sein Hemmungsrad für Thurmuhren.

Dem Hrn. Capit. J. Ericsson, Adelaide Place, London Bridge, die silberne Medaille für seine hydrostatische Waage.

Dem Hrn. W. Baddeley, Wellington-Street Blackfriars Road, die silberne Medaille für seine Vorrichtungen zum Gebrauche bei Feuersbrünsten.

Dem Hrn. A. George Edge, R. N., die silberne Medaille für sein Instrument zur Bestimmung der Stabilität eines Schiffes.

Dem Hrn. J. Farley, Hart's Lane, Bethnalgreen-Road, die silberne Medaille und 5 Pfd. Sterl. für seine Verbesserungen an dem Stuhle für breite eidenzeuge.

Dem Hrn. Wildman Whitehouse, Francis-Terrace, Kentish-Town, die berne Medaille für seine Methode Abgüsse von anatomischen Präparaten zu achen.

Dem Hrn. Fred. Danchell, Gerard Street, Soho, die silberne Medaille r seinen Schlüssel für Piano-Fortes.

Dem Hrn. Henry Mapple, Upper Rosomon Street, Clerkenwell, 5 Pfd. terl. für seine Resonanzfeder für Thürschlösser.

Dem Hrn. W. Lewic, Great Ormond Street, 5 Pfd. Sterl. für seinen fen für Letterngießer.

Dem Hrn. J. Esquilant, St. Alban-Street, Kennington-Road, 10 Pfd. iterl. für Ornamente aus Leder.

Greener's Bemerkungen über die Dampfkessel.

Hr. W. Greener ist der Ansicht, daß die mit den Dampfkesseln sich ereignenden Unglüksfälle hauptsächlich Fehlern in dem Materiale, aus welchem dieselen gebaut sind, zugeschrieben werden müssen. Bei mehreren Versuchen, die er iit Eisenstreifen, welche aus Eisenplatten von verschiedener Qualität geschnitten vorden, anstellte, will er gefunden haben, daß Streifen, welche man der Breite ach aus einer Platte geschnitten hatte, um 30 Proc. weniger trugen, als Streien von gleichen Dimensionen, welche der Länge nach ausgeschnitten worden sind. In einigen Fällen war der Unterschied selbst noch viel bedeutender. Er tauchte erner Eisenplatten in Schwefelsäure, welche mit Wasser verdünnt worden war, ind fand, daß sie hiedurch in 24 Stunden 6¼ bis 15 Proc. ihrer ursprünglichen Stärke verloren. Manche Kessel werden so lange halten, als ihre Form unverändert bleibt; so wie aber irgend ein Theil derselben, wie z. B. die Krone der Wölbung der cylindrischen Kessel, einsinkt, wird ein Unfall unvermeidlich. (Aus en Verhandlungen der British Association in Newcastle-upon-Tyne.)

Taylor's Apparat zum Treiben von Dampfschiffen.

Hr. J. Jepheson O. Taylor lud kürzlich alle Sachverständigen zur Prüfung des Modelles eines Apparates ein, welcher seiner Meinung nach die Ruderäder übertreffen und die die Dampfschiffe verunstaltenden Ruderkasten beseitigen oll. An diesem Apparate wirkt die Dampfkraft auf eine horizontale eiserne Welle, velche von der Maschine aus unter der Deke der Hauptcajüte durch den Hintersteven sezt, und an deren Ende sich außerhalb des Hinterstevens zwei ruderähnliche Schaufeln befinden. Diese Schaufeln sind nicht senkrecht, sondern unter einem Winkel von 22° gegen den senkrechten Hintersteven gestellt. Außerhalb der Schaufeln, die nur einen kleinen Raum einnehmen, ist ein falscher Hintersteven angebracht, der am oberen und unteren Ende durch Querhölzer und eiserne Knice an dem wahren Hintersteven festgemacht ist. Der Raum zwischen den beiden Hinterteven ist so unbedeutend, daß die Symmetrie des Fahrzeuges dadurch nicht beeinrächtigt wird. Die durch die Dampfmaschine in Bewegung gesezte eiserne Welle äuft mit großer Geschwindigkeit um und treibt bei jedem Hube die Schaufeln durch das Wasser. Das Fahrzeug wird demnach auf dieselbe Weise vorwärts getrieben, auf welche ein am Hintertheile eines Nachens befindlicher Schiffer diesen nit seinem Ruder treibt. Die Versuche mit diesem Modelle wurden in einem Wasserbehälter von 30 Fuß Länge vorgenommen. Als Triebkraft diente eine aufgewundene Uhrfeder. Ein Modell mit gewöhnlichen Ruderrädern wurde hiebei in 115 Secunden; ein mit dem neuen Apparate ausgestattetes Modell dagegen in 18 Secunden von einem Ende des Wasserbehälters zum andern getrieben. Der Erfinder glaubt, daß sein Apparat eine große Ersparniß in der Construction, am Brennmateriale und an dem Salaire der Maschinisten bedingt, weil eine Maschine von 60 Pferdekräften mit seinem Apparate eben soviel leistet, wie eine von

20 Pferdekräften mit den gewöhnlichen Ruderrädern. Ferner wird durch Beseitigung der Ruderräder und ihrer Kasten viel an Raum erspart, und für Kriegsschiffe eine ununterbrochene Kanonenreihe möglich gemacht. Der neue Apparat erzeugt keinen Wasserschwall, und wird daher auf Flüssen den kleineren Fahrzeugen nicht so gefährlich; er befindet sich endlich ganz unter Wasser und ist deßhalb im Kriege gehörig gesichert. (Aus dem Mechan. Magazine No. 787.)

Ueber die Anwendung des Compasses auf eisernen Booten.

Hr. Samuel Porter schlägt in einem an die General-Steam-Navigation-Company gerichteten Briefe ein Mittel vor, wonach der Compaß auf eisernen Booten dienstfähig gemacht werden soll, um solche Boote nicht nur wie bisher bloß für Flüsse und Landseen, sondern auch für die hohe See geeignet zu machen. Er sagt, daß er, da er für alle Theile der Erde mehr als 3000 seiner magnetischen Sonnenuhren verfertigte, seine Aufmerksamkeit eine Reihe von 16 Jahren hindurch auf die Abweichung der Magnetnadel gerichtet habe; und daß er hienach glaube, ja sogar wisse, daß, wenn man den Compaß mittelst Messing einige Fuß hoch über dem Verdeke mit der Vorderfläche nach Abwärts gekehrt so aufhinge, wie man ihn in den Cajüten aufzuhängen pflegt, selbst ein eisernes Verdek und eiserne Wände die Magnetnadel nicht aus ihrer Richtung bringen würden. (Mechanics' Magazine, No. 787.)

Baddeley's Methode Luftballons zu dirigiren.

Der Feuerstatistiker Wm. Baddeley hat vor einem Jahre im Mechanics' Magazine in einem die Luftballons betreffenden Artikel angedeutet, daß er eine Methode zu wissen glaube, nach der man die Luftballons in beliebigen Richtungen zu dirigiren im Stande seyn dürfte. Obwohl mehrmalen um Veröffentlichung seines Verfahrens angegangen, hielt er doch immer damit zurük, bis ihn endlich der Jobard'sche Vorschlag, den Canal mit leichten, von Congreve'schen Raketen getriebenen Booten zu befahren, dessen wir der Curiosität halber auch in unserer Zeitschrift erwähnten, zum Geständnisse brachte. Er erklärt nämlich im Mechanics' Magazine, No. 787, daß er dreierlei Methoden Luftballons zu steuern besize, und daß von diesen zwei der Mechanik entnommen seyen, die dritte aber auf der Benuzung der beim Abbrennen einer gehörig eingerichteten Rakete entwikelten Reactionskraft beruhe. So unthunlich ihm der Jobard'sche Vorschlag wegen des großen Widerstandes, den das Wasser leistet, erscheint, ebenso ausführbar hält er den seinigen wegen des geringen Widerstandes der Luft. —

French's Drukerpresse.

Ein amerikanisches Blatt enthält wörtlich folgende Notiz: „Hr. Thomas French von Ithaca im Staate New-York baut dermalen an den Speedwell Works bei Middletown seine Patent-Drukerpresse, welche mit einer der dortigen Papiermühlen in Verbindung gebracht werden soll. Das Papier gelangt unmittelbar aus der Papiermaschine in die Drukerpresse, wird in dieser auf beiden Seiten zugleich bedrukt, und läuft dann zwischen den Trokencylindern, zwischen denen es zugleich gepreßt wird, durch. In 3 Minuten und gleichsam in einer einzigen Operation wird aus dem aus der Mühle kommenden Zeuge ein Buch von 156 Seiten gedrukt, welches dem Buchbinder eingehändigt werden kann. Das Papier wird in einem fortlaufenden Blatte gedrukt und in Rollen versandt. Hr. French hat der Redaction einen Abdruk von Cobb's Juvenile Reader, einem Werke von 216 Seiten, welcher auf ein Blatt von 70 Fuß Länge gedrukt ist, eingesendet, und es liegt derselbe zur Einsicht vor!" (Mechanics' Magazine, No. 790.)

Neue Fortschritte der Strumpfwirkerei in England.

Die Penny Cyclopædia berichtet über den Gang, den die Strumpfwirkerei neuerlich in England genommen, wie folgt: „In gegenwärtigem Augenblike (Jul. 1838) sind in Nottingham mit bestem Erfolge Stühle mit rotirender Bewegung im Gange, in denen 12 façonnirte Strümpfe auf einmal fabricirt werden, und zu

ren Bedienung ein Arbeiter und ein Knabe genügen. Diese neuen Stühle, welche
rch Dampf in Bewegung gesezt werden, dürften die Stühle mit Wechselbewe-
ng, in denen von einem Arbeiter nur ein Strumpf auf einmal verfertigt wer-
n kann, bald ganz verdrängen. Die hiedurch zu erlangende Kostenersparniß
rd sehr bedeutend seyn, und England in Stand sezen, auch in der Strumpf-
irkerei, die das Inselland zu verlassen drohte, wieder die Suprematie zu erlan-
n. Der Hauptsiz dieser Fabrication im Auslande ist Chemniz in Sachsen, wo
an wegen des geringen Arbeitslohnes aus Garn, welches größten Theils aus
m Lancashire eingeführt wird, Fabricate erzeugt, welche die englischen auf den
ärkten verdrängten, und welche selbst in England, wo sie doch einen Zoll von
) Proc. zahlen, bedeutenden Absaz fanden."

---

eber die Anwendung des durch Zersezung des Wassers erzeugten Gases bei der Gewinnung des Eisens.

Das Mechanics' Magazine, No. 790, gibt folgende Beschreibung der Methode, nach welcher Hr. J. S. Dawes das durch Zersezung des Wassers erzeugte Gas bei der Gewinnung des Eisens zu benuzen versuchte. Er ließ Dampf
urch rothglühende, mit kleinen Kohks oder Holzkohlen gefüllte gußeiserne Röhren
reichen, wobei der Dampf eine Zersezung erlitt und sein Sauerstoff sich anfäng-
ich mit dem Kohlenstoffe der Kohks zu Kohlensäure verband. Dadurch, daß
iese leztere noch weiter über glühende Kohlen strömte, verwandelte sie sich in
Kohlenstoffoxydgas, welches zugleich mit dem entbundenen Wasserstoffgase durch
ine in die Form eingesezte Röhre in den Ofen eingetrieben wurde, da das Gas
emselben Druke ausgesezt war wie die Gebläsluft. Die Röhren mußten alle
2 Stunden mit Kohlenstüken gefüllt werden, und dieß geschah am besten mit
hülfe eines auf dieselben gestekten Pfropfes. Anfänglich ergaben sich wegen der
chnellen Zerstörung der Röhren einige Schwierigkeiten; da jedoch der Schmelzpunkt
es Gußeisens um so Vieles höher steht, als die zur Zersezung des Wassers erforderliche Temperatur, so mußte man die Ursache hievon mehr in dem Baue des
zur Heizung der Röhren dienenden Ofens suchen. Man hat diesen abgeändert und
either scheint der Apparat sehr dauerhaft. In Oldbury arbeitet wenigstens eine
erlei Vorrichtung seit mehreren Monaten, ohne daß die Röhren etwas Schaden
elitten hätten. Die Quantität Brennmaterial, welche erforderlich war, um die
Röhren heiß zu erhalten, betrug in 12 Stunden 12 bis 15 Cntr. Steinkohlen-
lein; und da der Dampf von den Kesseln der Maschine, deren Heizer zugleich
uch den Apparat bediente, geliefert wurde, so beliefen sich die Kosten mit Aus-
ahme der Abnüzung gar nicht hoch. Wahrscheinlich dürften 1000 Fuß Gas im
Ganzen nicht höher als auf 3 oder 4 Schill. zu stehen kommen. (Aus den Verhandlungen der British Association in Newcastle-upon-Tyne.)

Ueber die Bestandtheile einiger englischer Eisensorten.

Nach den Angaben des Hrn. Dr. Thomas Thomson haben das beste
Dannemora-Eisen, das gewöhnliche Eisen aus Wallis und das Eisen von Low Moor
olgendes specifische Gewicht, und folgende Bestandtheile:

Dannemora-Eisen von 7,9125 spec. Gewichte enthält	Eisen . .	99,56
	Kohlenstoff .	0,26
	Mangan . .	0,05
	Silicium . .	0,03
		99,90
Walliser Eisen von 7,4359 spec. Gewichte enthält	Eisen . . .	99,498
	Phosphor . .	0,417
	Silicium . .	0.085
		100,000
Eisen von Low Moor von 7,3519 spec. Gewichte enthält:	Eisen .	98,060
	Mangan	1,868
	Silicium	0,090
		100,018

(Aus den Verhandlungen der British Association im Mech. Mag., No. 790.)

Nachträgliches über Sorel's Verzinkung oder sogenannte Galvanisirung des Eisens.

Die Beschreibung des Patentes, welches Hr. Sorel im Decbr. 1837 in den Vereinigten Staaten auf die berühmt und berüchtigt gewordene Galvanisirung des Eisens nahm, enthält Einiges, welches wir in dem in England auf den Namen des Hrn. H. W. Craufurd genommenen und im Polytechn. Journale Bd. LXVIII. S. 459 bekannt gemachten Patente vermissen. Wir tragen daher aus dem Franklin Journal, Jul. 1838, S. 54 noch Folgendes nach. „Die von dem Patentträger erprobten Benüzungsweisen des von ihm aufgestellten Princips sind:

1) Anwendung des Zinkes auf Eisen und Stahl nach dem beim Verzinnen üblichen Verfahren.

2) Anwendung eines galvanischen Pulvers in Form eines Anstriches, den man mit feinem Zinkpulver, Oehl oder harzigen Substanzen bereitet, und womit man die vor Rost zu schüzenden Gegenstände überstreicht.

3) Bedekung der zu schüzenden Gegenstände mit dem aus fein gepulvertem Zinke bestehenden galvanischen Pulver.

4) Einwikelung der zu schüzenden Gegenstände in sogenanntes galvanisches Papier.

5). Beschmierung der Gegenstände mit einer galvanischen Schmiere, welche durch Vermischung des galvanischen Pulvers mit fetten Substanzen, z. B. mit gereinigtem Schweinfett, bereitet wird."

Von der Bereitung des galvanischen Pulvers, von welchem das englische Patent schweigt, heißt es im amerikanischen: „Man kann sich dieses Pulver auf verschiedene Weise bereiten; doch erschien folgendes Verfahren als das wohlfeilste. Man bringt Zink in einem Reverberirofen und unter sorgfältiger Verhütung von Luftzutritt beinahe zum Rothglühen, schäumt ihn sorgfältig ab, und überstreut ihn mit Salmiak. Hierauf wirft man in den geschmolzenen Zink dem Gewichte nach ungefähr den zehnten Theil Eisenfeilspäne, welche vorher mit Salzsäure befeuchtet worden. Wenn das Ganze endlich mit feinem Kohlenpulver bestreut worden, steigert man die Hize bis zum Weißglühen, auf der man die Mischung unter zeitweisem Umrühren derselben mit einem Eisenstabe eine Viertelstunde lang erhält. Die geschmolzene Masse gießt man endlich in ein thönernes oder gußeisernes Gefäß, welches man zur Verhütung der Verbrennung des Zinkes mit einer eisernen Platte bedekt, und in dem man die Masse bis zum Abkühlen mit einem Rührer, welcher durch ein Loch im Dekel gestekt wird, umrührt. Man erhält auf diese Weise ein feines Pulver, welches entweder für sich zum Verpaken stählerner Gegenstände, die in demselben selbst naß werden können, ohne dadurch vom Roste zu leiden, oder zur Bereitung der galvanischen Anstriche verwendet werden kann."

„Das galvanische Papier wird fabricirt, theils indem man das Zinkpulver gleich unter den Zeug des Papieres mengt, theils aber indem man gewöhnliches Pakpapier nimmt, dieses mit einer klebenden Substanz überstreicht und dann das galvanische Pulver darauf siebt. Es schüzt polirte und andere eiserne oder stählerne Gegenstände, welche man in dasselbe wikelt, vollkommen gegen den Rost."

Ueber Hrn. Addams' Apparate zur Darstellung der Kohlensäure in festem Zustande.

Hr. Robert Addams hielt vor der diesjährigen Versammlung der British Association einen Vortrag über die Darstellung der Kohlensäure in flüssigem und in festem Zustande, wobei er, nachdem er der Arbeiten, die wir in dieser Hinsicht den HHrn. Faraday und Thilorier verdanken, erwähnt, drei Apparate erläuterte und vorzeigte, mit denen er selbst arbeitete. Die erste Methode, deren er sich bediente, ist eine rein mechanische. Er trieb nämlich mittelst kräftiger hydraulischer Pumpen das kohlensaure Gas aus einem Gefäße in ein zweites, und zwar indem er ersteres mit Wasser, mit Salzauflösungen, Oehl oder Queksilber füllte. Mit diesem Apparate brachte er eine Vorrichtung in Verbindung, welche andeutete, wann das Gefäß gefüllt war. — Sein zweiter Apparat ist

e Modification des Thilorier'schen. — Der dritte endlich verbindet das
chanische mit dem chemischen Verfahren, und bedingt angeblich eine bedeutende
sparniß an dem in dem Generator erzeugten Gase, indem nach Thilorier's
thode von 3 Theilen 2 in die atmosphärische Luft entweichen und verloren ge.
. An diesem Apparate deutet eine Vorrichtung an, wenn der Generator durch
Pumpen mit Wasser gefüllt und folglich alle freie Kohlensäure in den Reci.
nten getrieben worden ist; eine zweite Vorrichtung dient zur Bestimmung der
dem Recipienten enthaltenen Menge flüssiger Kohlensäure. — Hr. Addams
zte außerdem auch noch andere Instrumente vor, womit man flüssige Kohlen.
re aus einem Gefäße in ein anderes überziehen oder überdestilliren kann. Er
ach ferner von Versuchen, welche dermalen in Gang sind, und namentlich von
Wirkung des Kaliums auf die flüssige Kohlensäure, eine Wirkung, die keine
setzung der wirklichen Säure, welche die Gegenwart von Wasser oder einer
asserstoffsäure vermuthen ließe, andeutete. Eine vorgelegte Tabelle über die
annkraft des über der flüssigen Kohlensäure befindlichen Gases enthielt im We.
ttichen folgende Resultate:

mperaturgrade.	Pfd. per Quadratzoll.	Atmosphären, jede zu 15 Pfd.
0 F.	279,9	18,06
10	300	20
30	398,1	26,54
32	413,4	27,56
50	520,05	34,67
100	934,8	62,32
150	1495,65	99,71.

. Addams will nunmehr auch den Druk bei höheren Temperaturen bis zum
edepunkte hinauf und darüber untersuchen, und glaubt schon jezt, daß die Koh.
säure zwar nicht direct, wie Hr. Brunel meinte, aber doch indirect und als
Mittel, um andere Flüssigkeiten circuliren zu machen oder hin und her zu
vegen, anstatt des Dampfes als Triebkraft benuzt werden dürfte. — Bei den
r der Versammlung vorgenommenen Versuchen brachte man mehrere Pfunde
ecksilber in einigen Minuten durch die Abkühlung, welche die feste Kohlensäure
ihrem Uebergange in gasförmige Gestalt erzeugte, zum Gefrieren. (Mecha.
s' Magazine, No. 788.)

niges über Ersparniß und Regulirung der Wärme in Wohnhäusern.

Ueber diesen wichtigen Gegenstand ward von Hrn. George Webb Hall vor der
itish Association ein Vortrag gehalten, der zu einigen Erörterungen Anlaß
. Hr. Hall bestand darauf, daß der Rüken der Feuerstellen so viel als
glich senkrecht, und die Mündungen der Schornsteine möglichst eng seyn sollen.
s Princip für geschlossene Feuerstellen sezte er ferner fest, daß der brennende
off mit einer die Hize zurükhaltenden Substanz, welche selbst wieder die Wärme
f das Feuer zurükzustrahlen vermag, umgeben seyn müsse. Dieß soll erreicht
rden, indem man das Feuer selbst mit einer Art von Bakstein bedekt, und für
s Entweichen der auf diese Weise auf den höchsten Grad getriebenen Hize nur
e sehr kleine Oeffnung läßt, die gleichfalls wieder eine Regulirung zuläßt.
e Ersparniß wird erzielt, indem man die auf solche Weise gesteigerte Wärme
ch lange horizontale Züge leitet, damit dem Emporsteigen derselben, welches
Verhältnisse des Hizgrades rasch von Statten gehen würde, ein Damm ent.
engesezt wird. — Sir John Robison bemerkte, daß man bei allen diesen
genstand betreffenden Versuchen mit größter Sorgfalt zu Werke gehen müsse;
onders machte er auf die Hize des Rauches in den Schornsteinen aufmerksam.
fand einmal, daß der Rauch 2 Fuß von der Austrittsmündung entfernt 190° F.
te, während das Wasser in dem Heißwasserapparate eine Temperatur von
0° F. zeigte. Eine sehr geringe, an einem der Dämpfer vorgenommene Aende.
g machte die Temperatur des Rauches beinahe unmittelbar auf 160° F. fal.
, jene des Wassers dagegen auf 290° F. steigen, so daß also durch diese höchst
edeutende Abänderung gegen 60° F. erspart wurden! — Als eine der besten
zmethoden ward die des Hrn. Strutt von Derby erklärt, welche man in
udon's Cottage Economy angegeben findet, und die auch von Dr. Ure und
tchie in ihren Abhandlungen über das Heizen und Ventiliren angerühmt wird.

— Nach den Angaben desselben Strutt ist das Steinkohlengas für den K[illegible]bedarf eines der wohlfeilsten Brennmaterialien. Der ganze Apparat, der gewissermaßen als das Umgekehrte der Davy'schen Sicherheitslampe betrachtet werden kann, besteht in einer Gasröhre von beiläufig 6 Zoll Durchmesser, an deren Ende ein Stük Drahtgitter befestigt wird. Dem Verbrennen dieses Gitters bei starker Hize läßt sich leicht dadurch steuern, daß man etwas Sand darauf streut. Volumen für Volumen genommen kommt Gas theurer zu stehen als Steinkohle; hingegen, wo man nur zeitweise Feuer braucht und zu den kleineren Kochprocessen ist Gas wohlfeiler und bequemer. (Mechanics' Magazine, No. 787.)

Iveson's Patent auf Verhütung von Rauch und auf Ersparniß an Brennmaterial.

Hr. Iveson gehört zu den vielen Erfindern, die sich Vertilgung des Rauches und Ersparniß an Brennmaterial zur Aufgabe gemacht haben. Sein Verfahren beruht, nach Angabe des Edinburgh Observer, lediglich darauf, daß er unmittelbar über dem Feuer und auf die Flamme herab Dampf in den Ofen eintreibt, wodurch alle brennbaren Stoffe so vollkommen aufgezehrt werden sollen, daß auch keine Spur von Rauch am Ausgange des Schornsteines zum Vorscheine kommt. Nach den Arbeiten, welche der Erfinder mehrere Monate hindurch in Gemeinschaft mit dem bekannten Chemiker Dr. Fyfe vorgenommen, soll hiebei die Ersparniß an Steinkohlen wenigstens die Hälfte betragen haben, so daß eine Dampfmaschine, welche sonst täglich 10 Tonnen Steinkohlen verzehrte, mit 5 Tonnen dasselbe leistete. — Der Einsender des Artikels in dem genannten Blatte wohnte selbst einem Versuche bei, und bemerkt darüber Folgendes: Das Feuer wurde wie gewöhnlich aufgezündet, und ein diker schwarzer Qualm entwich aus dem Schornsteine; kaum hatte man aber die Dampfröhre geöffnet, so war aller Rauch verschwunden, als wenn gar kein Feuer im Ofen wäre. Der Rauch erschien jedesmal wieder, so oft man den Dampf absperrte. Bei den meisten der angeführten Versuche verwendete man Dampf von hohem Druke, indem die Maschine unter einem Druke von 55 Pfd. arbeitete; in einigen Fällen bediente man sich jedoch auch des Dampfes von niederem Druke mit gleichem Vortheile. — Das ganze Verfahren ist glüklicher Weise leicht anwendbar; denn man braucht in allen Fällen, wo man einen Dampfkessel zur Verfügung hat, nur von irgend einem Theile desselben her eine kleine Röhre zu leiten, welche sich in dem Ofen in eine Art von Sprizkopf endigt, so daß der Dampf nach allen Richtungen auf die Flamme strömt. Hätte man keinen Kessel zur Verfügung, so müßte man einen kleinen, der nicht viel kostet, anschaffen. Hat man eine Hochdrukmaschine zu Gebot, so kann man einen Theil des Auslaßdampfes in den Ofen leiten. Der Verbrauch an Dampf beträgt ungefähr den zwölften Theil des im Kessel erzeugten Dampfes, und dieser muß natürlich von der oben angegebenen Ersparniß abgezogen werden. (Mechan. Magazine No. 788.)

Bleifreie Glasur.

Die bleifreie Glasur, welche vom Gewerbsverein in Lahr empfohlen wird, besteht aus einer Mischung von 4 Theilen calcinirter Soda und 5 Theilen eisenfreiem Sand, die als Pulver in feuerfesten, mit Kreide ausgestrichenen Ziegeln zu Glas zusammengeschmolzen werden, das fein gemahlen als Glasfluß dient. Diese Glasur kommt zwar theurer als die gewöhnliche Bleiglasur, die Gefäße haben aber nicht nur ein schönes, rothes Ansehen, sondern sind auch zu vielen Zweken, sowohl in den Küchen als auch in den Werkstätten den gewöhnlichen irdenen Geschirren weit vorzuziehen.

Ueber die essigsauren Bleisalze.

Hr. Payen hat aus Veranlassung seiner Entdekung eines neuen essigsauren Bleisalzes, wovon bereits im polyt. Journal Bd. LXVI. S. 318 die Rede war, eine sehr ausführliche Arbeit über die Verbindungen der Essigsäure mit Bleioxyd unternommen, welche folgende Resultate lieferte:

Das neutrale essigsaure Bleioxyd zeigt dieselbe Krystallisation sowohl in reinem Wasser als in Wasser, welches mit einem dem seinigen gleichen Volumen Alkohol und Holzgeist verbunden ist. 100 Theile Wasser von + 12° C. lösen 59 Gewichtstheile davon auf.

Die Krystalle dieses essigsauren Bleisalzes verlieren im trokenen luftleeren Raume ihre 3 Atome Krystallwasser.

Das neutrale essigsaure Bleioxyd, welches auf diese Weise wasserfrei geworden ist, löst sich in der Wärme in absolutem Alkohol auf, aus welchem es sich beim Erkalten in Krystallen abscheidet.

Der wasserfreie Alkohol entzieht dem neutralen essigsauren Bleioxyde, welches 3 Atome Wasser enthält, dasselbe, und läßt es gleichfalls in sechsekigen Platten krystallisiren.

Das wasserfreie essigsaure Bleioxyd, durch diese beiden Mittel erhalten, nimmt bei der Auflösung in Wasser sein Krystallwasser wieder an.

Dasselbe essigsaure Bleisalz, in der Kälte durch Ammoniak in geringem Ueberschusse zersezt, wandelt sich in dreifachbasisches essigsaures Bleioxyd und in essigsaures Ammoniak um.

Die Anwesenheit des essigsauren Ammoniaks erhöht die Stabilität des dreifachbasischen essigsauren Bleioxydes.

Der Ueberschuß von Ammoniak kann dieser Kraft das Gleichgewicht halten, oder sie überwinden, je nach seiner Menge.

Im ersten Falle kann die Auflösung dazu dienen, das Bleioxyd mit gewissen organischen Stoffen, die eine geringe Verwandtschaft besizen, bis zur Sättigung zu verbinden.

Im lezteren Falle scheidet es sich von dem Bleioxydhydrat in Form von Octaëdern oder kurzen Prismen ab, welche mit vierseitigen Pyramiden zugespizt sind, beide isolirt oder zu Kreuzen vereinigt.

Das krystallisirte, dreifachbasische essigsaure Bleioxyd, es mag durch Ammoniak oder durch Bleioxyd, oder durch Concentration, Erkaltung oder Fällung, vermittelst Alkohols oder Holzgeistes erhalten worden seyn, zeigt dieselbe Krystallform in langen nadelförmigen Prismen, die entweder schon mit bloßen Augen oder doch mit dem Mikroskope sichbar sind.

Das dreifachbasische essigsaure Bleioxyd löst sich in Wasser von 100° C. auf nach dem Verhältnisse von 18 zu 100, und krystallisirt in nicht sehr beträchtlichen Mengen nach dem Erkalten. Es ist löslich in Alkohol und Holzgeist, wenn beide verdünnt sind. Der Holzgeist von 0,96 löst es noch auf, hingegen löst es der Alkohol von demselben Grade nicht mehr merklich auf. Völlig unlöslich ist es in reinem wasserfreiem Alkohol. Dieß gestattet, es aus seinen Mischungen mit dem intermediären essigsauren Salze abzuscheiden.

Die Zusammensezung des wasserhaltigen Bleioxydes wird durch $3 Pb O, H_2 O$ dargestellt.

Seine reinen, durchscheinenden, farblosen octaëdrischen Krystalle haben ein bedeutendes Brechungsvermögen.

Wenn man keinen zu großen Ueberschuß von Ammoniak gebraucht hat, so bleibt in der Flüssigkeit, aus der man dieses Bleioxyd abgeschieden hat, dreifachbasisches essigsaures Bleioxyd, das sich direct oder durch Alkohol abscheiden läßt.

Je nach den Mengen und der Temperatur kann man das wasserhaltige und das wasserfreie Bleioxyd zugleich oder abgesondert erhalten, wenn man das neutrale oder das dreifachbasische essigsaure Bleioxyd durch Ammoniak zersezt.

Das wasserfreie Bleioxyd zeigte sich in der Flüssigkeit in rhombischen, durchscheinenden Platten, die sich mit einem ihrer spizen Winkel um einen gemeinschaftlichen Mittelpunkt gruppiren, indem sie grünliche oder orangegelbe glänzende Büschel bilden.

Ein neues essigsaures Bleisalz, das regelmäßig in sechsekigen Platten krystallisirbar ist, welche sich als glänzende und atlasartige Büschel gruppiren, entsteht aus der Verbindung eines Atomes dreifachbasischen essigsauren Bleioxydes mit drei Atomen neutralen essigsauren Bleies. Es läßt sich darstellen durch $3 Pb O, H_2 O, 2 C_8 H_6 O_3$.

Dieses intermediäre essigsaure Bleioxyd unterscheidet sich von den beiden anderen und von dem wasserfreien neutralen durch mehrere Reactionen und besonders durch seine augenblikliche Umwandlung in eines der beiden anderen, je nachdem man eine Base oder eine Säure hinzusezt. Es löst sich in wasserfreiem Alkohol auf, ohne sein Atom Wasser zu verlieren. Es erklärt gewisse, von allen Chemikern beobachtete Anomalien und merkwürdige Umstände bei der Krystallisation des wasserhaltigen neutralen essigsauren Bleioxydes. (Annales de Chim. et de Phys. Septbr. 1837.)

Ueber die Aufsaugung des Wasserstoffgases aus der Luft

enthält die Bibliothèque universelle, Februar 1838, einen Artikel, der auch für unsere Leser nicht ohne Interesse seyn dürfte, und aus dem wir daher Folgendes entnehmen. Der Gehalt der atmosphärischen Luft an Wasserstoffgas beträgt nicht über den tausendsten Theil ihres Volumens, obschon durch die Zersezung, welche die organischen Stoffe erleiden, fortwährend eine bedeutende Menge dieses Gases entwikelt wird. Die Substanzen, welche bei der gewöhnlichen Temperatur der Luft die Verbindung des Wasserstoffes mit dem Sauerstoffe vermitteln, sind so selten, daß man durch sie nicht wohl erklären kann, wohin der Wasserstoff kommt; selbst der Bliz und die Entzündung brennbarer Stoffe reichen nicht zu einer genügenden Erklärung hin. Hr. Th. de Saussure hat aus vielfachen Versuchen und Beobachtungen den Schluß gezogen, daß das Verschwinden des Wasserstoffes durch die Gährung der auf der Erdoberfläche verbreiteten organischen Stoffe bedingt ist. Das Wesentliche hierüber läßt sich folgendermaßen zusammenfassen. Die Verbindung des Wasserstoffes mit dem Sauerstoffe geschieht bei gewöhnlicher Temperatur durch Stoffe, die einer langsamen Gährung unterliegen, besonders wenn diese Stoffe in größerer Menge angehäuft, und mit soviel Wasser imprägnirt sind, daß sie nicht in vollkommene Berührung mit dem Sauerstoffe kommen können. Stellt man nämlich diese vollkommene Berührung dadurch her, daß man der Oberfläche des gährungsfähigen Körpers eine größere Ausdehnung gibt oder daß man die Quantität des Wassers vermindert, so wird der Wasserstoff nicht absorbirt, sondern der Sauerstoff geht andere Verbindungen ein. Die Porosität des der Gährung unterliegenden Körpers trägt viel zur Zerstörung des detonirenden Gasgemenges bei. Der bei der Gährung absorbirte Wasserstoff verbindet sich in demselben Verhältnisse, wie bei der Wasserbildung mit Sauerstoff. Humus in Verbindung mit verschiedenen Erden erleidet, wenn er befeuchtet ist, eine langsame Gährung, bei der Wasserstoff absorbirt wird. Kohlenoxydgas, gekohltes Wasserstoffgas und das durch glühendes Eisen aus Wasser entbundene Wasserstoffgas werden durch die Gährung nicht zerstört, wenn man sie anstatt des gewöhnlichen Wasserstoffgases zur Zusammensezung des aus 2 Volumen Wasserstoff und einem Volum Sauerstoff bestehenden Gasgemenges nimmt. Stikgas, Wasserstoffgas und Sauerstoffgas hemmen, wenn man sie dem explosionsfähigen Gasgemenge zusezt, die Zersezung dieses lezteren durch einen gährenden Körper nicht, so wenig wie sie unter gleichen Umständen diese Zersezung durch einen frisch gereinigten Platinstab stören. Kohlenstoffoxydgas und öhlerzeugendes Gas, welche die Wirkung des Platins hemmen, sind auch der durch die Gährung bedingten Wirkung sehr hinderlich. Stikstoff-Oxydulgas dagegen, welches man dem explosionsfähigen Gemenge zugesezt, wird durch die Gährung zum Theile zersezt und beeinträchtigt die Verbindung des Wasserstoffgases mit dem Sauerstoffgase auf keine Weise.

Ueber die Hefe, von Quevenne.

Die zahlreichen Versuche, welche Quevenne zur Ermittelung der Eigenschaften der Hefe angestellt, lieferten ihm über diesen immer noch räthselhaften Körper folgende Resultate:

1) Das Ferment ist ein Körper, der sich beständig in Form kleiner, ziemlich unter einander gleichförmiger Kügelchen zeigt.

2) Diese Kügelchen scheinen stets von derselben Natur zu seyn, welches auch ihr Ursprung seyn mag.

3) Der die Kügelchen ausmachende unlösliche Theil ist geeignet, die Gährung zu erzeugen, und nicht die sie begleitenden Extractivstoffe.

4) Die Hefenkügelchen können die Zersezung des Zukers bewirken, nicht blos

einer Temperatur von 10 bis 30 oder 40° C., sondern selbst bei der des kochen-
n Wassers, mit dem Unterschiede, daß sie bei einer Temperatur unter 50° den
iker in Alkohol und Kohlensäure verwandeln, während sich über 50° kein Alko-
l mehr zu bilden scheint. Das einzige Gas, welches man in beiden Fällen
hält, ist Kohlensäure.

5) Das Ferment erleidet während der Umwandlung des Zukers in Alkohol
ne bedeutende Modification, es verliert seinen ganzen Stikstoff, welcher zur Bil-
ing des Ammoniaks verwendet wird, während seine Gährung erregende Kraft
inzlich erschöpft wird.

6) Wegen des kugelförmigen Aussehens des Fermentes und seiner hauptsäch-
ichsten chemischen Eigenschaften muß es als ein organisirter Körper von neuer
ildung betrachtet werden; woraus sich ergibt, daß die Gährung nicht einzig
nd allein als eine Zersezung betrachtet werden kann, sondern bloß als eine Mo-
fication, welche zugleich organische und unorganische Producte erzeugt.

7) Die Umstände, unter denen die Gährung und die sie begleitenden Umstände
h entwikeln, der Einfluß einer großen Anzahl von Körpern auf den Verlauf
eser Operation sind von der Art, daß man wirklich annehmen kann, sie rühre
on einer Art von Vegetation her; diese Annahme scheint vor ihrer völligen Ent-
heidung noch neuer Beweise zu bedürfen. (Annales de Chimie et de Phys.)

Zeichnen der Wäsche durch Einbrennen.

Die meisten chemischen Tinten, die man gewöhnlich zum Zeichnen der Wäsche
mpfiehlt, taugen für das praktische Leben nicht, weil sie leicht zerstörbar sind.
Dr. Hänle in Lahr schlägt deßhalb eine andere Methode vor, wobei man sich
es Kohlenstoffs bedient. Man läßt sich für diesen Zwek von Messing oder Eisen
inen kleinen Stempel mit dem Namen in erhabenen Buchstaben verfertigen. Die
Stelle, die bezeichnet werden soll, wird mit einer Auflösung von 2 Loth Zuker in
1 Loth Wasser bestrichen und getroknet. Um dieselbe zu bezeichnen, macht man
den Stempel so heiß, daß er dem Glühen nahe steht, und drükt ihn dann je nach
er Hize desselben 2 bis 6 Secunden lang auf die Stelle auf. Hiebei verbrennt
er Zuker mit einem geringen Theile von den Fasern der Leinwand oder des
Baumwollenzeuges, und stellt den Namenszug in brauner Farbe dar, die durch
und durch geht und nicht ausgewaschen wird. Der Zuker schüzt zugleich die
Leinwand vor dem gänzlichen Verbrennen. Einige Proben, die man zuvor an
mehreren Lappen macht, werden bald die nöthige Gewandtheit geben.

Ueber die Anwendung von Steinmörtel zum Straßenbaue.

In einem der besten neueren englischen Werke über den Straßenbau, welches
Hr. Thomas Hughes Esq. unter dem Titel: „The practice of making and
repairing roads, of constructing footpaths, fences and drains; also a
method of comparing roads with reference to the power of draugt re-
quired" herausgab, findet man auch die Anwendung des Steinmörtels zum
Straßenbaue ausführlicher abgehandelt. Das Civil Engineer and Architects
Journal theilt in seinem lezten Oktoberhefte einiges hierüber mit, welches auch
unsern Lesern willkommen seyn dürfte. Ein neueres Beispiel der Anwendung des
Steinmörtels, heißt es nämlich daselbst, liefert die von Charles Penfold gebaute Brixton road. Man nahm in diesem Falle auf vier Theile Kies einen Theil
Kalk von Merstham oder Dorking, welcher vorher in ein gröbliches Pulver verwandelt wurde. Der Steinmörtel ward auf der Straße selbst angemacht, und
beim Zusezen des Wassers wendete man besondere Sorgfalt darauf, daß jedes
Kalktheilchen gehörig damit gesättigt und gelöscht wurde. Wenn auf die Hälfte
er Breite der Straße eine sechs Zoll dike Schichte Steinmörtel aufgetragen worden, bedekte man diese mit einer 6 Zoll diken Lage guten harten Kieses oder zer-
schlagener Steine, welche man in zwei Schichten zu je 3 Zoll auftrug. Die
erste dieser beiden Schichten legte man oft schon einige Stunden, nachdem das Stein-
mörtellager gebildet worden; Wagen dagegen ließ man nie und unter keiner Bedingung eher darüber laufen, als bis der Steinmörtel so erhärtet war, daß das
überliegende Material noch in ihn eingedrükt werden konnte. Nie wartete man

aber auch mit der Aufführung der ersten Kiesschichte bis zur vollkommenen Erhärtung des Steinmörtels; denn dadurch, daß man dieselbe eben zur gehörigen Zeit legte, drükten sich die unteren Steine derselben theils durch ihr eigenes Gewicht, theils durch den von Oben auf sie wirkenden Druk zum Theile ein, so daß sie gleichsam in einem Muttergesteine, aus dem sie sich nicht mehr leicht losmachen konnten, fixirt blieben. Dadurch, daß auf solche Art das Rollen der untersten Steine verhütet war, wurde auch das überliegende Material in gewissem Grade gebunden, vorausgesezt, daß man hier unter Bindung nur eine Verkeilung der einzelnen Stüke versteht, in Folge deren sie sich nicht länger bewegen und aneinander abreiben können. Es hat sich ergeben, daß wenige Tage nach Aufführung der ersten Kiesschichte auch schon die zweite aufgetragen werden kann; und daß bald darauf auch die Befestigung des Ganzen eintritt. Der Contrast zwischen dieser Methode, der Länge der Zeit und der Mühe, welche erforderlich ist, um das zum Baue der Straße verwendete Material, wenn dasselbe lose aufgefahren wird, zu binden, gibt für sich allein eine große Empfehlung zu Gunsten des Steinmörtels. — Die Versuche an der Straße von Brixton wurden keineswegs unter günstigen Umständen, sondern an einem Theile der Straße, an welchem bisher alle Versuche zur Erzielung einer festen Basis erfolglos geblieben, angestellt. Seit Hr. Penfold den Grund mit Steinmörtel legte, ist dieser Theil der Straße der festeste von allen, so daß sein Verfahren allgemeine Empfehlung verdient. Man darf jedoch nicht vergessen, daß man die Ueberführung der Straße nie so weit herabkommen lassen darf, daß der Steinmörtel auf irgend eine Weise der Abnüzung unterliegt; sobald im Gegentheile die obere Lage bis auf zwei oder im Aeußersten bis auf einen Zoll von dem Steinmörtel abgenüzt worden, muß unmittelbar eine neue Lage von derselben Dike aufgetragen werden. — Dasselbe Verfahren ist besonders zu empfehlen für die Wege in Lustgärten und Parken, in denen es wegen des nach jedem Regenwetter beinahe unvermeidlichen Durchbohrens der Erdwürmer höchst schwierig wird, Wege herzustellen, die beständig fest und troken bleiben. Eine Steinmörtelunterlage von drei Zoll Dike wird hier für Wege, auf denen leichte Wagen fahren, und eine solche von zwei Zoll Dike für Fußwege genügen, wenn man eine dünne Schichte bindungsfähigen Kieses darüber legt. Wie schädlich die Würmer werden können, erfuhr Hr. Hughes beim Baue eines Canales, wo diese Thiere in einem heißen Sommer selbst in 4 Fuß Tiefe in festem Thone noch durch 3 Fuß Thon herauf bohrten, und ein bedeutendes Versizen des Wassers des Canales veranlaßt haben sollen.

Großbritanniens Bergwerksproduction.

Das Mining Review gibt folgenden, aus mehreren Jahrgängen gezogenen, mittleren Durchschnitt der Production der Bergwerke Großbritanniens:

An Silber	10,000	Pfd. Troy im Werthe von	30,000	Pfd. St.
Kupfer	13,000	Tonnen	1,300,000	—
Zinn	5500	—	550,000	—
Blei	46,000	—	950,000	—
Eisen	900,000	—	7,000,000	—
Steinkohlen	25,000,000	—	10,000,000	—
Salz, Alaun und anderen Producten			1,000,000	—

Der Gesammtwerth läßt sich wahrscheinlich auf mehr dann 20 Mill. Pfd. St. anschlagen. (Civil Eng. and Archit. Journal, Okt. 1838.)

Namen- und Sachregister

des

iebenundsechzigsten, achtundsechzigsten, neunundsechzigsten und siebenzigsten Bandes des polytechnischen Journals.

A.

E.

F.

L.

M.

N.

O.

P.

Q.

R.

S.

T.

Gedrukt: Augsburg in der Buchdrukerei der J. G. Cotta'schen Buchhandlung.

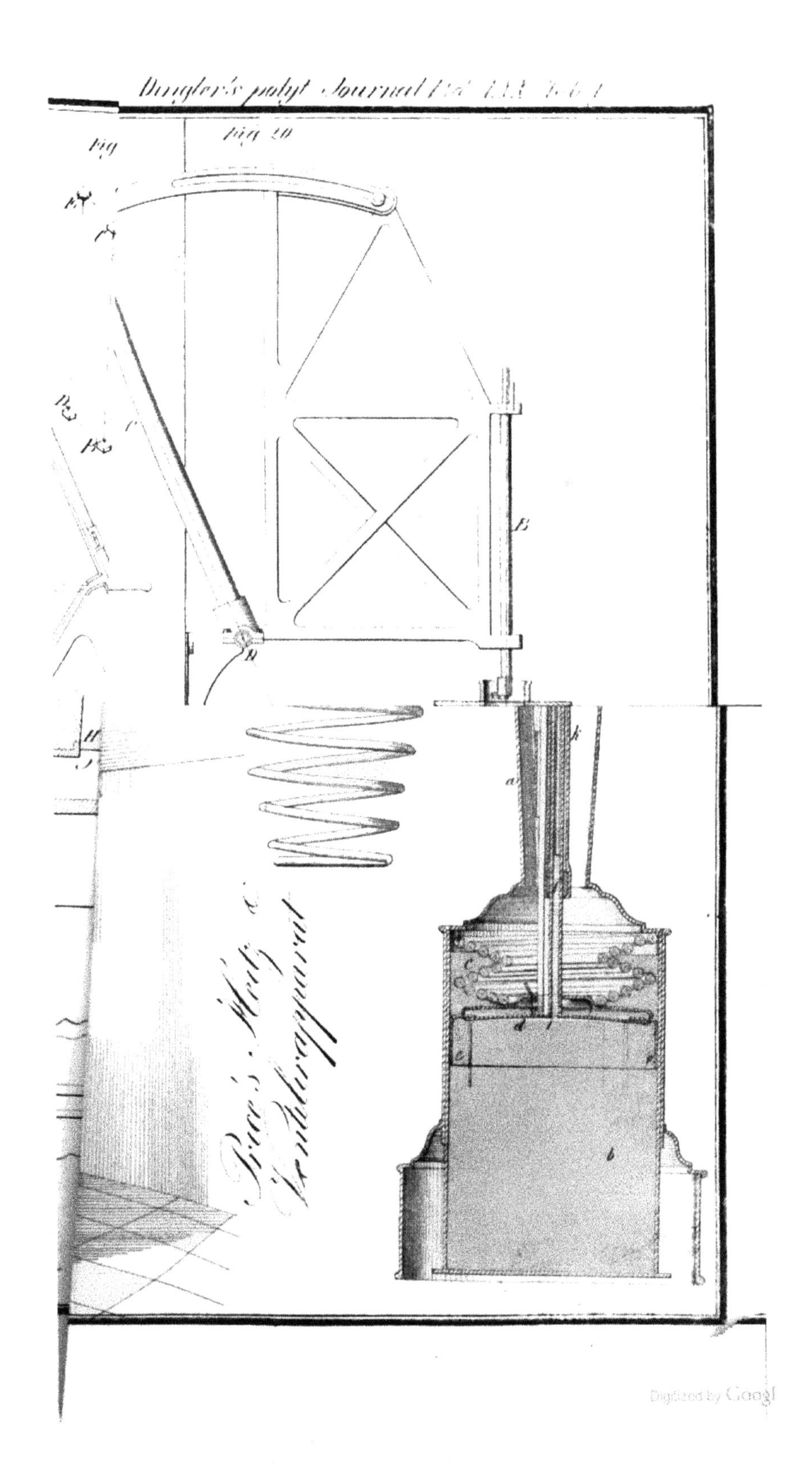
Dingler's polyt. Journal
Fig. 20
B
k
a
d
b